CLAUDIA BOUVIER

CODENAME CORVUS

DAS ERZENGEL-GAMBIT

EUROPAVERLAG

Dieser Roman ist ein fiktionales Werk, auch wenn er reale Gegebenheiten aufgreift. Die Personen und die Handlung sind frei erfunden, sodass etwaige Ähnlichkeiten mit lebenden oder verstorbenen Personen zufällig wären. Das gilt auch, wenn die Namen der fiktiven Personen und Institutionen den Namen realer Personen und Institutionen ähnlich sein oder mit diesen übereinstimmen sollten.

FSC
www.fsc.org
MIX
Papier aus verantwortungsvollen Quellen
FSC® C014889

Umschlaggestaltung: © Guter Punkt unter Verwendung von Motiven von Shutterstock (©faestock, © Olena Yakobchuk) und gettyimages (© c1a1p1c1o1m1, © ESOlex, © bluejayphoto)
Redaktion: Silwen Randebrock
Layout & Satz: Danai Afrati & Robert Gigler
Gesetzt aus der Dante und der Teko
Druck und Bindung: Pustet, Regensburg
ISBN 978-3-95890-299-2

www.europa-verlag.com

Für Julian und Valerian! Sie verteidigen Tag für Tag unter Einsatz ihres Lebens und ihrer körperlichen Unversehrtheit heldenhaft, mit Überzeugung, Engagement und Abnegation nicht nur Frankreich, sondern auch die Außengrenzen der Europäischen Union gegen islamistischen Obskurantismus und Terrorismus.

Pour Julian et Valerian ! Jour après jour, au péril de leur vie et de leur intégrité physique, ils défendent héroïquement avec conviction, engagement et abnégation non seulement la France, mais aussi les frontières extérieures de l'Union européenne contre l'obscurantisme islamique et le terrorisme.

Vive la France ! Vive la République !

»Des Menschen Weisheit kann sein Wesen nicht benennen,
denn wir benennen nur die Dinge, die wir kennen.
Und selbst wer Worte schleifen kann wie ein Juwel,
der mühe sich nicht ab, sein Mühen schlägt doch fehl.«

(Auszug aus dem *Buch der Könige – Schâhnâme* von Abû al-Qâsim Firdausî)

PROLOG

Grenze zwischen Belgien und Deutschland – am Übergang der Ardennen in das Eifelgebirge – irgendwo im Hertogenwald unweit des Hohen Venn

Ahmadi sah niemanden, doch er fühlte, dass die »Geister« ihnen dicht auf den Fersen waren. Es war sein Fehler gewesen. Er war überzeugt, dass sie während dieser langen Nacht vor allem die Hilfe Allahs brauchten. Sein Freund Fahem hatte widersprochen. Er hatte gesagt, dass sie vor allem einsatzbereite Waffen brauchten, ihre Sprengladungen überprüfen und sich noch einmal den Plan der NATO-Raketenbasis einprägen mussten. Ahmadi wusste natürlich, dass Fahem wie immer recht und er wieder einmal unrecht gehabt hatte.

Sie hatten sich *Dschihad4Belgium* nach ihrer Freilassung aus dem Knast natürlich nicht nur wegen der Gratis-Arabischkurse oder der Koran-Studiengruppe angeschlossen, sondern vor allem, weil der charismatische Imam ihrer Lieblingsmoschee in Charleroi sie mit Männern bekannt machte, die wahre Action in Aussicht stellten und ihnen alle vierzehn Tage einen Umschlag mit Cash für ihre Familien aushändigten. Das Geld, das von einem reichen Gönner ihrer Sache aus dem Golf-Emirat Katar gespendet wurde, gab es immer, wenn sie sich auf dem abgelegenen ehemaligen Bauernhof zwischen Presgaux und Brûly-de-Pesche unweit der belgisch-französischen Grenze trafen. Dort, in dem extrem dünn besiedelten und stark bewaldeten Gebiet, befand sich auch das Trainingscamp, wo sie zusammen mit einem Dutzend Glaubensbrüder aus ganz Belgien während der letzten Monate gelernt hatten, was sie in dieser Nacht umsetzen sollten.

Fahem war topmotiviert, die Sache mit der NATO-Raketenbasis ordentlich und professionell durchzuziehen. Nach erfolgreichem Abschluss dieser Mission könnte er endlich in den Irak abhauen, um sich dort der brandneuen Gruppe anzuschließen, die gegen Amerikaner und Ungläubige kämpfte, um das Kalifat *ad-dawla al-ʿirāq al-islāmiyya* zu errichten, in dem alle wahren Rechtgläubigen einen angemessenen Platz finden würden. Aber zuvor wollte er für das Team ausgewählt werden, das in ein paar Wochen irgendwo in einer europäischen Hauptstadt eine spektakuläre Aktion durchführen sollte. Fahem war so tief in seinen Gedanken versunken, dass er nicht bemerkt hatte, wie Ahmadi versehentlich sein Handtuch am Flussufer zurückließ, nachdem er sich gewaschen und dort gebetet hatte.

Ahmadi war hinter Fahem zurückgefallen und versuchte angestrengt, seine Atmung wieder unter Kontrolle zu bringen. Seine Unachtsamkeit war es gewesen, die den »Geistern« gezeigt hatte, welcher Spur sie folgen mussten. Es wäre allein seine Schuld, wenn sie weder für die spektakuläre Aktion ausgewählt würden, noch mit Hilfe und finanzieller Unterstützung ihrer neuen, reichen Freunde aus dem Persischen Golf ins künftige Kalifat reisen dürften. Plötzlich fühlte er sich unendlich erschöpft und musste sich an einen Baum lehnen, damit ihm die Beine nicht wegknickten.

✖ ✖ ✖

Fahem versuchte so wenig Geräusche wie möglich zu machen. Er wusste, dass er Ahmadi auf keinen Fall aus den Augen verlieren durfte. Sie waren ein Team, und nur gemeinsam konnten sie die Mission erfolgreich zum Abschluss bringen. Mit Sorge bemerkte er, dass sein Freund rund einhundertfünfzig Meter zurücklag, und gab ihm ein deutliches Handzeichen. Der vergessene Pfad, den sie ausgewählt hatten, um sich unbemerkt der NATO-Raketenbasis zu nähern, war extrem schwierig und anstrengend. Vermutlich war Ahmadi durch den langen Nachtmarsch am Ende seiner Kräfte und musste verschnaufen, obwohl ihnen in diesem Augenblick die Zeit davonlief. Ahmadi hatte sich schon im Trainingslager bei der praktischen Kampfausbildung schwerer getan als er. Fahem verdrängte den Gedanken an das Risiko, das der Nachzügler darstellen konnte, und konzentrierte sich wieder auf ihre Mission.

Der Weg zog sich verlassen und leicht gebogen nach rechts. Dichte Bäume standen zu beiden Seiten. Falls es ihnen gelang, den Sicherheitszaun der NATO-Raketenbasis unbeobachtet zu erreichen, dann hatten sie auch eine gute Chance, ihn zu überwinden und es bis zu der Radarkuppel zu schaffen, die ihr eigentliches Zielobjekt war.

Fahem dachte kurz an den erschreckenden Zwischenfall zurück, dessen zufällige Zeugen sie mit Ahmadi bei Einbruch der Dämmerung geworden waren. Der unvermutete Verlust von Abu Sufyān und Abu Talib war natürlich ein harter Schlag für die Mission. Die Aktion war unglaublich schnell gegangen und brutal effizient gewesen. Durch den Verlust der beiden Kämpfer hatten sie jetzt nur noch die Hälfte des benötigten Sprengstoffs und natürlich auch zwei bewaffnete Mudschahedin weniger, falls sie sich ihren Fluchtweg aus der NATO-Raketenbasis freikämpfen mussten.

Als sie noch zusammen im Gefängnis von Jamioulx eingesessen hatten, hatte Fahem den Eindruck gehabt, dass die schlecht französisch sprechenden Jungs aus dem flandrischen Vilvoorde irgendwie erheblich mehr Ahnung vom Dschihad hatten als er oder Ahmadi. Als sie sich dann auf dem abgelegenen ehemaligen Bauernhof unweit der belgisch-französischen Grenze zufällig wiedertrafen und mit dem Kampftraining begannen, stellte er allerdings umgehend fest, dass die beiden trotz ihrer sehr guten Arabischkenntnisse, geilen Kampfnamen und wilden, hennagefärbten Bärte auch nur mit

Wasser kochten. Weder Abu Sufyān noch Abu Talib hatten je mit den Taliban in Afghanistan gekämpft, wie sie es in Jamioulx behauptet hatten, nur um in der Hackordnung des Knasts aufzusteigen. Ihre Arroganz und mangelnde Umsicht hatte sie nun vor ein paar Stunden Kopf und Kragen gekostet.

Ein Teil von Fahem war erleichtert, dass sie die beiden Angeber aus Vilvoorde los waren. Er wusste, dass sie es auch allein schaffen würden. Er kniff die Augen zusammen. Der fahle spätherbstliche Vollmond war die einzige Lichtquelle, doch der nördlich des Hohen Venns gelegene Hertogenwald war viel zu dicht, um vernünftig sehen zu können. Mit dem dritten Team hatten sie keinen Kontakt aufgenommen. Bei der Planung der Mission war vereinbart worden, dass die beiden Mudschahedin aus dem Brüsseler Stadtteil Molenbeek auf einem anderen Weg zur NATO-Raketenbasis vordringen sollten, um dort ein Ablenkungsmanöver zu versuchen, während das Duo Fahem/Ahmadi sich um die Radarkuppel kümmerte. Fahem spähte angestrengt durch die Büsche. Modrige Blätter, trockene Nadeln und Tannenzapfen lagen in einer dicken Schicht auf dem Boden. Hier war schon sehr lange niemand entlanggelaufen. Er verzog den Mund zu einem zufriedenen Schmunzeln. Sie hatten ihr Ding zusammen mit Ahmadi richtig gut geplant. Sie hatten sich nicht einfach nur aufs Internet und Google Maps verlassen, sondern vernünftiges Kartenmaterial der Gegend besorgt und dabei auch diesen Weg entdeckt, der es ihnen erlaubte, sich der NATO-Raketenbasis im Schutz der Bäume zu nähern, ohne dabei durch offenes Gelände schleichen zu müssen.

× × ×

Obwohl er wieder leichter atmete, hämmerte Ahmadis Herz immer noch wild gegen seine Brust. Er hatte Angst, dass die »Geister«, die er mit seinem vergessenen Handtuch gerufen hatte, ihn in der stillen Nacht hören könnten und ihnen dann das gleiche Schicksal blühte wie den beiden Typen aus Vilvoorde, die sie aus dem Knast kannten.

Er biss die Zähne zusammen, massierte sich mit der Hand die stechende Seite und setzte sich wieder in Bewegung, um mit Fahem aufzuschließen. Sein Freund hatte einen Vorsprung von mindestens einhundertfünfzig Metern erlaufen, während er selbst noch im Dickicht verschnaufte. Er erkannte ihn nur vage als formlosen, dunklen Schatten zwischen den Bäumen. Zumindest betete er, dass dieser Schatten sein Freund war und nicht einer der »Geister«.

× × ×

Fahem wusste nicht, was sie am Ende des Weges erwartete. Sie waren jetzt ganz in Gottes Hand. *»In schā'a llāh!«*, flüsterte er, als Ahmadi endlich zu ihm aufschloss. Er legte seinem schwer atmenden Kindheitsfreund aufmunternd die Hand auf die Schulter. Die Rucksäcke und die Waffen lasteten schwer. Ahmadi schien noch mehr mit dem Gepäck zu kämpfen als er, und trotz der körperlichen Anstrengung war ihnen kalt. Nach gefühlten Stunden auf ihrem einsamen Weg tauchte am Horizont endlich einer der Wachtürme auf.

»Wahnsinn«, flüsterte Ahmadi. Er verdrängte das ungute Gefühl, dass die unheimlichen »Geister« ganz nahe lauerten, um zuzuschlagen und sie, genau wie Abu Sufyān und Abu Talib, zu eliminieren.

»Wir haben es fast geschafft«, flüsterte Fahem.

× × ×

Die NATO-Raketenbasis war Anfang der 1960er-Jahre eingerichtet worden. Sie stammte noch aus dem Kalten Krieg. Das riesige Gelände in einem fast menschenleeren Gebiet im Osten des Gebirgsplateaus an der Grenze zwischen Belgien und Deutschland umfasste rund sechshundert Hektar. Während des etwas mehr als vierzig Jahre andauernden Konflikts zwischen der NATO unter Führung der USA und dem von der UdSSR dominierten Warschauer Pakt waren hier amerikanische und belgische Soldaten stationiert, die zehn atomare Flugabwehrraketen vom Typ Nike bedienten. Die Nike erreichten eine maximale Sprengkraft von vierzig Kilotonnen und dank eines vierstufigen Antriebs eine Reichweite von hundertdreißig Kilometern bei einer Flughöhe von über dreißig Kilometern. Inzwischen waren sie, genau wie die UdSSR, längst Geschichte.

Die Männer in den Ghillie Suits beobachteten das letzte der drei Zweierteams aufmerksam durch ihre Nachtsichtgeräte. Nachdem sie das erste Duo bereits am Vortag eliminiert hatten und das zweite in der Abenddämmerung bei einem Wanderparkplatz erwischten, wo sie zwei gestohlene Geländemotorräder in den Büschen versteckten, waren nur noch diese beiden Möchtegerne-Dschihadisten übrig. Über viele Stunden hatten sie Fahem und Ahmadi aus Charleroi komplett aus den Augen verloren und sie nur zufällig wiedergefunden, weil einer der beiden ein Handtuch an einer Biegung des Hillbachs vergessen hatte. Oberhalb des Flusses begann ein völlig vernachlässigter und schwer begehbarer Pfad, der bis an die äußerste Grenze der NATO-Raketenbasis und den Sicherheitszaun führte. Die Männer mit den Nachtsichtgeräten hatten einem Bauchgefühl folgend dort genauer nachgesehen und dabei die frischen Fußspuren im feuchten Laub entdeckt.

Die beiden Kleinkriminellen aus dem Problemviertel Ville Haute hatten sich im Gefängnis radikalisiert. Nach ihrer Freilassung waren sie zum ersten Mal im Forum einer französischsprachigen Website der Dschihadisten-Szene aufgefallen. Keiner der beiden besaß einen Schulabschluss, und ihre »Kampfausbildung« beschränkte sich auf gewalttätige und bewaffnete Rangeleien im Drogenmilieu von Charleroi und ein paar Wochenenden auf einem Bauernhof im Westen des Hainault, der als Ausbildungslager der salafistisch orientierten Geheimen Bruderschaft firmierte. Dafür hatten sie sich gar nicht mal dumm angestellt.

Die beiden Männer in Spezialtarnkleidung nickten einander zu. Dann flüsterte einer in sein Kehlkopfmikrofon:

»Sie sind jetzt am Zaun!«

Sie beobachteten Fahem und Ahmadi noch eine Weile durch ihre Nachtsichtgeräte. Dann öffneten sie fast gleichzeitig die Verschlüsse ihrer Pistolenholster, die sie am Oberschenkel trugen, und setzten sich in Bewegung. Sie hatten zahllose harte und riskante Kampfeinsätze in brandgefährlichen Ländern hinter sich. Was sie hier taten, war, verglichen zu früheren Missionen, ein Kinderspiel. Die Kameraden auf der NATO-Raketenbasis beobachteten alles von einem der Wachtürme aus. Die Jungs aus Charleroi hatten natürlich keine Chance mehr. Allerdings war vereinbart, dass sie erst im allerletzten Moment zugreifen wollten. Die beiden Männer schlossen schnell und unbemerkt zu Ahmadi und Fahem auf. Durch die Ghillie Suits waren sie quasi unsichtbar. Sie schoben sich an exakt der gleichen Stelle unterm Zaun durch, wo auch die beiden Möchtegerne-Dschihadisten in die NATO-Raketenbasis eingedrungen waren.

× × ×

Der offizielle Zugang zur Anlage erfolgte durch ein Tor an der Nordostseite. Neben dem Tor befand sich ein Schutzbau für die diensthabenden Wachleute. Im äußeren Bereich konnten Fahem und Ahmadi weitere Gebäude ausmachen: Werkstätten, Kantine, Magazine. Hinten lagerten während des Kalten Krieges die Raketenkörper in einer großen Halle. Alles sah genauso aus wie auf dem Plan, den sie sich für die Vorbereitung besorgt hatten. Fahem und Ahmadi gingen äußerst vorsichtig vor. Jetzt, auf den letzten Metern vor der Zielgeraden, wollten sie kein unnötiges Risiko eingehen. Seit sie es geschafft hatten, unbemerkt durch den Zaun zu schlüpfen, waren ihre Kraftreserven geboostet. Ahmadis Sorge, dass die »Geister« sie entdeckt hatten, war wie weggeblasen. Als sie schließlich unter der Radarkuppel standen, pfiff Fahem leise durch die Lippen.

»Geil!«, sagte er zu seinem Freund, der im gleichen Maß beeindruckt schien. Die im Mondlicht hell schimmernde Schutzhülle bestand aus mit Glasfaser verstärktem Kunststoff. Sie setzten ihre

Rucksäcke ab. Nun mussten sie nur noch reinkommen, die Sprengstoffbrote und den Timer an den richtigen Stellen anbringen und dann wieder auf dem gleichen Weg verschwinden. Fahem und Ahmadi hatten zwei kleine Brecheisen im Gepäck. Die hatten ihnen schon am Sicherheitszaun gute Dienste geleistet. Jeder setzte ein Brecheisen unter einem der Scharniere der Sicherheitstür an, und gemeinsam pressten sie mit aller Kraft nach oben, um die mit einem massiven Vorhängeschloss gesicherte Tür aus den Angeln zu heben.

✖ ✖ ✖

»Okay! Sobald unsere beiden Freunde wieder rauskommen, könnt ihr sie abgreifen.«

Der SOG-Operator mit dem Decknamen Honi Salam hatte den großen Baustrahler genau auf den Eingang der Radarkuppel ausgerichtet, den Finger auf dem Schalter. Das unvorsichtige Zweierteam aus Molenbeek, das sich schon am Vortag von seinen beiden Kollegen in den Ghillie Suits hatte einfangen lassen, befand sich bereits – betreten und enttäuscht – in dem großen, isoliert gelegenen Ferienhaus, das in der Nähe von Longfaye für das »Auswahlwochenende« angemietet war. Sie waren nutzloser Ballast. Gleich am Montag würde Honi die beiden auf den Weg in die Türkei und über die Grenze in den Irak schicken. Dort konnte man sie mit einem Sprenggürtel um die Hüften ins Paradies und zu den legendären zweiundsiebzig Jungfrauen schicken, und damit war gesichert, dass sie sich nicht versehentlich in ihrem heimatlichen Molenbeek, wo die belgischen Sicherheitsdienste die lokale Dschihadisten-Szene relativ gut im Auge hatten, verplapperten. Ein schneller und billiger Weg, die Dummen und Unfähigen loszuwerden, die sie gelegentlich versehentlich rekrutierten.

Das zweite Team, Abu Sufyān und Abu Talib, die beiden Knastfreunde von Fahem und Ahmadi, waren zwar keine großen Leuchten, aber sie konnten in der Zukunft problemlos für irgendetwas innerhalb Belgiens benutzt werden, das keine allzu große Intelligenz erforderte. Die beiden warteten im Campingcar in der ehemaligen Raketenhalle. Der Landwirt, der die ausgediente und leer geräumte ehemalige NIKE-Raketenbasis seit rund zwanzig Jahren gepachtet hatte, benutzte die leeren Hallen als Lager für Maschinen, Heu und Stroh oder als Unterstand für seine Rinder, die die riesigen Grünflächen auf dem ehemaligen Hochsicherheitsbereich um die Abschussrampen der atomaren Sprengköpfe beweideten. Neben der Landwirtschaft verdiente sich der Bauer eine goldene Nase damit, seine »geheime NATO-Raketenbasis« für Bares an Paintball-Gruppen aus den Anrainerländern zu vermieten. In dieser Einöde konnte man Woodlandspiele mit Tarnkleidung durchziehen, ohne dabei von gutmenschelnden Beobachtern sofort als Neonazis, Wehrsportler und Kriegsverherrlicher abgestempelt zu werden. Die SOG »buchten« regelmäßig bei ihm, um ihre Rekruten diskret und unter lebensechten Bedingungen auszutesten.

Der Operator, der unter dem Decknamen Salah Bensaid arbeitete, tippte seinen SOG-Kollegen Honi Salam leicht an und streckte ihm einen kleinen Tablet-PC hin, auf dem sie über die Mini-Kameras mit Bewegungsmeldern beobachten konnten, was unterhalb der alten, ausgedienten Radarkuppel vorging. Die beiden Jungs aus Charleroi hatten ihre Sache überraschend professionell geplant und die Sprengbrot-Dummys aus bunter Knetmasse korrekt an der ausgedienten Antennenstruktur befestigt. Obwohl ihnen die Sprengbrote von Abu Sufyān und Abu Talib fehlten, hätten sie so im Rahmen eines echten Terroranschlags gegen ein funktionierendes Radom durchaus erheblichen Schaden angerichtet.

»Sie dürften gleich rauskommen«, flüsterte Honi in sein Kehlkopfmikrofon. »Wir blenden sie mit dem Baustrahler. Ihr springt sie an, werft sie zu Boden und macht ein bisschen Druck. Dann könnt ihr sie loslassen und euch in Luft auflösen. Wir kümmern uns um den Rest.«

»Roger and Over!«, antwortete einer der Ghuillie Suits amüsiert. Ihr Fahrzeug stand in einem Hangar des riesigen ausgedienten

Militärgeländes versteckt. Sie würden sich umgehend aus dem Staub machen und ins *Radisson Blu* im nahe gelegenen Spa zurückdüsen, wo sie sich eingemietet hatten. Hier wollten sie sich ein paar Stunden ausruhen und dann mit der Standseilbahn zu den Thermen fahren und von einem erholsamen Sonntag mit Wasser und Wellness profitieren, bevor sie am Abend zurück nach Anderlecht fuhren.

TEIL 1

ERSTES KAPITEL

Frankreich – Paris – Montmartre

Ben Kingsley setzte sich mit einer Tasse Tee vor den Computer. Er war zufrieden. Der Kontakt, den sein Freund Saif ihm besorgt hatte, besaß genau das richtige Profil. Das Treffen war positiv verlaufen. Er hatte den Mann glauben gemacht, dass er eine in gewissen Kreisen bekannte, islamische, karitative Organisation repräsentierte. Er hatte dabei die Rolle eines wohlhabenden Geschäftsmanns aus Katar gespielt, der sich persönlich und finanziell engagierte, um islamische Bildungsinitiativen zu fördern und das Studium der arabischen Sprache und des Korans zu unterstützen.

Der Kontaktmann hatte einen für Frankreich typischen Migrationshintergrund. Seine Koranschule war natürlich völlig illegal. Doch er hatte enormen Einfluss auf die angeschlossene offizielle Moscheengemeinde seiner Banlieue und er bekam regelmäßig Ärger mit der Polizei und dem Staatsschutz, weil er ungezügelt und in arabischer Sprache zur Gewalt gegen Juden aufrief. Der Kontaktmann, der sich selbst als »Imam« bezeichnete, stellte dabei auch noch die Französische Republik infrage und hielt seine Koranschüler dazu an, die französischen Gesetze zu missachten und einzig nach den Gesetzen der Scharia zu leben. Aber dem Mann fehlte es an Geld und an den entsprechenden Kontakten, um willige Mitglieder seiner »Studiengruppe« auf den Weg nach Afghanistan oder in den Irak zu schicken, um dort das Kämpfen zu lernen.

Der selbst ernannte Imam war motiviert und ambitioniert. Er war nur noch einen ganz kleinen Schritt davon entfernt, aktiv zur Gewalt auf französischem Boden aufzurufen. Ben Kingsley war überzeugt, dass die zornigen jungen Männer, die in seiner illegalen Koranschule »studierten«, ihm folgen würden. Die Saudis hatten den Prediger eher durch einen Zufall entdeckt, als er in ihrer Botschaft in Paris vorgesprochen hatte. Er wollte ein Stipendium, um in Saudi-Arabien den Islam zu studieren. Ihre Botschaftsangehörigen untersuchten den Hintergrund solcher Leute immer gründlich und schickten anschließend entsprechende Einschätzungen nach Riad. Da Prinz Mukrin als Chef des saudischen Auslandsnachrichtendienstes nicht wusste, was er mit solchen Informationen tun sollte, reichte der Al-Muchābarāt die besten Profile meist an Saifs Dienststelle weiter. Saif hatte eine Liste mit Namen von Sympathisanten, die seinen Agenten auch gelegentlich als Laufburschen und Handlanger dienten.

Ben hatte schon nach kurzem Gespräch mit dem selbst ernannten Imam gefühlt: Wenn man diesem Mann richtig zur Hand ging, dann würde er bereitwillig etwas organisieren. Er hatte eine eigene Website, bloggte aktiv, unterhielt ein Internetforum, auf dem ihm »Brüder und Schwestern«, die nicht in seine Koranschule kommen konnten, Fragen stellten. Vor ein paar Monaten hatte er gar angefangen, das neue Videoportal YouTube zu nutzen, um dort seine sogenannten Lehrveranstaltungen zu verbreiten, meist zweisprachig auf Arabisch mit französischen Untertiteln. Nicht hollywoodreif, aber beachtlich für einen Schulabbrecher und ehemaligen Kriminellen mit Gefängniserfahrung, der Allah und dem Koran erst hinter den Gittern der berüchtigten Haftanstalt von Fresnes begegnet war. Der Möchtegern-Imam war ambitioniert, er hatte Organisationstalent und er hatte das nötige Charisma. Ein Vorzeige-Gefährder mit perfektem Profil war genau, was Ben Kingsley in den Reihen seiner künftigen Schattenkrieger in Frankreich noch gefehlt hatte.

Die meisten Frauen und Mädchen, die in den unansehnlichen Wohntürmen im Viertel des Predigers lebten, trugen bereits resigniert irgendeine Form der Verschleierung, nur um von ihm und seinen Koranschülern in Ruhe gelassen zu werden. Die älteren Männer kuschten aus Furcht vor der Aggressivität ihrer Söhne oder Enkel. Die letzten in den unansehnlichen Betonblöcken verbliebenen Franzosen ohne nordafrikanischen Migrationshintergrund waren dabei, aufzugeben und wegzuziehen. Die Polizei traute sich schon lange nicht mehr in diese Ecke der Pariser Banlieue. Villiers-le-Bel war eine rechtsfreie Zone, in der selbst Krankenwagen oder Feuerwehrfahrzeuge regelmäßig angegriffen und mit Molotowcocktails und Steinen beworfen oder sogar beschossen wurden. Männer aus Ben Kingsleys SAD-Team hatten dort innerhalb von achtundvierzig Stunden sämtliche illegalen Händler identifiziert und eine Auswahl von Schnellfeuerwaffen und Handfeuerwaffen zu Discountpreisen angeboten bekommen: Kalaschnikows gab es schon ab tausend Euro, hochwertige Handfeuerwaffen bereits ab achthundert.

Die ortsansässigen Banden nordafrikanischer Jugendlicher beherrschten das Bild. Sie lungerten in jedem Hauseingang, auf jedem kleinen Grünstreifen. Arbeitslos und vor allem auch arbeitsunwillig lebte eine Mehrheit von Sozialhilfe, Kleinkriminalität und den nicht unerheblichen Einkünften ihrer Söhne aus dem Drogenhandel. Und alle zusammen verachteten »*les petits blancs*« – »die kleinen Weißen«.

Unter dem Druck des radikalen Imam war es üblich geworden, sämtliche Nachbarn ohne den entsprechenden Migrationshintergrund als Ungläubige zu beschimpfen und die wenigen noch verbliebenen Ladengeschäfte von asiatischen oder christlichen schwarzafrikanischen Besitzern entweder systematisch zu boykottieren oder gleich kaputt zu schlagen. Es war guter Ton, regelmäßig Mülltonnen und Autos in Brand zu stecken und jede Form der vom französischen Staat finanzierten Infrastruktur zu zerstören, wenn die staatliche Autorität ihnen irgendetwas abzufordern versuchte, das ihnen nicht passte. Die ortsansässigen Bandenchefs unterstützten den Imam dabei ohne Wenn und Aber, denn er half ihnen, das

Viertel als völlig rechtsfreien Raum zu halten. Sie waren in diesem Augenblick allerdings auch die Einzigen, die ihn und seine illegale Koranschule finanziell unterstützten.

Ben Kingsley hatte sich mit seinem künftigen Star-Imam natürlich nicht in der Pariser Banlieue getroffen. Sie waren zusammen durch den Jardin des Serres d'Auteuil gewandert. Er liebte diesen Ort im Spätherbst, und sein neuer Freund begriff, dass es unmöglich war, diesen Teil des riesigen Botanischen Gartens von Paris auch nur ansatzweise mit Videokameras zu überwachen: geradezu ein Traumort für ein konspiratives Treffen im Herzen der französischen Hauptstadt.

Sein »Neuer« befand sich schon länger im Visier der französischen Sicherheitsdienste, und die überwachten ihre Hassprediger und potenziellen Gefährder systematisch. Sie hatten dafür entsprechende technische Hilfsmittel und eine ganze Menge gut ausgebildetes und motiviertes Personal einschließlich Mitarbeitern, die fließend Arabisch in den unterschiedlichen nordafrikanischen Varianten sprachen und auch äußerlich nicht auffielen.

Ben Kingsley warf zuerst einen kurzen Blick auf seinen E-Mail-Eingang, dann skypte er seinen Chef Frank Mahooney an. Sie hatten täglich ein konkretes Zeitfenster für ihre Gespräche unter vier Augen vereinbart. Er hoffte, dass Frank inzwischen etwas über die Männer herausgefunden hatte, die Jones' russische Söldner und ihren Anführer Matveev niedergekämpft und das Dorf Rustam Kalay in Schutt und Asche gelegt hatten. Der entkommene Gefangene war bedauerlicherweise vom Erdboden verschwunden geblieben. Weder die Suche in Richtung Qalat und entlang der Ring Road noch die Suche an der Grenze zu den Stammesgebieten und zu Pakistan hatten etwas ergeben. Er war zwar, wie Jones auch, inzwischen gewillt zu akzeptieren, dass der Unbekannte höchstwahrscheinlich einfach irgendwo in den Bergen krepiert war, aber er brauchte gleichzeitig auch die Gewissheit, dass in Iskanderga'l alles so weitergehen konnte wie bisher. Taher hatte gerade mit der Freilegung der dritten Kammer begonnen und bei ihrem letzten

Gespräch angedeutet, dass der Inhalt ihre wildesten Erwartungen übertraf.

Mahooneys kantiges Kriegergesicht erschien umgehend auf dem Computerbildschirm.

»Wir können die ganze Sache anlaufen lassen, Frank«, erklärte Ben Kingsley dem Director of National Intelligence. Er hatte das soziale Klima in Frankreich analysiert. Das Land war reif. Es war nicht schwierig, einen innenpolitischen Brandsatz zu legen und die Schuld dabei radikalislamistischen Organisationen in die Schuhe zu schieben, wenn man von Anfang an die richtigen Täterprofile auswählte mit dem richtigen persönlichen Hintergrund. Sämtliche seiner »Schattenkrieger« zeigten entsprechende Spuren der Radikalisierung, die Polizei und Sicherheitsbehörden ohne große Schwierigkeiten finden konnten. Einige waren gar schon aktenkundig; die sogenannten Fichier S.

In Belgien war es noch einfacher als in Frankreich. Ben verschwendete kaum Energie auf das Land, in dem sich außer dem riesigen Verwaltungsapparat der EU-Kommission auch das Hauptquartier der NATO befand. Er kannte sich dort aus und verfügte seit den Jahren seines Vaters als US-Botschafter in Brüssel über ausgezeichnete Kontakte. Ein einfacher Telefonanruf oder eine SMS genügten, um eine belgische Aktion ins Rollen zu bringen. Sein Team war undercover in Belgien ansässig und »bediente« von dort aus den Süden, Frankreich, Benelux und Deutschland. In Belgien funktionierten auch der Polizei- und Sicherheitsapparat nicht sonderlich gut. Und der Verwaltungs-Wirrwarr, der auf der Teilung des Landes zwischen Flamen und Wallonen gewachsen war, erleichterte jede Form der kriminellen Aktivität noch zusätzlich. Nicht nur fehlte es den Belgiern an finanziellen Mitteln, an qualifiziertem Personal und an entsprechenden Technologien im Inlandsgeheimdienst, um die große Gruppe der potenziellen Gefährder korrekt zu überwachen, die verschiedenen Behörden tauschten sich untereinander auch nicht aus.

In den Brüsseler Problembezirken Molenbeek und Anderlecht oder in Antwerpen gab es völlig abgeschottete Gemeinschaften von

Einwanderern aus Nordafrika und dem Nahen Osten, in denen seit Jahren radikale Islamisten mit Kampferfahrung aus den Kriegen in Ex-Jugoslawien, Afghanistan und im Irak untertauchten. Sie rekrutierten dort, während sie sich ausruhten, neues Gotteskriegermaterial und knüpften ihr europäisches Netzwerk weiter. Der Dschihadisten-Tourismus war gut organisiert, und Belgien als europäische Drehscheibe im illegalen Handel mit Waffen machte es zu einem Kinderspiel, sich alles, von der Pistole über diverse Sprengstoffe bis zu Sturmgewehren, schnell, unkompliziert und billig zu besorgen.

Ben wusste genau, wen man aus der in Belgien ansässigen Islamistentruppe nach Bedarf und mit einfachen Mitteln manipulieren und instrumentalisieren konnte. Die meisten Männer waren auch kriminell unterwegs und konnten nicht nur problemlos Waffen besorgen, sondern auch Fahrzeuge, Papiere und konspirative Unterkünfte. Sie waren eine gut vernetzte und gewaltbereite Szene. Dank der Schengen-Zone gab es einen »kleinen Grenzverkehr« mit sämtlichen Nachbarstaaten, den Kingsley sich für die *Operation Regenbogen* zunutze machte.

»Wir müssen nur noch ein paar zusätzliche konspirative Wohnungen einrichten, Frank«, erklärte er seinem Freund und Vorgesetzten auf der anderen Seite des Atlantiks. »Es gibt da ein paar Ecken im Großraum Paris, die sind völlig rechtsfreier Raum. Da traut sich die Polizei nicht rein. Selbst die Feuerwehr oder Rettungsfahrzeuge werden systematisch angegriffen.«

»Es ist wichtig, dass die gesamte Bevölkerung ausreichend erschüttert wird, Ben. Es muss allen eine Heidenangst einjagen – bis ganz nach oben in die politische Führung des Landes.«

Der General dachte an ein Szenario, bei dem es auch ein paar minderjährige Opfer geben würde. Wenn Kinder zwischen die Fronten gerieten, empörte sich ganz Frankreich und forderte schnell strengeres staatliches Eingreifen, »… und zwar über Parteigrenzen und politische Meinungsrichtungen hinweg«.

»Sobald wir den Probelauf gemacht haben, Frank.«

»Wie weit ist die Gruppe, Ben?«

»Prêt à l'emploi«, amüsierte sich der amerikanische Geheimdienstmann, »die Jungs sind betriebsbereit.«

»Und was will dein brandneuer, vielversprechender inoffizieller Mitarbeiter für sich persönlich?«

Frank Mahooney erinnerte sich, wie sie während der Siebziger- und frühen Achtzigerjahre ihre wichtigsten europäischen Verbündeten erfolgreich manipulierten, indem sie die nach dem Ende des Zweiten Weltkriegs geschaffenen geheimen paramilitärischen Einheiten der *Operation Gladio-stay-behind* einsetzten. Der Erfolg hatte allerdings seinen Preis gehabt; politisch wie auch finanziell. Die Anführer der erfolgreichsten Gruppen waren zwar alle stramme Antikommunisten gewesen, aber sie waren auch alle intelligent genug gewesen, ihre Schäfchen ins Trockene zu bringen und sich aus den schwarzen Kassen der CIA stolze Summen bezahlen zu lassen.

Washington und die britische Regierung hatten damals Angst gehabt, dass der Einzug der Kommunisten in die Regierungen verschiedener Mitgliedsstaaten die NATO von innen heraus schwächen und sowjetischen Agitatoren Tür und Tor öffnen würde. Um dies zu verhindern, hatten sie die Bevölkerungen der gefährdeten Länder – Italien, Belgien, Deutschland, Luxemburg und Griechenland – massiv manipuliert. Die von ihnen ausgebildeten Kommandokämpfer der Stay-behind-Gruppen der *Operation Gladio,* von denen viele aus dem rechtsextremen politischen Spektrum kamen, hatten reihenweise terroristische Anschläge ausgeführt. Diese waren dann durch manipulierte Spuren systematisch politischen Gegnern – Linken, Sozialisten, Kommunisten und Umweltschutz-Aktivisten – angelastet worden. Und sie hatten es geschafft, Einflussagenten bei den Linken einzuschleusen, die die Idioten in deren Reihen dazu aufheizten, politische Verbrechen zu begehen: Entführungen von Wirtschaftsbossen, Politikern oder Richtern, Bombenterror … Meist waren es junge Leute aus guten Familien, die sich hatten einwickeln lassen. In Deutschland war es die RAF gewesen, die Rote-Armee-Fraktion. In Italien die Roten Brigaden und in Frankreich die Action Directe.

Gleichzeitig mit der CIA hatte auch der KGB diese Traumtänzer manipuliert. Sie hatten alle ein böses Ende gefunden. Die echten Profis, die noch im Zweiten Weltkrieg vom CIA-Vorgänger OSS und von ihren britischen Verbündeten des MI-6 ausgebildet worden waren, hatten die Drecksarbeit erledigt und waren unentdeckt entkommen. Die meisten von ihnen waren jetzt im friedlichen Ruhestand und profitierten von dem guten Geld, das man ihnen bezahlt hatte. Lediglich 1983 beim Anschlag auf das Münchner Oktoberfest war der deutschen Polizei schnell klar geworden, dass der Attentäter aus einer rechtsextremen Gruppe kam und kein Maoist, Trotzkist oder anderer Kommunist gewesen war. Doch dem zum Trotz: Die jeweilige Bevölkerung hatte – durch den blinden Terror eingeschüchtert – immer nach mehr Polizei, weniger Freiheitsrechten und weiterer Überwachung durch den Staat und nach einer stärkeren militärischen Präsenz des großen amerikanischen Verbündeten in Europa gerufen. Und Wahlen, die dem Blutvergießen folgten, hatten fast immer entsprechende, den USA genehme Politiker in Amt und Würden gebracht, ohne dabei den Verdacht zu erwecken, dass die Demokratie manipuliert wurde.

Es war ein Unglück, dass die *Operation Gladio-stay-behind* wegen eines zu neugierigen italienischen Untersuchungsrichters aufgeflogen war. Das Europaparlament hatte nach einer hitzigen Debatte am 22. November 1990 seinen scharfen Protest gegenüber der NATO und den beteiligten Geheimdiensten ausgedrückt, und sie hatten den ganzen Laden über Nacht dichtmachen müssen.

Aus ihren alten Fehlern klug geworden, hatten sie im Nachgang zu den ersten Anschlägen von bin Ladens al-Qaida, nach dem Ersten Golfkrieg, eine Wiedergeburt des Konzepts von A bis Z überdacht und eine neue »Strategie der Spannung« geschrieben. Sie richteten die neuen Strukturen unauffälliger ein als die der alten Gladio-stay-behind-Gruppen, denn sie wussten, dass sie ihre europäischen Verbündeten in diesem neuen »Kalten Krieg« brauchen würden, um mit der nicht wirklich fassbaren Bedrohung des politischen Islams fertigzuwerden.

Sie verstanden, dass sie Feuer nur mit Feuer bekämpfen konnten. Es würde für mindestens ein Vierteljahrhundert sehr schmutzig werden. Bereits jetzt sahen sie im Irak, dass es mit den Mitteln und Möglichkeiten des zivilisierten und kodifizierten Krieges, den hoch entwickelte Industrienationen im Rahmen internationaler Organisationen und Konventionen nach dem 8. Mai 1945 festgeschrieben hatten, unmöglich war, mit dieser neuen und nichtlinearen Bedrohung fertigzuwerden. Aus diesem Grund blieb nur die harte Methode. Terror eignete sich vor diesem Hintergrund mehr als jede andere Strategie, um große Bevölkerungsmassen, die gewaltentwöhnt waren und behütet und sicher lebten, schnell und relativ einfach zu manipulieren.

Ben Kingsley grinste seinen Chef an: »Mein Spitzengefährder will das Übliche, Frank. Er will Geld und Hilfe, um seine Gefolgsleute in den Heiligen Krieg zu schicken. Dorthin, wo echte Action ist: in den Irak oder nach Afghanistan.«

»Wie viele Rekruten für anspruchsvolle Aufgaben hast du jetzt eigentlich in Frankreich, Ben?«

General Frank Mahooney schmunzelte. Die Worte des Jüngeren auf der anderen Seite des Bildschirms erinnerten ihn an den Lieblingssatz seines Vaters: »Jeden Tag steht ein Dummer auf. Du musst ihn nur finden!« Ben war ein wahrer Meister im Auffinden solcher Vollidioten.

Kingsley strahlte:

»Ich habe schon ein Dutzend, Frank! Von allerbester Qualität. Alle haben einen kriminellen Hintergrund, die meisten waren im Gefängnis und sind den Behörden auch schon wegen ihrer radikalislamischen Ideen ins Auge gesprungen«, sagte er mit einem fast väterlich anmutenden Stolz. »Meine künftigen ›Gotteskrieger‹ sind reif wie Rohmilch-Camembert nach einundzwanzig Tagen!«

»Und Belgien?«

Kingsley machte eine abwiegelnde Handbewegung:

»Belgien, Frank … Belgien ist das europäische Zuchtbecken für qualitativ hochwertige, radikale Islamisten. In Molenbeek, Verviers oder Leuven reicht es, einmal mit dem Käscher durchzufahren, und du hast zwei Dutzend auf einen Streich, die bereits kampferfahren sind und schon Zeit in Afghanistan, im Irak oder in Subsahara-Afrika verbracht haben. Und sie sind erstklassig indoktriniert. Die leben abgeschottet und in einer völlig anderen Welt. Dagegen sind Birmingham und Londonistan geradezu Horte intellektueller Aufklärung und Modernität. In Molenbeek habe ich von selbst ernannten Scharia-Experten Sachen gehört, die selbst Abdul-Aziz ibn Abdullah Al ash-Sheikh, der reaktionäre Großmufti von Saudi-Arabien, als obskurantistisch abtäte.

Mahooney schüttelte vor seinem Computerbildschirm auf der anderen Seite des Atlantiks belustigt den Kopf. Sein jüngerer Protegé war einer der besten Experten der US-Intelligence-Community, was den radikalen und politisierten Islam anging. Und er kannte sich genauso gut in Frankreich, den Benelux-Ländern und Deutschland aus wie auf der Arabischen Halbinsel und in zahlreichen Ländern des Nahen und Mittleren Ostens. Während der *Operation Cyclone* gegen die Sowjets hatte er seine ersten Schritte als Geheimdienstoperator in Afghanistan gemacht. Ben hatte, dank der Ausgrabungen, an denen er als Archäologiestudent teilgenommen hatte, ausgezeichnete Kenntnisse der arabischen und persischen Sprache. Seine Kindheit in Louisiana, die Besuche in den Schulferien bei den Großeltern in Frankreich, die väterliche Botschaft in Belgien: Sein Französisch war perfekt. Und er schwamm in den undurchsichtigen Wassern wie ein Fisch. Er konnte nicht nur den perfekten Franzosen oder Belgier mimen. Er war auch als Golfaraber so gut, dass ihre saudischen Freunde regelmäßig beeindruckt waren, wenn er sich »verkleidete«.

Ben Kingsley war einer der Ersten gewesen, der nach 9/11 die geopolitischen Auswirkungen des Bruchs zwischen den Schiiten und Sunniten richtig analysiert und auf diesem basierend vorgeschlagen hatte, den ewigen innerislamischen Streit, den schon Mohammed prophezeite, zu benutzen. Bens Lieblingszitat des Propheten war dabei fast schon eine Strategie:

»Die Kinder Israels spalteten sich in 71 Gruppen und die Gemeinde Jesu in 72. Meine Gemeinde wird sich in 73 spalten, von denen alle in die Hölle fahren werden – bis auf eine.«

»Ich lasse dir selbstverständlich freie Hand, mein Junge«, antwortete Mahooney. »Und wenn dein neuer Star-Imam wirklich nichts anderes will als Hilfe, um seine Märtyrer in spe aus ihrem Pariser Vorort in den Irak oder nach Afghanistan zu schicken, damit sie sich dort in die Luft sprengen können – da helfen wir ihm gerne.«

»Ich werde erst einmal dafür sorgen, dass mein ›Star-Imam‹ Bares auf die Hand bekommt und eine solide Spende für sein Gemeinschaftszentrum Al-Essallam, damit die französischen Kollegen im entsprechenden Moment eine Geldspur nach Katar finden. Da die Mächtigen in Paris die Herrscherfamilie Al Thani so sehr lieben, wird eine Geldspur nach Doha alle in helle Aufregung versetzen, die während der letzten Legislatur ein politisches Amt innehatten. Und die neue Regierung bekommt garantiert ziemliches Herzflattern, denn die Investitionen aus dem Emirat haben großes volkswirtschaftliches Gewicht. Investoren aus dem Umfeld des Scheichs halten Aktienpakete in Schlüsselunternehmen, und die Al-Thanis wiederum kaufen Waffen und halten Dassault, Thales, Safran und die anderen französischen Rüstungsschmieden in Brot und Arbeit. Eine terroristische Aktion, deren Spuren nach Katar führen! Das widerliche Frettchen, das seit dem 6. Mai im Élysée-Palast sitzt, wird ausflippen und um sich schlagen.«

Mahooney nickte seinem Untergebenen zu und klopfte mit der flachen Hand auf eine Mappe auf seinem Schreibtisch.

Der neue französische Staatschef Louis Poniatowski hatte erste persönliche Kontakte mit Hamad Ben Khalifa Al Thani geschmiedet, als er noch Innenminister am Place Beauveau gewesen war. Sein Kabinettsdirektor, den die amerikanische Geheimdienst-Community sehr gut kannte, seitdem er vor einem Vierteljahrhundert frisch diplomiert von der Kaderschmiede ENA zum ersten Mal an einem Seminar des brandneuen Thinktanks »The Euro-Atlantic

Alliance for Democratic Progress« teilgenommen hatte, hatte vor fünf Jahren alles eingetütet. Der Politiker war damals gezielt dazu verführt worden, sich hinter dem Rücken des amtierenden Präsidenten, seines politischen Ziehvaters, ein einflussreiches Netzwerk aufzubauen, das ihm irgendwann einmal nützlich sein konnte, um seine Ambitionen auf das höchste Staatsamt umzusetzen.

»Die französischen Konservativen werden kurzfristig nicht mehr wissen, auf welchem Fuß sie tanzen sollen. Wir fahren sie an die Wand. Wir fahren Präsident Poniatowski an die Wand. Schlucken, Maul halten und mitspielen, oder alle Welt erfährt von den ›unsäglichen‹ Verbindungen der französischen Polit- und Wirtschaftselite zu den ›Terror-Bankern‹ von Katar. Es wird natürlich nicht so einfach sein wie mit den Deutschen, oder so kooperativ wie mit den Briten. Aber es ist wichtig, auch die Franzosen einzunorden und dafür zu sorgen, dass sie in den internationalen Gremien nicht mehr ausscheren und sich auch im Rahmen der NATO unterordnen.«

Ben Kingsley schüttelte leicht den Kopf:

»Dazu bedarf es keiner verdeckten Operation, Frank. Alles deutet darauf hin, dass Präsident Poniatowski diesen Schritt sowieso unternehmen möchte. Wenn auch nicht aus den Gründen, aus denen wir die Franzosen gerne wieder in der militärischen NATO integriert sehen möchten. Meine Quellen im Élysée und der Kontakt im Kabinett des Verteidigungsministers haben sogar schon einen Zeitplan angedeutet. Die Rede ist von maximal vierundzwanzig Monaten. Trotzdem wird es erheblich mehr als nur einen mittleren Skandal um ein Golfemirat und Parteienfinanzierung brauchen, mach dir da nichts vor.«

Mahooneys scharf geschnittenes Kriegergesicht verzog sich vor dem Bildschirm auf der anderen Seite des Atlantiks zu einem breiten Grinsen. Er wirkte plötzlich um Jahre jünger:

»Überrasche mich, mein Freund! Ich bin zu jeder Schandtat bereit!«

Er wusste, dass seine Tage als Director of National Intelligence gezählt waren. Er hatte seinem Land, mit einer kurzen Unterbrechung von gerade einmal drei Jahren in der Privatwirtschaft, vierzig Jahre lang treu gedient. Aber er wurde nicht jünger, und er gehörte zu der seltenen Kategorie Menschen im US-amerikanischen Staatsdienst, die sich ein Leben ohne ihre Position und das damit verbundene Prestige sehr gut vorstellen konnten. Aus diesem Grund bemühte er sich, eine Auswahl jüngerer Leute zu protegieren, die in der sehr exklusiven und geschlossenen US-Intelligence-Community seine Nachfolge antreten konnten, sobald er keine Lust mehr hatte, den Job zu machen.

Ben Kingsley gehörte zu Mahooneys Protegés. Er war wahrscheinlich sogar derjenige mit dem größten Potenzial, denn er hatte einen Hintergrund, der ihn nicht nur für die siebzehn US-Nachrichtendienste akzeptabel machte, sondern auch für die Teile der Streitkräfte, die eng mit ihnen zusammenarbeiteten. Er kam aus dem US Special Forces Command und war ein Ehemaliger der Delta Forces, genauso wie Mahooney selbst. Doch Ben war auch sehr eigenwillig. Mit großer Leidenschaft verlor er sich immer wieder in seinen akademischen Spielereien, und er schaffte es, die höheren Ziele verdeckter Operationen aus den Augen zu verlieren, weil er sich auf der operativen Ebene im Mikro-Management verzettelte.

»Ich verlasse mich ganz auf dich. Du kennst den Zeitrahmen«, meinte Mahooney zu seinem Zögling.

Der Islam war in der öffentlichen Wahrnehmung der westlichen Welt inzwischen genau das, was in den Tagen der Sowjetunion der Kommunismus gewesen war: ein unberechenbarer, gewalttätiger, auf die Weltherrschaft zielender, völlig skrupelloser Gegner. Im Jahr 1979 hatte der politische, fundamentalistische und gewalttätige Islam es geschafft, dem Kommunismus als Weltdogma fast unbemerkt den Rang abzulaufen.

Frank Mahooney erinnerte sich noch ganz genau, wie der Stein ins Rollen gekommen war: Es war weder die iranische Revolution und die Rückkehr aus dem Exil des Ayatollah Khomeini am 1. Februar 1979 gewesen noch der Einmarsch der Sowjets in Afghanistan am 25. Dezember des gleichen Jahres.

Alles hatte am 20. November kurz nach halb sechs Uhr morgens angefangen, im Innenhof der Großen Moschee von Mekka, wo Tausende argloser Gläubiger sich zu einem ganz speziellen Morgengebet versammelt hatten. Man feierte ein neues Jahrhundert nach islamischer Zeitrechnung, den 1. Muharram des Jahres 1400.

Nur Augenblicke später hatte ein Mann mit schulterlangem, lockigem, schwarzem Haar dem Imam das Mikrofon entrissen, während Horden schwer bewaffneter sunnitischer Fundamentalisten das wichtigste Heiligtum des Islams in Mekka stürmten: die Moschee. Endlich – so predigte der Lockige wild – erfüllte sich die uralte Prophezeiung, das Weltende und der finale Sieg des Islams über den Unglauben standen bevor. Dschuhaiman Ibn Seif al-Uteibi, ehemaliger Korporal der saudischen Nationalgarde und Anführer der Bewaffneten, war zu dieser Zeit in seiner Heimat ein prominenter Gegner des saudischen Königshauses und vor allem der rasenden wirtschaftlichen und gesellschaftlichen Modernisierung des Landes mit dem Ölboom. Und Dschuhaiman hatte nur ein Jahr zuvor in einem Studenten der Religionswissenschaften der Universität Riad – Mohammed Abdullah al-Kahtani – den »Mahdi« entdeckt, den Auserwählten, der in einem apokalyptischen Krieg gegen Christen und Juden siegen, eine ideale Gesellschaft gründen und die islamische Welt regieren würde.

Der Überlieferung nach erschien der Mahdi zu Beginn eines neuen muslimischen Jahrhunderts an der Kaaba in Mekka. Dschuhaiman hatte alles in die Wege geleitet, um der Prophezeihung zu helfen, sich zu erfüllen.

Der saudische König Chalid wollte damals sein Militär gegen die Terroristen losschicken, um dem Spuk ein Ende zu setzen, doch der Prophet hatte ausdrücklich das Kämpfen in der heiligen Stadt Mekka untersagt. Chalid wusste, dass ihn nur eine *Fatwa*, ein religiöses Gutachten, aus der Zwickmühle befreien konnte. Doch die von ihm angerufenen Religionsgelehrten standen selbst vor einem Dilemma. Den von Dschuhaiman ausgerufenen Mahdi Mohammed Abdullah al-Kahtani erkannten sie natürlich nicht an. Aber sie teilen sämtliche fundamentalistischen Ideale der Rebellen und deren wütende Kritik an der Modernisierung des Landes.

Und so handeln die Gelehrten mit König Chalid einen Deal aus: Ihre Fatwa würde dem Königshaus ein gewaltsames Ende des Geiseldramas ermöglichen, aber im Gegenzug verpflichte sich der saudische Herrscher, die gesellschaftliche Liberalisierung wieder zurückzudrängen und einen Großteil der Milliardenerlöse aus dem Ölhandel zur weltweiten Verbreitung des wahhabitischen Islams einzusetzen. Faktisch zwangen die saudischen Religionsgelehrten das Königshaus Al-Saud damals, sich Dschuhaimans Programm zu eigen zu machen, um ihn loszuwerden. Und so veränderte sich das zuvor vorwärtsgewandte Saudi-Arabien zurück in einen islamisch-konservativen Staat.

Unterdessen verbreiten sich im ganzen Land die wildesten Gerüchte über die Ereignisse von Mekka. Selbst die CIA und die US-Diplomaten hatten nur Informationsbrocken. Washington nahm selbstverständlich an, dass Khomeini und das schiitische Ayatollah-Regime im Iran hinter dem Terror steckten. Und der Iran reagierte genauso selbstverständlich empört auf die Anschuldigungen und beschuldigte seinerseits umgehend Amerika, Israel und »den Westen«. Spekulationen über die angebliche »Attacke der Ungläubigen« auf das Heiligtum in Mekka verbreiteten sich rasend schnell in der gesamten muslimischen Welt. Daraufhin ging in Pakistan die US-Botschaft in Flammen auf, in Indien und Bangladesch attackierten Muslime US-Konsulate.

Erst am 4. Dezember 1979 konnte die Besetzung der großen Moschee gewaltsam beendet werden. Der angeblich unsterbliche Mahdi Mohammed Abdullah war bei den Kämpfen getötet worden. Sein Kriegsherr Dschuhaiman und knapp einhundert Getreue wurden gefangen genommen und anschließend hingerichtet.

Washington legte die leidige Geschichte von Mekka schnell zu den Akten und schloss sich der Darstellung des saudischen Königshauses an, das den Angriff als einen Akt religiös und geistig verwirrter Einzeltäter beschrieb. Dahinter steckte eine ganz gewaltige

Portion Pragmatismus, gepaart mit einem fundamentalen Unverständnis für die arabische Welt.

Als die Sowjetunion dann am 12. Dezember 1979 den Einmarsch in Afghanistan beschloss, nutzten die CIA diese Gelegenheit sofort, um die islamische Wut umzulenken.

Mit Geld, Waffen und der begeisterten Hilfe des saudischen Königshauses formieren sie unter dem Codenamen *Operation Cyclone* eine Front fundamentalistischer Islamisten gegen die sowjetischen Invasoren, während sie gleichzeitig gewaltige Armeestützpunkte in den Golfstaaten aufbauten und sich zum militärischen Beistand für alle Staaten in der Golfregion verpflichteten. Diese von der Administration Carter beschlossene Doktrin war immer noch gültig, aber es wurde zunehmend schwieriger, sie im Alleingang, mit gelegentlicher Unterstützung der Briten und ihrer ehemaligen Commonwealth-Staaten und unter Ausnutzung der Situation durch die Israelis, umzusetzen und auf die Dauer in diesem großen Rahmen aufrechtzuerhalten.

Sie mussten, wie in den Jahren nach dem Ende des Zweiten Weltkriegs, als der Kommunismus ihr Gegner war, um jeden Preis überzeugen und engagierte Verbündete um sich scharen, die bereit waren, ohne Einschränkungen und Vorbehalte an ihrer Seite zu kämpfen, bis der politische, fundamentalistische Islam denselben Weg gehen würde, den der Kommunismus gegangen war, und der Islam im Allgemeinen genauso gezähmt sein würde wie heute die Russen und die Staaten des ehemaligen Warschauer Paktes. Eine gewaltige Aufgabe!

Ben hatte den besonderen Auftrag während seiner Amtszeit als stellvertretender Direktor der Alliance Base, die Operation, der sie den Codenamen *Regenbogen* gegeben hatten, in Frankreich, dem Benelux und Deutschland – altem traditionellen EU-Kernland – anzuleiern und eine Reihe von Strukturen zu installieren, die es ihnen ermöglichen sollten, *Regenbogen* völlig unabhängig von offiziellen Budgets der US-Geheimdienste zu finanzieren. Ihr Ziel war es, langfristig diskret innenpolitischen Einfluss auf dieses wirtschaftliche und politische Kernland der Europäischen Union zu nehmen und dort einen ähnlichen sicherheitspolitischen Spannungsbogen zu schaffen wie den, der diese Länder in den Jahren des Kalten Krieges im Schulterschluss mit den USA gehalten hatte. Und es war wichtig, die Mitgliedsstaaten der wirtschaftlich starken EU, die im Bereich Verteidigung lediglich minimalistische Beträge investieren wollten, zu motivieren, die Ausgaben zu erhöhen und sofort verfügbare Waffensysteme in den USA zu kaufen, anstatt Eigenentwicklungen zu versuchen, die dann weltweit wieder Konkurrenzprodukte zu US-Entwicklungen darstellen würden.

Der 11. September 2001, der alle NATO-Mitglieder eng um die USA geeint hatte, lag schon Jahre zurück. Diese Einigkeit der Verbündeten löste sich gerade wieder auf, ähnlich, wie nach der deutschen Wiedervereinigung und dem Untergang der Sowjetunion. Und die Zivilgesellschaften der leidlich unwilligen Verbündeten reagierten immer unleidiger auf jede Form staatlicher Kontrolle und Überwachung. Seit dem Einmarsch in den Irak fühlten sie in den Gründungsmitgliedern der EU eine neue Form des Antiamerikanismus aufkeimen, die langfristig dazu führen würde, dass neue europäische Politiker in Amt und Würden gewählt würden, deren erstes Ziel eine real funktionierende, wirklich geeinte europäische Union in allen Bereichen war. Und falls ihnen dieser Schildbürgerstreich gelang, dann stand den USA plötzlich auf der internationalen Szene ein echter Konkurrent um die Vormachtstellung gegenüber, der eine liberale und demokratische Werteordnung gepaart mit wirtschaftlichem Erfolg und humanitären Werten anbieten konnte.

Mahooney wusste, das Problem waren wie immer die Franzosen. Sie hatten sich 1966 unter der Regierung Charles de Gaulle aus den militärischen, integrierten Kommandostrukturen der NATO verabschiedet, ihr eigenes Atomwaffenprogramm vorangetrieben und ein eigenständiges nationales Spionage- und Überwachungssystem entwickelt. Sie waren gerade dabei, sich auch noch solide eigene Mittel zur Satellitenaufklärung zu bewilligen, die sie in

Kriegs- und Krisensituationen von amerikanischen Bildern unabhängig machen sollten. Und sie schafften es über bilaterale Kooperationen und die Gremien der Europäischen Union, die Deutschen immer stärker in ihren Bann zu ziehen. Der französische militärische Spionagesatellit Helios war bereits mit zwei deutschen Radarsatelliten verbunden. In ein paar Wochen würde ein dritter dazukommen. Im Austausch für die Integration ihrer Radarsatelliten bekamen die Deutschen dann Zugriff auf militärisches Bildmaterial. Dadurch wurden sie de facto von den USA unabhängig. Genau das Gleiche geschah gerade mit den deutschen Zugängen zum »Frenchelon«, wie das französische Abhör- und Überwachungssystem scherzhaft in Anspielung auf ihr amerikanisches »Echelon« genannt wurde.

Mahooney fühlte, dass die Gefahr real war, Deutschland driftete von den USA weg. Und es würde der Tag kommen, an dem dieser Prozess einen Punkt erreichte, von dem es kein Zurück mehr gab.

Der Zweite Weltkrieg lag schon sechzig Jahre zurück. Die letzten aktiven Kriegsteilnehmer starben, und ihre Kinder, die in das durch den Marshallplan geschaffene deutsche Wirtschaftswunder hineingeboren worden waren, gingen in Rente. Die deutsche Dankbarkeit gegenüber Amerika verwässerte zusehends, und die jungen Generationen interessierten sich kaum noch für Politik. In ihren Augen war jeder Ausdruck militärischer Stärke schlecht.

Das zeigte sich gerade wieder im Rahmen der mühsamen Koalition in Afghanistan. Der Bundeswehr fehlte es an allem: vernünftiger Ausrüstung, einem soliden Mandat aus dem Bundestag und Rückhalt in der Bevölkerung. Der Bundesregierung mangelte es vor allem an Motivation. Und die Deutschen interessierten sich nicht für die ISAF-Mission am Hindukusch oder den Krieg gegen den Terror. Terrorismus war ihnen fremd geworden. Mogadischu kannten die meisten nur aus dem Kinohit von Ridley Scott *Black Hawk Down*. Mit »Landshut« brachten sie den Sitz der Regierung von Niederbayern in Verbindung. Die Jüngeren hatten die schwarzen Siebziger- und Achtzigerjahre und die RAF nicht erlebt. Die

Älteren interessierten sich für ihren Sozialstaat, Vollbeschäftigung, Konsum, Selbstverwirklichung und den Erfolg ihrer Unternehmen. Patriotische Aspirationen beschränkten sich auf den Export von hochwertigen Kraftfahrzeugen, Industriemaschinen oder innovativen Technologien und die Erwirtschaftung eines Außenhandelsüberschusses. Wenn die Deutschen ihre Flagge schwenkten und die Nationalhymne anstimmten, dann, um einen Sieg in einem internationalen Fußballturnier zu feiern.

Vor dem Fall der Berliner Mauer und der Wiedervereinigung hatte sich den meisten Deutschen der Sinn der NATO, der Bundeswehr und ernsthafter Landesverteidigung leichter erschlossen: Alle Gefahren für ihren Wohlstand und ihre freiheitliche Lebensart kamen aus dem Osten, gingen von der Sowjetunion und vom Kommunismus aus.

Seit der Wiedervereinigung und der Auflösung der UdSSR hatte sich das deutsche Blatt jedoch gewendet. Allerdings war die Kanzlerin eine überzeugte Atlantikerin, denn das Bündnis mit den USA nahm ihr das leidige Nachdenken über eine echte europäische Verteidigungs- und Sicherheitspolitik im Schulterschluss mit den Franzosen ab. Sie mochte derartige Gedanken nicht, denn sie implizierten unweigerlich höhere Verteidigungsausgaben als die lauen 1,2 Prozent des Bruttosozialproduktes des reichsten Landes Europas, mit denen man sich im Moment durchlavierte.

»Unser Test läuft, Frank«, antwortete Ben Kingsley, »und am Freitag endet der Ramadan. Die Zeit reicht, um die restlichen Spuren zu legen. Und wenn sie sich schwertun sollten, die Fährte aufzunehmen, dann biete ich den Franzosen anschließend einfach über die Alliance Base unsere Hilfe an. Meine Informanten im Innenministerium und am 36, Quai des Orfèvres halten mich auf dem Laufenden.«

»Hast du eigentlich einen Plan, um deine ›Versuchskaninchen‹ elegant loszuwerden, falls sie sich ungeschickt anstellen oder irgendetwas in die Hose geht?«

Frank war neugierig. Er hatte Ben völlig freie Hand gelassen.

Der Jüngere grinste: »Warte ab, lass dich überraschen. Du wirst schon sehen.«

Das Szenario war geschrieben und vorbereitet: ein Showdown, der von den beiden Männern ausreichend übrig lassen würde, um sie zu identifizieren, und der so spektakulär war, dass jeder, der das sah, umgehend »Islam« und »Terrorismus« denken musste. Die Medien würden den Rest tun, um Panik heraufzubeschwören.

Ben wollte am Wochenende nicht nur wegen der Lieferung und der Antiquitäten nach Brüssel fahren, sondern vor allem, um den Einsatz mit den Männern im Detail zu besprechen, die in diesem Augenblick als »Paten« und Begleiter der belgischen Rekruten dienten.

Er wechselte das Thema:

»Hast du eigentlich etwas über die Typen herausfinden können, die uns auf der Grabungsstätte Ärger gemacht haben, Frank?«

Er hatte von Jones erfahren, dass die Suche nach dem entflohenen Überlebenden sowohl in Richtung Pakistan und der Stammesgebiete als auch Richtung Ring Road und Qalat erfolglos verlaufen war.

Dadullahs Cousin Borjahn hatte seine Leute ebenfalls losgeschickt. Auch sie hatten nichts gefunden. Drei von Jones' Männern, die anschließend Kisten mit Fundstücken nach Kabul gebracht hatten, hatten sich dort selbst umgesehen und umgehört. Alles erfolglos. Über ein Zufallstreffen mit einem der Presseleute der ISAF hatten sie dann erfahren, dass der abgeschossene MedEvac als »Absturz aufgrund schlechter Witterungsbedingungen« zu den Akten gelegt worden war. Die Maschine war aus Kandahār gekommen.

Mahooney nickte und machte eine abwiegelnde Handbewegung.

»Es gibt keinen Grund zur Sorge, Ben.« Es war erstaunlich einfach gewesen, etwas herauszufinden. Er hatte nur rasch mit seinem Kontakt im US CENTCOM in Tampa gesprochen.

»Mitglieder einer französischen Einheit«, erklärte er. »Die Soldaten hatten Probleme mit ihrem GPS, sind dadurch von ihrer geplanten Strecke abgekommen und haben sich anschließend komplett verlaufen.«

Er erklärte Ben, dass die Männer aus Spin Boldak unterwegs gewesen waren. Die Soldaten des COS hatten keine der üblichen Routinepatrouillen in die Berge gemacht, sondern einen nationalen Auftrag ausgeführt. Alle sechs Mitglieder des Teams galten seit dem plötzlichen Verschwinden des MedEvac als vermisst. MIA – *Missing in Action.* Und seitdem die Wrackteile gefunden worden waren, waren sie offiziell KIA – *Killed in Action.* Der Chef des COS hatte dies in einer kurzen und klassifizierten Mitteilung gegenüber US CENTCOM bestätigt und darum gebeten, man möge kein Aufhebens machen, da es nicht üblich war, Verluste des COS in Frankreich publik zu machen. US CENTCOM Bagram hatte Bens Lieblingssöldner Jones nicht informiert, weil die Strecke der Franzosen laut dem übermittelten OPLAN absolut kein Problem für die Grabungsstätte gewesen war.

»Dieser General, der die Special Forces befehligt, hat den Jungs im CENTCOM bereitwillig erzählt, warum die Leute unterwegs waren. Sie verfolgten eigene nationale Hinweise auf das Versteck des ehemaligen Taliban-Provinz-Gouverneurs von Zabul, Ahmad Jan. Sie wollten den Mann erwischen und nach Frankreich bringen, um ihn dort vor Gericht zu stellen.«

Der Kontakt hatte Mahooney sogar eine Kopie des OPLAN gemailt. Man vermutete schon lange, dass Ahmad Jan sich in der Gebirgsregion unweit der Stadt Mapan versteckt hielt, denn er hatte in der Gegend viele Verwandte.

Die Franzosen waren nicht die Einzigen, die den ehemaligen Taliban-Gouverneur unbedingt erwischen wollten, aber ihre Soldaten waren ganz offensichtlich die inkompetentesten und orientierungslosesten bei der Jagd nach diesem Mann, dem die CIA schon vor Jahren den Spitznamen »Terror-Banker« gegeben hatte. Er stand auch auf der US-Abschussliste, und es gab ein attraktives Kopfgeld. Doch sie jagten im Augenblick lediglich seine Kontaktleute im Ausland, denn sie hofften, so dem internationalen Hawala-Netzwerk von Ahmad Jan auf die Spur zu kommen. *»Follow the Money!«*

Auch die Spanier und die Deutschen interessierten sich für den Mann. Denen ging es allerdings, genau wie den Franzosen, nicht um die Schandtaten, die er als Taliban-Gouverneur der Provinz Zabul verübt hatte, oder um sein Hawala-Netzwerk. Sie wollten auch nicht herausfinden, wie es ihm gelang, innerhalb von Stunden substanzielle Summen in bar von einer auf die andere Seite der Welt zu verschicken. Sie suchten ihn wegen seiner Beihilfe zu einer Attentatserie in den Jahren 2002 und 2003 auf Touristenzentren im nordafrikanischen Raum, bei denen eine große Anzahl von Landsleuten getötet und verletzt worden war. Ahmad Jan hatte den lokalen Attentätern die Sponsorengelder auf Bitte von Osama bin Laden selbst zukommen lassen.

Der Terror-Banker stand seit dem Ende der Neunzigerjahre auf der allgemeinen UN-Terrorliste, die mit dem Beschluss 1967 des Sicherheitsrates herausgegeben worden war. Darüber hinaus handelte der Mann international mit Rauschgift. Ganz am Anfang, in den Wochen nach 9/11, war er einer amerikanischen Spezialeinheit durch einen spektakulären Sprung aus einem Fenster in einem konspirativen Haus in Peschawar entkommen. Dabei hatte er Teile seiner Buchhaltung auf einem Laptop zurücklassen müssen. Der Computer hatte ihnen dann auch einigen Aufschluss zum Thema Drogen gegeben. Allerdings wussten sie immer noch viel zu wenig über die Hawala-Kontaktmänner, mit denen er in Europa und in den USA zusammenarbeitete. Der Zwischenfall führte damals zu erheblichen Spannungen mit den Pakistani, denn die waren über den unkoordinierten Zugriffsversuch auf ihrem Staatsgebiet nicht erfreut gewesen.

»Ich weiß, Frank. Die Franzosen sind wegen der Sachen in Marokko und in Tunesien schon seit Jahren hinter Ahmad Jan her«, antwortete Ben Kingsley. Er verbarg geschickt seine Erleichterung.

Natürlich wusste er persönlich schon seit Jahren, in welchem Haus in Mapan der ehemalige offizielle Taliban-Gouverneur und jetzige Schatten-Gouverneur von Zabul lebte. Er kannte natürlich auch den großen Wehrhof etwas außerhalb der Provinzstadt und rund drei Stunden Fußmarsch von Iskanderga'l entfernt, auf dem Ahmad Jan seine konspirativen Treffen veranstaltete. Doch der Mann war der Schwiegervater der Lieblingscousine von Dadullahs Frau Asma. Aus diesem Grund waren Ben Kingsley die Hände gebunden. Er hatte, während er noch in Langley gewesen war, die Zähne zusammengebissen und diskret dafür gesorgt, dass die CIA Ahmad Jan weitgehend in Ruhe ließ, obwohl der Taliban mit »Krediten« für Operationen an diverse terroristische Organisationen Unsummen verdiente. Selbstverständlich konnte Ben das nicht einmal Frank gegenüber erwähnen. Es gab Grenzen, die ein Director of National Intelligence nicht überschreiten konnte, und Frank konnte, um auf seinem Posten zu überleben, definitiv nicht dulden, dass einer seiner Untergebenen aus ganz persönlichen und privaten Gründen einen Mann wie Ahmad Jan deckte, auch wenn der Untergebene gleichzeitig ein enger Freund war.

Mit Dadullah war es anders. Dadullah war seit den Tagen der *Operation Cyclone* »ihr Mann«, und Frank hatte das nie infrage gestellt oder gar Ben Kingsley zu diesem Thema intensiver befragt. Frank hatte während des Krieges gegen die Sowjets vor Ort und mit eigenen Augen gesehen, wie sehr die CIA von dieser persönlichen, intimen Freundschaft zwischen seinem Untergebenen Ben Kingsley und dem Paschtunen aus dem königlichen Clan der Mohammadzaï profitierte. Frank kannte auch Dadullahs Insiderberichte aus der Taliban-Bewegung, die regelmäßig über seinen Untergebenen auf seinem Schreibtisch landeten, seitdem der Paschtune sich in den letzten Tagen des afghanischen Bürgerkriegs aus wirtschaftlichem und familienpolitischem Kalkül mit den rückwärtsgerichteten Wahnsinnigen um den halb blinden Mullah Omar verbandelt hatte.

Aus diesem Grund gab es seit Mahooneys Amtsantritt am Tyson's Corner auch das streng geheime Memorandum, die vom Präsidenten unterzeichnete Generalamnestie und das auffällig schlechte Foto auf der Terrorliste, die die USA veröffentlichte.

Wenn der zivilisierte und urbane »Geschäftsmann aus Karatschi« Dadullah Khan reisen wollte, dann hinderte ihn niemand daran. Er war der Sohn eines erfolgreichen Geschäftmanns aus Pakistan, dem es in den 1970er-Jahren gelungen war, aus einem traditionellen orientalischen Basarladen erst ein florierendes Import-Export-Business zu machen und daraus dann ein solides, mittelständisches Unternehmen, das mit moderner Elektronik, IT und Hightech handelte. Dadullahs Brüder leiteten die Handelsniederlassungen der Firma in der Türkei und in den Golfstaaten. Die exzellenten Beziehungen der Mohammadzaï-Paschtunen in die Türkei existierten bereits seit dem Osmanischen Reich und dem Emir Habibullah Khan.

Mr. D. Khan, der jüngste Sohn des Firmengründers und offiziell fürs Marketing der Gruppe zuständig, hatte auf seinem pakistanischen Pass sowohl ein britisches Dauervisum als auch eine US-Greencard. Er besaß Diplome der von Deutschland finanzierten Technischen Universität Kairo und der berühmten SOAS-School of Oriental and African Studies in London, und niemand wäre je auf die Idee gekommen, den erfolgreichen und dynamischen Manager aus Karatschi, der gerne modische High-End-Anzüge der italienischen Nobelmarke Ermenegildo Zegna trug, mit dem schwarz gekleideten, wilden und bärtigen Warlord aus den afghanischen Bergen in Verbindung zu bringen, der mit ein paar professionell in Szene gesetzten Enthauptungsvideos und islamistischen Brandreden auf Paschtu auf dem Sender Al-Jazeera für einen Medien-Buzz gesorgt hatte.

Ahmad Jan war immer nur ein kleines, gieriges, korruptes und völlig skrupelloses Arschloch gewesen, der alles dealte, womit man schnell und einfach Geld verdienen konnte. Doch in der paschtunischen Stammesgesellschaft konnte man unangenehme Verwandte nicht einfach so vermeiden und verleugnen. Und sie umzubringen führte zu blutigen Fehden, die mindestens zweihundert Jahre dauerten. Es war genau wie bei Ben Kingsley zu Hause in Louisiana: Blut war dicker als Wasser, egal wie peinlich es manchmal wurde. Seine Freunde suchte man sich aus. Die Familie ertrug man.

»Die Franzosen haben handfeste Beweise, um diesen Ahmad Jan in Frankreich vor ein französisches Gericht zu stellen und zu verurteilen, falls es ihnen gelingt, Hand an ihn zu legen und ihn aus Afghanistan zu entführen«, erklärte Ben.

Bens Kontakt im Innenministerium am Place Beauveau hatte es Anfang März erwähnt. In der Presse war ein langer Artikel zu dem Attentat auf der Urlaubsinsel Djerba erschienen, das insbesondere die Europäer im Jahr 2002 erschüttert hatte. Die Aktionen der Interessengemeinschaft der Angehörigen von Terrorismusopfern trugen Früchte.

»Ein bekannter französischer Antiterrorrichter hat bereits vor drei Jahren einen internationalen Haftbefehl gegen Ahmad Jan erlassen.« Ben seufzte leise.

»Die Franzosen haben schon mehrfach die afghanische Regierung offiziell um seine Auslieferung ersucht und dabei aus dem Präsidentenpalast von Kabul immer dieselbe Antwort erhalten: ›Unmöglich, dort, wo Jan sich aufhält, irgendwie auf ihn zuzugreifen.‹«

Frank Mahooney schüttelte den Kopf. Den Franzosen ging es nicht besser als den Amerikanern oder anderen Nationen, die die afghanische Regierung um die Auslieferung von Terroristen ersuchten.

»Dieser General Morillon vom COS erklärte meinem Kontakt im CENTCOM, dass sie diese verdeckte Operation aus genau diesem Grund aufgezogen hatten, allerdings sehr überstürzt, weil sie einen ganz speziellen Hinweis zum Verbleib von Ahmad Jan bekommen hätten und schnell handeln mussten.«

»Was die Jagd in den Bergen und den sehr vagen OPLAN erklärt!« Ben erinnerte sich.

Ahmad Jan hatte damals auf direkte Bitte von bin Laden die lokale Al-Qaida-Zelle *Salafiya Jihadia* mit Geldmitteln versorgt, um die Selbstmordanschläge im April 2002 gegen die Al-Ghriba-Synagoge auf der Insel Djerba und ein Jahr später im Mai 2003 in Casablanca zu organisieren. Dabei waren die Ziele zwar jüdische Einrichtungen gewesen, doch die Leute, die ihr Leben verloren hatten, waren vor allem deutsche, spanische und französische Touristen. In Casablanca waren anschließend noch einmal vierzig Menschen zu Tode gekommen, und es hatte über hundert Verletzte gegeben. Auch hier waren die Betroffenen fast ausschließlich Europäer.

Es ergab Sinn. Die Jagd der Franzosen auf den berüchtigten »Terror-Banker« machte deswegen Sinn, weil genau in diesem Augenblick vier lebend gefasste Mitglieder der Kommandos von Djerba und Casablanca in Paris vor Gericht standen. Sie besaßen alle die doppelte Staatsbürgerschaft und waren von den Marokkanern ausgeliefert worden, nachdem die Franzosen massiv Druck auf Rabat gemacht und mit knallharten Wirtschaftssanktionen gedroht hatten. Dieser Prozess zog im Augenblick die Aufmerksamkeit der gesamten französischen Medien und der Bevölkerung auf sich.

»Die Franzosen haben wohl während der Untersuchungen gegen die vier Angeklagten noch zusätzliches belastendes Material gegen Ahmad Jan in die Hände bekommen«, sagte Ben zu Mahooney, »und soweit ich weiß, gibt es als Nebenkläger wieder diese gemeinnützige europäische Vereinigung der Angehörigen von Terrorismusopfern, die dem französischen Staatspräsidenten, der deutschen Kanzlerin und dem spanischen Präsidenten ständig die Hölle heiß machen. Der neue französische Präsident Poniatowski war damals, als die Anschläge geschahen, auch noch Innenminister, und er hat Versprechen gegeben, die er jetzt einhalten muss, wenn er nicht ins Kreuzfeuer der Kritik seiner politischen Gegner geraten möchte.«

Taher lag mit seiner wilden Verschwörungstheorie über die Israelis und die Franzosen also irgendwie doch richtig, auch wenn er selbst nicht die Zielperson dieser speziellen Truppe gewesen war. Ben beschloss, die Informationen, die er von Frank bekommen hatte, vorerst für sich zu behalten, um keine unnötige Panik auszulösen.

Taher war zwar sein Freund, seitdem sie an der Universität von Cambridge im ersten Semester das Zimmer geteilt hatten. Aber Taher war im Augenblick auch extrem nervös, und er hatte inzwischen zwei gültige Reisepässe an der Hand, die auf keiner Such- oder Terrorliste der Welt standen und ihm gestatteten, ohne Probleme in zahlreiche Länder der Welt zu reisen. Zu diesen Pässen hatte er auch entsprechend gut gefüllte Bankkonten. Im Gegensatz zu 2003/2004 konnte er jetzt leicht und ohne fremde Hilfe irgendwo abtauchen.

Er würde wohl nicht gleich den brandneuen amerikanischen Pass riskieren. Der saudische Reisepass, den Saif um ihrer alten Freundschaft willen für Taher besorgt hatte, stand zwar im Henley Visa Restriction Index nur auf sechsundneunzigster Stelle, aber man konnte mit ihm immer noch ohne Probleme und visafrei in eine ganze Reihe Länder reisen: Jordanien, Marokko, Tunesien, Libanon – ja sogar Neuseeland und Panama. Oder Ägypten! Taher kannte Ägypten gut. Er besaß dort immer noch das Haus in der historischen Altstadt von al-Minya. Ben sorgte seit drei Jahren dafür, dass seine Haushälterin und ihr Mann, der sich um den Garten kümmerte, zweimal pro Jahr diskret ihre Gehälter und Geld für den Unterhalt erhielten.

Während Tahers Halbbruder Mustafa, er selbst und Dadullah in Afghanistan gegen die Sowjets gekämpft hatten, nahm Taher damals lieber einen Lehrstuhl für Archäologie und antike griechische Geschichte an, den ihm die ägyptische Provinzuniversität am Westufer des Nils anbot. Er hatte gerade – in arabischer und nicht in englischer Sprache – sein Werk über Bazira und die Grabungen im Swat-Tal veröffentlicht.

Taher hatte sich in diesen Tagen nicht wirklich für Politik interessiert. Er war wie viele Akademiker eher links gewesen. Sadats Re-Islamisierung Ägyptens hatte ihn genauso wenig interessiert wie die Ermordung des Präsidenten – 1981 – durch Mitglieder der islamistischen Untergrundorganisation Al-Dschihad. Er hatte seine Karriere als Archäologe vorangestellt und gegraben wie ein Maulwurf. Wenn Mustafa sich damals nicht so vollkommen verrannt hätte – Taher hätte den ganzen Unfug wohl nicht mitgemacht und wäre heute eine international respektierte Koryphäe der Altertumsforschung und kein gejagter Krimineller.

Ben hatte nie begriffen, warum sein ältester, bester und vertrautester Freund wegen dieser schiefgegangenen Flugzeugentführung an Weihnachten 1994 durch seinen fanatisierten Halbbruder alles hingeschmissen hatte, obwohl er Mustafa zugestand, dass er ein ausgezeichneter Kämpfer gewesen war.

Tahers Vater hatte Mustafa versehentlich mit einer der noch minderjährigen Geranienpflückerinnen auf ihrer Plantage bei Blinda gezeugt. Mustafa war von Kindesbeinen an ein gewalttätiger und wilder Bursche gewesen. Noch vor seiner Volljährigkeit war er in zahlreiche kriminelle Unternehmungen verwickelt, doch sein Vater schaffte es als einflussreicher Geschäftsmann, den Sohn immer wieder freizukaufen. Irgendwann hatte Mustafa sich dann auf der Suche nach Sinn in seinem Leben einer fundamentalistischen religiösen Gruppe angeschlossen, sich einen Bart wachsen lassen und terrorisierte seine Mitmenschen zu Hause in Algerien.

Tahers Vater hatte nach Mustafas Geburt nicht gezögert, ihn gemäß dem islamischen Recht und den Regeln der Scharia anzuerkennen, und war so anständig gewesen, seiner Mutter eine monatliche Abfindung zu bezahlen. Die beiden Jungen waren sogar gemeinsam aufgewachsen – Taher nur vier Jahre älter als Mustafa. Das hatte nichts an dessen wildem, zügellosem Charakter geändert. Als die Sowjets in Afghanistan einmarschierten, war Tahers Halbbruder einer der Ersten, der sich aus Algerien in den Heiligen Krieg aufmachte. Seine schwer geprüfte Familie atmete damals erleichtert auf, und selbst seine Mutter hatte irgendwie gehofft, dass Mustafa sein Abenteuer als Märtyrer beenden würde. Lediglich Taher hielt seinem jüngeren Bruder die Stange und entschuldigte dessen Temperament und Gewaltbereitschaft mit einem festen und tiefen Glauben und seinem gerechten Zorn über den gewaltsamen Einmarsch der Sowjets. Doch anstatt sich am Hindukusch umzubringen, kehrte Mustafa lediglich hervorragend ausgebildet und perfekt mit salafistischem Gedankengut indoktriniert als außergewöhnlich kompetenter Gotteskrieger nach Algerien zurück, wo die neu gegründete salafistische Kampfgruppe *Groupe Islamique Armé* GIA und deren Emir Djamel Zitouni umgehend auf ihn aufmerksam wurden und ihn mit offenen Armen empfingen.

Als Djamel Zitouni die Entführung der Air-France-Maschine geplant hatte, um diese als fliegende Bombe in den Pariser Eiffelturm zu stürzen, waren Tahers Halbbruder und ein weiterer gewalttätiger Kleinkrimineller – der ehemalige Gemüsehändler Abdallah Yahia – die erste Wahl für das Terrorkommando gewesen. Die Männer hatten von Anfang an genau gewusst, dass sie gemeinsam mit ihren beiden Handlangern Benguetaff und Layadi einen Selbstmordauftrag übernahmen.

»Hast du auch herausfinden können, wie diese Männer einen MedEvac herbeirufen konnten, obwohl meine Equipe oben in Iskanderga'l sämtliche OEF- und ISAF-Frequenzen gejammt hat, Frank?«

»Einer von denen hat sich über sämtliche Sicherheitsvorschriften und Dienstanweisungen hinweggesetzt«, sagte Mahooney, »und sein privates Satellitentelefon mit in den Einsatz genommen. Du hast richtig vermutet!«

Ben Kingsley seufzte leise. Gegen den Ungehorsam einzelner Soldaten konnten sie mit ihrem teuren Hightech-Störsystem nichts ausrichten.

»Ich halte dich auf dem Laufenden«, versprach er Mahooney.

Es reichte völlig aus, wenn Ben Jones mitteilte, dass der Zwischenfall kein Problem darstellte, und ihm erklärte, dass die Eindringlinge sich verlaufen und dann per privatem Telefon Hilfe gerufen hatten. Dagegen gab es keine technischen Mittel, die nicht zugleich auch ihre eigene Operation gewaltig stören würden, und genau aus diesem Grund existierten die Contractor-Equipen, die Iskanderga'l üblicherweise schützten. Jones würde den drei Teams, die sie noch in den Bergen hatten, befehlen, die Patrouillen zu intensivieren.

Der Director of National Intelligence gab seinem jüngeren Protegé das Daumen-hoch-Zeichen, dann beendete er die Konversation. Er musste noch ein zweites Gespräch führen und anschließend den voluminösen Ordner durcharbeiten. Er hatte es Ben gegenüber nicht erwähnt. Rhonda Hinkel war aus dem CTC der CIA nicht nur zur Alliance Base geschickt worden, um die Verbindung mit den anderen US-Diensten zu halten und für ihn einzuspringen, wenn er im Rahmen der *Operation Regenbogen* unterwegs war. Sosehr General Frank Mahooney Ben Kingsley schätzte: Es gab immer wieder Situationen, in denen der jüngere Mann unkontrollierbar wurde und seine eigenen Pläne und Interessen mit denen der CIA und denen der USA verwechselte. Rhonda stand Ben an Kreativität, Skrupellosigkeit und Gespür für Intrigen in nichts nach, aber sie war nicht so wild, und sie wurde nicht von solch einer persönlichen Besessenheit getrieben wie er. Rhonda war ein einhundertprozentig reines CIA-Produkt, ohne Verbindungen zur Außenwelt, ohne andere Interessen als ihre Arbeit und ohne emotionale Verpflichtungen. Unverheiratet und kinderlos hatte sie ihre Eltern schon verloren, noch bevor sie direkt von der Universität in den Dienst gekommen war. Und zu den wenigen verbliebenen Verwandten hatte sie jeden Kontakt abgebrochen, als sie nach bestandener Ausbildung auf der »Farm« ihren Vertrag unterschrieb. Wäre sie keine Frau gewesen, hätte er sie, ohne zu zögern, als einen *Company Man* bezeichnet. Er sah kurz auf eine der kleinen Uhren auf seinem Schreibtisch, die die aktuellen Uhrzeiten an verschiedenen Orten der Welt anzeigten. Als der Minutenzeiger der Uhr, unter der Paris stand, die Zwölf erreichte, klickte er mit der Maus auf Brendas Skype-Pseudonym, neben dem sich eine kleine, runde Ikone befand, in der eine lustige Zeichentrick-Katze eine zappelnde Comic-Maus am Schwanz in die Luft hielt.

× × ×

Mahooney atmete erleichtert auf, als auch der Skype-Termin mit Rhonda Hinkel vorüber war. Er hatte für den nächsten Morgen zwar eine wichtige Besprechung angesetzt, an der außer seinen Leuten aus der CIA auch noch eine Gruppe aus der NSA teilnahm, und er hatte noch eine Menge Arbeit, um alles vorzubereiten. Doch er brauchte jetzt endlich Bewegung. Genau wie der ungeduldige junge Labrador zu seinen Füßen. Es war die Hölle, am Schreibtisch zu sitzen, wenn draußen die Sonne schien.

Den Vertreter des State Department wollte er über die *Operation Regenbogen* erst dann ins Vertrauen ziehen, wenn sie sich selbst die Karten gelegt hatten. Und dazu musste Ben seinen Testlauf über die Bühne bringen, und sie mussten die anschließenden Reaktionen der Franzosen und die Aktionen ihrer Sicherheitsdienste und der Polizei genauestens analysieren.

»Na los, Sam!«, sagte der General zu seinem Hund und forderte das Tier mit einer Handbewegung auf, ihm zu folgen. »Das Wetter ist wunderschön.«

Er konnte am besten nachdenken, wenn er draußen in der freien Natur war; für seinen vierbeinigen Freund Stöckchen und Bälle warf, im Hausgarten Unkraut zupfte, die Holzzäune der weitläufigen Koppeln reparierte oder mit einem ihrer Pferde alleine im Wald spazieren ritt. Seine Berufskarriere hatte ihn nach dem Ende seines aktiven Dienstes als Soldat dazu verdammt, mehr Zeit, als ihm lieb war, in geschlossenen Räumen und unter künstlichem Licht zu verbringen. Es war ein Segen, dass er es wenigstens nicht weit hatte, wenn er zu seiner Dienststelle fahren musste.

Der Ordner, der ihn nach dem Spaziergang mit Sam auf seinem Arbeitstisch erwartete, enthielt Lebensläufe und Beurteilungen der CIA und des INR – des Amts für Geheimdienstinformation und Forschung des US State Departments, einer Reihe aufstrebender, junger europäischer Politiker, Staatsbeamter und Führungskräfte aus der Wirtschaft. Es ging darum, zu entscheiden, wer aus dieser Auswahl dazu geeignet war, mittel- bis langfristig strategisch wichtige Positionen in verschiedenen EU-Mitgliedsstaaten zu erreichen, die auch im Rahmen der NATO wichtig für die amerikanische außenpolitische Strategie waren. Diese Gruppe wurde jedes Jahr um ein paar Gesichter erweitert, um diejenigen zu ersetzen, die sich in den Ruhestand verabschiedeten, verstarben oder sich als nicht nutzbar erwiesen hatten. Sie sorgten anschließend diskret dafür, dass die ausgewählten Männer und Frauen entsprechend gefördert und unterstützt und natürlich auf die gewünschte Leitlinie eingeschworen wurden.

Die Stiftungen, Organisationen und Thinktanks, die sie zu diesem Zweck mit Gesinnungsgenossen überall in Europa gegründet hatten, waren wichtige Werkzeuge. Andererseits sorgten sie auch diskret dafür, dass Begegnungen von Forschern der Sozialwissenschaften, Akteuren des wirtschaftlichen und sozialen Lebens und Mitgliedern der Medien- und Presselandschaft der jeweiligen Länder möglich wurden, die dann die Verbreitung der durch die Forschung in Geistes- und Sozialwissenschaft hervorgebrachten Erkenntnisse in der Öffentlichkeit förderten. Gleichzeitig diente diese regelmäßige Verquickung von Intelligenzia, Wirtschaft, Medien und Politik auch der Angleichung von Standpunkten, während man sich einigte, in welcher Form die jeweiligen nationalen Medien wann welche Themen fürs große Publikum aufbereiteten.

Der Zweck dieser Übung war es, in den Ländern, in denen dies möglich war, für eine entsprechende Stabilität zu sorgen und ein Umfeld zu schaffen, in dem eine geordnete Freiheit sowohl den wirtschaftlichen Wohlstand als auch die politische Teilhabe voranbrachten. Es ging hier ganz besonders um ihre Verbündeten des postkommunistischen Zentraleuropas, Westeuropas und natürlich um eine Reihe Staaten, die aus dem vormaligen britischen Imperium hervorgegangen waren. Es war wichtig, dass man im Bereich der Sicherheitspolitik, aber auch im Bereich der Wirtschaft auf der gleichen Wellenlänge war.

Was die »anderen« anbetraf, machte Mahooney sich keine Illusionen: Der traditionelle Ansatz der Realpolitik war in seinen Augen gescheitert. Es reichte nicht, wie in den Tagen von Eisenhower, auf die Komplexität der Region Naher und Mittlerer Osten zu verweisen und vor allem auf die dort herrschende, viszerale Abneigung gegen jede Einmischung von außen. Es war offensichtlich, dass sämtliche Versuche, die Länder des Halbmondes zu modernisieren oder ins 21. Jahrhundert zu begleiten, am 20. November 1979 gescheitert waren.

Mahooney hatte im Lauf seiner langen Karriere verstanden, dass der Nahe und der Mittlere Osten für derartige Veränderungen genauso unvorbereitet war wie die Mehrheit der Staaten des afrikanischen Kontinents. Jede Hoffnung, Demokratisierung und wirtschaftliche Reformen in den Staaten des Halbmondes erzwingen zu können, war trügerisch. Im Gegenteil – sie hatten gerade die gefährlichen und unberechenbaren islamistischen Regime geschaffen, die sie hatten verhindern wollen. Und in Schwarzafrika gaben sich korrupte Diktatoren, deren Tagesgeschäft es war, die auszuplündern, für deren Wohlergehen sie theoretisch Sorge tragen sollten, die Türklinken der Präsidentenpaläste in die Hand.

Trotzdem brachte es nichts – Mahooneys Hund schaute ihn erwartungsvoll an –, ihre Politik darauf zu beschränken, den Status quo und damit eine gewisse Stabilität zu wahren, um damit die Gefahr einer Explosion so gering wie möglich zu halten. Der politische Islam breitete sich zwischenzeitlich schon über die Grenzen der traditionell muslimischen Länder aus und zerfraß wie ein Krebsgeschwür afrikanische Staaten, den Balkan und sogar Teile Südostasiens. Und die massive Migration aus diesen Regionen der Welt ins wirtschaftliche und sozialstaatliche europäische Eldorado drohte mittelfristig Amerikas traditionelle Verbündete komplett aus der Bahn zu werfen.

Frank Mahooney streichelte Sam den Kopf: »Bist du fit, mein Freund?«, fragte er den Hund, der schwanzwedelnd und aufmerksam vor ihm saß. Er holte aus einer bunt bemalten Holzkiste einen knallgelben Tennisball. Der Labrador bellte aufgeregt, und Mahooney lachte befreit. Die nächsten zwei Stunden wollte er nicht an den Job, das Projekt, den Plan und die Notwendigkeit denken, in den nächsten Wochen tief greifende Entscheidungen treffen zu müssen.

Deutschland – Berlin – Regierungsviertel

»Eine sehr interessante Wendung, Commandant«, antwortete Madame le Juge.

Kérmorvan stand mit seinem brandneuen Cryptophon auf der windigen Esplanade vor dem Bundeskanzleramt und fror. Es war trüb und es nieselte. Typisch Ostdeutschland. Das Herbstwetter war genauso trist wie die Plattenbauten aus der DDR-Zeit.

Er hatte sich trotz der ruhigen Tage mit Carla in Karatschi noch nicht von der Mission, dem Absturz, dem brutalen Verhör und der Flucht durch die afghanischen Berge erholt. Er fühlte sich körperlich zerschlagen und war eigentlich todmüde. Seine Schulter, der Rücken und die geprellten Rippen taten seit der frühmorgendlichen Zugfahrt nach Potsdam und zurück wieder richtig weh. Der öffentliche Nahverkehr und die Regionalzüge des Verkehrsverbunds Berlin-Brandenburg hatten berechtigterweise einen genauso schlechten Ruf wie Klaus Wowereit, der sozialdemokratische Bürgermeister der Hauptstadt, der das geflügelte Wort »arm, aber sexy« zum Slogan seines chaotischen Mandats erhoben hatte.

General Gutbrod hatte ihn darüber hinaus auch noch komplett überrumpelt. Der erfahrene Nachrichtendienstoffizier fühlte sich wie ein blutiger Berufsanfänger. Als er an das Gespräch mit dem ehemaligen Boss des KSK zurückdachte, stieg ihm die Schamesröte ins Gesicht, und ihm wurde trotz der Kälte schlagartig warm. Im wörtlichen und im übertragenen Sinn hatte Kérmorvan das Gefühl, im Regen zu stehen, während er mit seiner Chefin sprach. Er war auch nicht glücklich darüber, überhaupt zu Hause anrufen zu müssen, obwohl er genau wusste, dass es selbst mit den amerikanischen Überwachungssystemen im Augenblick noch unmöglich war, sie abzuhören.

Kérmorvan hasste Telefone jeder Art, wenn er im Einsatz war. Festnetzanschlüsse, Handys oder Satellitentelefone; alle gleich! Telefone waren die Leuchtraketen des geheimdienstlichen Geschäftes und hatten schon mehr Agenten die Freiheit oder das Leben gekostet als sämtliche Hieb-, Stich- und Schusswaffen entschlossener Gegner. Aber sie hatten mit Madame le Juge vereinbart, umgehend nach seiner Rückkehr aus Potsdam zu reden und gemeinschaftlich über den Fortgang der außergewöhnlichen deutschen Mission zu befinden.

Das Cryptophon war eine klassische Eigenentwicklung der DGSE. Es ähnelte einem kommerziellen High-End-Handy. Wenn der Dienst kein Geld hatte oder zivilen Herstellern nicht über den Weg traute, dann machte man es lieber selbst: Sie hatten sich das Ding auf der Grundlage eines Sagem-P9521 zusammengebastelt und sich dabei auf die fast unbekannte Software-Entwicklung Android gestützt, die auf einem Linux-Kernel basierte. Dazu hatten sie gewisse Eigenschaften, die man bei unixoiden Systemen erwartete, über die Anwendung bionischer Prinzipien gelöst. Die opportunistische Verschlüsselung arbeitete durch automatische Erkennung von ZRTP-Unterstützung auf der Gegenseite. Eine ganze Menge ziviler Handyhersteller hätte ihnen für dieses Konzept, ohne zu zögern, richtig Geld bezahlt.

»Ich warte allerdings noch immer auf diesen geheimnisvollen Kontaktmann, der mich zu meinem genauso geheimnisvollen Termin begleiten soll, den Gutbrod für mich vereinbart hat«, nörgelte Kérmorvan ins Mikrofon des Cryptophons.

Er hatte am Morgen einen für einen Geheimagenten unverzeihlichen Fehler begangen und seine schwarzen Lederhandschuhe im Hotel vergessen. Seine Finger färbten sich vor seinen Augen blau. »Verdammtes DDR-Sauwetter!«, murmelte er.

Er hatte für Christiane Près bereits das Gespräch mit dem ehemaligen Chef des KSK zusammengefasst. Damit stand er nun schon seit wenigstens dreißig Minuten in der feuchten Berliner Kälte.

»Die Deutschen möchten selbstverständlich kein Aufhebens machen – aber die versuchen da gerade, eine Art Mantel-und-Degen-Fantasie zu veranstalten, die immer mehr einem schlechten Spionage-Roman ähnelt – mit dem unglücklichen Major Rossi in der Hauptrolle!«

Bei seinen üblichen Einsätzen ging Kérmorvans Adrenalinspiegel eigentlich immer hoch, aber hier stürzte er gerade ins Bodenlose ab. Nicht verwunderlich nach den letzten Wochen am Hindukusch, denn er war nicht zu einer amüsanten Murder-Mystery-Party nach Berlin gereist, sondern um die Deutschen diskret auszuloten und sie zu bitten, offiziell mit Carla über den vierten Mann sprechen zu dürfen, denn er selbst hatte ihn nicht gesehen. Sie brauchten dringend eine Phantomzeichnung dieses Mannes, um das Rätsel des afghanischen Hochtals und der dortigen Ausgrabungen zu lösen.

Christiane Près bemühte sich, ihre Belustigung vor ihrem Offizier zu verbergen. Sie kannte Kérmorvan, und auch ohne sein Gesicht zu sehen, hörte sie an seiner Tonlage, dass ihm die ganze Sache gewaltig gegen den Strich ging:

»Es wird in der Tat spannend, Commandant. Und ich brenne natürlich genau wie Sie vor Neugier zu erfahren, wer diesen spannenden *Whodunit* für uns inszeniert.«

»Haben Sie einen Verdacht, Madame le Juge?«

Kérmorvan hatte sein Bauchgefühl. Und da schwante ihm nichts Gutes. Aber er hatte sich während des Abendessens mit Vignerolles de Saint Maure wenigstens bezüglich seiner ehemaligen Weggefährtin die Karten gelegt, und er wusste, wie er ein erneutes und für Carla überraschendes Zusammentreffen handhaben würde. Er hatte seiner Chefin, Rudeaux und Fabré beim Debriefing eine stark bereinigte Story ihrer drei gemeinsamen Wochen erzählt, denn es gab ein paar Details, die sehr privater Natur waren und nur ihn und Carla etwas angingen.

Irgendetwas, das sie erzählt hatte, musste eine kleine und sehr exklusive Gruppe in Deutschland genauso in Aufregung versetzt haben wie er mit seinem Einsatzbericht Madame le Juge, die Division Action, den Generaldirektor der DGSE und den französischen Premierminister Jerôme Rousseau – und in genauso kurzer Zeit.

Kérmorvan fühlte so etwas wie Lampenfieber in sich hochsteigen. Für gewöhnlich mangelte es ihm nicht an Selbstbewusstsein, aber hierbei handelte es sich um eine sehr ungewöhnliche Mission.

Sie hatten ihm auch keine Zeit gegeben, sich vorzubereiten. Üblicherweise traf er Entschlüsse auf operativer Ebene. Doch hier war es am Ende eine politische Entscheidung, die er treffen musste. Und er musste improvisieren, aus dem Stegreif dichten – während er auslotete, mit wem er es eigentlich zu tun hatte, was die Deutschen wollten und was sie möglicherweise anbieten mussten, um ihre rechtsrheinischen Nachbarn zu überzeugen, das Spiel der Division Action zu spielen.

Christiane Près lachte leise. Sie hatte ihrem Offizier absichtlich einen großen Spielraum eingeräumt. Selbstverständlich hatte sie einen Verdacht. Sie hatte ihr ganz persönliches Bauchgefühl, eine lange Berufserfahrung und immer wieder den direkten Kontakt zu den Führungsebenen aller drei deutschen Dienste. Aber sie wollte, dass Kérmorvan Erfahrungen sammelte und seine eigenen Schlüsse zog. Er wurde nicht jünger. Irgendwann würde ihm das Rambo-Spielen auf die Nerven gehen. Es war natürlich bedauerlich, dass es für künftige Entscheidungsträger im Nachrichtendienst keines dieser praktischen schwarz-gelben Taschenbücher aus der *Für-Dummies*-Reihe gab, die einem für knapp zwanzig Euro auf durchschnittlich dreihundert Seiten das Wissen vermittelten, um vom Amateur zum Profi zu mutieren. In ihrem speziellen Geschäft existierte eben nur die traditionelle Methode, die man auf Englisch *learning by doing* nannte.

»Ich werde mich irgendwann einmal hinsetzen und dieses Handbuch schreiben!«, sagte die Chefin von Frankreichs geheimster Dienststelle zu sich selbst. »Das wird ein absoluter Bestseller, und sie werden ihn in alle Sprachen der Welt übersetzen. ›Geheimdienst für Dummies‹! Dann antwortete sie ihrem Offizier in einem Ton, der an Gleichmut nicht zu überbieten war:

»Was glauben Sie, Gwénaël?«

Er hatte am Morgen drei Stunden damit zugebracht, mit dem General Reinhard Gutbrod im Park von Sanssouci herumzuwandern. An diesem kühlen und leicht regnerischen Herbsttag war das eine ausgezeichnete Idee gewesen, um keine neugierigen Blicke auf sich zu ziehen oder gar Mithörer fürchten zu müssen. Kérmorvan hätte nicht einmal einen Hund vor die Tür gejagt. Im kalten Nieselregen mit feuchtem Ostwind hatte der ehemalige Chef des KSK ihm unter dunklen, bedrohlich wirkenden Winterwolken den Hintergrund für das mysteriöse Treffen in Berlin geschildert. Doch er hatte dabei mit keinem Wort erwähnt, wo und mit wem er sich in der Bundeshauptstadt treffen sollte.

Um völlig autonom zu sein, hatte Kérmorvan Vignerolles de Saint Maure vorsichtshalber schon während des Abendessens erklärt, dass er keinen Fahrer der französischen Botschaft brauchte, während er in Berlin war. Es war einfacher und schneller, mit Nahverkehrsmitteln durch die Gegend zu fahren.

»Morillon hat Gutbrod auf jeden Fall richtig beurteilt«, antwortete er seiner Chefin. »Der General ist jemand, mit dem man gut zusammenarbeiten kann. Er hat alles so eingerichtet, dass niemand im Einsatzführungskommando etwas von unserem Treffen mitbekam. Wir sprachen unter vier Augen und ganz offen. Er kam alleine und zu Fuß. Er hat mir auch ohne Diskussion die Erklärung abgenommen, dass wir lediglich hinter Ahmad Jan her gewesen seien. Erstaunlicherweise war er im Detail über die Pariser Prozesse informiert. Die Satellitenaufnahmen des Helios haben ihn natürlich schwer beeindruckt. Die Tatsache, dass dort unten irgendwelche Unbekannten im US-MARPAT-Flecktarn mit französischen Mistral-MANPADS um sich schießen, hat ihn genauso verunsichert wie uns, obwohl Oberstabsarzt Rossi ihren Leuten korrekt berichtete, dass es lediglich die Mistral-I-Generation war und nicht das neue System. Er wusste, dass uns in Ex-Jugoslawien ein Dutzend gestohlen wurde, und war auch über den Ärger mit den Pakistani auf dem Laufenden. Der Mann ist sehr gut informiert … Aus diesem Grund bin ich mir auch nicht sicher, ob er meine Cover-Story geschluckt hat. Gutbrod treibt sich schon zu lange in der grauen Welt der Spezialeinheiten und Geheimdienste herum. Der ist wirklich nicht naiv, und ich befürchte, er erkennt seine eigene Spezies intuitiv. Er sagte mir übrigens gleich zum Auftakt und nach den üblichen

Höflichkeitsfloskeln, dass Rossis sämtliche Spuren auf der Kandahār-Airbase bereits verwischt wurden, genauso wie ihre afghanische Auslandsverwendung. Ihre Sachen einschließlich privatem Handy und Laptop sind auf dem Weg zurück nach Deutschland, und ihr Vorgesetzter im Bundeswehrkrankenhaus gehört ebenfalls zu den Verschwörern. Er wird den Mund halten.«

»Und?« Während Christiane zuhörte, zählte sie in einer Schachtel bunter Petits Fours, die vor ihr auf dem Tisch stand, mit dem Finger aus, welchen sie mit dem nächsten Cappuccino verzehren würde, der gerade durch ihre brandneue Latissima-Nespresso-Maschine blubberte.

Ihr Freund hatte ihr das luxuriöse Teil vor dem romantischen Candle-Light-Dinner zum ersten Jahrestag ihrer Beziehung geschenkt. Eine Hightech-Kaffeemaschine war für eine Frau in ihrem Geschäft sinnvoller als zwölf vergängliche rote Rosen oder ein unvergängliches Schmuckstück aus Gold. Sie beobachtete mit glücklichem Blick, wie sich appetitlich-milchiger Schaum auf der Kaffeeoberfläche formte. Die Tür ihres Büros war fest verschlossen, und niemand konnte sie bei ihrem sündigen Vergnügen beobachten.

»Ich war verhältnismäßig ehrlich, Madame«, erklärte ihr Kérmorvan, während sie beim Telefonieren genüsslich in den kleinen, mit Marzipan und Aprikosengelee gefüllten Kuchen biss. Die türkisfarbene Glasur, das rosa Sahnehäubchen und das kandierte Veilchen hatten sie unwiderstehlich angezogen.

»Gutbrod weiß, dass wir zwei der Männer bereits identifiziert haben. Dadullah Khan in der Provinz Zabul beim Namen zu nennen ist kein großes Risiko. Er ist der Platzhirsch in militärischen Belangen, genauso wie Ahmad Jan dort den inoffiziellen und illegalen Finanzsektor dominiert und immer noch als Schattengouverneur der Taliban firmiert. Jones ist ein bekannter und etablierter Kriegsdienstleister, auch wenn kein Geheimdienst der Welt ordentliche Fotos von dem Mann hat oder weiß, wie unser alter Bekannter wirklich heißt.«

Kérmorvan zog das Genick ein. »Was Taher anbetrifft – den kennen die Deutschen wohl eher nicht, also werde ich mich herausreden und Unkenntnis vortäuschen.«

Trotz Kaschmirmantel, Kaschmirschal und einem Anzug aus feinster Merinowolle ging ihm der nasskalte Berliner Herbstwind inzwischen durch Mark und Bein. Der eisige Dauerregen, den er seit den frühen Morgenstunden ertrug, schlich sich heimtückisch durch die dunkelgraue Wolle und das Seidenfutter des Mantels. Ein paar Regentropfen hatten es an Hemdkragen und Krawatte vorbeigeschafft und rannen ihm unangenehm zwischen den Schulterblättern den Rücken hinunter. Er hasste dieses Gefühl. Er stand nicht nur in der Kälte. Bald würde ihm das Wasser bis zum Hemdkragen stehen. Ein dicker Rollkragenpullover, Cordhosen, der Colani und vernünftiges Schuhwerk wären vernünftiger gewesen. Er bereute die zivilisierte, diplomatische Verkleidung, die er angelegt hatte. Carlas Rugbyfanclub hatte es in dem geheimnisvollen afghanischen Hochtal nicht geschafft, ihn umzubringen. Doch wenn der Kontakt ihres großen Bosses aus dem Einsatzführungskommando der Bundeswehr ihn nicht bald absammelte, würden genau das ihre engsten und liebsten Verbündeten schaffen, denn er würde direkt vor Deutschlands fahnengeschmückter Regierungszentrale erbärmlich erfrieren.

»Die möchten mit uns in erster Linie über diese Männer reden, die Major Rossi und ich getroffen haben.«

Er seufzte leise. Gutbrod hatte sich, was den Rest von Carlas Bericht über ihr afghanisches Abenteuer anbetraf, sehr bedeckt gehalten. Aber er konnte sich denken, was sie ihren Vorgesetzten erzählt hatte.

Kérmorvan war eigentlich kein Verschwörungstheoretiker, und er glaubte im beruflichen Rahmen nur, was er mit eigenen Augen sah. Wenn es ihn nach Spiritualität und Überirdischem dürstete, besuchte er eine Kirche und hörte die Messe. Doch hier stieg ihm Schwefelgeruch in die Nase. Er konnte vor seinem inneren Auge eine Horde kleiner, schwarz-rot-goldener Teufel tanzen sehen, die auf der Brust BND-Sticker trugen.

»Der wird mich wohl zu einem Treffen mit einem höheren Tier vom BND schleppen«, sagte Kérmorvan zu seiner Chefin, »und die wollen dann entweder Ahmad Jan gemeinsam mit uns jagen, oder sie hoffen, dass ihre fünf Verschwundenen aus dem KSK noch am Leben sind und irgendwo gefangen gehalten werden, und schlagen uns vor, gemeinsam zu suchen und unsere Soldaten gemeinsam zu befreien, ohne erst bei Uncle Sam Bitte-Bitte machen zu müssen. Morillon hat Gutbrod ja erzählt, dass auch wir Männer verloren haben, von denen wir offiziell nicht wissen, ob sie noch leben oder tot sind – und eines ist klar: Für eine diskrete Befreiungsaktion im afghanisch-pakistanischen Grenzland und hinterm Rücken von OEF sind wir wesentlich besser gerüstet als die Kameraden vom anderen Rheinufer, egal ob sie aus Pullach stammen oder aus Calw.«

Er sprach mit gesenkter Stimme ins Cryptophon, um zu vermeiden, dass zufällige Passanten mithörten.

Dieser sehr öffentliche Treffpunkt, den die Deutschen ausgewählt hatten, behagte ihm gar nicht. Er fühlte sich wie eine Zielscheibe.

»Es wird wohl eher nicht der MAD sein«, stimmte Christiane ihm zu. »Sollte General Gutbrod bereits jemanden aus dem BND kontaktiert haben, dann müssen wir bei den Cousins in Pullach wenigstens nicht den ersten Schritt machen und betteln, sondern wir können uns entspannt anhören, was die Deutschen vorschlagen. Wenn Sie der Meinung sind, dass es akzeptabel ist, dann können Sie sich ja outen und Klartext reden.«

Christiane war mit ihrem Schachzug zufrieden, erst einmal ihren Einsatzagenten vorgeschickt zu haben, um nicht gleich selbst in Erscheinung zu treten.

»Aber denken Sie immer daran, Kérmorvan: Egal, wie attraktiv das Angebot, egal wie verlockend die Versprechen; auch befreundete Nachrichtendienste verfolgen in erster Linie ihre eigenen Interessen und haben eine eigene Agenda.«

Abgesehen vom Namen der Beute, die die Männer aus dem KSK gejagt hatten, war vor allem ein Detail interessant gewesen. Das

CENTCOM auf der Bagram-Airbase war über die Operation voll im Bild gewesen. Sie hatten beim Debriefing von Kérmorvan darüber gesprochen, und er hatte es anschließend im Hotel Matignon erwähnt, als er Premierminister Rousseau eine Möglichkeit aufzeigte, Taher El Ouazzani vielleicht doch lebend zu fangen und nach Frankreich zu bringen.

»Ayub El Hussein wäre natürlich eine interessante Beute! Genau wie Ahmad Jan – wenn wir ihn dort oben in den Bergen denn wirklich gejagt hätten! Gutbrod war sehr interessiert. Ich habe ihm aus diesem Grund ein bisschen über den Hintergrund der aktuellen Pariser Prozesse gegen die Attentäter von Djerba und Casablanca erzählt – Sachen, die nicht in der Tagespresse stehen. Die Deutschen haben wegen El Hussein irgendeinen Deal mit den Amerikanern laufen«, erklärte Kérmorvan, »aber Gutbrod wollte nicht über den Inhalt reden.«

Allerdings hatte ihm der ehemalige Kommandeur des KSK, ohne zu zögern, die Namen der Männer genannt, die im Bagram-CENTCOM auf dem Laufenden gewesen waren.

»Und wusste auch drüben im US CENTCOM in Florida jemand Bescheid?«, fragte Christiane erwartungsvoll.

Kérmorvan lachte leise. In ihrem Geschäft flogen einem die gebratenen Tauben nicht in den Mund. Geheimdienstarbeit war knallharte Knochenarbeit:

»Madame le Juge, wir hatten, was Bagram anbetrifft, wirklich mehr Glück als Verstand. Wenn Gutbrod vor ein paar Monaten nicht zufällig persönlich mit diesen Männern im dortigen CENTCOM in Kontakt gestanden hätte, um seine Terroristenjagd zu koordinieren, dann würden wir im Nebel herumtappen. So wissen wir, wer Zugriff auf die Mission Orders dieser KSK-Gruppe und vor allem auch auf den Annex Q des OPLAN hatte.«

Kérmorvan warf einen besorgten Blick auf die gute goldene Armbanduhr, die seine Eltern ihm zum Abitur geschenkt hatten. Es fing an spät zu werden, und die seltene Jaeger-LeCoultre Reverso aus den Dreißigerjahren war genauso wenig wasserdicht wie der

Kaschmirmantel. Es war bereits früher Nachmittag. Sein Magen fing an zu knurren.

»Madame, vielleicht kann General Morillon diskret bei den Polen und den Rumänen herausfinden, ob die Männer, die sie verloren haben, ebenfalls über das Bagram-CENTCOM koordiniert wurden oder ob hier etwas über Tampa lief – und natürlich unsere eigenen Männer …«

Er hatte inzwischen verstanden, dass er und seine Gruppe aus dem 1er RPIMa reine Zufallstreffer gewesen waren. Der Jugendliche mit der Ziege war ihnen zum Verhängnis geworden. Und der MedEvac aus Kandahār war nur ein Kollateralschaden. Aber bei den anderen Verlusten in dieser Gegend steckte vielleicht ein System dahinter.

»Ich rede mit Morillon«, versprach Christiane Près. »Wo warten Sie eigentlich, Commandant?«, fragte sie neugierig.

Das Cryptophon übermittelte seltsame, pfeifende und trommelnde Hintergrundgeräusche, die eindeutig keine Störung der Verbindung waren.

Gutbrod hatte versprochen, man würde ihn an der Ostseite des Kanzleramtes vor der Einheitsstatue abholen. Es hatte eine Weile gedauert, bis Kérmorvan verstand, dass der Haufen zusammengerosteter Stahlträger hinter dem weiß gestrichenen Sicherheitsgitter das Kunstwerk war, von dem der General gesprochen hatte. Er hatte sich sogar die Mühe gemacht, das Schild mit den Erklärungen zu lesen. Das berühmte Werk des zwischenzeitlich verstorbenen spanischen Künstlers sprach ihn in etwa genauso sehr an wie ein Schrottplatz in einer Pariser Banlieue.

»Ich stehe hinterm Kanzleramt und vor einem Haufen rostigen Stahls, der die deutsche Einheit symbolisieren soll.«

»Da hat man Sie aber wirklich an die windigste Stelle des Berliner Regierungsviertels bestellt, Commandant«, spottete die Chefin der Division Action. »Das erinnert mich fast schon an diesen depressiven Schwarz-Weiß-Film mit Richard Burton und Rupert Davies in den Hauptrollen.«

»Der Spion, der aus der Kälte kam!«, antwortete ihr literarisch sattelfester Mitarbeiter. Der düstere Kalte-Krieg-Bestseller war eines seiner Lieblingsbücher. John le Carrés dritter Roman erzählte die frustrierende Geschichte um den abgehalfterten MI-6-Agenten Alec Lemas und seinen durchtriebenen Chef Control. Die Story war zeitlos. Vor allem für ganz normale Menschen, denn sie drehte sich um menschliche Stärken, mehr aber noch um menschliche Schwächen. Es ging um Ehrgeiz, der im Mäntelchen der Ideologie daherkam, um Karrieredenken und um einen eklatanten Mangel an Werten.

Seine Lippen verzogen sich zu einem Grinsen, als er den Mann erkannte, der endlich gekommen war, um ihn aus der Kälte hereinzuholen. Manchmal übertraf die Kreativität der Realität bei Weitem die der Literatur.

»Ich rufe Sie später an, Madame le Juge!«, sagte er und legte auf.

Frankreich – Paris – Redaktion des Verlags Histoire & Collections

Sie saßen in Rolland Fabrés Büro in der Redaktion von *Histoire & Collections*. Es ähnelte einem Kriegsschauplatz. Überall lagen Bücher und Zeitschriften herum, und auf dem Tisch stapelte sich das Papier, alte Manuskripte, neue Manuskripte, abgelehnte Manuskripte und Manuskripte, zu denen er sich noch keine Meinung gemacht hatte. In Glasvitrinen sah man Modelle von historischem und zeitgenössischem Kriegsgerät. Eine leere Granathülse diente als Bleistifthalter, und die Wände waren mit Gravuren und Bildern dekoriert, die eine Auswahl kriegerischer Szenen aus den Tagen des Premier Empires darstellten: Alma, Marengo, Austerlitz, Wagram, Napoleon unter den Pyramiden während des Ägyptenfeldzugs.

Eine Ecke von Fabrés Büro zierte eine lebensgroße Figur zu Pferde, die die Uniform, die historischen Waffen und das Sattelzeug eines französischen Offiziers aus der kolonialen Traditionseinheit der *Spahis* trug. Es waren Originale. Rollands Großvater hatte sie während des Zweiten Weltkriegs getragen und seinem Enkel nicht nur die militärische Tradition vererbt, sondern auch die Liebe zur Geschichte und zur Schriftstellerei.

Julien Rudeaux hatte beschlossen, den Arbeitsplatz seines Freundes zu okkupieren, während Rolland Fabré ihm gegenüber auf einem bequemen Ledersessel saß und erzählte. Er mochte das Ambiente im Büro seines Freundes und ließ das Auge schweifen. Sie genossen beide eine Tasse frischen, heißen Kaffees und warme Apfeltaschen vom Bäcker. Während er zuhörte, verarbeitete ein Teil seines Hirns bereits die Details. Die Sache war interessant, hatte Potenzial. Und vor seinem inneren Auge fingen die Puzzleteilchen an, sich ineinanderzufügen. Langsam konnte er das Gesamtbild sehen – ein wahrhaft hollywoodreifer Streifen!

Als Fabré zu Ende war, fuhr der stellvertretende Direktor sich etwas ungeduldig mit der Linken über den kahl geschorenen Schädel. Für alle, die ihn näher kannten, bedeutete das, dass er in den Startblöcken stand und bereit war, ins Rennen zu gehen.

»Wir schicken einen der Männer aus Olivier Patricks Truppe zu dieser Hilfsorganisation«, schlug er Fabré vor, »bis Steiner wieder gesund ist. Es wäre natürlich unverantwortlich, diese Frauen zu gefährden. Sie haben mit unserer ganzen sonderbaren Geschichte nichts zu tun.«

Fabré lächelte und nickte zufrieden. Sein alter Freund Julien benahm sich beinahe zivilisiert. Mit zunehmendem Alter wurde er milde. Noch vor wenigen Jahren hätte er keinen Gedanken an die Organisation Women help Women und das Schicksal des weiblichen europäischen Personals in Kabul verschwendet, das darauf vertraute, dass dieser Anatolij Zabelev sie vor Taliban und anderen gewalttätigen afghanischen Männern beschützte.

Rolland hatte wenig zuvor lange und ausführlich mit Pierre Besson gesprochen und ihm dabei das Wichtigste erklärt. Pierre wusste, dass Zabelevs alter Trupp sich mit einer Equipe aus dem COS in die Haare geraten war. Natürlich wusste der Journalist nichts von den Überlebenden und deren interessanten Beobachtungen in diesem geheimnisvollen Hochtal, in dem jemand eine groß angelegte Raubgrabung betrieb. Er hatte Pierre einfach die bewährte Ahmad-Jan-Story aufgetischt und ihm gesagt, dass er es dem Russen erzählen konnte, wenn er wollte. Der kannte ja nicht den Rest der Story und wusste auch nicht, dass seine alten Kameraden nach dem Abschuss des ISAF-MedEvac einen Mann des Service Action eingefangen hatten, der ihnen dann anschließend wieder entwischt war.

»Der Mitarbeiter von Alyzée kann dabei gleich einen Umschlag mit neuen Ausweispapieren für Zabelev und Flugtickets für unsere beiden Freunde mitnehmen.«

Pierre hatte bereits die notwendigen Fotos gemacht und sie ihm zugemailt. Aufgrund seiner Arbeit für die belgische Hilfsorganisation befand sich Zabelevs CV natürlich nicht in dem umfassenden Info-Packet, das sie von Olivier Patrick über die Matveev-Truppe erhalten hatten.

Sie hatten mitten in der Nacht auf Fabrés privatem Mobiltelefon gesprochen. Besson hatte ihm dabei eine Räubergeschichte erzählt, die den von Kérmorvan während des Debriefings geschilderten Horrortrip durch Zabul bei Weitem übertraf. Es gab Situationen, wo einem der Zufall in die Hände spielte.

Anfänglich war Pierre noch enthusiastisch gewesen. Er hatte geglaubt, endlich Hand an einen redefreudigen Contractor gelegt zu haben; einen Mann mit einer interessanten beruflichen Vergangenheit, der gleichzeitig von der CIA für eine Black Ops im Rahmen der Jagd auf al-Qaida angeheuert worden war und bereit war, über diese speziellen Beziehungen zwischen offiziellen amerikanischen Stellen und privaten militärischen Dienstleistern auszupacken.

»Und diese Sache läuft schon seit mehr als drei Jahren, ohne dass irgendjemand etwas merkt.« Rudeaux schenkte sich Kaffee nach. »Wenn wir Zabelevs Aussage nehmen, dann läuft dort eher eine Privatveranstaltung. Und wenn Pierre Besson diesen O'Shaughnessy richtig interpretiert, dann ist es die klassische Black Ops eines US-Dienstes.«

»Die Amerikaner haben schon lange jeden Überblick verloren, Julien. Sie haben siebzehn Geheimdienste, die miteinander konkurrieren und das Recht haben, auch Auslandseinsätze zu unternehmen. Selbst der US Director of National Intelligence hat die ihm unterstellten Dienste nicht wirklich im Griff, weil sie sich untereinander spinnefeind sind und jeder macht, was er will. Denk mal nach, alter Freund: Wir hier haben nur sechs Dienste, von denen theoretisch drei außerhalb der Staatsgrenzen arbeiten dürfen – und trotzdem treten wir uns ständig auf die Füße. Nicht mit den beiden anderen, sondern innerhalb unseres eigenen Hauses. Und es gab Zeiten, da haben wir uns gegenseitig das Fell über die Ohren gezogen und mehr Zeit damit zugebracht, unsere eigenen Kollegen umzubringen, als unsere Gegner. Erzähl mir bitte keine Ammenmärchen, Julien. Du schaffst es ja nicht einmal, dich mit Kérmorvan und Hamida zu vertragen, und wenn ich es dir nicht gelegentlich erzählen würde, dann wüsstest du nicht, was unsere beiden jungen Freunde wirklich treiben. Es ist also möglich, dass dort unten beides zugleich korrekt ist. Eine private Operation eines US-Geheimdienstes sozusagen …«

»Also keine Verschwörungstheorie, wie Kérmorvan sie uns unbedingt verkaufen will?«

Rudeaux wusste, dass er ungerecht war, aber die Abneigung gegen den jüngeren Kollegen war stärker als sein gesunder Menschenverstand. Es war eine Schwäche, die er sich gelegentlich im engsten Kreis seiner Vertrauten leistete, wenn er Dampf ablassen musste. Er wusste, dass es kindisch war, aber es tat gut.

Fabré hob den Zeigefinger wie ein strenger Vater:

»Julien, bitte! Hör auf! Lass den Jungen in Frieden. Kérmorvan wollte uns beim Debrief gar nichts verkaufen. Wir haben ihn gefragt, und er hat uns erzählt, was gelaufen ist und was er beobachtet hat, und er hat seine persönlichen Schlussfolgerungen gezogen. Dafür bezahlen wir ihn. Dazu wurde er ausgebildet, genau wie du damals. Wir beide machen dieses Geschäft schon seit rund dreißig Jahren: Wir haben die sprichwörtlichen Pferde kotzen sehen, aber wir haben noch niemals diese wasserdichte große Verschwörung gefunden, von der alle fabulieren und von der die meisten meiner Autoren leben!«

Er klopfte mit der flachen Hand auf einen Stapel Manuskripte, die auf dem Arbeitstisch vor Julien Rudeaux lagen.

»Es gibt eigentlich so unglaublich viele kleine Verschwörungen von unterschiedlichen Gruppierungen, dass es nicht die eine große, alles überspannende gibt, die die anderen lenkt und leitet. Die Welt ist ziemlich chaotisch. Seitdem die Sowjets aufgegeben haben, ist alles noch viel schlimmer geworden. Außerdem schaffen es Menschen einfach nicht, über einen längeren Zeitraum in größeren Gruppen irgendwelche Dinge geheim zu halten. Und dabei ist es völlig unerheblich, welche Nationalität sie haben, aus welcher sozialen Gruppe sie stammen und welche grauenhaften Strafen man ihnen für den Verrat androht.«

Rudeaux lachte. Es klang wie das Husten eines todkranken Pferdes.

»Kopiere mir die Fotos von unserem neuen russischen Freund Anatolij Zabelev auf einen USB-Stick. Ich besorge ihm einen Satz Ausweispapiere. Er muss natürlich dringend aus der Schusslinie. Und sag Pierre, dass er am besten gleich mitkommt. Ich nehme an, der ist intelligent genug, ihrer beider Spuren im *Mustafas* zu verwischen und vorläufig auf Tauchstation zu gehen.«

Fabré hob die Schultern. Sie hatten mit Pierre nicht darüber gesprochen, aber ihr bewährter IM war ein Profi, dem man nicht auf die Finger schauen musste. Pierre würde in Kabul alles regeln, sich darum kümmern, den Mann von Alyzée einzuweisen und die wertvolle russische Quelle nach Frankreich zu bringen, wo die Spezialisten der DGSE ihn dann in einem sicheren Umfeld befragen konnten.

»Dieser Zabelev eröffnet uns eine Perspektive, El Ouazzani vielleicht doch noch lebend aus dem Hochtal herauszuholen.« Rudeaux' Finger trommelten rhythmisch auf den Schreibtisch. »Es gibt natürlich ein paar ›Wenns‹, aber wenn die Deutschen bereit sind, Stillschweigen zu wahren, und wenn wir eine diskrete

Möglichkeit finden, über ein paar Tage in Echtzeit mitzuverfolgen, was in diesem Hochtal geschieht, dann ist es durchaus machbar, das wilde Ding abzuziehen, das Kérmorvan sich ausgedacht hat. Ich habe da noch eine zusätzliche kreative Idee – nicht ganz ungefährlich, aber wenn wir davon ausgehen, dass diese Truppe dort oben auch kein Aufsehen erregen will, dann kommen wir auf jeden Fall ungestraft davon.«

Rudeaux machte sich eine kurze Notiz und grinste Fabré an. Dann griff er gut gelaunt nach der letzten frischen Apfeltasche.

ZWEITES KAPITEL

Deutschland – Berlin – Haus der Kulturen der Welt

Carla fühlte sich wie ein an Myxomatose erkranktes Kaninchen. Ihre Augen brannten. Der normannische Kleiderschrank, der glatt wie ein Räucheraal einem jungen Curd Jürgens ähnelte, hatte sie pünktlich in der diskreten Wohnung am Checkpoint Charlie abgeholt und sie zuerst zu einem leckeren Frühstück am Spree-Ufer begleitet. Er hatte sich dabei sehr höflich als Hans Schmidt vorgestellt und war ein charmanter Unterhalter, der Sinn für Humor bewies. Er erinnerte Carla entfernt an Sergeant Pierre Dupont. Aber er löste nicht die gleichen Emotionen in ihr aus. Sie gestand sich ein, dass dieses Gefühl nicht nur mit den gemeinsam durchstandenen Abenteuern zusammenhing oder damit, dass Pierre und sie sich gegenseitig das Leben gerettet hatten.

Im Haus der Kulturen der Welt brachte Hubers breitschultriger Mitarbeiter sie nach dem Frühstück zu einem diskreten und lichten Raum im Erdgeschoss. Er ähnelte einem Künstleratelier. Der Mann, der sie erwartete, hatte nicht nur Papier und Zeichenstifte bereitgelegt. Er hatte auch einen Computer mit einem großen Flachbildschirm hochgefahren. Die ersten drei Phantombilder stellten sie schnell fertig. Carla hatte schon während ihres Studiums von ihrem außergewöhnlich guten Gedächtnis profitiert. Und was Gesichter anbetraf, war sie fast unschlagbar.

Der Spezialist erklärte ihr, dass er mit genetischen Algorithmen und einem Morphing-Programm arbeitete. Sie war zufrieden, denn der Golfer, der Segler und der Lehrer sahen wirklich genauso aus, wie sie sie in Erinnerung hatte. Sogar die Kleidungsstücke waren wirklich gut gezeichnet – die Lesebrille und der Massoud-Hut des Lehrers und das elegante Business-Outfit des Seglers und des Golfers.

Nur mit dem Taliban-Posterboy tat Carla sich schwer. Die verschiedenen Computerprogramme schienen von ihm einfach überfordert. Der Zeichner hatte es am Ende einfach mit Papier und Buntstiften versucht. Sie hatte ihm den Afghanen ganz genau beschrieben, dass der Posterboy ihr irgendwie romanesk vorgekommen war, wie ein Cast in einem Abenteuerfilm. Und in der Tat, das Resultat erinnerte sie schließlich an genau das: den Helden einer Jugendserie im Vorabendprogramm aus den Achtzigerjahren, die sie immer gerne angeschaut hatte.

»Tut mir leid«, sagte sie am Ende frustriert und erschöpft, »er sieht immer noch aus wie Kabir Bedi, als er Sandokan spielte.«

»Das ist kein Problem, Major Rossi!«

Carla hatte nicht bemerkt, dass Huber das Atelier durch eine Hintertür betreten hatte. Er hatte einige Zeit zugesehen, während sie mit dem Phantombildzeichner gearbeitet hatte. Mit dem Finger deutete er auf die bunte Zeichnung, die einem Kinoplakat aus Asien glich.

»Wirklich sehr gelungen. Ich erinnere mich noch an die alten Filme, die es vor der Serie gab. Das war Mitte der Sechzigerjahre. Damals gingen wir ins Kino und versteckten uns unter den Sitzen, um am Ende der Aufführung im Saal zu bleiben und den Film ein zweites Mal anzusehen.«

Der Phantombildzeichner schmunzelte, nickte und hob entschuldigend die Schultern. Er war in etwa im gleichen Alter wie Huber. Der Mann vom Bundesnachrichtendienst beugte sich zu ihm und flüsterte ihm etwas ins Ohr. Die beiden Männer lachten. Carla fühlte sich ausgeschlossen.

»Hier habe ich Ihnen die drei fertigen Bilder ausgedruckt«, sagte der Phantombildzeichner gut gelaunt und übergab Huber eine grüne Künstlermappe aus Hartkarton. »Ich schicke ihnen alles noch einmal per E-Mail als jpgs.«

✖ ✖ ✖

Carla nahm dankbar den Kaffee, den der BND-Mann ihr anbot. Er war ausgezeichnet und so stark, dass er vermutlich Tote aufgeweckt hätte. Sie saßen wieder in dem großen Büro vom Vorabend. Im hellen Tageslicht bot er einen schönen Blick über die Spree. Das Interieur war avantgardistisch, passend zur »Schwangeren Auster«. Es war ihr am Vorabend nicht aufgefallen, aber jeder Besucher konnte glauben, dass es sich hier um das Büro eines leitenden Angestellten eines weltbekannten Zentrums für internationalen Kulturaustausch handelte und nicht um das Hauptquartier von *Spooks Incorporated.*

»Während wir auf die anderen warten ...«, Huber zog einen USB-Stick aus der Tasche seiner Anzugjacke. Er hatte in Anschluss an das Telefongespräch mehrere Datenbanken konsultiert.

Sie hatte noch mit dem Phantombildzeichner gearbeitet, als Reinel Gutbrod ihn anrief. Sein Freund hatte lange mit dem Mann aus Paris gesprochen gehabt, und er war überzeugt, dass da mehr war, als die Franzosen durchscheinen ließen. Der eine Name war natürlich keine Überraschung gewesen. Der zweite war das Pseudonym eines renommierten Kriegsdienstleisters.

Stefan Huber war übernächtigt. Nachdem sie Ritter zusammen mit Rossi fortgeschickt hatten, hatten sie sich gemeinsam mit dem Staatsminister und Reinel beraten. Erst um vier Uhr morgens hatten sie sich voneinander verabschiedet, jeder mit einer Aufgabe, die noch vor Morgengrauen erledigt werden musste. Mitleidslos hatte Huber Hassan Sarauwis Sohn Arie aus dem Bett telefoniert, damit dieser Reinel mit dem Motorrad nach Potsdam fuhr, bevor der Typ aus Paris auftauchte. Anschließend hatte er zwei schnelle Stunden in seinem Büro geschlafen und kalt geduscht. Er trug nicht nur den gleichen Anzug wie am Vorabend, sondern auch dieselbe Krawatte. Seine Freundin musste es gelassen hinnehmen, dass er nicht wie vereinbart nach München zurückkam, sondern vorerst in Berlin blieb.

Der große Bildschirm seines Desktop-Computers zeigte eine Auswahl von Microsoft-Icons.

»Der wuschelige schwarze Vollbart ist ein Problem?«, fragte Huber Carla. Er wusste natürlich bereits, wen sie in diesem Hochtal gesehen hatte. Schon als Robert ihm die Beschreibung des sogenannten Taliban-Posterboy gegeben hatte, hatte er an einen ganz bestimmten Mann denken müssen. Doch es war für sie wichtig herauszufinden, wie gut die Beobachtungsgabe der Frau wirklich war. Sämtliche Polizei- und Sicherheitsdienste der Welt kannten das Problem: Auch das beste Phantombild war keine exakte Abbildung der gesuchten Person und nicht mit Fotos oder Bildern einer Überwachungskamera zu vergleichen. Vor allem bärtige Menschen und Schwarze stellten eine Herausforderung dar.

Carla nickte frustriert: »Aber wenn der Mann vor mir stünde, würde ich ihn sofort wiedererkennen.«

»Dann sehen Sie sich doch bitte einmal dieses Video an.«

Huber klickte mit der Maus auf *play*.

Carla stockte der Atem, als sie begriff. Sie schüttelte den Kopf. Der Orientale, der mit erhobenem Zeigefinger in ausgezeichnetem Englisch in die Kamera sprach, hielt in der Linken einen gekrümmten Dolch, der nicht aussah wie ein Deko-Objekt. Vor ihm auf dem Boden kniete eine komplett verstörte Schattengestalt in einem orangefarbenen Overall, der an das US-Gefängnissystem und Guantanamo erinnerte. Die Kreatur winselte wie ein getretener Hund und sah aus wie ein Zombie. Die Hautfarbe des kaum kenntlichen Gesichts mit wildem Bart war hellgrün. Was Carla ebenfalls ins Auge stach, war ein großer feuchter Fleck im Schritt des Overalls. Der Kameramann, der die grauenhafte Szene gefilmt hatte, hatte dicht drangezoomt, bevor er sich wieder den Gesichtern des Opfers und des Henkers zugewandt hatte.

Carla lief es eiskalt den Rücken hinunter. Ihre Hände ballten sich zu Fäusten.

»Nein«, sagte sie mit tonloser Stimme, »das ist nicht der Taliban-Posterboy.«

Sie beschrieb kurz, was die beiden Männer voneinander unterschied.

Huber stoppte das Video sofort und klickte im Explorer auf das nächste AVI-file. Ein Bärtiger, der vor einer Gruppe jüngerer Bärtiger sprach. Carla schüttelte den Kopf.

»Absolut nicht. Und meiner war viel kräftiger und dynamischer – mehr Macher als Gelehrter. Ein sportlich durchtrainierter Mann. Das Englisch kann ich allerdings nicht beurteilen. Ich war zu weit weg, um herauszuhören, was sie miteinander besprachen und ob es überhaupt Englisch war. Wenn Sie allerdings herausfinden, wer mein kanadischer Begleiter war – der hat Stunden mit diesem Typen zugebracht.«

Eine Viertelstunde und sechs bärtige Afghanen später zog Huber schließlich die Mappe aus der Schublade und streckte sie Carla hin. Er hatte sie in den frühen Morgenstunden zusammengestellt. Die Fotos zeigten einen jungen, kräftig gebauten Mann, der teilweise Flecktarn und teilweise traditionelle afghanische Kleidung trug. Er hatte außergewöhnliche Augen. Sie blitzten den Betrachter intelligent und humorvoll an. Seine Füße steckten in modernen Kampfstiefeln aus Leder. Auf dem Kopf trug er allerdings keinen schwarzen Turban wie die Taliban, sondern nur den maulbeerfarbenen *Pakol* der Mudschahedin des Krieges gegen die UdSSR, den der berühmte Rebellenführer Ahmad Shah Massoud bekannt gemacht und fast schon zu einem Fashion-Objekt stilisiert hatte. Sein Bart war kurz und adrett gestutzt. Er lachte gut gelaunt in die Kamera und hatte gelegentlich den Arm um die Schulter eines anderen, ähnlich gekleideten Mannes gelegt, dessen gesamter Kopf allerdings mit einem schwarzen Filzstift unkenntlich gemacht worden war. Carla warf nur einen kurzen Blick auf die Fotos, nickte, klappte den Ordner zu und gab ihn Huber zurück.

»Der ist es. Ich bin hundert Prozent sicher. Das ist mein Taliban-Posterboy. Aber auf Ihren Fotos ist er mindestens zwanzig Jahre jünger. Er ist in der Bauch- und Hüftgegend ein bisschen schlanker, der Bart ist kürzer, und er trägt nicht die typische Mordbubenverkleidung der afghanischen Taliban-Gotteskrieger, die man von den YouTube-Videos kennt.«

Der Mann vom BND war zufrieden, die Bundeswehrärztin hatte nicht gezögert. Sie hatte den jüngeren Mann auf den Fotos sofort erkannt. Die Franzosen hatten ihn ebenfalls identifiziert, und er selbst hatte Dadullah Khan bereits im Frühjahr 1982 in Peschawar persönlich kennengelernt. Für Huber war das eigentlich keine Überraschung gewesen. Zabul war Dadullahs Heimatprovinz. Er hatte es ihm damals selbst gesagt und von einem Dorf in den Suleiman-Bergen erzählt, in dem er zur Welt gekommen und als Sohn eines vermögenden Paschtunen-Notablen aufgewachsen war. Huber wusste, dass Dadullah Khans Familie zu den Barakzai gehörte, denen auch der letzte König des Landes Zahir Shah entstammte und die seit dem 18. Jahrhundert fast durchgehend über Afghanistan herrschten. Und er wusste, dass der Mann eine ausgezeichnete Ausbildung genossen hatte, weil sein Vater nach einem Streit mit den Durranis, dem Paschtunen-Clan, zu dem auch der aktuelle afghanische Marionetten-Präsident von Washingtons Gnaden, Hamid Karzai, gehörte, außer Landes fliehen musste. Seitdem lebten die meisten Mitglieder der Familie Khan in Pakistan. Bei jedem anderen Führungskader und Warlord der Taliban hätte Huber diese von Dr. Rossi beschriebene enge Verbindung zu einem bekannten Kriegsdienstleister und zu westlichen Geschäftsleuten, westlichen Geheimdienstangehörigen oder angelsächsischen Contractors für völlig unwahrscheinlich gehalten. Bei diesem speziellen Mann verwunderte es ihn allerdings nicht.

Sie hatten mit Dadullah Khan und einer Gruppe Männern aus seinem Clan während des sowjetischen Krieges in Afghanistan sehr erfolgreich zusammengearbeitet. Dadullah hatte ihm damals viele seiner besten und interessantesten Stücke besorgt. Er war unter den

Mudschahedin vielleicht der einzige gewesen, der wirklich verstand, worum es bei der *Operation Sommerregen* ging. Der Dadullah Khan, den Stefan damals während seiner ersten streng geheimen Mission für den BND kennengelernt hatte, war ein gebildeter, offener und weltgewandter Mann gewesen und kein irrer Gotteskrieger. Der Islam interessierte ihn lediglich von einem historischen Standpunkt. Er war aufgeklärt und dem Westen zugewandt gewesen. Trotz seiner ein wenig theatralisch anmutenden Verkleidung als Guerillakämpfer gegen den sowjetischen Feind schaffte Dadullah es, inmitten des Elends und des Krieges eine gewisse lässige Eleganz auszustrahlen. Stefan und er waren gute Bekannte gewesen, die gerne miteinander diskutierten. Dadullah sprach ein ganz ausgezeichnetes Englisch und war Europa und vor allem Deutschland zugeneigt. Er hatte Stefan begeistert von seiner Zeit an der neuen Technischen Universität Kairo berichtet, die von der Bundesrepublik finanziert wurde.

Huber hatte damals von diesem Mann, der in beiden Welten – dem Osten und dem Westen – zu Hause war, profitiert, um sein Einsatzgebiet am Hindukusch und die Menschen dort besser zu verstehen. Viele Jahre lang hatte er bedauert, dass sie sich eines Tages einfach aus den Augen verloren hatten und es ihm selbst mit den geheimdienstlichen Mitteln des Bundesnachrichtendienstes unmöglich gewesen war, seinen Bekannten wiederzufinden. Und Dadullahs Verwandter Mokthar Khan, der in Peschawar im Herzen der Stammesgebiete eine Villa besaß und eine Art Gästehaus für ausländische Kämpfer gegen die Sowjets führte, wollte ihm partout nicht sagen, wohin sein junger Angehöriger verschwunden war. Er hatte sich damals lediglich bereit erklärt, ihm den Briefumschlag auszuhändigen, in dem Huber ein paar freundschaftliche Worte und eine private Kontaktadresse in Deutschland hinterlassen hatte.

Huber hatte persönlich nie wieder von Dadullah gehört. Doch sein guter Bekannter aus den Tagen der *Operation Sommerregen* war ein Vierteljahrhundert später mit einem Knall wiederaufgetaucht, als ein Bus mit deutschen Soldaten in Kabul das Ziel eines Selbstmordattentäters wurde. Wenig später strahlte der arabische Sender

Al-Jazeera ein blutiges Enthauptungsvideo mit einer flammenden Brandrede aus. Dadullah hatte Deutschland auf diesem theatralisch anmutenden Weg die Nachricht zukommen lassen: Entweder man zieht alle deutschen Truppen aus Afghanistan ab, oder das große Sterben geht weiter! Die Bundesregierung hatte diese Erpressung genauso ignoriert wie die anderen Mitgliedsstaaten der ISAF, die von Führungskadern der Taliban ähnliche Drohungen erhalten hatten. Huber selbst hatte beim Kanzler-Briefing im Rahmen der Krisensitzung nach dem Anschlag lediglich in einem Nebensatz erwähnt, dass der Warlord der Taliban bereits in den Tagen des Krieges gegen die Sowjets unter anderer Flagge aktiv gewesen war – wie so viele andere Taliban-Kader, die den radikalen Islam als Mittel zur politischen Einflussnahme und Manipulation entdeckt hatten, nachdem die Nordallianz während des afghanischen Bürgerkriegs den Kürzeren gezogen hatte.

Neben seiner Sammlung privater Erinnerungsfotos aus der Zeit von »Sommerregen« hatte er auch Dadullahs blutiges Drohvideo mitgebracht. Doch er war froh, dass er es Oberstabsarzt Rossi nicht zeigen musste. Er war ebenso froh, dass er den französischen Besucher nicht direkt auf den Mann würde ansprechen müssen. Es hatte damals eine stramme Konkurrenz zwischen den westlichen Geheimdiensten in Afghanistan gegeben. Huber hütete eine ganz spezielle Erinnerung an einen ganz besonderen und blutigen Zwischenfall auf einem geheimen Stützpunkt der CIA an der pakistanisch-afghanischen Grenze.

Der Sonderbeauftragte bedeutete der Bundeswehrärztin, sich zu setzen. Dann warf er einen Blick auf die drei anderen Phantomzeichnungen. Das älteste dieser Gesichter gehörte auf jeden Fall dem »Segler«. Der Segler war wahrscheinlich der Söldner und Kriegsdienstleister aus dem früheren Rhodesien, der den Geheimdiensten lediglich unter dem Pseudonym Mr. Jones bekannt war. Reinels Besucher aus Paris hatte das ebenfalls bereits bestätigt. Der Söldner Mr. Jones hatte es geschafft, knapp dreißig Jahre im Geschäft aktiv zu sein und dabei gleichzeitig diskret zu bleiben und unter ihrer aller Radar zu fliegen. Niemand hatte ein vernünftiges Foto des Mannes, und ihr eigenes »bestes« Bild stammte aus dem Jahr 1980 oder 1981. Sie hatten ihm nach Reinels Anruf eine unscharfe Aufnahme aus Pullach nach Berlin geschickt, die mit einem Fragezeichen versehen war.

Alles, was man sehen konnte, war das braune Barett mit dem silbernen Adler der Selous Scouts, einer Special-Forces-Einheit des afrikanischen Landes, das sich seit der Machtergreifung durch Robert Mugabe »Zimbabwe« nannte. Man sah eine Sonnenbrille, viel Flecktarn, etwas sonnengebräunte Haut, gut bemuskelte Oberarme und einen langen, breiten Baumwollschal, der sich bei Soldaten in den Tropen und in Afrika seit dem Zweiten Weltkrieg großer Beliebtheit erfreute und den man gemeinhin *Cheche* nannte. Das Wort stammte aus der Berbersprache.

Der BND hatten sich allerdings auch nie besonders für diesen Mr. Jones interessiert. Einerseits war er in Gegenden aktiv gewesen, in denen Deutschland nicht genügend spezielle Interessen verfolgte, um den Einsatz verdeckter militärischer Gewalt zu rechtfertigen. Andererseits war der Einsatz von Söldnern und Kriegsdienstleistern immer eine Grenze gewesen, die der Auslandsgeheimdienst der Bundesrepublik nicht überschritt. Doch Huber wusste, wen er anrufen konnte, falls er mehr über Mr. Jones erfahren wollte.

Beim zweiten Phantombild stutzte er. Der »Golfer«. Das Gesicht kam ihm irgendwie bekannt vor. Er wusste, dass er diesen Mann schon einmal gesehen hatte, doch er hatte keinen Namen parat, und er konnte das Gesicht auch nicht einordnen. Privat oder beruflich? Er zog sein Mobiltelefon aus der Tasche und fotografierte das Phantombild. Er wusste, dass er sich entspannen und konzentrieren musste. Seine bevorzugte Technik war es, ein Bild zu betrachten und dabei einen Kamillentee zu trinken, um dann die Augen zu schließen und eine Weile zu dösen. Vielleicht konnte er sich Nickerchen und Kräutertee sparen, falls der Besucher aus Paris den Golfer erkannte. Er blätterte weiter. Bei der letzten Zeichnung stockte ihm der Atem. Der »Lehrer«!

»Das gibt es doch gar nicht!«, murmelte Huber leise.

Der Mann, der ihn über eine modisch-bunte Lesebrille auf der Nasenspitze hinweg aus der Phantomzeichnung anblickte, war seit dreizehn Jahren tot. Stefan hatte damals seinen von Kugeln durchsiebten Leichnam mit eigenen Augen gesehen. Er war in seiner Ecke gestanden und hatte auf die beiden gerade befreiten deutschen Geiseln gewartet. Keiner hatte ihn bemerkt, weil es in diesem Augenblick wichtiger gewesen war, sich um die Verletzten und die traumatisierten Überlebenden der Flugzeugentführung zu kümmern, die an ihrem dritten Tag blutig beendet worden war.

Irgendjemand hatte die Bahre mit dem toten Terroristen einfach in seiner Ecke abgestellt und vergessen. Sie hatten sich nicht einmal die Mühe gemacht, ein Tuch über den Leichnam zu legen. Seltsamerweise war das Gesicht des Mannes unverletzt geblieben, während er sich immer noch an das, was er darunter sah, erinnerte: ein vormals blütenweißes Hemd, auf dem sich zwei große, rote Flecken befanden. Stefan hatte das Gesicht lange angestarrt. Wie alle anderen Anwesenden war auch er noch unter Schock gestanden, nachdem er die erfolgreiche Stürmung der Air-France-Maschine 8969 durch Mitglieder der Eliteeinheit GIGN der französischen Gendarmerie auf dem Flughafen Marseille-Marignane direkt miterlebt hatte.

Stefan war damals mit einem echten Diplomatenpass, wenn auch als falscher Vertreter des deutschen Auswärtigen Amtes, nach Frankreich gereist, um dafür zu sorgen, dass im Fall einer erfolgreichen Befreiung zwei der Geiseln nicht von den französischen Behörden befragt werden konnten, sondern umgehend nach Deutschland zurückkehrten. Die beiden angeblichen Monteure eines mittelständischen deutschen Zulieferers für Industrietechnik waren in Wirklichkeit ein Team seiner Abteilung XVI des BND gewesen. Er selbst hatte sie in den verdeckten Einsatz geschickt, um herauszufinden, auf welche Art der französische Verbündete wirklich in den außergewöhnlich schmutzigen algerischen Bürgerkrieg verwickelt war. Deutsche Wirtschaftsinteressen vor Ort litten in diesen Tagen erheblich unter einem Konflikt, der sich immer stärker aufheizte und komplett aus dem Ruder lief. Deutsche Bürger waren – wie andere europäische Ausländer – massiv bedroht worden. Es hatte eine Reihe brutaler Anschläge gegen Firmenvertretungen vor Ort gegeben und ein paar Entführungen. Lokale Mitarbeiter waren bedroht und sogar ermordet worden. Eine Gruppe einflussreicher Mitglieder der deutsch-algerischen Handelskammer hatten, damals über einen der Vizepräsidenten des Bundesverbandes der Deutschen Industrie beim Außenminister und Stellvertreter von Bundeskanzler Kohl selbst sehr energisch vorgesprochen – und jener war damals kein anderer gewesen als ein ehemaliger Präsident des Bundesnachrichtendienstes.

Ihn schauderte, als er sich an diese extrem unruhige Zeit Mitte der Neunzigerjahre zurückerinnerte. Niemals zuvor hatten seine Dienstherren in der Bundesregierung die Abteilung XVI des BND und ihn selbst in eine solche Zwickmühle gebracht.

Carla sah Huber fragend an.

Der fasste sich umgehend und hob die Hand: »Später, Major! Später!«

Er musste rasch nachdenken und konnte sich in diesem Augenblick nicht in Erklärungen verlieren, mit denen die Bundeswehrärztin, die vor dreizehn Jahren wahrscheinlich gerade ihre Abiturprüfung geschrieben hatte, sowieso nichts anfangen konnte.

× × ×

Carla stand von ihrem klapprigen Designerstuhl auf und schenkte sich ungefragt eine Tasse Kaffee nach. Eigentlich hatte sie überhaupt keinen Kaffeedurst, aber die Geste erlaubte ihr, Huber den Rücken zu kehren. Sie fühlte, dass sie feuerrote Wangen hatte, und ihr Blut pochte in ihren Ohren. Trotz der ungewohnt herbstlichen Temperaturen in der Bundeshauptstadt, Hubers Büroheizung auf Sparflamme und ihrer dünnen Seidenbluse, die sie gegen Mamas langweilig-grauen Merino-Rolli getauscht hatte, war ihr schlagartig sehr warm geworden.

Sie fing an, ihr letztes Quäntchen Geduld mit den *Spooks Incorporated* zu verlieren. Seitdem sie sich bei Robert auf dem Oberen Eselsberg zurückgemeldet hatte, spielte der Clan der Mittfünfziger ein kindisches Verstecken mit ihr. Sie unterstellten ihr offenbar, sie sei nicht in der Lage, eine Reihe durchaus einfacher Zusammenhänge zu begreifen.

Okay, dachte sie erbost, ich habe vermutlich nicht die entsprechende Habilitierung *Ipcress Top-Secret* oder was auch immer. Aber ich stecke bis zum Hals in dieser Sache, und ich habe alles von A bis Z gesehen, gehört, gerochen und sogar gefühlt. Ich bin mit dem Helikopter abgestürzt, vor einer Horde schwer bewaffneter Gewalttäter geflüchtet, habe halb Afghanistan und einen Teil Pakistans im Jingle-Truck durchquert und bin mit einem falschen belgischen Pass nach Hause geflogen. Damit wäre ich eigentlich die Erste, der man die Wahrheit sagen müsste – allein schon, um mich nach diesem filmreifen Abenteuer ruhigzustellen und kooperativ zu stimmen.

Als Carla die Milch in den Kaffee rührte, knirschten ihre Zähne: Du willst nicht mit der Sprache herausrücken? Ich kann auch anders als wohlerzogen und höflich … Dieser Huber hatte kein Pokerface. Sie hatte ihn sehr genau beobachtet, als er die Phantomzeichnungen betrachtete. Der wusste, wer die Typen aus dem Hochtal waren.

»Nein, Dr. Huber«, sagte sie scharf, »später ist nicht die richtige Zeit, mir Antworten auf meine Fragen zu geben. Ich habe Ihnen alles erzählt, was ich gesehen habe. Jetzt helfen Sie mir, es zu verstehen! Ich möchte nicht vor einem sich ständig erneuernden Publikum, dass nicht einmal die Höflichkeit besitzt, sich vorzustellen, gebetsmühlenartig meine Geschichte wieder und wieder erzählen.«

× × ×

Huber seufzte leise. Der jungen Frau fiel es schwer, ihren Unmut zu verbergen. Bereits am Vorabend hatte er gespürt, wie es in ihr brodelte. Es war vielleicht besser, sie nicht ganz im Dunkeln zu lassen, bevor Reinel mit diesem Franzosen auftauchte. Reinel hatte den Mann zwar als pragmatisch und professionell beschrieben, doch er konnte ihn nicht wirklich einordnen. Ein Gefühlsausbruch oder Zwischenfall in Anwesenheit eines Dritten, der wahrscheinlich nicht zögern würde, jedes Anzeichen von Schwäche ihrerseits skrupellos für seine Zwecke auszunutzen, war das Letzte, was er brauchen konnte.

Er verstand nur zu gut, dass sie außer der Phantomzeichnung des vierten Mannes wenig hatten, um mit den Franzosen einen vorteilhaften Deal auszuhandeln. Und der von den Toten auferstandene »Lehrer« war beunruhigend. Die Tatsache, dass ein angelsächsischer Kriegsdienstleister und Dadullah Khan, sein alter Partner aus der *Operation Sommerregen* – zum Taliban-Warlord konvertiert – gemeinsam in ein Business mit Blutantiquitäten verwickelt waren, machte ihm Angst. Was Major Rossi beschrieben hatte, war keine kleine Amateurraubgrabung, sondern ein groß angelegtes, kommerzielles Unternehmen. Sein Bauchgefühl sagte Huber, dass der noch unbekannte französische Begleiter von Major Rossi mit seiner Hypothese einer Black Ops eines der US-Geheimdienste wahrscheinlich richtiglag.

Sie hatten nach dem morgendlichen Treffen im Park von Sanssouci versucht, im Schnellverfahren etwas über den Offizier herauszufinden, den das französische Commandement des Operations Speciales nach Berlin geschickt hatte. Erwartungsgemäß waren sie dabei nicht besonders erfolgreich gewesen. Doch ihre französischen Nachbarn hätten genau die gleichen Schwierigkeiten gehabt, wenn sie versucht hätten, einen Mann des KSK zu recherchieren.

Während die Bundeswehrärztin noch mit dem Phantombildzeichner gearbeitet hatte, war Huber bereits mit seinem Freund Gutbrod beim Staatsminister im Kanzleramt gewesen. Reinel hatte sich sofort nach dem Treffen im Schlosspark in den Sattel seiner Harley-Davidson geschwungen und hatte so nicht nur die Verkehrsstaus der Bundeshauptstadt umfahren, sondern auch den auf öffentliche Verkehrsmittel setzenden Franzosen problemlos überholt.

Der Staatsminister hatte sein Versprechen vom Vorabend gehalten, die Kanzlerin informiert und von ihr den traditionellen höchsten Segen eingeholt: »Was ich nicht weiß, macht mich nicht heiß!«

Die Kanzlerin interessierte sich in erster Linie für ihre fünf verschwundenen KSK-Soldaten, die auf der Jagd nach Ayub El Hussein gewesen waren. Die geheime Operation gegen den Saudi, der als »Technologe« der al-Qaida galt, war im Frühjahr ebenfalls mit ihrem traditionellen Segen gelaufen. Der BND hatte El Hussein bereits seit den Anschlägen von 9/11 im Visier. Der Saudi hatte in Hamburg Physik und Chemie studiert, bevor er seine Karriere als Terrorist startete. Er überzeugte Osama bin Laden von den Vorteilen einer »islamischen Atombombe«, um damit die Ungläubigen zu terrorisieren, und bin Laden sprang darauf an. Die religiöse Ideologie der Fundamentalisten war stark von der Vorstellung eines apokalyptischen Endes der Welt geprägt. Der BND wusste, dass bin Laden El Hussein bedeutende finanzielle Mittel zur Verfügung gestellt hatte, um das Projekt umzusetzen.

Ein zuverlässiger Kontaktmann, der im Kaukasus aktiv war und es geschafft hatte, eine Gruppe tschetschenischer Radikalislamisten zu infiltrieren, hatte zwei Jahre zuvor handfeste Beweise vorgelegt, dass der Saudi mit diesen Männern in Verbindung stand und einen Coup plante, um aus einem Forschungszentrum der ehemaligen Sowjetrepublik Kasachstan radioaktives Material zu stehlen, mit dem sich eine »schmutzige Bombe« herstellen ließ. Sie wussten auch, dass in der Zentrale von al-Qaida seit Längerem der Plan reifte, einen Anschlag auf eine europäische Großstadt zu verüben, der eindrucksvoller und spektakulärer als 9/11 sein sollte, denn bin Laden liefen die Anhänger davon, seitdem ein paar der Al-Qaida-Outlets im Irak und im Gebiet Sub-Sahara und Sahel ambitionierten Gotteskriegern mehr Action boten als die Mutterorganisation.

Als ihr Kontaktmann im Frühjahr aus dem Kaukasus übermittelte, Ayub El Hussein habe sich alleine zu einem streng geheimen Koordinierungsmeeting mit einem Vertreter der Tschetschenen begeben wollen, das von dem berüchtigten Terror-Banker Ahmad Jan in der Provinz Zabul unweit der Grenze zu den Stammesgebieten und der Stadt Mapan organisiert würde, hatten sie keinen Augenblick gezögert. Und der Franzose, der den MedEvac-Abschuss zusammen mit Major Rossi überlebt hatte, war Mitglied eines Special-Forces-Teams gewesen, das ebenfalls Jagd auf Ahmad Jan gemacht hatte – in genau diesem Gebiet.

Sein Staatsminister hatte Huber abschließend mitgeteilt, dass die Kanzlerin einen Blankoscheck ausstellte: Er konnte tun, was er für richtig hielt, solange er keine Rohrkrepierer verursachte, irgendwelche Aufmerksamkeit auf sich zog oder die traditionellen Beziehungen zwischen dem BND und den US-Diensten aufmischte. Er sollte sehen, dass er den Problemkomplex, der El Hussein, die Tschetschenen und die schmutzige Bombe umfasste, irgendwie aus der Welt schaffte. Die Kanzlerin teilte die Meinung des Staatsministers und des Sonderbeauftragten für besondere Krisensituationen: Es war essenziell, Licht in diese ganze obskure Angelegenheit zu bringen, aber diskret. Und sollte entgegen dem ausdrücklichen Wunsch der Kanzlerin doch irgendetwas überschwappen – Huber wusste, welches Schicksal seinen Vorgänger ereilt hatte.

»Major Rossi, einer der beiden Männer, die Sie gestern Abend hier getroffen haben, ist General Reinhard Gutbrod, der Chef des Einsatzführungskommandos der Bundeswehr. Ihr Vorgesetzter sozusagen. Noch vor wenigen Wochen befehligte Gutbrod das Kommando Spezialkräfte. Er hat im Frühjahr in genau der gleichen Ecke, in der Ihr MedEvac abgeschossen wurde, fünf Soldaten verloren. Auf unerklärliche Weise. Und er ist nicht der einzige Kommandeur einer der OEF unterstellten Spezialeinheit, der in den Großen Suleimans und in diesem ganz speziellen Dreieck zwischen Qalat, Mapan und Mohammad Dinkal unerklärliche Verluste hatte.«

Er nahm die Finger zu Hilfe und zählte für Major Rossi die betroffenen Mitglieder der Koalition auf.

»Und das sind nur die, von denen wir wissen, Major. Sie waren auch nicht mit einem Mitglied einer kanadischen Spezialeinheit unterwegs, sondern mit einem Franzosen. Und der hat Ihnen ja bereits erzählt, dass seine Truppe einen wichtigen Namen der UN-Terrorliste jagte: den berüchtigten Terror-Banker Ahmad Jan.«

Carla nickte. Sergeant Pierre Dupont hatte ihr erklärt, wer der Mann war und warum sie ihn dingfest machen wollten. Huber schien endlich einzusehen, dass er ihr dringend ein paar Informationen geben musste, wenn er sie kooperativ stimmen wollte.

»Und?«, fragte sie ihn. »Wissen Sie jetzt dank meiner Phantombilder, wer diese Männer dort oben in den Bergen sind? Sind sie für die Verschwundenen und Toten verantwortlich, über die wir geredet haben? Wissen Sie, wer meinen Kollegen Dr. De Ruijters ermordet hat? Wer hat meine Kameraden von der Medical Task Force umgebracht? Und wer hat unseren MedEvac mit einer Boden-Luft-Rakete abgeschossen, die sich theoretisch gar nicht in den Händen irgendwelcher radikalislamischer Gruppierungen in Afghanistan befinden dürfte?«

Noch bevor Huber sich durchrang, Carla wenigstens ein paar Antworten zu geben, wurde die Hintertür geöffnet, durch die auch sie zuvor aus dem Künstleratelier in das avantgardistische Büro gekommen war. Die beiden Besucher hatten nicht angeklopft.

DRITTES KAPITEL

Afghanistan – Kabul

Pierre Besson atmete auf. Anatolij Zabelev schlief im Nachbarzimmer, und sein langer Arbeitstag war endlich zu Ende. Er zog seinen Laptop aus der Tasche und machte es sich mit gekreuzten Beinen auf dem Doppelbett bequem. Auf dem Nachttisch stand ein Aschenbecher. Aus einem kleinen Briefchen, das in einem mit Tabak gefüllten Lederbeutel steckte, entnahm er ein dünnes, fast durchsichtiges Papierchen. Er bestreute es mit einer kleinen Menge Tabak, rollte es geschickt zwischen den Fingern und fuhr schließlich mit der feuchten Zungenspitze langsam über den Klebestreifen. Bevor er sich die perfekte Selbstgedrehte genüsslich ansteckte, memorierte er noch rasch den achtstelligen Zahlensatz, der im Kontakt mit seinem Speichel für exakt fünfzehn Sekunden auf dem noch feuchten Klebestreifen erschienen war. Es handelte sich um einen Einmal-Code der DGSE, mit dem er eine diskret und sicher verschlüsselte E-Mail an Rolland Fabré verschicken konnte. Das Einmal-Code-System war nicht neu oder originell, aber die Idee mit den Zigarettenpapierchen, die kurzfristig auf pH-Werte zwischen sechs und acht reagierten, war brillant.

Sie waren für die letzten Tage aus Sicherheitsgründen aus dem *Mustafas* ins Hotel *Kabul Serena* umgezogen. Es hatte Pierre einen Fünfziger gekostet, Tolja Zabelevs Eintrag aus dem Melderegister des *Mustafas* verschwinden zu lassen. Im *Serena* standen nun sein stadtbekannter Name, sein prestigeträchtigster italienischer Auftraggeber *Il Corriere de la Sera* und ein kryptisches »and Photographer« auf der Registrierkarte. Das war nicht ungewöhnlich für die großen Namen der Presse, und niemand stellte einem bei sämtlichen offiziellen Stellen akkreditierten und von allen respektierten Journalisten Fragen.

Pierre Besson galt als Schwergewicht der Kriegsberichterstattung. Er war der Mann, der für die europäische Presse seit zwanzig Jahren von der Front berichtete – ganz vorne, von den heißesten Hotspots der härtesten Kriegsschauplätze. Zu Hause an den Wänden seiner Wohnung im italienischen Brindisi hingen Seite an Seite sämtliche beruflichen Auszeichnungen, die ein Mann seiner Profession erhalten konnte, während er gleichzeitig ein beliebtes und geachtetes Mitglied aller internationalen Berufsverbände der schreibenden und fotografierenden Zunft war. Niemand dachte sich etwas dabei, wenn Pierre Besson irgendwo auftauchte. Und Tolja Zabelev war mit ein paar Fotoapparaten um den Hals einfach unbeachtet, unkontrolliert mit seiner Zimmerkarte durch die Checkpoints der Sicherheitsposten des *Kabul Serena* marschiert.

»Ich habe meinen Übersetzer Whalid losgeschickt. Er versucht, diskret Fotos von den Typen zu schießen«, schrieb Besson an Rolland. »Sie übernachten im *Gandamak* und haben ihre Zimmer für drei Nächte gebucht.«

Das überraschende Auftauchen seines ehemaligen Kollegen Richard O'Shaughnessy und zweier weiterer Kameraden aus dem Hochtal in Kabul hatte Tolja Zabelev beunruhigt und gleichzeitig redefreudig gemacht. Er hatte Pierres Vorschlag, Afghanistan zu verlassen, sofort akzeptiert, als dieser ihm versprochen hatte, dass Josie van Donghen und die Frauen bis zur Rückkehr Georg Steiners nicht schutzlos wären. Und die Leiterin der Kabuler Frauenhäuser von Women help Women hatte eingesehen, dass es auch für sie besser war, wenn Tolja ging. Besson hatte es geschafft, ihr alles zu erklären, ohne dabei Porzellan zu zerschlagen. Sie hatte ihm seine Ehrlichkeit gedankt und ihn nicht gefragt, warum er in der Lage war, dem

Russen so einfach Papiere zu besorgen und gleichzeitig im Handumdrehen für ihre Hilfsorganisation professionellen Schutz zu organisieren, der nicht gerade billig war.

Josie hatte natürlich von Anfang an geahnt, dass Toljas Situation keine einfache war.

»Es war ausgemacht, dass er nicht in Afghanistan bleiben sollte«, hatte Josie Besson anvertraut. Der kannte die Details der Abmachung und war von der Kreativität beeindruckt, mit der die belgische Hilfsorganisation das Thema der diskreten Ausreise des ehemaligen Söldners aus Afghanistan mit anschließender diskreter Einreise in die EU hatte regeln wollen.

Es hätte auch geklappt: Tolja wäre einfach mit der Transportmaschine mitgeflogen, die Women help Women zusammen mit ein paar anderen europäischen Hilfsorganisationen regelmäßig charterte, um Material und Personal zu transportieren. Auf dem Flughafen Zaventem in der belgischen Hauptstadt sollte dann eine von Josies Brüsseler Kolleginnen Tolja mit der Kopie seines Reisepasses und seinem alten Arbeitsvertrag abholen. Sie hätte beim Zoll anschließend Stein und Bein geschworen, dem Mitarbeiter seien seine Ausweispapiere in Afghanistan gestohlen worden.

Besson speicherte seine Mail und öffnete Google Maps. Zabelev hatte ihm eine wahnsinnige Story erzählt. Nach drei Wochen hatte er ihm endlich erklärt, was für ein Objekt Matveevs Truppe geschützt hatte – beziehungsweise was für ein Objekt O'Shaughnessy und die überlebenden angelsächsischen Contractors mithilfe einer Handvoll US-amerikanischer Spezialisten für elektronische Kriegführung und einem noch experimentellen russischen mobilen Luftraumüberwachungs- und Aufklärungssystem weiter schützten.

»Julien Rudeaux sollte einmal abchecken, was JSC Concern Sozvezdie wirklich für die russischen Streitkräfte macht«, schrieb Besson. Elektronische Kriegführung und Luftraumüberwachung waren eines der interessantesten rüstungswirtschaftlichen Themen, die es in diesem Augenblick überhaupt gab. Pierre orientierte sein journalistisches Planning üblicherweise an den militärtechnischen Fachmessen, die in Europa, am Persischen Golf und in Asien stattfanden. Für ganz normale Kriege und klassische Kampfhandlungen nahm er sich zwischen den großen Ausstellungen der Rüstungsindustrie Zeit, und obwohl ihm sein guter Ruf viel Wert war, war er auch bereit, Mutter und Vater zu verkaufen, wenn irgendein renommiertes Hightech-Unternehmen ihm Einblicke in Neuentwicklungen versprach.

Besson genoss seine Zigarette und beendete seine E-Mail an Rolland Fabré: Seit etwas mehr als drei Jahren lief hier ein außergewöhnlich lukratives Business mit einer Ware, die die besser Informierten gemeinhin »Blood Antiques« – Blutantiquitäten – nannten.

Die in Afghanistan stationierten Schutztruppen – OEF und ISAF – schienen nichts zu bemerken. Tolja bestand allerdings darauf: Das Business in den Bergen hatte absolut nichts mit der geheimnisumwitterten FOB Sweeney und den Special Forces aus der Special Activities Division der CIA zu tun, die sich rund fünf Stunden Fahrt von ihrem Objekt an der Distriktgrenze nach Ghazni befanden und von dort aus schon seit Jahren in der Grenzregion mit Pakistan und in den Stammesgebieten der Paschtunen wilderten.

Der Russe schwor Stein und Bein, dass sämtliche Amerikaner, mit denen er zusammengearbeitet hatte, auch nichts mit dem US-Geheimdienst zu tun hätten, sondern lediglich zu Jones' Sicherheitsfirma gehörten – genau wie er und seine russischen Kameraden. Auch die Typen, die die Luftraumüberwachung machten, arbeiteten für die Sicherheitsfirma, und das russische Hightech-System hätten Arkadij und Jones beschafft.

»Matveev und Jones sind uralte Freunde«, hatte Tolja ihm erklärt, »die kannten sich seit ewigen Zeiten. Arkadij erwähnte einmal, dass sie sich als junge Offiziere während des Bürgerkriegs in Angola kennengelernt hätten. Nach dem Afrika-Auftrag mit den Maltschiki bei Alyzée hat Arkadij sich lediglich auch noch in Jones' Sicherheitsfirma eingekauft – als Partner. Die beiden haben da oben in den Bergen Unsummen verdient, Pierre! Selbst die ganz Großen – Blackwater, Centurion, Erins oder Whitecloud – hätten sich die Finger geleckt, wenn man ihnen diesen Auftrag angeboten hätte.«

Besson wusste nun, dass jeder von Arkadijs Männern mindestens fünftausend Euro im Monat verdient hatte. Tolja, als erfahrener und gut ausgebildeter Unteroffizier mit Fremdsprachenkenntnissen und einem Diplom als Mechatroniker hatte als Sold achtzigtausend Euro netto und steuerfrei pro Jahr auf ein Konto auf einer der britischen Kanalinseln überwiesen bekommen. Dazu waren noch rund zwanzigtausend Euro Erfolgsprämie aus den Grabungen gekommen und ein dreizehntes Monatsgehalt. Der Russe hatte in drei Jahren bei Jones dreihundertfünfzigtausend Euro abkassiert. Und wenn seine und Matveevs Geschichte nicht so tragisch mit diesem tödlichen Zusammenstoß mit Männern aus dem COS geendet hätte, dann wäre Tolja bei Vertragsende mit einer Zusatzprämie von sechzigtausend Euro nach Hause gefahren, um dort die Zeit bis zum nächsten Auftrag mit Jones' und Matveevs Sicherheitsfirma zu überdauern.

Solch eine Summe war für einen Contractor aus Osteuropa fantastisch. Und sie garantierte das große Schweigen. Pierre hatte im Kopf kurz überschlagen, welche Gehälter pro Monat für das gesamte Team in den Bergen von Zabul gezahlt wurden. Ihm war schwindlig geworden.

Allerdings wusste er als erfahrener Fachjournalist auch, dass der illegale Handel mit Blutantiquitäten finanziell gesehen nur noch vom Handel mit Rauschgift und vom Menschenhandel übertroffen wurde. Selbst Waffenhändler verdienten weniger als diejenigen, die die kulturellen Schätze ihrer Heimat illegal verschacherten. Ein weltweites Milliardengeschäft. Fast unsichtbar und unkontrollierbar galt der Kommerz mit Blutantiquitäten auch als relativ ungefährlich, denn die Kunden, die sich für diese Ware interessierten, gehörten einer Elite an, die sich durch geringe Gewaltbereitschaft und ein hohes Bildungsniveau auszeichneten. Außerdem bedurfte es einer zu großen Expertise, als dass Hinz und Kunz, die in der

Lage waren, den Abzug einer Knarre zu drücken, auch in der Lage gewesen wären, zahlungskräftige Kunden für etruskische Steinarbeiten, protokeltische Bandkeramiken oder präkolumbische Mumien der Chinchorro-Kultur aufzutun.

»Tolja Zabelev hat mir außerdem ein wirklich interessantes Detail anvertraut«, tippte Besson weiter. »Dieser nicht näher identifizierte Kunde, für den sie diesen ›Objektschutz‹ machen, hat irgendwo im Botschaftsviertel ein Haus oder eine Villa, wo offenbar immer wieder spezielle Fundstücke eingelagert werden, bis dafür eine diskrete Möglichkeit zum Transport über die afghanischen Landesgrenzen gefunden wird.

Er kündigte Rolland Fabré an, dass er versuchen würde, mehr über dieses Haus herauszufinden. Das Gebäude lag angeblich neben einem italienischen Restaurant, das bei den Expats beliebt war und in der Nähe des unabhängigen Radio- und Fernsehsenders Tolo TV.

Besson war überzeugt, dass O'Shaughnessy und seine beiden Kameraden nicht nur nach Kabul gekommen waren, um auf gut Glück Tolja Zabelev zu suchen. Er klickte ein bisschen auf der Karte herum, die Google ihm für die afghanische Hauptstadt anbot. Sie war neuer und besser als die Ansicht von Paris, und die Auflösung des angebotenen Satellitenbildes war wirklich gut. Er zoomte die Gegend um Tolo TV an und fand dort in der Tat auch ein italienisches Restaurant: *El Boccaccio.*

Olivier Patricks Sicherheitsmann sollte schon am nächsten Abend ankommen, aber sie konnten erst am Freitag über Dubai nach Paris fliegen. Pierre Besson beschloss, am nächsten Tag eine kleine Tour zu Tolo TV zu machen und die Ecke zwischen der 3. Makrorayon-Straße und der 10. Straße zu erkunden.

Deutschland – Berlin – Regierungsviertel

Kérmorvan hatte Gutbrod gestanden, dass er der »Sergeant Pierre Dupont« von den kanadischen Special Forces gewesen war, von dem Stabsarzt Dr. Rossi ihren Vorgesetzten berichtet hatte. Der ehemalige Chef des KSK hatte die Erklärung gelassen hingenommen und sich nicht nur für die Verspätung und für das unangenehme Warten im Regen entschuldigt, sondern seinem Begleiter auf der Strecke zu ihrem spätnachmittäglichen Treffen auch in kurzen Worten erklärt, warum sie sich im ersten Augenblick so zugeknöpft gezeigt hatten.

»Wir mussten erst einmal bei unserer politischen Führung vorsprechen. Sie verstehen, dass wir mit gewissen Situationen nicht so unbefangen umgehen können wie Sie in Frankreich, Commandant?«

Kérmorvan verstand das natürlich, denn seine Mutter war Deutsche, und er hatte ausreichend Gelegenheit und deutsche Verwandtschaft, um bei den unvermeidlichen großen Familientreffen jede Variante der Befangenheit zu hören. Es war nicht so, als ob er kein Verständnis oder etwas gegen seine Verwandtschaft hätte, aber als er jünger gewesen war, war ihm dieser genetisch verankerte Schuldkomplex immer furchtbar auf die Nerven gegangen. Nachdem er sich bei der Armee verpflichtet hatte, war er manchmal sogar wütend geworden, hatte Türen geschlagen oder Esstische verlassen, wenn wieder einmal ein rechtsrheinischer Verwandter das falsche Wort zur falschen Zeit gesagt hatte. Inzwischen war es ihm gleichgültig, wenn Teile des Franz-Clans von der Mosel und aus dem Hochschwarzwald wieder einmal ihren Trip auslebten. Man suchte sich seine Freunde aus, nicht seine Verwandtschaft!

Meistens entschuldigte Kérmorvans Mutter das Fernbleiben ihres Ältesten diplomatisch mit beruflichen Verpflichtungen, oder er selbst schrieb eine freundliche Karte. Wenn sich seine Anwesenheit gar nicht vermeiden ließ, dann setzte er sich meist an eine Ecke, von der man nach Ablauf der Anstandsfrist bei Tisch diskret verschwinden konnte, und hielt den Mund. Seine deutschen Verwandten hatten sowieso ein engeres Verhältnis zu seinen drei Geschwistern Anna, Agnés und Columban aufgebaut, denn sie hatten die Jüngeren nach der Rückkehr seiner Eltern ins heimatliche Frankreich aufwachsen sehen, während er bereits ans Lycée Naval und anschließend zur Kriegsmarine verschwunden war und seiner eigenen Wege ging.

× × ×

Als sie das weitläufige Designerbüro im Obergeschoss der »Auster« betraten, wurden sie unfreiwillig Zeugen einer lebhaften Auseinandersetzung. Der hochrangige Mitarbeiter des Bundesnachrichtendienstes, den Gutbrod als Gesprächspartner ihres diskreten Treffens angekündigt hatte, schuldete Carla ganz offensichtlich ein paar Erklärungen, und sie bestand energisch darauf, dass er endlich Klartext mit ihr redete.

Kérmorvan verzog den Mund zu einem Lächeln. Er erinnerte sich an Quetta und Carlas Unmutsausbruch. Im Gegensatz zu dem BNDler hatte er sie zuerst einfach wegsperren können, bis sie ihr Mütchen gekühlt hatte. Und dann war ihm eine wesentlich bessere Idee gekommen, um sie zu beruhigen und kooperativ zu stimmen.

Gutbrod hatte ihm auf dem Weg vom Kanzleramt zur »Auster« in kurzen Worten den deutschen Sachstand geschildert. Sie wussten eigentlich nur, was seine vormalige Weggefährtin ihnen erzählt hatte, aber sie hatten seit dem Zweiten Weltkrieg Erfahrung mit dem Problem des illegalen Antiquitätenhandels. Seine beiden neuen deutschen Partner und ihre Vorgesetzten verstanden, dass es hier um außergewöhnlich hohe Geldsummen ging und um ein illegales Gut, das sich so gut wie nicht nachverfolgen ließ. Der General teilte die Befürchtung seiner politischen Vorgesetzten, dass die ihnen von Rossi beschriebene Operation in den Bergen dazu diente, Geldmittel für den Kampf der Taliban gegen die ISAF-Truppen in

Afghanistan zu beschaffen, und natürlich auch, um Terrorakte in den Ländern der Koalition zu finanzieren.

Der Schrecken einer erst vor einem Monat festgenommenen deutschen Terrorzelle, die enge Verbindungen mit einer im Grenzgebiet von Pakistan und Afghanistan ansässigen radikalislamistischen terroristischen Gruppe und mit tschetschenischen Extremisten hatte, saß den Deutschen immer noch im Nacken. Aus diesem besonderen Grund erschütterte sie vor allem die enge und freundschaftliche Zusammenarbeit zwischen der Nummer zwei der Taliban Dadullah Khan und einem bekannten angelsächsischen Kriegsdienstleister, der über ein kleines Arsenal militärischer Hightech verfügte und nicht gezögert hatte, einen mit einem roten Kreuz gekennzeichneten Rettungshubschrauber abzuschießen und Uniformierte, die sich auf die Haager Landkriegsordnung und den Schutz medizinischen Personals beriefen, erbarmungslos zu foltern. Gutbrod hoffte auch aus diesem Grund, dass die Zusammenarbeit zwischen Carla und dem Phantombildzeichner erfolgreich war. Der deutsche General war überzeugt, dass der Schlüssel zur Lösung ihres Rätsels in der Identität der beiden Männer lag, denen Carla die Spitznamen »Golfer« und »Lehrer« gegeben hatte.

× × ×

Carla war überrascht, Sergeant Pierre Dupont so schnell und dazu noch in Berlin wiederzusehen. Was sie allerdings nicht überraschte, war sein Namenswechsel. Den »Pierre Dupont« hatte sie ihm von Anfang an nicht abgenommen. Jetzt behauptete er Paul Lefèvre zu heißen, Commandant Paul Lefèvre. Dass er außerdem Franzose und nicht Kanadier war, hatte ihr Huber bereits erzählt. Er hatte sich den schwarzen Vollbart abgenommen, wodurch er erheblich jünger wirkte. Und obwohl er sie über die scharf geschnittene Adlernase hinweg amüsiert anblitzte, während er sich für sein Verschwinden aus der Transitzone am Flughafen Istanbul entschuldigte, bemerkte sie die tiefen Schatten unter seinen Augen, die sich grau von der olivfarbenen Haut abhoben. Er hatte seit seiner Rückkehr offenbar genauso wenig Zeit gehabt wie sie, um sich auszuruhen.

Was Carla allerdings nicht bemerkte, war seine linke Hand, die ihr diskret etwas Kleines und Metallisches in die Tasche der Jacke schob.

Sie verloren keine Zeit mit dem Austausch von Höflichkeiten. Der Mann vom BND – Huber – wusste Bescheid, worüber sie mit Gutbrod in Sanssouci gesprochen hatten. Und eine von Carlas Fragen konnte er beantworten, ohne die Phantombilder gesehen zu haben. Kérmorvan hatte das Gefühl, dass es einfacher war, wenn er den Gesprächsverlauf an sich zog und ein paar Informationen anbot, um sein Gegenüber aufzutauen. Ihm war nämlich aufgefallen, wie Huber, seit sie mit Gutbrod in den Raum getreten waren, in beinahe schützender Manier eine Hand auf den Aktenordner vor sich auf dem Tisch legte. Vermutlich befanden sich die Phantombilder in diesem Ordner, und sie waren alles, was der BND bei einem Tauschhandel anzubieten hatte. Er selbst hatte zwei dieser Tauschobjekte bereits entwertet, indem er Gutbrod die Namen von Dadullah und dem Kriegsdienstleister Jones gegeben hatte. Damit blieben den Deutschen eigentlich nur noch Taher und der vierte Mann, Carlas »Golfer« – und ihr Stillschweigen!

Diskretion war wahrscheinlich sogar das Wertvollste, was sein Gegenüber ihm anbieten konnte. Sollten die Deutschen sich entscheiden, eine Show abzuziehen, die Sache mit dem Abschuss des MedEvac, Dadullah und der illegalen Grabungsstätte in den Großen Suleimans an die große Glocke zu hängen und in irgendeinem Forum der NATO mit der Faust auf den Tisch zu schlagen, dann konnte die DGSE jede Hoffnung begraben, Taher El Ouazzani diskret aus dem Hochtal abzusammeln oder ihn dort zusammen mit Jones, Dadullah und dem Rugbyfanclub in Grund und Boden zu bomben. Als sie mit Madame le Juge bei Premierminister Rousseau vorgesprochen hatten, hatte er einen Plan unterbreitet, der sich diskret und verhältnismäßig einfach umsetzen ließ, falls es im US

CENTCOM in Bagram oder in Tampa im Hauptquartier wirklich einen Verräter gab. Und Gutbrod hatte ihm just an diesem Morgen die Namen von drei US-Offizieren gegeben, die in Tampa als undichte Stellen infrage kamen.

Der französische Geheimdienstoffizier streckte dem deutschen Kollegen vom BND die Hand entgegen. Schon für diese drei Namen in Tampa hatte sich seine Reise gelohnt. Auch miteinander befreundete Geheimdienste machten sich üblicherweise keine Geschenke; der Geist der Gönnerhaftigkeit und der Großzügigkeit war einfach nicht in ihrem Genmaterial verankert. Normal waren Kuhhandel und Tauziehen. Man gab diese Zurückhaltung höchstens in absoluten Notfällen wie in den Stunden nach dem Anschlag von 9/11 auf. Und selbst dann steckten Berechnung und Politik dahinter. Aus diesem Grund waren seit dem Ende des Zweiten Weltkriegs auch sämtliche multilateralen Versuche der Zusammenarbeit von Geheimdiensten kläglich gescheitert. Alle außer den berüchtigten *Five Eyes:* dem US-UK-Vertrag von 1946, dem sich bereits 1947 die drei ehemaligen britischen Dominions Kanada, Australien und Neuseeland angeschlossen hatten.

Die Deutschen prostituierten sich schon seit Jahrzehnten, um als sechstes Auge den *Five Eyes* beitreten zu dürfen. Doch trotz unzähliger Trips nach Washington und massiven Anbiederungsversuchen waren sie diesem Ziel seit 1955 und der Gründung des BND noch keinen Schritt nähergekommen und immer noch nur sogenannte tertiäre Partner. Das hieß, dass die USA sie erbarmungslos abzockten und sie ungestraft und auch auf deutschem Boden von A bis Z bespitzelten, ihnen aber im Gegenzug dafür nicht einmal den geheimdienstlichen sprichwörtlichen Dreck unter den Fingernägeln gaben.

Wenn sie mit dem BND zu tun hatten, war die DGSE immer höflich und nett, denn die Deutschen waren gemäß Papierlage ihr engster und bester Verbündeter – aber sie waren extrem vorsichtig, denn jeder bis hinunter zur Putzfrau und zum Gärtner am Boulevard Mortier wusste, dass Konrad Adenauer mit der Präambel zum

Élysée-Vertrag einer echten deutsch-französischen Freundschaft in der Sicherheitspolitik bereits im Jahr 1963 den Dolch in den Rücken gestoßen hatte. Trotz des ehrlichen Willens zur Aussöhnung liefen die außenpolitischen Vorstellungen ihrer beiden Länder meist diametral auseinander.

Kérmorvan unterstellte seinen Vorgesetzten in Romainville, dass sie ihm die Berlin-Mission vor allem auch aus diesem Grund anvertraut hatten, denn trotz seines perfekten Deutschs, das er, wenn er wollte, völlig akzentfrei sprach, und seiner Kenntnisse der Geschichte und der Mentalität des Landes hatte er es beruflich immer vermieden, mit den Deutschen zu arbeiten, um jede Form eines persönlichen Interessenkonflikts zu vermeiden. Seine Spielwiese war der Mittlere Osten. Dadurch war er im Umgang mit dem Geburtsland seiner Mutter viel freier und unbefangener als die Kollegen in Romainville und am Boulevard Mortier, die direkt oder über die NATO, die EU und das Fusion Center Alliance Base mit den drei deutschen Diensten MAD, Verfassungsschutz und BND zusammenarbeiten mussten.

× × ×

Er setzte sich neben Carla und ignorierte für einen Augenblick Gutbrod und Huber, den Mann vom BND. Sie war Ärztin und in diese ganze Sache nur aus Versehen hineingeschlittert. Wenn er nicht seinen verzweifelten und unkonventionellen Hilferuf abgesetzt hätte, um vielleicht doch noch das Leben seiner beiden Schwerverwundeten zu retten, dann stünde sie vermutlich jetzt noch in ihrem OP auf der Kandahār-Airbase. Carla war, wie die afghanischen Dörfler aus dem elenden Flecken Rustam Kalay, ein Kollateralschaden. Die Afghanen, die in der Provinz Zabul zwischen die Fronten geraten waren, waren ihm auf persönlicher Ebene zwar genauso gleichgültig wie zufällige Pakistani, Saudis, Emiratis oder Ägypter seines Einsatzgebietes. Doch Carla war ein anderer Fall: Und das lag nicht nur daran, dass sie im Augenblick des Helikopterabsturzes eine deutsche Uniform getragen und einen seiner Männer notoperiert hatte. Es lag nicht einmal daran, dass sie diese völlig verrückte Anstrengung unternommen hatte, um ihn aus den Fängen seiner Häscher zu befreien. Doch er akzeptierte, dass alles, was sie gemeinsam erlebt hatten, nicht spurlos an ihm vorbeigegangen war. Und Carla hatte ein Recht zu erfahren, was gelaufen war. Die Toten aus dem MedEvac waren ihre Kameraden und Freunde gewesen. Er fühlte sich ihr genauso verpflichtet wie den Familien der sechs Soldaten aus dem 1er RPIMa, die im Rahmen dieser Mission das Leben verloren hatten.

Kérmorvan legte seine Hand freundschaftlich über ihre:

»Der Mann, dem du den Spitznamen ›Segler‹ gegeben hast, hat das Mistral-System vor zwei Jahren von einem serbischen Waffenhändler in Damaskus gekauft. Es gehörte zu einer legalen Lieferung im Jahr 1994 an Pakistan. Die haben anschließend illegal ein Dutzend der fünfzig verkauften Systeme an radikalislamistische Gruppen in Ex-Jugoslawien weitergegeben – während der Balkankriege. Saudis, die der Königsfamilie nahestanden und die wir sehr gut kennen, haben sie damals dafür bezahlt. Wir haben es geschafft, etwa zwei Drittel dieser Mistrals zurückzukaufen, doch bei diesem System sind wir zu spät gekommen.«

Er lächelte sie an. Er war damals zu spät gekommen.

»Der Verkäufer hat es allerdings bereut, das Geschäft mit Mr. Jones und nicht mit uns gemacht zu haben. Was allerdings diesen Mr. Jones, deinen Segler, anbetrifft: Den kennen wir leider nur unter seinem Künstlernamen – Jones. Ein ehemaliger Söldner, der heute eine ganz spezielle Form der Kriegsdienstleistung anbietet.«

»Und die Kerle vom Rugbyfanclub arbeiten für ihn?«

Kérmorvan nickte. Er bemerkte, dass auch in den Augen des BND-Mannes Interesse aufblitzte. Die Deutschen wussten vermutlich nicht viel über Mr. Jones.

»Der Mann stammt aus dem ehemaligen Rhodesien, hatte dort in einer renommierten Spezialeinheit gedient – den Selous Scouts. Wie viele weiße Afrikaner kehrte er seiner Heimat nach der Wahl

Robert Mugabes im Jahr 1980 den Rücken. Wir wissen, dass er noch im selben Jahr während des Bürgerkriegs im Tschad von Gaddafi als militärischer Berater für Goukouni Weddei angeheuert wurde. Anschließend war er eine Weile bei Bob Denards Söldner-Truppe auf den Komoren. Denard war bis Anfang der Achtziger eine Art ›Vollstrecker‹ für dreckige Angelegenheiten, bevor er es sich mit uns richtig verdarb, weil er privat und hinter dem Rücken der Französischen Republik einen Staatsstreich in Benin organisierte. Nach den Komoren ist Jones im Libanonkrieg wieder aufgetaucht. Wir haben ihn damals sogar für ein paar Wochen auf einem Zeitvertrag angeheuert, damit er für die Phalangisten der Familie Gemayel ein spezielles Kommandounternehmen organisierte, mit dem wir direkt nicht in Verbindung gebracht werden wollten. Seit dem Ende des Kalten Krieges ist der Mann selbst allerdings nicht mehr ›mit der Pistole im Holster aktiv‹, sondern managt und vermittelt nur noch Kriegsdienstleister über seine private Militärfirma Global Security Associates Inc. Die Firma macht vor allem Objektschutz und stellt Personenschützer für Geschäftsleute, die in Krisengebiete reisen müssen. Wir wissen, dass auch staatliche Stellen Jones immer wieder gerne anheuern. Meist für Sicherungsaufgaben und um eigene Leute zu entlasten oder um Geiseln zu befreien, um die man sich offiziell nicht kümmern will oder kann. Die Mehrheit seiner Contractors sind fest angestellte Mitarbeiter: Amerikaner, Südafrikaner, weiße Afrikaner wie er selbst, dazu ein paar Briten. Wir wissen allerdings, dass er auch schon Männer aus Nord- und Osteuropa unter Vertrag genommen hat; Norweger und Russen. Und er arbeitet nicht in Südostasien. Jones' Contractors sind, wie du selbst sehen konntest, eher guter Durchschnitt. Sie stammen auch meist nicht aus den berühmten Prestige-Einheiten der Special Forces, sondern eher aus ordentlichen Second-Tiers-Einheiten, wie den US-Marines oder den britischen Rifles. O'Shaughnessy als Ehemaliger des SAS war eher die Ausnahme. Trotzdem ist seine Truppe sehr professionell, diskret – und teuer. Jones hat im Kriegsdienstleistergeschäft einen ausgezeichneten Ruf. Sein Laden ist klein, aber fein, und er hat es geschafft, mit sämtlichen seiner Auftraggeber – privaten und staatlichen – gute Beziehungen zu wahren. Meines Wissens gibt es niemanden, der dem Mann oder seiner Global Security Associates Inc. etwas Schlechtes nachsagt. Das macht es umso erstaunlicher, ihn in der Gesellschaft eines Mannes wie dem ›Taliban-Posterboy‹ anzutreffen – und bei einem Business in der Taliban-verseuchtesten Provinz von ganz Afghanistan.«

Huber nickte zufrieden. Es war offensichtlich nicht notwendig, dem Franzosen die Würmer einzeln aus der Nase zu ziehen. Der Mann zeigte sich kooperativ und verhältnismäßig offen. Er hatte sich gerade eben sogar elegant und diplomatisch als Mitarbeiter des französischen Auslandsgeheimdienstes DGSE geoutet. Ein sehr intelligenter Ansatz. Er zog den Umschlag mit der Aufschrift Jones aus seinem Ordner und schob ihn Commandant Paul Lefèvre hin.

»Sehen Sie ihn sich an!«

Als er die Phantomzeichnung nach Carlas Beschreibung sah, nickte Kérmorvan anerkennend. Er hatte den gleichen Mann ein paar Stunden später im selben Outfit gesehen, wenn auch in schlechtem Licht. Doch bei dem Foto, das wahrscheinlich aus einer der BND-Datenbank stammte, schüttelte er den Kopf. Das einzige Identifikationsmerkmal war das braune Barett mit dem Selous-Scouts-Adler. Außerdem hatte er diese ganz spezielle Aufnahme schon einmal gesehen, und zwar als einen guten und klaren Abzug in einem Werk über den Bürgerkrieg und die rhodesischen Spezialeinheiten, das ihr Kollege Rolland Fabré vor ein paar Jahren im Verlagshaus *Histoire & Collections* veröffentlicht hatte. Das Foto zeigte nicht Jones, sondern den letzten Kommandeur der Selous Scouts Gordon Green. Der Mann hatte nach der Amtseinführung Mugabes die Reste seiner Einheit über die Grenze nach Südafrika geführt. Ein Jahr später hatte man die erfahrenen Kommandosoldaten dann in die Transvaal Defence Forces integriert. Green hatte im Ruhestand das Buch verfasst und Fabré das Foto geliefert.

Huber pfiff leise durch die Zähne. Dann strahlte er seinen Gegenüber an: »Sie haben am Boulevard Mortier selbstverständlich ein wesentlich besseres Foto von unserem Freund Mr. Jones, Commandant Lefèvre?«

Gutbrod verkniff sich ein Lachen. Sein Freund Stefan war ziemlich unverschämt. Aber er wusste natürlich, was mit der Adresse gemeint war. Es handelte sich um den Hauptsitz der DGSE am Pariser Außenstadtring. Die Franzosen selbst sprachen meist nur scherzhaft von *La Piscine* – dem Schwimmbad, weil sich direkt neben den Gebäuden des Auslandsgeheimdienstes ein großes und sehr schönes öffentliches Schwimmbad befand, das in den 1930er-Jahren im Gedenken an einen französischen Star-Schwimmer gebaut worden war.

Oberstabsarzt Rossi schien die kleine Anspielung ebenfalls zu verstehen. Gutbrod hatte in ihrer Personalakte gelesen, dass sie auf dem Gymnasium in Schönau am Königssee im tiefsten Bayern Französisch als erste Fremdsprache gewählt hatte. Das bedeutete in einem Bundesland, in dem das mausetote Latein immer noch die Spitzenposition hielt, fast schon Widerstand gegen die Staatsgewalt. Ihre Bundeswehrärztin, die rein zufällig in diesem ganzen Schlamassel gelandet war, hatte dadurch schon in jungen Jahren Gefallen am Abenteuer bewiesen – und sie schien nicht gerade willig, sich von Stefan einlullen zu lassen.

× × ×

Kérmorvan zog seinen Tablet-PC aus der Tasche. Er hatte ihn mitgebracht, um Gutbrod die Aufnahmen des Helios zeigen zu können. Farida hatte ihm darüber hinaus auch noch ein paar Fotos von Dadullah und die eine gute Aufnahme, die sie von Jones hatten, hochgeladen. Er klickte das jpg-File an und drehte den Bildschirm, sodass die anderen sehen konnten: »Beirut 1983«, erklärte er. Das Gesicht auf dem Foto gehörte eindeutig dem Mann, den Carla für den Phantomzeichner beschrieben hatte. Doch er war darauf mindestens fünfundzwanzig Jahre jünger. Gwénaël ließ ein kleines Programm laufen, das den Söldner altern ließ.

Huber kritzelte eine E-Mail-Adresse auf ein Zettelchen und hielt es Kérmorvan hin. Der warf einen Blick auf das Papier und nickte gutmütig. Das Eis war gebrochen.

»Ich schicke Ihnen das Bild und die Simulation. Zeigen Sie mir jetzt auch die anderen Zeichnungen?«

Huber beschloss, seinem neuen Freund zuerst Dadullahs Porträt zu zeigen. Das Foto mit seinem geschwärzten Gesicht war zu riskant. Die *Operation Sommerregen* war noch immer streng geheim; alle Beteiligten waren verpflichtet, auch weiterhin absolutes Stillschweigen zu wahren, obwohl die Ereignisse bereits fünfundzwanzig Jahre zurücklagen. Der Franzose kannte sich in Afghanistan sehr gut aus. Er könnte sich vielleicht zusammenreimen, dass Huber der Mann neben dem Paschtunen war, und unangenehme Fragen stellen. Er wollte sich zu diesem Thema nicht in eine Diskussion verwickeln lassen.

»Sehr hübsch«, sagte Kérmorvan und hielt die bunte Zeichnung hoch, um sie besser betrachten zu können. Dann nickte er Carla anerkennend zu:

»Das klassische Buchcover eines beliebten Abenteuerromans für Jugendliche von Emilio Salgari: *Sandokan – Der Tiger von Malaysia*. Der Bart war das Problem, nicht wahr?«

Carla gab ihm die gleiche Antwort, die sie auch Huber gegeben hatte:

»Wenn Taliban-Posterboy vor mir stünde, würde ich ihn sofort erkennen.«

»Du weißt, wer Dadullah ist?«

»Ich habe einiges mitbekommen, während ich auf der Kandahār-Airbase stationiert war. Der Ober-Taliban der Provinz Zabul und ein Warlord, der so einflussreich ist, dass er selbst dem geheimnisumwitterten Chef-Taliban Mullah Omar Angst macht. Er steckte scheinbar hinter dem Anschlag auf den Bundeswehrbus letztes Jahr in Kabul, und er organisiert regelmäßig Angriffe gegen Stützpunkte der ISAF. Ich hatte bei der Medical Task Force im OP mindestens einmal pro Woche britische Soldaten des Regiments, die den

Außenbereich um die KAF schützen. Zwei Mal habe ich halb tote Taliban-Kämpfer, die zu seiner Truppe gehörten, verhörfähig zusammenflicken müssen, während ominöse Typen des gesperrten US-Sektors der KAF mit Sturmhauben überm Gesicht sie mit einer M-16 in Schach hielten.«

Kérmorvan sah den Mann vom BND und Gutbrod an. Reine Höflichkeit. Wenn sie wollten, konnte er ihnen auch noch ein paar zusätzliche Details über den Taliban-Warlord erzählen. Doch beide Männer nickten erwartungsgemäß.

Huber nutzte allerdings die Gelegenheit, ihn detaillierter über die offizielle »französische Mission« in der Gebirgsregion zwischen Qalat, Mapan und der Grenze mit Pakistan zu befragen:

»General Morillon erklärte mir, dass Sie Hinweisen auf ein Versteck von Ahmad Jan folgten?«

Kérmorvan war vorbereitet und bestätigte es selbstverständlich. Er konnte lügen, ohne rot zu werden, und hier waren sie nicht einmal besonders weit von der Wahrheit entfernt, auch wenn es nicht direkt sein Team gewesen war, das nach dem berüchtigten Terror-Banker gesucht hatte, sondern die beiden Épervière-Boréale-Drohnen von EADS.

Er erklärte den Anwesenden, was in diesem Augenblick im Pariser Justizpalast ablief:

»Und es stehen vier Terroristen vor Gericht, die in Nordafrika von Ahmad Jan finanzierte Anschläge verübt haben, in Marokko und in Tunesien. Zwei von ihnen waren in den Anschlag von Djerba vor fünf Jahren verwickelt und haben dort auch den Tod von vierzehn Deutschen zu verantworten. Die Untersuchungen im Umfeld dieses Prozesses brachten neue Spuren zutage, die wir im Auftrag unserer Justizbehörden verfolgten, nachdem die Regierung in Kabul wiederholt den Auslieferungsantrag gegen den Mann abgelehnt hatte. Und das, obwohl wir Beweise haben, dass sie seinen Aufenthaltsort kennen – eine üble Geschichte.«

Farida hatte ihm eine Zusammenfassung aufs Tablet geladen, bevor er den Flieger nach Berlin bestiegen hatte.

Er konnte in kurzer Zeit Unmengen von Informationen abspeichern und diese dann präzise wiedergeben. Am Ende der Mission schüttelte er sich wie ein Hund nach dem Regen und vergaß alles wieder. Er hoffte, dass die Deutschen ihn nicht allzu sehr ins Gebet nahmen, denn die Flugzeit von Paris nach Berlin betrug nur knapp zwei Stunden, was selbst für ihn mit seinem fotografischen Gedächtnis eine Herausforderung gewesen war.

Es war nicht notwendig, dass die Deutschen von den französischen Feldversuchen mit ferngesteuerten Killer-Drohnen erfuhren und ihrem Versuch, damit Ahmad Jan auf die Spur zu kommen und ihn vielleicht sogar auszuschalten. Deutsche Ableger des europäischen Großkonzerns EADS hatten das System mitentwickelt und Elemente gebaut, die anschließend nach Frankreich geliefert worden waren. Dort hatten ihre Leute dann alles in Toulouse integriert. Natürlich hatte Paris Berlin nichts davon erzählt, denn offiziell praktizierten in diesem Augenblick nur die Amerikaner diese Form gezielter Tötung von Terroristen. Die Israelis taten es, wie sie, heimlich, während man die Russen, die Chinesen und die Briten verdächtigte, gezielt eigene Drohnenentwicklungen voranzutreiben. Doch der Widerstand der europäischen Zivilgesellschaft gegen diese Form der Kriegführung wuchs exponentiell, seitdem bekannt wurde, dass »gezielte Tötungen« durch bewaffnete Drohnen nicht punktgenau waren, sondern unverhältnismäßige Kollateralschäden verursachten.

Sie, die DGSE, schätzten, dass die Amerikaner bei den einundvierzig gezielten Tötungen von Terrorverdächtigen mit Killerdrohnen, von denen sie Wind bekommen hatten, mindestens sechshundert Unschuldige mitgetötet hatten. Ihre eigenen Versuche waren bis zum Verschwinden des Systems in der Gebirgsregion um die geheimnisvolle Grabungsstätte sehr erfolgreich gewesen, doch die Kollateralschäden waren ähnlich hoch wie bei den Amerikanern. Ihre Statistik des geheimen Hightech-Krieges lag bei zehn bis fünfzehn unbeteiligten Zivilisten pro getötetem Terroristen. Auch nichtstaatliche, humanitäre Organisationen und eine Reihe der den

Vereinten Nationen unterstellten humanitären Institutionen fingen an, sich sehr kritisch zu äußern. Aus diesem Grund hatten sie beschlossen, das französische Killer-Drohnenprogramm als Geheimprojekt umzusetzen und ihren Prototyp diskret über den von Pakistan verwalteten Stammesgebieten und im afghanischen Grenzland zu testen, wo man die unschönen Konsequenzen ohne Schwierigkeiten den Amerikanern in die Schuhe schieben konnte.

Der Ansatz war selbstverständlich unethisch, aber er war auch praktisch. Und solange sich der Afghanistan-Einsatz fortsetzte und die Amerikaner ihre Drohnen auf den Weg schickten, würden sie diese Testmöglichkeit skrupellos weiternutzen. Aus ebendiesem Grund waren sie nach dem vermuteten Absturz ihres experimentellen Drohnenpärchens auch so unglaublich schnell auf dem Weg ins vermutete Absturzgebiet gewesen, um den verräterischen Drohnenschrott wiederzufinden und verschwinden zu lassen – und sie hatten ihn, Kérmorvan, unterm Radar losgeschickt und nicht irgendeinen übergewichtigen, bebrillten NERD vom Technischen Dienst der DGSE.

× × ×

Carla saß schweigend und aufmerksam am Tisch. Sie beobachtete Paul genauso interessiert wie Huber. Es war nicht schwer, sich umzustellen, denn die französische *Spooks Incorporate Ltd.* schien ein Faible für Apostel zu haben: Pierre-Paul-Jacques! Sie hatte es auch ohne das lustige Augenzwinkern von General Gutbrod verstanden: Pierre, der jetzt offiziell Paul hieß, aber in Wirklichkeit vermutlich einen ganz anderen Vornamen trug, war, wenn es ihm passte, Soldat und gehörte zu den französischen Spezialeinsatzkräften, dem COS. Zum COS gehörte er aber nur, wenn es praktisch war, weil er in Wirklichkeit für den französischen Auslandsgeheimdienst DGSE arbeitet. Dadurch hatte er auch eine Reihe anderer Identitäten, die er hervorholte, wenn es ihm zupasskam. Das war alles ganz logisch, wenn man sich vor Augen führte, dass Paul völlig abwegige

Sprachen fließend sprach, falsche Pässe kaufte wie andere Baguettes und sich in Transitzonen auf Flughäfen in Luft auflöste wie Fantômas am Felsen von Étretat.

Schon auf dem Gymnasium hatten Carla diese biblischen Übersetzungen des Deutschen »Otto Normalverbraucher« belustigt, denn eigentlich waren doch die Franzosen diejenigen mit dem säkularen Staat und sie in Deutschland die zwangskirchenbesteuerten Betbrüder und -schwestern. Seitdem sie ihr afghanisches Erlebnis mit Alois und ihrer Mutter ganz unbefangen diskutiert hatte, hatte sie sich so etwas fast schon gedacht. Das deutsche KSK machte auch dauernd mit dem BND und dem MAD herum und befasste sich, wenn man sie ließ, mit sogenannter militärischer Aufklärung. Das war eine höfliche Umschreibung für Spionage!

Auch Gutbrod, den Carla richtig nett fand und für vertrauenswürdiger hielt als seinen Kumpel vom BND, nahm sich in diesem Augenblick zurück, beobachtete neugierig und ließ Huber und den Franzosen ihr Ding machen. Huber hatte den Ordner mit ihren Phantombildern und seinen Fotos immer noch unter seiner großen Hand vor sich auf dem Tisch liegen und gab Informationen nur tröpfchenweise heraus. Sie hatte bemerkt, dass er bei diesem Dadullah nur das lächerliche Kinoplakat von Sandokan gezeigt hatte, nicht aber die Jugendfotos aus den Tagen des Krieges mit den Sowjets. Carla unterstellte, dass er vermeiden wollte, dass Paul den Mann neben diesem Dadullah sah. Den mit dem geschwärzten Gesicht. Sie hatte sich ebenfalls diese Frage gestellt, als Huber ihr das Bild zeigte, und war zu dem Schluss gekommen, dass es entweder ein sehr bekanntes Gesicht war oder eines, das sie – Carla – problemlos erkennen würde. Die Schlussfolgerung war einfach gewesen. Dazu musste man nicht Mitglied bei *Spooks Incorporate Ltd.* sein.

»Wie bewerten Sie und Ihr Dienst eigentlich, was Sie dort oben in den Bergen erlebt haben, Commandant?«, fragte Huber den Franzosen.

»Ohne diesen vierten Mann gesehen zu haben, ist alles nur reine Spekulation.«

Er blickte dem Deutschen vom BND direkt in die Augen; viele Leute mochten das nicht. Das war natürlich ein billiger Taschenspielertrick, aber die Tatsache, dass sie sich direkt gegenübersaßen, hatte ihn verführt.

Commandant Paul Lefèvre wirkte in seinem gut sitzenden Anzug mit der klassischen Seidenkrawatte einer Nobelmarke aus der Faubourg Saint-Honoré und der seltenen Jaeger-LeCoultre-Sammler-Uhr aus den Dreißigerjahren am Handgelenk wie ein Prototyp vom Quai d'Orsay. Dabei war er allerdings abgebrüht wie ein Zuhälter aus dem Rotlichtkiez um die Kurfürstenstraße. Hubers Bauchgefühl sagte ihm, dass er wahrscheinlich einem der Mitarbeiter der legendären Madame le Juge, Christiane Près, gegenübersaß, die sie in europäischen und NATO-Kreisen hinter ihrem Rücken boshaft »M« nannten – in Anspielung an die herbe Judy Dench, die seit 1995 den knallharten weiblichen Boss von 007-James-Bond mimte.

»Da haben die Franzosen uns doch glatt eine ›Licence to kill!‹ vom Service Action geschickt.«

In der Vergangenheit war Huber im Einsatz ein paarmal Kollegen von Commandant Lefèvre begegnet. Manchmal hatte er sie darum beneidet, wenn sie, ohne zu zögern, mit ihren Holzhackermethoden und politisch absolut schmerzfrei »Probleme« endgültig »lösten«. Insgeheim war er aber froh gewesen, selbst nicht mit solchen Situationen konfrontiert zu werden. Er wusste, dass er die berühmte Gewissensfrage für sich selbst mit Nein beantwortet hätte.

Aber glücklicherweise ist unser Commandant Paul Lefèvre halbwegs zivilisiert, hat sein Schießeisen zu Hause gelassen, gibt sich kooperativ und erweckt immer noch den Anschein, bereitwillig Informationen zu teilen, obwohl er meine Künstlermappe anstarrt, wie ein halb verhungerter Wolf das Filetsteak. Bevor er mich anspringt und mir den Ordner klaut …, dachte Huber amüsiert, gab sich einen Ruck und schob seinem Gegenüber die Phantomzeichnungen des Lehrers und des Golfers zu.

Der jüngere Mann hatte etwas Raubkatzenartiges an sich. Es war unglaublich schnell gegangen. Huber warf im Reflex einen Blick auf seinen Handrücken. Keine Kratzspuren …

Mit dem Ordner endlich in seiner Gewalt, entspannte sich Commandant Paul Lefèvre sichtlich. Lange betrachtete der jüngere Mann die Bilder.

VIERTES KAPITEL

Belgien – Großraum Brüssel

Die beiden Männer verließen die Métrostation am Bahnhof Brüssel-Midi und fuhren mit der Rolltreppe hinauf in die Bahnhofshalle. Sie waren Mitte dreißig, wirkten auffällig sportlich, hatten sich modische Dreitagebärte stehen lassen und zogen in ihrer Allerweltskleidung Jeans, Sportschuhe, Pullover und Sportjacke in der Menschenmenge, die sich in den Gare de Midi drängte, keinerlei Aufmerksamkeit auf sich. Die Sporttaschen über ihren Schultern waren genauso unauffällig wie ihre Träger, wenn auch sichtlich schwer. Jeder Beobachter hätte angenommen, dass zwei Freunde sich auf dem Weg ins Sportstudio befanden.

Im vorderen Teil des Bahnhofs Midi, direkt gegenüber *Sam's Café,* befand sich die bequeme und gut gesicherte Wartehalle für den Eurostar nach London. Daneben konnte man in einem frei zugänglichen Bereich, in dem sich neben einer Gepäckaufbewahrung und Sanitäreinrichtungen auch ein Air-France-Schalter befand, die Superschnellzüge Thalys nach Frankreich, Holland und Deutschland besteigen. Vom ganzen hinteren Teil fuhren schließlich ein paar Vorstadtbahnen und die belgischen Nahverkehrszüge. Sie waren ein Abbild der belgischen Gesellschaft: bunt gemischt, veraltet, unbequem und schmuddelig, aber sie brachten einen dorthin, wo man hinwollte, verhältnismäßig pünktlich und ohne allzu häufige Streiks.

Einer der beiden Männer ging zielstrebig zum Nahverkehrsschalter, um Fahrkarten zu lösen. Der andere besorgte Reiseproviant und ließ sich nicht lumpen. Wegen der Auslandsverbindungen, die an Bord nur noch ein begrenztes, teures und geschmacklich zweifelhaftes Catering anboten, hatten sich neben dem Shopping-Bereich eine Reihe sehr ordentlicher Futterdienstleister eingemietet. Sobald sie in Charleroi ihre »Freunde« Ahmadi und Fahem abgeholt hatten, konnten sie erst wieder nach Einbruch der Dunkelheit essen und trinken, wenn sie ihr Cover als *Salah Bensaid* und *Honi Salam,* aufrechterhalten wollten. Die Bahnfahrt von Brüssel nach Charleroi dauerte eine Stunde.

✖ ✖ ✖

Selbstverständlich erhoben die Belgier keine religiösen Statistiken, aber an der Universität Leuven forschte ein Soziologe, der sich die Mühe gemacht hatte, hochzurechnen, wie es um die einzelnen Religionen per Bevölkerungsanteil im Land stand. Sie hätten die Hilfe dieses Wissenschaftlers nicht benötigt, um festzustellen, dass Charleroi im wallonischen, französischsprachigen Landesteil des Königreiches neben der Hauptstadt Brüssel, die bei fünfundzwanzig Prozent lag, mit sechzehn Prozent einen der höchsten muslimischen Bevölkerungsanteile des Landes hatte.

Jeder interessierte Beobachter konnte sehen, dass im innerlich zerrissenen Belgien trotz der Brüsseler Schaltzentrale der Europäischen Union sehr viel schieflief. Brüssel selbst war ein Dschungel, in dem sich nicht nur korrupte Politiker, sondern auch Kriminelle pudelwohl fühlten. Die Übergänge waren oft fließend. Und in Sicherheitsfragen war die Hauptstadt das perfekte Beispiel für organisiertes Chaos, eine Spielwiese, auf der sich internationale Geheimdienste, Terroristen, Waffenschieber und Mittelsmänner jeder Couleur tummelten. Auch sie schwammen dort wie die Fische im Wasser – unbemerkt von den Behörden, aber vor allem, ohne die Aufmerksamkeit der Mutterorganisation CIA auf sich zu ziehen.

Wenn man einmal von den Geheimdiensten und den internationalen Vermittlern absah, gab es in Charleroi, kurz vor der französischen Grenze, allerdings fast die gleichen, vielversprechenden Zutaten, die sie brauchten: korrupte Lokalpolitiker, gleichgültige Polizisten, mehrere sehr sichtbare, aktive und dynamische Moscheen-Gemeinden und einen salafistischen Untergrund, der krakenartig mit den kriminellen Kreisen der Stadt verschlungen war. Auch illegale Schnellfeuerwaffen waren in dieser Stadt genauso einfach erhältlich wie in Brüssel, wo ein kurzer Ausflug in den Stadtteil Molenbeek völlig ausreichte, um sich für etwa zwölf- bis fünfzehnhundert Euro schnell mal eben eine Kalaschnikow und Munition zu besorgen. Und genau wie in Brüssel scheiterte der belgische Staatsschutz auch in Charleroi bei der Beobachtung dieses Schlangenpfuhls an einem chronischen Mangel an qualifiziertem und arabischsprachigem Personal und angemessenen technischen Mitteln. Die Radikalislamisten hielten sich natürlich nicht zurück. Sie stellten sich regelmäßig offen und aggressiv zur Schau, und der kleine Grenzverkehr und die Kontakte zu den »Brüdern« im nördlichen Frankreich waren aktiv und dynamisch. Es war ihnen nicht schwergefallen, ein paar der rebellischsten Geister anzuziehen und ihnen zu suggerieren, dass man in gewissen Kreisen auf sie aufmerksam geworden war. Dank dieser Kontakte fiel es ihnen leicht, künftige »Gotteskrieger« wie die beiden jungen Männer Fahem und Ahmadi anzuwerben, die nicht nachfragten, ob die Story, die sie ihnen geschickt verkauften, Realität oder Illusion war.

× × ×

Sie hatten zuerst eine kleinere Tasche aus einer der großen Sporttaschen geholt und diese in einem der Bahnhofsschließfächer abgestellt. Die beiden Männer mit den Decknamen Salah Bensaid und Honi Salam machten sich nicht die Mühe, für ihr Vorhaben einen Mietwagen zu besorgen. Es ging nicht darum, sich zu verstecken, sondern vielmehr eine diskrete, aber nachverfolgbare Spur zu legen.

Unweit des Bahnhofs gab es einen unbewachten Parkplatz, auf dem die Leute, die zur Arbeit nach Brüssel oder nach Mons mit dem Zug fuhren, für den Tag ihre Fahrzeuge abstellten. Und Maubeuge auf der anderen Seite der Grenze war nur fünfunddreißig Kilometer entfernt. Hier konnten sie diskret die Nummernschilder auswechseln. Sie suchten sich ein unauffälliges, aber neuwertiges Fahrzeug der Marke Peugeot aus, das bequem Platz für vier Passagiere und Gepäck bot. Fünf Minuten später fuhren sie bereits über die Rue de France auf die Avenue des Alliés, die zum Außenstadtring führte. Sie hatten Glück gehabt. Ihr Peugeot war vollgetankt. Sie hatten sich mit ihren »Freunden« Fahem und Ahmadi wie immer auf dem Parkplatz des McDonald's am Außenstadtring verabredet. Das war nicht nur anonym, sondern auch praktisch, denn sie konnten von dort direkt auf die Autobahn auffahren.

Ihre Mitfahrer erwarteten sie bereits. Auf das Handzeichen des Beifahrers hin öffneten sie den Kofferraum und verstauten ihr Gepäck neben den beiden Sporttaschen. Dann stiegen sie auf die Rückbank des Peugeot, der sofort wieder startete.

Sie begrüßten einander auf Arabisch und tauschten ein paar Höflichkeiten aus. Fahem und Ahmadi waren sichtlich aufgeregt und sehr enthusiastisch. Sie hatten natürlich bemerkt, wie groß die beiden Sporttaschen waren, und sie schienen genau zu wissen, was sich in ihnen befand. Während der Mann am Steuer – Salah – schwieg und sich auf den Verkehr konzentrierte, wandte sich sein Freund Honi nach hinten um, und die Unterhaltung kam richtig in Fahrt. Allerdings erschöpfte sich der arabische Wortschatz der beiden schnell, als es technischer wurde, und man wechselte wie gewöhnlich ins Französische. Die offenen Grenzen des Schengen-Raums waren für ihr Vorhaben genauso praktisch wie der unbewachte Parkplatz in Charleroi und das traditionelle belgische Chaos in Sicherheitsfragen.

Bereits eine halbe Stunde später fuhr der Peugeot 407 mit den vier Männern und der großen Tasche voller Waffen und Sprengmittel auf der E 19 Richtung Frankreich.

× × ×

Während Fahem und Ahmadi auf der Raststätte die Toiletten aufsuchten, wechselte Honi Salam die Nummernschilder des Peugeot. Es war einfach, denn niemand passte auf. Die Menschen erwarteten nicht, dass auf einem Autobahnparkplatz irgendeiner die kriminelle Energie besaß, eine Fahrzeugidentifikation zu entwenden. Während Salah Bensaid Schmiere stand, holte Honi sich ein Nummernschild von einem dunklen Peugeot 407. Es war ausgesprochen schwierig zu unterscheiden, ob diese Limousinen dunkelgrau metallic oder schwarzmetallic oder einfach nur schmutzig metallicgrau waren. Für sie war es ein leichtes Spiel. Das Modell war geläufig, und auf dem großen Parkplatz standen gleich mehrere Fahrzeuge. Sie wählten ein Nummernschild aus dem Pariser Großraum. Das Clip-System machte alles noch einfacher. Man brauchte nicht einmal mehr einen Schraubenzieher.

Als Fahem und Ahmadi zurückkamen überließen sie den Jungs aus Charleroi die Autoschlüssel und begaben sich ebenfalls kurz zu den Toiletten. Und es war an der Zeit, diskret ein paar Telefonanrufe zu tätigen und sich für die kommenden Tage zu organisieren.

Afghanistan – Kabul

Tolja Zabelev hatte es vorgezogen, im Kabul Serena zu bleiben und auf Tauchstation zu gehen. Sie waren bei Tolo TV angekommen. Die Sicherheitsmaßnahmen waren fast genau so aufwendig wie vor den Botschaften der westlichen Staaten, die zur ISAF gehörten. Besson beobachtete, dass es gegenüber bei den Finnen wesentlich diskreter zuging. Allerdings zog sich der Schutzring der Botschaft bis zur Grenzlinie mit einem Haus, das höchstwahrscheinlich ihr Ziel war. Selbstverständlich war die Mauer, die die finnische Vertretung umringte, mit Stacheldraht gespickt. Auch beim Nachbarn erkannte man Draht auf der Mauer. Offensichtlich hatte sich hier jemand sehr viel Mühe gegeben, den Anschein zu erwecken, dass beide Gelände zusammengehörten. In Anbetracht der Tatsache, dass sogar die größten Fanatiker innerhalb der Taliban-Bewegung Finnland nicht gerade an erster Stelle ihrer Terrorliste stehen hatten, war dieser Ansatz gar nicht dumm. Besson nahm sich vor, seinen Abend mit Whalid im *El Boccaccio* zu verbringen und sich von der anderen Seite genau anzusehen, wie die Situation in der Ecke sich nach Einbruch der Nacht gestaltete. Tolja war vermutlich froh, seine letzte Nacht in Afghanistan sicher in seinem Dreihundertfünfzig-Dollar-pro-Nacht-Hotelzimmer verbringen zu dürfen, wo ihm der Room Service rund um die Uhr Speis und Trank lieferte und alles auf Pierres Kreditkarte schrieb. Natürlich hatte der Journalist seinen Übersetzer Whalid nicht eingeweiht, und der Afghane vermutete, dass sie lediglich an dem berüchtigten Buchprojekt arbeiteten, während sie nebenher irgendeinen Artikel für den *Corriere* machten.

Eine Viertelstunde und drei Sicherheitskontrollen später begrüßte der Journalist eine Gruppe afghanischer Kollegen in einem Redaktionsraum von Tolo TV freundschaftlich. Sie kannten sich seit Jahren, und ein Anruf von Pierre Besson, der um einen Gesprächstermin bat, weil er an einem Buch arbeitete, war nicht ungewöhnlich. Pierre Besson kontaktierte sie regelmäßig, und man arbeitete gerne und häufig zusammen.

Der Sender der amerikanischen staatlichen Hilfsorganisation USAID, bereits im Jahr 2003 großzügig mit Equipment ausgestattet, war ansonsten unabhängig und die beliebteste Informationsquelle der Afghanen. Durch seine Unabhängigkeit wurde er allerdings regelmäßig zum Ziel für die Taliban und hatte schon mehrfach Mitarbeiter durch Anschläge verloren.

× × ×

Anatolij Zabelev atmete tief durch und drückte die Zigarette aus. Dann schloss er die Balkontür und drehte die Klimaanlage hoch. Der Umzug aus dem *Mustafas* ins *Serena* und die Anonymität des großen und schwer bewachten Luxushotels hatten ihn beruhigt. Natürlich hatte er Pierre Bessons Eröffnungen über die Anwesenheit von drei alten Kollegen in Kabul eher gelassen hingenommen. Richard O'Shaughnessy – vormals aus dem Special Air Service – war auf der Grabungsstätte zwar verhältnismäßig neu gewesen, als die Unbekannten Arkadij und seine Freunde in die Hölle geschickt hatten und er, Anatolij, sich als der letzte der Maltschiki, ohne zurückzublicken, nach Kabul gerettet hatte, doch der Brite war ein sorgfältiger Arbeiter. Er hatte vermutlich nach dem gewaltigen Fuck-up in Rustam Kalay nicht nur die Leichen, sondern auch die Geländefahrzeuge gezählt und festgestellt, dass ein Allradantrieb auf dem Schrotthaufen, den die Unbekannten zurückgelassen hatten, fehlte. Da kein vernünftiger Mensch, der ein solches Szenario überlebt hatte, jemals irrsinnig genug gewesen wäre, sich ins brandgefährliche Kandahār zu verabschieden, aus dem es außer über die pakistanische Grenze in die Stammesgebiete, die genauso gefährlich waren, kein Entkommen gab, war ein Trip nach Kabul logisch.

Er hätte in O'Shaughnessys Rolle als die Nummer zwei von Arkadij auch nichts unversucht gelassen, um nach einem Debakel verräterische Trümmer wegzuräumen und alles, was auf sie und auf das lukrative Unternehmen im Hochtal hinweisen könnte, zu vertuschen. Tolja Zabelev fluchte leise auf Russisch. Er musste noch achtundvierzig Stunden durchhalten, dann saß er mit einem Satz neuer Papiere in einem Flugzeug Richtung Dubai und anschließend in einer Maschine nach Europa. Für die Papiere wollten Pierres »Freunde« nur mit ihm reden. Pierre, der eine doppelte Staatsbürgerschaft besaß, hatte sich bedeckt gehalten, ob seine »Freunde« Italiener oder Franzosen waren. Das war Tolja jedoch gleichgültig: Anschließend konnte er seiner Wege ziehen, mit den sauberen Papieren ein paar Wochen Urlaub zu Hause bei seinen Eltern machen, ihnen einen Umschlag Geld mitbringen, in dem sich der Gegenwert von zehn Jahren Rente seines Vaters befand, der als Techniker auf einer Pipeline von Nizhnevartovsk Neftegaz geschuftet hatte. Sie würden sogar stolz auf ihn sein, denn er kam nicht als ehemaliger Söldner und Kriegsdienstleister zurück, sondern als jemand, der für eine humanitäre Organisation mit gutem Ruf arbeitete. Und anschließend erwarteten ihn Josies Freundinnen in Brüssel. Sein nächster Job für Women help Women stand fest. Er war noch nie in Schwarzafrika gewesen, und er freute sich auf diese neue Erfahrung.

Tolja Zabelev beschloss, ins Fitnesscenter des *Serena* zu gehen und dort die Zeit mit Sport totzuschlagen, bis Pierre Besson und der afghanische Übersetzer Whalid zurückkamen. Er hoffte, dass Pierre dank seiner Informationen das Haus des Auftraggebers der Grabung von Iskanderga'l ausfindig machen konnte. Er hatte sich entschlossen, Pierre die Wahrheit zu sagen: die Funde, die Logistik, die Infrastruktur, das Luftraumüberwachungssystem, die anderen Männer im Hochtal und die ganze Wahrheit über den Job, den die Maltschiki und Arkadij gemacht hatten.

Nach dem Fuck-up mit den wild gewordenen Unbekannten in Rustam Kalay hatte er keine Probleme gehabt, doch in der letzten Nacht nach dem Geständnis waren seine alten Albträume zurückgekommen. Zwischen die blutigen Gesichter der sechs mit Sprenggürteln ausgerüsteten »Schwarzen Witwen« des Terrorkommandos von Mowsar Barajew, die er im Dubrowka-Theater nach dem Sturm exekutiert hatte, hatten sich die Gesichter der Männer gemischt, die sie für Jones' Auftraggeber aus dem Hinterhalt getötet hatten.

Tolja vermutete, dass er unter einer Art posttraumatischem Stresssyndrom litt. Er warf sich den Bademantel über die Schulter und zog ein frisches T-Shirt und ein paar Boxershorts aus seiner Sporttasche. Er stand unter Strom. Er glaubte zwar nicht, dass O'Shaughnessy nur wegen ihm nach Kabul gekommen war. Kabul war eine chaotische Millionenstadt. Einen Mann zu suchen, der sich weitgehend unsichtbar machte und diskret lebte, war wie die Suche nach der sprichwörtlichen Stecknadel im Heuhaufen. An dem Punkt, an dem die Ausgrabungen angekommen war, war es wahrscheinlicher, dass sie irgendwelche wertvollen Funde transportiert hatten.

Tolja kritzelte eine kurze Nachricht auf ein Zettelchen und schob es unter der Zwischentür hindurch in Pierres Zimmer. Sie hatten diese Sicherheitsregel vereinbart, bevor sein Freund mit dem afghanischen Übersetzer losgefahren war.

× × ×

Das Polizeifahrzeug – ein dunkelgrüner, viertüriger Ford Ranger – hielt neben den Sicherheitsleuten, die die Zufahrt zum Hotel bewachten. Entgegen der Gewohnheit, als Doppelstreife zu patrouillieren, saßen gleich drei Uniformierte im Auto. Der Beifahrer ließ sein Fenster hinunter und streckte den Sicherheitsleuten einen Ausweis entgegen. Der eine Bewaffnete beugte sich hinunter, um das Papier näher zu betrachten. Währenddessen wurde sein Kollege abgelenkt, denn der Polizeibeamte auf dem Rücksitz öffnete abrupt und kraftvoll die Tür. Sie traf den Sicherheitsmann schmerzhaft auf beide Knie. Er knickte kurz ein und ließ im Reflex seine Schnellfeuerwaffe los. Genau in diesem Augenblick heulte ein Motorrad auf. Es hatte im toten Winkel der Wachleute des *Kabul Serena* bereitgestanden und nur auf diesen Moment gewartet: ein Mann im Sattel, ein zweiter auf dem Affensitz. Beide trugen vollgeladene, schwere Sprengwesten. Sie hatten Schnellfeuerwaffen über die Schultern geschlungen und trugen außer zusammengetapten Ersatzmagazinen noch mehrere Handgranaten an Gürteln um die Hüfte. Die Attentäter umfuhren geschickt die Sperrgitter und rasten die Auffahrt zum *Serena* hoch. Der Mann am Steuer des Polizeifahrzeugs rief den Sicherheitsleuten etwas zu, setzte sofort zurück und beschleunigte, um dem Motorrad zu folgen. Es war in diesem Moment noch niemandem aufgefallen: Die drei Männer in den Polizeiuniformen waren ebenfalls schwer bewaffnete Taliban und gehörten zum Angreiferkommando, das den vorletzten Tag des Fastenmonats Ramadan ausgewählt hatte, um eines der beliebtesten und luxuriösesten Hotels der afghanischen Hauptstadt zu stürmen. Auf der Plattform des Ford-Ranger-Pick-up lagen sogar zwei Granatwerfer unter einer grünen Plane verborgen.

Kabul erlebte regelmäßig schwere Anschläge. Im Juni starben bei einem Selbstmordanschlag auf einen Polizeibus mindestens fünfunddreißig Menschen. Im August waren drei Sicherheitsbeamte der Deutschen Botschaft einer selbst gebauten Sprengfalle zum Opfer gefallen, die am Rand der als sicher geltenden Sandpiste in der Nähe der Jalalabad Road versteckt worden war, obwohl die Bundeswehr den Distrikt Bagrami im Osten Kabuls ständig patrouillierte. Nur vierzehn Tage später hatte ein Selbstmordattentäter mit einem mit Sprengstoff beladenen Auto ein deutsches Militärfahrzeug der Feldjäger gerammt, das gerade den Flughafen Kabul verließ. Es war direkt neben dreißig afghanischen Soldaten in die Luft geflogen, die sich gerade auf den Weg nach Italien machen wollten, um eine Ausbildung zu absolvieren. Und Ende September waren bei einem Selbstmordanschlag auf die Armee in der afghanischen Hauptstadt mindestens dreißig Menschen getötet worden, als ein Attentäter in Uniform mit einer Sprengstoffweste einen Militärbus in die Luft sprengte.

Die Sicherheitslage war katastrophal, und kaum eine Woche verging ohne einen neuen Anschlag. Trotz ISAF und OEF waren die Taliban allgegenwärtig.

Kurz bevor die als Polizisten verkleideten Gotteskrieger gemeinsam mit den beiden Motorradfahrern durch eine der großen Eingangstüren aus Glas stürmten, sprengte eine beeindruckende Explosion auf der gegenüberliegenden Seite, im hinteren Bereich des *Kabul Serena,* wo sich der große offene Swimmingpool und der Fitnessbereich befanden, ein großes Loch in die Mauer, die die Hotelanlage nach außen hin sichern sollte.

Die als Polizisten verkleideten Taliban rannten in diesem Augenblick bereits die Treppe hoch, rissen die erste Tür, die sie sahen, auf und feuerten wild auf alles, was sich im Raum befand. Ihre Kameraden taten das Gleiche in der Lobby. Durch die zerstörte

Außenmauer am Pool drängten bereits vier weitere Schwerbewaffnete. Der Selbstmordattentäter und sein mit Sprengstoff gefüllter Kleinbus hatten sich nahezu granuliert. Neben einem Mann, in dessen Rücken sich wie kleine Dolche ein paar Dutzend Glassplitter gebohrt hatten, trieben abgerissene Körperteile und der Kopf des Shahid, der das Selbstmordfahrzeug gesteuert hatte, im Wasser. Zwei Hotelgäste, die sich in der Sonne auf den Liegen, die dem Loch in der Mauer am nächsten standen, entspannt hatten, wanden sich schreiend in ihrem Blut. Sie waren zwar am Leben, aber von einstürzenden Mauerteilen erheblich verletzt worden. Die Schwerbewaffneten beachteten sie nicht, sondern trampelten einfach über sie hinweg. Dabei schossen sie auf jeden in ihrem Weg.

Anatolij Zabelev war von der Explosion und dem Angriff der Gotteskrieger völlig überrascht worden, als er nach einem Training im Fitnessbereich und einer Dusche gerade hinter einer der sauber gestutzten Buchshecken hervortrat, die als Sichtschutz zum Swimmingpool dienten. Die erste Kugel aus der Schnellfeuerwaffe traf den Russen direkt in die Brust und sein Herz explodierte. Die zweite Kugel traf ihn in den Magen. Er war bereits tot, als sich seine Eingeweide wie blutige Schlangen aus der offenen Bauchdecke über die mit hellgrauem Marmor ausgelegten Treppen vor dem Pool ergossen. Als er mit vor Schrecken und Überraschung weit aufgerissenen Augen tot in sich zusammensackte, waren die Taliban-Kämpfer bereits auf dem Weg in den im persischen Stil mit Duftrosen bepflanzten Garten des *Kabul Serena*. Das völlig überrumpelte Hotel-Sicherheitspersonal hatte sich wieder gefangen und feuerte auf die Angreifer, während einer der Selbstmordattentäter vom Motorrad in der Lobby seinen Sprenggürtel zündete und damit außer dem afghanischen Personal am Empfang noch ein paar verdutzte Gäste mit in den Tod riss, die gerade aus einem der Aufzüge stiegen.

Deutschland – Berlin – Regierungsviertel

Taher El Ouazzani war sehr gut getroffen. Carla hatte eine außergewöhnliche Beobachtungsgabe und die Deutschen einen wirklich begabten Phantombildzeichner. Sein alter Kamerad aus dem Commando de Penfentenyo, Simon Atlan, der inzwischen bei der Kriminalpolizei war, hatte ihm und Karim einmal die Möglichkeiten des 36, Quai des Orfèvres vorgeführt und ihnen gezeigt, was Computer für den Erkennungsdienst alles tun konnten. Doch der Leiter der Abteilung hatte ihnen am Ende gestanden, dass der beste und sicherste Weg immer noch der Mann oder die Frau mit dem Zeichenstift und der besonderen künstlerischen Begabung war.

Der vierte Mann – der Golfer – kam Kérmorvan vage bekannt vor. Er konnte ihn lediglich auf die Schnelle nicht einordnen. Er wusste, dass er sich erinnern würde, wenn man ihn nur ein paar Stunden in Ruhe ließ. Er tippte mit dem Finger auf das Gesicht:

»Ich habe ihn schon einmal gesehen, Dr. Huber. Aber ich kann ihm keinen Namen geben – und extemporaliter kann ich ihn auch nicht einordnen.«

Huber seufzte. Die französische »Licence to kill« war nicht nur zivilisiert und sprach ausgezeichnetes Deutsch. Er hatte offensichtlich irgendwann auch einmal Latein gelernt; *extemporaliter* – aus dem Stegreif! Aus dem Stegreif konnte er es leider auch nicht.

»Mir geht es genauso, Commandant. Aber manchmal ist es sinnvoll, eine Nacht darüber zu schlafen.«

Er nahm das Bild und hielt es Gutbrod hin. Der schüttelte den Kopf.

Kérmorvan deutete auf den Scanner neben dem Desktop-PC mit dem großen Flachbildschirm, die auf dem spektakulären Schreibtisch aus Glas und Edelstahl standen, der vermutlich eine eigene Putzkolonne rechtfertigte.

»Wenn ich Ihre Phantombilder nach Paris schicken darf, Dr. Huber …?«

Huber nickte: »Selbstverständlich, Commandant. Ich werde die Phantomzeichnung auch einmal durch unsere Datenbanken laufen lassen. Meine Leute in München können auch auf die Informationen der anderen deutschen Dienste zugreifen. Und der hier?«

Er deutete auf El Ouazzanis Gesicht.

»Der Archäologe, der diese Raubgrabung durchführt«, log Kérmorvan. Er hatte sich, was Taher anbetraf, bereits im Vorfeld die Karten gelegt und beschlossen, so wenig wie möglich und so viel wie nötig preiszugeben.

Sie hatten damals, nach dem Anschlag vom 25. Juli 1995 in der RER B, Station Saint Michel, eine ganze Weile gebraucht, bis sie alles verstanden und die Puzzleteile zusammengesetzt hatten.

»Der Archäologe kam, während mich die Männer verhörten, die Major Rossi als den »Rugbyfanclub« bezeichnet. Fünf von ihnen sind eindeutig ehemalige US-Marines und der Brite – O'Shaughnessy –, der sie befehligte, hat damit geprahlt, im britischen Special Air Service gedient zu haben. Allerdings stand der Archäologe mit Dadullah in einer Ecke, und sie unterhielten sich auf Paschtu über eine Lieferung von Antiquitäten. Dabei erwähnten sie den anstehenden Besuch eines ›Ben‹. Vermutlich unser Golfer, den wir noch nicht einordnen können, der uns allen aber bekannt vorkommt. Leider war ich nicht die ganze Zeit über bei Bewusstsein …«

Er sah den Mann aus dem Bundesnachrichtendienst neugierig an. Sein Bauchgefühl sagte ihm, dass er vorsichtig sein musste. Sie waren auf Augenhöhe. Sein Gegenüber war gut zwanzig Jahre älter als er und hatte die entsprechende Berufserfahrung. Auch bei den Deutschen gab es ein paar Männer mit echter Einsatzerfahrung, die gelegentlich sogar verwegene Black Ops abzogen – meist erfolgreich.

Huber seufzte leise. Es fiel ihm schwer, die Enttäuschung zu verbergen. Offensichtlich erwartete sein jüngeres Gegenüber aus Frankreich nun von ihm die Aufklärung des Mysteriums. Der hungrige Wolfsblick war freundlichen dunklen Cockerspanielaugen gewichen.

Natürlich hatte er am Vorabend Major Rossi genauso aufmerksam zugehört wie der Staatsminister und Reinel. Er hatte trotzdem irgendwie gehofft, dass ihr neuer französischer Freund diesem Phantom seiner eigenen geheimdienstlichen Vergangenheit einen Namen geben könnte. Doch Huber verstand, dass selbst »mildere Formen« der Folter wie Stromstöße oder Prügel für einen Agenten, der auf sich allein gestellt war, eine echte Herausforderung darstellten. Er war insgeheim heilfroh, dass ihm während seiner beruflichen Karriere, die drei Jahrzehnte und sämtliche Dreckslöcher des Nahen und Mittleren Ostens und der arabischen Halbinsel umspannte, eine solche Erfahrung erspart geblieben war.

Trotz seiner ganz offensichtlichen Professionalität und seiner Abgebrühtheit – der Franzose war vielleicht gerade einmal Mitte dreißig, und sie verlangten von ihm, dass er sich an das Gesicht eines Toten erinnerte, der vor dreizehn Jahren in keiner Zeitung und auf keinem Fernsehbildschirm aufgetaucht war.

Drei der vier Terroristen, die am Weihnachtstag 1994 den Air-France-Airbus 8969 entführt hatten, der von Algier nach Paris flog, um die Maschine als fliegende Bombe in den Eiffelturm zu stürzen, waren nie identifiziert worden. Huber wusste, dass man sie anschließend in Frankreich unter X begraben hatte, denn keine Familie hatte nach der erfolgreichen Befreiung der Geiseln je die Rückgabe der Leichen gefordert.

Seine beiden Mitarbeiter an Bord und die acht anderen deutschen Passagiere bestätigten damals, dass die Entführer einander namentlich nicht angesprochen hatten. Lediglich ihr Anführer wurde später in der Presse als Abdul Abdallah Yahia bekannt. Die algerischen Sicherheitskräfte hatten dessen Mutter auf den Flughafen von Algier gebracht, um mit ihm zu reden. Yahia war ein den Behörden bekannter, gewalttätiger Krimineller gewesen. Vor dem Dschihad und seinem Märtyrertod hatte er sich vor allem für klassische Betrügereien und Raub interessiert.

Vielleicht war es am einfachsten, wenn der Commandant diese Phantomzeichnung genauso einscannte wie den Golfer und beides nach Paris schickte. Der Mann auf der Bahre, den er damals so lange angestarrt hatte, konnte es unmöglich sein. Der war eindeutig tot gewesen. Zwei Kugeln: Eine hatte ihn genau ins Herz getroffen. Er war der letzte Terrorist gewesen, den die Männer des GIGN unschädlich gemacht hatten. Vielleicht war es ein Bruder oder ein enger Verwandter …?

»Und mehr wissen Sie nicht über ihn?« Huber versuchte es freundlich und mit leichter Stimme. »Irgendetwas, das uns vielleicht weiterhelfen könnte?«

Der Franzose hatte Stunden mit den Männern in diesem Hangar zugebracht. Allerdings hatte er mit einer Autobatterie und Starterkabelklemmen an den Hoden vermutlich andere Probleme gehabt, als hereinschauende Besucher genauer zu betrachten.

Kérmorvan lehnte sich zurück und schwieg eine Weile. Schließlich nickte er und schenkte seinem deutschen Gegenüber ein strahlendes Lächeln, so, als ob ihm gerade eben etwas unglaublich Wichtiges eingefallen war:

»Doch. In der Tat. Ein Punkt. Sie fragten diesen Archäologen, ob er glaube, dass ich wirklich Kanadier sei. Für Dadullah ist Englisch eine Fremdsprache. Sie nannten den Archäologen ›Professor‹. Der sprach in der Tat auch ganz ausgezeichnetes Englisch. Britisches Englisch. Als er Paschtu sprach, hatte er den Akzent eines arabischen Muttersprachlers.«

Er war sehr mit sich zufrieden. Er hatte sich erneut kooperativ gezeigt und den Deutschen etwas Schlüssiges erzählt, das ihre gemeinsame Geschichte voranbrachte, ohne dabei preiszugeben, dass es sich bei Taher El Ouazzani um ihr prioritäres nationales Ziel handelte. Und falls sie sich auf eine gemeinsame Operation verständigten, würde er außer der Phantomzeichnung des vierten Mannes auch noch Tahers Bild nach Romainville übermitteln. Dann konnten sie im Anschluss immer noch entscheiden, ob sie ihn offiziell kannten oder ob man weiterschwindelte. Er fand, dass das Gespräch mit Gutbrod und dem Mann vom BND eigentlich richtig gut lief.

Huber tippte mit dem Finger auf Taher:

»Ich hatte gehofft, Sie wüssten vielleicht ein bisschen mehr über diesen Mann, Commandant – einen Namen, seine Herkunft …«

Er lehnte sich zurück, kreuzte die Arme vor der Brust und erzählte, was er am 26. Dezember 1994 in einem Hangar auf dem Flughafen Marseilles-Marignane gesehen hatte, während mehrere Ärzteteams dabei waren, sich um die Verwundeten aus den Reihen des GIGN und die Verletzten der befreiten Geiseln zu kümmern.

Afghanistan – Kabul

Sie hatten die Explosion und das anschließende Sirenengeheul gehört, kurz bevor sie den Geländewagen bestiegen. Luftlinie waren es nur knapp zwei Kilometer bis zum *Serena*. Wie alle in Kabul waren Pierre und Whalid gegen diese Geräusche abgestumpft. Seit Jahresbeginn war die Sicherheitslage in der Hauptstadt so schlecht geworden, dass täglich irgendwo irgendetwas explodierte. Sie hatten den Aufruhr natürlich nicht umgehend mit dem Hotel in Zusammenhang gebracht, doch als Pierre aus dem Wazir-Akbar-Khan-Boulevard in den Kreisverkehr des Malik Azghar Square einfuhr, begriffen sie sofort, dass das Hotel Ziel eines Anschlags geworden war. Die Polizei und Sicherheitskräfte hatten schnell reagiert und alles schon weitläufig abgesperrt. Die Taliban lagen mit Geiseln im Inneren verschanzt. Auf der anderen Seite des schwer gesicherten Hotelgeländes drängten sich ein paar Dutzend Gäste durch einen zerstörten Teil der Mauer ins Freie. Sie hatten es geschafft, dem Schrecken im Inneren zu entfliehen. Die meisten waren blutüberströmt, die Körper von Zementstaub bedeckt. Es war klar, dass sie aus dem großen und exklusiven Fitness- und Poolbereich geflohen waren, denn die Mehrheit trug nur Badekleidung, Sportoutfits oder Bademäntel. Das führte zu einem erneuten Aufruhr, denn ein paar bärtige Gaffer stürzten sich umgehend auf zwei völlig verstörte Frauen in Bikinis, beschimpften diese in der

Landessprache und schlugen mit Fäusten auf sie ein, obwohl sie sichtlich verletzt waren und sich kaum auf den Beinen halten konnten. Die anwesenden afghanischen Sicherheitskräfte ignorierten den Zwischenfall, denn sie wollten neben dem Problem am Hotel nicht auch noch einen Mini-Aufruhr hinter dem Hotel unter Kontrolle bringen müssen und sich dabei möglicherweise selbst in Gefahr bringen.

Whalid verfluchte seine Landsleute. Er wollte aus dem Geländefahrzeug steigen, um einzugreifen, doch Pierre hielt ihn kraftvoll zurück. Sie konnten es in der angespannten Lage, inmitten einer Menschenmenge und eingekeilt zwischen anderen Fahrzeugen, nicht riskieren, Aufmerksamkeit auf sich zu lenken und damit selbst zu potenziellen Zielen zu werden. Er hatte seine Mission und musste die Informationen, die er abgesammelt hatte, zusammen mit Anatolij Zabelev nach Paris bringen. Um jeden Preis. Und er hatte seine moralische Pflicht gegenüber Whalid und dessen Familie. Sein bewährter Übersetzer riskierte sein Leben, weil er anständig und ehrlich für ihn – den europäischen Journalisten – arbeitete, seitdem die Taliban offiziell vertrieben worden waren und die internationalen Sicherungstruppen in Afghanistan waren.

× × ×

Es war inzwischen klar, dass der Angriff der Terroristen auf das *Serena* von zwei Seiten gleichzeitig ausgeführt worden war. Erfahrungsgemäß befanden sich immer Beobachter der Taliban in der Menge. Sie filmten meist mit mobilen Telefonen, um später eine eigene Propagandaversion eines bestimmten Anschlags in die sozialen Medien zu bringen, oder es handelte sich um Koordinatoren, die, während die Sicherkeitskräfte noch abgelenkt waren, irgendwo einen zweiten Anschlag auslösten; meist durch eine Bombe oder einen Selbstmordattentäter mit Sprenggürtel. Diese Taktik war ein Klassiker der Taliban. Seit Jahresanfang hatte es alleine in Kabul mindestens sechshundert Terroropfer gegeben.

Ein paar der Geflohenen berichteten einer Handvoll Journalisten, die sich umgehend an den Ort des Desasters begeben hatten. Pierre und Whalid hatten ihren Geländewagen, der in dem durch den Anschlag ausgelösten Riesenverkehrsstau feststeckte, aufgegeben. Sie hatten sich einfach von der gaffenden Menschenmenge treiben lassen. Direkt gegenüber dem *Kabul Serena* konnten sie das heftige Feuergefecht beobachten, das die Angreifer sich mit afghanischen Sicherheitskräften und ausländischen Truppen lieferten. Es dauerte bis tief in die Nacht und ähnelte einer Filmveranstaltung. Erst eine Gruppe erfahrener und knallharter neuseeländischer Special Forces aus dem ISAF Hauptquartier machte der ganzen Sache mit Unterstützung eines amerikanischen Kampfhubschraubers ein Ende. Die Afghanen hatten sich bei der ganzen Aktion eher zurückgehalten und vermieden, sich direkt irgendeiner Gefahr auszusetzen.

Es war das erste Mal in seiner Berufskarriere, dass Pierre Besson eine geniale Gelegenheit für einen sensationellen Knüller nicht nutzte: In Gedanken war er bei Tolja Zabelev, der sich inmitten des Chaos befand. Durch den Umzug aus dem *Mustafas* ins gesicherte *Kabul Serena* hatte Pierre gehofft, seinen russischen Freund bis zu ihrer Rückkehr in Sicherheit zu bringen. Doch das Gegenteil war der Fall gewesen.

FÜNFTES KAPITEL

Frankreich – Paris – IX. Arrondissement

Hervé Mellet betrachtete die Fotos, die Dr. Kingsley ihm geschickt hatte. Sie hatten mit seiner Geschäftspartnerin Adèle Blanc-Aimé über den Bildern sogar vergessen, ihre Büros in der 13, Rue de la Grange-Batelière für die Mittagspause zu schließen.

»Diese Sachen sind wirklich absolut außergewöhnlich«, sagte Adèle Blanc-Aimé.

Bereits seit einer Viertelstunde betrachteten sie eine wunderschöne emaillierte Glasvase auf dem Bildschirm. Die Kampfszenen waren fantastisch. Es musste eine klassische und wenig bekannte Schöpfungsgeschichte sein: eine gewaltige Schlange im Kampf mit einer Art Raubtier, das sowohl Schwingen als auch einen menschlich anmutenden Kopf hatte.

»Das erinnert mich an Motive auf Fresken, die man in und auf den antiken zoroastrischen Feuertempeln in der Altstadt von Yazd sehen kann.«

Adèle hatte zusammen mit ihrem Mann vor ein paar Wochen den Iran bereist, nachdem Gabriel auf den prestigeträchtigen Posten des Kabinettsdirektors des delegierten Ministers für Außenhandelsbeziehungen befördert worden war.

»Ich glaube, wir sollten hier wirklich eine thematische Versteigerung organisieren, Hervé! Wir brauchen eigentlich nur noch einen reißerischen Titel für den Katalog.«

Adèle hatte vor Jahren ihre brillante Karriere als Juraprofessorin an der renommierten Pariser Sorbonne hingeschmissen, um als Auktionatorin ihre wahre Passion für Kunst und Antiquitäten zu leben – und vor allem, um dem öffentlichen Skandal einer intimen Beziehung mit einem ihrer Studenten zu entkommen, der genauso alt war wie ihre älteste Tochter.

Inzwischen hatten sich die Wogen geglättet. Letztes Jahr hatten sie und Gabriel endlich geheiratet. Adèle hatte sich in aller Form von ihrem ersten Mann scheiden lassen. Anschließend hatten sie sich so lange Zeit gegeben, bis Gabriel seine Ausbildung abschloss. Das war für sie zugleich auch die Probe gewesen, ob eine Beziehung zwischen einem Mann und einer Frau mit einem Altersunterschied von fast einem Vierteljahrhundert überhaupt funktionieren konnte.

Vor zwei Jahren hatte Gabriel dann als Drittbester seiner Klasse die Kaderschmiede École Nationale de l'Administration abgeschlossen und war im Anschluss in der Generalinspektion für Finanzwesen im Finanz- und Wirtschaftsministerium gelandet. Das war ein toller Job, der Gabriel Tür und Tor zu einer brillanten Berufskarriere im höheren Staatsdienst öffnete. Seine Zukunft war gesichert.

Adèle bereute es nicht, damals dieses Opfer gebracht und ihre eigene Karriere hingeschmissen zu haben. Gabriel war die beste Entscheidung ihres Lebens und ihre Arbeit im Auktionsnotariat und im Hôtel Drouot war Lust, nicht Last. Ihr Leben glich einem permanenten Museumsbesuch, und sie knüpfte ganz nebenbei auch wertvolle und interessante Kontakte für ihren Ehemann, die ihm für den weiteren Verlauf seiner Karriere nützlich sein konnten.

Mellet & Blanc-Aimé Commissaires Priseurs war eine erfolgreiche, glückliche und rentable Berufsgemeinschaft, und sie und Hervé ergänzten sich in jeder Beziehung. Sie hatten sich zusammengetan, nachdem Mellets alter Geschäftspartner, den er mit dem Notariat noch von seinem Vater geerbt hatte, endlich in Rente gegangen war.

Hervé Mellet klickte die Vase weg und rief ein paar andere Bilder auf.

»Schau, Adèle!«

Er war enthusiastisch und positionierte die Fotos geschickt auf dem Bildschirm, um alles wie eine Ausstellung aussehen zu lassen.

»›Sterne des Hellenismus über der Kyrenaika‹! Na, was meinst du? Wie findest du den Titel?«

Adèle war genauso begeistert wie ihr Partner. Sie strich mit einer lässigen Handbewegung eine kastanienfarbene Locke aus ihrem Gesicht und notierte rasch den Titel, der ihr gerade eingefallen war. Mit ihren fünfundfünfzig Jahren war sie eine außergewöhnlich attraktive Frau. Sie nickte.

»Das klingt gut, und wir haben einen echten Spannungsbogen. Die Leute wissen nicht gleich, was sie erwartet. Wir müssen vor der offiziellen Besichtigung für die Kaufinteressenten im Hôtel Drouot unbedingt auch noch einen Cocktail und eine Vernissage veranstalten.« Adèle ließ sich von Mellets Enthusiasmus anstecken. »Ich werde Charles-Henri anrufen. Wir könnten ihn bitten, uns das Musée Bourdelle für einen Abend zu öffnen.«

»Eine wunderbare Idee, *ma chère!* Bourdelle ist fantastisch für eine Vernissage. Ich sehe diese Stücke schon mit entsprechender Beleuchtung in einem großen Kreis um den unvollendeten sterbenden Zentauren. Die Stücke kommen schon Anfang nächster Woche«, erklärte der Auktionator seiner Partnerin glücklich.

»Dann können wir eigentlich sofort anfangen, die Werbetrommel zu rühren. Die Bilder sind ausgezeichnet.«

»Unser Kunde macht das auch nicht zum ersten Mal. Er weiß wirklich, wie man gute Antiquitäten richtig in Szene setzt. Wir können die meisten seiner Fotos direkt für den Katalog verwenden. Aber bei der Gestaltung des Covers machen wir etwas Eigenes.«

»Ein kleiner historischer Vortrag zum Thema wäre bestimmt spannend für die Gäste und potenziellen Käufer. Von einem bekannten populärwissenschaftlichen Namen! Ich könnte mir vorstellen, dass wir den guten alten Max Gallo überreden. Der hat ja in den letzten zwei Jahren massenhaft Romane aus der Antike veröffentlicht.«

»… die alle stinklangweilig sind, Adèle. Max Gallo wäre selbst für den motiviertesten Sammler ein Verkaufshemmnis.«

»Gut, dann nehmen wir eben Christian Jacq. Der kann erzählen.«

»Lass uns einen echten Wissenschaftler einladen und etwas Seriöses veranstalten. Ich möchte einen Archäologen, der den Stücken noch zusätzliche Glaubwürdigkeit gibt.«

»Frag doch einfach deinen Bekannten Dr. David Jurie, den Kurator des Gandhāra-Fundus im Musée Guimet!«

Mellet nickte. »Eine gute Idee!«

»Willst du mir nicht endlich sagen, wer dein geheimnisvoller Kunde ist?«

Adèle war neugierig geworden. Ihr Geschäftspartner war mit den Antiquitäten, die am nächsten Montag geliefert werden sollten, ungewöhnlich diskret. Viele Leute brachten Familienstücke zu den Auktionatoren, weil sie in Geldnot waren. Und dann schätzten sie es natürlich nicht, wenn ihre Geldnot publik wurde. Besonders diejenigen, die echte Prestigeobjekte versteigern lassen mussten, bestanden üblicherweise auf absolutem Stillschweigen.

Mellet schüttelte den Kopf:

»Nein, meine Liebe! In diesem ganz speziellen Fall habe ich einen heiligen Schwur leisten müssen, den Mund zu halten. Es ist aber keine Notveräußerung, nur ein Sammler, der regelmäßig verkauft, um neues Leben in seine eigene Sammlung zu bringen und mit den Verkaufserlösen neue Stücke zu ersteigern. Ich habe schon mehrfach für diese Familie versteigert, einschließlich des Nachlasses der Großeltern. Das waren sehr hübsche Gallé- und Daum-Vasen und Objekte aus Glas. Wenn wir Glück haben, dann bekommen wir fürs nächste Jahr noch zwei oder drei komplette thematische Versteigerungen von diesem Kunden – und alles in der gleichen ausgezeichneten Qualität.«

»Wir sollten die Versteigerung vor Weihnachten organisieren.«

Adèle fügte sich und bohrte wegen der Identität von Hervés Kunden nicht weiter. Sie nahm eine kleine Holzkiste von ihrem

Schreibtisch und blätterte rasch durch einen Satz Karteikarten. Sie wusste genau, wen sie zu der Vernissage und ihrem Cocktail einladen mussten, einschließlich ein paar Leuten aus der Pariser Szene – Künstler, Geschäftsleute, Politiker natürlich, akkreditiertes diplomatisches Personal internationaler Organisationen und die traditionelle *Beau Monde* aus den Luxusvierteln der Stadt und dem berüchtigten Geld-Dreieck Auteuil-Neuilly-Passy.

»Diese Stücke hier sollten wir nicht öffentlich anbieten«, sagte Mellet und verschob außer der außergewöhnlichen emaillierten Vase noch ein paar weitere Stücke in einen separaten Ordner auf dem Computer: einen spektakulären silbernen Rhyton, ein rituelles Trinkgefäß aus dem antiken griechischen Kulturkreis und eine fast vollständige Paraderüstung: Helm, Beinschienen, Lanze, Brustharnisch sowie ein außergewöhnlich gut erhaltener Kopis, ein schwerer Dolch, der von Fußsoldaten anstelle eines Schwertes neben der Lanze getragen wurde.

»Wir sollten diese Sachen nicht bei uns versteigern. Gewisse staatliche und halbstaatliche Sammlungen werden bereitwillig den Geldbeutel öffnen, wenn sie sich nicht im Rahmen einer Versteigerung aus dem Fenster hängen müssen.«

Mellet wusste auch schon, wem er die emaillierte Vase zuerst anbieten musste: David Jurie! Er hatte in seinem Musée Guimet zwar seit Jahren ein ähnliches Stück ausgestellt, aber es war in einem schlechten Zustand und gehörte dem afghanischen Nationalmuseum Kabul. Das Stück war nur eine Leihgabe, die – falls die Afghanen irgendwann einmal damit aufhörten, sich gegenseitig umzubringen – wieder in ihr Heimatland zurückkehrte.

David Jurie und das Musée Guimet würde sich auf seine emaillierte Vase stürzen wie die Pest aufs arme Volk. Ohne das Stück je in Händen gehalten zu haben, wusste Mellet bereits, dass der Preis der Vase im oberen fünfstelligen Bereich angesiedelt sein würde. Doch dank der Stiftung eines französischen Großindustriellen der Luftfahrtindustrie hatte der Kurator substanzielle Geldmittel zur Verfügung.

Hervé Mellet wählte aus dem Gedächtnis eine Telefonnummer. Die andere Seite antwortete umgehend. Der Auktionator stellte den Lautsprecher an.

»David, ich habe gerade eine ganz außergewöhnliche Sammlungsauflösung akquiriert. Ich schicke Ihnen per E-Mail eine Auswahl von Fotos. Die meisten Stücke sind zwar nur sehr guter, gehobener Durchschnitt mit seriösen Herkunftsnachweisen, aber ein paar der Antiquitäten haben absolute Museumsqualität. Die sollten Sie sich wenigstens einmal ansehen, bevor ich sie im Auftrag meines Kunden anderweitig anbiete.«

Frankreich – Romainville – Hauptquartier des Service Action

Christiane Près betrachtete nachdenklich die Phantomzeichnungen: das Gesicht des Mannes, dem Kérmorvans Begleiterin Major Rossi den Spitznamen »der Golfer« gegeben hatte, sagte ihr nichts. Sie schob den Ausdruck der IT-Expertin Farida zu und hob eine fein gezupfte Augenbraue.

Farida nahm das Bild, betrachtete es und schüttelte den Kopf. Sie trug an diesem frühen Abend nicht ihren knallbunten Hahnenkamm, sondern einen diskreten und eleganten Irokesen in dezenten Grauabstufungen mit schwarzen Spitzen. Nach dem Dienst hatte sie eine Verabredung im *Le Bal des Vampires*, einem völlig touristenfreien Insider-Treffpunkt der Pariser Gothic-Szene. Üblicherweise war sie niemand, der bei der Arbeit auf die Uhr blickte, doch sie hatten mit Freunden für ein vergnügliches »*Murder Mystery-*Wochenende« zu Allerseelen ein gruseliges kleines Château auf dem Land gemietet, und der gemütliche Abend mit Kerzenlicht, Verkleidung, einem leckeren Abendessen und Musik war das abschließende Treffen des Organisationsteams. Sie hatte ihre Klamotten fürs Diner ausnahmsweise ins Büro mitgebracht, und ihr Haustier – James, die Zwerg-Bartagame – hatte ein Dutzend lebhafter Heuschrecken im Terrarium, mit denen er sich amüsieren konnte.

»In Anbetracht der Tatsache, dass wir uns gerade eben mit unseren neuen deutschen Freunden geeinigt haben, diese mysteriöse Geschichte auf ganz kleiner Flamme zu kochen: Lassen Sie das Gesicht des Golfers bitte ganz vorsichtig durch die Datenbanken laufen. Und wenn Sie Zeit haben, ergänzen Sie das spärliche Bildmaterial zu Taher El Ouazzani mit der Phantomzeichnung – vielleicht können Sie ja auch ein bisschen mehr daraus machen mit den neuen Programmen. Lassen Sie Ihrer Kreativität einfach freien Lauf.«

Farida deutete mit dem Finger auf die Ausdrucke.

Christiane nickte. »Ich leitete Ihnen die verschlüsselte E-Mail mit den angehängten Bildern weiter. Und«, sie schmunzelte, »bitten Sie doch einfach den Fahrdienst, Sie pünktlich zu Ihrer Verabredung ins *Le Bal des Vampires* zu fahren.«

Als die Chefin des Service Action wieder allein war, öffnete sie alle vier Phantomzeichnungen auf dem Computerbildschirm und stellte sie nebeneinander. Das Kinoplakat von Dadullah amüsierte sie. Es erinnerte sie an diese monumentalen Sandalenfilme aus dem italienischen Cinecittà der Sechzigerjahre.

Kérmorvans Entscheidung, die Maske fallen zu lassen und die Videokonferenz zu organisieren, war richtig gewesen. Was der Deutsche – Huber – zum Thema Taher El Ouazzani berichten konnte, war eine Sensation. Sie hatten verabredet, die Bedingungen der Zusammenarbeit in den nächsten Tagen von Angesicht zu Angesicht zu besprechen. Für den Rest überließ sie ihrem Offizier die Entscheidung.

Dr. Stefan Huber, der Sonderbeauftragte für Besondere Krisenlagen im Kanzleramt, war kein alter Freund oder Bekannter von Madame le Juge, aber ihre Wege hatten sich bereits zwei oder drei Mal bei irgendwelchen internationalen Hochmessen der geheimdienstlichen Zusammenarbeit gekreuzt. Ohne dass sie dabei fraternisiert oder mehr als die traditionellen Höflichkeitsfloskeln ausgetauscht hätten. Ohne dass der eine dem anderen jemals exakt erklärt hätte, welche Zuständigkeiten er in seinem nationalen Geheimdienst wirklich hatte. Man war eher vage geblieben, wie in ihrer Welt eben üblich. Allerdings stand Huber auch nicht auf der schwarzen Liste der DGSE oder hatte den Ruf, ein »Amerikaner« zu sein. »Amerikaner«, das waren einige führende Mitarbeiter der deutschen Sicherheitsdienste, die durch Worte oder Taten deutlich gemacht hatten, dass sie der transatlantischen Zusammenarbeit gegenüber einer Zusammenarbeit im europäischen Rahmen im Allgemeinen, und mit Frankreich im Besonderen, den Vorrang gaben.

Doch Julien Rudeaux war ein bisschen unruhig geworden. Als er Huber erblickte, war er diskret aus dem Blickfeld der Webcam gerückt und hatte Christiane ein Zettelchen zugeschoben, auf dem stand, dass er ihr später alles erklären würde. Anschließend war er aus dem Büro im obersten Stockwerk des Fort de Noisy gerannt, als wäre ihm der Teufel höchstpersönlich auf den Fersen. Der stellvertretende Direktor verwöhnte seine Kollegen zwar nicht gerade mit der sprichwörtlichen französischen Höflichkeit, aber die Direktorin wusste nach fünf Jahren Zusammenarbeit, dass solche spontanen Gefühlsausbrüche ihrer Nummer zwei immer sehr gute Gründe hatten.

× × ×

Keiner hatte es damals bemerkt. Es war niemandem aufgefallen, weil sie am 26. Dezember 1994 noch nicht einmal geahnt hatten, dass Taher El Ouazzani existierte und sechs Monate nach der erfolgreichen Befreiung der Geiseln der Air France 8969 durch den GIGN auf dem Flughafen Marseilles-Marignane anfangen würde, im Namen des Islams eine blutige Spur durch Frankreich zu bomben.

Ihre Augen glitten über die Biografie des Algeriers, die sie im Lauf der Zeit gemeinsam mit Experten der Abteilung Aufklärung zusammengestellt hatten. Der Tote, der Taher so täuschend ähnlich sah, dass ein Mitarbeiter des Bundesnachrichtendienstes ihn nach dreizehn Jahre und trotz eines entsprechenden Altersunterschiedes umgehend auf einer Phantomzeichnung erkannte, tauchte nicht in dieser Biografie auf. Taher hatte – zumindest offiziell – keinen Bruder. Weder einen älteren noch einen jüngeren und er hatte auch keinen Sohn, denn er hatte ihres Wissens nach nie geheiratet. Der Tote von Marseilles-Marignane wäre dafür auch viel zu alt gewesen.

Sie hatten damals die drei Komplizen von Abdul Abdallah Yahia, dem »Emir«, als Mustafa Chekienne, Makhlouf Benguetaff und Salim Layadi identifiziert – der »Killer«, der »Cowboy« und der »Tölpel«. Die Spitznamen hatten die Terroristen von ihren Geiseln erhalten. Der Mann, der Taher glich, war Chekienne gewesen: der Killer. Die befreiten Geiseln hatten ihn als extrem reizbar und fanatisch beschrieben. Er war es gewesen, der sämtliche weiblichen Geiseln an Bord mit Gewalt gezwungen hatte, sich zu verschleiern.

Auch ohne die genaue Beziehung zwischen El Ouazzani und Chekienne zu kennen: Die Information aus Deutschland brachte Licht in die undurchsichtigen Motivationen eines friedfertigen Wissenschaftlers und Gelehrten, der sich vor allem für seine archäologischen Grabungen interessierte und unauffällig an der Fakultät für Archäologie der Universität Algier II lehrte und der dann von heute auf morgen zum Terroristen mutierte.

Vor allem in extremislamistischen Kreisen war es ungewöhnlich, sich von heute auf morgen zu radikalisieren – noch dazu in einem eher fortgeschrittenen Alter, als braver Gelehrter und ohne kriminelle Vorgeschichte – und dann so schnell so weit nach oben zu steigen. Der Algerier hatte innerhalb kürzester Zeit im Ausland mehrere Gruppen von Aktivisten zur Verfügung gehabt, die einsatzwillig, extrem gewaltbereit und sehr gut ausgerüstet waren.

Auf Tahers Konto gingen seit dem 11. Juli 1995 ein halbes Dutzend erfolgreicher und außergewöhnlich blutiger Anschläge und ebenso viele Fehlschläge, die in grausigen Blutbädern geendet hätten, wären sie nicht im letzten Augenblick vereitelt worden. Sämtliche seiner Handlanger, die sie lebend gefasst hatten, hatten einen einwandfreien radikalislamistischen ideologischen Hintergrund und kriminelle Referenzen. Üblicherweise verkehrten Wissenschaftler und Gelehrte nicht in solchen Kreisen – ganz besonders dann nicht, wenn sie aus einer finanziell wohlsituierten, unpolitischen und areligiösen Familie stammten und ihr Studium an einer sehr teuren und sehr exklusiven britischen Eliteuniversität absolviert hatten.

Christiane las noch einmal in aller Ruhe das Dossier El Ouazzani. Ein im Jahr 1996 lebend gefasster Terrorist – Boualem Bensaïd, der illegal direkt aus Algerien nach Frankreich gekommen war, um für die von Taher geplanten Attentate in der RER die Bomben zu bauen, hatte ein ganz spezielles Detail erwähnt: Er hatte nach seinem Rausschmiss aus der algerischen Karate-Nationalmannschaft zusammen mit ein paar schlagkräftigen jungen Männern ein paar Monate lang einen Job als Wachmann auf einer archäologischen Ausgrabungsstätte bei Timgad gemacht, wo sie dafür sorgten, dass die lokale Bevölkerung sich nicht an den Funden bediente.

»Schon wieder Archäologie und Antiquitäten!«, sagte Christiane zu sich selbst. Sie hatte das Gefühl, dass der Schlüssel zur Lösung vielleicht genau hier lag. Im Hintergrund zeigten vier an der Wand befestigte Flachbildschirme 24/24-Nachrichten der Sender CNN, BBC, France 24 und Al-Jazeera.

Der Ton war abgeschaltet, aber im Multitasking geübt, warf die Chefin des Service Action immer wieder einen Blick auf die News. Es war die arabischsprachige Ausgabe von Al-Jazeera, die ihre Aufmerksamkeit anzog. Automatisch drückte ein schlanker, beringter Finger mit perfekt manikürtem Nagel auf die Lautsprechertaste.

Das arabischsprachige Programm hatte eine viel größere Einschaltquote als der englischsprachige Ableger, der seit drei Jahren existierte. Es war selbstverständlich ein Propagandainstrument der Moslembrüderschaft und ihres spirituellen Führers Yusuf al-Qaradawi. Hamad bin Chalifa Al Thanis Katar Media Corporation benutzte das Presseorgan geschickt, um regelmäßig zum Heiligen Krieg aufzurufen, und die Analytiker der DGSE hatten beobachtet, dass das arabischsprachige Programm von Al-Jazeera wesentlich zur islamistischen Radikalisierung des arabischen Raumes beitrug.

Der groß angelegte Angriff der Taliban auf das Hotel *Kabul Serena* war nach einem zehnstündigen brutalen Feuergefecht endlich niedergeschlagen worden. Der Reporter von Al-Jazeera vor Ort beklagte nicht die Opfer – hauptsächlich Ausländer aus Europa und den angelsächsischen Ländern –, sondern in erster Linie, wie die internationalen Medien von den Sicherheitskräften der Marionettenregierung Karzai im Sold der amerikanischen Unterdrücker und der Aggressoren der NATO an der Berichterstattung gehindert worden seien. Sein Kameramann zoomte dabei auf eine bis zur Unkenntlichkeit maskierte, sichtlich abgekämpfte, aber extrem hochgerüstete Equipe neuseeländischer Special Forces, die müde und mit hängenden Schultern den abgesperrten Bereich um das stark von Ausländern frequentierte Luxushotel verließen und die in einem eklatanten Gegensatz zu einer Gruppe afghanischer Einsatzkräfte standen, die lässig und meist rauchend außerhalb des Sicherheitsperimeters herumstanden und angeregt miteinander zu diskutieren schienen.

Seit Jahren sah Christiane ihre eigenen Männer in einem ähnlichen Zustand der Erschöpfung wie die neuseeländischen SAS aus Einsätzen heimkehren, und sie wusste die Zeichen zu deuten. Der Reporter von Al-Jazeera ratterte die bekannten Sprüche herunter, die sich an das Stammpublikum richteten und seinem Arbeitgeber Hamad bin Chalifa Al Thani genehm waren. Im Hintergrund jaulten die Sirenen von einem guten Dutzend Krankenwagen und wenigstens noch einmal so vielen Polizeifahrzeugen.

Sie fixierte aufmerksam den Bildschirm. Die ISAF hatte ein paar Fahrzeuge losgeschickt. Vermutlich waren den afghanischen Polizei- und Sicherheitskräften außer den Neuseeländern noch ein paar andere Mitglieder der Sicherungs- und Schutztruppen der internationalen Koalition zur Hand gegangen. Es war unwahrscheinlich, dass der schlecht ausgerüstete und sichtlich wenig motivierte Trupp afghanischer Einsatzkräfte das Problem mit den Taliban im *Kabul Serena* gelöst hatte. Über dem Hotel kreiste noch immer, aggressiv wie eine Hornisse, ein US-amerikanischer Kampfhubschrauber.

Der Reporter von Al Jazeera hörte endlich auf, seine Propaganda zu verbreiten, und teilte den Fernsehzuschauern aus aller Welt ein paar Fakten mit: große Zerstörung, viele Verletzte und zahlreiche Tote unter den Hotelgästen. Schätzungsweise zehn Angreifer, alle tot, doch aus Gründen der Sicherheit suchte man weiter, und die weiträumige Absperrung des Hotels wurde aufrechterhalten, bis man sicher war, dass sich dort keine Bewaffneten mehr herumtrieben. Spezialisten suchten auch nach Sprengsätzen. Der Journalist des Senders erweckte den Anschein, als ob er mit dem grausigen Ergebnis der Attacke der Taliban zufrieden war. Er zählte auf, wen die offiziellen Stellen bereits identifiziert hatten: einen Dänen, ein paar Briten, zwei Spanier, einen Italiener. Viele der Toten waren Europäer. Manche konnten sie nicht identifizieren. CNN und die BBC fingen in diesem Augenblick an, ebenfalls über das Attentat auf das Hotel *Kabul Serena* zu berichten. Der französische Fernsehsender France 24 blendete eine Meldung im Live-Ticker ein.

Christiane hatte plötzlich eine düstere Vorahnung: Pierre Besson und Zabelev, der überlebende russische Söldner aus dem Hochtal, waren aus dem *Mustafas* ins *Serena* umgezogen. Sie griff zum Telefon und rief Rolland Fabré an.

SECHSTES KAPITEL

Deutschland – Berlin

Der Punkt hatte sich unweit des Checkpoint Charlie in der Charlottenstraße 78 fixiert. Das neue Cryptophon war gar nicht schlecht. Den miniaturisierten GPS-Tracker, der auf den ersten Blick aussah wie ein Geldstück, hatte er bei der Begrüßung diskret in ihre Jackentasche gesteckt.

Er hatte Carla, Gutbrod und Huber gerade die Version »light« der gesammelten Schandtaten des Taher El Ouazzani erzählt, als Madame le Juge ihn angerufen hatte.

»Schalten Sie den Fernseher ein! CNN!«

Während sie die Bilder des blutigen Angriffs der Taliban auf das Hotel *Kabul Serena* verfolgten, erklärte Christiane Près ihm in kurzen Worten, was sie bereits wusste.

Rolland Fabré hatte Pierre Besson erreicht. Ihr IM war unverletzt, doch Zabelev befand sich unter den Opfern des Anschlags. Kermorvan hatte darauf gehofft, dass der überlebende Russe ihnen die Grabungsstätte, die Sicherheitsvorkehrungen, das Personal vor Ort und vor allem die verschiedenen Zugangsmöglichkeiten detailliert beschreiben könnte. Er wollte Taher El Ouazzani erwischen. Vorzugsweise lebend, damit sie ihn zu den Hintermännern der Attentate befragen konnten. Sie hatten im Augenblick, vor allem was den blutigen Anschlag von Karatschi anbetraf, nur Vermutungen. Doch sie brauchten Sicherheit, um die Schuldigen zu bestrafen, so wie es französische Tradition war. Diese Hoffnung, sich Taher schnappen zu können, schien nun wieder in weite Ferne gerückt zu sein.

Kérmorvan war noch immer kalt, obwohl er in seinem gut beheizten Zimmer der Berliner Nobelherberge Regent saß und das Hemd gegen einen Kaschmirpullover eingetauscht hatte. Er wusste, dass er fror, weil er völlig übermüdet war. Seine Verletzungen meldeten sich schmerzhaft zurück. Er war körperlich erschöpft, obwohl er die meiste Zeit des Tages nur herumgesessen war. Seit einem Croissant und einem kleinen Obstsalat am Morgen im Bahnhofskaffee, als er auf den Zug nach Potsdam wartete, hatte er nichts mehr gegessen, und auf Zimmerservice hatte er keine Lust. Er wusste, dass er keinen Schlaf finden würde.

Er vergrößerte die Karte auf dem Tablet. Der Bildschirm des Cryptophons war etwas zu klein für die Satellitenbild-Ansicht. Der Einfachheit halber benutzten sie das ganz banale Google Maps, da bei einer Verfolgung die Kartenansicht nützlicher war als das Satellitenbild. Er verzog amüsiert die Lippen. Die Charlottenstraße 78 war ein Wohnhaus. Es lag zu Fuß etwa zehn Minuten vom Hotel Regent entfernt. Wer auch immer in Romainville die verrückte Idee gehabt hatte, ihm eine Executive Suite für dreihundertfünfzig Euro pro Nacht in einer Nobelherberge zu buchen: Der BND hatte sich Carla gegenüber weitaus weniger großzügig gezeigt. Huber hatte sie wahrscheinlich in irgendeine konspirative Wohnung an der Grenze zum ehemaligen Ostberlin gesteckt. Die Adresse befand sich direkt neben dem Checkpoint Charlie und genau in dem Gebiet, durch das die Berliner Mauer damals die Stadt in zwei Teile geschnitten hatte. Sie mussten nach der Wiedervereinigung und der Liquidierung der Stasi und des Ministeriums für Staatssicherheit in der Hauptstadt Dutzende solcher Wohnungen übernommen haben. Er erinnerte sich vage, einmal gelesen zu haben, dass am Ende der DDR alleine in Erfurt 2,4 konspirative Wohnungen auf tausend Einwohner kamen. So gerechnet saß die deutsche Geheimdienst-Community auf einem Vermögen in Immobilien.

Er stand vom Bett auf und wanderte in das Wohn- und Arbeitszimmer der Suite. Er hatte Gutbrods Angebot angenommen, ihn ins Hotel zurückzubringen, und sich leise erstaunt auf dem Rücksitz einer Vintage-Harley-Davidson wiedergefunden. Das eklektische Fortbewegungsmittel erklärte auch, wie er ihn am Morgen auf dem Weg aus Potsdam nach Berlin zurück so einfach überholen konnte. Kérmorvan legte die vier ausgedruckten Phantomzeichnungen auf den Tisch. Er betrachtete sie und schob sie wie die Karten eines Memory-Spiels in eine neue Reihenfolge.

General Reinhard Gutbrod musste schon lange gefühlt haben, dass seine fünf im Frühsommer verschwundenen Männer aus dem KSK tot und nicht nur irgendwo gefangen waren. Obwohl er am Morgen immer wieder diese gemeinsame Befreiungsaktion »mit den Kameraden vom COS« erwähnt hatte, klang es irgendwie hohl, wie eine Pflichtübung, weil es einfach undenkbar war, dass ausgezeichnet ausgebildete und erfahrene Special Forces sich mit einem Schlag in Luft auflösten.

Die traurige Realität dann allerdings aus Kérmorvans Mund bestätigt zu bekommen, während auf dem Fernsehbildschirm die Sirenen von Polizeifahrzeugen und Krankenwagen heulten, die Kamera auf blutüberströmte Opfer zoomte und ein CNN-Korrespondent seinen Zuschauern das jüngste Massaker der Taliban schilderte, hatte ihn trotzdem tief erschüttert. Er hatte am Morgen in den Gärten von Sanssouci laut gedacht und davon gesprochen, dass die Taliban die Männer des KSK wohl in einem opportunen Moment als Mittel politischer Erpressung gegen Deutschland einsetzen wollten, so, wie sie es erst vor ein paar Wochen mit den Italienern versucht hatten.

Gutbrod sprach ausführlich von diesem Kalkül der Taliban, deren intellektuelle Führungskader Deutschland durchaus einschätzen konnten:

»Und je höher der Blutzoll, desto mehr werden die Bürger, die diesem Einsatz sowieso extrem kritisch gegenüberstehen, in Zweifel ziehen, was wir, die Soldaten und unsere Kameraden von der

Polizei, in Afghanistan ausrichten können, und desto stärker werden sie die Politiker und die Regierung zum Abzug drängen.«

Er hatte Deutschlands traditionelles Drama auf den Punkt gebracht. Und er hatte gezeigt, dass er Afghanistan und die Situation vor Ort sehr gut einschätzen konnte.

Kérmorvan nahm das lächerliche Sandokan-Kinoposter, das die Interpretation des Phantomzeichners von Dadullah war, und drehte das Blatt um. In seiner Rolle als blutrünstiger und gewalttätiger Taliban-Kriegsherr, in der sie alle ihn üblicherweise besetzten, hatte der Mann nichts mit dem Tod der Soldaten zu tun gehabt.

Christiane Près war nicht ins Detail gegangen, aber der Job der Russentruppe auf der Grabungsstätte war offenbar gewesen, jeden potenziellen Gefährder, der sich dem lukrativen Blutantiquitäten-Business näherte, zu eliminieren. Sie hatten nach Zabelevs Aussage im Lauf von drei Jahren drei Dutzend Mitglieder von OEF unterstellten Spezialeinheiten aus dem Hinterhalt getötet und ihre Leichen anschließend unter Zuhilfenahme von Sprengstoff vernichtet. Dazu kam noch eine Reihe Nacht-und-Nebel-Operationen, um diskret irgendwelche politischen Gegner von Dadullah Khan zu liquidieren.

Diese unbarmherzige Eröffnung hatte die Deutschen allerdings entschlossener gemacht, obwohl von einer gemeinsamen Rettungsaktion jetzt nicht mehr die Rede war.

Kérmorvan hatte ihnen aus diesem Grund ein anderes Angebot gemacht: Es gab nichts mehr zu retten, aber man konnte denen, die ihre und seine Kameraden auf dem Gewissen hatten, einen gewaltigen Schuss vor den Bug versetzen und dabei möglicherweise Hand an »etwas« legen, das sich als ein sehr solides Druckmittel verwenden ließ. Dabei mussten sie nur diskret und in enger Kooperation herausfinden, wer hinter der Grabungsstätte in den Großen Suleimans steckte, wer den russischen Söldnern die Tötungsaufträge erteilt hatte und wer den Kriegsdienstleister Jones in diesem Augenblick unter Vertrag hatte. Und sie brauchten handfeste Beweise – am besten einen handfesten und lebendigen Beweis namens Taher El Ouazzani.

Er drehte die Zeichnung, die Jones darstellte, um und schob sie zu Dadullahs verdecktem Porträt.

Er hatte den Deutschen ausführlich ihr französisches – und zugleich sein persönliches – Problem erklärt, das sich durch den versehentlichen Tod des Russen Zabelev bei dem Angriff der Taliban aufs Hotel *Kabul Serena* stellte. Die DGSE hatte zwar die exakten Koordinaten des Hochtals, doch sie wussten einfach zu wenig über das ganze Set-up der Grabungsstätte, um eine saubere, klassische Kommando-Operation zu planen: *Ingress* – Target absammeln – *Egress!*

Sie hatten allerdings eine im Wortsinn bombensichere, technologiegestützte Möglichkeit, um dem ganzen Spuk ein Ende zu bereiten. Der Nachteil war, dass sie dann nie die ganze Wahrheit erfahren würden oder wenigstens die Zusammenhänge begreifen könnten – und im Augenblick des Luftangriffs würde auch niemand wissen, ob sie die Schlüsselfiguren der mysteriösen Geschichte, die eindeutig im Zusammenhang mit dem gewaltsamen Tod der französischen und deutschen Soldaten standen, auch trafen oder nur die Grabungsstätte selbst, ein paar Dutzend unwichtiger Handlanger und eine Handvoll afghanischer Anwohner.

Alles, was sie auf diesem Weg erreichen konnten, war, »gegenüber unbekannt« ein sehr deutliches Zeichen zu setzen. Doch sie gestanden dabei auch gleichzeitig ein, dass sie die Sache nicht aufklären konnten und damit indirekt akzeptierten, dass diese *Operation Blutantiquitäten* einfach weitergehen würde, sobald die Zerstörung aufgeräumt und die Handlanger ersetzt worden waren.

Carla hatte ihn ungläubig angestarrt. Militärmediziner standen eher nicht auf den Verteilern »Aufklärung-Luftaufklärung« der ISAF. Doch Huber und vor allem Gutbrod hatten seine Anspielung umgehend verstanden. Französische Mirage-Jets starteten täglich von den Stützpunkten Al-Dhafra in den Vereinigten Arabischen Emiraten und vom Flughafen Duschanbe in der ehemaligen Sowjetrepublik Tadschikistan, um Aufklärungsmissionen über Afghanistan zu fliegen.

Die Mirage war ursprünglich als Mehrzweckkampfflugzeug und Bodenangriffsflugzeug konzipiert worden. Man konnte den CT-52-Aufklärungs-Pod, der sich im Bombenschacht des Flugzeugs befand, diskret und schnell durch eine entsprechende Bombe oder durch eine Luft-Boden-Rakete ersetzen und dann auf Befehl des Präsidenten der Republik das ganze Hochtal in Schutt und Asche legten, ohne dass es irgendeiner der anderen Partner der ISAF oder OEF bemerkte. Die Mirages standen in einem eigenen französischen Sektor der Al-Dhafra-Airbase, zu dem die Amerikaner und die Emiratis keinen Zugang hatten, und wurden von französischem Militärpersonal gewartet. Sie flogen außer den ISAF-Missionen regelmäßig immer wieder diskret »nationale« Missionen.

Am Ende des Tages hatten sie sich im Einverständnis darüber getrennt, dass dieses Hochtal trotz der gegenteiligen Behauptung des Russen Zabelev kein reines Privatunternehmen sein konnte, denn dafür war alles zu groß angelegt und zu gut strukturiert. Und die Typen hatten augenscheinlich eine sehr solide Logistik.

Kérmorvan nahm die Phantomzeichnung von Taher El Ouazzani, drehte sie um und schob sie zu den beiden anderen. Vor ihm lag nur noch das Porträt des Golfers. Der Golfer – Ben – war der Schlüssel, und er war sich einhundert Prozent sicher, dass er dieses Gesicht kannte. Sobald er sich wieder erinnerte, wann und wo er diesen Mann schon einmal gesehen hatte, würde er den Zusammenhang begreifen.

»Ausgrabungen und Antiquitäten!«, dachte Kérmorvan.

Antiquitäten und Ausgrabungen waren der Schlüssel und Taher El Ouazzani war Archäologe. Er war Archäologe gewesen, bevor er 1995 plötzlich angefangen hatte, Bomben zu werfen. Kérmorvan sah auf die Uhr, dann aus dem Fenster und schüttelte den Kopf. Er schnappte sich den Colani und seine Handschuhe.

Huber hatte erwähnt, dass Dadullah Khan ein technisches Studium absolviert hatte, ohne sich dabei über die Fachrichtung oder Alma Mater des Warlords auszulassen. Und wenn die Verbindung zwischen Ben, dem Golfer, Dadullah, dem Taliban-Posterboy, und

Taher, dem Lehrer, dieser Punkt war: die Archäologie? Er nahm sich vor, das Thema zu vertiefen und gleichzeitig Farida im Webspace auf die Jagd zu schicken.

Die surrealistische Szene auf dem Flughafen Marseilles-Marignane vom 26. Dezember 1994 war interessant, aber sie trug nur wenig zur Lösung des Rätsels bei: Einer der toten Terroristen sah Taher so ähnlich, dass eine enge verwandtschaftliche Beziehung bestanden haben musste. Also war der Mann eher kein islamistisch-fundamentalistischer Überzeugungstäter, sondern ein Rächer!

So what!, dachte Kérmorvan zynisch und zog die Zimmertür hinter sich ins Schloss. Ihm war es gleichgültig, ob er Taher, den Rächer, oder Taher, den Überzeugungstäter, tötete, falls er keine Möglichkeit bekam, ihn lebend einzufangen und nach Frankreich zu bringen.

Er brauchte dringend Bewegung und wählte die Treppen, anstatt mit dem Aufzug zu fahren. Er musste nachdenken, die Teile des Puzzles zusammenfügen und sich endlich erinnern, wo er diesen Golfer schon einmal gesehen hatte.

Der Durst nach Rache dominierte die arabische Welt. Es war unmöglich, diesem Konzept so etwas wie Vernunft entgegenzusetzen. In Frankreich übersetzten sie es »Auge um Auge, Zahn um Zahn!«.

Bruder, Halbbruder, Cousin … Was auch immer Mustafa Chekienne – der Killer der Air France 6989 – für Taher El Ouazzani gewesen war: Jeder Terrorist, der auf französischem Boden oder gegen französische Interessen agierte, wusste genau, worauf er sich einließ. Taher hatte sein eigenes Todesurteil an dem Tag unterschrieben, an dem er beschlossen hatte, seine erste Bombe auf französischem Boden in die Luft zu jagen: am 25. Juli 1995 in der RER B an der Haltestelle Notre Dame-Saint Michel.

× × ×

Huber hatte Carla bis in die Charlottenstraße gefahren. Sein Mitarbeiter Hans Schmidt war während des ganzen Nachmittags und Abends nicht aufgetaucht. Sie hatte ihn auch nicht vermisst: Obwohl er höflich gewesen war, hatte sie sofort das Gefühl gehabt, dass er Wachhund und nicht Begleiter war. Und sein Chef hatte im gleichen Stil weitergemacht. Sie war enttäuscht, dass man ihr keine Gelegenheit gegeben hatte, wenigstens ein paar private Worte mit Commandant Paul Lefèvre zu wechseln. Während Huber sie bereits zum Aufbruch drängte, hatte General Gutbrod den Franzosen in eine Ecke bugsiert und mit Beschlag belegt. Im Auto hatte Huber sie dann im Stil seines abwesenden Adlatus weitergegängelt und ihr Anweisungen für den nächsten Tag erteilt, ohne sich dabei in Höflichkeiten zu verlieren.

»Ruhen Sie sich aus, Major! Ich erwarte Sie zur üblichen Geschäftszeit. U-Bahn 6 ab Mitte und dann von ›Unter den Linden‹ vier Haltestellen mit dem Bus 100 in Richtung ›Tiergarten‹. Oder Sie laufen. Über die Mauerstraße und die Behrenstraße bis zum Brandenburger Tor. Sie können eigentlich nichts falsch machen. Eine Viertelstunde maximum.«

Schließlich drückte er ihr noch eine Visitenkarte in die Hand, auf der eine Handynummer für den Notfall und ein Sicherheitscode für das Büro in der »Auster« standen. Dann brauste er mit dem schwarzen Audi A6 vom Vorabend los, ohne zurückzublicken.

Sie hatte zum Glück am Morgen mit Hans Schmidt ein solides Frühstück verspeist. Er wusste vermutlich, dass sein Chef mit starkem schwarzem Kaffee und Schokokeksen freigiebig war, ansonsten aber nichts Essbares anbot und das Konzept einer Mittagspause ablehnte.

Am Vorabend war sie zu müde gewesen, um ihre temporäre Bleibe zu inspizieren. Carla öffnete die Schränke der Küche. Sie waren gut gefüllt. Selbstverständlich gab es Kaffee und Tee, ein paar Flaschen Mineralwasser und haltbare Milch. Amüsiert betrachtete sie die Alkoholika-Auswahl: eine Flasche Stolichnaya-Wodka, die noch aus den Tagen der Sowjetunion stammte, eine Flasche

Becherovka aus dem tschechischen Karlsbad und zwei Flaschen Rotkäppchen-Sekt im Kühlschrank.

Der BND musste diese konspirative Wohnung am Checkpoint Charlie bei der Wiedervereinigung von der berüchtigten »Hauptverwaltung Aufklärung des Ministeriums für Staatssicherheit« übernommen haben – wahrscheinlich gleich zusammen mit dem zuverlässigen Genossen, der als IMK – Inoffizieller Mitarbeiter zur Sicherung der Konspiration und des Verbindungswesens – die notwendige Logistik wie Einkaufen und Putzen machte. Sie stellte den Rotkäppchen-Sekt grinsend auf den Küchentisch. Dann entschied sie sich für die Hausmacher-Linsen mit Würstchen eines bewährten deutschen Herstellers und öffnete eine kleine Dose Pumpernickel in Scheiben. Als sie weitersuchte, fand sie noch Ananas- und Pfirsichkonserven und ewig haltbaren Schmelzkäse aus Bundeswehrbeständen.

Igitt!, dachte sie, »Kommiss-Kleber«! Dabei gab es unten auf der Charlottenstraße neben der Apotheke, die ihr ins Auge gesprungen war, einen ziemlich großen Bio-Supermarkt, der ein ordentliches Sortiment zu haben schien und bis einundzwanzig Uhr geöffnet hatte.

Nachdem sie sich ihr improvisiertes spätes »Dinner for One« hergerichtet hatte, warf sie einen Blick auf ihr privates Handy. Ihre Mutter und Alois hatten auf die SMS der letzten Nacht geantwortet. Ein schwanzwedelndes Hunde-gif und Küsschen in Herzchenform: »Alles ok! Wir wissen ja, dass es dir gut geht. Berlin ist nicht Afghanistan. Ruf an, wenn du kannst. Wir sind neugierig.«

Sie simste zurück. Ein paar kurze Worte, die ihren seltsamen Tag beschrieben.

Zum Teufel mit den Nachbarn!, dachte sie, als sie einen Blick auf die russische Taucheruhr von Paul, vormals Pierre, warf. Sie hatte Lust auf warmes Wasser und brauchte dringend Entspannung. Unterdessen konnten die Linsen langsam heiß werden. Es war zwar nach zweiundzwanzig Uhr, aber Carla zog sich trotzdem aus und stellte sich unter die Dusche. Zum Glück hatte sie ihren eigenen Kosmetikbeutel mitgenommen, in dem sich wohlriechende und hautfreundliche Dinge befanden. Sie ließ das warme Wasser zufrieden über ihre verspannten Schultern rinnen und betrachtete gleichzeitig ungläubig eine Plastikflasche mit arabischer Aufschrift, die sie in der Duschkabine gefunden hatte. Sie schraubte den Deckel auf und schnupperte neugierig. Der Inhalt roch genau wie das Zeug, das Commandant Paul Lefèvres in der konspirativen Wohnung in Quetta gehabt hatte.

Doch im Badezimmerschrank gab es zum Glück außer flauschigen Handtüchern auch einen langen, kuscheligen Bademantel. Carla war trotz des anstrengenden Tages nicht richtig müde oder zum Schlafen bereit. Sie wollte einen Happen essen und hinterher eine Tasse Tee trinken. Was sie im Lauf des Tages erfahren hatte, beschäftigte sie. Es war nicht ihre Welt, doch seitdem man ihr auf ihre Fragen Antworten gab, fühlte sie sich nicht mehr so irritiert wie am Vorabend oder nach der anstrengenden Session mit dem Phantombildzeichner.

Nachdem Paul – ganz offensichtlich ohne sich zuvor in irgendeiner Form mit Gutbrod oder Huber abgesprochen zu haben – ihr gegenüber eine Reihe Karten auf den Tisch gelegt hatte und bereit gewesen war, sämtliche Fragen zu beantworten, bei denen der BND-Mann zuvor um den heißen Brei geschlichen war, hatte auch der irgendwie eingesehen, dass es einfacher und produktiver war, wenn man sie gleichberechtigt mit in das Gespräch einbezog.

Sie ließ sich die Sache mit dem Russen, der bei dem Anschlag in Kabul getötet worden war, noch einmal durch den Kopf gehen. Im ersten Augenblick hatte sie nicht begriffen, worin das Problem lag, doch dann hatten sich alle Puzzleteilchen vor ihr zusammengesetzt. Paul verfügte über die exakten Geokoordinaten des Hochtals. Aus diesem Grund hatte sie auch kurz und unter vier Augen mit ihm sprechen wollen. Sie wollte sicher sein, dass er wirklich vorhatte, was sie verstanden zu haben glaubte.

× × ×

Carla machte den Wasserkocher an und warf gerade die Bockwürste in die mittlerweile heiße Linsensuppe, als die Türklingel schellte. Sie seufzte ärgerlich und trottete im Bademantel und mit einem Handtuch-Turban über den nassen Haaren zur Wohnungstür. Sollte Huber noch einmal zurückkommen, um den Spruch über das Berliner Ausgangsverbot aufzusagen, würde sie ihn in kurzen präzisen Worten aufklären, was sie von diesem ganzen Zirkus hielt. Ihr boshaftes Selbst freute sich innerlich schon darauf, dem Vorstandsvorsitzenden der *Spooks Incorporated Ltd.* in knackigstem Bayerisch ein paar Wahrheiten zu sagen. Sie setzte ihre beste Killermiene auf, dann öffnete sie mit einem energischen Ruck die Wohnungstür.

Frankreich – Paris – XVIII. Arrondissement – Barbès-Rochechouart

Direkt gegenüber dem schäbigen, kleinen Touristenhotel befanden sich an der Ecke Rue Boissieu/Boulevard Barbès neben einer traditionellen französischen Brasserie *Le Relais* ein beliebtes algerisches Restaurant *El Bahdja,* das immer ein *Spécial Ramadan* anbot. Während des muslimischen Fastenmonats trafen sich hier nach Sonnenuntergang lebhafte Familien und laute Freundesgruppen, die in den heruntergekommenen Querstraßen rund um die Métrostation Barbès-Rochechouart lebten, zu opulenten gemeinsamen Abendessen, die bis in die frühen Morgenstunden dauerten.

Reiseführer beschrieben »Barbès« gerne als brandgefährliche No-Go-Zone und lagen damit nicht ganz falsch. Die französische Staatsgewalt hatte sich schon vor Jahren gemeinsam mit den traditionellen Dienstleistungen des Sozialstaates aus der Gegend verabschiedet. Man überließ es den Bewohnern aus Afrika und Nordafrika, von denen viele illegal ins Land gekommen waren, ihre Probleme untereinander auszumachen. Direkt an der Grenze zum X. Arrondissement, 34, Rue de la Goutte-d'Or, fand man hinter Straßensperren und Absperrgittern ein schwer bewachtes Kommissariat. Dort taten die robustesten und härtesten Polizeibeamten, die der Innenminister auftreiben konnte, Dienst.

Kugelsichere Westen, Schnellfeuerwaffen, Blendgranaten und Tränengas gehörten bei diesen Männern zur Standardausrüstung, genauso wie gepanzerte Fahrzeuge mit schwer vergitterten Fenstern. Ein Besucher, der es schaffte, ohne in Handschellen gelegt oder von einem misstrauischen Ordnungshüter zu Boden geworfen zu werden, bis zum Empfang vorzudringen, hatte das Gefühl, sich im Kommandoposten einer Kampfeinheit in einem Kriegsgebiet zu befinden. Des Französischen unkundige Touristen, die wegen einer Straftat in der Gegend um Barbès Anzeige erstatten wollten, verbrachten gelegentlich schon einmal achtundvierzig Stunden in einer der spartanischen Zellen, bis den Beamten auffiel, dass sie versehentlich das Opfer und nicht den Täter eingebuchtet hatten.

Aus diesem Grund hatten die beiden Männer, die sich Salah Bensaid und Honi Salam nannten, den gestohlenen Peugeot mit seinen gestohlenen Nummernschildern und den Sporttaschen im Kofferraum auch zur Sicherheit lieber auf die sichere Seite gestellt, in das bewachte Parkhaus des Terminus Gare du Nord, das durchgehend geöffnet war. Es lag zehn Minuten zu Fuß vom Restaurant entfernt, doch sie konnten sicher sein, ihr Fahrzeug am Ende des Abends unbeschädigt wiederzufinden.

Während des Ramadan war das *El Bahdja* selbstverständlich bis in die frühen Morgenstunden geöffnet. Da sie nur zu fünft sein würden, schob der Besitzer ihnen einfach zwei kleinere Tische in einer ruhigeren Ecke des gut gefüllten Restaurants zusammen.

Eine lebhafte Großfamilie aus dem Maghreb brach gerade lautstark und fröhlich das Fasten. Eine rundliche, freundlich wirkende Frau um die vierzig, die zu einem hübsch bestickten dunkelblauen Kaftan einen farbenprächtigen Hijab trug, bemerkte, dass ihr Tisch noch leer war, während der Restaurantbesitzer sich um andere Gäste kümmerte. Sie zog diskret die Aufmerksamkeit eines der kleineren Kinder aus ihrer Familie auf sich, deutete mit dem Finger auf ihren Tisch und bedeutete dem Buben, ihnen ein Schälchen Datteln und ein Schälchen Pistazien zu bringen.

Der jüngere der beiden Männer aus der Special Operations Group, der sich *Honi* nannte und Arabisch mit einem Hidschāz-Nadschi-Einschlag sprach, wie er in Saudi-Arabien verbreitet war, erhob sich und verbeugte sich höflich und mit einem dankbaren Lächeln in ihre Richtung, während seine Lippen eine traditionelle Dankesformel aufsagten, die auch für Nordafrikaner verständlich war. Er strich dem Buben über die Wange und zwinkerte ihm freundschaftlich zu: »*Jazaka Allahu khachayran* – möge Allah auch dir eine Belohnung geben!«

Anschließend beratschlagten sie eine Weile miteinander, um das Abendessen auszuwählen. Sie entschieden sich für *Berkoukes,* eine traditionelle Ramadan-Suppe, *Felfel,* die gerösteten Paprika mit Tomaten, und als Hauptgericht den Couscous Royal. Als Ben Kingsley das Restaurant betrat, beachtete ihn niemand. Man begrüßte sich. Seine beiden Operators stellten ihn Ahmadi und Fahem, den beiden Rekruten aus Charleroi, unter einem Decknamen vor, den Kingsley immer dann benutzte, wenn er den wohlhabenden Geschäftsmann aus Katar spielte, der junge, motivierte Männer finanziell unterstützte, damit sie in den Dschihad ziehen konnten: Ustaz Muhammad ibn Muhammad ibn al-Jazari. Die beiden Belgier mit marokkanischem Migrationshintergrund schienen von dem langen Namen und dem orientalischen Ehrentitel leidlich eingeschüchtert und beeindruckt.

Ben kannte seine Rolle in- und auswendig und spielte sie con brio. Er wusste ganz genau, was sein »Publikum« von ihm erwartete. Nachdem er sich gesetzt hatte, nahm er eine Dattel aus der Schale auf ihrem Tisch, hielt sie hoch und rezitierte mit Gravitas ein traditionelles Gebet zum Fastenbrechen. Dem wahren Eingeweihten oder einem Experten für islamistischen Radikalismus, der die entsprechenden Sprachkenntnisse hatte, enthüllten diese Worte umgehend, dass er einer ganz spezifischen aggressiven Tendenz des politischen Salafismus anhing, der seit den Siebzigerjahren über die

Universität von Medina verbreitet wurde. Den beiden Möchtegern-Dschihadisten aus Charleroi sagten die Worte vermutlich nichts. Ben bezweifelte, dass ihre arabischen Sprachkenntnisse ausreichten, um den Satz auch nur ansatzweise richtig zu übersetzen. Aber darum ging es nicht. Es ging lediglich darum, die Jungs zu beeindrucken und ihnen die ganz präzise Botschaft zu übermitteln: »Vor euch sitzt einer, dem ihr vertrauen müsst, denn er ist weiser und gelehrter, als ihr es je sein werdet, und es ist eine große Ehre, dass er euch überhaupt Aufmerksamkeit widmet.« In den arabischen Gesellschaften, ebenso wie in denen Nordafrikas oder im Mittleren Osten, fuhr man als Älterer immer gut, wenn man es schaffte, eine intelligente Mischung aus Autorität, religiöser Gelehrtheit und materiellem Erfolg zur Schau zu stellen.

Eine Weile unterhielten sich die fünf Männer angeregt. Man sprach über persönliche Dinge und genoss die gemeinsame Mahlzeit. Ben spielte seine Rolle als der sozial engagierte Geschäftsmann aus Katar und beantwortete gutmütig verschiedene Fragen zu den Gebräuchen »seines Landes« im Ramadan, wobei er darauf achtete, sich in einem verhältnismäßig einfachen Arabisch auszudrücken, um die beiden jungen Männer aus Charleroi nicht zu überfordern. Sie sprangen erwartungsgemäß auf die Show an. Seine beiden Operators Salah und Honi waren ein eingespieltes Team, das seit Langem zusammenarbeitete, und gaben ihre Rollen perfekt.

In den frühen Morgenstunden, als sie zu stark gesüßtem Minztee eine Auswahl ausgezeichneter orientalischer Backwaren genossen, gab Ben ein diskretes Okay-Zeichen. Die Jungs aus Charleroi würden nie in der ersten Liga spielen, aber sie waren brauchbares Material. Das hieß für sie, dass sie nach Beendigung des Abendessens mit ihren beiden Begleitern in eine konspirative Wohnung in einem Vorort von Paris fahren würden, wo sie die restlichen Nachtstunden ausruhen konnten. Am nächsten Morgen sollten sie dann detailliert erfahren, was für den Freitagabend geplant war und welche Aufgaben ihnen zugeteilt worden waren. Ben selbst würden sie nie wieder zu Gesicht bekommen, selbst dann nicht, wenn sie die an sie gestellten Anforderungen erfüllten und nach der Pariser Operation in den Irak und zur *Operation Sycamore* weitergeschickt wurden.

Als sie sich verabschiedeten, umarmte er die beiden Rekruten aus Charleroi so, als ob sie sich schon seit Jahren kannten: »*Fi ammanillah* – möge Allah euch schützen!«

Die Gäste des *El Bahdja*, die Zeugen der kleinen Szene wurden, dachten, dass sich hier enge Verwandte oder gute Freunde am Ende eines schönen Abends voneinander trennten, um nach Hause zu gehen. Niemand schenkte ihnen Aufmerksamkeit, und keiner würde sich später an die Gruppe erinnern. Ben verschwand, wie er gekommen war, unauffällig. Lediglich dem Besitzer des Restaurants blieb in Erinnerung, dass seine freundlichen und höflichen Gäste in bar bezahlt und ein gutes Trinkgeld gegeben hatten.

Deutschland – Berlin – Charlottenstraße 78

Carla drehte sich in Kérmorvans Armen um. »Ich bin geklettert«, erklärte sie ihm, »nachdem ich begriffen hatte, dass der Rugbyfanclub mit dir nur aufwärtsmarschieren konnte. Ich dachte zunächst, dass es ein Hochplateau wäre, nicht ein Hochtal, also war mein nächster Gedanke ein sicheres Versteck, von dem aus ich gefahrlos beobachten konnte.«

Sie hatte noch nie über diesen speziellen Punkt gesprochen; nicht mit Pierre, der jetzt Paul hieß, nicht mit Robert und nicht mit *Spooks Incorporated Ltd.* Sie selbst hatte auch nicht mehr an diesen ganz speziellen Weg ins Hochtal gedacht, weil sich alles nur um die Phantombilder und um den vierten Mann gedreht hatte.

Als Carla gesehen hatte, wer mitten in der Nacht vor der Tür stand, war sie überrascht gewesen, aber als Pierre-Paul mit einem unverschämten Grinsen einen GPS-Tracker aus ihrer Jackentasche an der Garderobe zog, gab sie auf. Der Tracker war kaum größer als ein Zweieurostück und wog höchstens zwanzig Gramm. Ein echter Taschenspielertrick!

Er war genauso hungrig gewesen wie sie selbst. Zu den Linsen und den Würstchen hatten sie noch einen großen Topf Nudeln gekocht und anschließend die Pfirsichdose geteilt und Rotkäppchen-Sekt getrunken. Dabei hatte er ihr erklärt, was es mit dem Attentat in Kabul und dem toten Russen auf sich hatte.

Carla öffnete die Schnalle seines Hosengürtels und den Reißverschluss seiner Jeans. Ihre Hand fuhr unter seinen Pullover, und sie spürte seine warme Haut.

Pierre-Paul hatte sie im Anschluss an ihr spätes Abendessen zum Lachen gebracht. Er hatte ihre temporäre Bleibe einer Kurzinspektion unterzog und an ein paar scheinbar einschlägigen Stellen nachgesehen, ob sich dort Überwachungselektronik befand.

»Ich glaube nicht, dass Huber und der BND so pervers sind.«

Carla war ihm neugierig gefolgt und hatte dabei noch seltsamere Dinge entdeckt als kommunistische Alkoholika und arabisch beschriftetes Haarshampoo, aber weder Mikrofone noch Kameras.

»Schlecht ist, der Schlechtes denkt! Wir hätten die gesamte Wohnung nach allen Regeln der Kunst verwanzt, Carla. Man weiß ja nie, und *il n'y a pas de petits gains* – es gibt keine kleinen Gewinne!«.

Er wusste, dass man sie nur ein bisschen unter Druck setzen musste, damit sie französisch sprach. Es klang sogar ziemlich gut, und er hatte definitiv keine Lust mehr, deutsch zu sprechen, nachdem sie sich ins Schlafzimmer verlegt hatten.

»Wenn man Erfahrung hat, ist die Strecke schon okay«, fuhr Carla auf Französisch fort. »Es geht auch ohne Seil, aber man muss wirklich aufpassen, und du musst körperlich ziemlich fit sein. Es gibt Stellen, da kommst du nur hoch, wenn du es schaffst, einen Klimmzug im Felsen zu machen. Wenn ich in deiner taktischen Weste irgendetwas gefunden hätte, das man als Sicherungsmittel hätte verwenden können …«

Sie hatte es geschafft, ihm den Pullover auszuziehen, und betrachtete interessiert seine bandagierte linke Schulter, ohne sich davon ablenken zu lassen, dass Pierre-Pauls Hände ihren Rücken streichelten. Sie fand die Sache mit dem Französisch amüsant. Die drei

Wochen, die sie miteinander verbracht hatten, hatten ihre Sprachkenntnisse, die seit ihrem Medizinstudium in einen Dornröschenschlaf gefallen waren, leise reanimiert. Sie war sogar erstaunt, wie gut es ging, vor allem im Bett.

In Quetta hatten sie das erste Mal miteinander geschlafen – die einfachste Lösung, um mit dem Stress fertigzuwerden, den sie beide seit dem Absturz des MedEvac erlebt hatten. Und weil ihnen das Morphium ausgegangen war.

Carla hatte nach dem Kidnapping mit dem Jingle-Truck unter Strom gestanden. Pierre-Paul hatte nach ihrem zünftig bayerischen Gefühlsausbruch gespürt, dass sie riskierten aufzufliegen, falls er es nicht schaffen sollte, sie positiv und kooperativ zu stimmen. Er hatte ihr ganz offen gesagt, dass die Papiere, die er auf die Schnelle besorgen konnte, mittelmäßige Fälschungen waren, doch die Kontrollen durch die pakistanische Polizei und die Sicherheitsbehörden am Flughafen Quetta würden nur gut gehen, wenn sie »echt« wirkten – wie ein normales Paar und Leute, die sich nichts vorzuwerfen hatten. Es gab keinen Weg zurück zur ISAF für sie, sondern nur die Reise Richtung Deutschland via Karatschi, wo es auch ein deutsches Konsulat gab.

Am Anfang war Carla von seinem knallharten Pragmatismus schockiert. Doch als Medizinerin gab sie ihm recht. Und es war für beide Seiten eine Win-win-Situation. Sie erklärte ihm ihr Problem: Falls er wirklich wollte, dass sie seine Schulter ordentlich reparierte, dann würde es wehtun, und sie hatte keine traditionellen Schmerzmittel …

Der komplexe chemische Vorgang, der sich beim Sex im Körper und vor allem im Gehirn abspielte, würde nicht nur dafür sorgen, dass Stresshormone durch die sogenannten Glückshormone vertrieben wurden und man und vor allem frau sich wirklich entspannte. Die Neurotransmitter Dopamin und Noradrenalin lösten einen ähnlichen Effekt aus wie gewisse Drogen, und die Endorphine, die ausgeschüttet wurden, wirkten als körpereigenes Schmerzmittel, genau wie das Opiat Morphium.

Das gemeinsam Überstandene hatte nach der abenteuerlichen Flucht durch die Berge eine Vertrautheit und Unbefangenheit geschaffen, die körperliche Nähe und Intimität leicht und vollkommen natürlich machte. Carla hatte ihm, ohne zu zögern, in einem Punkt recht gegeben: Quetta im Zentrum der von Pakistan verwalteten Stammesgebiete der Paschtunen war ein Schlangenpfuhl, ein Rattenloch. Selbst dann, wenn eine ortsüblich gekleidete Frau von einem ortsüblich grimmig dreinblickenden bärtigen Mann begleitet wurde, der fließend die Landessprachen beherrschte. Quetta galt als so gefährlich, dass für Touristen, die wahnsinnig genug waren, die Gegend zu bereisen, nachts eine Ausgangssperre verhängt wurde und ihre Visagebühren einen bewaffneten Polizeischutz einschlossen.

Als sie dann ohne Probleme im weitaus kosmopolitischeren, aber nicht weniger gefährlichen Karatschi angekommen waren und in ihrem Luxushotel eingecheckt hatten und Pierre-Paul das Problem ihrer Reisedokumente löste, während sie als Ärztin wieder einfachen Zugriff auf wirksame Schmerzmittel und andere Medikamente hatte, hatten sie weitergemacht, einfach weil es ihnen Spaß machte und sie guten Sex miteinander hatten.

»Hast du die Schulter wenigstens röntgen lassen?« Ihr Bademantel, der nur von einem Bindegürtel gehalten worden war, lag neben seinem Pullover auf dem Boden.

Kérmorvan nickte brav. Er mochte sie und er mochte ihren Körper. Obwohl sie auf den ersten Blick zierlich wirkte wie ein Reh, besaß sie die Muskulatur eines Rennpferdes. Er zeichnete mit dem Finger ihre Bauchmuskeln nach. Ein Sixpack war bei Frauen eher selten, aber sie war nicht kitzelig, und sie verzieh ihm, dass Männer eben zwei Gehirne besaßen, wobei jenes, das sich in der oberen Körperregion befand, meist von dem unterhalb der Gürtellinie dominiert wurde. Seine Mutter hatte ihm einmal etwas ziemlich Abgehobenes über Männer, Frauen, Sex und Sokrates erzählt, aber er war hier wesentlich einfacher gestrickt als der griechische Philosoph und Meister der Sublimation.

Es war eigennützig gewesen, mitten in der Nacht unangemeldet bei ihr aufzuschlagen, nur weil er durch seinen Beruf die technischen Möglichkeiten dazu hatte. Selbstverständlich hatte er Hintergedanken gehabt, als er ihr den Tracker in die Tasche gesteckt hatte, und er hatte sie natürlich überfahren, als er an der Tür klingelte. Allerdings hatte sie ihm auch keinen entrüsteten Platzverweis erteilt. Der Wunsch, einander wiederzusehen, existierte ganz augenscheinlich auf beiden Seiten, genauso wie der, einander körperlich nah zu sein. Und Carla hatte ihm wegen seines sang- und klanglosen Verschwindens in der Transitzone des Istanbul International Airport nicht einmal eine Moralpredigt gehalten.

Es war aussichtslos gewesen, in seiner Berliner Nobelherberge weiter um den Tisch zu wandern und dabei die Ausdrucke der Phantomzeichnungen anzustarren. Die göttliche Eingebung blieb einfach aus. Kérmorvan hatte keine Lust gehabt, sich allein und frustriert in seinem Bett herumzuwälzen und zu hoffen, dass er sich plötzlich wieder erinnerte, wo und wann er diesen Golfer schon einmal gesehen hatte. Und es wäre lächerlich, darauf zu spekulieren, dass der BND-Mann Huber in ein paar Stunden in seinem Designer-Büro in der »Schwangeren Auster« den Großen Zampano herauskehrte und ihnen des Rätsels Lösung präsentierte. Selbst befreundete Geheimdienste, selbst wenn sie gerade einträchtig miteinander verhandelten, um eine gemeinsame Operation durchzuziehen, machten sich keine Geschenke.

»Es sind nur Prellungen und gezerrte Muskeln, Carla«, antwortete er ihr. »Die Rotatorenmanschette in der Schulter ist unbeschädigt. Das ist die Hauptsache. Der Rest regelt sich im Lauf der Zeit selbst. Die Kollegen aus unserem Militärhospital waren von deiner Arbeit beeindruckt. Du kannst jederzeit im Val-de-Grace anfangen … Die Fäden wollten sie letzte Woche allerdings noch nicht ziehen.«

»Die Kollegen im Val-de-Grace hätten dich für mindestens sechs bis acht Wochen krankschreiben sollen und dir vielleicht auch ein Rezept für ein wirksames Analgetikum mitgeben können.«

Carla streckte sich wie eine Katze. Er hatte endlich die Jeans ausgezogen.

»Du kannst nicht behaupten, dass der heutige Tag eine große körperliche Herausforderung war.« Kérmorvan konzentrierte sich und beobachtete zufrieden ihre Reaktion, während er ganz langsam in sie eindrang. »Ich musste versprechen, vernünftig zu sein. Und was das Analgetikum angeht …« Er fing an, sich vorsichtig in ihr zu bewegen.

Rossi schloss zufrieden die Augen und überließ ihm die Führung. Frauen hatten diese unglaubliche Fähigkeit zum Genuss, wenn man sie richtig zu nehmen wusste. Sie zitterte leicht und atmete tief. Irgendwo in Kérmorvans Unterbewusstsein löste sich eine Blockade. Er fühlte sich in Rossis Armen sicher. Hier musste er nicht ständig auf der Hut sein, versehentlich etwas Verfängliches preiszugeben. Er hatte beim Debriefing in Romainville im Zusammenhang mit Kulturgütern nicht nur Sarajevo erwähnt, sondern auch Kabul und vor allem – Bagdad.

× × ×

Rossi drückte ihn irgendwann sanft, aber bestimmt in die Kissen. Er atmete tief durch und entspannte sich. Sie kannte ihren Körper genauso gut wie er seinen, und sie wussten beide, an welchem Punkt sie sich bremsen mussten, wenn sie die gemeinsame Nacht in die Länge ziehen wollten. Sie mochte es so, und er konnte sie dabei einfach beobachten und sie streicheln. Carla hatte eine ungewöhnliche Augenfarbe, ein unergründliches Absinthgrün, das wunderbar zu ihren dunklen Haaren und zu ihrer gebräunten Haut passte. Dahinter erkannte man in einem gewissen Licht einen blauen Schimmer. Der erinnerte Kérmorvan an die Farbe des Atlantiks, zu Hause, in der Bucht von Mont-Saint-Michel zwischen Viviers und Cancale, wo er am liebsten tauchte. Er fühlte sich darin geborgen.

Die Schmerzen in der Schulter hatten irgendwann nachgelassen. Er spürte ihr Gewicht auf seinen Oberschenkeln und erinnerte sich wieder. Als sie vom Nachttisch zwei Haarnadeln angelte und ihre Locken im Nacken zu einem wuscheligen Dutt zusammensteckte, schloss er zufrieden die Augen und ließ seine Gedanken treiben.

Es war der 5. April 2003. Während die Task Force 1-64 Armor der 2. Brigade der 3. US-Infanteriedivision mit ihren gepanzerten Fahrzeugen noch dabei war, als Vorhut von Süden in die Stadt vorzurücken, war es im Zentrum zwischen Regierungspalast, Regierungsgebäuden und anderen Zentralen der Macht Saddam Husseins zugegangen wie bei einem Klassentreffen der internationalen Geheimdienst- und Special-Forces-Community. Er erinnerte sich genau. Madame le Juge hatte ihn losgeschickt. Es war seine erste Mission für den Service Action, und er war der Meinung, dass es eigentlich keinen Unterschied machte: Commando de Penfentenyo und COS oder DGSE und Service Action. Und dann hatte er begriffen, dass es doch einen Unterschied gab: Falls er unter seinem neuen Label aufflog, würden sich weder der Verteidigungsminister noch der Quai d'Orsay auch nur ansatzweise darum bemühen, ihn heil und an einem Stück zurückzubekommen.

Während der Film ablief und farbiger wurde, fühlte er, wie Carlas Hände ganz langsam über ihn glitten, rau und zart zugleich, wie Katzenzungen. Nach einer Weile schob er seine Finger zwischen ihre und zog sie auf seine Brust.

Die Diebe von Bagdad hatten im April 2003 keine als Sanitätsfahrzeuge markierten Lkws benutzt wie acht Jahre zuvor in Sarajevo, sondern ganz normale Militärlaster. Der Golfer selbst war mit einem Toyota Tacoma vorgefahren, einer Variante des Toyota Hilux Pick-up, die für den US-Markt und die US-Streitkräfte in Mexiko und Kalifornien gebaut wurden.

Auf der Ladefläche hatten Typen im Flecktarn gesessen, die ganz eindeutig zu den US-Streitkräften gehörten. Alle waren mit dem üblichen US-Special-Forces-Equipment ausgerüstet gewesen, der Tacoma hatte zusätzlich noch ein Maschinengewehr aufmontiert gehabt. Der Golfer trug eine kugelsichere Weste und seine Schnellfeuerwaffe in der Hand. In einem Oberschenkelholster hatte er noch eine Desert Eagle stecken. Schon in Kabul war ihm der Mann mit der Desert Eagle aufgefallen. Kérmorvan sah ihn wieder ganz genau vor sich. Der Golfer hatte zwar noch immer keinen Namen, aber sie wussten jetzt wenigstens, in welcher Mannschaft er spielte.

Kérmorvan öffnete die Augen, lächelte zufrieden und nahm Carla in die Arme. Sie fühlte sich warm an, ihre sonnengebräunte Haut vom Schweiß ein bisschen feucht. Sie roch gut, und er mochte es, wenn er ihren Herzschlag genau über seinem Herz fühlen konnte.

Jeder Psychiater hätte ihn vermutlich für verrückt erklärt, aber es war der Augenblick nach dem Absturz des MedEvac gewesen, der für ihn den Ausschlag gegeben hatte. Als er es gerade noch geschafft hatte, Carla in seine Arme zu ziehen und fest an sich zu drücken, bevor der geschrottete Black-Hawk-Rettungshubschrauber ansetzte, auf dem Weg in die Schlucht Saltos zu schlagen. Es war der kräftige und lebendige Schlag ihres Herzens gegen das seine gewesen, der Kérmorvan geholfen hatte, sie beide festzuhalten, obwohl die Schmerzen in seiner Schulter unerträglich wurden und er das Gefühl hatte, dass jemand versuchte, ihm den Arm bei lebendigem Leib aus dem Körper zu reißen.

Seine Hände glitten über ihren Rücken bis hinunter an Carlas schmale Hüfte. Ihre Körper waren sich vertraut, und man konnte die Natur ein bisschen betrügen, wenn man es schaffte, sich vorsichtig und ganz langsam gemeinsam umzudrehen. Er hatte keine Lust, sie loszulassen oder den Körperkontakt auch nur für wenige Augenblicke aufzugeben.

»Ich erinnere mich an den Golfer!«, sagte er. Er hatte seine Atmung wieder unter Kontrolle gebracht und stützte sich bequem auf beide Ellbogen, während Carla ihre Hüfte leicht gegen sein Becken drückte und ihre Knie anzog. Kérmorvan schob ihr eines der Kopfkissen unter den Rücken, damit sie es gemütlich hatte.

»Und?«, fragte sie ihn neugierig. »Wer ist er? Erzähl.«

Sie genoss die Muße und den langsamen, behutsamen Sex. Sie nahm sein Gesicht zwischen ihre Hände. Obwohl die *Five o'Clock-Shadows* gut aussahen, vermisste sie doch die elegante, kurz gestutzte Karatschi-Variante seines rabenschwarzen Vollbarts.

Kérmorvan erzählte, wobei er die Gründe seiner Mission 2003 in Bagdad vage ließ. Sein Bauchgefühl sagte ihm, dass der Golfer nicht nur bei der Plünderung des Irakischen Nationalmuseums und am Amanullah-Palast in Kabul mit dabei gewesen war, sondern schon in Sarajevo. Alles hing zusammen. Es handelte sich hier ganz augenscheinlich um Black Ops, und ihr Unbekannter war mit an Sicherheit grenzender Wahrscheinlichkeit ein Amerikaner, der zur Special Activities Division der CIA gehörte. In seiner Erinnerung war der Mann bereits in Kabul zu alt gewesen, um noch als aktives Mitglied einer normalen Special-Forces-Einheit anzugehören. Aber er war genau im richtigen Alter, um mit einer paramilitärischen Gruppe der SAD in den Einsatz zu gehen. In einen ganz besonderen Einsatz, der ein ganz besonderes Fachwissen voraussetzte – und Fremdsprachenkenntnisse, die genau den seinen ähnelten.

Irgendwann schliefen sie zufrieden ineinander verschlungen ein.

SIEBTES KAPITEL

Frankreich – Romainville – Fort de Noisy – Hauptquartier des Service Action

»Natürlich liegt das schon fast dreißig Jahre zurück, Madame le Juge, aber ein Wolf wird nicht plötzlich zum Lamm, nur weil Politiker ihm einen sonderbaren Titel verpassen und ihn in einen gut sitzenden Anzug stecken. Das ist kein Schreibtischtäter.«

Christiane Près hatte Mühe, ihr Pokerface zu wahren. Sie beglückwünschte sich zum impulsiven Kauf der großen Schachtel farbenprächtiger Macarons bei Debauve & Gallais, bevor sie die Métro nach Romainville genommen hatte. Zucker war Balsam für die Seele.

Julien Rudeaux schien sich selbst zu beschreiben, als er von Dr. Stefan Huber als dem »Sonderbeauftragten für Besondere Krisensituationen« sprach. Rudeaux' und Hubers Wege hatten sich offensichtlich einmal am Hindukusch gekreuzt, als der stellvertretende Direktor der Division Action noch selbst als Einsatzagent zum Service Action gehörte. Es war damals eine dreckige Sache gewesen, die der Dienst unter falscher sowjetischer Flagge abzog. Sie hatten genauso gnadenlos von diesem schmutzigen Krieg profitiert wie alle anderen internationalen Geheimdienste auch.

Der Deutsche war nicht Rudeaux' Ziel gewesen, aber Huber hatte ihn damals sehr gut gesehen – in der Uniform eines Unteroffiziers der SpezNas, mit einem blutigen Kampfmesser in der Hand und mit zwei toten Amerikanern zu seinen Füßen, die, noch nicht kalt, im staubigen Innenhof eines konspirativen Hauses unmittelbar an der Grenze lagen. Aus diesem Grund hatte Rudeaux es bei der Videokonferenz auch vermieden, ins Bild zu rücken, und war hinterher so panisch aus dem Büro geflohen.

Der französische Geheimdienst kannte zwar nicht alle Details, aber sie hatten damals herausgefunden, dass eine Gruppe Männer des BND und eine Handvoll Fallschirmjäger der Bundeswehr während des sowjetischen Krieges in Afghanistan am Hindukusch zusammen mit den Amerikanern und der CIA im Einsatz gewesen waren. Streng geheim: Diese Equipe hatte von den Mudschahedin »auf Bestellung« gestohlenes sowjetisches Kriegsgerät vor Ort untersucht und anschließend in als Hilfsflüge getarnten Transportmaschinen der Bundeswehr über Pakistan nach Deutschland gebracht.

Dort waren dann Munition, Navigationsgeräte, Nachtsichtgeräte und eine Reihe von Steuerelementen von großem Gerät vom BND in Zusammenarbeit mit der deutschen Rüstungsindustrie auseinandergenommen und analysiert worden. Sie brachten auch Unmengen sowjetischer Munition mit und beschossen damit auf deutschen Truppenübungsplätzen diverses NATO-Kriegsgerät, um die Widerstandsfähigkeit von Fahrzeugen, aber auch von Helikoptern zu testen.

Die Ergebnisse der geheimen Versuchsreihen gingen allerdings nicht an alle NATO-Verbündeten, sondern exklusiv nur an die Amerikaner. Und die zogen daraus erheblichen Profit, vor allem für ihre eigene Rüstungsindustrie. Es war dieser ganz spezielle Sachverhalt gewesen, der damals zu dem verdeckten Einsatz des jüngeren Julien Rudeaux geführt hatte.

Frankreichs Geheimdienst-Community hatte seinerzeit genauso entrüstet reagiert wie Matignon und der Élysée, denn auf dem internationalen Markt der Kriegswaffen lagen sich die Amerikaner und die Franzosen regelmäßig in den Haaren, wenn es um Exportmärkte im Mittleren Osten, in Afrika, in Asien und zunehmend auch in Südamerika ging. Allerdings hatte die DGSE keinen Aufstand gemacht, sondern sich kreativ inspirieren lassen und ihre eigene Operation mit ihrem Lieblingsmudschahedin Ahmad Shah Massoud und den Tadschiken aus dem Pandschir-Tal auf die Beine gestellt. Und Rudeaux erinnerte sich immer noch gerne an den größten Coup seiner Karriere im Service Action, als er es geschafft hatte, den Sowjets Ende der Neunzigerjahre einen kompletten einsatzfähigen T-80-Kampfpanzer zu klauen und ihn unbemerkt über Weißrussland, Polen und die beiden Deutschlands Ost und West bis nach Frankreich zu schaffen.

»Julien«, tadelte Christiane ihren Vize freundlich, »selbst wenn der ›Sonderbeauftragte‹ ein Wolf im Schafspelz ist, was ich selbstverständlich nicht bezweifle: Sie hatten damals noch eine Menge Haare auf dem Kopf und viel Tarnfarbe im Gesicht. So gut ist er nun auch wieder nicht.«

»Dieser verdammte Deutsche hat auf der Phantomzeichnung von Taher El Ouazzani ohne Probleme das Gesicht eines Mannes erkannt, der seit dreizehn Jahren tot ist. Ehrlich, Madame le Juge – ich bin nicht immer Ihrer Meinung, wenn es um Kérmorvan geht, aber unser Offizier hat irgendwo in seinem Hirn noch eine Computerfestplatte installiert, und trotz seines legendären fotografischen Gedächtnisses ist es ihm nicht aufgefallen, dass einer der vier Entführer der Air France 6989 dem Staatsfeind Nummer eins von Frankreich täuschend ähnelte?«

Christiane verzog den Mund und bot ihrem Vize eine Tasse frisch von Nespresso gebrühten Cappuccino an. Sie hatten eine als Arbeitsfrühstück getarnte Besprechung unter vier Augen. Dann deutete sie mit der Hand großzügig auf die Schachtel Macarons von Debauve & Gallais. Das zweihundert Jahre alte Pariser Traditionshaus galt als Tempel der Naschereien und befand sich im ältesten Viertel von Saint-Germain-des-Prés, unweit von Christianes Haus in der Cour de Rohan. Rudeaux' Augen leuchteten. Sie kannte seine Schwächen. Der harte Kerl wurde schlagartig kooperativ und konziliant, wenn man nur seine Lieblingssüßigkeiten auftischte. Er konzentrierte sich und suchte nach dem mit Karamell-Ganache gefüllten Schoko-Macaron, das zu seinem Cappuccino passte.

Christiane wartete, bis ihr Vize fündig geworden war, dann angelte sie selbst nach ihrer Lieblingssorte »dunkle Schokolade mit Zitronenmousse«.

»Julien – im Dezember 1994 war Kérmorvan gerade einmal zweiundzwanzig Jahre alt und dabei, an der École Navale in Lanvéoc sein viertes Jahr als Offiziersanwärter abzuschließen. Auch wenn er auf dem Papier schon zu den Spezialeinheiten der Marine gehörte, saß er doch noch die meiste Zeit auf der Schulbank. Spielen Sie fair mit ihm! Die Bilder der damals vom GIGN getöteten Terroristen wurden nie in der Presse veröffentlicht oder in den Nachrichtensendungen im Fernsehen gezeigt. Das Internet befand sich in seinen Anfängen, und ihre sämtlichen Leichen hat man unter X verscharrt. Keine einzige algerische Familie trat vor, um einen der Toten zurückzufordern – nicht einmal die von Abdul Abdullah Yahia, und es hat Jahre gedauert, bis wir dem ›Killer‹, dem ›Cowboy‹ und dem ›Tölpel‹ überhaupt Namen geben konnten. Und in seiner Mappe für Berlin waren keine uralten Terroristenfotos, die die Geheimdienst-Fee auf gut Glück hineingelegt hat.«

Rudeaux genoss seinen Macaron und den Cappuccino. Er schenkte Christiane sein charmantestes Lächeln. Es machte ihm gute Laune, auf Kérmorvan, Hamida und den anderen Einsatzagenten herumzuhacken, die nicht gezwungen waren, tagtäglich in zivilisierter Verkleidung in einem Büro aufzuschlagen. Während er hinterm Schreibtisch sitzen musste und von seiner Krawatte und dem Businesshemd-Kragen fast erwürgt wurde, durften sie sich undercover oder im Flecktarn an allen Ecken der Welt austoben und mit neuester militärischer Hightech spielen. Für ihn hingegen war schon ein guter Tag, wenn er einem Politiker ans Bein pinkeln konnte, oder irgendeinem gewählten Volksvertreter eine Gutenachtgeschichte erzählte.

Rudeaux hatte noch ein paar Jahre bis zur Pensionierung, während deren er die jüngeren Männer ungestraft tyrannisieren durfte.

Dann würde er ihnen den ganzen Laden überlassen und aus seinem Ruhestandssessel heraus amüsiert beobachten, wie es ihnen erging, wenn man ihnen plötzlich abverlangte, Probleme zu lösen, anstatt sie einfach umzubringen.

»Madame le Juge, Hamida hat es auch nicht gemerkt. Dabei ist Algerien Hamidas ganz spezielles Einsatzgebiet, und er hat gehörig viel Zeit damit zugebracht, Taher El Ouazzanis Biografie zu erstellen und seine ganze Familie unter die Lupe zu nehmen. Der Kerl hat noch nicht einmal herausgefunden, dass Taher außer seinen beiden Schwestern noch irgendwo einen Bruder oder Halbbruder oder Cousin hatte, der zum Terrorkommando unseres entführten Air-France-Airbus gehörte. Was das Rätsel von El Ouazzanis Verbindungen zum GIA übrigens relativ schnell gelöst hätte!«

Christiane hob verzweifelt die Brauen und schüttelte den Kopf. Doch die Tatsache, dass ihr Vize so leidenschaftlich auf ein paar ganz speziellen Männern des Service Action herumhackte und ihnen, wann immer er konnte, das Leben zur Hölle machte, bestätigten ihr nur, dass es wirklich gute Männer waren. Rudeaux zeigte klassisches Straßenköterverhalten.

»Ich habe Ihren guten alten Freund aus den Tagen des afghanischen Krieges gegen die Sowjets nach Romainville eingeladen, mein lieber Julien. Sie dürfen sich also auf ein Treffen mit Dr. Stefan Huber freuen – und auf einen nostalgischen Austausch über ihre gemeinsamen Abenteuer am Hindukusch. Allerdings würde ich Sie bitten, sich beim Gesellschaftsprogramm des Treffens auf zivilisiertes Vergnügen zu beschränken und Schießstand oder Boxring auf einen Folgebesuch zu verschieben.«

Christiane schob ihrem Stellvertreter die Phantomzeichnung des Golfers hin, ohne eine Miene zu verziehen.

»Und?«

Rudeaux angelte sich als Wiedergutmachung für den beißenden Spott seiner Chefin eine zweite bunte Kalorienbombe aus der Debauve-&-Gallais-Schachtel. Währenddessen zwitscherte schon sein nächster Cappuccino durch die brandneue Nespresso-Maschine, die in seinen Augen eine substanzielle Bereicherung der Führungsetage der Division Action darstellte.

»Kérmorvan hat sich gemeldet. Zu einer nachtschlafenden Zeit. Aber er hat es geschafft, in den Abgründen seiner Erinnerungen eine Reihe interessanter Dinge auszugraben. Was den Golfer anbetrifft, sind wir einen großen Schritt weitergekommen.«

Christiane erzählte in kurzen Worten, woran Kérmorvan sich erinnerte. »Bagdad ... das Nationalmuseum ...«

Rudeaux nickte und verzog den Mund. »Warum überrascht mich das eigentlich nicht«, sagte er so leise, als ob er ein Selbstgespräch führte.

»Allerdings kann er dem Golfer noch immer keinen Namen geben. Kérmorvan ist überzeugt, dass Antiquitäten und die Archäologie der Schlüssel zu allem sind und wir an diesem Punkt ansetzen müssen, um zu verstehen, wie unser geheimnisvoller namenloser Golfer, Taher El Ouazzani, Dadullah Khan und Jones miteinander verbunden sind.«

Rudeaux schob Christiane im Austausch eine dünne Aktenmappe zu:

»Werfen Sie einmal einen Blick darauf. Als Vorbereitung auf unseren freundschaftlichen Plausch mit Dr. Stefan Huber. Ich habe einfach einmal zusammengestellt, was wir bereits wissen und wo uns noch Informationen fehlen. Besson ist übrigens sicher, dass er das Haus identifiziert hat, von dem der Russe Zabelev sprach. Ich sorge dafür, dass es diskret unter Beobachtung gestellt wird. Das ist ganz einfach. Das Gebäude gegenüber – ein Fernsehsender – hat eine beeindruckende Auswahl optisch-elektronischer Überwachungsmittel, die regelmäßig gewartet werden. Da fällt es nicht auf, wenn plötzlich eine Kamera mehr auftaucht, die uns erlaubt, das Kommen und Gehen auf der anderen Straßenseite zu beobachten. Sie können also unserem neuen deutschen Freund ankündigen, dass er sich auf ein langes und arbeitsreiches Wochenende in Paris einstellen muss.«

Christiane blätterte durch die Mappe, die Rudeaux ihr vorgelegt hatte, und nickte anerkennend. »Und Besson?«

»… hat es selbstverständlich geschafft, nach dem Fuck-up vom Hotel *Kabul Serena* alles elegant zu regeln, ohne dass irgendein Aufhebens gemacht wurde. Er bringt die Ausweispapiere wieder mit zurück, die ich für Zabelev hatte machen lassen. Olivier Patricks Mann ist angekommen und bereits bei Women help Women. Das scheint zu funktionieren. Wir haben uns geeinigt, dass Rolland über den Verlag die Sicherheitsdienstleistung für die gemeinnützige Organisation bezahlt – als spezielle Spende eines speziellen Spenders mit einem speziellen Profil. Er schickt den Mädels auch noch einen Scheck, um ihre guten Werke zu unterstützen. Die paar Tausend Euro tun uns nicht weh. Die Leiterin der Frauenhäuser in Afghanistan hat zwar nichts verlangt, um den Mund zu halten, aber gelegentlich ist es gar nicht schlecht, wenn die »Mitleidsindustrie« einfach so in der Schuld steht. So könnten sie uns vielleicht einmal verpflichtet sein, weil sie nicht möchten, dass bekannt wird, dass sie indirekt Geld von einem Geheimdienst angenommen haben.«

Rudeaux verachtete alle humanitären Organisationen, die Unterorganisationen der UNO eingeschlossen. In seinen Augen waren sie kontraproduktiv und verlängerten Konflikte und Kriege durch ihr Tun, denn sie akzeptierten stillschweigend, dass humanitäre Hilfe selbst zur Kriegswaffe wurde. Seitdem er 1994 mit eigenen Augen gesehen hatte, wie in den riesigen Lagern, die das Flüchtlingshilfswerk der Vereinten Nationen in Goma im Osten der Demokratischen Republik Kongo eingerichtet hatte, die UNO zusammen mit dem Heer internationaler Hilfsorganisationen die Täter wissentlich und willentlich unterstützte, nur um mit ihrer Mission weitermachen zu können, war die »Mitleidsindustrie« für den Soldaten unten durch. Nicht besser als die Karitativen, die religiöse Gruppen losschickten, um unter dem Mäntelchen humanitärer Hilfe knallhart zu missionieren.

Rudeaux hatte damals mit seinen Männern vom Service Action neben ihrem eigentlichen geheimdienstlichen Auftrag noch in Eigeninitiative einen Bericht zusammengestellt und die entsprechenden Beweise gesammelt. Die französische Regierung war schockiert gewesen, als sie schwarz auf weiß lesen konnte, dass mindestens die Hälfte aller Hilfsgüter – die mitleiderregenden Fernsehbilder aus den Lagern der vermeintlich Überlebenden des Genozids hatte vor allem in Europa eine Spendenwelle in Rekordhöhe ausgelöst – von Hutu-Milizen gestohlen wurde, um neue Waffen zu kaufen. Und alles unter den Augen der NGOs. Diese hatten sogar einen speziellen Terminus technicus dafür erfunden: »*Feeding the Killers*« nannten sie es zynisch und arrangierten sich damit.

Deutschland – Berlin – Bundeskanzleramt

Der Staatsminister stand am Fenster seines Büros. Während er auf die Spree blickte, ließ er sich die verschiedenen Optionen durch den Kopf gehen.

»Ich will ganz ehrlich sein, Stefan«, sagte er. »Das Abkommen mit den Amerikanern macht mich nicht glücklich, aber wir haben keine andere Wahl. Wir kommen aus der ganzen Sache nicht mehr heraus. Was XKeyscore anbetrifft: Wenn wir die Technologie wollen, dann müssen wir schlucken und versuchen, für uns selbst ein Maximum abzuschöpfen, und beten, dass uns das alles nicht irgendwann um die Ohren fliegt. Und du hast gehört, was ›SIE‹ sagte? Du hast *Carte Blanche,* du kannst machen, was du willst! Solange die deutsche Presse oder unsere Gutmenschen-Aktivisten nichts mitbekommen, um daraus irgendeinen Skandal zu fabrizieren, und du weder Frank Mahooney noch den Big Boss im Weißen Haus reizt … Und sorge dafür, dass diese kleine Bundeswehrärztin und dein Pitbull vom KSK sich nicht verplappern. Sei einfach kreativ!«

Huber seufzte und schenkte sich Kaffee nach. Er hatte diesen Satz schon oft gehört, genau wie abfällige Bemerkungen über Soldaten, die bereit waren, fürs Vaterland ihre Haut zu riskieren.

Glücklicherweise hatte er erst einmal über alles geschlafen, was er von Rossi und dem Commandant aus der DGSE erfahren hatte, und nicht noch am Abend die gescannten Phantomzeichnungen nach Pullach geschickt.

»In der Nacht ist es mir eingefallen: Der Franzose ist wirklich alles andere als einfältig. Er sprach von Antiquitäten als dem Schlüssel. Antiquitäten und Archäologie! Du erinnerst dich doch bestimmt noch an das alte Möbel im Wintergarten von Mahooneys Farmhaus in Fairfax?«

»Das venezianische Renaissancekabinett? Sehr schön restauriert. Mitte 17. Jahrhundert. Üblicherweise sind die nur bemalt. Die besseren Stücke haben Einlegearbeiten aus Holz. Kabinette, die mit Halbedelsteinen eingelegt sind, sind echte Raritäten. Du würdest für Mahooneys Möbel locker einen sechsstelligen Betrag hinlegen müssen. Wenn das Ding entsprechend signiert ist, dann kann der alte Frank vermutlich in Rente gehen, falls er es in einem der großen Auktionshäuser versteigern lässt.«

»Genau, Lothar! Antiquitäten. Ich unterhielt mich mit Porter, während du mit Mahooney diskutiertest. Ich hatte dabei alle Zeit der Welt, die gerahmten Fotos zu betrachten, die dekorativ auf dem Möbel standen. Mahooneys Frau Catherine im Sulky, Mahooneys Frau Catherine im Sattel, Mahooneys Frau Catherine neben einem Pferd. Hier nichts Ungewöhnliches. Dann Pferdebilder, die alle Namensunterschriften trugen. Viecher, die Rennen gewonnen hatten. Auch hier nichts, was mich bei einem Mann verwundert, der mit einer der bekanntesten Trabrennfahrerinnen, Trainerinnen und Züchterinnen der USA verheiratet ist. Und dann im Zentrum, zwischen all den Gäulen und Catherine in Action: Frank Mahooney und der Golfer! Seite an Seite und in Uniform. Im Kampfanzug, um genau zu sein. Es ist ein großes Foto. Es steht zentral. So richtig auffällig. Darum betrachtete ich es auch so lange.«

General Franklin »Frank« Mahooney hat seine Karriere im USSOCM begonnen – dem berüchtigten Kommando für Spezialoperationen der Vereinigten Staaten. Der Golfer trug das Abzeichen des 1st Special Forces Operational Detachment auf der Feldjacke. Aus diesem Grund hatte Huber das Foto auch so lange angesehen.

Die Mitglieder der DELTA Forces gingen mit ihrer Zugehörigkeit zur Einheit nicht gerade hausieren. Der Golfer und der DNI hatten also eine gemeinsame Geschichte in der Armee und in der US-Special-Forces-Community.

»Ich nehme an, dass dieses Bild keine Unterschrift trug?«

Der Staatsminister drehte sich zu seinem Freund und Untergebenen um.

Ihm war nicht einmal aufgefallen, dass Fotos auf dem Möbel gestanden hatten. Er hatte nur den wundervollen, antiken Perserteppich inmitten der bequemen und eingesessenen Chesterfield-Ledersessel und der Grünpflanzen bewundert, auf dem dieses atemberaubende, antike Möbel gestanden hatte. Selbst seine ebenfalls nicht unerheblichen privaten Mittel würden es ihm nie erlauben, ein venezianisches Renaissancekabinett in solch einem perfekten Zustand zu ersteigern. Jeder, der den Wintergarten des alten Landhauses im Fairfax County betrat, sah das Möbel. Ein absoluter Hingucker. Aus diesem Grund musste diese Beziehung zwischen dem DNI und dem Golfer in der illustren Gesellschaft der US-Geheimdienst-Community ein offenes Geheimnis sein, während niemandem sonst etwas auffallen würde, der nicht zu jenem engen und auserwählten Kreis gehörte.

Huber schenkte sich und seinem Chef Kaffee nach.

»Es gab selbstverständlich keine Bildunterschrift. Und wir können natürlich nicht einfach den guten alten Frankie anrufen und ihn fragen, wer der durchtrainierte Typ mit dem DELTA-Abzeichen auf dem Ärmel ist. Der auf dem netten Buddy-Buddy-Foto aus der guten alten Zeit, inmitten der Pferde. Ach, nur so, aus purer Neugier … Allerdings klärt sich damit die Frage nach den Verantwortlichen der Ausgrabung in den Großen Suleimans. Unser Franzose hat recht mit seiner CIA-Verschwörungstheorie! Er ist zusammen mit Rossi wirklich versehentlich in eine US-Black-Ops hineingestolpert. Für Gespenster und Horrorfantasien ist der Mann viel zu abgebrüht, obwohl er noch ziemlich jung ist. Und das alles erklärt logisch, warum aus dem US CENTCOM OPLANs und Q-Comms von Spezialeinheiten geleakt werden, sobald ein Risiko besteht, dass irgendwelche unerwünschten Besucher den Sicherheitsperimeter dieser ganz besonderen Grabungsstätte verletzen.«

Huber hatte seinen Freund Reinel Gutbrod bereits gebeten, diskret herauszufinden, ob alle Verschwundenen der Großen Suleimans über Bagram koordiniert worden waren.

»Der Boulevard Mortier will um jeden Preis diesen zum Terroristen mutierten Archäologen El Ouazzani einfangen. Der ist für die so etwas wie der französische Osama bin Laden. Eine solche Operation ist wahrscheinlich auch unsere beste Möglichkeit zu erfahren, was dort oben in den Bergen wirklich läuft und was die Amerikaner umtreibt. Ich werde der DGSE hier jede mögliche technische Hilfe anbieten. Was das Foto in Frank Mahooneys Wintergarten angeht: Das brauchen sie nicht zu wissen. Es ist für uns die einfachste Lösung – alles erfahren und nichts riskieren.«

Huber hatte im ersten Augenblick an die SAR-Lupe 3 gedacht, die sie bald ins All schickten. Im Verbund mit Frankreichs Helios wären die drei deutschen Radarsatelliten in der Lage gewesen, einen Blick ins Hochtal zu werfen. Unglücklicherweise dauerte es nach der Positionierung der SAR-Lupe 3 im Orbit mindestens noch zwölf Wochen, um die notwendigen Programmierungen abzuschließen. Damit kämen sie dann in den Winter, der in den afghanischen Bergen und insbesondere in diesem Gebiet nicht für einen klassischen Kommandoeinsatz von Special Forces geeignet war. Doch es gab noch einfachere Möglichkeiten zu beobachten, was in dem Hochtal vorging, und so die Dinge erheblich zu beschleunigen. Die Franzosen hatten die exakten Geo-Koordinaten des Hochtals, und er hatte eine fantastische Idee.

»Ich fahre übers Wochenende nach Frankreich, Lothar. Und du wirst nicht glauben, wer mich eingeladen hat. ›M‹ höchstpersönlich – Madame le Juge!«

»Die schwarze Mamba … warum sollte mich das wundern?«, lachte der Staatsminister. »Sei vorsichtig, Stefan! Das Gerücht geht, dass Madame le Juge der Boss der berüchtigten Killertruppe Service

Action ist. Du erinnerst dich, die Truppe mit der ›Licence to kill‹! 1985: Versenkung der Rainbow Warrior. 1988: Erstürmung der Grotte von Ouvéa. Afrikanische Politiker, die im Dutzend tot umfallen. Wissenschaftler oder Geschäftsleute, die sich mit zwei Kugeln im Kopf umbringen …«

Huber schmunzelte. Auch ihn erinnerte die kleine, fast durchsichtige Fee mit der sanften Stimme, der opulenten Hochsteckfrisur, den eleganten Designer-Outfits in Pastellfarben und dem sündhaft teuren Geruch von Hermès 24 Faubourg an eine Spezies der Gattung Schuppenkriechtiere, wobei sie in seinen geheimen beruflichen Albträumen statt einer grazilen Mamba eher einer würgenden Riesenschlange Typ Anakonda ähnelte.

Auch wenn man sich regelmäßig mit den Kollegen befreundeter Geheimdienste traf, wusste man am Ende nur selten, welche Aufgaben diese wirklich hatten. Christiane Près machte da keine Ausnahme, und sie hatte ihm bei ihren wenigen Zusammentreffen auch nie ihre Lebensgeschichte erzählt. Aber auch er war davon überzeugt, dass sie der Direktor der Division Action der DGSE war, denn er nahm an, dass der Boulevard Mortier weder den »Directeur Téchnique« noch den »Directeur Administration« zu internationalen Treffen schickte, bei denen es in erster Linie um Terrorismusbekämpfung ging. Und die Direktoren der beiden anderen Hauptabteilungen »Beschaffung« und »Auswertung« kannte er gut.

»Sie wird mich schon nicht verschlingen, Lothar.«

Vor seinem inneren Auge erschien eine berühmte Szene aus einem Zeichentrickfilm von Walt Disney, und er verkniff sich nur mit Mühe ein Grinsen.

»Aber ich wäre nicht einmal unglücklich darüber, denn es gibt eine Reihe von Situationen, da ist es nützlich und praktisch, wenn man einfach eine *Licence to kill* auf den Weg schicken kann.«

Er dachte an Major Bayram Ritter, den er wegen dieser Geiselgeschichte an den Hindukusch geschickt hatte – bedauerlicherweise mit den sprichwörtlichen Hand- und Fußfesseln.

Im Wardak waren Mitte Juli zwei deutsche Bauingenieure von den Taliban entführt worden. Einer war kurz danach getötet worden. Die Freilassung des zweiten war mehrere Male in letzter Minute gescheitert. Mitte August war dann auch noch eine deutsche Mitarbeiterin der christlichen Hilfsorganisation Ora International in Kabul verschleppt und nach zwei Tagen auf wundersame Weise vom afghanischen Geheimdienstchef selbst befreit worden. Der private afghanische Sender Tolo TV hatte diese Befreiung direkt übertragen.

Huber hatte es als ein widerliches Spektakel empfunden. Man hatte, vonseiten der Regierung Karzai und wahrscheinlich von den Amerikanern angestachelt, ausgerechnet die Deutschen gedemütigt, die sich doch im Rahmen der ISAF mehr durch Hilfeleistungen für die Afghanen als durch brutale Kampfeinsätze gegen sie auszeichneten. Wenn er gekonnt hätte, hätte er Ritter nicht nur losgeschickt, um diskret zu beobachten, wer sich am Ende das Lösegeld, das für den überlebenden Bauingenieur übergeben wurde, wirklich in die Tasche steckte, sondern um die, die hinter den zahlreichen gegen Deutschland gerichteten Aktionen steckten, zu bestrafen.

»Du kennst meine Meinung, was gewisse Einschränkungen angeht, die unserem Dienst schon seit seiner Gründung auferlegt werden«, sagte Huber, »und diese Tabus legen uns gewaltige Steine in den Weg, obwohl die Zeiten sich geändert haben, genau wie die Bedrohungen, denen unser Land heute ausgesetzt ist. Man kann Feuer nur mit Feuer bekämpfen!«

Der Staatsminister hob resigniert die Hände. Er war Hubers Meinung. Sie hatten diese Unterhaltung schon oft geführt. Ihre gemeinsame Geschichte reichte weit zurück, und sie waren gemeinsam Zeugen von Ereignissen geworden, die ihnen deutlich gemacht hatten, dass es Augenblicke gab, in denen auch zivilisierte Nationen gewisse Grenzen überschreiten mussten, um zu überleben, selbst dann, wenn große Teile der Bevölkerung dies von einem moralischen Standpunkt aus betrachtet heftig verurteilten. Er war mit der Bewertung seines Freundes einverstanden. Trotzdem hatte der Staatsminister Ritters afghanische Beobachtungsmission nur unter der Bedingung abgesegnet, dass der Mann vom KSK nicht direkt eingriff.

»Ich habe eine Idee, wie wir von dieser seltsamen Angelegenheit vielleicht wirklich profitieren können«, erklärte der Sonderbeauftragte dem Staatsminister, »um mit den Franzosen eine Kooperation aufzubauen, die nicht von den traditionellen Beziehungen des BND zu den amerikanischen Diensten überschattet wird und die uns dabei gleichzeitig einen Weg öffnet, um in gewissen Situationen nicht immer den Schwanz einziehen zu müssen oder vor den Amerikanern bettelnd auf die Knie zu fallen.«

Huber erzählte dem Staatsminister in kurzen Worten, was er plante. Sein Gegenüber nickte nur und verzog die dünnen Lippen zu einem Schmunzeln.

»Nach dem Anruf gestern und während wir noch gemeinsam die News über das Attentat in Kabul auf CNN anschauten, erklärte mir der Mann aus Paris, warum sie diesen zum Terroristen mutierten algerischen Archäologen um jeden Preis unschädlich machen wollen. Er steckt hinter der Anschlagsserie, die Frankreich in den Jahren 1995 und 1996 erschütterte, und hinter dem blutigen Attentat vom 8. Mai 2002 in Karatschi, das gemeinhin al-Qaida angelastet wurde. Und er hat eine Reihe anderer Anschläge organisiert, die glücklicherweise im letzten Augenblick verhindert werden konnten, deren mögliche Folgen dir aber das Blut in den Adern gefrieren lassen würden. Anscheinend wollte er am 26. Dezember 2004 sogar den Disney-Shop in den Pariser Galeries Lafayette in die Luft jagen – zu einer Zeit, in der der Laden voll war mit kleinen Kindern.«

Der Staatsminister setzte sich auf eine elegante, helle Ledercouch vor der großen Fensterfront seines Büros. Er brauchte keine ausschweifenden Erklärungen. Er begriff das französische Dilemma. Die Konstellation war beunruhigend; der Terrorist und Archäologe El Ouazzani, Dadullah Khan, ein angelsächsischer Kriegsdienstleister mit diskretem Zugriff auf militärische Hightech und Informationen aus dem US CENTCOM, der Mann mit dem

Truppenabzeichen der DELTA Forces und General Frank R. Mahooney, der aktuelle US-Director of National Intelligence!

Blutantiquitäten waren ein Milliardengeschäft und für Terroristen und Geheimdienste eine unerschöpfliche Geldquelle, die nachzuverfolgen unmöglich war.

Natürlich war es interessant herauszufinden, welche Black Ops ihre amerikanischen Verbündeten auf diese Weise finanzierten oder ob es nur darum ging, irgendwo in den tiefsten Abgründen des US-Geheimdienstapparates eine solide Kriegskasse anzulegen. Es war ein offenes Geheimnis, dass die Amerikaner niemals zögerten, ihre Dienste über illegalen Handel mit illegalem Gut mit Geldern zu versorgen, wobei sich oft gleichzeitig noch schwarze Schafe bedienten und in die eigene Tasche wirtschafteten. Und der amtierende Director of National Intelligence befand sich im Zentrum der Intrige. Es wurde sehr spannend.

»Vor dieser Perspektive kannst du weder Ritter zum KSK zurückschicken noch diese kleine Bundeswehrärztin nach Ulm«, sagte der Staatsminister leise, »zumindest nicht innerhalb der nächsten paar Jahre. So lange, bis sich dieses ganze afghanische Elend hoffentlich im Sand verläuft, während der Wind des Vergessens die Wogen glättet, die auch unser beider Karrieren gefährden könnten. Du hast Reinhard Gutbrod und Robert Allmensinger im Griff?«

Huber musste sich anstrengen, um seinen Vorgesetzten zu verstehen. Er nickte. Oberstabsarzt Rossi am Leben und unbeschadet, war Bobby Allmensinger gewillt, den ganzen Rest zu vergessen. Und Reinel Gutbrod war kein Problem. Der kannte die Spielregeln des geheimen Krieges, denn er war einer von denen, die sie geschrieben hatten, seitdem die Bundeswehr am Hindukusch im Einsatz war.

»Die Sache mit dem MedEvac verläuft sich gerade im Sand, Lothar. Schlechte Wetterverhältnisse, schwierige Winde, keine Sicht etc. Ein Kampfeinsatz gegen die Taliban, eine gewagte Extraktion in den Bergen. Die Neugierigeren finden die kurze Mitteilung über den Black Hawk auf der NATO-Website. Da weder die Franzosen noch wir Aufhebens gemacht haben, ist die Presseerklärung so trocken wie ein Schiffszwieback. Damit ist dieses Kapitel komplett abgeschlossen. Reinhard Gutbrod hat es sogar fertigbekommen, das Geschlecht von Major Rossi aus der Internet-Mitteilung zu entfernen, also hat es jetzt nur noch ›ein Ärzteteam der Medical Task Force Kandahār‹ erwischt, in dem sich auch ›ein Mediziner des Sanitätsdienstes der Bundeswehr befand‹.«

Huber setzte sich neben seinen Vorgesetzten auf die Couch am Fenster und machte mit Daumen, Zeige- und Mittelfinger die Geldgeste.

»Wir müssen uns allerdings noch kurz über dieses ganz spezielle Thema unterhalten, Lothar. Du weißt, dass ich mit Steuergeldern normalerweise sehr sparsam umgehe, aber ich brauche hier ein solides Budget, das niemand kontrolliert, und dein Einverständnis, mir bei der Bundeswehr ein bisschen Equipment auszuleihen. Selbstverständlich kann ich weder den Besitzern noch dem Bundesamt für Wehrtechnik und Beschaffung garantieren, dass dieses Equipment je wieder zurückgegeben wird.«

»Was willst du?«

Huber erklärte sein Vorhaben im Detail und erläuterte die Möglichkeiten, die die einfach zu handhabende Aufklärungsdrohne bot, wenn man diskret ein bisschen an ihr herumbastelte. Allerdings war es notwendig, ein Drohnenpaar zu opfern und ein weiteres zu verschenken – als Drachenfutter für die Franzosen von der DGSE, die er zu seinen Erfüllungsgehilfen machen wollte. Er hatte am frühen Morgen herumtelefoniert und herumgerechnet: siebenhunderttausend Euro, die höchstwahrscheinlich als Drohnenschrott enden würden, und noch einmal siebenhunderttausend Euro als »Brautgabe« für Madame le Juge. Dazu noch die beiden Command Cars vom Typ Hummer und einen größeren Scheck für die Firma seines alten Kumpels in Bayern, die das Gerät mit Namen LUNA herstellte und darum auch rekonfigurieren sollte.

Der Staatsminister nickte resigniert. Das war eine Menge Geld, aber die Idee seines Untergebenen war gut. Und falls der Plan aufging, hatten sie ein großes Problem weniger am Hals. Es würde ihre

Männer aus dem KSK zwar nicht wieder lebendig machen, aber ihr Tod wäre nicht völlig sinnlos gewesen.

»Nimm dir, was du brauchst, Stefan. Tu es diskret. Man wird das Equipment einfach als ›im Einsatz vermisst‹ deklarieren, und niemand im Bundesamt für Wehrtechnik und Beschaffung wird je die Wahrheit erfahren oder peinliche Fragen stellen.«

Im Folgejahr würde es einfach eine Neubeschaffung geben.

»Du regelst den ganzen Rest mit Reinhard Gutbrod und sorgst dafür, dass niemand im BND mitbekommt, was wir vorhaben. Was Pullach nicht weiß, muss vor der Kontrollkommission der Geheimdienste im Bundestag nicht ausgesagt werden.«

Der Staatsminister hob kurz warnend den Finger, bevor er gelassener fortfuhr:

»Ich schicke dem Verteidigungsminister eine entsprechende Notiz und sorge dafür, dass in der Mudra-Kaserne in Köln kein Zwergenaufstand stattfindet, weil man, was Ritter und Rossi anbetrifft, einfach über ihre Köpfe hinweg entscheidet. Ich nehme an, du möchtest, dass ich beide zum Amt für Militärkunde versetzen lasse? Für unbegrenzte Zeit!«

»Du liest in meinen Gedanken, Lothar!«, sagte der Sonderbeauftragte zynisch und nickte seinem Chef zu.

Er hasste es, mit den Militärbürokraten aus der Mudra-Kaserne zu verhandeln. Sie quengelten, stellten Fragen, machten Aktennotizen, schufen schriftliche Vorgänge mit Aktenzeichen, diskutierten herum und behandelten ihn – den Geheimdienst-Mann – wie eine niedere Lebensform. Sie waren pingelig und sie hassten es, Leute aus der Truppe zum Amt für Militärkunde zu schicken, wo sie irgendwo in den Abgründen der geheimen Dienste verschwanden und nie wiedergesehen wurden, während sie weiterhin aus dem Verteidigungsetat besoldet wurden, befördert werden mussten und meist auch noch satte Zuschläge für alles Mögliche kassierten, das niemand mehr nachprüfen konnte.

Major Bayram Ritter war aus diesem Grund seit dem Zwischenfall in den Großen Suleimans und dem rätselhaften Verschwinden seiner Männer auch noch offiziell krankgeschrieben, weil es einfacher gewesen war zu lügen, als sich wieder einmal mit dem Personalamt auseinanderzusetzen. Huber war zu feige gewesen, in der Mudra-Kaserne vorstellig zu werden und Rede und Antwort für die Operation gegen den Al-Qaida-Mann El Hussein zu stehen. Deutschland lieferte offiziell keine gefassten Terroristen aus, wenn diesen im Auslieferungsland die Todesstrafe oder Folter drohte. Und er hatte El Hussein jagen lassen, um ihn an die Amerikaner durchzureichen – im Austausch für Überwachungstechnik, die der BND nicht haben sollte und für die keinem der deutschen Geheimdienste je ein Budget zugestanden worden wäre. Doch das war dem Major gegenüber unfair, vor allem dann, wenn er Ritter wie jetzt in Afghanistan wieder einmal losschickte, um husch, husch für ihn und den Staatsminister seine Haut und seine berufliche Zukunft zu riskieren. Huber lächelte seinen Chef aufmunternd an, erhob sich von der Couch und verschwand durch einen diskreten Hinterausgang, der sich nur biometrisch und von einer Handvoll Mitarbeiter öffnen ließ, um zu Fuß aus dem Bundeskanzleramt die »Schwangere Auster« zu erreichen. Er war mit sich und seinem Plan zufrieden. Es war ein echter Geniestreich.

Frankreich – Seine-Saint-Denis – La Courneuve

Wie viele Gemeinden in *Neuf-Trois,* im 93er Département Seine-Saint-Denis nordöstlich von Paris, wurde La Courneuve von Kommunisten regiert und von Migranten aus Nord- und Schwarzafrika bewohnt. La Courneuve, Aulnay-sous-Bois, Montfermeil, Clichy-sous-Bois, Saint-Denis, Aubervilliers, Epinay-sur-Seine und viele andere Nachbargemeinden versanken langsam, aber stetig im Chaos. Die Banlieue *Neuf-Trois* war eine Art Dampfkochtopf, der regelmäßig explodierte, sobald der ökonomische Druck zu stark wurde oder die staatliche Autorität versuchte, die galoppierende Kriminalität in den Griff zu bekommen. Die Arbeitslosenquote lag bei fast vierzig Prozent, und das »Biznezz« war die einzige Chance, zu Geld zu kommen, wenn man sich nicht mit den staatlichen Hilfen zufriedengab. Die Schattenwirtschaft war das Netz, das all jene auffing, denen die Gesellschaft keine Zukunftsaussichten bot. Ein klassifizierter Bericht des Innenministeriums, den der neue französische Staatschef in Auftrag gegeben hatte, als er unter seinem Amtsvorgänger noch selbst Hausherr am Place Beauveau gewesen war, behauptete, dass die kriminelle Parallelökonomie zwischen Marseille und Lille etwa vierzehn Prozent des Bruttoinlandsprodukts ausmachte.

Drogen, Handys oder Computer wurden in La Courneuve genauso vertickt wie echte oder gefälschte Markenjeans, Waffen, Ausweispapiere oder einfach nur der Ölwechsel am Auto. Kein Produkt, keine Dienstleistung, für die es in den Hochhausgettos nicht den geeigneten Mann mit dem passenden Geschäftsmodell gab.

Die Cité des 4000 mit den fünfzehn- bis fünfundzwanzigstöckigen Plattenbauten aus den Sechzigerjahren war eine Betonwüste, die von vielspurigen Schnellstraßen durchzogen wurde. Sie lag allerdings nur eine Viertelstunde vom Zentrum von Paris entfernt. Aus diesem Grund hatten die SOG-Operators sich in einem der Plattenbauten, der den hochtrabenden Namen »Le Balzac« trug, über einen der etablierten, lokalen Dienstleister auch eine konspirative Wohnung mit sämtlichen Serviceleistungen besorgt. Der gestohlene Peugeot mit der falschen Nummer stand sicher direkt hinter dem Häuserblock. Eine Gruppe afrikanischer Jugendlicher okkupierte den öffentlichen Parkplatz für ihr *Biznezz:* 24/24-Sicherheit fürs Auto, Fahrdienst und eine Open-Air-Werkstatt, wo mit Ersatzteilen aus gestohlenen Fahrzeugen so gut wie alles kostengünstig und schnell repariert werden konnte. Wer dort parkte und nicht bezahlte, dessen Auto wurde kurzerhand auseinandergenommen und anschließend abgefackelt. Gute Kunden durften dagegen auf eine Dienstleistung bauen, die die besten gesicherten Parkhäuser in den Pariser Nobelvierteln in den Schatten stellte.

Und genau auf diesen Punkt setzten Kingsleys Männer von der Special Activities Division.

Die Nacht war für sie alle kurz gewesen. Der Boss, den die Jungs aus Charleroi unter seinem Katari-Pseudonym Muhammad ibn Muhammad ibn al-Jazari kennengelernt hatten, hatte Fahem und Ahmadi erwartungsgemäß beeindruckt. Sie hatten noch auf dem Weg zu ihrem Nachtquartier beschlossen, ihr Leben grundlegend zu ändern. Sie gesellten sich in der Ibrahim-al-Jhibril-Moschee zu den Anwohnern von Le Balzac und Tour Leclerc, die dort am traditionellen nächtlichen Tarāwīh-Gebet teilnahmen. Anschließend hatten die Jungs kurz und sehr unruhig geschlafen, nur um zum Fadschr kurz nach der Morgendämmerung gleich wieder in die Moschee zu rennen.

Die beiden Männer der Special Operations Group hatten gelernt, mit Schlafmangel umzugehen und sämtliche Härten ihres Berufs gelassen zu ertragen. Und die Tatsache, dass ihre zwei Rekruten geradezu in die lokale Moschee gedrängelt hatten, machte vieles für Salah Bensaid und Honi Salam leichter. Vor allem für den Fall, dass sie im Rahmen der geplanten Operation auf unvorhergesehene Schwierigkeiten stießen.

Die Moschee Ibrahim al-Jhibril hatte zwar nicht den Ruf, den Salafisten nahezustehen, aber sie galt als Hort der Moslembruderschaft al-ichwān al-muslimūn und lud gerne politisierte Gastprediger der Al-Bannā-Tendenz aus Ägypten und dem Libanon ein. Doch das störte nicht. Der antisemitische Unterton beider radikalen Strömungen des Islams war ausschlaggebend, und die Tatsache, dass der französische Staatsschutz traditionell ein wachsames, wenn auch diskretes Auge auf das Kommen und Gehen in der Moschee im Schatten der Cité des 4000 hatte, säte vermutlich die Samen der künftigen Gotteskrieger. Es war so gut wie sicher, dass irgendwo in einem günstigen Winkel eine diskrete Überwachungskamera der Direction de la Surveillance du Territoire DST angebracht war, während wenigstens einer ihrer Muttersprachler mit dem entsprechenden Äußeren gelegentlich vorbeischaute.

Sie trugen die großen Sporttaschen die Treppen hinauf. Wie üblich funktionierte keiner der Aufzüge im Le Balzac. Ebenso wenig wie in den anderen abgewirtschafteten Betonklötzen der Cité. Im Treppenhaus stank es nach Pisse, nach Müll und nach den Gerüchen der orientalischen Küchen vom Vorabend. Es machte den Aufstieg in die oberen Stockwerke des zwanzigstöckigen Plattenbaus für die körperlich Eingeschränkten, Unsportlichen, Schwangeren und Mütter kleiner Kinder zu einer extremen Belastungsprobe. Doch ihnen war das gleichgültig. Sie hatten Dinge gesehen und durchlebt, von denen die härtesten und abgebrühtesten Drogendealer und Kriminellen in La Courneuve noch nicht einmal geträumt hatten. Die Jungs aus Charleroi bemerkten nichts, denn sie waren vom Beten und vom Fastenbrechen mit Dr. Kingsley noch ganz ergriffen.

× × ×

»*Alhamdulillah!* – Allah sei gepriesen!«, rief Fahem aus Charleroi enthusiastisch aus, als die Männer der SAD ihnen die Handfeuerwaffen, Schnellfeuerwaffen und Sprengmittel zeigten, die sie in einer ihrer großen Sporttaschen versteckt aus Belgien mitgebracht hatten. Sie waren zusammen mit einem Dutzend anderer Rekruten während der Sommermonate regelmäßig auf dem einsam gelegenen Bauernhof an der belgisch-französischen Grenze gewesen, wo sie unter der Anleitung ihrer »Paten« Salah und Honi die Grundlagen des bewaffneten Dschihad erlernt und mit CO_2-Waffen und Paintball-Pistolen trainiert hatten.

Als bewährte lokale Kriminelle und Drogendealer wussten beide seit ihrem fünfzehnten Geburtstag selbstverständlich mit Schusswaffen umzugehen und sich zu prügeln wie Straßenköter, aber es hatte ihnen – wie auch den anderen Rekruten – an militärischem Training, Berechnung und Kaltblütigkeit gefehlt, um wirklich effizient zu sein. Unter Anleitung waren sie, wie schon von Dr. Kingsley konstatiert, zu brauchbarem Kanonenfutter geworden.

Der Operator Honi Salam pinnte an eine der Wände des minimalistisch eingerichteten Wohnraums der knapp sechzig Quadratmeter großen Sozialwohnung mit Reißzwecken Fotos und ein paar grob gezeichnete Pläne. Es ging weniger darum, die Jungs aus Charleroi einzunorden, als ausreichend Spuren zu hinterlassen. Das echte Geschäft würden sie – die Profis – erledigen. Die Tatsache, dass im gegebenen Augenblick auch ihre Fingerabdrücke in der Wohnung gefunden würden, falls die Kriminaltechniker der französischen Polizei oder die Männer von der DST sich gewieft anstellten, war unerheblich. Sie existierten nicht, vor allem nicht in den Datenbanken der europäischen Behörden.

Zwei ihrer Kollegen aus der SOG hatten im September eine Reihe von Fotos von ihrem Ziel gemacht. Man hatte dabei darauf geachtet, dass die Daten auf den Bildern Termine waren, während derer die Jungs nicht in Charleroi waren, sondern zusammen mit Salah und Honi auf dem Bauernhof im Dschihadisten-Trainingslager. Die digitale Canon-EOS-1-Kamera mit der Videofunktion hatte einer ihrer Kollegen während des *Ommegang* auf dem Grote Markt in Brüssel im Juli von einem japanischen Touristen gestohlen. Es war wichtig, auf diesem Apparat gute Abdrücke beider Jungs zu haben, da sie es in die Kartei der föderalen Polizei Belgiens geschafft hatten. Lediglich der Staatsschutz, die Sûreté de l'État, hatte die Jungs noch nicht im Visier, was allerdings weniger mit ihren kriminellen Energien und mehr mit der Desorganisation des belgischen Inlandsgeheimdienstes zusammenhing. Aber es würde reichen, um zu suggerieren, dass es einen Umbruch gab und die Islamistenszene von der schulmeisterlichen Intellektualität eines bin Laden zu etwas Radikalerem und erheblich Gefährlicherem wegdriftete.

Sie hatten natürlich in Belgien und auch in Frankreich eine ganze Reihe erheblich besserer Rekruten als Fahem und Ahmadi an der Hand, aber es war vereinbart worden, beim ersten Probelauf der *Operation Regenbogen* kein Risiko einzugehen und lediglich gehobenes Mittelmaß einzusetzen. Immerhin war es möglich, dass die Operation sehr schnell zu einem Ende kam, da sie damit rechnen mussten, dass bewaffnetes Sicherheitspersonal anwesend war. Auch die konspirative Wohnung im Balzac war schon seit Wochen präpariert. Falls es im Anschluss an die Operation zu einem entsprechenden Showdown kommen sollte, konnten sie diese Wohnung, genau wie das für die Jungs vorbereitete Fluchtfahrzeug, einfach per Fernzünder in die Luft jagen.

Honi, der Operator, der das Arabisch mit dem Hidschāz-Nadschi-Einschlag sprach, zog zwei Flugtickets aus der Tasche und hielt sie in die Luft wie eine Belohnung für einen braven Hund. Er lächelte die beiden jüngeren Männer aufmunternd an.

»Wir können uns keinen einzigen Fehler leisten, Brüder«, erklärte er, »die Operation ist bis ins letzte Detail geplant. Wir müssen im Anschluss umgehend losfahren, damit wir über die Grenze kommen, bevor die ungläubigen Hunde ihre Kollegen kontaktieren, um entsprechende Kontrollen einzurichten. Anschließend fliegt ihr nach Istanbul, wo euch ein Bruder erwartet. Dann geht es weiter bis nach Gaziantep. Dort werdet ihr den letzten Tag des īd al-Fitr verbringen.« Er fuhr mit dem Zeigefinger auf einer Karte an der Wand die Strecke nach der Operation ab. »Und dann trennen euch nur noch wenige Stunden Autofahrt vom Ziel.«

× × ×

Am späten Morgen machten sie sich zu viert auf den Weg. Das berühmte Studio Gabriel des öffentlich-rechtlichen Fernsehsenders France 2 lag genau zwischen der Métro Concorde und der Métro Champs-Élysées-Clémenceau im VIII. Pariser Arrondissement. Direkt gegenüber, auf der anderen Seite der Gärten entlang der Rue du Faubourg Saint-Honoré, befand sich im historischen Hôtel Perrinet de Jars, das im Jahr 1714 für Henri de Rothschild errichtet worden war, an der Nummer dreiunddreißig der sehr exklusive »Cercle de l'Union interalliée«. Gegründet im Jahr 1917, um im Anschluss an den Ersten Weltkrieg eine Wiederaufnahme der Kontakte zwischen den sozialen und politischen Eliten zu fördern, beherbergte er in diesem Augenblick rund dreitausend Mitglieder aus Wirtschaft, Politik, Diplomatie und den Wissenschaften, zu denen sich noch »People« aus der Aristokratie und den großen Familien Frankreichs und Europas gesellten.

Um in den »Cercle« aufgenommen zu werden, benötigte man zwei Paten und den Segen einer Aufnahmekommission, bestehend aus einem Dutzend anderer Mitglieder. Man musste einen Aufnahmebeitrag von fast fünftausend Euro auf den Tisch legen und alle Jahre wieder einen vierstelligen Betrag für die Mitgliedschaft bezahlen. Dafür profitierte man dann von einem exklusiven Umfeld, mehreren Restaurants, einem Ballsaal und einem Sportkomplex mit Schwimmbad; alles im Herzen von Paris, auf halber Strecke zwischen dem Élysée-Palast und der Nobelboutique Hermès.

»Am Freitagabend, wenn die Gäste den Club zum Abendessen besuchen, ist hier kaum noch Verkehr«, erklärte einer der Operators der SAD, während er den Rekruten die beiden Anfahrtstrecken für Rettungsfahrzeuge, die Polizei und die Feuerwehr zeigte.

Der Ort war für den Anschlag genauso sorgsam ausgewählt worden wie Datum und Uhrzeit. Neben den privilegierten Mitgliedern standen die Türen der Institution auch den großen Unternehmen und Thinktanks offen, die im Cercle gerne und regelmäßig prestigeträchtige Diskussionsrunden für elitäre Gruppen in einem gepflegten Rahmen organisierten. Einer dieser Thinktanks war das Nouvelle Forum Économique et Sociale NFES, in dem sich Politiker, Wissenschaftler und Entscheider der Finanzwirtschaft regelmäßig trafen, um über eine Erneuerung der französischen Wirtschaft und Gesellschaft im europäischen Rahmen nachzudenken. Und die NFES traf sich traditionell drei Mal pro Jahr im Cercle zu einer großen Konferenz, Round-Table-Diskussionen und einem abschließenden Abendessen, an dem auch die Ehepartner der Mitglieder des Thinktanks teilnahmen.

Der Plan war ein Geniestreich Dr. Kingsleys, um die Temperatur in Frankreich auszutesten und dabei gleichzeitig herauszufinden, wie der neue Staatschef reagierte, der durch die Ankündigung eines liberaleren Kurses in der Wirtschaft und eines härteren Kurses im Bereich der inneren Sicherheit gegen die Konkurrentin aus dem sozialistischen Lager gewonnen hatte.

Die Jungs aus Charleroi hingen geradezu an den Lippen ihrer beiden Begleiter Salah und Honi. Fahem und Ahmadi waren hoch motiviert, denn sie hatten es im Leben zu nichts weiter gebracht als zu einem gut gefüllten Strafregister, ein paar Monaten in einem drittrangigen belgischen Knast und dem Rest auf Bewährung, und sie wussten, dass sie bis zum Ende ihrer Tage dazu verdammt waren, als gesellschaftlicher Abfall in ihrer eigenen, abgeschotteten Gemeinschaft weiterzuleben und von den Sozialbehörden des abgewracktesten und zerstrittensten Staates der EU Stütze zu beziehen, wenn sie nicht weiter klauten und dealten. Ihre wallonischen Nachbarn hassten sie. Die Flamen verachteten sie, und keine der beiden miteinander verfeindeten belgischen Volksgruppen wollte irgendetwas mit ihnen zu tun haben. Vor dieser Perspektive, ohne Bildung und ohne nennenswerte Diplome, wo der sprichwörtliche Job als Burgerbrater bei McDonald's schon das Nonplusultra war, wenn man einen legalen Verdienst anstrebte, zeichneten sich eine abenteuerliche Reise über die Türkei in den Irak und die Integration in eine Gruppe Gleichgesinnter unter Inaussichtstellung einer steuerfreien monatlichen Zuwendung von rund eintausend Euro schon als echte Erfolgsstory ab. Und die Idee, dass künftig alles, was sie taten, nicht mehr kriminell, sondern gottgefällig war, stimulierte die beiden ehemaligen Kleinkriminellen zusätzlich.

Sie zeigten den Jungs abschließend die Orte, die sie im Balzac auf den Fotos gesehen hatten. Dann gingen sie die gesamte Strecke noch einmal gemeinsam ab. Für jeden unbeteiligten Beobachter erweckten die vier Männer den Eindruck, ganz gewöhnliche Touristen zu sein.

Sie verharrten eine Weile vor dem Schaufenster des noblen Damenmodegschäftes direkt gegenüber der Einfahrt des Cercle. An Moschino schloss sich die Schaufensterfront des Schuhladens Hogan. Es folgte ein Luxusfriseur. Beim Herrenausstatter Ermenegildo

Zegna machten sie dann die nächste unauffällige Pause, die ihnen gestattete, die Einfahrt in den Innenhof der 33, Rue du Faubourg Saint-Honoré in einem anderen Winkel noch einmal genau zu betrachten. An der Ecke neben dem Fünfsternehotel *Le Castiglione* befand sich das Luxusrestaurant *Le Quarante Faubourg*. Es lag bereits auf der Rue d'Anjou und hatte vor der Fensterfront eine große, gelb markierte Zone, in der das Parken verboten war. Diese Zone diente Lieferfahrzeugen und ermöglichte abends eine einfache Abholung der Gäste durch Taxis. Die Rue d'Anjou war ihr Fluchtweg; dreihundert Meter im Sprint bis zum Boulevard Malesherbes. Dann fünf Minuten zu Fuß und ganz ohne Eile durch eine Ecke von Paris, die am Freitagabend lebhaft frequentiert wurde. Der gestohlene dunkle Peugeot, zwischenzeitlich mit einem Leuchtzeichen »Taxi« auf dem Dach ausgestattet, diente als Fluchtfahrzeug und sollte im Vorfeld am Place Saint-Augustin vor der beliebten Brasserie *Le Carré* auf einem ganz normalen bezahlten Parkplatz abgestellt werden. In dieser Ecke häuften sich Restaurants, Kinos, Theater und andere Säle, die den Parisern zum Wochenende reiche Unterhaltung boten.

Sie mussten mit dem am Place Saint-Augustin geparkten Wagen anschließend nur eine kurze Strecke zurücklegen, bevor sie an der Porte de Champerret in einem Parkhaus die beiden für ihre Flucht vorbereiteten Fahrzeuge finden würden. Kameraden der beiden Operators der Special Activities Division, die in diesem Testlauf die kampferfahrenen Radikalislamisten mimten, hatten sich schon vor ein paar Tagen darum gekümmert.

× × ×

Sie hatten diesen ganz speziellen Punkt mit den beiden Jungs im Detail besprochen und waren die Strecke abgegangen. Dann waren sie mit öffentlichen Verkehrsmitteln zur Porte de Champerret gefahren. Die Männer der SAD wussten genau, wo die Überwachungskameras des Parkhauses positioniert waren. Sie hatten ihre eigene Aufklärung im Trubel der Sommertouristensaison in der französischen Hauptstadt gemacht, das Timing getestet und den größten Teil der Vorbereitungen für den »islamistischen Anschlag« gegen eine »verachtenswerte Gruppe Ungläubiger und Zionisten« getroffen.

Sobald sie dann auf dem Pariser Außenstadtring waren, trennten sie noch acht Kilometer von der Auffahrt auf die Autobahn A 1, die direkt zur belgischen Grenze führte. Der Flughafen Charleroi lag in gerader Linie knapp dreihundert Kilometer entfernt. Selbst wenn die französischen Behörden extrem schnell waren und sofort begriffen, was im exklusiven Cercle de l'Union Interalliée in der Faubourg Saint-Honoré passiert war, war es so gut wie unmöglich, diese Flucht zu verhindern. Und der Cercle war ein *soft target* – ein sogenanntes weiches Ziel.

Obwohl der altehrwürdige Club links und rechts von der britischen und einem Annex der japanischen Botschaft flankiert wurde, während die US-Botschaft nur einen Steinwurf entfernt neben dem Place de la Concorde an der Rue Boissy-d'Anglas lag, und man den Sitz des französischen Präsidenten, das Palais de l'Élysée, in vier Minuten zu Fuß erreichen konnte, lag er doch auch im Herzen eines der exklusivsten Einkaufsviertel der französischen Hauptstadt, in dem sich täglich zahllose Touristen aufhielten und wo Ladengeschäfte, Restaurants, Cafés und Dienstleister sich aneinanderreihten. Es war unmöglich, einen solchen Ort zu sichern, ohne das gesellschaftliche und das Geschäftsleben zum Erliegen zu bringen. Das beste Beispiel für einen solchen Ansatz war das Weiße Haus in Washington. Doch die amerikanische Hauptstadt war um diesen Regierungssitz herum gebaut worden, während Paris existiert hatte, lange bevor der 1722 erbaute Élysée-Palast 1873 endgültig zum offiziellen Amtssitz der französischen Staatsoberhäupter gemacht wurde.

Irgendwann am Nachmittag kehrten die vier Männer in die konspirative Wohnung zurück. Sie mussten noch eine Reihe von Vorbereitungen treffen, bevor sie am Freitagabend pünktlich zum Auftakt des ῑd al-Fitr zuschlagen konnten.

ACHTES KAPITEL

Afghanistan – Provinz Zabul – Grabungsstätte Iskanderga'l

Die Männer hatten großzügige Prämien erhalten, nachdem sie ihm in Rekordzeit seine Transportkisten zusammengenagelt hatten. Sie freuten sich nach der anstrengenden Woche schon auf den Īd al-Fitr – das Fest des Fastenbrechens, das sie im Tal bei Borjahn feierten – und kümmerten sich gemeinsam mit den beiden Jugendlichen noch um die Maultiere und die Pferde, bevor sie bis zum Ende des Winters zu ihren Familien zurückkehren wollten. Taher El Ouazzani war nicht unglücklich darüber, dass Dadullahs Großonkel und seine beiden Frauen sich der Gruppe anschlossen, um zu feiern und ein paar Tage bei Borjahn zu verbringen. Er brauchte in diesem Augenblick vor allen Dingen eines, Ruhe! Was er mit den Funden tat, verlangte Konzentration, und umso weniger Leute dabei um ihn herumstanden, ihn fasziniert anstarrten oder ihm seltsame Fragen stellten, umso besser.

Richard O'Shaughnessy betrachtete fasziniert die nagelneuen Kisten mit den Metallecken zur Verstärkung. Sie sahen genauso aus wie die Kiste mit der Bundeslade im ersten Indiana-Jones-Film *Jäger des verlorenen Schatzes.* Während er mit Frankie und Mikie in Kabul gewesen war, hatten Borjahns Söhne aus Mapan ordentlich zugeschnittene Bretter geholt. Die Maße der Kisten waren genau an die Transportcontainer aus Aluminium angepasst, die man sauber und dicht verschließen konnte. O'Shaughnessy war erleichtert, dass El Ouazzani sich entschlossen hatte, auch diese Rotuli vernünftig zu verpacken. Am Anfang hatte es Probleme und Diskussionen um die Tonkrüge gegeben. Doch die Standardkisten ließen sich leicht verladen, und er wusste genau, wie viele man auf den Unimog packen konnte.

»Wenn ich ganz allein hier unten in den Kammern bin, dann bleiben sowohl die Temperatur als auch die Luftfeuchtigkeit konstant. Das Risiko, die Schriftrollen zu beschädigen, ist gering«, erklärte El Ouazzani, »und es ist wirklich sicherer und praktischer für Sie, wenn wir diese empfindlichen Funde in den fest verschlossenen Alu-Containern transportieren.«

»Wir hatten weder auf der Hinfahrt nach Kabul noch auf der Rückfahrt Probleme, Professor«, antwortete O'Shaughnessy erleichtert. Die Zeit lief ihnen ein bisschen davon, und während der Schlechtwetterphase war auch der Weg in die afghanische Hauptstadt schwierig. »Und die Ringroad ist okay. Die Taliban scheinen anderweitig beschäftigt. Wir werden den Unimog zusätzlich mit einem Begleitfahrzeug sichern. Einen Tag für die Hinfahrt, einen für die Rückfahrt und zwei Ruhetage in der Hauptstadt …«

Es war sowieso geplant gewesen, vor Jahresende noch eine Tour zu machen. Richard O'Shaughnessy hatte sich vor allem mit Pierre Besson verabredet. Er hatte vor der Rückkehr ins Hochtal noch kurz mit seinem ehemaligen Chef Antony Ferraro gesprochen, und der hatte ihm den angesehenen Journalisten und Autor für sein Buchprojekt wärmstens empfohlen. Besson arbeitete vor allem eng mit einer Reihe etablierter Verlagshäuser zusammen und hatte nach Ferraros Aussage ein wirklich außergewöhnliches Adressbuch. Überdies fand Richard den älteren Mann sehr sympathisch.

»Borjahns Söhne kümmern sich bereits darum, die unempfindlichen Stücke, die wir hier noch herumstehen haben, nach Pakistan zu bringen, bevor das Wetter sich verschlechtert«, beendete Taher das Gespräch mit dem Briten. »Ich hoffe, dass der Lkw nächste Woche wieder zurückkommt.«

Ben hatte bei ihrem letzten Gespräch via Skype die Gruppe, die unbemerkt bis ins Hochtal gelangt war, genauso heruntergespielt wie den entlaufenen Gefangenen. Sein Chef in Washington hatte die entsprechenden Informationen eingeholt. Vier Wochen waren inzwischen ereignislos ins Land gezogen. In Bens Augen war der Mann, der O'Shaughnessy entwischt war, irgendwo in den Bergen erschöpft auf der Strecke geblieben. Trotzdem fiel es Taher schwer, sich zu entspannen und dem Briten das verlorene Vertrauen wieder auszusprechen.

Vor dem Zwischenfall war O'Shaughnessy ihm nicht aufgefallen. Der Mann war erst vor ein paar Monaten zu ihnen gestoßen, und er hatte sich nicht so sehr für die Ausgrabungen interessiert wie eine Reihe anderer Männer oder Arkadij Matveev. Arkadij war auf intellektueller Ebene auch ein ganz anderes Kaliber gewesen als der ehemalige Unteroffizier des Special Air Service. Vor dem Zwischenfall mit den Eindringlingen hatte Taher mit dem Briten keine zehn Worte gewechselt.

Er gestand sich ein, dass er Matveev vermisste. Und das lag nicht nur an der Gesellschaft des Russen oder ihren regelmäßigen abendlichen Gesprächen vor dem Schachbrett. Matveev hatte ihm einfach ein anderes Gefühl der Sicherheit vermittelt als der Brite O'Shaughnessy. Trotzdem musste er vorest mit dem Mann klarkommen, bis Jones Ersatz schickte oder bis diese Grabung beendet war und sie sich an einem anderen Ort auf ein neues spannendes Abenteuer einließen.

»Wir warten das Fahrzeug zuerst gewissenhaft und bringen im Anschluss Ihre Kisten nach Kabul, Professor.«

O'Shaughnessy war erleichtert, dass El Ouazzani den vorgeschlagenen Zeitrahmen akzeptierte und keine Diskussion anfing. Frankie und Mikie im Lkw, er und Jack in einem der Geländewagen. Sie würden bewaffnet sein. Hand- und Schnellfeuerwaffen. Mit Rowan, Erin, den Jungs vom EW-Team und der zweiten Equipe waren dann zwar nur noch dreizehn Männer auf der Grabungsstätte, aber es war unproblematisch, Borjahn um Hilfe zu bitten, falls es Probleme gab. Und sie hatten die Männer, die dem Professor beim

Graben halfen. Das waren keine echten Kämpfer, aber jeder Afghane wusste mehr oder weniger mit einer Schnellfeuerwaffe umzugehen. Er verabschiedete sich höflich. El Ouazzani hatte diesen ungeduldigen Blick auf seine Tonkrüge geworfen, der bedeutete, dass alles gesagt war, was es zu sagen gab. Außerdem hatte O'Shaughnessy noch eigene Pläne. Die Abwesenheit der alten Leutchen, der Grabungshelfer und der Maultiertreiber während der drei Tage des īd al-Fitr waren ein Geschenk. Ohne sie konnte er die gesamte Sicherheit im Hochtal reorganisieren.

Matveevs Truppe war ständig in der Umgebung des Hochtals unterwegs gewesen. Die vier russischen Gruppen fehlten ihnen natürlich, denn es war unabdingbar, regelmäßig diskret zu patrouillieren. Sie konnten sich nicht nur auf die Technologie und das russische Luftraumüberwachungssystem verlassen oder hoffen, dass sie rechtzeitig den entscheidenden Anruf von Jones erhielten, dem der geheimnisvolle, allwissende Kontaktmann ankündigte, dass sich irgendeine Truppe in ihre Richtung bewegte. Er wusste, dass es auch mit den Männern, die er zur Verfügung hatte, möglich war, die Sicherheit des Hochtals zu organisieren, und es gab ein paar einfache Gadgets, die zu installieren ihnen bei ihrer Arbeit helfen würden. Er hatte die Idee gehabt, als sie in Kabul im *Gandamak* übernachteten. Peter Jouvenals Laden hatte nicht nur hohe Mauern und Sicherheitspersonal, sondern auch ein paar Bewegungsmelder und Lichtschranken, die man in jedem Baumarkt kaufen konnte, und die hatten bislang mehr Taliban am Eindringen gehindert als der ganze Aufwand, den die großen Hotels in der afghanischen Hauptstadt trieben, die regelmäßig Angriffen irregeleiteter Gotteskrieger zum Opfer fielen.

Sie hatten am Abend ihrer Heimkehr nach Iskanderga'l auf CNN den riesigen Fuck-up im *Kabul Serena* mitverfolgt. Das Hotel wurde immer wieder zum Ziel von Attentaten. Trotzdem lernte das Management nicht dazu. Er aber hatte aus dem Eindringen der Unbekannten vor nunmehr einem Monat dazugelernt. Es würde keinen solchen Zwischenfall mehr geben. Nicht, solange er für die Sicherheit von Iskanderga'l zuständig war. Er hatte beschlossen, unabhängig von den Informationen der geheimnisvollen Quelle im CENTCOM und unabhängig von der russischen Luftraumaufklärung, einen zusätzlichen Sicherheitsring um die Grabungsstätte zu legen. Jones' Verstärkung war eigentlich nicht wirklich notwendig.

× × ×

Nachdem der Brite endlich den Nebenraum verlassen hatte, den Taher, seitdem er das Dionysius-Manuskript gelesen hatte, nur noch das »Archiv des Ptolemaios« nannte, kehrte er wieder in die dritte Kammer des Schatzhauses zurück, in der er seine Transportkisten ausgestellt hatte. Er war hungrig und durstig. Der Ramadan wurde ihm lange. Er war erleichtert, dass der Fastenmonat zu Ende ging und das Leben wieder seinen normalen Lauf nehmen durfte. Doch ihm war nicht danach, die anderen zu Borjahn und zum Fastenbrechen ins Tal zu begleiten. Die Goldene Bibliothek von Persepolis war eine wunderbare Entdeckung von historischer Tragweite gewesen, doch dieses geheime Archiv war für ihn als Historiker der sprichwörtliche Heilige Gral. Er war überzeugt, dass die Goldene Bibliothek umgehend nach dem Tod Alexanders des Großen von einer kleinen Gruppe seiner Getreuen angelegt worden war, die das Riesenreich nicht einfach wie einen Kuchen aufteilen wollten. Sie war ein Sensationsfund, denn sämtliche antiken Historiker schrieben, dass Alexander sie verbrannt hatte. Doch deren Schriften befassten sich lediglich mit wissenschaftlichen Themen: zoroastrische Schriften, Religion, Mathematik, Geometrie, Astronomie und Medizin. Dazu kamen selbstverständlich noch philosophische Werke, aber keine historischen Texte oder irgendetwas, das man mit dem Label »Politik« versehen konnte.

Doch in diesem eher bescheidenen Archiv, das er seit ein paar Tagen vorsichtig umpackte, um es diskret außer Landes zu bringen, befanden sich die wahren Schätze. Der Papyrus, den er aus Neugier und auf gut Glück mitgenommen hatte, hatte schon deutlich gemacht, dass zwischen Ptolemaios und Seleukos wahrscheinlich eine engere Verbindung bestanden hatte als bisher angenommen. Da die Schriftrollen in ausgezeichnetem Zustand waren, warf er auf jede einen kurzen Blick, bevor er sie in ihren Transportcontainer transferierte und dann das Siegel vom entsprechenden Tonkrug löste, um es in eine kleine, sichere Transportschachtel zu legen, die er dann mit Klebeband auf dem Container befestigte.

Während seit den Entdeckungen der ersten Papyri Gelehrtengenerationen daran verzweifelten, antike Schriften so zu öffnen, dass sie dabei nicht völlig zerstört wurden, konnte er sich theoretisch einfach an den Schreibtisch setzen und anfangen, seine Funde zu lesen.

Natürlich war der Inhalt der dritten Schatzkammer sehr überschaubar. Es ähnelte ein bisschen den Funden in der privaten Bibliothek der sogenannten Villa dei Papyri. Die Villa, die im Herculaneum beim Ausbruch des Vesuv im Jahre neunundsiebzig nach unserer Zeitrechnung unter Asche und Lava begraben worden war, hatte rund achtzehnhundert Schriftrollen enthalten. Allerdings lagerten im archäologischen Nationalmuseum in Neapel nur verkohlte Klumpen, die auf bahnbrechende technische Neuerungen oder Entdeckungen warteten, die es ermöglichen, sie trotzdem zu entziffern.

Taher musste sich immer wieder vor Augen führen, was er da gefunden hatte, seitdem er die erste der drei Schatzkammern öffnen ließ: Natürlich waren es nicht die sensationellen achthundert Kisten der beiden britischen Archäologen Bernard Pyne Grenfell und Arthur Surridge Hunt, fast eine halbe Million Papyri, die auf einer Müllkippe des antiken Verwaltungszentrums Oxyrhynchos zwischen 1896 und 1898 geborgen worden waren und seitdem in den Kellern des Ashmolean Museums in Oxford ebenso auf neue Technologien warteten wie die Funde aus dem Herculaneum.

Er hatte rund eintausend perfekt erhaltene Werke gefunden – darunter ein zweitausendfünfhundert Jahre altes politisches Geheimarchiv. Mit dem Trip nach Kabul, den O'Shaughnessy und zwei seiner Männer gerade unternommen hatten, befanden sich jetzt sämtliche Schriftrollen aus der zweiten Kammer auf dem Weg nach Europa – und natürlich die legendäre Goldene Bibliothek.

Der Deal war, dass Ben die vollständige Sammlung vorerst behalten konnte, um alle religiösen Werke auszuwerten. Er war als vorderasiatischer Archäologe und Altorientalist auch derjenige, der die meiste Erfahrung mit Schriften hatte. Taher und Dadullah waren auf das antike Griechenland und die Epigrafik spezialisiert, aber in den letzten dreißig Jahren hatte ihr Trio aufgrund einer Reihe von Zufällen eine eindrucksvolle Expertise entwickelt, die an die mancher hoch spezialisierter Paläografen und Papyrologen heranreichte. Vor allem aber wussten sie den Wert ihrer Funde ganz genau einzuschätzen.

Taher zog seine Jacke aus, faltete sie zu einer bequemen Unterlage und setzte sich vor den Kisten, die er gerade befüllt hatte, im Schneidersitz auf den Boden. Nachdenklich betrachtete er die ordentlich gestapelten Aluminiumcontainer mit den aufgeklebten kleinen Aluminiumschachteln, dann die leeren Tonkrüge.

Er schmunzelte. Ben hatte die Goldene Bibliothek Frank Mahooney gegenüber natürlich nicht erwähnt. Er hatte seinem Chef drüben in den USA lediglich mitgeteilt, dass sie »auch eine Reihe Schriftrollen gefunden hätten«. Frank hatte – wissend, dass Ben »vergilbtes Papier« liebte – ahnungslos seinen Segen erteilt und gestattet, dass sie sämtliche Papyri für sich behalten konnten. Wie viele Hobby-Antiquare hatte der aktuelle US-Director of National Intelligence keine Ahnung vom wahren Wert antiker Schriften. Trotz regelmäßiger Versteigerungen in europäischen Traditionshäusern wie Sotheby's, Christie's oder Drouot, bei denen Millionen die Hände wechselten, waren die Sammler und Liebhaber ein kleiner und exklusiver Kreis. Auch die drei oder vier großen US-amerikanischen Auktionatoren – Skinner, Doyle oder Bonhams & Butterfield – zeichneten sich durch solche Verkäufe aus.

Im Jahr 1994 war zum Beispiel der berühmte Codex Leicester, eine nur zweiundsiebzigseitige gebundene Sammlung von Blättern, auf denen Leonardo da Vinci Gedankenspiele und zahlreiche Theorien handschriftlich niedergelegt hatte, von Microsoft-Gründer Bill Gates für neunundzwanzig Millionen Euro ersteigert worden. Und das zweihundertvierundfünfzig Seiten umfassende sogenannte Rothschild-Stundenbuch war im Jahr 1999 für umgerechnet 12,6 Millionen Euro gekauft worden und brach damit den Rekord für das teuerste illuminierte Manuskript der Welt. Das Gerücht ging, dass ein amerikanischer Finanzmagnat und Kunstmäzen es gekauft hatte, und es war vorerst in einer Privatsammlung verschwunden.

Genauso wenig wie die Manuskripte aus der Vijecnica, die Ben 1995 während des Krieges in Ex-Jugoslawien mitgenommen hatte, war es unrealistisch, die Goldene Bibliothek von Persepolis an diesen Summen zu messen. Sie war, weil sie seit zweitausendfünfhundert Jahren als »verloren« galt, unschätzbar und konnte nicht im Rahmen irgendeiner spektakulären internationalen Auktion versteigert werden.

Es gab zwar eine Möglichkeit, diese Schriftrollen auf den Markt zu bringen, ohne die Goldene Bibliothek zu zerstückeln, doch was Ben ihnen erklärt hatte, als sie sich vor Beginn des Ramadan getroffen hatten, war ziemlich kompliziert. Gemessen an dem, was sie vor rund einem Monat unter sechs Augen im Herzen des »Schatzhauses« besprochen hatten, erschienen Taher, wenn er in Ruhe nachdachte, die beiden Erfolgsromane von Dan Brown *Illuminati* und *Sakrileg* plötzlich wie vernünftige Sachbücher.

Ben hatte ihm und Dadullah vorerst eine finanzielle »Entschädigung« von jeweils einer Million US-Dollar für ihre Anteile an diesem speziellen Fund auf ihre Offshore-Konten überwiesen. Diese Summe addierte sich zu ihren Anteilen an den bereits erfolgten Verkäufen der traditionellen Fundstücke. Bens Arbeitgeber, der ihre Operation deckte und finanzierte, nahm sich, nach Abzug sämtlicher Unkosten für die sehr aufwendige Grabung, natürlich den Löwenanteil. Sie bekamen die restlichen dreißig Prozent, die sie miteinander teilten, und durften gratis die gesamte Infrastruktur einschließlich Jones' Schutzgruppe nutzen.

× × ×

Taher griff nach einer der Aluminiumschachteln. Natürlich war sein Vorgehen vom rein wissenschaftlichen Standpunkt betrachtet für einen Archäologen absolut unverantwortlich, doch das Dionysius-Manuskript hatte die robuste Behandlung und auch das Einscannen sehr gut überstanden. Er hatte es abschließend wieder ordentlich zusammengerollt und in einem seiner Spezial-Alucontainer gelagert, einschließlich des Siegels. Dionysius' Bericht lag ordentlich übersetzt oben im Haus in seinem Arbeitszimmer in einem Ordner und befand sich als pdf-Dokument in den beiden Mailboxen seiner Freunde.

Sie hatten mit Ben vor allem den außergewöhnlichen Inhalt der Schriftrolle diskutiert. Die Richtung für ihr nächstes archäologisches Abenteuer stand fest: Nordafrika und der Bereich Subsahara im Dreiländereck zwischen Algerien, Libyen und Niger und natürlich in und um die Stadt, die Ptolemaios' Namen trug – Ptolemais, eine von Archäologen fast unberührte Nekropole unweit der modernen Hafenstadt Tolmeitha, die unter Euergetes I., dem Enkel Ptolemaios III., zu einiger Blüte kam, bevor sie in römischer Zeit zur Hauptstadt der Provinz Libya Superior wurde.

Niemand hätte je vermutet, dass sich hier Verborgenes aus den Tagen des großen Alexanders und des Gründers der Dynastie der Ptolemäer befinden könnte. Lediglich eine kleine Equipe der Universität von Warschau hatte vor fünf oder sechs Jahren ein bisschen gegraben. Zwei seiner ehemaligen Studenten von der Universität Algier waren in diesem Team gewesen, das allerdings nach wenigen Monaten aufgrund politischer Probleme wieder abgezogen war. Taher hatte die Geschichte der Grabung damals aus der Ferne mitverfolgt und ein Gutachten für die Equipe erstellt. Er erinnerte sich allerdings nur vage an die Inschrift, denn sie hatten in dieser Zeit weitaus interessantere Grabungen gehabt. Und dann hatte er den Fehler gemacht, sich, nachdem endlich Gras über die Pariser Anschläge von 1995 und 1996 gewachsen war, wieder von Mustafas alten Freunden und Kampfgefährten einfangen zu lassen und seinen ägyptischen Ruhestand zu verlassen.

Taher hatte noch nicht niedergeschrieben, wie viele Tonkrüge er im Geheimarchiv des Ptolemaios gefunden hatte. Im Augenblick war er noch zu sehr damit beschäftigt, die Tonkrüge zu öffnen und die erhaltenen Schriftrollen umzupacken. Seitdem Ben und Jones aus Iskanderga'l verschwunden waren und Dadullah sich mit seiner Familie bis zum Ende der schlechten Jahreszeit nach Karatschi verabschiedet hatte, um Urlaub von den Taliban zu machen, konnte er endlich in Ruhe und konzentriert arbeiten.

Jones' Contractors hatten zusammen mit den Afghanen geholfen, den Zugang zur dritten Kammer ordentlich freizulegen und die Ziegel wegzuräumen, mit denen das Geheimarchiv des Ptolemaios seinerzeit ordentlich verschlossen worden war. Seitdem hatte er alle aus der Felsenfestung verscheucht. Niemand würde jemals erfahren, wie viele Tonkrüge mit Schriftrollen wirklich dort aufbewahrt worden waren. Wenn er versehentlich einen Papyrus zerstörte – *so what!* Und bevor sie nach Kabul gebracht wurden, hatte er ausreichend Zeit, auf jede einzelne dieser Handschriften wenigstens einen kurzen Blick zu werfen.

Taher griff gut gelaunt gleich mehrfach zu, wie ein Mann, der bei einer Tombola Lose zog. Sein Bauchgefühl sagte ihm, dass sich in diesem Geheimarchiv außer dem Dionysius-Manuskript noch viele andere hochinteressante Dingen befanden. Gleichzeitig fühlte er aber auch, dass die Felsenfestung Qary-a-Iskander und Iskanderga'l selbst als klassische archäologische Grabungsstätten jetzt alle Geheimnisse offenbart hatten. Da war nichts Spektakuläres mehr verborgen, was er noch finden konnte.

× × ×

Als der Algerier das sogenannte Schatzhaus verließ, trug er fünf Aluminiumcontainer auf den Armen. Er hatte keine große Lust gehabt, unten im Tal bei Borjahn das Fastenbrechen mitzufeiern. Tahers Großtanten hatten ihm in der Küche eine Kleinigkeit zubereitet, die er sich selbst warm machen würde, sobald es Zeit war.

Er war mit seinem Arbeitstag zufrieden, und seine Unterhaltung für den īd al-Fitr war gesichert.

Er warf einen kurzen Blick auf den Himmel und einen auf die Armbanduhr. Es würde nicht mehr lange dauern, bis der ganze Unsinn endlich wieder vorbei war.

Same procedure as every year!, dachte Taher zynisch und erinnerte sich an seine erste Lektüre von Karl Marx' *Kritik der Hegelschen Religionsphilosophie.* Er hatte sich in seiner Jugend dem arabischen Sozialismus verbunden gefühlt, so wie er von Ali Ahmad Said beschrieben worden war. In dieser Weltanschauung hatte die Religion keinen Platz gehabt. Damals war der Ramadan für ihn ein fröhlicher Monat gewesen; von einer Familienfeier war man zum nächsten Festessen gewandert, meist mit ein paar Flaschen Wein oder einem guten Whisky im Gepäck.

Die Entführung der Air France 8969 am christlichen Weihnachtstag 1994 und ihre Erstürmung und blutige Befreiung am 26. Dezember, die seinen Halbbruder das Leben gekostet hatte, hatte dann seine Einstellung zum Ramadan geändert. In den ersten Jahren nach Mustafas Tod, nach den Anschlagsserien in Paris, hatte er den Fastenmonat ernst und eifrig betend zur Selbstbesinnung zelebriert. Nachdem er in Ägypten untergetaucht war, hatte er sich zurückgezogen und Kontakte vermieden. Seitdem sich Taher in der Sicherheit der Provinz Zabul und in der Gesellschaft seines alten Freundes Dadullah befand, war der Ramadan wieder zu einer großen Familienfeier geworden. Die Festzeit hielt ihn vom Arbeiten ab und kostete ihn viel Zeit. Im letzten Jahr war er von der Grabungsstätte mit der Cessna nach Pakistan geflogen und hatte dort den Feiermonat faul am arabischen Meer verbracht: Schwimmen, Golfen, Essen, Kultur. Selbst einige angenehme One-Night-Stands hatten sich aufgetan.

Mit zunehmendem Alter betrachtete Taher die Verbohrtheit gewisser Mitglieder seiner Religionsgemeinschaft, die den Koran und die Sunna im Wortlaut lebten, immer kritischer. Es war Unsinn, sich der schönen Dinge im Leben zu berauben und zu behaupten, dass der Prophet einen freudlosen und asketischen Islam gepredigt hatte, der lediglich auf den Märtyrertod und ein Leben in einem überirdischen Paradies ausgerichtet war, in dem man dann straflos gegen sämtliche Regeln des guten Anstands verstoßen durfte.

Im Gegensatz zu seinem Freund Ben war Taher überzeugt, dass dem Islam nach dem Untergang der arabischen Philosophie im Mittelalter ein Gegenpol zur Macht des Religiösen abging. Aus diesem Grund würde er sich auch niemals weiterentwickeln, sondern immer nur versuchen, die Zeit zurückzudrehen. All das hatte Taher allerdings nie daran gehindert, gewisse radikale Interpretationen des Islams zu benutzen, um ganz spezielle politische Ziele zu erreichen.

Frankreich – Paris – Faubourg Saint-Honoré

Als Christiane Près und ihre beiden Begleiter den Cercle de l'Union Interalliée erreichten, waren die Rue de Faubourg Saint-Honoré und die umliegenden Straßen weiträumig abgesperrt, und gepanzerte Fahrzeuge der Gendarmerie verstärkten zusätzlich die Sicherheit des Élysée-Palasts, der üblicherweise vom 1. Regiment der Garde Républicaine gesichert wurde. Präsident Poniatowski war schon auf dem Rückweg aus dem Wochenende, um umgehend zum Krisenstab zu stoßen, in dem sich bereits die Stammmitglieder der zuständigen Sicherheitsdienste und der Streitkräfte zusammengesetzt hatten.

Sie befanden sich rein zufällig in der Nähe des Schauplatzes eines fürchterlichen Zwischenfalls, von dem man noch nicht einmal wusste, ob es ein fehlgeschlagener Raubüberfall oder ein terroristischer Angriff war. Sie hatten am Place Saint-Augustin zu Abend gegessen, wo sich der Cercle National des Armées befand. Als Offiziere waren Kérmorvan und Rudeaux Mitglieder, und aus Gründen der Einfachheit hatten sie den BND-Mann Huber dort untergebracht. Darüber hinaus war das Hotel sehr hübsch und das Essen wirklich gut, und sie mussten sich nicht mit Fahrzeugen durch das grausame Verkehrschaos der französischen Hauptstadt quälen.

Der Cercle de l'Union Interalliée befand sich genau in der Mitte zwischen dem Élysée-Palast und der US-Botschaft, unweit des Place de la Concorde und des Place Saint-Augustin. Und er war ein ganz besonderes Symbol: das der Verbundenheit der drei Alliierten des Ersten Weltkriegs, der sogenannten Triple Entente. Doch an einem Freitagabend und mit einer ganz besonders prestigeträchtigen Diner-Veranstaltung waren auch Frauen anwesend, die wertvollen Schmuck trugen, den zu rauben sich lohnte. Und trotz der illustren Nachbarschaft war der Cercle kein Gebäude mit schwer gesichertem Zugang, sondern ein Club mit Restaurants, Sporteinrichtungen, Konferenzsälen und angenehmen Übernachtungsmöglichkeiten in der Stadtmitte von Paris für Mitglieder und Gäste, die sich die hohen Preise leisten konnten. Eigentlich konnte jeder dort ein und aus gehen, der einen teuer wirkenden Anzug und eine entsprechende Krawatte trug und am Eingang behauptete, er sei der Gast eines Mitgliedes oder der Teilnehmer einer Konferenz.

✖ ✖ ✖

Carla war zu äußerster Diskretion, einer völligen Kontaktsperre mit sämtlichen Kameraden des Sanitätsdienstes der Bundeswehr und zu einem Zwangsurlaub im Kreis ihrer Familie im Berchtesgadener Land verurteilt worden. General Gutbrod musste zuerst noch diskret gewisse administrative Fragen regeln, die im Zusammenhang mit Carlas plötzlicher Wiederauferstehung und ihrer unkonventionellen Rückkehr vom Hindukusch standen.

Sie war nach dem Verschwinden des MedEvac Mitte September zeitweilig als *Missing in Action* und anschließend sogar kurzfristig als *Killed in Action* geführt worden. In einer gut durchorganisierten Bürokratie wie der der Bundeswehr stellte dies ein ganz besonderes Problem dar. Dort gehörte es sich einfach nicht, von den Toten aufzuerstehen. Sie schien dieses Problem mit einem zweiten Mitglied der Bundeswehr zu teilen, doch Gutbrod und Huber hatten sich, was jenes anbetraf, sehr bedeckt gehalten. Carla war abschließend sogar mit ihrem gestohlenen belgischen Pass aus Karatschi in die Eurowings-Maschine gestiegen, weil es einfacher gewesen war, die *Database of Stolen and Lost Travel Documents* von Interpol zu manipulieren als die Datenbank einer nationalen Behörde.

Kérmorvan hatte die Air-France-Maschine zusammen mit Huber, dem Sonderbeauftragten für Besondere Krisensituationen, bestiegen. In Romainville hatten sie sich dann den Bericht des gerade aus Kabul zurückgekehrten inoffiziellen Mitarbeiters der DGSE Pierre Besson angehört. Pierre hatte auch zahlreiche Fotos mitgebracht, die das konspirative Haus direkt neben der finnischen Botschaft und die Gesichter von Richard O'Shaughnessy und seinen beiden Gefährten zeigten.

Der Tod des Russen Zabelev war ein menschliches Drama gewesen, aber er war kein echtes Problem, denn Pierre hatte es zuvor geschafft, den Russen abzumelken wie eine Ameise die Blattlaus. Sie wussten viel. Und die letzten Details würden sie in Kürze hoffentlich mithilfe der beiden umgerüsteten Aufklärungsdrohnen erfahren, die Huber bereitstellte. Er hatte dem Service Action ein ganz spezielles deutsches Problem geschildert und ihnen ein Angebot gemacht, das sie nicht ausschlagen konnten: Wenn sie den Job in den Großen Suleimans erledigten, dann überließ er ihnen nach Abschluss der Operation seine LUNAs und die Command Cars.

Es war für beide Seiten eine Win-win-Situation. Falls sie den Mann lebend zurückbrachten, wollte Huber dabei sein, wenn sie ihn verhörten. Das störte Kérmorvan nicht. Die Franzosen wollten ebenso Licht in die seltsame Geschichte im Hochtal bringen wie die Deutschen. Rudeaux hatte den Plan für die Operation, den Kérmorvan entwickelt hatte, abgesegnet. Richard O'Shaughnessy und Pierre Besson hatten vereinbart, sich in Kürze in Kabul zu treffen. Das war ihre Gelegenheit. Und Carla hatte ihm detailliert den ganz speziellen Weg beschrieben, den sie ein paar Wochen zuvor ins Hochtal genommen hatte, um ihn zu retten.

× × ×

Aufgrund der späten Stunde war hinter den Absperrungen nur eine recht überschaubare Menge Gaffer aufgelaufen. Sie hatten mit dem Sonderbeauftragten, Rudeaux und Madame le Juge im Cercle National des Armées am 8, Place Saint-Augustin im VIII. Pariser Arrondissement gerade das Abendessen beendet, als eine gewaltige Explosion und ein apokalyptisches Sirenengeheul ihnen Nachtisch und Espresso verdarben. Eine Minute später fiepte Julien Rudeaux' Pager, dann der von Christiane Près.

Als sie den Cercle National des Armées verließen, ging es auf dem Place Saint-Augustin bereits zu wie in einem Kriegsgebiet. Die Pariser neigten dazu, beim leisesten Anlass in unkontrollierbare Massenhysterie auszubrechen. Darin unterschieden sie sich wenig von anderen Bewohnern europäischer Großstädte.

Rudeaux nickte ihnen nur kurz zu, verabschiedete sich und sprintete los. Über die Rue d'Astorg waren es gerade einmal fünfhundert Meter bis zum Élysée-Palast, wo der Krisenstab tagte. Huber, der Deutsche vom BND, machte auf Kérmorvan den Eindruck, aus dem gleichen Holz geschnitzt zu sein wie der stellvertretende Direktor des Service Action. Obwohl Paris und Frankreich nicht Hubers Heimatrevier waren, übernahm der Mann zielstrebig und ein bisschen unhöflich die Führung und bahnte für Christiane Près mithilfe seiner beeindruckenden Schulterbreite den Weg durch die Rue d'Anjou, die mit Schaulustigen, Anwohnern, Hilfskräften, Polizei und Krankenfahrzeugen völlig verstopft war.

Schon auf dem Flughafen Tegel hatte Huber sich nicht als Kérmorvans Herzensfreund qualifiziert. Er hatte Rossi bei Eurowings abgefertigt wie ein Paket am DHL-Schalter. Umgangsformen schienen nicht gerade die Stärke des Mannes.

Ihr deutscher Gast schob sich weiter wie ein Rammbock durch die Menge. Kérmorvan angelte leicht frustriert sein privates Handy aus der Hosentasche, während er gleichzeitig ein Auge auf Christiane und das andere auf Huber hielt. Zu Hause in Frankreich war er üblicherweise nur mit einem Schweizer Messer, seinem Dienstausweis der französischen Streitkräfte und seiner DGSE-Kreditkarte

»No Limits« bewaffnet, die sich hinter dem Äußeren einer bescheidenen Visa-Gold versteckte. Das reichte als schlagendes Argument bestenfalls beim Bezahlen eines Abendessens.

Er glaubte nicht, dass irgendein lebensmüder Unbekannter sich aus dem Nichts ausgerechnet auf seine beiden Schutzbefohlenen werfen würde, doch trotzdem fühlte er sich verantwortlich, sie am Ende des Abends wieder sicher ins Hotel und nach Hause zurückzubegleiten. Das Problem waren nicht unbekannte Gefährder von außen, sondern die völlige Unbedarftheit, mit der Madame le Juge und ihr neuer bester Freund aus Deutschland in dieser noch nicht vollständig identifizierten Gefahrensituation agierten.

Zwei SMS später wusste Kérmorvan, dass der Commissaire Divisionnaire Jean-Paul Moulin, der am 36, Quai des Orfèvres für Fragen der Inneren Sicherheit und der Terrorismusbekämpfung zuständig war, sich um das Desaster im Cercle de l'Union Interalliée kümmerte. Moulin war ein guter Bekannter und der aktuelle Vorgesetzte seines engen Freundes und alten Kameraden vom Commando de Penfentenyo, Simon Atlan. Aus diesem Grund wusste Moulin auch, dass er selbst und Karim Hamida, der dritte im Bunde ihrer alten Freundschaft, ebenfalls nicht mehr zu den Spezialeinheiten des COS gehörten, sondern dass sie »seit ein paar Jahren für die DGSE etwas ganz anderes machten«.

Sie – die Division Action als der paramilitärische Arm des französischen Auslandsgeheimdienstes – hatten bei dieser Blutorgie im Cercle de l'Union Interalliée rein formaljuristisch gar nichts zu tun, außer am Krisenstab im Élysée teilzunehmen, zuzuhören und abzuwarten, bis die Polizeibehörden und die Innere Sicherheit mit ihren Untersuchungen zu einem Abschluss kamen. Üblicherweise kontaktierte man die Division Action nur, um die Männer des Service Action auf den Weg zu schicken, damit sie im Ausland diejenigen einfingen oder zur Strecke brachten, die für einen Angriff auf Frankreich verantwortlich waren. Der Krisenstab im Élysée war Rudeaux' Job, denn Julien war der stellvertretende Direktor der Division Action. Aus diesem Grund hatte ihn die Bereitschaft aus

Romainville auch über seinen Pager kontaktiert, während sie noch beim Abendessen saßen.

Und sie hatten Madame le Juge kontaktiert, weil der Cercle National des Armées, wo sie auch ihren deutschen Gast Huber im angeschlossenen Hotel untergebracht hatten, nur einen Steinwurf vom Cercle de l'Union Interalliée entfernt war. Sinn der Mitteilung war es eigentlich gewesen, Christiane Près aus der Schusslinie möglicher Terroristen zu nehmen, und nicht, sie mit ihrem neuen *very best friend* aus Deutschland mitten ins Getümmel zu stürzen.

Kérmorvan fluchte leise, als Rudeaux in einer der Seitenstraßen verschwand und ihn mit der Direktorin und diesem Deutschen alleine ließ. Er wusste, dass Madame le Juge und der BND-Mann sich nicht im Geringsten um seine Bitte kümmern würden, sich aus der Gefahrenzone zurückzuziehen.

Er schluckte. Dies konnte eine Höllennacht werden. Er war kein ausgebildeter Personenschützer, sondern war, wie alle Soldaten, konditioniert. Wenn jemand ihn im Einsatz bedrohte, dann schaltete er ihn aus. Wenn er einem »Problem« nicht aus dem Weg gehen konnte oder es keine andere Lösung gab, dann tötete er. Kérmorvan fluchte leise. Er war zu Hause in Frankreich, nicht in Afghanistan, Pakistan, Ägypten oder irgendeinem anderen Land des »Halbmondes«. Der verdammte Deutsche war nicht einmal Teil seiner eigenen Hierarchie. Er hatte absolut keine Lust, versehentlich einen Touristen oder Pariser abzumurksen, nur weil dieser Huber eine menschliche Dampfwalze war.

Er biss die Zähne zusammen, atmete langsam, nahm sich zurück und konzentrierte sich. Im Stillen zog er den Hut vor den Kollegen von der Polizei und der Gendarmerie, die trotz der unklaren Situation sicher und unaufgeregt arbeiteten.

Wie alle Großstädte der Welt stand auch Paris verkehrsmäßig vor dem Infarkt, und selbst an einem Freitagabend kurz vor Mitternacht war es möglich, durch die Sperrung eines ganz kleinen Innnenstadtbereiches in einem Radius von mehreren Kilometern alles zum Erliegen zu bringen. Kérmorvan schaffte es diskret, Huber und

Madame le Juge zu überholen und die beiden durch eine kleine Seitenstraße zu ihrem Ziel zu führen. Wegen der Luxusboutiquen und einer Ansammlung von Botschaften rund um den französischen Regierungssitz gab es auf der Faubourg Saint-Honoré einfach zu viele Überwachungskameras. Das sollten sie sich als Geheimdienstmitarbeiter nicht antun.

× × ×

»Sie können hier nicht durch!«

Der Polizeibeamte hatte sich Kérmorvan sofort in den Weg gestellt. Als der die Augen senkte, einen Schritt zurücktrat und höflich seinen Dienstausweis vorzeigte, trat auch der Uniformierte einen Schritt zurück, lächelte freundlich und ließ ihn durch. Madame le Juge und Dr. Stefan Huber folgten neugierig. Mehrere Rettungswagen standen bereits im abgesperrten Bereich. Kérmorvan betrachtete nachdenklich die ganze Szene. Die Zerstörungen im Innenhof deuteten auf Explosivstoffe hin, eine Menge Explosivstoffe. Doch hier gab es keine Opfer, lediglich Materialschäden. Jemand, der genau wusste, was er tat, hatte eine kontrollierte Explosion ausgelöst, um seinen Rückzug zu decken.

»Wie sieht es aus?«, fragte er freundlich einen Uniformierten, der etwas abseits stand und nicht sonderlich erregt wirkte. Der Beamte gehörte zu einem der Bombenentschärfungsteams der Polizei. Fünf Minuten später wusste sie nicht nur im Detail, was im Cercle de l'Union Interalliée geschehen war, sondern man begleitete sie auch durch sämtliche Sicherheitssperren hindurch bis zu Commissaire Moulin. Kérmorvan und Moulin kannten sich privat sehr gut und schätzten einander, was auch den Kontakt seiner Chefin und ihres deutschen Partners Huber mit dem Polizisten erheblich erleichterte.

× × ×

Ben Kingsley war gelassen und ruhig an seinem Tisch im *Le Quarante* an der Rue d'Anjou sitzen geblieben. Viele der Gäste waren im Augenblick der Explosion panisch aufgesprungen und aus dem Restaurant gerannt. Er hatte diesen ganz speziellen Tisch nicht nur reserviert, um ein ausgezeichnetes Abendessen zu genießen, sondern auch wegen der Aussicht und weil er sich in Luft auflösen konnte, ohne von irgendeiner Überwachungskamera in der Rue du Faubourg Saint-Honoré beobachtet zu werden. Er hatte den Eingang und den Innenhof genau im Blick. Ben hatte eine Weile sogar überlegt, den Abend im Cercle de l'Union Interalliée zu verbringen um alles direkt vor Ort mitzuverfolgen. Es wäre kein Problem gewesen, sich im Rahmen der Konferenz und der abschließenden Abendveranstaltung unter seinem Pseudonym Dr. Robert G. Dell als Professor für Alteuropäische Ökonomie an der École de Commerce International et de la Coopération einladen zu lassen oder einfach in der *Brasserie* des Cercle de l'Union Interalliée selbst zu speisen, was keine Mitgliedschaft erforderte, sondern nur ein gut gefülltes Portemonnaie. Doch damit hätte er riskiert, womöglich zwischen die Fronten zu geraten, falls etwas nicht nach Plan lief. Also hatte er den Posten des stillen Beobachters von gegenüber vorgezogen.

Seine beiden Männer aus dem SAD, die die echte Drecksarbeit erledigt hatten, waren vor seinen Augen unbeschadet und unbemerkt entkommen. Sie waren hochtrainierte und erfahrene Spezialisten, und diese verdeckte Operation war wesentlich einfacher gewesen als eine Reihe anderer Black Ops, die sie während der letzten Jahre gemeinsam durchgeführt hatten. Außerdem war Frankreich ein zivilisiertes Land. Selbst wenn die Männer gefasst wurden, riskierten sie nicht viel, und es gab einfache Mittel und Wege, sie aus dem Gefängnis zu holen und anschließend »verschwinden« zu lassen. Ben hatte seit vielen Jahren Kontakte in eine schwer kriminelle europäische Szene, die man diskret für Geld anheuern konnte, um einen Ausbruch zu organisieren oder Häftlinge im Rahmen einer Überführung zu befreien.

Genau wie im Bereich des illegalen Waffenhandels und des illegalen Antiquitätenhandels war Belgien eine der großen europäischen Drehscheiben des Banditismus. Die zweite Drehscheibe war das deutsche Ruhrgebiet um Duisburg, wo man sich problemlos knallharte Teams aus Albanern, Libanesen, Tschetschenen oder rumänischen Roma anheuern konnte, die selbst vor *wet jobs* – Auftragsmorden – nicht zurückschreckten. Und Europas offene Grenzen waren für klassische Kriminelle genauso durchlässig wie für Terroristen oder illegale Migranten – oder eben auch für Geheimdienste. Anschließend erhielten Salah Bensaid und Honi Salam einfach neue belgische Pässe, von denen er ein paar Hundert als Blankodokumente auf Vorrat hatte.

Ben warf einen diskreten Blick auf die Uhr an seinem Handgelenk. Die beiden Operators, die vor seinen Augen den Cercle de l'Union Interalliée verlassen hatten, hatten ihm schon vor einer Viertelstunde die erste SMS geschickt, als sie aus dem Parkhaus an der Porte de Champerret auf den Außenstadtring auffuhren. Die zweite SMS besagte, dass sie sich inzwischen schon auf der Autobahn A 1 in Richtung Lille und Brüssel befanden.

Das Kanonenfutter aus Charleroi hatte sich in Luft aufgelöst – im Restaurant des Cercle de l'Union Interalliée und inmitten einer Gruppe von Führungskräften aus Wirtschaft, Academia und Politik. Die beiden jungen Männer hatten in Wirklichkeit keine echten Beförderungsperspektiven gehabt, und die Gelegenheit war günstig gewesen, also hatte einer von Ben Kingsleys erfahrenen Operators den Fernzünder der als kugelsichere Weste getarnten Sprengweste gedrückt.

Er würde sich am nächsten Abend mit seinem gesamten SAD-Team in Brüssel treffen und in aller Ruhe diesen gelungenen Coup Revue passieren lassen. Ben Kingsley wusste, dass es ein voller Erfolg gewesen war. Was er vor und um den Cercle gesehen hatte, waren Verunsicherung, Angst und damit zugleich der dringende Wunsch nach mehr Schutz und mehr Sicherheit. Das Debriefing war eine reine Formsache und eine Gelegenheit für ihn, seine Operators zu loben und die nächsten Schritte mit ihnen zu besprechen.

Selbstverständlich hatten Kingsleys Männer dafür gesorgt, dass entsprechende Spuren zurückgeblieben waren. Wenn die französischen Polizei- und Sicherheitsbehörden sorgfältig arbeiteten, dann konnten sie alle notwendigen Beweise für eine Spaltung innerhalb von al-Qaida finden, die ihnen gleichzeitig den Weg zu einem neuen internationalen Terrornetzwerk wiesen, das aktiver und gefährlicher war als bin Ladens Gruppe. Sie würden auch konstatieren, dass der Terrorismus sich veränderte und sich anpasste. Genau wie die Spanier, die Briten oder die Deutschen sollten sie herausfinden, dass der Feind sich bereits tief im Inneren des Heimatlandes befand. Das schrie förmlich nach einer noch schärferen Überwachung der Bevölkerung und einer intensiveren Zusammenarbeit mit den USA.

Ben Kingsley beobachtete aufmerksam die französischen Sicherheitskräfte. Sie arbeiteten professionell, ruhig, effizient und schnell.

Anfang 2006 hatte sich die *Group Salafiste pour la Prédication et le Combat,* eine radikale islamistische Gruppierung Algeriens, die auf eine lange und blutige Geschichte zurückblickte, Osama bin Laden verpflichtet und sich zum 25. Januar 2007 in Organisation al-Qaida des Islamischen Maghreb AQMI umbenannt. Die echte AQMI hatte schon eine Reihe Anschläge verübt und deutlich gemacht, wie gefährlich sie für das Subsahara-Afrika werden konnte, wenn man sie einfach unkontrolliert weiterlaufen ließ. Während die Terrorismusbekämpfung in Afghanistan und in Zentralasien die Franzosen nicht in Begeisterung versetzte, reagierten sie hochsensibel auf alles, was mit Nordafrika zusammenhing oder in irgendeiner Form auf Schwarzafrika und auf ihre Reserven strategischer Bodenschätze ausstrahlte.

Die echte AQMI hatte bereits am 11. April 2007 ein Selbstmordattentat auf den Amtssitz des algerischen Ministerpräsidenten und ein weiteres auf ein Polizeikommissariat im Osten Algiers verübt. Dabei starben dreiunddreißig Personen, und mindestens zweihundertzweiundzwanzig wurden verletzt. Aus diesem Grund hatte Ben auch vorgeschlagen, marokkanische Rekruten aus Belgien einzusetzen. AQMI knüpfte aktiv Beziehungen zu den radikalen Islamisten Nigerias, und viele der Kämpfer kamen aus Mauretanien, aus Mali und aus Niger. Doch die Organisation zog auch sehr viele Marokkaner und Tunesier an. Die meisten Chefs waren zwar immer noch Algerier, doch man fand inzwischen bereits den einen oder anderen Marokkaner auf der Führungsebene. Ein Attentat in der französischen Hauptstadt, das sich nicht nur zu AQMI, sondern nach Marokko oder Tunesien, in den Sahel oder nach Mali zurückverfolgen ließ, würde die Franzosen zuerst einmal in richtige Panik versetzen.

Frankreich verstand sich als Mittelmeermacht und pflegte, neben seinen traditionell guten Kontakten zu den Staaten, die es umgaben, auch enge politische, wirtschaftliche und gesellschaftliche Beziehungen zu seinen früheren Kolonien in Nordafrika. Um Frankreich zu treffen, musste man hier ansetzen – am besten mit einem sichtbaren Bezug zur arabischen Halbinsel und vorzugsweise nach Katar, denn die Herrscherfamilie Al Thani hatte seit der Unabhängigkeit des Landes im Jahr 1971 bewusst enge Kontakte nach Frankreich und in den Élysée-Palast aufgebaut, um sich an Großbritannien zu rächen, das seit 1868 das Land als sogenannte Schutzmacht dominiert hatte.

Bei der Aufnahme Katars in die UNO am 21. September 1971 hatte der neue UN-Botschafter des Landes, Hassan Kamal, die Antrittsrede sogar auf Französisch gehalten, um den Briten zu zeigen, dass die Beziehung vorbei war. Seit 1994 gab es ein Verteidigungsabkommen mit Frankreich, dessen milliardenschwere Petrodollars die Kassen der französischen Rüstungsunternehmen füllten.

Ben Kingsley beobachtete noch eine Weile das Ballett der Rettungsfahrzeuge: Die Anzahl der Verletzten war schwer einzuschätzen, aber er hatte schon mehrere schwarze Leichensäcke ausgemacht, die abtransportiert wurden. Er legte ein paar Geldscheine auf seinen Tisch und verließ das Restaurant. Der Menschenauflauf an den Absperrungen war überschaubarer geworden, seitdem die Uniformierten auch die Seitenstraßen komplett abgesperrt hatten.

Ohne Eile ging Ben Kingsley durch einige enge Gassen bis zur tempelartigen Pfarrkirche Sainte-Marie-Madeleine – »La Madeleine«. An der berühmten Pariser Sehenswürdigkeit standen trotz des großen Polizeieinsatzes am Cercle de l'Union Interalliée zahlreiche Taxis. Alles wirkte vollkommen unaufgeregt. Selbst die Métrostation Madeleine Tronchet war noch geöffnet.

Als er vierzig Minuten später auf dem Montmartre die Haustür seiner exklusiven Pariser Bleibe aufschloss, war er zufrieden und ein bisschen erschöpft, obwohl er die Operation nur beobachtet hatte. Doch sein Körper reagierte, als ob er aktiv teilgenommen hätte. Während sein Kaffee durch die Espressomaschine lief, bedeutete ihm ein Klingelton den Eingang einer weiteren Kurzmitteilung auf dem Mobiltelefon. Seine beiden Operators waren gerade auf der Autoroute du Nord A 1 an der Mautstelle 14 Bapaûme abgefahren, um auf einem großen Parkplatz mit Service-Center, Restaurant, Tankstelle und Hotel eine kurze Pause einzulegen und die Nummernschilder ihres Fluchtfahrzeugs auszuwechseln. Sie hatten bis zu diesem Punkt einen absoluten Null-Fehler-Ritt hingelegt. Er war mit den Männern, die die Decknamen Salah und Honi trugen, zufrieden.

Ben Kingsley fuhr seinen Computer hoch, um rasch seine E-Mails durchzusehen und DNI General Frank Mahooney eine kurze Nachricht zu schicken. Wahrscheinlich saß sein Chef in diesem Augenblick fasziniert vor dem Fernseher und beobachtete den Ausklang ihres Pariser Testlaufes auf einem der französischen 24/24-Nachrichtensender. Ben überlegte kurz, tippte, verschlüsselte die Zeilen und drückte auf *send*.

Er war neugierig, ob al-Qaida ihren heutigen Pariser Anschlag genauso ungezwungen für sich beanspruchen würde wie schon den von Madrid im Jahr 2004. Dort hatten sie eine Gruppe Kleinkrimineller mit nordafrikanischem Migrationshintergrund geschickt manipuliert, die schon im Vorbereitungsstadium völlig von der Al-Qaida-Internetpropaganda eingelullt gewesen waren. Die Attentäter waren selbstständig vorgegangen. Sie hatten damals lediglich mit

Geld und Waffen geholfen, und seine Experten hatten die diskreten Rollkoffer-Bomben gebaut, die dann in den Vorortzügen explodiert waren und ein gewaltiges Blutbad im vierstelligen Bereich verursacht hatten. Die SAD-Operators seiner *Operation Regenbogen* hatten auch das Versteck in Leganés präpariert, sodass einer von ihnen, der alles beobachtet hatte, die Typen in die Luft sprengte, bevor sie von einer Spezialeinheit der Grupo Especial de Operaciones festgenommen werden konnten.

Seitdem der weltweite Krieg der USA gegen den Terrorismus bin Laden und seine Anhänger in die Enge getrieben hatte, funktionierte al-Qaida nicht mehr hierarchisch wie früher. Die saudische Filiale erklärte gar nach den Anschlägen von Madrid, dass jeder, der sich dazu berufen fühlte, in ihrem Namen handeln durfte. Man brauche nicht um Erlaubnis zu fragen. Nicht Osama, nicht Al Zawahiri, nicht einmal den farblosen Nachfolger des bösen Ahmad Nazza-l al-Chalaila alias Abū Muṣʿab Az-Zarqāwī, Abu Ayyub al-Masri, der im Augenblick die irakische al-Qaida Franchise anführte. Al-Qaida war keine fest umrissene Gruppe mehr, sondern nur noch eine Bewegung. Und genau das machte diese neue Qualität des Terrors so gefährlich für sie und sämtliche Verbündete. Die Rekruten kamen nicht mehr aus dem Nahen und Mittleren Osten, um ihre Anschläge zu verüben. Man fand sie jetzt einfach in den eigenen Ländern: schlecht ausgebildete, gelangweilte und ungezogene Jugendliche mit Migrationshintergrund, die leicht beeinflussbar ihr Auskommen in der Kriminalität fanden und ihr wahres Abenteuer in der Fantasie des »glorreichen Dschihad«.

Nur eine massive Überwachung der gesamten Bevölkerung und schärfste Kontrollen an den Grenzen unter Aufgabe des wahnsinnigen Schengen-Systems, das die Europäer sich für ihre Union ausgedacht hatten, konnte diesem Treiben vielleicht noch Einhalt gebieten und so gleichzeitig unterbinden, dass versehentlich potenzielle Attentäter mit europäischen Pässen in die USA reisten.

× × ×

Kérmorvan bemerkte, wie seine Chefin Stefan Huber bei zwei Polizeibeamten in Zivil zurückließ. Sie befragten jetzt gemeinsam mit dem Deutschen eine kleinen Gruppe unverletzter Überlebender. Es schien wie bei Rossi: Wenn man den BND-Mann richtig motivierte, dann war sein Französisch recht akzeptabel. Er schwamm auch wie ein Fisch in fremden Pariser Wassern. Moulins Mitarbeiter hatten ihn problemlos akzeptiert.

Christiane Près wirkte erstaunlich erschüttert, obwohl die Realität eines gewaltsamen Todes ihr nicht fremd war. Als ehemalige Antiterrorrichterin hatte sie ihr Maß an Horror und Grauen gesehen. Sie ging langsam, aber zielstrebig zum Aufgang der Galerie. Dort sah Kérmorvan auf einer Treppe eine verstörte Frau um die fünfzig sitzen, eine Decke über den Schultern. Unter normalen Umständen hätte er die schlanke Brünette als attraktiv beschrieben. Neben ihr kniete ein jüngerer Mann, der ganz offensichtlich bei dem Anschlag verletzt worden war. Sein vormals weißes Hemd war blutgesprenkelt und zerrissen, und am Oberarm hatte man ihn notdürftig verbunden. Er hielt die Hand der älteren Frau, streichelte ihre Wange und schien beschwörend auf sie einzureden. Seine Chefin kniete sich neben die beiden und legte ihre Arme tröstend um sie. Sie schienen einander gut zu kennen. Auf der anderen Seite des großen Saals arbeiteten hinter einem Sichtschutz bereits die Männer und Frauen der Spurensicherung. Die Überreste der Attentäter und ihrer Opfer lagen noch inmitten von Geschirr- und Essensresten verstreut.

»Zum Kotzen!«, Moulin sprach wie immer leise.

Nach seiner Zeit in der Armee war der Commissaire Divisionnaire lange beim R.A.I.D gewesen, der Spezialeinheit der französischen Bundespolizei. So hatte Kérmorvan ihn auch kennengelernt, denn sein bester Freund aus Special-Forces-Tagen, Simon Atlan, war aus dem Commando de Penfentenyo am Anfang ebenfalls zum R.A.I.D übergewechselt und war Moulin unterstellt gewesen. Dann hatte eine Verletzung bei einem Einsatz Moulin gezwungen, einen körperlich etwas weniger anstrengenden Job am 36, Quai des

Orfèvres zu übernehmen. Jean-Paul war aufgrund seiner Kompetenzen schnell befördert worden, nachdem er die prestigeträchtige École Nationale Supérieure de la Police, die den Franzosen vor allem unter ihrem Spitznamen »X Commissaires« bekannt war, als Bester seines Jahrgangs abgeschlossen hatte. Anschließend formte Moulin, den seine Freunde nur »JP« nannten, schnell seine Antiterror-Equipe und holte natürlich Simon aus dem R.A.I.D mit dazu. Aus diesem Grund wusste der Commissaire Divisionnaire auch in groben Zügen, was Simons zwei beste Freunde Gwénaël Kérmorvan und Karim Hamida taten, seitdem auch sie ihre Spezialeinheiten verlassen hatten.

Kérmorvan konzentrierte sich wieder auf den Bildschirm. Die Veranstalter hatten die gesamte Konferenz des Nouvelle Forum Économique et Sociale gefilmt, einschließlich des Abendessens. Offensichtlich hatten hochkarätige Mitglieder des Thinktanks bedeutende Reden gehalten, die für die Nachwelt bewahrt werden sollten.

Er hatte von diesem privaten französischen Thinktank im Zusammenhang mit verschiedenen US-Thinktanks gehört, zu deren Zielen es auch gehörte, in mit Amerika verbündeten Ländern junge Talente aus der Politik, der Wirtschaft und der Wissenschaft zu fördern, um sie als künftige Führungskader zu positionieren. Veranstaltungen wie die im Cercle de l'Union Interalliée dienten dabei nicht nur dem Knüpfen von Kontakten, sondern vor allem auch dazu, die Auserwählten auf die Ideenwelten einzuschwören, die solch führende neokonservative Denker wie Paul Wolfowitz, Elliott Abrams, Richard Perle, Paul Bremer oder Dick Cheney geschaffen hatten. Kérmorvan grauste es. Es war völlig absurd, die Welt im Alleingang mit vorgehaltener Waffe demokratisieren zu wollen. Schon im Nahen Osten hatten die USA nichts als Unheil angerichtet, doch das war im Augenblick nicht ihr Problem.

»Merde!«

Moulin pfiff durch die Zähne, als auf dem Bildschirm zwei der vier Angreifer plötzlich explodierten.

Kérmorvan betrachtete die menschlichen Bomben aufmerksam und völlig ungerührt. Er hatte in Pakistan, in Afghanistan und im Irak ähnliche Szenen live miterlebt und wusste genau, worauf man achten musste. Und er hatte Kameraden explodieren sehen, die versehentlich auf Minen getreten waren, und er hatte Menschen gesehen, die Explosionen überlebt hatten. In seinem eigenen Körper steckten ein paar kleine Metall- und Knochensplitter, die chirurgisch zu entfernen sich nicht lohnte. Kérmorvan war nicht gefühllos, aber er war auf seine eigene Art gegen den Schrecken des gewaltsamen Todes abgestumpft und in der Lage, einfach nur kalt und berechnend zu beobachten, um zu verstehen, was geschehen war.

Die beiden vermummten Kameraden der menschlichen Bomben verschwanden fast zeitgleich mit der Explosion durch die Tür, die in die Lobby des Cercle de l'Union Interalliée führte, während im selben Augenblick zwei Personenschützer mit gezogenen Handfeuerwaffen aus dem Garten in das Restaurant stürzten und umgehend von der Druckwelle der Detonation zurückgeschleudert wurden.

Kérmorvan wusste, dass diese beiden Sicherheitsleute sich unter den Toten befanden. Sie hatten einen Diplomaten aus einem arabischen Land begleitet und vor der Glastür geraucht, während ihr Boss mit seinen Freunden dinierte. Kérmorvan tippte dem Techniker auf die Schulter.

»Können Sie bitte die letzte Sequenz noch einmal abspielen? Ganz langsam. Bild für Bild.«

Er deutete auf einen der vier Attentäter.

»Siehst du, JP! Die Sprengweste ist als kugelsichere Weste getarnt. Und jetzt achte einmal ganz genau darauf, was der andere Typ mit seinen Händen macht und was dann passiert.«

Moulin betrachtete die Horrorszene, die schon der junge Beamte aus dem Finanzministerium beschrieben hatte, der sich trotz seiner Verletzungen stur geweigert hatte, in ein Krankenhaus gebracht zu werden, weil er zuerst unbedingt seine Aussagen machen wollte.

Der eine Attentäter hielt die Geiseln in Schach, die sich furchtsam wegduckten – und zwar breitbeinig stehend, mit einer Walther P99 in klassisch beidhändigem Anschlag, wie aus dem Lehrbuch.

»Das ist völliger Nonsens. Die scheißen sich alle eh in die Hosen. Es wäre vernünftiger gewesen, die Zugänge zum Restaurant zu sichern. Verdammt! Der dachte wirklich, er trägt eine kugelsichere Weste, Gwén!«, sagte Commissaire Moulin abschließend und überrascht. »Der war kein Selbstmordattentäter.«

»Die Sprengladung wurde ferngezündet, JP.«

Kérmorvan deutete auf eine Stelle auf dem Bildschirm. Der Techniker zoomte den vermummten Mann heran, bis er das Bild ausfüllte. Dann vergrößerte er einen Ausschnitt. Man konnte genau sehen, wie der dritte Attentäter, dem etwas später zusammen mit seinem Kameraden die Flucht gelang, etwas hochhielt, das wie die Fernbedienung für ein Garagentor aussah.

»Jeden Tag stehen irgendwo Vollidioten auf«, sagte der Einsatzagent des französischen Auslandsgeheimdienstes abfällig zu seinem Freund von der Polizei. Die meisten sogenannten Selbstmordattentäter waren Ausschussware, die die Dschihadistengruppen nur als lebende Bomben benutzen konnten. Die meisten Sprengwesten oder -gürtel wurden nicht von den künftigen Märtyrern selbst gezündet, sondern von anderen, zuverlässigeren Kämpfern.

»Die Sprengwesten waren wirklich gut gemacht, JP«, bemerkte Kérmorvan, »da hat niemand einfach mal schnell etwas im Hobbykeller gebastelt. Deine Kriminaltechniker werden weder TATP noch einen anderen hausgemachten Sprengstoff finden. Zu instabil. Die haben C4 oder Semtex verwendet. Und: Das ist kein Viererteam, sondern ein extrem gut eingespieltes Zweierteam plus zweimal Kanonenfutter.«

Was sie auf dem Bildschirm gesehen hatten, war keine bewährte Vorgehensweise von al-Qaida, sondern eine neue Stufe des Terrors. Commissaire Moulin seufzte leise.

»In erster Linie müssen wir herausfinden, wer diese Typen waren, wer hinter ihnen steht und ob ein Zusammenhang zu den

Anschlägen in Madrid und in London besteht oder zu dem gerade eben vereitelten Anschlag in Deutschland.«

»Ihr müsst vor allem die beiden Männer erwischen, die lebend entkommen sind, JP. Um jeden Preis. Wenn ihr die beiden Arschlöcher nämlich nicht erwischt, dann müsst ihr mit weiteren Anschlägen rechnen – einer Menge weiterer Anschläge! Ich unterschreibe dir hier und jetzt, dass unsere beiden geheimnisvollen Überlebenden sich nicht aufgemacht haben, für Allah irgendwo im Irak oder in Afghanistan den glorreichen Märtyrertod zu sterben. Diese beiden Jungs interessieren sich nicht für zweiundsiebzig Jungfrauen im Paradies.«

»Die Fahndung ist bereits raus, Gwén«, sagte Moulin. »Leider haben wir noch nicht viel. Du hast sie selbst gesehen. Sie hatten ihre Gesichter mit schwarzen Balaklavas verhüllt. Und sie waren auch noch so vorsichtig, Handschuhe anzuziehen. Allerdings haben wir wenigstens die Köpfe der beiden Idioten, die sich in die Luft gesprengt haben. Und wir haben die Aufnahmen sämtlicher Überwachungskameras im Umkreis – und alle Mobiltelefone von Betroffenen und Gaffern, an die wir Hand legen konnten.«

Kérmorvan nickte. JP hatte es also auch bemerkt: Die Vollidioten, die sich zwar das Gesicht vermummt hatten, aber ohne Handschuhe zur Tat schritten und die flüchtigen Überlebenden, die auf jedes Detail geachtet hatten. Zum Glück war es fast unmöglich in der Faubourg Saint-Honoré zwischen Regierungsgebäuden, Luxusboutiquen und unverschämt teuren Restaurants herumzuwandern, ohne dabei nicht wenigstens irgendwann, irgendwo von irgendeiner Überwachungskamera erfasst zu werden. Genau aus diesem Grund war er selbst ja zwei Stunden zuvor mit seiner Chefin und Huber einen Umweg gelaufen.

Einer der wenigen Vorteile bei Selbstmordattentätern, die Sprengstoffwesten oder -gürtel trugen, war, dass der Kopf – unabhängig vom Sprengstoff – in mehr als neunzig Prozent der Fälle bei der Explosion sauber abgetrennt und nicht beschädigt wurde.

»Es tut mir leid, dass unser Dienst im Augenblick nicht viel für euren Dienst tun kann, JP. Was ich dir allerdings aus meiner ganz persönlichen Erfahrung sagen kann: Die beiden Typen, die ihr gerade als Einzelteile aufsammelt, sind einfache Handlanger – Handlanger, die von den echten Hintermännern dieser Operation instrumentalisiert wurden. Ihr müsst – koste es, was es wolle – die beiden Überlebenden erwischen. Ansonsten wird es weitergehen, vermutlich nicht wieder in Paris, aber in Lille, in Bordeaux oder in Marseille. Wenn ihr sie nicht schnappt, dann müsst ihr euch auf eine brutale Anschlagswelle einstellen, so wie damals 1995 und 1996. Kontaktiere in Gottes Namen die Spanier. Die hatten 2004 doch das gleiche Muster.«

Moulin legte ihm die Hand auf die Schulter. »Die Spanier hatten keine menschlichen Bomben, Gwén!«

»Nicht beim Anschlag, JP. Aber sieh dir die Videos an, die es von der versuchten Festnahme der Madrider Attentäter in Leganés gibt.«

Kérmorvan erinnerte sich an den 3. April des Jahres 2004. Die Spanier hatten europaweit um Amtshilfe ersucht, und sie hatten damals die Videos, die die DGSE bekommen hatten, zusammen mit Karim und Affoué mindestens fünfzig Mal abgespielt. Am Abend des 3. April, knapp einen Monat nach den grauenvollen Anschlägen auf dem Madrider Bahnhof Atocha, war es im Madrider Vorort Leganés zu einem Schusswechsel mit den mutmaßlichen Urhebern der Attentate gekommen. Als die spanische Polizei die Wohnung, in der sich die Terroristen aufhielten, gegen einundzwanzig Uhr stürmen wollte, sprengten sich scheinbar sieben der Gesuchten in die Luft. Allerdings waren anschließend nur insgesamt sechs Getötete identifiziert worden, und was sie mit Affoué und Karim gesehen hatten, sah nicht nach Sprengwesten aus, sondern nach einer präparierten Wohnung und einer Fernzündung.

Commissaire Jean-Paul Moulin fühlte, dass der Freund seiner bewährten Nummer zwei Simon Atlan intuitiv auf der richtigen Spur war.

»Wir werden die gesamten Datenbanken der klassischen Kriminellen durchsuchen und diskret unsere sämtlichen europäischen Nachbarn befragen, Gwén«, sagte Moulin.

Fast auf den Tag genau zwei Jahre nach den Anschlägen von Madrid hatten die spanischen Behörden einen Abschlussbericht vorgelegt. Sie hatten trotz intensiver Ermittlungen keine direkten Verbindungen zwischen den Terroristen und bin Ladens al-Qaida festgestellt. Aber sie hatten herausgefunden, dass die Toten von Leganés zu einer Gruppe gehörten, die international organisiert war. Die Waffen und die verwendeten Sprengstoffe waren aus dem Ausland nach Spanien gebracht worden, und nicht identifizierte Mittäter hatten sich nach den Anschlägen wieder ins Ausland abgesetzt. Die Schlussfolgerung war, dass al-Qaida sich, ohne zu zögern, jeder terroristischen Aktion rühmen würde, die irgendwie in das Schema der Organisation passte, auch wenn niemand aus der Mutterorganisation in die Vorbereitungen involviert gewesen war.

× × ×

Sie hatten den BND-Mann Huber zu Fuß gemeinsam zum Cercle National des Armées zurückbegleitet. Er hatte sich nicht als Klotz am Bein erwiesen, sondern rasch und professionell reagiert. Er hatte sogar mit Deutschland telefoniert und dafür gesorgt, dass sein Vorgesetzter eine diskrete Überwachung der Grenzübergänge zu Frankreich und sämtlicher Bahnhöfe und Flughäfen auslöste. Da eines der Opfer, die man sofort identifiziert hatte, ein deutscher Wissenschaftler aus dem deutsch-französischen Forschungsinstitut Saint-Louis für Sicherheits- und Verteidigungsforschung gewesen war, hatte Huber keine Probleme gehabt, diese Maßnahmen zu initiieren und Moulin gleichzeitig noch einen direkten Kontakt bei der deutschen Bundespolizei und einen im BKA vermittelt.

Julien Rudeaux hatte Christiane Près eine SMS geschickt. Er saß noch immer im Krisenstab des Élysée, konnte aber nicht viel mehr tun, als zuzuhören. Was im Cercle de l'Union Interalliée geschehen war, war in diesem Augenblick offiziell noch nicht als terroristischer Anschlag qualifiziert worden. Trotz der beiden Männer, die in die Luft gesprengt worden waren, und der Sprengsätze, die die geflüchteten Überlebenden des Kommandos im Cour d'Honneur des Gebäudes gezündet hatten, um ihre Flucht zu decken.

× × ×

»Ich bringe Sie jetzt nach Hause, Madame le Juge!«, sagte Kérmorvan in einem Tonfall, der nicht zur Diskussion einlud. Er gab einem Taxi ein Handzeichen. »Es war ein langer Tag! Sie gehören ins Bett.«

Christiane Près nickte überraschend fügsam. Sie seufzte leise, als er die Fahrzeugtür für sie öffnete, dem Chauffeur die Adresse nannte und sich neben sie setzte. Was sie im Cercle de l'Union Interalliée gesehen hatte, hatte sie vor allem deshalb erschüttert, weil zwei Menschen, die ihr sehr nahestanden, nur knapp dem Tod entkommen waren. Gabriel hatte sich im Reflex schützend über seine Frau Adèle, ihre beste Freundin seit Uni-Tagen, geworfen, als die beiden Attentäter in die Luft flogen. Was sie eben erlebt hatten, hatte Adèle zutiefst erschüttert. Normalerweise wurde sie nicht mit dieser Form der brutalen Gewalt konfrontiert. Selbst als sie noch ihren alten Job als Strafverteidigerin gemacht hatte, hatte sie lediglich die Täter, nie aber ihre Taten direkt ansehen müssen. Es war ein großer Unterschied, ob man das Foto eines Tatorts oder den Tatort selbst sah. Christiane befürchtete, dass der Weg zurück in den Alltag für ihre beiden Freunde schwierig werden könnte.

Das metallische Klicken des Schlüssels in der Haustür weckte sie aus ihren düsteren Betrachtungen. Kérmorvan machte das Licht an.

»Es ist drei Uhr morgens, Madame le Juge«, sagte er fürsorglich. »Sie sollten sich jetzt ausruhen.«

× × ×

Ein leises »Ping« in der Hosentasche bedeutete ihm, dass auf seinem privaten Mobiltelefon eine Nachricht eingegangen war.

Christiane Près hatte es auch wahrgenommen, stellte die Tassen zurück auf den Küchentisch, legte ihre kleine Hand auf Kérmorvans Unterarm und blickte ihn fragend an. Er streckte ihr das Mobiltelefon hin, damit sie lesen konnte, dann angelte er das Glas mit der Schokolade vom Regal und drehte das Gas unter dem Milchtiegel auf.

»Der Krisenstab diskutiert immer noch, ob es offiziell ein terroristischer Anschlag, ein extrem gewalttätiger Raubüberfall oder ein gescheiterter, brutaler Entführungsversuch sein soll.« Christiane Près las laut vor.

Moulin, der Commissaire Divisionnaire vom 36, Quai des Orfèvres, hatte ihrem Offizier die Nachricht geschickt. Er saß inzwischen ebenfalls im Krisenstab im Élysée und hatte den Anwesenden seine ersten Schlussfolgerungen als leitender Ermittler vorgestellt.

»Es wäre am vernünftigsten, wenn sich alle vorerst auf einen gewalttätigen Raubüberfall einigen könnten.« Kérmorvan seufzte und rührte in der Milch.

Er ahnte, dass Rudeaux, falls man ihn fragte, genau den gleichen Rat erteilen würde. Der letzte erfolgreiche Terroranschlag in der französischen Hauptstadt lag etwas mehr als zehn Jahre zurück. Das war Taher El Ouazzanis Bombenattentat am 3. Dezember 1996 in einem Zug der Stadtbahnlinie RER B im Bahnhof Port-Royal gewesen, bei dem vier Menschen getötet und einhundertsiebzig Menschen verletzt wurden.

Seitdem war es den französischen Sicherheitsdiensten gelungen, ein paar Dutzend Attentatsversuche verschiedener Gruppierungen zu vereiteln: radikale Islamisten, extreme Linke, extreme Rechte und ein paar radikale ausländische Gruppierungen, die ihre Streitigkeiten auf französischem Boden austragen wollten. Lediglich auf Korsika und an der Küste um Marseille ging es wüst zu. Insgesamt zweihundertfünfunddreißig Anschläge der »Armata Corsa« und des FLNC – Fruntu di Liberazione Naziunale Corsu.

Allerdings griffen die Korsen seit zwanzig Jahren nur noch Immobilien an: Kommissariate der Gendarmerie Nationale, Villen und Wohnhäuser von Nicht-Korsen, Weingüter von aus Algerien stammenden Franzosen – *Pieds Noirs,* die de Gaulle nach der Unabhängigkeit auf der Insel zwangsetabliert hatte. Wenn die Armata oder der FLNC töteten, dann waren es uniformierte Vertreter des französischen Staates und nicht Unbeteiligte oder weiche Ziele. Die Korsen wollten einen Präfekten, einen Gendarmerie-General und nicht zwanzig Touristen, die auf der Terrasse eines Restaurants den Aperitif tranken.

Als die Milch hochkochte, nahm Kérmorvan sie von der Flamme, rührte den Kakao und den Zucker ein und servierte. Dann setzte er sich mit der großen, bunt bemalten Porzellantasse seiner Chefin gegenüber an den Küchentisch.

»Ein terroristischer Anschlag ist im Augenblick keine gute Idee, Madame le Juge. Die Verwicklung irgendwelcher Islamisten – Sunniten oder Schiiten oder was auch immer – ist eine noch viel schlechtere Idee. Das verunsichert die Bevölkerung und macht sie panisch, auch wenn die reale Gefahr für die braven Bürger von Paris in Wirklichkeit sehr gering ist.«

Dem subjektiven Gefühl, dass sich seit 2002 und der Verkündung der Bush-Doktrin Terroranschläge in Westeuropa häuften, standen nackte Zahlen gegenüber, die das Gegenteil bewiesen. Die Siebziger- und Achtzigerjahre des 20. Jahrhunderts waren durch Aktionen radikal linker Gruppen wie der Action Directe, der deutschen RAF oder der italienischen Brigate Rosse wesentlich gefährlicher und gewalttätiger gewesen. Doch heute waren die Medien omnipräsent und überfluteten die Leute mit Bildern, während das Internet ein frei zugänglicher und völlig unkontrollierbaren Spielplatz für Verschwörungstheoretiker und eine Tauschbörse für Fake News jeder Art war. Dadurch verstärkte sich das allgemeine Gefühl von Unsicherheit.

Christiane nickte und blies vorsichtig in den Becher, um das heiße Getränk ein bisschen abzukühlen.

»Es darf keine terroristische Aktion sein, Gwénaël. Wir brauchen keine Terroristen. Der Mann meiner Freundin Adèle hat mir eine Szene geschildert, die seltsam anmutete.«

Sie erzählte.

»Monsieur Blanc-Aimé hat richtig reagiert, Madame«, erwiderte Kérmorvan und lächelte. Sie hatten mit Jean-Paul Moulin die Aufnahmen angesehen. Gabriel Blanc-Aimé war der Einzige in der Gruppe gewesen, der einen kühlen Kopf bewahrt und gleichzeitig Mut bewiesen hatte. Die anderen Geiseln waren mit der Situation überfordert gewesen.

»Ich habe nicht den Eindruck, dass Monsieur Blanc-Aimé so zartbesaitet ist, dass er das nicht verdauen wird«, antwortete er, als Christiane Près ihre persönliche Sorge formulierte, »auch wenn er lediglich ein Schreibtischtäter mit einem Abschluss der École Nationale de l'Administration ist: Er ist robust und reaktiv, und er hat die ganze Situation intuitiv richtig bewertet!«

Kérmorvan bemühte sich, sein Pokerface zu wahren.

Normalerweise fiel ihm das nicht schwer, doch bereits im Taxi war ihm alles wieder eingefallen. Er war kein klassischer Konsument von Frauenzeitschriften und People-Magazinen, aber die Geschichte zwischen der berühmten Promi-Anwältin und Sorbonne-Professorin Adèle Lorgneux und ihrem fünfundzwanzig Jahre jüngeren Erstsemester aus der Provinz, Gabriel Blanc-Aimé, war damals so heftig durch die Regenbogenpresse gegangen, dass sogar er es mitbekommen hatte.

In der Hebammenpraxis seiner Mutter lagen im Wartezimmer die gesammelten Blüten des französischen Boulevardjournalismus aus. Kérmorvan hatte neben der Reiterei und seiner Querflöte noch ein weiteres Hobby, das er leidenschaftlich pflegte, wenn sein Beruf ihm die Zeit dazu ließ: Er kochte, und wenn niemand ihn beobachtete, dann blätterte er sich durch die ausgedienten People-Zeitschriften der Praxis, um die Rezepte und Backanleitungen aus den Heften zu reißen, bevor sie im Altpapier landeten. So war auch ihm damals die herzergreifende Schmalz-Story der beiden engen

Freunde seiner Chefin nicht entgangen. Die Schlagzeile war so lächerlich gewesen, dass er nicht widerstehen konnte: »Cougar frisst Maus!« Er hatte den Artikel mit den Paparazzi-Fotos verschlungen. Nicht der Altersunterschied von einem Vierteljahrhundert hatte ihn gefesselt, sondern die unglaubliche Nonchalance, mit der die beiden Protagonisten sich vor den Augen der Öffentlichkeit in Szene gesetzt hatten.

Christiane drückte dankbar Kérmorvans Hand. Dann trank sie ihre tröstende heiße Schokolade in kleinen Schlucken. Als sie die Tasse geleert hatte, nahm Kérmorvan sie ihr ab, wusch sie und stellte sie ordentlich neben die seine auf die Arbeitsplatte neben dem Spülstein.

Der Pariser Anschlag und was auch immer dahinterstecken mochte, war nicht ihr Job. Zumindest noch nicht. Die Division Action musste zuerst ein anderes Rätsel lösen, und um es lösen zu können, musste er mit seiner Equipe aus dem Service Action losziehen, um Taher El Ouazzani einzufangen. Und um Taher einzufangen, mussten sie gemeinsam mit dem Deutschen Huber eine Operation auf die Beine stellen. Und zwar schnell, sehr schnell. Wenn sie das hinter sich hatten, dann wollte er gerne Christiane Près zuliebe unter einem Vorwand Gabrièl Blanc-Aimé treffen und ausloten, ob irgendetwas Posttraumatisches von diesem Anschlag im Cercle de l'Union Interalliée zurückgeblieben war.

Die Polizeibehörden und die innere Sicherheit – Direction de la Surveillance du Territoire und Renseignements Généraux – würden zwischenzeitlich zweifelsohne herausfinden, was im Cercle de l'Union Interalliée wirklich geschehen war und wer hinter diesem Blutvergießen steckte. Vielleicht würden sich wieder einmal al-Qaida oder einer ihrer Ableger und Franchises zu diesem Anschlag bekennen, vielleicht würde man ein Bekennervideo oder ein Schreiben der Täter finden. Oder vielleicht war es wirklich nur der fehlgeschlagene Überfall von Schwerstkriminellen, die dieses Niveau der Gewalt erreicht hatten, weil der Zugriff auf Schnellfeuerwaffen und Sprengmittel seit dem Krieg im ehemaligen Jugoslawien durch die Osterweiterung der Europäischen Union und die offenen Grenzen des Schengen-Raumes so einfach geworden war, dass jedes kleine Arschloch, das Drogen dealte, inzwischen besser ausgerüstet und bewaffnet war als der durchschnittliche Polizeibeamte. Und das war nicht nur hier in Frankreich der Fall, es galt für sämtliche Mitgliedsstaaten der Europäischen Union.

»Es gibt keine Patentlösung, um Distanz zu wahren, Madame le Juge«, sagte er freundlich. »Es ist nur einfacher, wenn Ihnen das Opfer, mit dem Sie konfrontiert werden, persönlich nicht nahesteht. Nähe macht hilflos!«

TEIL 2

ERSTES KAPITEL

Afghanistan – Provinz Kandahār und Grenze zur Provinz Zabul

Die Aufklärungsdrohne war nur knappe zweieinhalb Meter lang und hatte eine Flügelspannweite von etwas mehr als vier Metern. Sie konnte in ihrer traditionellen Version, die bei der Bundeswehr im Einsatz war, bei einer Autonomie von acht Stunden in einer Flughöhe von bis zu fünftausend Metern operieren und ihre Daten über eine Duplex-Mikrowellenverbindung im C-Band in Echtzeit übertragen. Dabei hatte man die Möglichkeit, das fliegende Auge mit so ziemlich jeder Sensorik auszurüsten: normale Kameras, Nachtsicht oder Wärmebild. Die offiziell als EMT LUNA bekannte Drohne hatte eine Reichweite von etwas mehr als einhundert Kilometern. Zerlegt passte sie in eine Kiste, die drei Männer hochheben konnten. Und die Kiste samt Bodenstation passte auf einen ganz normalen, großen Geländewagen.

Die oberbayerische Firma, die das Gerät entwickelt hatte, hatte auf Bitten des Sonderbeauftragten für Besondere Krisensituationen im Bundeskanzleramt an den beiden Drohnen, die der Service Action der DGSE bekam, eine Reihe Veränderungen vorgenommen, um sie an diese ganz spezielle Mission anzupassen.

× × ×

Die vier Männer trugen französische Kampfanzüge. Sie schienen zur Wartungsmannschaft der sechs Mirage-Kampfflugzeuge zu gehören, die vor wenigen Tagen von der Duschanbe-Airbase in der ehemaligen Sowjetrepublik Tadschikistan nach Afghanistan auf die Kandahār-Airbase verlegt worden waren.

Die Airbase war riesig und vollkommen unübersichtlich. Genau wie die Franzosen und ihre sechs Mirage-Jets in der Masse von Kriegsgeräten, Soldaten und zivilen Angestellten der KAF verschwanden, verschwanden auch die vier Männer mit ihren beiden Kisten und den zwei Fahrzeugen, gleich nachdem sie aus der geleasten russischen Transportmaschine entladen worden waren. Die Fahrzeuge glichen denen, die das von den Kanadiern geleitete Provincial Reconstruction Team einsetzte: Es waren als Ingenieursfahrzeuge umgerüstete Hummer-Geländewagen. Sie waren unauffällig und robust. Allerdings versteckte sich in ihrem Inneren neben den hochauflösenden Bildschirmen für Bildauswertung in Echtzeit und für Missionsplanung auch ein virtuelles Cockpit zur Fluggeräteüberwachung.

Durch die weitgehende Automatisierung war die Bedienung der LUNA-Drohnen einfach. Unter normalen Umständen konnte man Bedienpersonal ohne fliegerische Vorkenntnisse innerhalb von etwa acht Wochen schulen. Doch die vier Piloten der DGSE waren hoch qualifizierte Spezialisten. Sie konnten so gut wie alles fliegen und waren an die schwierigsten Einsatzbedingungen gewöhnt; Wüsten, Gebirge, Dschungel und sogar arktisches Eis. Sie hatten lediglich ein verlängertes Wochenende bei dem Entwickler in der bayerischen Kleinstadt verbracht, um sich mit dem System vertraut zu machen und ihre beiden Drohnen und die fertig ausgerüsteten und umgespritzten Command Cars abzuholen.

Zwei Stunden später fuhr der erste der beiden Hummer auf der Ring Road in Richtung Qalat. Der zweite befand sich auf der A 75, die Kandahār mit Spin Boldak und der pakistanischen Grenze verband. Außer den Drohnen und ihrer langjährigen Berufserfahrung im französischen Geheimdienst hatten die Operators alles dabei, um einen Monat autonom zu überleben. Sie sollten ihre Bodenstationen so in Stellung bringen, dass die LUNAs bei maximaler Höhe eine maximale Flugstrecke bekamen.

Für die Missionsplanung konnten auch Satellitenbilder verwendet werden, und sie hatten Software zur Nachtflugauswertung dabei. Die Operators konnten die Route der Drohne im Flug ändern und sie von der einen an die andere Bodenstation weiterreichen. Damit verfügte sie über eine Reichweite von mehr als dreihundert Kilometern. Dank des leichten Glasfaser-Komposit-Materials hatte LUNA nur eine geringe akustische, thermische und Radar-Signatur, und der Entwickler hatte für sie die Datenübermittlung modifiziert, um das russische Electronic-Warfare-System der geheimnisvollen Truppe in den Großen Suleimans auszutricksen.

Sie wollten die modifizierte LUNA in einen Flug-Orbit von zwei Kilometern Radius steigen lassen, wo ihre recht große Flügelspannweite es dann erlaubte, in den Gleitflug überzugehen. Durch das gleichzeitige Abschalten des Motors wurde dabei nicht nur der Akku geschont und die Flugzeit extrem verlängert, sondern LUNA flog auch lautlos, am Himmel kaum mehr als ein großer Raubvogel. Sobald die Drohne das gefährliche Gebiet verließ, konnten die Männer ihren Motor über eine Fernsteuerung wieder starten und sie so sicher zu den Command Cars zurückbringen.

Afghanistan – Kabul – Botschafts- und Regierungsviertel am Sanbak-Platz

Die französische Botschaft in der Jadayi-Sulh-Straße am Sanbak-Platz im schwer bewachten Innenstadtbezirk Wazir Akbar Khan, wo sich außer zahlreichen diplomatischen Vertretungen und dem Hauptquartier der NATO noch der afghanische Präsidentenpalast und alle Ministerien befanden, glich einer Festung. Darin unterschied sich der Gebäudekomplex nicht von seinen beiden Nachbarn, den Botschaften der Vereinigten Arabischen Emirate und

Indonesiens. Hinter meterhohen Sprengschutzmauern duckte sich die französische Botschaft verängstigt vor den bitteren Realitäten des kleinen Landes am Hindukusch.

Der Botschafter hatte ihnen die Räume im zweiten Stock des Gebäudes zähneknirschend überlassen. Er wollte nicht wissen, was die Techniker dort installiert hatten, die am Donnerstagabend diskret mit einem Militärfahrzeug und ein paar kakigrünen, schweren Metallkisten angekommen waren. Sie hatten das islamische Wochenende genutzt, um es sich bequem zu machen. Der Botschafter wollte auch nicht wissen, was die beiden Männer und die zierliche junge Frau mit dem kahl geschorenen Schädel dort trieben oder mit wem sie in Kontakt standen. Sein Sicherheitsattaché hatte mit den Schultern gezuckt. Es sei auch nicht sein Job, hatte er gemeint. Der Militärattaché schüttelte den Kopf. Er war für die militärische Kooperation mit den Afghanen zuständig, die nicht im Rahmen der ISAF oder der bilateralen Abkommen abgewickelt wurde. Für Letzteres war nämlich sein Büronachbar, der Sicherheitsattaché zuständig und für Ersteres der entsprechende Kamerad im ISAF-Hauptquartier quer gegenüber.

Lediglich die harten Typen, die der GIGN ihm als Personenschützer zur Verfügung gestellt hatte, weil Kabul einer der riskantesten Außenposten Frankreichs war, schienen eine gewisse Ahnung von dem zu haben, was dort oben vor sich ging. Aber Gesprächigkeit lag nicht in ihrem Naturell. Regelmäßig sah er den einen oder den anderen seiner Bodyguards mit seinen geheimnisvollen Gästen zu Mittag essen oder irgendwo im Garten der Botschaft entspannen und plaudern. Und immer wieder fuhren die Personenschützer mit der kahl geschorenen jungen Frau in einem der gepanzerten Fahrzeuge der Botschaft weg, ohne ihm Bescheid zu sagen, wohin oder warum.

Seine ungebetenen Gäste hatten sich ganz selbstverständlich im Gästehaus der Botschaft eingenistet und trugen selbstbewusst Security-Keys am Hals, die nach Aussagen seines Sicherheitschefs auch den Zugang zum schwer gesicherten Chiffrierraum der

Botschaft und zu dem klimatisierten Kellerraum, der die Computerserver beherbergte, öffneten. Der Botschafter war sich darüber im Klaren, dass die drei zusammen mit ihren kakigrünen Kisten und dem diskreten Militärfahrzeug eines Tages genauso überraschend und diskret wieder verschwinden würden, wie sie aufgetaucht waren, und dass es dann seine Aufgabe sein würde, den politischen und diplomatischen Scherbenhaufen zusammenzufegen, den sie hinterließen.

Der Botschafter war nicht dumm. Er war auch nicht naiv, und Kabul war nicht sein erster gefährlicher Posten in einem gefährlichen Land. Er war im Sudan gewesen, im Jemen und in Syrien, und er hatte auch dort in seinen Botschaften gelegentlich rätselhafte Unbekannte mit kostspieliger Elektronik begrüßen müssen. Oder sie waren diskret gekommen, um Kisten abzuholen, die per Diplomatengepäck ins Land gebracht worden waren. Dann hatte es meist größere Scherbenhaufen gegeben, und es hatte länger gedauert, sie wegzufegen.

Obwohl er sich als treuer Diener Frankreichs dem laizistischen Prinzip der Republik verpflichtet fühlte, betete er doch jeden Abend inbrünstig, dass die Personalabteilung des Quay d'Orsay am Ende der Afghanistan-Tour endlich ein Einsehen mit ihm haben möge. Er träumte von Malta und der Botschaft in Valletta, wo das historische Botschaftsgebäude in der Altstadt nicht hinter Sicherheitszäunen oder Sprengschutzmauern lag, sondern nur eine ganz normale Türklingel hatte.

× × ×

Die erste der beiden Drohnen, die die Deutschen für die Operation zur Verfügung stellten, befand sich seit zwei Stunden in der Luft. Neugierig verfolgten sie auf ihren Bildschirmen, was die Kamera in Echtzeit übermittelte. Genau die gleichen Aufnahmen konnten sie in diesem Augenblick auch zu Hause in Romainville sehen. Farida und ihre beiden Kollegen aus der Hauptabteilung Technik der

DGSE hatten vor allem diese Aufgabe: den Link mit Frankreich aufrechtzuerhalten und die Verbindungen mit ihren Teams vor Ort zu sichern.

Die beiden Techniker waren schon in Kabul gewesen, hatten dort für Julien Rudeaux die falschen Kameras am Tolo-TV-Gebäude angebracht und sich unauffällig ins System der Sicherheitskameras der finnischen Botschaft gehackt. Farida war am Anfang der Woche zu ihnen gestoßen und hatte in ihren als Diplomatengepäck deklarierten Koffern noch verschiedene Geheimdienst-Gadgets mitgebracht, die der neue Kollege vom Service Action und der IM Pierre Besson in ein paar Tagen brauchen würden, um ihren Teil der Operation zu erledigen.

Die LUNA-Drohne hatte, seitdem die Bundeswehr sie in Dienst genommen hatte, zigtausend Flugstunden im Bereich Luftaufklärung und Überwachung gesammelt. Sie hatte sich auch über Afghanistan und in den schwierigen Höhen des Hindukusch bewährt. Sie konnten den Flusslauf zwischen den steilen Felswänden deutlich sehen. Der Gebirgsfluss begann im Hochtal, ergoss sich in einer spektakulären Kaskade in die Schlucht, nahm Geschwindigkeit auf und strömte wild und reißend hinunter ins Tal, wo er in den Ghar-Sang mündete, der dann eine große Schleife machte, die Provinz Zabul verließ und über die Grenze in die Provinz Kandahār floss. Dort waren auch vierzehn Tage nach dem Abschuss des MedEvac Teile des zerstörten Hubschraubers gefunden worden.

Die beiden Operators im ersten Command Car waren dabei, sich auf ihr Auge am Himmel einzustellen. Sie hatten die LUNA in der unbewohnten Region, die sich zwischen Mapan und ihrem Ziel erstreckte, eine Zeit lang im Tiefflug gehalten, um ein Gefühl für das unbemannte Luftfahrzeug zu bekommen. Als sie sich der Grabungsstätte näherten, ließen sie die LUNA steil nach oben steigen, bevor sie den Motor ausschalteten und sie in einem Orbit von einem Kilometer in den lautlosen Gleitflug schickten. Der mit Hightech und Sensorik vollgestopfte Starrflügler kreiste wie ein großer Raubvogel auf dem Wind.

»Wow«, sagte Farida leise, als sie zum ersten Mal mit eigenen Augen sahen, was Commandant Kérmorvan und ihr temporärer Neuzugang aus Deutschland beschrieben hatten. Sie bedauerte es nicht, für ihren ersten richtigen Auslandseinsatz ihren Hahnenkamm geopfert zu haben. Die Haare würden wieder nachwachsen. Sie hatten unglaubliches Glück mit dem Wetter. Das größte Problem des Hightech-Rekruten aus der Bundeswehr war seine Kälteempfindlichkeit. Ab minus zwanzig Grad – die in fünftausend Metern Höhe über einem Gebirge schnell erreicht waren – riskierte der deutsche Vogel den Absturz. Doch im Augenblick war es gemäßigter über den Großen Suleimans, und die Bilder, die die Drohne übertrug, waren gestochen scharf. Sie konnten sogar die Fassade der Felsenfestung sehen, von der Major Rossi erzählt hatte, auch wenn das zoroastrisch inspirierte Relief nur vage als dunkler Schatten auftauchte.

»Das sieht wirklich aus wie der Tempel mit dem Heiligen Gral am Ende von *Indiana Jones und der letzte Kreuzzug.*«

Faridas Kollege hatte gerade die prachtvollen Säulen bemerkt, die vor mehr als zweieinhalbtausend Jahren mit einfachsten Mitteln aus dem Felsen herausgehauen worden waren.

»Es ist unglaublich, was die dort oben in den Bergen entdeckt haben. Das sieht genauso aus wie die Felsenstadt Petra in Jordanien.«

»Seht mal«, Farida deutete auf einen schönen Bogen, der in den Felsen gemeißelt worden war, »das muss der Eingang in die Festung sein, von dem Major Rossi gesprochen hat.«

»Und das ist der Eingang in den Felsentunnel, der hinunter in die Schlucht und zum Fluss führt.«

Die drei Kommunikationsspezialisten waren enthusiastisch. Das Bildmaterial war erstklassig. Sie mussten es nicht einmal bearbeiten, um es in dem Missionsplanungsprogramm zu verwenden.

Die Operators im ersten Command Car schienen genauso zufrieden wie sie in Kabul. Die Drohne offenbarte bereits aus der Vogelperspektive, was sich hinter den Mauern des traditionellen afghanischen Wehrhofes befand. Sie war nun über dem Teil des

Hochtals, der sie am meisten interessierte und den weder Commandant Kérmorvan noch Major Rossi eingesehen hatten.

Da waren ein Ziegenstall mit einem schützenden Überdach und einem kleinen Pferch, ein größerer Stall, eine Art Scheune für das Futter der Tiere und ein Hausgarten. Ein überdachter Balkon zog sich U-förmig um das Hauptgebäude und bewies, dass es zwei Stockwerke gab. Die Hochoberen in Romainville schnatterten im Hintergrund enthusiastisch. Da waren auch die Wohncontainer der Contractors im Dienst von Mr. Jones, die Container, in denen die Kontrollstation des russischen EW-Systems und der Rest der Überwachungstechnik waren, und Commandant Kérmorvans temporäres Gefängnis mit dem kleinen Schweizer Wasserkraftwerk, das das Hochtal mit Strom versorgte.

»Et voilà, mes amis! Voici, votre système Mistral! Les racailles se méfient d'une approche par hélicoptère!«

Farida hörte in ihrem Headset das heftig akzentuierte Französisch des Sonderbeauftragten für Besondere Krisensituationen.

Dr. Huber hatte sich zum ersten Testflug seiner Drohne aus Berlin eingeladen und sofort bemerkt, dass Mr. Jones' Contractors ernsthafte Luftraumüberwachung machten. Das illegal von einem serbischen Waffenschieber gekaufte französische Boden-Luft-System war in den Felsen montiert worden und damit auch eine Gefahr für die LUNAs, sollten sie jemandem im Himmel über dem Hochtal auffallen.

Außer dem Deutschen waren noch Rudeaux und General Bertrand Morillon vom COS im *Ops-Room* in Romainville. Morillon hatte geholfen und auf dem kleinen Dienstweg den schnellen und diskreten Transport der Drohnen, ihrer Command Cars und der vier DGSE-Piloten über Duschanbe nach Kandahār organisiert. Außerdem stand einer seiner Cougar-Helikopter aus Dschalalabad bereit, um das Team zu exfiltrieren, das die Zielperson aus dem Hochtal entführen sollte.

Farida warf einen kurzen Blick auf die Uhr. Die Drohne hatte noch mehrere Stunden Flugzeit: Diese Version der LUNA hatte nicht nur eine größere Reichweite als das Standardmodel, das die Bundeswehr schon seit Jahren im Einsatz hatte. Sie war auch autonomer und konnte länger in der Luft bleiben. Die Operators im ersten Command Car schickten den Vogel auf einen tieferen Orbit über der Grabungsstätte in den Gleitflug. Sie hatten alle bemerkt, dass unten nicht viel los war und in den Wolken eine Reihe großer Raubvögel kreisten. Ein halbes Dutzend Maultiere und Pferde standen auf einer Weide. Etwa fünfunddreißig Ziegen grasten auf einem Abschnitt der Grabungsstätte und wurden dabei von einem Mann in afghanischer Tracht gehütet. Am Behelfsgefängnis standen mehrere Fahrzeuge geparkt: ein sandfarbener Mercedes-Unimog, vier robuste Geländewagen von Toyota und drei Enduro-Motorräder. Man konnte Männer in Flecktarnhosen und mit kakifarbenen T-Shirts erkennen, die am Unimog und an den Geländewagen herumschraubten.

Es war kein Problem, die Drohne im Gleitflug zu steuern. Die Winde schienen außergewöhnlich günstig. Sie würden so lange wie möglich ohne den Motor segeln. Wenn sie Glück hatten, dann konnten sie schon bei diesem ersten Flug die gesamte LUNA-Sensorik durchtesten, Nachtaufnahmen machen, die für diesen Einsatz besonders wichtigen Infrarotkameras ausprobieren und eine große Menge guter Bilder für die Missionsplanung machen.

Farida kontaktierte kurz die DGSE-Piloten in den Command Cars:

»Könnt ihr euch bitte auf das Wohnhaus konzentrieren!«, bat sie. »Ich brauche Bilder in der höchstmöglichen Auflösung.«

Commandant Kérmorvan und seine Equipe in Quélern benötigten einen Grundriss, um den wichtigsten Teil der Mission zu planen.

Frankreich – Bretagne – Quélern – Centre parachutiste d'entraînement aux opérations maritimes (CPEOM) des Service Action

Carla suchte mit den Fingern der linken Hand, bis sie einen kleinen Vorsprung fand, der für ihre Fingerkuppen breit genug war. Als sie fühlte, dass sie einen guten Griff hatte, schwang sie mit beiden Beinen Richtung Fels. Der eine Unteroffizier des Service Action gab ihr Seil. Kérmorvan presste die Lippen zusammen und hielt kurz den Atem an. Die beiden Männer an seiner Seite waren genauso perplex. Einer zischte leise und bewundernd: *»Putain, c'est pas possible!«*

Carlas rechter Fuß fand einen Riss in der Wand. Sie drehte sich seitlich, suchte mit der rechten Hand den nächsten Halt und zog das Knie locker über Schulterhöhe. Sie ähnelte einer Spinne. Auch Kérmorvan fragte sich insgeheim, wie man es schaffte, sich so in der Körpermitte zu verdrehen, ohne dabei irgendwelche Wirbel auszurenken.

Tasten, greifen, hochziehen, treten. In regelmäßigen Abständen trieb Carla ihre Spezialkeile in den Felsen, hängte Karabiner ein und dann das Sicherungsseil. Die Übung, die sie am Pen-Hir machten, war keine Übung für sie, sondern für ihn und sein Team. Als Carla die Spitze erreichte, sah Kérmorvan auf die Stoppuhr. Er schüttelte den Kopf. Während ihres Special-Forces-Training hatten sie alle das Klettern unter extremsten Bedingungen gelernt. Er als Kampfschwimmer war regelmäßig in voller Montur mit Neoprenanzug, Ausrüstung und Waffen unter miserabelsten Witterungsbedingungen und fast immer nachts irgendwelche Steilfelsen an einer der französischen Küsten hinaufgejagt worden; gelegentlich gesichert, meist ungesichert, aber immer nach einer Landung am Strand und nach einer anstrengenden Schwimm- oder Tauchstrecke.

Trotzdem war keiner von ihnen auch nur ansatzweise in der Lage, es Carla gleichzutun. Sie war die glatte Westwand des als klettertechnisch extrem schwierig geltenden Kaps auf der Crozon-Halbinsel hochgeeilt wie ein Gecko. In Rekordzeit hatte sie ihnen dabei auch noch das Sicherungsseil gelegt. Im Bergsteigen war sie einfach um Klassen besser, als er oder jeder aus seinem Team es je sein würden.

× × ×

Im ersten Augenblick war Kérmorvan wütend gewesen: vor allem auf sich selbst, aber auch auf Huber und Christiane Près, die eine Art Teufelspakt miteinander geschlossen hatten.

Am Tag nach dem Drama im Cercle de l'Union Interalliée hatte er bei der Operationsbesprechung vorgeschlagen, auf dem gleichen Weg ins Hochtal einzudringen, auf dem Carla gekommen war, um ihn aus seiner Misere mit O'Shaughnessy und den Rugbyfans zu befreien. Sie hatte ihn bereits in Berlin nach ihrer gemeinsamen Nacht beim gemütlichen Frühstück mit kommunistischem Rotkäppchen-Sekt und frischen Croissants vom französischen Bäcker neben der konspirativen Ex-Stasiwohnung am Checkpoint Charlie davon überzeugt, dass die Truppe auf der Grabungsstätte diese Kletterstrecke wahrscheinlich nicht einmal kannte.

»Zu technisch, zu lang, zu gefährlich für irgendeinen Otto Normalverbraucher in Badeschlappen«, hatte sie geurteilt. Die Grotten im Felsen, an denen sie vorbeigeklettert war, waren ihr außerdem seltsam erschienen, ja sogar ein bisschen unheimlich.

»Da drinnen kannst du dich nicht ausruhen und wieder Kraft schöpfen, bevor du weitermachst.«

Sie hatte ihm irgendetwas von Spinnweben erzählt und von brandgefährlichen Monsterspinnen. Dann hatte Carla die Hypothese aufgestellt, dass die menschenfleischfressenden Gruselviecher den Leuten, die in der Gegend lebten, wahrscheinlich genauso viel Angst einjagten wie ihr und neben der extremen bergsteigerischen Schwierigkeit vermutlich der zweite Grund waren, warum niemand der Locals diesen Steilhang als Zugang zum Hochtal benutzte.

Kérmorvan war gut erzogen und hatte ihr selbstverständlich aufmerksam zugehört. Er hatte gelächelt, genickt und im richtigen

Augenblick die richtigen Worte gesagt, denn er hatte zwei jüngere Schwestern und wusste, was von ihm erwartet wurde. Allerdings wusste er auch, dass sämtliche in Afghanistan stationierten Deutschen seit einem Artikel, der Wochenzeitschrift *Der Spiegel* auf diesem Monsterspinnen-Trip waren.

Ursprünglich hatten amerikanische Soldaten die Legende aus dem Irak mitgebracht: ein kuchentellergroßes Vieh, das dem Aragog in der *Harry-Potter*-Verfilmung ähnelte, schlich nachts an Soldaten heran, um sie mit ihrem Gift zu betäuben und dann in aller Ruhe das Menschenfleisch zu verspeisen. Doch die Kamelspinne war ein Wüstentier und interessierte sich für Eidechsen und Mäuse, nicht für gut verpackte Nahrung mit kugelsicherer Weste, Helm und Maschinengewehr.

Sie hatte ihm die Strecke schließlich klar in bergsteigerischem Schwierigkeitsgrad beschrieben. Das hatte ihn mehr überzeugt als Storys von Geisterhöhlen und Monsterspinnen. Während sie mit Huber in der Air-France-Maschine nach Paris gesessen hatte, entwickelte sich vor Kérmorvans innerem Auge ein Film. Im Augenblick der Landung auf dem Flughafen Charles-de-Gaulle hatte er dann den präzisen Plan bereits im Kopf gehabt. Von einem Detail abgesehen.

× × ×

»Go!«, rief Carla so laut in ihr Kehlkopfmikrofon, dass Kérmorvans Ohren schmerzten. Sie stand fünfundsiebzig Meter hoch über ihm auf der Spitze des Pen-Hir. Er seufzte leise und klopfte dem ersten seiner Männer auf die Schulter.

Sie war intelligent, kreativ, körperlich fit und hatte außergewöhnlich gute Nerven. Trotzdem hatten sie acht, maximal zehn Tage, um diese Mission vorzubereiten, und Carla war an die ganzen Gadgets, die für Special Forces zum Berufsalltag gehörten, einfach nicht gewöhnt. Was Kérmorvan nervös machte, war der Faktor Zeit.

Der dritte Unteroffizier hängte den Karabinerhaken in die Schlaufe des Sicherungsseils, und seine beiden Kameraden zogen die Ausrüstung auf der leichten Faltbahre nach oben. Genau wie sein alter Ausbilder Marius hatten auch sie Carla problemlos adoptiert und ins Team integriert. Die DGSE hatte wie jeder Geheimdienst zahlreiche weibliche Agenten, und selbst im operativen Bereich und beim Service Action waren sie daran gewöhnt, mit Frauen im Team zu arbeiten. Allerdings hatten die alle mehr Zeit bekommen als ihre neue deutsche Kollegin, um die Spielregeln zu lernen und mit dem ungewöhnlicheren Equipment zu üben.

Marius stand oben auf dem Felsen neben Carla. Er würde am Ende der Übung beim Abseilen das »Paket« spielen und versuchen, ihnen »Schwierigkeiten« zu machen. Marius hatte Kérmorvans Bedenken mit einer Handbewegung weggewischt:

»Sie soll klettern, nicht kämpfen!«

Kérmorvan klopfte dem zweiten Mann des Trupps auf die Schulter. Dann drückte er auf den Knopf seiner Stoppuhr. Sie gingen als Vierer-Team ins Hochtal. Carlas Aufgabe war es, sie durch den Felsen zu führen, nach dem Abstieg die Spuren zu verwischen und das »Paket« medikamentös fügsam zu machen und medizinisch im Auge zu behalten, bis sie es in Frankreich ablieferten. Ein klassischer Unterstützungsauftrag eines Militärarztes, der auf eine High Value Mission des Service Action mitgeschickt wurde.

Der dritte Mann begann den Aufstieg.

× × ×

Die Schlussbesprechung dauerte nur fünfzehn Minuten. Sie waren den Pen-Hir insgesamt fünfmal rauf- und wieder heruntergeklettert, und sie hatten es jedes Mal geschafft, Marius mitzunehmen, obwohl der sich vehement gewehrt hatte. Kérmorvan fuhr den Laptop hoch.

Die Männer waren Ehemalige seiner alten Einheit und wohnten alle in der Gegend um Quélern. Nach Dienstschluss waren sie einfach nach Hause gefahren. Sie hatten viel Erfahrung mit dieser Art verdeckter Operationen, arbeiteten regelmäßig mit Kérmorvan zusammen und waren aufeinander eingespielt. Er selbst blieb mit Carla auf dem Gelände des CPEOM. Bretagne-Touristen hätten eine Menge Geld ausgegeben, um so wohnen zu können wie sie im Augenblick. Kérmorvan hatte im CEPOM seine Gewohnheiten und Marius erfüllte ihm, wenn es möglich war, auch exzentrischere Sonderwünsche. Die beiden Männer kannten sich seit ihrer Zeit in den Spezialeinsatzkräften der Kriegsmarine und waren gute Freunde.

Während er das Abendessen aus dem Kühlschrank holte, kämpfte der Laptop noch mit dem neuen deutschen Programm. Er hatte am Morgen einen kleinen Zettel beim Unteroffizier vom Dienst abgegeben, und nun erwarteten sie eine fangfrische Meeresfrüchteplatte und zwei mittelgroße Hummer als Hauptgericht. Man musste in der militärischen Sperrzone nur an den entsprechenden Stellen ein paar Hummerkäfige ins Wasser legen. Außerdem war gerade beste Muschelzeit. Alle Monate mit »R«, insbesondere der Spätherbst und der Winter.

Kérmorvan öffnete den Menetou-Salon und schnupperte genüsslich am Korken. Er hatte den Wein schon vor der Klettertour am Pen-Hir kalt gestellt. Marius kam aus der Gegend und versorgte den Service Action mit dem leckeren Weißen von der Loire und mit einem ganz ausgezeichneten, trockenen Saumur, die ihm persönlich wesentlich besser schmeckten als jeder überteuerte Champagner.

Kérmorvan wollte den Tunnel durch den Felsen blockieren, durch den O'Shaughnessy ihn ins Hochtal gebracht hatten. Wenn Carla recht hatte, dann würden etwaige Verfolger diesen Weg einschlagen. Sie mussten nicht einmal zeitaufwendig Sprengladungen legen. Es genügte, ein paar primitive Schützenminen vor dem Ausgang zu verstreuen. Er bevorzugte für gewöhnlich die billige und zuverlässige ex-sowjetische MON-50 mit dem praktischen Stolperdraht, doch für seine alten Bekannten vom Rugbyfanclub würde er sich ausnahmsweise nicht lumpen lassen und eine Tüte voller nagelneuer israelischer Anti-Personen-Minen mitnehmen.

Selbst wenn sie mit ihrem »Zielobjekt« unbemerkt entkamen: Falls Rowan, Erin, Frankie, Mikie oder irgendein anderes Mitglied des Rugbyfanclubs, das er namentlich noch nicht kannte, durch den Tunnel wanderten, dann würden sie auf den letzten paar Metern im schummrigen Licht eine böse Überraschung erleben. Schützenminen demoralisierten den Gegner. Sie hatten keine Gefühle und waren nicht selektiv. Aus diesem Grund hatten die meisten zivilisierten Staaten ihren Einsatz auch geächtet.

Während er weiter überlegte, wie er den Rückzug nach einer erfolgreichen Mission sichern konnte, zerließ Kérmorvan Butter, vermischte sie mit Zucker, Mehl und Mandelsplittern und bröselte sie anschließend über das geschnittene Obst in der Backform. Das half ihm beim Nachdenken. Kérmorvan konnte Stunden friedlich in einer Küche verbringen.

Grausam waren die Wunden, die die Splitterladungen verursachten. Die Opfer waren nicht sofort tot, sondern krepierten langsam. Am schlimmsten waren die Schreie, wenn die Getroffenen den ersten Schrecken überwunden hatten und begriffen, dass die stinkende rotbraune Masse eine Suppe aus ihren eigenen Eingeweiden und Fäkalien war und dass man nichts mehr für sie tun konnte, außer ihnen den Gnadenschuss zu geben. Kérmorvan seufzte leise. Die Typen vom Rugbyfanclub hatten seine Kameraden, die Deutschen und noch rund drei Dutzend anderer Special-Forces-Soldaten aus anderen ISAF-Mitgliedsstaaten auf dem Gewissen. In seiner Welt der geheimen Krieger waren Anti-Personen-Minen nicht verboten!

Zufrieden betrachtete Kérmorvan den gedeckten Tisch mit ihrem Abendessen. Abschließend machte er den Backofen an. Der Pflaumen-Crumble zum Nachtisch brauchte fünfundvierzig Minuten. Er wanderte aus der Küche in sein Zimmer. Rossi stand noch unter der Dusche.

Nach dem patriotischen Begrüßungsbildschirm der DGSE mit *Bleu-Blanc-Rouge* und dem Logo des Geheimdienstes loggte Kérmorvan sich ins Intranet der Division Action ein. Er musste ein bisschen warten. Huber hatte ihnen außer dem LUNA-System mit den beiden Drohnen auch noch die dazugehörige Mission-Planning-Software ADLER überlassen, die ihre IT-Fuzzis schnell ins Gesamtsystem integriert hatten. Es funktionierte, aber es war keine elegante Lösung. Der Laptop rödelte und schnaufte, dann pixelte sich langsam eine Karte auf den Bildschirm.

× × ×

»Und?«

Carla war geduscht und umgezogen. Sie spürte jeden Muskel, und sie war hungrig. Kérmorvan hatte ihr »etwas ganz Feines« versprochen, und aus der Küche strömte bereits ein verführerischer Duft.

Sie hatte sich in einem bequemen und nett eingerichteten Zimmer wiedergefunden. Nichts deutete darauf hin, dass der Eigentümer eine Behörde war. Das traditionelle schiefergedeckte Fischerhäuschen aus Naturstein an der pittoresken bretonischen Smaragdküste hätte sie, ohne zu zögern, auch für einen Urlaub gemietet. Allerdings stand ihre komfortable Unterkunft nicht in einem Feriendorf, sondern inmitten eines abgeschirmten Militärstützpunkts, der sich auf einem großen militärischen Sperrgebiet befand. Flora und Fauna waren dadurch besser geschützt als in jedem Naturpark. Wie Perlen an einer Kette reihten sich die Flottenstützpunkte der französischen Kriegsmarine zwischen der Bucht von Brest und der Halbinsel Crozon auf.

Der Schrank in ihrer Unterkunft war mit einer Auswahl Militär- und Sportkleidung befüllt: alles in den richtigen Größen und mit den bei den Franzosen üblichen Tarnmustern. Sogar die Transportkiste mit ihrem OPEX-Kit, das sie zur Medical Task Force auf der Kandahār-Airbase mitgenommen hatte, stand in ihrem Zimmer. Sie hatte ihre in Afghanistan zurückgelassenen Besitztümer ordentlich eingepackt wiedergefunden: den neuen, noch ungelesenen *Harry Potter,* die Wohnungsschlüssel von Ulm, die Autoschlüssel, ihre

Ausweispapiere, die Kreditkarte und sogar den privaten Laptop und das alte Handy.

Nach ein paar Tagen Zwangsurlaub bei ihrer Familie im Berchtesgadener Land hatte General Reinhard Gutbrod sie kontaktiert. Er war persönlich aus Berlin nach Bayern gekommen, um ihr alles zu erklären. Selbstverständlich hatte er sie höflich gefragt, ob es okay war, wenn er sie für eine Weile zum Amt für Militärkunde versetzte. Carla hatte sofort gefühlt, dass der aalglatte Sicherheitsbeauftragte Huber hinter alldem steckte. Gutbrod war die Schamesröte ins Gesicht gestiegen, als er ihr über einer Tasse Kaffee und einem Stück herbstlichem Apfelkuchen in der Wohnküche des alten Familienbesitzes auf dem Oberschönauer Duftberg die Alternative zum Amt für Militärkunde schilderte: eine außergewöhnliche und anspruchsvolle Auslandsverwendung.

Man hatte in Erwägung gezogen, Carla für mindestens vier Jahre als stellvertretenden Verteidigungsattaché an die deutsche Botschaft in Wellington, Neuseeland, zu entsenden. Ihr Amtssitz sollte dabei das an Wellington angeschlossene deutsche Konsulat in Port Moresby im Inselstaat Papua-Neuguinea sein. Gutbrod hatte unterstrichen, dass es üblich war, diesen »ganz speziellen« Posten mindestens einmal zu verlängern, weil dem BMVg willige Kandidaten fehlten und das Auswärtige Amt so außerdem Kosten bei den Umzügen ans andere Ende der Welt einsparen konnte.

»Falls ich also nicht gut gewürzt in irgendeinem Papua-Kochtopf lande, dann darf ich mit knapp vierzig wieder nach Deutschland zurück; als Notfallmedizinerin mit völlig überholten Kenntnissen und von Gott, dem Vaterland und der Personalabteilung der Bundeswehr vergessen?«

»Genau das ist die Idee, Major!« Gutbrod war ehrlich gewesen.

Er hatte sich damit wenigstens ihren Respekt bewahrt. Carla hatte bereits im Hubschrauber mit Huber nach Berlin gespürt, dass man sie nach der völlig irren Geschichte in den afghanischen Bergen nicht einfach umstandslos wieder ins Bundeswehrkrankenhaus auf dem Oberen Eselsberg zurückschicken würde.

»Vergessen wir es einfach, Major Rossi! Schwamm drüber. *Shit happens!*«

Das Angebot, die nächsten acht Jahre ihres Lebens auf einer riesigen, wilden Insel nördlich von Australien zu verbringen, auf der bis zum Ende der Sechzigerjahre regelmäßig Menschenfleisch auf der Speisekarte stand, war harter Tobak: ein höllisches Klima, abenteuerliche Tropenkrankheiten, gefährliche giftige Insekten, kein einziges kletterbares Gebirge, Flugzeiten über Singapur nach Frankfurt von mindestens sechsundzwanzig Stunden und Gerüchte, dass in abgelegenen Gebieten manche heute noch Tote aus den Gräbern klauten, um sie anschließend gut gewürzt in die Pfanne zu hauen.

Carla hatte sofort begriffen, was ihr hier geschah – eine administrative Vergewaltigung, die ihr großer Chef vom Einsatzführungskommando der Bundeswehr gemeinsam mit dem Sonderbeauftragten für Besondere Krisenlagen ausgeheckt hatte. Und das nicht einmal unelegant! Entweder das Amt für Militärkunde, ein weiterer Trip nach Afghanistan bei Nacht und Nebel mit der Möglichkeit, anschließend in einem renommierten Umfeld besondere medizinische Bereiche kennenzulernen, die in der Bundeswehr vernachlässigt wurden – oder aber Hannibal Lecter in Ozeanien.

Achtundvierzig Stunden später war sie mit ihrem falschen belgischen Pass und einer sehr teuren und übergewichtigen Kiste voll exklusiver Spezial-Kletterausrüstung mit Eurowings über Salzburg nach Paris geflogen, hatte dort auf dem Flughafen Charles-de-Gaulle auf einen Inlandsflug der Air France gewechselt und war eine weitere Stunde später in Brest gelandet.

× × ×

Kérmorvan rutschte auf dem Bett zur Seite, damit Carla sich bequem neben ihn setzen konnte. Sie hatten die Mission-Planning-Software in diesem Augenblick nur auf dem Laptop.

»Die ersten Live-Bilder mit der Infrarotkamera aus dem Hochtal«, sagte er.

Während sie noch unter der Dusche gestanden hatte, hatte Farida aus Kabul angerufen. Die perfekten Wetterbedingungen machten es möglich, die Kapazitäten der deutschen Drohne voll auszunutzen. Bei niedrigen Außentemperaturen war es für Wärmequellen fast unmöglich, sich zu verstecken, und die Temperaturen waren nachts in der Provinz Zabul bereits auf null Grad. Außerdem glaubten die Bewohner der Grabungsstätte nicht, dass man sie aus der Luft ausspionierte. Kérmorvan beobachtete fasziniert, wie die roten Punkte am Hang, wo die Wohncontainer der Contractors und die beiden Container mit dem Überwachungsequipment standen, sich bewegten. Die meisten Wärmequellen saßen in einem der Wohncontainer so dicht beisammen, dass sie in den Außenbereichen farblich fusionierten und über Orange in Gelb verliefen. Zwei rote Punkte bewegten sich hin und her.

Er öffnete einen Hilfs-Screen in einer Ecke des Bildschirms und zog eine Kopie des Livestreams in das kleine Fenster. Das Bildverarbeitungsprogramm erlaubte es, einen speziellen Zeitrahmen in Einzelbilder zu zerschneiden. Es gelang ganz gut, die Software war nicht schwieriger zu benutzen als ein kommerzielles Programm. Er kopierte ein Einzelbild als Standbild heraus und vergrößerte es.

»Der Russe hat unserem inoffiziellen Mitarbeiter in Kabul erzählt, dass es dort oben außer seinen Kameraden von den SpezNas der GRU zwei angelsächsische Teams gab. Eines davon haben wir kennengelernt – den Rugbyfanclub und unseren gemeinsamen ›Freund‹ Richard O'Shaughnessy. Die kümmern sich um die Sicherheit, während die andere Gruppe für die elektronische Kriegführung zuständig ist. Diese Männer sind alle Amerikaner. Eine Menge gut ausgebildeter und schwer bewaffneter Typen, die da oben in den Großen Suleimans herumhängen. Dann noch eine Taliban-Truppe deines Posterboys Dadullah, die etwas weiter unten im Tal stationiert ist. Und natürlich Dadullahs Verwandtschaft, die ebenfalls mit Waffen umgehen kann …«

Die Wärmebilder waren interessant. Carla wusste, dass man außerdem noch einen ganz speziellen Sensor auf eine der Drohnen montiert hatte. Der Sensor trug den Spitznamen *Lobster-Eye* – Hummerauge. Das US-Ministerium für Heimatschutz, Homeland Security, hatte ihn von einem bekannten Rüstungsunternehmen nach den Anschlägen von 9/11 entwickeln lassen, und Huber hatte es geschafft, sich in einer waghalsigen Nacht-und-Nebel-Operation zwei Prototypen zu besorgen, an denen dann ein bewährtes deutsches Rüstungsforschungsinstitut noch eine ganze Reihe Verbesserungen vorgenommen hatte.

Rossi begriff natürlich, warum Kérmorvan ihr das alles mit leicht alarmierter Stimme erzählte, in der etwas kindlicher Frust mitschwang. Man musste kein hochtrainierter Luftbild-Auswerter sein, um Wärmepunkte auf einem Computerbildschirm zu zählen. In den Wohncontainern waren vierzehn Mann. Und diese Männer würden gewiss nicht einfach die Waffen strecken, falls sie einander Auge in Auge gegenübertreten mussten.

Kérmorvan hatte Angst, dass Rossi versehentlich zwischen die Fronten geraten konnte. Genauso wie vor ein paar Wochen, als er aus der Not heraus den MedEvac herbeigefunkt hatte – mit ihr an Bord.

Während Rossi mit ihrem neuen Kollegen Marius auf der Spitze des Pen-Hir herumgestanden und gewartet hatte, bis die anderen Teammitglieder endlich auch hochgeklettert waren, hatte der erfahrene Ausbilder sie bereits gewarnt, während der Operation keinen Unfug zu machen.

»Sie sind Arzt, Major, und Sie sollen klettern. Mehr nicht!« Marius hatte es ernst gemeint, und Carla hatte verstanden. Außerdem war sie weder verrückt noch lebensmüde. Sie würde sich gewiss nicht einmischen, nachdem sie Gwén und dem Team den Weg ins Hochtal gezeigt hatte. Sie würde brav in ihrem Versteck zwischen den Felsen bleiben und warten, bis die Profis ihren Job gemacht hatten. »Gwénaël«, sagte sie friedfertig, »glaubst du wirklich, das hier war meine Idee?«

Sie legte ihre Hand auf seine Wange und sah ihm in die Augen. Es war genauso einfach gewesen, sich an den seltenen und traditionellen bretonischen Vornamen zu gewöhnen wie an die Intimität des kleinen Fischerhauses. Und sie hatte gefühlt, dass er ihr sein wahres Ich zeigte.

»Ich weiß, Carla«, erwiderte Kérmorvan vernünftig und legte den Arm um sie. »Ich bin nur sauer auf deinen durchtriebenen BND-Fuzzi – und auf meine ebenso durchtriebene Chefin. Und vor allem auf mich selbst. Hätte ich diesen beiden Berufsintriganten nur nicht leichtsinnig erzählt, dass es diese verdammte Kletterstrecke über den Steilfelsen ins Hochtal hinein gibt …«

»… dann wäre ich jetzt bereits auf dem Weg zu einer Grillparty mit Kannibalen«, spottete Rossi vergnügt. »Es wird schon gut gehen, Gwén. Ich habe Marius auch versprochen, vernünftig zu sein und nicht ins Kehlkopfmikrofon zu schreien.«

»Haben Gutbrod und Huber dir das Ding mit Papua-Neuguinea wirklich angedroht?«, fragte er amüsiert.

Seine dunkelbraunen Augen blitzten vergnügt. Er traute Rossis deutschen Vorgesetzten so ziemlich alles zu. Vermutlich erpressten die beiden nicht nur brave Bundeswehrärzte, sondern ertränkten auch regelmäßig hilflose Kätzchen und klauten alten Omas die Handtaschen.

Sie nickte: »Es war General Gutbrod, der nach Schönau kam, um mir für acht Jahre eine Insel voller wilder Menschenfresser und Tropenkrankheiten anzudrohen, falls ich nicht akzeptierte, mit dir und deinem Team über Afghanistan abzuspringen und anschließend noch einmal in dieses Hochtal zu klettern. Aber ich bin sicher: Die Idee stammt von Huber! Gutbrod schien es sogar irgendwie peinlich.«

Kérmorvan schmunzelte: »Wenn du einmal auf der Karriereleiter so weit nach oben gefallen bist wie Gutbrod, dann hast du Worte wie ›peinlich‹ längst aus deinem Vokabular gestrichen. Ab dem zweiten Stern auf der Schulterklappe ist es mit der Moral vorbei, da geht es nur noch um politische Belange und um den dritten Stern.«

Er stand auf und streckte ihr die Hand hin, um sie hochzuziehen. Es war nicht so, dass er ihr nicht zutraute, das Ding abzuziehen und die Mission mitzumachen. Selbst seine Gefühle für sie waren dabei kein Problem. Sie waren schon einmal zusammen durch die Hölle gegangen. Er würde sich nur besser fühlen, wenn sie mehr Zeit hätten, um Rossi vor dem ersten Einsatz sorgfältig die Dinge beizubringen, die sie üblicherweise den Militärärzten beibrachten, die in der Division Action landeten.

Der Dienst hatte seit dem inzwischen als Berufsabenteurer und Autor bekannt gewordenen Dr. Xavier Maniguet, der das Kampftaucherteam gegen die Rainbow Warrior geführt hatte, eine echte Tradition von Medizinern im Service Action. Und sie hatten in der DGSE auch schon immer Frauen gehabt, die in der Lage waren, mit den Männern aus dem Service Action in harte Einsätze zu gehen.

Natürlich war Rossi nicht allein: Sie ging mit einer Gruppe sehr erfahrener Kommandosoldaten. Sie ging mit ihm – und sie war schon einmal erfolgreich ins Hochtal eingedrungen, war die Strecke schon einmal geklettert, und sie war auch erfolgreich wieder von dort geflohen, nachdem sie es geschafft hatte, unbeobachtet bis zu seinem Gefängnis vorzudringen und ihn zu befreien. Damit war Rossi keine blutige Anfängerin mehr, sondern ein begabter Amateur, den man nur noch entsprechend fördern musste. Und Madame le Juge hatte ihm diese »Förderung« anvertraut. Also würde Rossi, trotz ihrer fünfundzwanzig Absprünge mit dem Fallschirm, ihrer Gleitschirmflüge in den deutschen Alpen und ihrer abenteuerlichen Erfahrungen bei den Gebirgsjägern der Bundeswehr keinen Unfug machen, sondern im entsprechenden Augenblick brav sein und genau das tun, was er ihr sagte. Gelegentlich war es praktisch, wenn man das Alphamännchen raushängen durfte …

»Hast du Hunger?«, fragte er sie hoffnungsvoll.

Nach dem Abendessen musste Rossi noch zwei intensive Stunden mit ihm durchhalten, allerdings nicht an dem gemütlichen Ort, von dem er sie gerade hochzog, sondern auf einem der Schießstände. Er hatte ihr auch schon eine leichte Automatik besorgt, mit der sie sehr viel besser klarkommen würde als mit der unhandlichen und schweren P99 der Bundeswehr. Die Five-seveN Tactical Mk2 von der belgischen FN Herstal in Lüttich verschoss 5,7 x 28, wog gerade einmal sechshundert Gramm, hatte zwanzig Schuss im Magazin und passte bequem in eine kleine Frauenhand.

Marius hatte ihn zwar etwas seltsam angesehen, als er um die Schlüssel zur Waffenkammer bat, aber der Ausbilder überließ sie ihm dann doch. Das war etwas, das Kérmorvan trotz des engen Zeitrahmens unbedingt noch glattziehen wollte, bevor sie sich auf den Weg an den Hindukusch machten. Carla sollte sich im Notfall vernünftig mit der Handfeuerwaffe verteidigen können und wissen, wozu eine Schnellfeuerwaffe gut war. Auch hier hatte er mit der nur drei Kilogramm schweren und dreiundfünfzig Zentimeter kurzen FN-SCAR-SC, die der Belgier FN Herstal ursprünglich für die US Special Forces entwickelt hatte, ein sehr handliches Modell für Rossi ausgewählt. Doch trotz ihrer brandneuen Waffen, die nun endlich auch größen- und gewichtmäßig zu ihr passten, schoss sie im Augenblick noch wie ein blutiger Anfänger. Sie traf zwar, aber nicht ihre Zielscheibe, sondern bestenfalls die ihres Nachbarn auf dem Schießstand. Und sie war langsam. Die Männer seines Teams waren nach dem ersten Probeschießen sogar der Meinung gewesen, dass es für sie alle sicherer war, wenn Rossi unbewaffnet in den Einsatz ging und einer von ihnen sich darum kümmerte, sie zu beschützen.

Frankreich – Paris – XX. Arrondissement – 141, Boulevard Mortier – Hauptsitz des französischen Auslandsgeheimdienstes DGSE

Commissaire Jean-Paul Moulin ließ sich üblicherweise nicht auf Einladungen zum Mittagessen ein, denn sein Tagesablauf war vom Überraschungsprinzip geprägt. Doch der gewalttätige Angriff auf den Cercle de l'Union Interalliée am 12. Oktober und die ersten Ergebnisse ihrer Ermittlungen hatten seine Prinzipien über den Haufen geworfen. Sein Team hatten sofort verstanden, dass sie vor den blutigen Ergebnissen eines terroristischen Anschlags gestanden hatten. Und Simon Atlans bester Freund Gwénaël Kérmorvan hatte es ihm vor den Überwachungsaufnahmen bestätigt.

Trotzdem hatte man der Presse mitgeteilt, dass lediglich ein sehr brutaler Raubüberfall massiv in die Hosen gegangen war. Diesen Beschluss hatten sie im Krisenstab einstimmig gefasst. Wo ihre deutschen Nachbarn gerne von geistiger Verwirrung sprachen, sprachen sie lieber von klassischer Kriminalität, um die Bürger zu beruhigen.

Die abgetrennten Köpfe waren schnell identifiziert: Die beiden kleinen kriminellen Arschlöcher aus dem grenznahen belgischen Charleroi hatten ein eindrucksvolles Strafregister und einige Zeit im Gefängnis verbracht. Einer sogar, weil er sich erfolglos im Knacken eines Banksafes versucht hatte. Das hatte es dann auch leicht gemacht, der Öffentlichkeit und den Überlebenden aus dem Cercle de l'Union Interalliée ein klassisches Gewaltverbrechen vorzugaukeln.

»Was die beiden Komplizen angeht«, sagte er zu Christiane Près und dem Generaldirektor der DGSE, »die haben sich natürlich in Luft aufgelöst. Wir haben sämtliche Überwachungskameras und privaten Mobiltelefone ausgewertet und zahlreiche Zeugen befragt. Nichts. Das waren Profis, die ganz genau wussten, was sie taten.«

Er schob eine CD-ROM über den Tisch: »Sehen Sie sich trotzdem einmal an, was wir schon gefunden haben, und sagen Sie mir dann bitte, wie Sie alles bewerten.«

Moulin war inzwischen überzeugt, dass sie es nicht mit Amateuren und Hobbyterroristen zu tun hatten, die sich übers Internet radikalisiert hatten und in dem konspirativen, aber leicht zugänglichen Al-Qaida-Onlinemagazin *Inspire* ihre Anregungen gefunden hatten. Für ihn waren hier genau die Gleichen am Werk gewesen, die bereits in Madrid und auch in London zugeschlagen hatte. Eine transnationale, durchorganisierte und hochtrainierte Equipe von Berufsterroristen.

Das Vorgehensmuster bei den Anschlägen war auffallend ähnlich, der Sprengstoff identisch. Kein selbst gemischtes Zeug aus

Kunstdünger und Backpulver, sondern Pentaerythrittetranitrat, besser bekannt als Pentrit oder Nitropenta. Dabei handelte es sich um einen hochexplosiven, meist militärisch genutzten Sprengstoff, der zur selben Familie wie Nitroglycerin gehört. Allerdings war er nicht flüssig, sondern fest und ließ sich mit Wachs oder Vaseline vermischt leicht formen.

Und die spanischen Kollegen hatten ihm gestanden, dass ihre Suche nach dem geheimnisvollen siebten Mann ins Leere gelaufen war. Genau wie sie gerade mit der Suche nach den beiden überlebenden Flüchtigen ins Leere liefen.

Die Spanier wussten bei ihrem siebten Mann definitiv, dass er in der Wohnung gewesen war, sich aber nicht in die Luft gesprengt hatte. Moulin hatte da eine Theorie.

»Wir haben die Aufnahmen einer Überwachungskamera der DST gesehen. Die beiden kopflosen Typen haben in den Tagen vor dem Anschlag an mehreren Gebeten in der Ibrahim-al-Jhibril-Moschee in La Courneuve teilgenommen.«

Christiane hob eine Augenbraue; die Ibrahim-al-Jhibril-Moschee in der berüchtigten Cité des 4000 war der ägyptischen Moslembruderschaft verbunden, nicht der al-Qaida oder einer der neuen Al-Qaida-Franchises, die an allen Ecken des Nahen und Mittleren Ostens aus dem Boden schossen. Al-Qaida war der Moslembruderschaft, was Frankensteins Monster den Schriftstellern der Romantik: der ideale Bösewicht.

Die Moslembruderschaft war eine Ideologie mit einer soliden, internationalen Struktur. Al-Qaida dagegen war, selbst mit all ihren Franchise-Gruppen, nichts als eine Schnapsidee mit ein paar konspirativen Zellen. Ein kleines unbedeutendes Rädchen innerhalb einer großen Organisation. Die DGSE wusste genau, dass die Moslembruderschaft al-Qaida immer wieder für gewalttätige Aktionen benutzte. Das waren schlechte Nachrichten. Der Kampf gegen den islamistischen Terrorismus gestaltete sich wie der Kampf gegen die mythologische Hydra – für jeden abgeschlagenen Kopf des Monsters wuchsen zahlreiche neue Häupter nach.

»Sind die Überwachungsbilder auf der CD?«

Sie hatten Zugriff auf Bilderkennungs-Software, die erheblich besser war als die, die auf den Rechnern der Polizei lief. Vielleicht ließ sich etwas machen.

»Natürlich. Aber wir haben schon alles analysiert, Madame le Juge. Da waren nur diese beiden Typen – und vielleicht irgendwer im toten Winkel der Kamera. Aber die sind keinem aufgefallen. Auch die V-Leute sind komplett ins Leere gelaufen.« Moulin schüttelte den Kopf. »Die Belgier haben in dieser Beziehung auch nichts gegen die beiden. Sie sind niemals zuvor in einem radikalislamischen Umfeld aufgefallen, sondern lediglich als klassische Kriminelle: Raub, Einbruch, Drogen und ein paar Betrügereien. Gewaltverbrecher und Arschlöcher eben.«

»Genau wie die sechs offiziellen Attentäter von Madrid, mein lieber Moulin.«

Der Generaldirektor der DGSE warf Christiane Près einen Blick zu. Sie lächelte und nickte zustimmend.

Der Commissaire war ein alter Kumpel von Kérmorvan und Hamida und der Vorgesetzte ihres Busenfreundes Simon Atlan aus den gemeinsamen Tagen im COS. Aus diesem Grund kannte der Dienst ihn gut, denn die Division Action war, was ihre Mitarbeiter, deren Familien und deren Freundeskreis anbetraf, noch vorsichtiger und misstrauischer als die Mutterorganisation DGSE. Selbstverständlich hielten ihre Offiziere sich an die Spielregeln und sprachen auch mit engen Freunden nie darüber, was sie während ihrer geheimen Einsätze machten. Und sie erzählten nichts über die Möglichkeiten, die die Zusammenarbeit in der Terrorismusbekämpfung auf internationaler Ebene bot, zum Beispiel das streng geheime Terrorismusabwehrzentrum Alliance Base, das sich nur ein paar Métrostationen vom Boulevard Mortier hinter der École de Guerre und Les Invalides versteckte.

»Was uns misstrauisch stimmt, ist Folgendes …«

Moulin erzählte, wie sie zufällig das in Belgien gestohlene Fahrzeug gefunden hatten, das mit gestohlenen Nummernschildern und einer Leuchtreklame auf dem Dach zu einem Pariser Taxi umgeschminkt worden war. Er wusste, dass diese »Arbeit« in einer sehr professionellen, illegalen Werkstatt im Département 93 gemacht worden war.

»Die Fingerabdrücke haben auch nichts ergeben. Sie stammten vor allem von den beiden kopflosen Belgiern mit dem marokkanischen Migrationshintergrund und natürlich von dem Eigentümer des gestohlenen Fahrzeugs. Dann war da noch eine Reihe Fingerabdrücke polizeilich Unbekannter. Die belgischen Kollegen waren hilfsbereit. Viele konnten rasch dem familiären Umfeld des Fahrzeugbesitzers zugeordnet werden. Aber ein paar sind immer noch nicht identifiziert. Hier konnte uns allerdings auch keine der anderen Karteien helfen, auf die Polizeidienststellen im europäischen Raum Zugriff haben. Selbst die Kollegen von der DST blieben erfolglos, und die Anfrage an Interpol hat nichts ergeben. Aber ich habe auf dem kleinen Dienstweg etwas ganz Sonderbares erhalten, und das war auch der Grund, warum ich diskret um dieses Treffen bat: einen Fingerabdruck, der im Unterschlupf der Madrider Attentäter in Leganés gefunden wurde und der in keiner Datenbank ist. Der siebte Mann unserer spanischen Kollegen – der, der sich nicht in die Luft gesprengt hat!«

Moulin erzählte Christiane und dem Generaldirektor von einer langjährigen persönlichen Freundschaft. Der hohe spanische Polizeioffizier hatte seinem französischen Freund seinerzeit den Fingerabdruck zukommen lassen, ihm allerdings den Schwur abverlangt, die heiße Information absolut vertraulich zu behandeln, und der Polizist hatte ihn auf gut Glück mit den Fingerabdrücken seines aktuellen Falls verglichen. Er verglich diesen Fingerabdruck immer mit denen seiner Fälle, die nicht in den Datenbanken waren. Der Kommissar legte mit erwartungsvollem Blick noch einen USB-Schlüssel neben die CD-ROM.

»Ich habe noch nicht mit meinem spanischen Freund telefoniert, um ihm mitzuteilen, dass ich eine Übereinstimmung zwischen seinem geheimnisvollen siebten Mann und einigen Fingerabdrücken in meinem ›Fluchtfahrzeug 1‹ habe. Ich glaube, es wäre interessant, diese ominösen Fingerabdrücke zuerst noch mit Ihren ganz besonderen Quellen abzugleichen. Vielleicht haben wir es hier ja mit einer Manipulation durch Profis aus Saddam Husseins ehemaligen Geheimdiensten zu tun. Die meisten von denen sind erfolgreich untergetaucht – und sie sind daran interessiert, sich an den Amerikanern und ihren Verbündeten zu rächen. Da kann es durchaus eine Strategie sein, sich hinter der Staubwolke al-Qaida zu verstecken und solche Aktionen durchzuziehen.«

Europa war schon seit Jahren Ziel islamistischer Attentäter. Den 11. September hatten Al-Qaida-Operators in Deutschland vorbereitet und außer den erfolgreichen spektakulären Anschlägen von Madrid und London, die es in die Presse geschafft hatten, gab es Dutzende vereitelter Anschläge, die niemals publik gemacht werden würden. Zwischen den entsprechenden Diensten zirkulierte eine inoffizielle Chronologie des Terrors in Europa und verschiedene streng geheime Analysen. Moulin hatte dabei auch Gerüchte gehört, dass es seit ein paar Jahren sogar eine ganz gezielte und organisierte Zusammenarbeit zwischen einer Gruppe großer Nachrichtendienste gab, die sich nur mit der Terroristenjagd beschäftigte. Doch von dieser wertvollen Informationsquelle waren »gewöhnliche« Polizisten wie er abgeschnitten. Selbst seine freundschaftliche Beziehung zu zwei Männern, von denen er definitiv wusste, dass sie für die DGSE arbeiteten – Karim Hamida und Gwénaël Kérmorvan, die beiden besten Freunde seiner eigenen Nummer zwei Simon Atlan –, hatten ihm hier nicht weitergeholfen, denn Kérmorvan und Hamida sprachen nie über ihren Job im Geheimdienst.

Der Generaldirektor der DGSE nickte. Die Analyse des Polizisten war messerscharf und die Übereinstimmung der Fingerabdrücke ein hochinteressantes Detail.

»Natürlich stellen wir den Kontakt gerne für Sie her, Commissaire Moulin«, sagte er. »Und ich werde meine Mitarbeiter bitten, Ihnen unsere Informationen zugänglich zu machen.«

Sie aßen am Boulevard Mortier zu Mittag und konnten völlig ungezwungen sprechen. Die Leute, die mit ihnen in der Kantine saßen, waren streng sicherheitsüberprüft, und die Kantine selbst war genauso schwer gesichert wie der Rest des Geländes, auf dem sich der Hauptsitz des Auslandsgeheimdienstes befand. Der Generaldirektor nahm den USB-Schlüssel des Polizisten, entschuldigte sich kurz und ging zu einem anderen Mittagstisch. Dort sprach er mit einer Gruppe seiner Experten.

»Sie sind da auf eine ziemlich heiße Spur gestoßen, Commissaire.« Christiane Près lächelte. »Ich glaube nicht an Zufälle. Ein Fingerabdruck in Leganés, der sich auch in einem Fahrzeug wiederfindet, in dem zwei noch unidentifizierte Terroristen aus dem Cercle de l'Union Interalliée fliehen konnten … Das deutet in der Tat auf eine transnationale Organisation hin, die bereits in Europa etabliert ist. Sie hat erfahrene Kader, deren Aufgabe es ist, lokales ›Kanonenfutter‹ anzuwerben und dann anzuleiten und technisch zu unterstützen. Es ist denkbar, dass wir es hier mit etwas Neuem und sehr Gefährlichem zu tun haben. Al-Qaida konnte die Anschläge von Madrid vor allem deshalb für sich beanspruchen, weil alles sehr öffentlich und mit maximaler Mediendeckung gelaufen war. Das haben wir durch die radikale Nachrichtensperre im Fall des Cercle de l'Union Interalliée verhindert. Und niemand hat bisher den Anschlag für sich beansprucht. Wissen Sie, was das bedeutet?«

Moulin nickte. Es war nicht al-Qaida, sondern jemand, der versuchte, den etablierten islamistischen Buhmännern ein sehr persönliches Angebot zu machen.

»Wir erledigen die Drecksarbeit für euch, allerdings habt ihr dabei nicht die Wahl des Ortes, des Zeitpunktes und der Opferprofile.«

Das Ganze erinnerte ihn an eine wilde Story, die ein belgischer Kollege bei einem europäischen Lehrgang für Kriminalbeamte abends beim Bier erzählt hatte. Es war dabei um die tatsächlichen Hintergründe der sogenannten Killer von Brabant gegangen.

Moulin senkte die Stimme und erzählte es Christiane Près. Diese bis dato unaufgeklärte Serie von grauenhaften und willkürlichen

Gewaltverbrechen in der Provinz Brabant in den Jahren von 1982 bis 1985 sei zwar von echten Kriminellen verübt worden, aber im Auftrag einer Geheimorganisation, die in Verbindung mit den Nachrichtendiensten stand und von jemandem innerhalb der NATO geführt worden sei. Der Fachausdruck, den der belgische Kollege benutzt hatte, war *False Flag Terrorism* gewesen. Der Generaldirektor der DGSE stand immer noch am anderen Tisch und diskutierte mit seinem Mitarbeiter. Als der Polizist zu Ende war, sahen sie sich lange an.

Schließlich brach Christiane Près das Schweigen.

»Diejenigen, die hinter der Organisation dieser Tat stecken, versuchen eine Show abzuziehen. Sie haben wohl gehofft, dass wir die Nerven verlieren, herumflattern wie nasse Hühner und sofort von Terrorismus sprechen, womit dann alles in die Medien kommt. Damit hätte dann al-Qaida wieder behaupten können, es sei ihre Operation gewesen. Ich kann Ihnen noch nicht sagen, aus welchem Grund die das tun und was ihr Ziel ist, aber ich kann Ihnen sagen, dass, während wir beide hier noch miteinander diskutieren, von den gleichen Leuten bereits eine neue Aktion organisiert wird – und zwar eine, die wir nicht einfach und glaubwürdig als fehlgeschlagenen Raubüberfall unter den Tisch kehren können. Der Cercle de l'Union Interalliée war nur ein Testlauf, Commissaire Moulin. Wer hinter dieser Sache steckt, möchte vor allem austesten, wie die Betroffenen reagieren. In diesem Fall wir – die Sicherheitsbehörden Frankreichs. Und er möchte herausfinden, wie gut wir wirklich sind.«

Der Polizist wusste natürlich, dass die Geheimdienstfrau zehn Jahre lang einer der erfolgreichsten französischen Untersuchungsrichter im Bereich Antiterrorismus gewesen war. Doch sie hatte dabei nie nach Medienpräsenz und Publicity gelechzt, wie eine Reihe ihrer Kollegen von der vierten Sektion des Pariser Oberlandesgerichtes, sondern immer so diskret wie möglich gearbeitet. Dadurch waren ihr zwischen 1990 und 2000 eine Reihe der spektakulärsten Fänge in der Geschichte von Frankreichs Kampf gegen den

Terrorismus gelungen. Und sie war eine ausgewiesene Expertin für islamistischen Terrorismus.

»Wir müssen sehr wachsam sein, Moulin!«, sagte sie nachdenklich. »Ich fürchte, das war erst der Anfang. Die, die hinter dieser Geschichte stecken, wollen uns richtig Angst einjagen, echte Panik machen. Sie wissen ja, wie Sie mich schnell und einfach kontaktieren können.«

Der Kommissar nickte. »Ich halte Sie auf dem Laufenden, Madame le Juge.«

Frankreich – Paris – Banlieue – Département 77 Seine et Marne

Ben Kingsley verabschiedete sich von Hervé Mellet, dem Auktionator. Sie hatten zusammen mit dem Kurator des Musée Bourdelle zu Mittag gegessen, anschließend das Museum besichtigt und sich dann den Raum mit dem unvollendeten Zentauren angesehen, in dem ihre abendliche große Vernissage und der Cocktail vor der Versteigerung stattfinden sollten. Raum war eine Untertreibung. Es war eher eine Halle.

»Ich bin begeistert!« Kingsley versuchte entspannt zu klingen.

Er hatte dem Auktionator gestanden, dass er die Sammlung im Musée Bourdelle noch nie gesehen hatte. Es war eines dieser kleineren und unterschätzten Museen, von denen es in der französischen Hauptstadt Hunderte gab. Die Skulpturen waren sagenhaft, und wie sie in einem völlig außergewöhnlichen Umfeld ausgestellt wurden, war geradezu atemberaubend.

Der Garten von Bourdelle hatte ihn regelrecht umgeworfen: Er ähnelte einem spätmittelalterlichen Klostergarten. Wenn er die Zeit gehabt hätte, hätte er sich einfach auf eine der Steinmauern gesetzt, den Sonnenuntergang abgewartet und das Farbenspiel im Licht zwischen Tag und Nacht beobachtet. Und die Sammlung von Bourdelles Zeichnungen hatte Ben in einen Zustand stiller

Bewunderung versetzt. Besonders die kleineren Skizzen, die als Vorarbeiten für seine großen Werke gedient hatten, hatten es ihm angetan. Für die freundliche abendliche Öffnung des Museums hatte er der Stiftung Bourdelle einen großzügigen Scheck übergeben.

»Ich sage Ihnen wegen der Vase in den nächsten Tagen Bescheid.« Der Auktionator winkte und verschwand in der Métrostation Montparnasse-Bienvenue.

× × ×

»Rhonda«, sprach Ben Kingsley ins verschlüsselte Mobiltelefon, »können Sie mich heute Nachmittag wieder einmal beim Koordinierungsmeeting entschuldigen?«

Die Treffen dauerten immer mindestens zwei Stunden. Damit war die Zeit zu knapp. Mellet hatte den Deal für die emaillierte Vase festgemacht. Das Musée Guimet hatte, wie vom Auktionator prophezeit, umgehend zugegriffen. Guimet hatte einen Mäzen, der bereit war, ihnen die Ausnahme-Antiquität zu bezahlen. Der hatte den Preis akzeptiert, ohne zu verhandeln, und Kingsley hatte versprochen, dass alles diskret abgewickelt würde. Der Auktionator war der einzige direkte Kontakt zum Kunden, doch Kingsley musste dafür sorgen, dass sämtliche Unterlagen, die gefälscht worden waren, um aus der afghanischen Blutantiquität aus seiner Raubgrabung ein legales Stück zu machen, rechtzeitig ins Auktionsnotariat gelangten.

Er klappte das verschlüsselte Mobiltelefon zu und ging zum Taxistand am Tour Montparnasse. Niemand wunderte sich, wenn der stellvertretende Direktor der Alliance Base wieder einmal nicht am traditionellen wöchentlichen Koordinierungsmeeting der Principals teilnahm. Es war lediglich *Business as usual*. Man hakte gemeinsam Tagesordnungspunkte ab und machte ein bisschen Verwaltung. Und Rhonda störte es nicht, ihn zu vertreten.

Die Franzosen hatten nach dem Anschlag am īd al-Fitr im Cercle de l'Union Interalliée erwartungsgemäß sehr gelassen reagiert.

Man hatte der Presse mitgeteilt, dass es sich lediglich um einen fehlgeschlagenen Raubüberfall handelte. Die beiden Typen aus Charleroi besaßen ein gut gefülltes Vorstrafenregister und hatten bereits für bewaffneten Raub gesessen. Dadurch war diese Erklärung sogar problemlos von den Opfern im Cercle akzeptiert worden. Sie hatten die beiden Sprenggürtel als Rohrkrepierer beschrieben. Die beiden Männer hätten Sprengstoffe bei sich getragen, um, nachdem sie die Gäste im Restaurant ausgeraubt hätten, auch noch den gut gefüllten Tresor des Cercle de l'Union Interalliée auszuräumen, in dem die Wertsachen von Mitgliedern aufbewahrt wurden. Alle Zimmer und Suiten waren wegen der Veranstaltung vom Freitagabend und ein paar prestigeträchtigen Events am Wochenende ausgebucht gewesen, und im Tresor lag mehr Schmuck als in sämtlichen Juweliergeschäften am Place Vendôme.

Die Polizei hatte die Sache ebenfalls heruntergespielt, von organisiertem Verbrechen gesprochen und von einer Bande, die darauf spezialisiert war, bei Society-Veranstaltungen zuzuschlagen, die auf private Schutzdienste bauten und wegen Publikumsverkehr und Gaffern leichte Ziele waren.

Durch Kontakte in den französischen Sicherheitsbehörden wusste Ben Kingsley, dass, entgegen aller öffentlichen Aussagen und dem, was die Presse brachte, nicht die auf Schwerstkriminalität spezialisierte Brigade Anti-Criminelle, sondern eine auf Terrorismus spezialisierte Sonderabteilung vom 36, Quai des Orfèvres die Ermittlungen führte. Sein Kontakt hatte ihm erklärt, dass diese Abteilung bereits mit dem Inlandsnachrichtendienst DST und einem auf Terrorismus spezialisierten Untersuchungsrichter der vierten Sektion des Pariser Oberlandesgerichtes zusammenarbeitete. Also waren die Franzosen auf der richtigen Spur. Auf der, die er für sie gelegt hatte. Doch sie wollten ihre Bevölkerung nicht verunsichern. Besonders die Pariser waren sehr sensibel. Viele erinnerten sich noch an die Attentate in den Achtzigerjahren und natürlich an die von Taher organisierten Anschläge der Jahre 1995 und 1996.

Was ihn störte, war, dass der Anschlag im Cercle de l'Union Interalliée nun schon zehn Tage zurücklag, doch auf dem dafür vorgesehenen Weg noch nichts in die Alliance Base vorgedrungen war. General Robert Rostand, der französische Direktor der Agentenallianz, hatte sich zu der Sache geäußert wie jeder normale Durchschnittsbürger: Er hatte über Kriminelle geschimpft, die immer unverschämter wurden, und Ben von ein paar kaltblütigen und vollkommen skrupellosen Raubüberfällen unten an der Côte d'Azur erzählt. Die Storys hatte im Sommer in der Regenbogenpresse für großes Aufsehen gesorgt, und die Täter waren noch immer nicht gefasst worden.

× × ×

Die drei Männer der Special Operations Group hatten zuerst die Steinarbeiten in dem kleinen Dorf unweit von Chantilly ausgeliefert, wo der auf asiatische und orientalische Kunst spezialisierte Antiquitätenhändler Umberto Castro lebte, den Kingsley über den Auktionator Hervé Mellet kennengelernt hatte. Es war bereits ihre zweite Lieferung innerhalb von vierzehn Tagen. Der Antiquitätenhändler hatte Kingsley die meisten Stücke einfach abgekauft, obwohl er auch die Möglichkeit gehabt hätte, sie in Kommission zu nehmen. Castro wollte sie in seiner Pariser Prestigeboutique im Louvre des Antiquaires und in einem Laden auf der Promenade des Anglais in Nizza anbieten. Der Antiquitätenhändler hatte die Preise knallhart verhandelt und bei Kingsley einen ordentlichen »Mengenrabatt« herausgeschlagen, aber er war auch ein netter und umgänglicher Typ. Er hatte bereits nach der ersten Lieferung kein Problem damit gehabt, Kingsleys Männern, die die Ware geliefert hatten, seinen Zweitwagen, einen praktischen hellbeigen Peugeot Break, zu leihen, damit sie mit ihrem großen Fahrzeug nicht ins Verkehrsgewühl von Paris hineinfahren mussten. Währenddessen stand der große, graue Lieferwagen mit dem belgischen Kennzeichen sicher auf seinem von einer hohen Mauer umgebenen Grundstück.

Ben hatte sich mit seinen Operators im großen Einkaufszentrum von Claye-Souilly getroffen. Es gab dort ein Selbstbedienungsrestaurant *Flunch*, ein anonymer Ort, der in der Mittagszeit brechend voll war. Inmitten konsumwütiger Shopper aus den Ladengalerien und Arbeitern und Angestellten aus den Firmen des benachbarten Industrieparks fiel man nicht weiter auf. Das Einkaufszentrum lag direkt an der Schnellstraße, die Paris mit dem internationalen Flughafen Charles-de-Gaulle verband. Die benachbarte Trabantenstadt Mitry hatte eine ausgezeichnete Anbindung an den Nahverkehr und eine Haltestelle der RER B, mit der Ben aus der französischen Hauptstadt in die Banlieue gefahren war.

Er hatte sich mit ein paar schnellen Tricks bereits in den Katari-Geschäftsmann Muhammad ibn Muhammad ibn al-Jazari verwandelt. Es waren ganz einfache Sachen: eine Brille mit Fenstergläsern, Kontaktlinsen, um die Augenfarbe zu verändern, Silikoneinlagen für die Wangen. Und er hatte seine grau melierten Haare, die er für seine Rolle als Dr. Robert G. Dell in der Alliance Base bieder und sehr amerikanisch nach links gescheitelt trug, mit ein bisschen Wasser nach hinten gekämmt. Dadurch wirkten sie dunkler und er selbst etwas jünger. Ben wählte die Mobiltelefonnummer seines selbst ernannten Imams aus Villiers-le-Bel. Sie verabredeten sich auf dem Parkplatz vor dem Supermarkt Leclerc.

× × ×

Der Mann kam pünktlich und wie vereinbart mit der kleinen Gruppe seiner Koranschüler, die er für die Missionen ausgewählt hatte, über die sie diskutieren wollten. Sie fuhren einen unauffälligen weißen Lieferwagen von Fiat. Der jüngste der drei Operators, der Arabisch mit einem Hidschāz-Nadschi-Einschlag sprach, stellte sich als »Salah« vor und stieg zu den Koranschülern, Ben und der »Imam« setzten sich zu seinen beiden anderen Männern in den geliehenen Peugeot Break.

Sie brachten ihn und den Imam in die Cité des 4000. Einer der beiden Operators – er benutzte den Decknamen »Honi« – würde mit seinem jüngeren Kameraden in Paris bleiben. Der andere fuhr den grauen Lieferwagen noch am Abend zurück nach Brüssel. Es war einfacher und sicherer für die ganze *Operation Regenbogen,* wenn seine Operators nie in den Ländern stationiert waren, in denen sie in den Einsatz gingen, und Belgien hatte sich als eine ausgesprochen praktische Drehscheibe erwiesen, von wo aus man schnell, unauffällig und ohne Kontrollen auf Fernstraßen, mit Zügen und mit Flugzeugen in alle Länder der Schengen-Zone reisen konnte. Der Flughafen Brüssel und der Billig-Airport Charleroi wurden auch erheblich weniger kontrolliert als die der großen deutschen und französischen Nachbarn oder das holländische Megadrehkreuz im Passagierverkehr Schiphol.

Vor einer Woche, als sie den Antiquar Castro, den Hervé Mellet ihm vorgestellt hatte, mit den ersten Stücken für seinen Laden auf dem Marché aux Puces in Saint-Ouen beliefert hatten, waren die Operators bereits einen Tag länger in Paris geblieben und hatten die konspirative Wohnung im Le Balzac gründlich aufgeräumt. Doch die Polizei würde für den Coup im Cercle de l'Union Interalliée immer noch ausreichend Hinweise finden können, falls ihre Ermittlungen sie bis in die Cité des 4000 führten. Es reichte allemal, hier ein paar Sachen zu hinterlassen, die Verbindung zwischen den Jungs aus Charleroi und dem selbst ernannten Imam aus Villiers-le-Bel und seiner Truppe suggerierten.

Ähnlich wie die Spanier ließen sich auch die Franzosen als ehemalige Kolonialmacht in Nordafrika nicht so leicht einschüchtern. Die EU-Länder am Mittelmeer hatten Terrorismuserfahrungen, die weit über die der nördlicher gelegenen anderen EU-Mitgliedsstaaten hinausgingen. Gerade den Franzosen mussten sie klarmachen, dass das Risiko durch den islamistischen Terrorismus so erheblich und voller undurchsichtiger Intrigen und internationaler Verstrickungen war, dass die einzige Lösung in einer vorbehaltslosen Zusammenarbeit mit den USA bestand.

Das hieß, endlich auch die automatisierte Massenüberwachung der NSA zu dulden – so, wie es die Deutschen schon seit Jahrzehnten taten – und vor allem den US-Diensten einen uneingeschränkten Zugang zu den eigenen französischen Mitteln der Massenüberwachung zu gewähren. Ben hatte von Frank Mahooney den Auftrag bekommen, seine Aktivitäten vor allem auf dieses Ziel zu richten. Die Amerikaner wollten endlich zum französischen Abhörsystem – Spitzname *Frenchelon* – den gleichen Zugang wie zum GCHQ der Briten und den Abhörstationen der Deutschen. Sie wollten vor allem auch Zugriff auf spezielle Verbindungs- und Metadaten, über die die Franzosen dank zahlreicher Abhörstationen in ihren ehemaligen Kolonien verfügten.

»Wir haben mehrere Ziele identifiziert, Ustaz Muhammad.« Der selbst ernannte Imam hatte kurz nach seinem ersten Treffen mit Ben, den er nur als Muhammad ibn Muhammad ibn al-Jazari kannte, eine sehr substanzielle Geldspende für sein Gemeinschaftszentrum erhalten.

Er hatte sich über den Spender aus dem Emirat Katar bei Brüdern erkundigt, die seit ihrer Rückkehr aus dem Dschihad in Belgien untergetaucht waren und immer noch engen Kontakt mit ihren ehemaligen Kampfgefährten am Hindukusch hatten. Einer ihrer Freunde in Peschawar kannte den Ustaz Muhammad und die von ihm finanzierte »Hilfsorganisation«. Sie finanzierte vor allem Bildungsinitiativen und arabische Sprachkurse, islamische Kulturzentren in Westeuropa und Gratiskorane. Außerdem betrieben sie Koranschulen in bettelarmen Ländern – Mali, Niger, Tschad und Jemen –, in denen bedürftige männliche Kinder untergebracht und voll verköstigt wurden. Diese Kinder erhielten dort auch eine entsprechende religiöse Ausrichtung auf die strikte Doktrin der Golfaraber.

Seine Freunde im belgischen Molenbeek hatten dem jungen Franzosen mit nordafrikanischem Migrationshintergrund umgehend gratuliert. Man munkelte in ihren Kreisen, dass sein neuer Sponsor Ustaz Muhammad ibn Muhammad ibn al-Jazari engste

Beziehungen zur al-Qaida auf der arabischen Halbinsel habe. Der reiche Geschäftsmann aus dem Golfemirat Katar war ein Volltreffer.

Ben Kingsley nickte dem selbst ernannten Imam zu. Seine Ziele waren gut. Seine Symbolik war stark, und egal, welche Operation sie am Ende durchzogen: Ein erfolgreicher Anschlag würde zu außergewöhnlicher Bestürzung in der französischen Bevölkerung führen und die französische Regierung völlig aus der Bahn werfen. Selbst ein im letzten Augenblick vereitelter großer Anschlag reichte schon aus, um Panik zu machen – und wer Angst hatte, der forderte vom Staat umgehend mehr Sicherheit und schärfere Kontrollen.

»Erkläre mir, wie du vorgehen möchtest, Bruder!«

Eine halbe Stunde später hatte Kingsley ein paar recht gute Skizzen und einen detaillierten Plan für jede der beiden vorgeschlagenen Operationen. Für einen ehemaligen Kleinkriminellen, der sich vor allem durch flammende Hasspredigten und seltsame Gewaltfantasien aus der grauen Masse seiner Banlieue abhob, war die Vorgehensweise ausgesprochen professionell. Der »Imam« sprach ruhig und legte seine Gedanken ohne irgendwelche Emotionen klar und logisch dar. Selbst sein sprachliches Niveau spiegelte nicht die schäbige Banlieue im Département 95 Val d'Oise wider, aus der er stammte.

Ben nahm sich vor, Saif eine kurze Mail nach Riad zu schicken und seinen alten Freund wissen zu lassen, dass der Mann aus der Pariser Banlieue Potenzial hatte. Seine Operators würden dem selbst ernannten Imam und seinem Team enthusiastischer Koranschüler helfen, ihr Projekt umzusetzen und ihren Plan von A bis Z korrekt durchzuziehen. Dazu würden sie ihnen Geld, Waffen und Sprengmittel besorgen und die Logistik machen. Doch genau wie in Madrid sollte diese Zelle am Ende dann völlig selbstständig handeln. Seine Operators würden nur die taktische Beratung übernehmen und dafür sorgen, dass die Technik funktionierte und Sprengsätze pünktlich und am richtigen Ort in die Luft flogen.

Sie hatten an diesem Spätnachmittag Glück, denn die Jugendgang, die Salah und Honi unter Vertrag hatten, bewachte den geborgten Peugeot Break wieder auf dem Parkplatz, und der Aufzug im Le Balzac funktionierte, weil sie einen »Bruder« schmierten, der für die Häuserverwaltung arbeitete und nebenher ein diskretes Reparatur-*Biznezz* betrieb.

Ben warf einen unauffälligen Blick auf die Armbanduhr. Die beiden künftigen Attentäter und sein Operator hatten wahrscheinlich schon die gesamte Ausrüstungsspende aus dem grauen Kleinlaster umgeladen und befanden sich auf dem Weg nach Villiers-le-Bel. Sein Mann Honi sollte vor allem dafür sorgen, dass das Equipment und der Sprengstoff im »Kulturzentrum« des Möchtegern-Imams versteckt wurden. Das Haus war praktischerweise unterkellert. Selbst wenn der Sprengstoff nur kurze Zeit dort blieb und Honi beschloss, seine Terroristenlehrlinge an einem weniger exponierten Ort im Bau von Sprengsätzen zu unterweisen, würden die französischen Forensiker immer noch ausreichend Spuren finden. Niemand putzte so gründlich, vor allem nicht an einem Ort mit Publikumsverkehr.

»Ustaz Muhammad, der Weihnachtsmarkt fängt am letzten Novemberwochenende an und endet am zweiten Weihnachtsfeiertag«, erklärte der Imam. »Und wir haben ausreichend Zeit, alles genau auszukundschaften. Die Buden stehen schon, weil vor dem eigentlichen Weihnachtsmarkt ein anderer Markt stattfindet. Letztes Jahr hatten sie dort während der vier Wochen 1,6 Millionen Besucher. Wir könnten problemlos an jedem der vier Wochenenden zuschlagen.«

Ben kannte den Markt. Das Son-et-Lumière-Spektakel fand jeden Abend ab einundzwanzig Uhr statt. Er hatte es schon mehrmals selbst bewundert. Thema und Musik wechselten Jahr um Jahr vor dem Hintergrund der gotischen Kathedrale aus dem 14. Jahrhundert. Tausende drängelten sich dort auf engstem Raum. Es war einfach, selbst mit einem relativ kleinen Sprengsatz eine große Anzahl von Opfern zu verursachen, die sich durch eine anschließende Massenpanik noch erhöhen würde.

Das zweite Ziel, das der Imam vorschlug, hatte einen noch größeren Symbolwert als die alte Krönungsstadt, aber Ben fürchtete insgeheim, dass dieses Projekt eine Nummer zu groß war. Trotzdem nickte er zustimmend.

Er war sich darüber im Klaren, dass jeder dieser Anschläge einen hohen Blutzoll fordern würde. Doch er akzeptierte es, genauso wie sie die Toten und Verletzten von Madrid und London akzeptiert hatten. Das war der Preis, den ihre europäischen Verbündeten für langfristige, echte Sicherheit bezahlen mussten. Und das war der Preis, den sie bezahlen mussten, um die Büchse der Pandora wieder zu schließen, die sie aus Überheblichkeit, Dummheit und Unwissen im Mai 1979 geöffnet hatten – acht Monate vor dem sowjetischen Einmarsch in Afghanistan.

Im Augenblick war alles nur Chaos. Obwohl es Europa und sogar eine Europäische Union gab, gab es keine wirkliche europäische Zusammenarbeit im Kampf gegen den Terrorismus. Niemand wollte staatliche Hoheitsrechte abtreten. Die Europäer interessierten sich in erster Linie für ihre Volkswirtschaften. Sie hatten es noch nicht einmal geschafft, sich auf eine einheitliche Definition für die Wahnsinnigen zu einigen, die sich und andere im Namen Allahs in die Luft sprengten. Bei den Holländern nannte man solche Leute »psychisch labil«, die Franzosen sprachen von »ausländischen Kämpfern« und die Deutschen nannten das Ungeziefer feinfühlig und politisch korrekt »Gefährder«, so als ob es sich um halb blinde, schwerhörige Achtzigjährige handelte, die als Geisterfahrer einen Unfall verursachten.

Vor allem aber würden grenzüberschreitende terroristische Netzwerke von den Mitgliedern der Europäischen Union nicht grenzüberschreitend beobachtet werden. Jeder in Europa hatte seine eigenen Regeln, und keiner traute dem anderen in Sicherheitsfragen auch nur ansatzweise über den Weg, und alle zusammen noch weniger den Vereinigten Staaten. Was den Informationsaustausch anbetraf, war das eine echte Katastrophe.

Was Ben bereits zwischen den Geheimdiensten in der Alliance Base erlebte, war haarsträubend. Seit seiner offiziellen Ankunft in Paris und seiner Inthronisierung als Vize der internationalen

Agenten-Allianz hatte er noch nicht ein einziges Mal die Hand des offiziellen deutschen Vertreters aus Pullach geschüttelt oder irgendeinen anderen DGSE-Franzosen als den »Direktor« Brigadegeneral Robert Rostand getroffen. Offiziell kannte er nicht einmal den Namen der Direktorin der Division Action der DGSE, falls sie vielleicht irgendwann einmal eine gemeinsame Operation unternehmen wollten. Und der Direktor des französischen Inlandsgeheimdienstes DST umschiffte die Alliance Base, ihn selbst und das Thema »Zusammenarbeit« immer mit der Ausrede »Kompetenzen«, obwohl er mindestens einmal in der Woche diskret mit seinem Landsmann Rostand, dem Direktor der Alliance Base, zu Mittag aß und sich intensiv mit ihm austauschte.

Ben wusste offiziell immer noch nicht, wer bei der französischen Gendarmerie für Terrorismus zuständig war, und die französische Kriminalpolizei, die eine gut besetzte und sehr kompetente Antiterroreinheit, eine spezialisierte Ermittlergruppe, eine Spezialeingreiftruppe und die berühmten Antiterrorrichter der vierten Sektion des Pariser Landgerichtes hatte, wusste scheinbar nicht einmal, dass es die von Amerika nach 9/11 initiierte Agenten-Allianz unweit der École de Guerre im VII. Pariser Arrondissement überhaupt gab. Es war ein wahres Trauerspiel, eine echte griechische Tragödie!

Doch Ben wusste, dass die Wiederauferstehung der Stay-behind-Geheimarmeen im Stil der Gladio des Kalten Krieges gegen die Sowjetunion gerechtfertigt war. Mit dem Ende der *Operation Cyclone* und dem sowjetischen Krieg in Afghanistan im Februar 1989 war den USA und der gesamten westlichen Welt – Russen eingeschlossen – ein extrem gewaltbereiter, radikaler und politisierter Islam wahhabitischer Prägung komplett entglitten. Und nachdem ihr traditioneller saudischer Verbündeter nach der Besetzung der großen Moschee von Mekka weitreichende Zugeständnisse an die konservativsten religiösen Kreise im eigenen Land machen musste, um zu überleben, hatten diese Radikalen sich darauf eingeschossen, eine weltweite Missionierung mit Feuer und Schwert voranzutreiben. 1979 war das Schlüsseljahr gewesen.

Dann hatten die USA auf höchster politischer Ebene nach 9/11 einen Kardinalfehler begangen und eine Sprengladung gezündet, die sämtlichen hoch entwickelten westlichen Industrienationen in Kürze um die Ohren fliegen würde. Aus geografischen Gründen allen voran den Mitgliedern der Europäischen Union und dem NATO-Mitglied Türkei. Und es war unmöglich geworden, die Lunte zu löschen.

Anstatt endlich die alte saudische Eiterblase aufzustechen und der Herrscherfamilie Al-Saud ein Ultimatum zu setzen, hatte die Administration in Washington, angefeuert vom Präsidenten selbst und ohne irgendwelche handfesten Beweise, herumposaunt, dass der Irak und die Person Saddam Hussein hinter den Anschlägen vom 11. September 2001 steckten. Und dafür mussten Saddam und der Irak abgestraft werden.

Was schon von Anfang an für viele so konstruiert gewirkt hatte, dass eine »Koalition der Unwilligen« unter der Führung der Franzosen sich in der UNO querstellten, entpuppte sich am Ende nach der Invasion durch die USA, Großbritannien und eine »Koalition der Willigen« als riesige Schimäre.

Nachdem Saddam Hussein im Dezember 2003 gefasst worden war, hatten sie – die CIA – die Aufgabe gehabt, den gefallenen Diktator zu verhören. Ben hatte ihm zusammen mit Frank und dem bewährten Irak-Experten John Nixon gegenübergesessen. Das Weiße Haus hatte ihr Team unter gewaltigen Druck gesetzt: Der Präsident forderte nichts Geringeres als den Beweis dafür, dass sein »Heiliger Krieg« gerechtfertigt gewesen war. Wo waren die Massenvernichtungswaffen, mit denen Präsident Bush den Einmarsch begründet hatte? Ihr eigener damaliger Chef, CIA-Direktor George Tenet, hatte, ohne seine Experten im Haus zu befragen, dem Präsidenten nach dem Mund geredet und behauptet, dass es eine klare Sache war, dass Saddams Irak über ein Horror-Arsenal verfügte. Genau diesen Satz hatte auch Außenminister Colin Powell im Sicherheitsrat der UNO gebetsmühlenartig wiederholt, ungeachtet gegenteiliger Beweise, die die Gegner des Krieges in der Versammlung anführten.

Saddam war während aller Verhöre bei seiner Aussage geblieben, dass er sämtliche Programme für chemische, biologische und atomare Waffen bereits in den 1990er-Jahren eingestellt hatte. Er räumte indes ein, dass er dies vor allem Richtung USA nicht klar genug kommuniziert hatte. Währenddessen stellten amerikanische Soldaten sein Land auf den Kopf und fanden zu ihrem größten Bedauern wirklich keine Massenvernichtungswaffen.

»Weshalb glauben Sie, dass ausgerechnet ich es war?«, fragte Saddam damals Frank. Er hatte sich im gleichen Satz als entschiedener Feind der al-Qaida bezeichnet.

»Schaut doch hin! Schaut doch einfach, wer beteiligt war. Woher kamen denn eure Attentäter? Sie kamen alle aus Saudi-Arabien. Und dieser Mohammed Atta, ihr Anführer? War der etwa ein Iraker? Nein. Atta ist ein Ägypter. Weshalb fragen Sie nicht Hosni Mubarak, wer für den Anschlag verantwortlich ist?«

Saddam hatte im Anschluss an 9/11 sogar einen offiziellen Beileidsbrief an den Präsidenten gesandt. Er hatte angenommen, dass Amerika und der säkulare Irak nun als natürliche Alliierte gemeinsam gegen Osama bin Laden in den Kampf ziehen würden. Trotz der Logik des Mannes, dem sie in dem Verhörraum auf dem Flughafen Bagdad immer bedrückter zuhörten: Die Administration in Washington und der Präsident hatten längst anders entschieden.

»Ihr werdet scheitern!«, hatte Saddam ihnen prophezeit.

Er verstand vielleicht nicht die USA, aber er kannte sein eigenes Land.

»Ihr werdet scheitern, und ihr werdet herausfinden, dass es nicht so einfach ist, den Irak zu regieren.«

Nixon wunderte sich. Es war erst Dezember 2003, und der Aufstand hat noch nicht begonnen. Saddam blieb bei seiner Aussage:

»Ihr kennt weder die Sprache noch die Geschichte, und ihr versteht die Araber nicht.«

Als sie ihn nach seinen gefährlichsten Feinden fragten, überraschte Saddam sie noch einmal. Der »Schlächter von Bagdad« nannte nicht, wie bisher angenommen, die schiitische Mehrheit des

Landes oder den Erbfeind Iran, sondern die sunnitischen Fundamentalisten. Sie seien deshalb so gefährlich, erklärte er, weil sie eigentlich zu seiner sunnitischen Machtbasis gehören. Aus diesem Grund sei es auch schwierig, sie auszurotten, ohne die sunnitischen Stämme im Irak zu brüskieren. Außerdem wurden die Extremisten mit großen Geldsummen von den Saudis unterstützt.

»Die Plage des Wahhabismus wird sich über der arabischen Welt schneller ausbreiten, als wir alle erwarten«, sagt Saddam ihnen finster, »und der Irak wird zum Schlachtfeld für all jene werden, die gegen Amerika kämpfen wollen.«

Es war bedauerlich, aber es war unmöglich, das Rad der Zeit zurückzudrehen wie im Roman. Dazu kam noch die Bevölkerungsexplosion auf dem afrikanischen Kontinent und die Tatsache, dass die Welt unaufhaltsam auf das globale Ölfördermaximum zusteuerte. Und Saddams düstere Prophezeiung hatte sich erfüllt, denn weite Teile des Irak wurden inzwischen trotz der amerikanischen Anstrengungen von sunnitischen Extremisten kontrolliert, die einen »Islamischen Staat« ausgerufen hatten. Der Aufstieg dieser Terrororganisation war eine echte Katastrophe, die Saddam Husseins Land nicht hätte erleben müssen, wenn die USA damals bereit gewesen wären, sich mit ihm zu arrangieren. Indem sie ihn mit aller Macht gestürzt hatten, hatten sie ein Machtvakuum geschaffen, in dem ein Bürgerkrieg tobte. Nun war der Irak ein gescheiterter Staat.

Ben hatte verstanden, dass sie es dieses Mal einfach besser machen mussten als ihre Vorgänger, die am Ende des Zweiten Weltkriegs, nach der Auflösung des Zweckbündnisses mit der UdSSR gegen Hitler, die NATO und die an sie angeschlossenen Stay-behind-Geheimarmeen initiiert hatten. Vor allem mussten sie sich dieses Mal so organisieren, dass sie nicht versehentlich von irgendeinem blutjungen und idealistischen Untersuchungsrichter erwischt wurden, der auch noch wahnsinnig genug war, wider jede politische und berufliche Vernunft seine Ermittlungen konsequent bis zum bitteren Ende voranzutreiben – wie damals in Italien.

Es war nie zur Invasion Westeuropas durch Truppen des Warschauer Paktes gekommen. Die Sowjetunion war implodiert, und die meisten ihrer ehemaligen Satellitenstaaten waren jetzt NATO-Mitglieder. Doch so viel Glück würden sie mit dem islamistischen Projekt nicht haben. Europa hatte sich durch die Einrichtung offener Grenzen selbst mehr geschwächt, als sämtliche moskautreue, kommunistische Parteien der Nachkriegszeit es je geschafft hatten. Ihre politischen Eliten waren so naiv, dass sie selbst Sektierer wie den in Genf ansässigen Sohn des Begründers der radikalen Moslembruderschaft Hani Ramadan und dessen Sohn Tariq als »Reformer« bezeichneten, obwohl beide in ihren sämtlichen Schriften offen zur Islamisierung Europas und zur Missachtung des säkularen Rechtsstaates aufriefen. Die Europäer nahmen die Bestrebungen des radikalen politischen Islams nicht ernst. Ihnen entging die brutale Entschlossenheit der Protagonisten und die Tragweite der anstehenden Auseinandersetzung.

Aufgrund ihrer großen und schlecht integrierten muslimischen Bevölkerungen aus Afrika und Asien standen nicht nur die Niederlande und Belgien in vorderster Front. Deutschland kämpfte mit seiner türkischen Last aus den Tagen des Wirtschaftswunders, während gleichzeitig Zuwanderer aus kaukasischen ehemaligen Sowjetrepubliken und Ehemalige aus Jugoslawien ins Land strömten: gewaltbereite und meist schon radikalisierte Tschetschenen, Bosniaken, Kosovaren und andere Muslime vom Balkan. Es waren inzwischen insgesamt fast 4,5 Millionen. Um des sozialen Friedens willen ließen alle drei Länder sich auf das gefährliche Spiel des Kommunitarismus ein, genauso wie Großbritannien.

Frankreich hatte immer noch die Folgen der Kolonialzeit und der Entkolonialisierung am Hals: Die Banlieues waren voll mit Nordafrikanern aus Algerien, Marokko und Tunesien und Menschen aus dem Sahel und dem Mittleren Osten. Während die Republik sich laizistisch gab und von all denen, die in Frankreich leben wollten, Assimilation in die französische Kultur forderte, stellten diese »Franzosen mit Migrationshintergrund« sich kollektiv quer, praktizierten eine aggressive Form der islamischen Gegenkultur und forderten von den Franzosen, sich kulturell an sie anzupassen. Das führte seit dem Ende des Algerienkrieges 1962 nicht nur regelmäßig zu Gewaltausbrüchen, sondern auch zu terroristischen Anschlägen. Vor diesem Hintergrund waren die offenen, demokratischen Regierungssysteme der Europäer dem Ansturm von Zuwanderern aus dem islamischen Kulturkreis geradezu hilflos ausgeliefert. Die Toten und Verletzten, die die im Rahmen von Ben Kingsleys *Operation Regenbogen* manipulierten Anschläge forderten, waren ein geringer Preis, den die europäischen Verbündeten der USA bezahlen würden, um wieder die Kontrolle über ihre Grenzen zu erlangen und so auch in Zukunft ihre Freiheit, ihre Lebensart und ihren Wohlstand zu bewahren.

ZWEITES KAPITEL

Frankreich – Paris – XI. Arrondissement – 5, Avenue de la République – Verlag Histoire & Collections

Rolland Fabré saß neben Pierre Besson. Sie hatten die Mail an Richard O'Shaughnessy gemeinsam geschrieben.

»Hier«, Fabré streckte dem inoffiziellen Mitarbeiter einen USB-Schlüssel hin, »und jetzt noch den Trojaner für O'Shaughnessys Festplatte.«

Er faltete das kleine Zettelchen auseinander, auf dem Farida aufgeschrieben hatte, wie es funktionierte. Die Software ermöglichte ihnen einen Fernzugriff auf den Laptop des Mannes. Selbstverständlich erwarteten sie keine tief greifenden Erkenntnisse, aber eine korrekte Geolokalisation, und falls der Brite eine Webcam hatte, vielleicht einen Blick ins Innere der Wohncontainer im Hochtal.

»O'Shaughnessy hat mir versprochen, sein Manuskript mitzubringen, Rolland. Wir haben vereinbart, uns zu treffen, wenn er wieder nach Kabul kommt. Er hat meinen Freund Peter Ferraro bei der ISAF kontaktiert und meine »Referenzen« sehr interessiert angefragt. Er ist also wirklich scharf auf das Wiedersehen, und so, wie ich den Mann einschätze, ist es einfach, ihn mit Aussichten auf eine künftige Karriere als Schriftsteller mindestens achtundvierzig bis zweiundsiebzig Stunden zu beschäftigen. Außerdem bestätigt uns das seine E-Mail-Adresse. Er hat also dort oben in diesem Hochtal, das seine Truppe bewacht, einfachen Internetzugang über Satelliten. Ich glaube, ich kann eurem Team ein realistisches Zeitfenster von mindestens vier bis fünf Tagen geben. Bist du sicher, dass ihr die restlichen Contractors auch noch überzeugen könnt, das Hochtal zu verlassen?«

Fabré grinste: »Das übernimmt unser deutscher Partner.«

Er hatte Pierre Besson die geplante Operation in groben Zügen erklärt. Sie würden allerdings keine Berührung mit dem Einsatzteam haben. Dieses flog im Falle eines Erfolges mit der gleichen französischen Militärmaschine zurück nach Dschibuti, aus der es abspringen würde. Besson und sein Begleiter sollten ihre Rollen so lange weiterspielen, bis O'Shaughnessy und seine Contractors Kabul verließen.

Fabré hatte Besson gegenüber mit keinem Wort die Neuerung in der Division Action erwähnt: Hinter dem Codenamen CORVUS versteckte sich seit ein paar Tagen – von den höchsten Autoritäten in Paris und Berlin abgesegnet – die Keimzelle einer streng geheimen deutsch-französischen Kooperation. CORVUS war ein bisschen an das ungeliebte Fusion Center Alliance Base angelehnt, das die Amerikaner nach 9/11 durchgesetzt hatten. Allerdings hatte diese deutsch-französische Kooperation CORVUS, was der Alliance Base immer fehlen würde: eigene Einsatzagenten mit einer *Licence to kill* und einer *Carte Blanche* der höchsten politischen Ebenen beider Länder.

Das Team war vorerst klein: vier Spezialisten, die noch nichts von ihrem neuen Job wussten. Zwei Deutsche und zwei Franzosen. Es war vereinbart, dass CORVUS die Infrastruktur der Division Action nutzen konnte, während die deutsche Seite die Hightech-Gadgets zur Verfügung stellte. Sie wollten gemeinsam entscheiden, wann, wie und wo CORVUS eingesetzt wurde.

»Du kannst morgen nach Dubai fliegen. Sage auf jeden Fall deinem Übersetzer Whalid in Kabul Bescheid. Es ist unauffälliger, wenn er dich abholt.«

Fabré übergab Besson eine Kreditkarte der DGSE und einen Umschlag mit Bargeld.

»Der Mann, den die Deutschen schicken?«

»Heißt Bayram Ritter. Er ist Major. Ein Ehemaliger des KSK.«

Fabré zeigte Besson ein Foto.

Ritter war der zweite Deutsche, der noch nicht wusste, dass er schon seit vierzehn Tagen für die streng geheime deutsch-französische Einheit arbeitete, die an die Division Action angehängt worden war und die von beiden Ländern aus schwarzen Budgets gemeinsam finanziert wurde.

»Ritter war bis vor ein paar Tagen auf einer rein deutschen Mission in Afghanistan unterwegs. Darum ist er bereits vor Ort. Sein Boss hat ihm alles in groben Zügen erklärt. Und er hat bereits zwei Zimmer im *Gandamak* besorgt. Er erwartet dich.«

Fabré gab Besson eine Micro-SD-Speicherkarte, wie man sie auch in Digitalkameras benutzte.

»Das ist für deinen neuen Partner. Sein Chef erklärt ihm darauf alles, was er wissen muss. Ritter ist ein Profi. Er hat vier Touren mit dem KSK in Afghanistan gemacht und auch schon ›besondere Aufträge‹ abgearbeitet.«

»Was auch immer das bei den Deutschen heißen mag …«, antwortete der Journalist zynisch. »Dieser Ritter weiß, dass er weder Brunnen graben noch Mädchenschulen bauen soll?«

»Pierre!« Fabré bewegte seinen Zeigefinger von rechts nach links wie ein Schulmeister. Die deutsche Geheimdienst-Community kämpfte mit innenpolitischen Schwierigkeiten, die die französischen Dienste nicht hatten.

»Rolland, mach dir da nichts vor.«

Besson dachte an die Zeit, die er beim deutschen Kommando Spezialkräfte verbrachte, als er die Enzyklopädie der Spezialeinheiten schrieb.

Er hatte damals auch *off the records* mit vielen der deutschen Elitesoldaten gesprochen. Pierre hatte noch nie so viele Frustrierte und Entmutigte getroffen, die so komplett an den Vorgaben ihrer eigenen Politiker zu verzweifeln schienen. Manche hatten bereits resigniert und ihm hinter vorgehaltener Hand anvertraut, dass sie auf dem Sprung zu irgendeiner angelsächsischen Private Military Company waren oder auf der anderen Seite der Grenze bei der französischen Fremdenlegion anheuern wollten. Andere hatten erzählt, dass sie darüber nachdachten, den Dienst zu quittieren, um etwas ganz anderes zu machen.

Das KSK hatte Nachwuchsprobleme. In einem Land, in dem Soldaten von Teilen der politischen Klasse und von der Zivilgesellschaft schlechtgeredet und zu Berufsmördern stilisiert wurden, fand sich kaum noch einer, der bereit war, die notwendigen Opfer zu bringen, die mit dem Dienst in streng geheimen Spezialeinheiten verbunden waren.

»Gib dem Mann wenigstens eine Chance, Pierre! Er spricht fließend Englisch, Italienisch, Russisch, Türkisch und Usbekisch. Er war undercover im Kaukasus unterwegs – und in den Stammesgebieten.«

Fabré verstand die Bedenken seines IM, aber es war für sie einfacher, auf diesem Weg mit Berlin zu arbeiten, als bei Alliance Base die Karten auf den Tisch legen zu müssen. Die Division Action umschiffte das Fusion Center seit dem Tag seiner Gründung. Robert Rostand war nicht nur der offizielle Leiter der Agenten-Allianz. Er war auch eine Art Schutzwall gegen die US-Dienste. Und die DGSE wog sehr genau ab, welche Informationen sie im Bereich der Terrorismusbekämpfung mit ihren internationalen Kollegen teilten. Die Beziehungen zwischen dem BND und der DGSE waren auch ohne die Alliance Base schwierig. Die Deutschen waren seit den Anfängen ihres Dienstes immer eine symbiotische Bindung mit den Amerikanern eingegangen. Oftmals vergaßen sie darüber, dass Frankreich ihr Nachbar, ihr Verbündeter und ihr engster EU-Partner war und nicht mehr der alte »Erbfeind« aus der Zeit von Ludwig XIV.

»Die Überwachungskamera hat nur einen einzigen Besuch in dem Haus in Kabul aufgezeichnet.«

Fabré zeigte seinem IM die Bilder, die ihre versteckte Kamera gedreht hatte.

Besson nickte. Er hatte schon vermutet, dass man die Kisten ausflog, die die Söldner in die afghanische Hauptstadt gebracht hatten.

Er nahm den gefälschten Presseausweis von Fabrés Schreibtisch und betrachtete ihn: Eine ausgezeichnete Arbeit und richtig unauffällig. Der Name einer berühmten internationalen Fotoagentur, die ihren Sitz in Paris hatte. Absolut glaubwürdig. Der Laden hatte rund sechstausend Pressefotografen und Kameraleute unter Vertrag. Der *Corriere della Sera* arbeitete viel mit ihnen. Besson war nicht beunruhigt, was die Mission mit dem Deutschen vom KSK anging, nur aufmerksam.

»Konntet ihr die Besucher identifizieren?«

Fabré nickte. »Das war einfach.«

Der Mann hatte sich nicht versteckt. Es war einer der drei Namen gewesen, die der deutsche General Gutbrod Kérmorvan gegeben hatte. Der Major war mit einem breitschultrigen Begleiter und einem großen Allradantrieb gekommen. Das Fahrzeug hatte ein Nummernschild, das es eindeutig dem US CENTCOM auf der Bagram-Airbase zuordnete. Die einzige Konzession, die die beiden Amerikaner gemacht hatten, waren ihre zivilen Klamotten gewesen.

»Und die übrige Zeit treibt sich dort niemand herum?«

Fabré schüttelte den Kopf. Das Haus stand leer. Jeder Außenstehende vermutete, dass es sich um einen Annex der finnischen Botschaft handelte. Selbst der Sicherheitszaun auf der Mauer war das gleiche Modell, das die Finnen auf ihrer Mauer installiert hatten. Und die Finnen waren nicht im Visier der Taliban.

Der Deutsche, den sie mit Dr. Rossi im Doppelpack bekommen hatten – Major Bayram Ritter –, hatte den Auftrag, diskret einzusteigen und einen Blick ins Innere des Hauses zu werfen. Falls möglich, würde er dann ein diskretes Überwachungssystem anbringen. Farida hatte das Equipment für den neuen, noch unbekannten Kollegen in der Division Action mitgenommen. Es war vom Feinsten, denn der neue beste Freund von Madame le Juge, der Sicherheitsbeauftragte für Besondere Krisensituationen, hatte ihnen geschworen, dass sein Mann alle notwendigen Kompetenzen hatte, um zu tun, was in dem geheimnisvollen Haus getan werden musste.

»Wenn diese Sache vorbei ist, dann schuldest du mir mindestens zehn Reportagen für *RAIDS* und drei neue Buchverträge, Rolland!«

Der Journalist grinste. Der Verlag Histoire & Collections verdiente genauso gut an Pierre Besson wie Pierre Besson an seinen Veröffentlichungen bei Histoire & Collections.

»Du würdest dich doch langweilen, wenn du nur noch schreiben würdest, Pierre!«

Fabré klopfte seinem langjährigen IM freundschaftlich auf die Schulter.

»Lass uns jetzt zu Mittag essen. Anschließend hast du Zeit zu packen, und abschließend verbringen wir beide einen gemütlichen Abend unter Männern. Meine Frau ist hoch an die Küste gefahren. Sie will den Garten für den Winter einmotten und sich um unser Enkelchen kümmern.«

Afghanistan – Provinz Zabul – Hochtal von Iskanderga'l

Richard O'Shaughnessy hatte die letzte Lichtschranke am Ausgang des Felsentunnels ins Hochtal angebracht. Die Lichtschranke war in etwa auf der Höhe der Körpermitte eines durchschnittlichen Erwachsenen montiert.

»Hoffen wir bloß, dass der Alte nicht vergisst, nachts seine verdammten Ziegen einzusperren«, sagte Mikie belustigt und zog das Elektrokabel zu einer der beiden Säulen, die den Portikus mit dem Faravahar trugen, »ansonsten ist es dauerhaft mit unserem Schönheitsschlaf vorbei.«

O'Shaughnessy grinste und betrachtete die beiden Baustrahler des Professors, die nachts das Faravahar-Relief beleuchteten. Er hatte eine Idee. Hoffentlich bereue ich diesen Geistesblitz nicht noch, dachte er gut gelaunt.

Der alte Mann war wahrscheinlich nicht mehr ganz richtig im Kopf, denn es waren die Frauen Bibi Firuza und Bibi Aisha oder andere afghanische Helfer, die sich abends davon überzeugten, dass das Tor des Gehöfts ordentlich geschlossen und alle Tiere drinnen eingesperrt waren. Aber selbst wenn sie gelegentlich wegen irgendwelchen wanderlustigen Ziegen einen Fehlalarm hatten: *Better safe than sorry!* Vorsicht war besser als Nachsicht, und es würde die Jungs ein bisschen auf Trab halten und ihre Instinkte wieder schärfen, wenn sie wie in den alten Tagen, als sie noch echte Soldaten gewesen waren, nie wussten, ob es eine Krise oder nur eine Übung war.

»Vergesst nicht, dass es eine ›verdammte Ziege‹ war, der wir es zu verdanken haben, vor zwei Monaten nicht völlig von einer Truppe schießwütiger Wahnsinniger überrascht worden zu sein, Mikie!«

Frankie nickte O'Shaughnessy zu. »Wenn schon, dann richtig, Rick!«

Sie hatten drei Jahre lang wenig zu tun gehabt, weil Arkadij Matveevs Russen die Grabungsstätte abgeschirmt hatten, während die Überwachungselektronik den Rest erledigte. Diese Nachlässigkeit war ihnen Anfang September beinahe zum Verhängnis geworden.

Sie stellten das Gerüst um, und O'Shaughnessy kletterte hoch, um die beiden Baustrahler elektrisch mit den Bewegungsmeldern zu verbinden. Frankie reichte ihm zuerst eine der Zeitschaltuhren, die sie in Kabul gekauft hatten, dann einen Alarm. Es dauerte eine Weile, bis alles ordentlich verkabelt war. Wer sich in den afghanischen Bergen herumtrieb, der rechnete nicht damit, dass jemand ein nicht kartografiertes Hochtal mit Lichtschranken und Bewegungsmeldern ausrüstete und anschließend alles mit einem einfachen, aber gut durchdachten Alarmsystem aus dem Baumarkt verband. Die Aufnahmen der acht Webcams, die sie zusätzlich an strategischen Stellen angebracht hatten, konnte man per Mausklick direkt auf einem der beiden Computerbildschirme im Gemeinschaftsraum ihrer Truppe sehen. Es gab natürlich auch die Möglichkeit, automatisch aufzuzeichnen. Und wenn jemand durch die beiden zusätzlichen Lichtschranken wanderte und die Bewegungsmelder auslöste, während sie schliefen, dann würden das Licht des Faravahar-Reliefs und der Alarm sie oben in den Containern warnen.

O'Shaughnessy war mit sich zufrieden. Er hatte Peter Jouvenals Ideen, mit denen er das *Gandamak* sicherte, mit seinem Team innerhalb von zwei Wochen und an einem unwirtlichen Ort erheblich erweitert und verbessert. Das war seine echte Stärke, und dafür hatte Jones ihn eigentlich angeheuert. Der ehemalige Sergeant des britischen Special Air Service wusste, dass er trotz des Fehlschlags mit dem entflohenen Gefangenen vor knapp zwei Monaten jeden Euro wert war, den der Boss ihm einmal pro Monat auf sein diskretes Konto bei der belgischen ING-Bank in Brüssel überwies. Wenn Jones es ihm vom Tag seiner Einstellung an überlassen hätte, die Sicherheit von Iskanderga'l zu überdenken und zu verbessern, dann wäre niemand je unbemerkt auf der Grabungsstätte eingedrungen, und Matveevs Männer – noch am Leben – würden weiter ihre blutige Drecksarbeit im Außenbereich machen.

Sie hatten mit Frankie, Jack und Mikie zwei Wochen lang gearbeitet, um das von ihm erdachte Sicherheitssystem anzubringen, für das sie sich in Kabul zwei große Kisten Material besorgt hatten. Es deckte außer dem Zugang durch den Felsentunnel vor allem die Zufahrt durch den Canyon ab. Und das zweite Team patrouillierte jetzt regelmäßig in der Umgebung von Iskanderga'l. O'Shaughnessy hatte auch hier ein paar Verbesserungen vorgenommen: Die Männer wohnten nicht auf dem Gehöft am Eingang des Canyons, wie seinerzeit Matveevs Russen. Es war einfacher, wenn das Team eine Reihe von alten Verstecken – als Basislager ausgestattet – aus den Tagen des Krieges gegen die Sowjetunion benutzte. So konnten sie schnell reagieren und ohne mühsamen Umweg über das Hochtal von Iskanderga'l im Ernstfall auf ihren Vorrat an Stinger-Boden-Luft-Raketen zugreifen, von denen sie hier ein halbes Dutzend besaßen. Lediglich das bessere, neuere und zuverlässigere französische Mistral-Luftabwehr-System war im Hochtal geblieben. Allerdings hatten sie es inzwischen fest installiert, um neben dem elektronischen Störsystem auch einen möglichen Angreifer aus der Luft direkt abschießen zu können.

O'Shaughnessy hatte lange über dieses Problem nachgedacht: Es war nicht unmöglich, mit einem Helikopter auf der Grabungsstätte zu landen – wenn man wusste, dass sich auf den speziellen GPS-Koordinaten 31°33'36.1«N 67°32'35.5«E kein Berg, sondern ein Hochtal befand. Obwohl er eigentlich sicher war, dass der Typ, der ihm vor zwei Monaten entwischt war, tot war, fühlte er doch irgendwo ganz tief in seinem Inneren, dass die Gefahr für sie noch nicht vorbei war.

Auch aus diesem Grund hatte sich O'Shaughnessy nach ihrem Ausflug nach Kabul mit neuer Energie an seine Aufgabe gemacht, mit weniger Personal mehr Sicherheit zu schaffen, und er war stolz, diesen Auftrag ordentlich erfüllt zu haben. Der Teamleiter, der im Außenbereich patrouillierte, hatte jetzt auch eines ihrer Satellitentelefone dabei, um im Notfall sofort von Jones kontaktiert zu werden, wenn der Kontakt im US CENTCOM auf der Bagram-Airbase ihnen etwas mitteilen wollte.

Der einzige Zugang, für den es noch keine praktische Lösung einer automatisierten Überwachung gab, war der Weg durch die Schlucht des Ghar-Sang. Genau den hatten Anfang September auf ihrer Flucht vor Arkadij und den Maltschiki die wild gewordenen Special Forces eingeschlagen. Doch während der schlechten Jahreszeit und vor allem während der winterlichen Regenzeit und bis zum Ende des Frühjahrs war es absolut lebensgefährlich, über den Fluss zu gehen, und selbst im Sommer und im Spätherbst gehörte dazu mehr Mut, als die meisten Männer hatten. Die schießwütigen Irren hatten das wohl nur gemacht, weil sie keinen anderen Ausweg sahen – genau wie sie drei Tage lang mit dem Mut der Verzweiflung gegen eine vierfache, schwer bewaffnete Übermacht gekämpft hatten.

»Habt ihr eine geniale Idee?«, fragte O'Shaughnessy Frankie, Jack und Mikie.

»Keine, die akzeptabel wäre, Rick«, antwortete Frankie und grinste.

Er hatte sich das Problem lange durch den Kopf gehen lassen.

»Es ist unmöglich, an der Furt Tretminen zu vergraben, selbst wenn wir Borjahns Leuten Lagepläne in die Hand drücken. Das wäre zu gefährlich und würde wohl in erster Linie irgendwelche verdammten Ziegen von Dadullahs Großonkel oder seinem Bruder in die Luft jagen. Die Viecher wandern dauernd dort unten herum.«

Er fragte sich, ob es nicht die Ziege gewesen war, die vor knapp zwei Monaten den unerwünschten Besuch ins Hochtal geführt hatte. Er war auf einer Ziegenfarm im texanischen Sutton County groß geworden und kannte sich mit den Tieren aus. Darum verstand er auch nicht, wie Dadullahs Großonkel als Afghane, der sein ganzes Leben in den Bergen und mit Ziegen zugebracht hatte, so unfähig sein konnte, eine kleine Herde mit nur fünfunddreißig Tieren zusammenzuhalten. Seine Eltern hatten etwa zweitausend Ziegen, und er erinnerte sich nicht, dass sich jemals eines der Tiere selbstständig gemacht hätte.

»Es ist unmöglich, diese lange Strecke zu verkabeln, Rick. Dazu brauchen wir mehr als das Gerät, das wir hier zur Verfügung haben.«

Mikie hatte bei den Marines die Pionierausbildung mitgemacht und an schwierigen Stellen immer gute Ideen gehabt, die sich schnell und einfach umsetzen ließen. Doch was den Gebirgsfluss anbetraf, wusste auch er nicht, wie man sich hier über eine Strecke von sechstausend Metern und in unwegsamstem Gelände behelfen konnte.

»Der Fluss und die Furt sind ein Risiko, mit dem wir einfach leben müssen. Wir könnten dort unten höchstens einen Mann mit Funkgerät und Schnellfeuerwaffe hinstellen. Solange das Wetter okay ist, geht das, und sobald das Wetter richtig schlecht wird, erledigt der Fluss die Eindringlinge. Für Borjahns Jungs ist es einfach zu weit.«

O'Shaughnessy nickte. Frankie hatte recht. Der Weg, den die irren Schießwütigen in das Hochtal eingeschlagen hatten, war mit Abstand der schwierigste und gefährlichste. Es lohnte sich nicht, ihn zu sichern. Genauso wie die Klippen, die in die Schlucht abfielen, in die der Felsentunnel mündete. Dort gab es einfach kein Hochkommen. Also reichte es, wenn sie den Eingang und den Ausgang des Tunnels mit Lichtschranken versahen.

Als O'Shaughnessy bei Jones anfing, hatte Arkadij Matveev ihm erzählt, wie sie diesen Tunnel zufällig entdeckt hatten, nachdem der Professor begriffen hatte, dass der Ormus-Tempel mehr war als nur ein Mausoleum. Zuvor hatten nicht einmal Dadullahs Verwandte gewusst, dass es diesen Weg von Qalat quer durch die Großen Suleimans bis nach Spin Boldak gab, obwohl sie seit Generationen in dem Hochtal lebten. Selbst die Sowjets hatten in zehn Jahren Krieg in Afghanistan nicht bemerkt, dass durch die steile Schlucht, durch die auch noch ein reißender Gebirgsfluss tobte, ein schmaler Pfad führte, der bis zum Eingang des Tunnels sogar für Maultiere zu unwegsam war.

Sie gingen zu den Wohncontainern zurück. Nach Sonnenuntergang wurde es rasch empfindlich kalt, und sie hatten sich nach getaner Arbeit ein gutes Essen und einen Drink verdient.

Pakistan – Karatschi – Defence Authority Country & Golf Club

Dadullah lenkte den Wagen auf das Gelände des Defence Authority Country & Golf Club. Die weitläufige Hotel- und Sportanlage lag in einem grünen Außenbezirk. Die Clubmitgliedschaft stand nur Offizieren der pakistanischen Streitkräfte, Staatsbeamten aus speziellen Behörden und einer kleinen Auswahl von Notablen und ausländischen Diplomaten offen.

Er selbst war Mitglied im 1871 gegründeten exklusiven Sind-Club, einem britisch inspirierten Gentlemen's Club, in dem sich die wirtschaftlichen und politischen Eliten Karatschis trafen, und natürlich auch im besten Country Club der Provinz, dem Arabian Sea Country Club. Seit seinem Studienjahr in Großbritannien spielte Dadullah gerne Golf, wenn seine beruflichen und politischen Verpflichtungen und seine afghanischen Aktivitäten es ihm gestatteten.

Ein uniformierter Bediensteter beeilte sich, den Wagenschlag zu öffnen und dem Taliban-Kriegsherrn zu versichern, dass er den neuen silberfarbenen Toyota Highlander für ihn parken würde. Dadullah hatte den familienfreundlichen Allradantrieb, der einem Fahrer und acht Passagieren Platz bot, erst vor ein paar Monaten gekauft. Es war ihm ein bisschen schwergefallen, sich von seinem schicken und schnellen 5er-BMW Baujahr 2003 zu trennen, doch er musste zugeben, dass der große und solide Wagen im Verkehrschaos von Karatschi für seine Frau und seine Schwester Rana einfach sicherer war.

Ein junger Mann mit perfekt sitzender Uniform kam freundlich lächelnd und mit einer zur Begrüßung ausgestreckten Hand auf ihn zu.

»My dear Mister Khan! The General is expecting you in the Drawing Room!«

Das Englisch der Ordonnanz war stark britisch akzentuiert. In Pakistan deutete eine gewisse Art zu sprechen und sich nicht in der Landessprache Urdu zu unterhalten auf eine Zugehörigkeit zur gebildeten und finanzstarken Oberschicht hin. Der Leutnant nahm Dadullah höflich die große Golftasche und die Sporttasche ab. Ein roter Golfcart erwartete den Taliban-Warlord bereits, um ihn über das weitläufige und gut gesicherte Gelände zu seinem Geschäftstreffen zu fahren.

Dadullah klopfte sich ein imaginäres Stäubchen von seinem perfekt geschnittenen Anzug. Dann setzte er sich neben seinen Begleiter. Der Mr. Khan, der im Sind-Club Bridge spielte, mit seiner Familie am Wochenende im Arabian Sea Country & Golf Club entspannte und der seine beiden Zwillingstöchter beim Grashockeyspielen beklatschte, war ein kultivierter Mann, kein folkloristisch anmutender Paschtunen-Häuptling, der vor laufender Kamera mit dem Krummsäbel »Ungläubige« und andere Feinde enthauptete, während seine Gefolgsleute hysterisch *Allahu Akbar* brüllten.

Er hatte sich mit seinem guten Bekannten, dem Generalmajor Naeem Hassan Ali zu einer Runde Golf verabredet. Achtzehn Löcher auf dem gepflegten Green reichten ihnen, um diskret über gemeinsame Geschäftsinteressen zu sprechen und anschließend noch ein paar Drinks zu nehmen. Am Abend wollten ihre Ehefrauen dann zum Dinner zu ihnen stoßen.

Der Generalmajor, der in der pakistanischen Geheimdienst-Community die Spionageabwehr Military Intelligence MI leitete, war ein einflussreicher Power-Broker. Dadullah hatte ihn sich verpflichtet, als er dafür gesorgt hatte, dass Alis Dienst gewisse Technologien beschaffen konnte, ohne dass der übergeordnete Konkurrenzgeheimdienst Inter-Services Intelligence ISI von dem Kauf erfuhr. Gleichzeitig verdienten die an der Beschaffung beteiligten Generäle attraktive Kommissionen, die auf diskreten Konten in den Vereinigten Arabischen Emiraten lagen.

Dadullahs Vater hatte in Karatschi ein erfolgreiches Unternehmen aufgebaut, nachdem die Familie in den 1960er-Jahren wegen eines Konflikts mit einer Gruppe aus dem Clan der Popalzai aus Zabul hatte fliehen müssen. Die Tatsache, dass sie über solide Finanzmittel und Auslandskontakte in die Golfstaaten, nach Ägypten und in die Türkei verfügten, war hilfreich gewesen. Die Firma der Khans hatte sich während der Siebzigerjahre auf den Import von preisgünstigen Elektroartikeln spezialisiert. Heute belieferten sie ihre Kunden mit hochwertiger Elektronik. Dadullahs ältester Bruder lebte bereits seit zwanzig Jahren in der Türkei, von wo aus er das Familiengeschäft managte. Sie hatten selbstverständlich entsprechend gute Kontakte zur türkischen Regierung und zu türkischen Rüstungsfirmen, die bereit waren, für harte Dollar oder Euro an die pakistanischen Streitkräfte zu liefern oder über die türkische »Connection« beschaffte militärische Elektronik aus Drittländern für Pakistan einzukaufen.

Ihre traditionellen pakistanischen Geschäftspartner machten kein Aufhebens wegen seines speziellen Engagements in Afghanistan und in der Taliban-Bewegung. Genauso wenig übrigens wegen seiner langjährigen Beziehung zu gewissen US-amerikanischen Kreisen, die den traditionellen, extremistischen Deobandi-Strömungen Jamaat-e-Islami und Majlis-e-Ahrar und Salafistengruppen wie Tehrik-i-Taliban genauso feindlich entgegenstanden wie den radikalisierten Barelwis und den Shias der Ahmadies oder der Ithna Ashariyah.

✖ ✖ ✖

»Bravo, mein lieber Freund!«

Der Brigadier legte Dadullah freundschaftlich die Hand auf die Schulter, nachdem sein präziser Birdie am achtzehnten Loch die Entscheidung gebracht hatte. Der Paschtune schmunzelte, wählte einen Putter und legte mit einem Mulligan nach.

»Sie sind einfach zu gut für mich, Naeem.«

Brigadier Ali lächelte gewinnend: »Sie sollten sich einfach die Zeit nehmen, öfter mit mir zu spielen. Sie wissen, dass Sie in unserem Club jederzeit willkommen sind.«

Er gab dem Soldaten, der als Caddie fungiert hatte, ein Zeichen, sich um ihre Golftaschen zu kümmern, und deutete auf seinen elektrischen Golfcart.

Als sie zehn Minuten später das große rund gebaute Clubhaus erreichten, wo sie im gepflegten Garten unter einem großen Sonnenschirm wohlverdiente Erfrischungen erwarteten, waren sie sich in groben Zügen bereits handelseinig.

Dadullah hatte nach Bens Besuch auf der Grabungsstätte sowieso nicht vorgehabt, während der Schlechtwetterperiode nach Afghanistan zurückzukehren. Außerdem hatte seine Frau ihn die letzten vierzehn Tage gedrängt, sie nach Ägypten zu begleiten, um ihre älteste Tochter Sharifa in Kairo zu besuchen.

Er hatte sogar schon mit seinem Onkel Mokthar telefoniert, damit Osama bin Ladens Mann Ayub El Hussein ein paar Tage in Peschawar bespaßt wurde, während Borjahn das Treffen mit Ahmad Jan auf der anderen Seite der Grenze in Mapan vollständig organisierte und sie sicher sein konnten, dass die Tschetschenen wirklich nur kamen, um einen Waffendeal mit dem Saudi auszuhandeln.

Die Männer aus dem Kaukasus hatten einen schlechten Ruf. Sie waren gewalttätig und unberechenbar. Es war denkbar, dass sie die spektakuläre Entführung eines Mannes wie Ahmad Jan versuchen könnten, um die Taliban der Provinz Zabul zu erpressen oder um ihn an die Amerikaner zu verkaufen. Ahmad Jan war eine Million US-Dollar wert, und die Tschetschenen brauchten für ihre Operationen gegen die Russen Geld.

Dadullahs Cousin Borjahn sollte ganz diskret als Beobachter anwesend sein und gleichzeitig sicherstellen, dass alles gemäß den Regeln des *Paschtunwali* ablief und weder Ahmad Jan noch bin Ladens Mann zu Schaden kamen. Dadullah hatte bereits vor mehr als einem Jahr herausgefunden, wo Osama sich versteckt hielt, und er wollte diese ganz besondere Information in einem günstigen Augenblick mit Ben Kingsleys Hilfe an die amerikanische Regierung verkaufen.

Seit dem 6. Januar 2006 lebte der meistgesuchte Terrorist der Welt mit seinen drei Frauen, den Kindern und ein paar Getreuen auf einem Anwesen in der nordpakistanischen Provinz Khyber Pakhtunkhwa im Vorort Bilal Town der Militärgarnisonsstadt Abottabad. Dadullahs Partner, Brigadier Neem Hassan Ali vom pakistanischen militärischen Nachrichtendienst, hielt ein wachsames Auge auf ihre gemeinsame Kapitalanlage. Dadullah hatte seinem Freund Ben Kingsley gegenüber bereits diskret angedeutet, dass er den Aufenthaltsort des Terrorfürsten aus Saudi-Arabien kannte.

Ein Kellner reichte Dadullah und Brigadier Ali große Gläser mit eisgekühlter Zitronenlimonade. Die beiden Männer ließen sich zufrieden in bequeme Korbsessel sinken, und der pakistanische Offizier verscheuchte den Angestellten des Defence Authority Country & Golf Club umgehend mit einer ungeduldigen Handbewegung.

»Er ist mindestens fünfzig Millionen US-Dollar wert«, sagte Dadullah, als der Mann außer Hörweite war, »aber die Amerikaner werden nur bezahlen, wenn irgendwer ihnen sagt: ›Osama bin Laden wohnt in Abottabad, an der Green Avenue Nummer 5730!‹«

»Niemand aus dem ISI wird das sagen, mein Freund. Die sind untereinander viel zu zerstritten.«

»Ich habe einen Deal mit meinem bewährten Kontakt aus der SAD, den der amtierende US-DNI abgesegnet hat.«

Die beiden Männer sprachen englisch und benutzten eine Reihe von Akronymen, die zufällige Mithörer so nicht gleich verstehen würden.

»Erzählen Sie mir mehr.«

Brigadier Ali nuckelte zufrieden am Strohhalm und genoss sein eisgekühltes Getränk. Er schätzte an Dadullah Kahn vor allem dessen Zuverlässigkeit. Sein Wort war Gold wert.

»Der Moment ist noch nicht gekommen. Sie wollen natürlich durch den spektakulären Tod von Osama ein Zeichen setzen. Es wird eine Show werden. Und sie möchten ihn nicht aus dem Verkehr ziehen, bevor die Präsidentschaftswahlen nicht über die Bühne gegangen sind.«

»Verständlich!«, erwiderte der General abgeklärt. Seine einzige Sorge war die innenpolitische Lage in Pakistan und das Verhalten ihrer eigenen irren Gotteskrieger in den Stammesgebieten und in den benachbarten Provinzen. Im Sind war die Spannung enorm, und es gab regelmäßig blutige Attentate, die auf religiöse Minderheiten oder die Staatsgewalt zielten: Armee, Polizei, Tribal Agency.

»Haben Sie noch ein paar Tage Urlaub und die Möglichkeit, sich diskret und unauffällig aus Karatschi zu verabschieden?«

Dadullah schmunzelte.

Er wusste, was Naeem Hassan Ali beschäftigte. Osama war wie ein Rennpferd: Eine riskante Investition, denn niemand konnte einschätzen, ob der Crack im richtigen Augenblick in der richtigen Topverfassung war. Und Asma, seine Frau, würde sich freuen, wenn er ihr ganz unbefangen und locker beim Frühstück die Flugtickets übern Tisch schieben würde. Er hatte sie immerhin so weit, dass sie ernsthaft über die Option eines schottischen Internats für die

Zwillinge nachdachte, und bereits im Internet die verschiedenen Schulen verglich, die sie aus dem Katalog des British Council ausgesucht hatten.

»Nehmen Sie sich eine Woche frei, mein lieber Naeem, und begleiten Sie Asma und mich zusammen mit Ihrer charmanten Gemahlin nach Kairo. Wir wollen unsere Älteste Sharifa besuchen. Sie wissen ja, dass sie in Ägypten studiert.«

»Was für eine wunderbare Idee. Wann?«

Der Taliban-Warlord nannte dem pakistanischen Geheimdienstgeneral die Daten. Es war absolut kein Problem, Asma zusammen mit Sharifa und Brigadier Alis Gemahlin in der Villa abzusetzen, die sie gerne mieteten, wenn sie nach Ägypten flogen. Er konnte Sharifa eine diskrete E-Mail schicken, und seine Tochter würde ein bisschen Spaß für ihre Mutter und die Frau des Generals organisieren, während er sich ums Business kümmerte. Sharifa hatte ihm in ihrer letzten Mail erzählt, dass sie gerade in der Region Tuna el-Gebel, südlich der Hauptstadt Kairo, buddelten und eine Grabkammer mit etwas mehr als dreißig Leichnamen freigelegt hatten, die vermutlich aus griechisch-römischer Zeit stammten.

Ben war in seinem neuen Job in Paris verhältnismäßig flexibel und konnte von dort in knapp viereinhalb Stunden nonstop nach Kairo fliegen. Natürlich war es unwahrscheinlich, dass die Amerikaner fünfzig Millionen Dollar für Osama lockermachen würden, aber sein Freund hatte mindestens fünfundzwanzig Millionen für einen »Informanten-Verbund« garantiert, der in der Lage war, den Saudi bis zum Tag X im Auge zu behalten, diskret zu verhindern, dass er sich aus dem Staub machte, und im entscheidenden Moment die entscheidende Information an die richtige Stelle zu übermitteln.

»Sie brauchen sich um nichts zu kümmern, mein lieber Freund. Wir haben wie immer unsere Lieblingsvilla gebucht. Ich besorge die Flugtickets.«

Brigadier Naeem Hassan Ali schlürfte seinen Drink und grinste zufrieden.

DRITTES KAPITEL

Vereinigte Staaten – Washington, D.C. – 1401 Pennsylvania Avenue – The Willard Intercontinental Hotel

General Franklin G. Mahooney schloss den Aktenordner und legte ihn auf den freien Platz neben sich auf der Rückbank. Er hatte Moira, seiner persönlichen Assistentin, freigegeben. Seine Beziehung zum Thinktank Euro-Atlantic Alliance for Democratic Progress war kein Geheimnis, aber er wollte nicht, dass die junge Frau herausfand, warum er an diesem Abend wirklich zu der gesellschaftlichen Veranstaltung in einem Washingtoner Luxushotel gekommen war.

Das Symposium bot vor allem eine einfache Gelegenheit, die Neuen aus der Nähe zu betrachten. Der Franzose war gerade erst dreißig geworden. Gabriel Blanc-Aimé war einer dieser typischen Überflieger aus der Kaderschmiede École Nationale d'Administration. Er hatte seit ein paar Monaten einen Topjob im Finanzministerium. Politisch schien er noch nicht festgelegt. Er hatte vor allen Dingen seine Karriere im Auge und war eine Art Chamäleon, das sein Handeln den Erfordernissen anpasste, die ihm den nächsten Schritt auf der Leiter nach oben ermöglichten. Die Italienerin war ein paar Jahre älter, hatte aber ein ganz ähnliches Profil. Er bevorzugte diesen Typ des »künftigen Entscheiders«, weil man ihn nicht trickreich manipulieren musste, sondern einfach ein Geschäft mit ihm machen konnte. Gibst du mir, gebe ich dir! Und es war nicht einmal notwendig, sich großartig zu verstecken.

Er hatte Gabriel Blanc-Aimé und die Italienerin Anfang Oktober von der Liste ausgewählt, die seine Partner, »Die Choristen«, ihm bei der »Herbst-Messe« im September übergeben hatten. Es war das erste Mal, dass sie Einladungen zum Symposium der Euro-Atlantic Alliance for Democratic Progress EAADP in Washington erhielten.

Das Event fand in diesem Jahr im *The Willard* auf der Pennsylvania Avenue, direkt neben dem Weißen Haus, statt.

»Holen Sie mich pünktlich um Mitternacht wieder ab!«, bat Mahooney seinen Fahrer. Er wollte einen diskreten Blick auf die beiden Neuen werfen und sehen, wie sie sich in dieser Umgebung mit wichtigen internationalen Persönlichkeiten aus Wirtschaft, Politik und Wissenschaft gaben. Sein erster Eindruck hatte ihn bislang noch nie getäuscht. Für das Symposium war wieder der Crystal Ballroom gemietet worden. Versammelt waren vierzig Geladene aus der ganzen Welt und mit ihm zusammen zehn US-amerikanische Persönlichkeiten aus dem Aufsichtsrat der Stiftung. Sie alle würden anschließend zusammen mit ihren Gattinnen an einem Galadiner teilnehmen, während er sich allein mit dem deutschen Staatsminister für Besondere Angelegenheiten treffen würde. Der Staatsminister nahm schon seit Jahren am Symposium der EAADP teil. Sie hatten lange in den Mann investiert und ihn entsprechend gefördert. Inzwischen saß er auf einem Posten, der wirksame Einflussnahme in ihrem Sinne auf die Bundesregierung und die konservative Kanzlerin Brunhilde Zwicker gestattete.

× × ×

Der Grund für das diskrete Abendessen mit dem DNI war ihre Black Ops. Nicht nur die USA konnten so etwas abziehen! Selbstverständlich wusste er offiziell von absolut gar nichts, denn er war ein braves Mitglied einer biederen Regierungsmannschaft in einem respektablen und demokratisch regierten Land.

Allerdings sagte ihnen ihr kollektives Bauchgefühl auch, dass General Frank Mahooney ganz tief in die Sache verstrickt war.

Selbst seine große Chefin, Kanzlerin Brunhilde Zwicker, hatte eine Hypothese. Die war sogar kreativ. Til Schweiger hätte wohl sofort zugegriffen, wenn man ihm dieses Szenario für einen neuen Kinofilm angeboten hätte. Die Kanzlerin hatte eine Verschwörungstheorie entwickelt, die unterstellte, dass eine Fraktion der amerikanischen Neokonservativen im Vorfeld der anstehenden Präsidentschaftswahlen des Jahres 2009 Mittel beschaffen wollte, um »ihren« Kandidaten diskret finanziell zu unterstützen.

Der Staatsminister war geneigt, seiner Chefin zu glauben. Er kannte die USA sehr gut, und seine langjährigen Verbindungen zu zahlreichen Thinktanks der NeoCons hatten ihm ein gutes Gefühl für den aktuellen Zeitgeist im Land gegeben. Den Schlüsselfiguren war klar, dass die »Grand Old Party« sich durch die aktuelle aggressive und kostspielige Außenpolitik des Präsidenten, die von Stagnation im Inneren begleitet wurde, diskreditiert hatten. Es war sicher, dass die Demokraten die nächsten Wahlen gewinnen würden, wenn kein Wunder geschah.

Selbst eine erfolgreiche Kandidatur der ehemaligen demokratischen First Lady würde die Erfolgschancen der Partei, die den Esel zu ihrem tierischen Symbol gemacht hatte, nicht mindern. Da in den USA meist die Mitglieder der Geheimdienst-Community gemeinsam mit ihren Partnern aus dem militärisch-industriellen Komplex dafür zuständig waren, dass in der Politik Wunder geschahen und Wunder eine Menge Geld kosteten, lag die Wahrscheinlichkeit, dass das Szenario der Kanzlerin sich bewahrheiten würde, bei mindestens fünfzig Prozent. Die anderen fünfzig Prozent gehörten seinem Gegenszenario. Es war ganz ähnlich wie die Fantasiewelt von Kanzlerin Brunhilde Zwicker. Allerdings würden hier die NeoCons das Wunder bewirken, die ehemalige First Lady zu deaktivieren und durch einen von ihnen geschaffenen und manipulierten Kandidaten zu ersetzen, der zwar nach außen wie ein Demokrat auftrat und wirkte, im Inneren aber genau das tat, was sie von ihm erwarteten. Ein heimlicher NeoCon sozusagen!

Dass Frank Mahooney als der DNI wie eine dicke, fette Spinne genau im Herzen der großen US-Konspiration saß und die Fäden zog, verstand sich von selbst. Aber es war natürlich unmöglich, den amtierenden Director of National Intelligence direkt anzugreifen. Doch sie konnten ihn für ihre eigenen Zwecke einspannen und ihn benutzen. Das jährliche Symposium der Euro-Atlantic Alliance for Democratic Progress war eine Traumgelegenheit, ihre sorgfältig zusammengestellten »Informationen« diskret an den DNI weiterzugeben. Ihre Legende war absolut wasserdicht, denn niemand würde ihn, den seriösen Staatsminister für Besondere Angelegenheiten, jemals verdächtigen, sich für eine solche Manipulation hergegeben zu haben.

Er schmunzelte innerlich. Einer von Christianes Studienkollegen arbeitete bei der IABG in Ottobrunn. Gleichzeitig war der Mann auch einer ihrer zuverlässigsten inoffiziellen Mitarbeiter. Er hatte für sie unter dem Siegel absoluter Verschwiegenheit wieder einmal »gebastelt« und dafür gesorgt, dass eine Reihe spezifischer, von den Amerikanern ins System eingefütterter Selektoren in den nächsten Tagen auf eine Reihe ganz spezifischer, ausgewählter Informationen stoßen würden. Gleichzeitig sollte General Reinhard Gutbrod in seiner Funktion als Boss des Einsatzführungskommandos einen genau abgestimmten Anruf beim US CENTCOM in Bagram tätigen. Und wenn alles gut ging, dann schlugen sie hier zwei Fliegen mit einer Klappe und taten der gesamten Antiterrorkoalition – die USA eingeschlossen – noch etwas Gutes, auch wenn sie sich der Tat nie würden rühmen können.

»Danke, dass Sie sich die Zeit nehmen konnten, Frank!«

Der Staatsminister deutete auf einen ganz ausgezeichneten Chateau-Latour, der bereits in einer Kristallkaraffe auf dem Tisch atmete. Der General nickte, und der Sommelier schenkte ihnen ein.

Ein Kellner notierte die Bestellung und zog sich diskret zurück, um die beiden Gäste ihrem Gespräch und ihrem Chateau-Latour zu überlassen. Der Staatsminister hatte den DNI in die exklusive französische Brasserie des *The Willard* eingeladen, *Le Café du Parc.* Der

Grund dafür waren aber weder die Weinkarte noch die Küche, sondern die Entfernung zum *The Wedgwire Lounge,* wo sämtliche anderen Teilnehmer des Symposiums dinierten. Er wollte vermeiden, in vertrautem Gespräch mit General Mahooney beobachtet zu werden. Natürlich hatte der Staatsminister schon vor vielen Jahren begriffen, was Ziel und Zweck der Einladungen gewisser US-amerikanischer Thinktanks waren.

Ganz am Anfang, als junger Anwalt und aufstrebender Parteikader, hatte er sich durch die Aufmerksamkeit des German Marshall Fund und des Europäischen Komitees für ein Konstruktives Morgen – EKKM – geehrt gefühlt. Er hatte gedacht, das sei eine Bestätigung seiner intellektuellen Überlegenheit über andere aufstrebende Konkurrenten in der Partei. Dann hatte er die erste Einladung des EKKM zu einem Symposium erhalten. Am Ende der Woche mit den Leuten aus dem Thinktank hatte er genau verstanden, worum es den finanziell mächtigen und politisch einflussreichen Sponsoren der Organisation wirklich ging. Die Euro-Atlantic Alliance for Democratic Progress unterschied sich in nichts von der EKKM und den anderen. Sie versuchten alle, die Geladenen zu manipulieren und in ihrem Sinne auf ein bestimmtes Bild der USA einzuschwören und sie zu veranlassen, dieses in ihren Heimatländern zu propagieren.

Eine kapitalistische Komintern!, dachte der Staatsminister abschätzig und lächelte sein Gegenüber an.

»Lothar, erzählen Sie mir alles.« Mahooney entfaltete die gestärkte Damastserviette.

Sie hatten am Vorabend bereits kurz miteinander telefoniert. Der Name, den der Deutsche genannt hatte, hatte ihn die ungewöhnliche Einladung zum Diner unter vier Augen annehmen lassen. Er wusste, dass in diesem speziellen Fall ihre beste Chance auf Erfolg war, die Deutschen die Spuren aus dem Nordkaukasus verfolgen zu lassen. Keiner der US-Dienste hatte es je geschafft, in irgendeiner Form an irgendwelche Informationen heranzukommen, die von tschetschenischen islamistischen Gruppierungen ausgetauscht wurden. Die einzige Option wäre es gewesen, mit den Russen zu reden. Aber das hätte bedeutet, dem Sluschba wneschnei raswedki SWR und dem Glawnoje Raswedywatelnoje Uprawlenije GRU ein paar echte Schwachstellen der US-Geheimdienst-Community aufzuzeigen.

»Und aus was für einer Quelle stammen Ihre Informationen, Lothar?«

»HUMINT, Frank!«

Der Staatsminister jubilierte innerlich. Der DNI hatte nicht nur angebissen. Er hing am Haken und zappelte wie ein gefangener Fisch. Jetzt musste er seinen Fang nur noch vorsichtig aus dem Wasser ziehen, ohne dass er sich vom Haken befreite.

Er senkte die Stimme: »Wir haben es geschafft, mehrere Informanten in tschetschenischen Dschihadisten-Gruppen zu rekrutieren. In eine haben wir sogar einen Agenten infiltrieren können. Das war eine lange, schwierige und sehr gefährliche Infiltration, aber er hat es lebend bis hinauf in die Führungsebene der sogenannten Tschetschenischen Republik Itschkeria geschafft.«

Der Staatsminister erzählte Mahooney nicht, wie Stefan Huber beim Aufstieg ihres Agenten nachgeholfen hatte. Huber hatte zuerst dafür gesorgt, dass die Russen erfuhren, wo der »Emir« Abdul Halim Sadulajew sich wann aufhielt. Die Russen hatten nicht gezögert und von dieser Gelegenheit profitiert, um den Terroristen zu liquidieren. Im Juni 2006, vor anderthalb Jahren, war Doku Umarow zum »Emir« aufgestiegen und hatte »ihren Mann« mit nach oben gezogen. Doku vertraute diesem wie einem Bruder – aus diesem Grund wussten sie auch über das gestohlene Uran 238 Bescheid und hatten im Frühjahr von dem ersten Treffen mit dem Al-Qaida-Technologen unweit von Mapan erfahren.

»Was motiviert Ihren Agenten?«

»Frank, bitte!« Der Staatsminister straffte sich und setzte sich aufrechter.

Er hatte wirklich keine Ahnung, warum ein junger Tschetschene, der in Deutschland aufgewachsen war und sogar die deutsche Staatsbürgerschaft besaß, bereit war, wieder in die Höhle des

Löwen zurückzukehren, aus der seine Familie Mitte der Neunzigerjahre während des Ersten Tschetschenienkrieges geflohen war, um irgendwelche völlig durchgeknallten und brandgefährlichen tschetschenische Gotteskrieger ausgerechnet an den deutschen Auslandsgeheimdienst zu verraten.

Dr. Stefan Huber hatte es ihm nie erklärt, und er hatte nie nachgefragt. Huber hatte sich lediglich ein sehr substanzielles Budget aus einer der zahlreichen schwarzen Kassen absegnen lassen, auf die der Staatsminister Zugriff hatte. Aber als lang gedienter Politiker war er ein echter Experte im Bereich der Körpersprache, und er kannte Frank Mahooney lange genug, um ihn einzuschätzen. Der Mann blickte nicht gerne zu Gesprächspartnern auf. Ganz besonders nicht zu deutschen Politikern, die er normalerweise gerne abhängig und unter dem Daumen hielt.

»Was bedeuten Ihnen die Motive und die Motivation unseres Agenten oder unserer Informanten, Frank?«, fuhr der Staatsminister ruhig fort, während er weiter in seinem Stuhl wuchs. Er blickte auf den DNI herab. »Mehr kann ich Ihnen nicht sagen. Ich kann unsere Kontakte nicht gefährden. Sie wissen, wie aggressiv und gewalttätig die Tschetschenen sind. Und Frank: Sie kennen die große Schwäche der CIA. Der BND hat wegen ihren Leuten aus Langley bereits mehrfach Quellen verloren.«

Der Staatsminister spielte auf ein halbes Dutzend berühmter Rohrkrepierer an, als der BND mit der CIA zusammengearbeitet hatte und jemand aus ihren Reihen – ein Agent oder ein Informant – dabei vom Gegner gefasst oder getötet worden war.

Jedes Mal war es die Schuld der großen und unkontrollierbaren US-Geheimdienstmaschine gewesen. Die Amerikaner hatten enorme Schwierigkeiten, geheime Informationen geheim zu halten, weil ihre Nachrichtendienste von der politischen Führung nicht zur Zusammenarbeit verpflichtet, sondern zu Konkurrenzverhalten aufgeheizt wurden. Und sie benahmen sich grundsätzlich rücksichtslos.

Mahooney senkte für einen kurzen Augenblick die Augen und machte eine abwiegelnde Handbewegung. Der Staatsminister atmete auf. Es hatte funktioniert! Er hatte seinen amerikanischen Counterpart an der Angel!

»Okay, Lothar, okay! Tut mir leid. Das war vor meiner Zeit. Ich weiß, es gab Probleme. Selbstverständlich unterstützen wir Sie. Erklären Sie mir nur in groben Zügen, wie Ihre Leute vorgehen möchten. Falls Sie Transport brauchen? Hubschrauber vielleicht? Ich weiß, Sie haben wenig Hubschrauber in AfPak. Vielleicht Back-up, wenn das die Sache einfacher für Sie macht? Wir könnten ein gemeinsames Team bilden. Ich kann Ihnen Männer zur Seite stellen, was immer Sie wollen. Operators der SAD, Männer von den DELTA Forces … Ich weiß, Ihnen sind in vieler Beziehung die Hände gebunden.«

Der Staatsminister schüttelte den Kopf. Er biss die Zähne kurz zusammen, um die notwendige sprichwörtliche Kreide zu fressen. Er wusste das alles, doch dieses eine Mal fehlte es ihnen wirklich an nichts. Er musste niemanden anbetteln. Er musste Mahooney lediglich so manipulieren, dass sie abschließend herausfinden konnten, ob er der eigentliche Drahtzieher war oder nur von einer Gruppe seiner Untergebenen manipuliert wurde, die ihr eigenes Ding machten. Vielleicht war alles sogar nur ein Missverständnis. Oft handelten die Amerikaner ohne bösen Willen und eben nur wie Elefanten im Porzellanladen.

Die Kanzlerin Brunhilde Zwicker, die ihr »großes Spiel« abgesegnet hatte, hatte ihn auch darum gebeten, die Antwort auf die Frage mit nach Hause zu bringen: »Ist es böse Absicht der Amerikaner, oder ist es wieder einmal nur pure Dummheit?« Der ganze Rest war ihr nicht so wichtig, solange niemand etwas merkte.

Deutschland – Geltow – Operationszentrale – Einsatzführungskommando der Bundeswehr

Auf der Panzertür stand in großen, roten Buchstaben das Wort »Sperrzone«. Diese Tür öffnete sich nicht jedem. General Reinhard Gutbrod betrat die Operationszentrale. Hinter der Stahltür befand sich eine Schleuse mit einer weiteren massiven Tür. Dahinter schloss sich ein großer, abhörsicherer Raum an. Außer vier langen Computerpultreihen und einem meterhohen Wandbildschirm, auf dem unter anderem auch eine Karte Afghanistans flackerte, war der Raum leer. Acht Soldaten saßen für gewöhnlich an den Rechnern im Raum. Das Einsatzführungskommando war im Prinzip nicht für taktische, sondern für operative und planerische Entscheidungen da. Von diesem schwer gesicherten Raum aus wurden sämtliche Auslandseinsätze der Bundeswehr koordiniert. Egal ob Soldaten verschickt, Ausrüstung ersetzt oder Verwundete in die Heimat transportiert werden mussten – hier wurde es organisiert.

Der General grüßte seine Mitarbeiter und bedeutete ihnen, sich nicht stören zu lassen. Er warf einen diskreten Blick auf die Uhr. Die Bundeswehr war auch eine große Verwaltung. Eine große und gut geölte Verwaltung, in der man sich darauf verlassen konnte, dass gewisse Dinge immer in einer ganz bestimmten Art und Weise abliefen. Die Digitaluhr an der Wand klickte von neunundfünfzig auf null. Wie ein Mann erhoben sich die acht Diensttuenden und verließen durch die gleiche Schleuse, durch die er die Operationszentrale betreten hatte, den Raum. Gutbrod seufzte erleichtert, als die schwere Tür sich mit einem dumpfen Ton schloss.

Er war zwar noch nicht lange im Haus, aber er hatte die Abläufe schon während seiner ersten vierzehn Tage als Kommandeur durchschaut. In diesem Augenblick war er erleichtert, dass er dem Unwesen bei den Schichtwechseln noch kein Ende gesetzt hatte. Sein Vorgänger hatte ihm den Tipp gegeben, es mit den Leuten ruhig angehen zu lassen. Es gab zwei Tagesschichten, eine reguläre Nachtschicht mit vier Soldaten und einem Unteroffizier vom Dienst, der von Mitternacht bis sechs Uhr morgens Bereitschaft hatte, um im Notfall die entsprechenden Entscheider zu kontaktieren. Jedes Mal, wenn es einen Wechsel gab, stand die Operationszentrale mindestens zwanzig Minuten leer.

Gutbrod setzte sich an einen der Arbeitsplätze und loggte sich eilig über ein ganz spezielles Passwort ein, das der Staatsminister ihm kurz vor seiner Abreise in die USA ausgehändigt hatte. Ihm blieben exakt neunzehn Minuten. Er zog einen Zettel aus der Tasche. Kurz bevor er das dumpfe Brummen wahrnahm, das bedeutete, dass die Schleuse sich öffnete und eine nicht sonderlich motivierte Nachtschicht aus der Kaffeeküche in die Operationszentrale wanderte, war er fertig. Es war unmöglich herausfinden, dass er das System manipuliert hatte. Wenn die Amerikaner Kontakt aufnahmen, dann mit dem imaginären Offizier, der ein genauso imaginäres Team deutscher Elitesoldaten auf die Jagd nach dem berüchtigten Al-Qaida-Technologen Ayub El Hussein geschickt hatte. Alles war so vorprogrammiert, dass die entsprechenden US-Leitstellen nur einen einzigen Mann kontaktieren konnten: 24/24 und sieben Tage in der Woche: ihn!

Gutbrods Phantom-Offizier hatte den OPLAN und die Q-Comms der Phantom-Soldaten an das CENTCOM in Bagram übermittelt. Der Staatsminister hatte sich in Washington mit Frank Mahooney getroffen und ihm auch beiläufig »erzählt«, dass sie El Hussein wieder auf der Spur waren. Das Foto, das den DNI zusammen mit dem noch namenlosen Raubgräber »Golfer« zeigte, war kein Zufall, obwohl es für ihren Plan unerheblich war, wer eine Nachricht an die Contractors in diesem Hochtal übermittelte: US CENTCOM Tampa oder US CENTCOM Bagram.

Gutbrod wusste, dass Stefan dafür gesorgt hatte, eine Auswahl entsprechender Informationen so in der Datenwelt zu verstreuen, dass sie zwangsläufig von den Selektoren der NSA am entsprechenden Datenknotenpunkt in Frankfurt abgefischt und über den großen Teich weitergeleitet wurden.

Der General warf den Soldaten und Soldatinnen, die die Operationszentrale betraten, einen Blick zu, der einen Tyrannosaurus im Angriff gestoppt hätte. Bevor er mit grimmigem Gesichtsausdruck die Tür zur Sicherheitsschleuse aufstieß, tippte er mit dem Zeigefinger für alle deutlich sichtbar aufs Zifferblatt seiner Armbanduhr.

»Drei Mal täglich zwanzig Minuten – diese verdammte Herumtrödelei!«, fluchte Gutbrod leise.

Unabhängig von der Sache am Hindukusch und der Bitte ihrer neuen besten Freunde aus Frankreich war es dringend notwendig, den Leuten unmissverständlich klarzumachen, dass die Koordination der Auslandseinsätze der Bundeswehr eine seriöse Aufgabe war und Verspätungen nicht akzeptiert wurden.

Anstatt in sein eigenes Büro zurückzukehren, machte er einen Umweg über den Unteroffizier vom Dienst.

Frankreich – Romainville – Hauptquartier der Division Action

Christiane Près setzte sich wieder zu ihrem Stellvertreter Julien Rudeaux und dem deutschen Gast aus dem Bundeskanzleramt. Im Konferenzraum I sammelte sich eine Handvoll Techniker vor einem halben Dutzend Bildschirmen und ein paar Computern. Ihr IT-Team in der französischen Botschaft in Kabul war per Videokonferenz dabei, und sie hatten eine Standverbindung mit dem Operationszentrum des COS. Das war zusammen mit General Bertrand Morillon vor ein paar Tagen endlich aus Taverny auf den Militärflughafen 107 in Villacoublay umgezogen. Zu ihrer Erleichterung hatten sich der lange geplante Umzug und der Startschuss für ihre Operation nicht überschnitten.

Rudeaux verzog den Mund zu einem wölfischen Grinsen, als auf einem der Bildschirme plötzlich ein roter Punkt aufpoppte. Mithilfe der LUNA hatten sie bereits die Abfahrt des Unimog und eines Begleitfahrzeugs aus dem Hochtal beobachten können. Ihr Team war in Dschibuti und wartete nur noch auf den Befehl, sich auf den Weg zu machen.

»Wir haben ihn!« Der Techniker zoomte auf den roten Punkt.

Dieser befand sich auf der Satellitenansicht der afghanischen Hauptstadt genau neben der finnischen Botschaft in dem Gebäude, das die Hausnummer 730 trug. Den Rest des Bildschirms füllten die Überwachungsbilder der Kameras, die die DGSE diskret auf dem

Gebäude des Fernsehsenders Tolo TV und der Botschaft selbst angebracht hatte. Sie hatten bereits direkt beobachtet, wie ein Unimog und ein Toyota Hilux auf das gut gesicherte Gelände in der ersten Querstraße der 10. Straße im Stadtteil Wazir Akbar Khan aufgefahren waren. Als der rote Punkt aufleuchtete, trug ein Mann noch eine letzte Kiste ins Haus. Ein zweiter Mann parkte den Unimog, bevor er den Hilux wendete und startklar mit der Nase zum Tor stellte.

Der französische Staatstrojaner, den sie in der E-Mail von Pierre Besson an den »Autor in spe« verschickt hatten, um ihn zusammen mit ein paar Männern aus dem Hochtal nach Kabul zu locken, hatte sich diskret auf Richard O'Shaughnessys Laptop installiert. Er arbeitete dort ständig im Hintergrund und schickte ihnen Informationen, immer zusammen mit dem aktuellen Standort des Gerätes, den laufenden Anwendungen und Webcam-Fotos, sobald das installierte Windows-System startete oder der Eigentümer im Internet unterwegs war. Und der Staatstrojaner hatte noch eine virtuelle Wanze in Richard O'Shaughnessys Skype-Anwendung injiziert.

Die Wanze trug den Namen QUIGGLE, und es handelte sich um ein ganz persönliches Projekt von Farida. Die *Operation Cupcake* war ihr erster Feldtest. Auf dem freien Markt wäre ein Schädling wie QUIGGLE ein kleines Vermögen wert und könnte zum Beispiel als diskretes und sicheres Mittel zur Wirtschaftsspionage gegen Konkurrenzunternehmen benutzt werden. Sie hatten ihrem Gast aus Deutschland selbstverständlich nichts von dieser Sache erzählt.

Faridas »Skype-Wanze« hatte eine Programmbibliothek – eine DLL – in den laufenden Prozess von O'Shaughnessys Programm gelegt und leitet so Audiodaten als MP3-Dateien aus, um sie verschlüsselt an einen ihrer Web-Server in Romainville zu senden, wo der Service Action sie einfach abrufen konnte. Die Wanze pflanzte sich auch fort: Sobald ein verseuchter Rechner mit einem anderen Rechner kommunizierte, bekam dieser Gesprächspartner seinen eigenen kleinen Schädling, der wiederum ein DLL in den laufenden

Prozess legte und so weiter und so weiter. Kein existierender Virenscanner, kein Programm zur Erkennung von Malware, Trojanern, Würmern und anderen Schadprogrammen war in der Lage, die Spyware zu erkennen.

In diesem Augenblick hatten sie bei Faridas Testlauf außer dem Rechner ihres IM Pierre Besson auch noch den privaten Laptop des ISAF-Pressesprechers in Kabul und den PC von O'Shaughnessys Eltern in Großbritannien infiziert. Sie hatten Audiodateien einer privaten Konversation mit seiner Familie und einer anderen mit Peter Ferraro. Die Inhalte dieser Gespräche waren für die laufende *Operation Cupcake* ohne Bedeutung, aber Farida wusste jetzt, dass ihre Skype-Wanze funktionierte und die Möglichkeiten ihres Geheimdienstes, diskret herumzuschnüffeln, revolutionieren würden. Und sie wusste, dass die Wanze sich wie geplant über eine einfache E-Mail – als Werbung verkleidet – wieder deaktivieren ließ, solange diese Mail im Spam-Folder landete und nicht sofort gelöscht wurde.

× × ×

Stefan Huber nickte seinem alten Gegner aus den Tagen der *Operation Sommerregen* zu. Er hatte sich sofort an den blutigen Zwischenfall in Peschawar erinnert, als er dem stellvertretenden Direktor des Service Action von Angesicht zu Angesicht vorgestellt worden war. Und der Blick, den der französische Offizier ihm zugeworfen hatte, hatte Stefan bestätigt, dass Julien Rudeaux sich genauso gut erinnerte, obwohl alles bereits dreißig Jahre zurücklag.

Er griff nach seinem privaten Mobiltelefon und schickte Reinhard Gutbrod die vereinbarte Nachricht. Sein Staatsminister war auf dem Rückflug aus den USA. Er hatte nach Beendigung des jährlichen Symposiums des Thinktanks noch zwei zusätzliche Tage im luxuriösen *The Willards* verbracht und Gespräche mit der NSA und mit der CIA angehängt. Damit hatte er seine Spur verwischt. Falls die amerikanische Geheimdienst-Community, angeführt von General Franklin »Frank« Mahooney, je begreifen sollte, was sie hier gerade abzogen, dann konnte der Mann problemlos behaupten, von nichts gewusst zu haben.

Genau wie sie vermutet hatten, waren die »geheimen Informationen« über den »Einsatz eines KSK-Teams unweit des Hochtals über das CENTCOM und Bagram umgehend bei Jones' Söldnertruppe gelandet, und eine fünf Mann starke Equipe hatte sich unter dem wachsamen Auge einer umgerüsteten deutschen LUNA-Drohne bis an die Zähne bewaffnet auf den Weg gemacht, um Schimären zu jagen und zu vermeiden, dass die Aktivitäten des ehemaligen Taliban-Gouverneurs der Provinz die Aufmerksamkeit unerwünschter Mitglieder der Antiterrorkoalition oder der ISAF auf sie zogen.

Christiane Près beobachtete neugierig einen der Bildschirme. Vier Männer, jeder mit einer Sporttasche bewaffnet, stiegen in den Toyota Hilux, während sich das Tor der Hausnummer 730 langsam öffnete und den Blick auf das abendliche Kabul preisgab. Die Uhr hatte gerade angefangen zu ticken.

Afrika – Dschibuti – Französischer Militärstützpunkt Base Aerienne 188

Arme, schwache und kleine Staaten hatten nicht viele Möglichkeiten, ihre Unabhängigkeit zu sichern: Sie konnten sich entweder abschotten und auf Autarkie setzen oder sich an alle größeren Mächte gleichzeitig verkaufen. Diesen Weg hatte Dschibuti gewählt. Das afrikanische Armenhaus mit gerade einmal 850 000 Einwohnern war im Jahr 1977 ohne große Begeisterung von Frankreich unabhängig geworden. Es war unterentwickelt und teilte sich in zwei große Ethnien: die Afar und die zu den Somalis gehörenden Issa. Die Issa dominierten die Politik des Landes, das gerade einmal so groß war wie Mecklenburg-Vorpommern. Es lag strategisch günstig an der Meerenge Bab al-Mandab. Jedes Schiff, das durch den Suezkanal wollte, kam zwangsläufig hier vorbei.

Das hatten außer dem ehemaligen Kolonialherrn Frankreich auch die USA, die Türkei, Spanien, Italien, und Japan gemerkt und hier Militärbasen eingerichtet. Der Nachbar Saudi-Arabien baute gerade eine, und es ging das Gerücht, dass die Chinesen mit dem Staatspräsidenten Ismail Omar Guelleh verhandelten. Auch sie wollten eine militärische Präsenz am Golf von Aden. Dschibutis wichtigste Einnahmequelle – neben dem regionalen Handel mit Häuten, Fellen und anderen Viehzuchtprodukten – waren die Zahlungen ausländischer Mächte für ihre Militärbasen.

× × ×

Sie waren kurz nach Mitternacht diskret mit dem brandneuen Dassault Falcon 2000LX der Groupe Aerienne Mixte 056 in Dschibuti gelandet, wo Frankreich seit 1932 einen großen und schwer gesicherten Militärstützpunkt sowie einen Marinestützpunkt unterhielt. Außer den klassischen Waffengattungen waren noch die Fremdenlegion und das COS vor Ort. Sie teilten sich dort mit dem Service Action der DGSE das Centre d'entraînement au combat et d'aguerrissement au désert de Dschibuti CECAD und ein Trainingszentrum für Kampfschwimmer, das sich im Herzen des Marinestützpunkts »Héron« verbarg. Von dort aus jagte die DGSE auf dem afrikanischen Kontinent Terroristen, während ihre militärischen Kollegen den berüchtigten Piraten aus Somalia nachstellten, die am Horn von Afrika seit Jahren ihr Unwesen trieben.

Direkt neben der Base Aerienne 188 »Colonel Émile Massart« am internationalen Flughafen Ambouli saßen im Camp Lemonnier neben den knapp dreitausend Franzosen bereits viertausend Amerikaner. Sie hatten dort haufenweise Special Forces jeder Form, Farbe und Größe, die allerdings vom Stuttgarter Hauptquartier in Deutschland koordiniert wurden. Das US AFRICOM war ein wichtiger Bestandteil des »Global War on Terror« von Präsident George W. Bush und Camp Lemonnier sein wichtigster Verteiler für gefasste Terroristen und Terrorverdächtige. Sie wurden von Dschibuti aus per Flugzeug und meist mit einem Zwischenstopp in Incirlik oder auf der Ramstein-Airbase auf irgendwelche finsteren *Black Sites* in Osteuropa verschleppt, damit man sie dort ungehindert und diskret verhören konnte. Außer den Regulären der US Army und des US Special Forces Command befanden sich in Camp Lemonnier auch eine Menge Contractors des US Department of Defence. Dazu kamen noch ein Pizza Hut, ein Burger King, ein Green Beans Coffee Shop und alle anderen Annehmlichkeiten, die ein US-Soldat aus Milwaukee, aus Tennessee oder aus Georgia finden wollte, wenn Uncle Sam ihn in den Auslandseinsatz schickte. Es ging das Gerücht, dass es sogar einen American Square Dance Club im Camp Lemonnier gab, der sich wöchentlich traf, um zu Country Music aus dem Wilden Westen zu tanzen.

Für sie war die Base Aerienne 188 »Colonel Émile Massart« nur ein kurzer Zwischenstopp. Dschibuti lag fünf Flugstunden von ihrem Einsatzgebiet entfernt. Kérmorvan wartete lediglich auf das »Go« aus Romainville. Der Zeitrahmen hing von Pierre Bessons Treffen mit Richard O'Shaughnessy ab und natürlich von der undichten Stelle im US CENTCOM. Er hatte sein Team zusammen mit Carla gleich nach dem Frühstück auf Tour geschickt. Die Männer hatten, genau wie er, in Dschibuti trainiert und hatten die Wüstenkampf-Schule CECAD absolviert. Sie waren mit dem kleinen Land bestens vertraut. Doch für Carla war alles neu. Es gab nur eine Handvoll Deutscher, die im Rahmen der *Operation Atalanta* die Piratenjagd am Horn von Afrika mit dem Einsatzführungskommando in Geltow koordinierten. Die Männer und Frauen der deutschen Marine residierten mit Meerblick im *Sheraton* und waren neidisch auf diejenigen Verbündeten, die vom viel feineren *Dschibuti Palace Kempinski* aus Krieg gegen die Piraten führten.

Kérmorvan las die kurze SMS auf seinem DGSE-Smartphone: »Wir haben für 19 Uhr zum Abendessen in Ambouli, im La Mer Rouge, reserviert, Patron!«

Er tippte eine Antwort, während er die Tür zu seinem Zimmer aufstieß. Sie waren weder im heruntergewirtschafteten *Sheraton* noch im hippen *Dschibuti Palace Kempinski* untergekommen, sondern übernachteten auf dem Stützpunkt. Und obwohl ihre Unterkünfte sehr bequem waren, hatte keiner von ihnen Lust, die Schonfrist vor dem Einsatz in einer gesicherten Schutzzone zu verbringen. Das *La Mer Rouge* war zwar nicht Kérmorvans erste Wahl, aber das Essen war vernünftig, das Ambiente angenehm, und sie schenkten ein durchaus trinkbares und eisgekühltes Bier aus. Außerdem lag der Laden nur einen Katzensprung vom Stützpunkt entfernt. Im Ernstfall konnten sie innerhalb einer Stunde in der Luft sein.

Er selbst war aus dem Flieger direkt in das Büro des Kommandeurs des Stützpunktes gewandert, um sich eine der in Dschibuti stationierten Transall-Transportmaschinen zu leihen. Der Zweisternegeneral musste lediglich dafür sorgen, dass ihr Besuch unauffällig verlief und niemand sich Fragen stellte. Und der Mann war sehr kooperativ, denn in seinen beruflichen Anfängen hatte er selbst CSAR-Helikopter geflogen und regelmäßig mit Männern aus Spezialeinheiten gearbeitet.

Offiziell flog die geliehene Transall medizinische Hilfsgüter und Nachschub nach Kabul. Und der Zweisterner hatte eine Bedarfsanforderung einer speziellen Einheit in Kabul, die sich um Spritversorgung kümmerte und dringend auf ein paar Kisten mit Ersatzteilen wartete. Die französische Luftwaffe flog regelmäßig Hilfsgüter, Nachschub und Ersatzteile auf verschiedene Stützpunkte französischer Truppen in Afghanistan. Eine Transportmaschine, die auf dem Flughafen Kabul landete und entsprechend beschriftete Kisten entlud, war unauffällig.

Anschließend war Kérmorvan im SitCen der Base Aerienne verschwunden, um die Last der Verantwortung zu tragen, während seine kleine Truppe sich in klimatisierte Zimmer mit gemütlichen Betten zurückzog, wo sie duschen und ausschlafen konnten. Die Jungs hatten sich selbstverständlich daran erinnert, dass zwischen Ende Oktober und Mitte Februar in dem planktonreichen Gewässer vor Dschibuti Walhaie schwammen, die sich von winzigen Mikroorganismen ernähren, und Carla musste sowieso Tauchen lernen. Da war es gar nicht falsch, so schnell wie möglich und in warmen und ungefährlichen Gewässern anzufangen, wo auch einem Amateur bereits in fünf Metern Tiefe die ersten neugierigen jungen Walhai-Männchen entgegenschwammen. Was für eine wunderbare Motivation! Stachelrochen, große Schulen von farbenprächtigen Drückerfischen, Blaustreifenschnappern und Schwarzpunktsüßlippen sowie Papageien-, Wimpel-, Anemonen-, Feilen- und Feuerfische ergänzten das Schauspiel, und die störenden Touristen kamen erst zwischen Weihnachten und dem neuen Jahr, auch wenn man Dschibuti selbst dann nicht gerade als überlaufen bezeichnen konnte. Ein paar Telefonanrufe hatten genügt, um etwas zu organisieren. Ein Ehemaliger aus dem Commando Hubert hatte sich nach seinem Abschied von der Kriegsmarine mit einer Tauchschule etabliert.

Kérmorvan erinnerte sich noch lebhaft an seine eigene erste Begegnung mit den eindrucksvollen Tieren. Man brauchte nicht einmal eine Tauchausrüstung, um Walhaie aus unmittelbarer Nähe zu beobachten. Schnorchel und Brille genügten. Für Menschen war die Begegnung völlig ungefährlich; nur die Freude über die Sichtung trieb den Herzschlag nach oben.

Farida und die Spezialisten hatten ihm während der Videokonferenz bestätigt, dass sich abends und nachts in dem landwirtschaftlichen Gebäude lediglich die Objekte »Lehrer«, »Shepherd«, »Bibi 1« und »Bibi 2« aufhielten. Alle anderen Bewohner des Hochtals lebten in den Containern. Die Codenamen der *Operation Cupcake* waren an Julien Rudeaux' üblichem Standard gemessen ziemlich vernünftig gewählt. Allerdings war die von Huber besorgte Lobster-Eye-Sensorik an den soliden Mauern aus Stein und Lehmpampe gescheitert. Kérmorvan zuckte die Schultern: Paschtunische Wehrhöfe glichen einander und das Rentner-Team »Shepherd«, »Bibi 1« und »Bibi 2« machte ihm keine Sorgen. Für die drei Afghanen und »Lehrer« hatten sie sich auf das traditionelle und schnell wirkende Scopolamin geeinigt. Eingeatmet verwandelte es das Opfer in eine willenlose und gefügige Puppe, die sich anschließend nicht mehr erinnern konnte, was geschehen war. Den Rest übernahm Carla, sobald sie ihren Mann oben auf den Felsen hatten.

Kérmorvan zog zivile Kleidung aus dem Seesack. Die Jungs waren so nett gewesen, für ihn gleich Tauchausrüstung mitzunehmen. Er freute sich schon auf die Walhaie und tippte eine weitere Kurzmitteilung, um sich bei den Kameraden von der Base Navale Héron ein »Taxi« zu ihrem Tauchboot zu bestellen. Das dümpelte bereits mit Carla und seinem Team im Golf von Tadjoura vor der Insel Musha. Es war einer der schönsten Orte zum Tauchen überhaupt. Er legte den Laptop in den Wandsafe und tippte seinen Sicherheitscode ein. Sie hatten noch etwa sechsunddreißig Stunden Schonfrist, und nichts sprach dagegen, wenn sie sich ein wenig Freizeit gönnten.

× × ×

»Ich finde Dschibuti viel besser als Afghanistan und den verdammten Irak.«

Der Sprecher gehörte zu einer Gruppe grotesk aufgepumpter, braun gebrannter und mit allerlei Tattoos dekorierter Typen mit kurzen Haaren.

»Die Aussicht ist hier auch allemal besser.«

Die Jungs saßen am Nachbartisch, zogen sich ein eisgekühltes Corona nach dem anderen rein und starrten Carla dabei mit genauso gierigen Stielaugen an wie Willy der Kojote den Road Runner im Zeichentrickfilm. Dabei störte es sie nicht im Geringsten, dass die junge Frau vier durchtrainiert wirkende Tischgefährten mit rabiaten Kurzhaarschnitten hatte, die nicht aussahen wie Durchschnittstouristen.

Sein Kumpel spielte umgehend auf eine ganz spezielle körperliche Aktivität an und machte eine abschätzige Bemerkung über die Franzosen im Allgemeinen. Trotz alkoholschweren Zungenschlags war alles völlig unzweideutig.

»Lucky bastards«, meinte schließlich ein anderer der Typen und stellte Carlas moralische Grundsätze infrage. Dann zeichnete er

weibliche Kurven in die Luft, während ein Kumpel sich lüstern die Lippen leckte.

»My bird fits her little nest perfectly, I am sure!«

Als einer schließlich die Frage stellte, ob es ab vier Mann aufwärts einen Sonderpreis als Gruppentarif gab, verdüsterte sich Kérmorvans Miene unheilvoll. Und Carla bemerkte, dass auch die drei anderen Männer vom Service Action auf Krawall gebürstet waren. Sie hatten ganz offensichtlich nichts dagegen, ihrem Chef zu folgen, falls der die unflätigen angelsächsischen Tischnachbarn aufmischen wollte. Carla machte eine abwiegelnde Handbewegung und schüttelte leicht den Kopf.

»Lasst mal«, sagte sie vernünftig, »die Typen filtern den Alkohol schneller aus dem Corona-Bier als Walhaie das Plankton aus dem Wasser. Da muss man nachsichtig sein.«

Sie versuchte, die Aufmerksamkeit ihrer Truppe Alphamännchen von den anderen hormon- und alkoholgesteuerten Alphamännchen ab- und in vernünftigere Bahnen umzulenken.

Der Überraschungsausflug, den Kérmorvans Team für sie organisiert hatte, hatte ihr unglaublich Spaß gemacht. Sie hatte die Bootsfahrt zur Insel Musha und das Schnorcheln und Tauchen mit den spektakulären großen Fischen, eleganten Stachelrochen und Seeschildkröten in den warmen, tiefblauen Wassern vor Dschibuti genossen und richtig Lust darauf bekommen, den Sport vernünftig zu erlernen.

Das Tauchen mit der Flasche war ihr – begleitet von drei Spezialisten – leichtgefallen. Die farbenprächtige Unterwasserwelt hatte sie fasziniert und verzaubert, und sie hatte bereits mit einem ganz dicken und knallroten Marker auf ihre mentale To-do-Liste geschrieben, während ihres nächsten Urlaubs die Berge sausen zu lassen, ans Meer zu fahren und einen richtigen Tauchkurs zu machen. Sie wollte sich diesen ungewöhnlichen und schönen Tag nicht von irgendwelchen Vollidioten verderben lassen.

Außerdem konnte sie Kérmorvan noch nicht richtig einschätzen, obwohl sie selbst das, was zwischen ihnen lief, inzwischen als

»Beziehung« betrachtete. Natürlich war sie nicht naiv und ließ sich von ihm einnebeln. Es war sträflicher Leichtsinn anzunehmen, dass die französischen Spezialeinsatzkräfte und ihre geheimdienstliche Extrapolation Service Action streichelzahme Schmusekätzchen rekrutierten. Die Jungs hatten alle – das wusste sie von Marius – eine echte *Licence to kill,* und Kérmorvan machte diesen Job schon seit vielen Jahren sehr erfolgreich. Seine Umgangsformen oder wie er sich ihr gegenüber gab, wenn sie alleine und nicht im Dienst waren, standen dabei in keinerlei Widerspruch zu einem plötzlichen Ausbruch von Gewalttätigkeit gegenüber anderen Alphamännchen, die in sein ganz persönliches Feindschema passten. Und genau das taten die alkoholvernebelten Typen vom Nachbartisch im *La Mer Rouge*. Dem Akzent und den Tattoos nach zu urteilen waren alle fünf Steine des Anstoßes waschechte Amerikaner aus dem Mittleren Westen. Sie sahen nicht aus wie Tauchtouristen oder Mitarbeiter einer humanitären Organisation, obwohl sich von denen in Dschibuti genauso große Mengen tummelten wie von den Walhaien. Damit gehörten sie zwangsläufig zum benachbarten US-Militärstützpunkt Camp Lemonnier.

Seitdem sie vor zwei Monaten gemeinsam auf einem gestohlenen knallroten Enduro-Bike einen zerstörten sowjetischen Stützpunkt in den afghanischen Bergen verlassen hatten, wusste Carla, dass Kérmorvan von Amerikanern nicht gerade angetan war. Vor allem hasste er jede Art von Söldnern, Kriegsdienstleistern und anderen Contactors.

Sie hatte beim Frühstück auf »ihrem« französischen Stützpunkt zufällig mitbekommen, dass normale uniformierte GIs nach einer Reihe von Zwischenfällen und Handgreiflichkeiten mit Fremdenlegionären das Camp Lemmonier nicht verlassen durften. Damit waren ihre Tischnachbarn zwangsläufig Contractors. Von denen tummelten sich in Dschibuti ebenfalls große Mengen, denn sie jagten im Auftrag des US Department of Defence im benachbarten Afrika und auf der arabischen Halbinsel sowohl Terroristen als auch Piraten. Sie hatten also hier nicht fünf einfache amerikanische

Kriegsdienstleister, sondern perfekte Kopien des Rugbyfanclubs aus dem afghanischen Hochtal: Rowan, Erin, Mikie, Frank und Jack. Sogar die Tattoos auf gut bemuskelten, sonnengebräunten Unterarmen stimmten – und das blöde Geschwätz der Truppe über Frauen und Sex ersetzte den Austausch von Rowan und Erin über das Weltcup-Spiel zwischen Fidschi und Südafrika.

Unglücklicherweise saßen sie alle zusammen in einem seitlich durch Mauern begrenzten Raum, den man nur durch eine einzige Tür verlassen konnte, und ihre vier Begleiter fingen an zu kochen. Die Situation war explosiv.

»Sollen wir uns nicht auf den Weg machen, damit wir morgen alle vernünftig ausgeruht sind?«, versuchte Carla ihr Glück und hielt Kérmorvan und dem Team das Zifferblatt ihrer robusten, russischen Taucheruhr unter die Nasen. Es war zwar gerade erst zweiundzwanzig Uhr, aber es war den Versuch wert. Seit einem kurzen Telefonanruf, der sie am Spätnachmittag am Strand von Musha erreicht hatte, lief der Countdown rückwärts. Und der Dassault-Falcon-Jet stand startbereit in einem Hangar der Base Aerienne 188.

Die Sperrstunde für die uniformierten Amerikaner war offenbar nach ein paar Zwischenfällen eingerichtet worden, weil das US AFCOM weitere unbeaufsichtigte Zusammentreffen ihrer Leute mit »Angehörigen anderer Streitkräfte« vermeiden wollte. »Angehörige anderer Streitkräfte« wurden dabei in erster Linie als »Fremdenlegionäre« definiert. Die multinationalen Mitglieder der robusten und kampferprobten Franzosentruppe waren seit einem halben Jahrhundert die unangefochtenen Platzhirsche in dem kleinen afrikanischen Land.

Während am Nachbartisch der Alkoholspiegel noch weiter anstieg, stieg an ihrem Tisch der Testosteronspiegel. Da sie sich auf dem Weg in einen verdeckten Einsatz befanden, hatten sich Kérmorvan und seine drei Männer zum Abendessen mit jeweils einem kleinen Bierchen begnügt. Carla trank frisch gepressten, zuckersüßen Mangosaft mit keimfreiem, eiskaltem Perrier-Sprudel aus der Flasche. Ihre vier Alphamännchen waren so nüchtern wie

Mormonenprediger. Aber sie tauschten über ihren Kopf hinweg bereits unzweideutige Blicke aus, während die amerikanischen Tischnachbarn noch lautstark ihre männlichen Attribute lobten und schamlos Carlas »Größe« diskutierten. Sie wäre inzwischen am liebsten selbst aufgestanden, um jedes der Arschlöcher mit ihren Wüstenstiefelchen Größe 36 in die verdammten Eier zu treten und ihnen anschließend noch ein Fäustchen Größe 7 aufs freche Maul zu hauen.

Das US AFCOM täte gut daran, auch für die Contractors eine Ausgangssperre zu verhängen, dachte sie und bereitete sich gerade darauf vor, ihre vier männlichen Begleiter zu überrumpeln und die Initiative zu ergreifen. In diesem Augenblick schrillte der aufdringliche Klingelton von Kérmorvans Diensthandy durch das Restaurant.

Der Mann zog schneller als der Schatten von Lucky Luke, verschwand so eilig durch die Eingangstür ins Freie, dass der Testosteronspiegel sämtlicher im Speisesaal verbliebenen Alphamännchen in Sekundenschnelle von hundert auf null herunterfuhr. Die Contractors vom Nachbartisch verstummten augenblicklich und nuckelten wieder brav an ihren Corona-Flaschen. Ihre drei verbliebenen Tischgefährten hatten ein gefährliches Leuchten in den Augen. Sie ähnelten einer Meute Jack Russell Terrier vor einem Rattenloch.

Als Kérmorvan zurückkam, sie alle ignorierte und mit seinem Bündel Geldscheine an die Theke trat, um das Abendessen zu bezahlen, grinsten ihre drei neuen Kameraden vom Service Action zufrieden. Es bedurfte keiner weiteren Erklärung. Auch Carla spürte plötzlich einen Adrenalinstoß.

»*On y va!*« Kérmorvan durchquerte den Speisesaal und griff nach den Schlüsseln ihres Geländewagens.

Frankreich – Paris – III. Arrondissement

Adèle Blanc-Aimé schmunzelte und betrachtete gerührt den hübsch geflochtenen Weidenkorb mit der auf Hochglanz polierten Äpfelvielfalt und dem kleinen, aber sehr dekorativen Gebinde aus getrockneten Herbstblumen. Die Früchte stammten nicht aus dem Supermarkt, sondern von sorgsam gepflegten Bäumen, die in einem alten und geliebten Garten standen. Es war selten geworden, dass Gäste einfache und authentische Dinge mitbrachten. Aus diesem Grund schätzte sie gerade diese kleinen Geschenke ganz besonders. Sie nahm eine Frucht in die Hand und schnupperte. Es roch nach Herbst und reifem Obst, genau so, wie es sich für ein langes Wochenende und Allerheiligen gehörte. Hervé hatte sie gewarnt, dass Dr. David Jurie nach einem langen Wanderleben als Archäologe einen sehr bodenständigen *Love Interest* gefunden hatte.

»Ihre eigenen Äpfel?«, fragte sie freundschaftlich die junge Frau im Hippielook und mit dem hüftlangen, geflochtenen Zopf, die den Kurator des Gandhāra-Fundus des Musée Guimet begleitete.

»Das sind Rote Sternrenetten!«, antwortete die junge Frau und streckte Adèle die Hand entgegen. »Sie sind ganz frisch geerntet.«

David Jurie folgte seiner Freundin zufrieden ins Innere des großen Haussmann-Appartements im III. Pariser Arrondissement. Er hatte Hervé Mellets Partnerin Adèle Blanc-Aimé zufällig kennengelernt, als das Musée Guimet den Neuzugang erhalten hatte, den ihr Mäzen, das europaweit führende Baustoffunternehmen, ihnen geschenkt hatte. Sie waren sich sympathisch, und als Hervé Mellet vorgeschlagen hatte, gemeinsam zu Abend zu essen, hatte er bereitwillig zugesagt.

× × ×

»Das ist mehr als guter Durchschnitt«, antwortete David Jurie der Gastgeberin, »und ganz klar mazedonisch inspiriert. Die Preise, die Sie mir genannt haben, sind durchaus angemessen.«.

Sie betrachteten die kleineren Stücke, die Adèle bis zur Versteigerung in sechs Wochen noch in ihrer großen Wohnung behalten wollte. Die Steinarbeiten hatten sie bereits im Auktionshaus Drouot eingelagert, wo ihr Notariat seit Jahren einen gesicherten Lagerraum besaß.

»Ich werde es sehr bedauern, wenn ich mich zur Weihnachtsversteigerung von diesen Stücken trennen muss!«

Sie legte den Kopf schief und lächelte den Kurator des Musée Guimet entwaffnend an.

»Das ist der Vorteil, den ich habe!«, scherzte Jurie. »Jeden Morgen, wenn ich zur Arbeit komme, kann ich meine ›Schätze‹ in aller Ruhe betrachten, bevor das Museum seine Türen für den Publikumsverkehr öffnet – und nichts muss je wieder zum Verkauf eingestellt werden, auch wenn ich nicht alles öffentlich ausstellen kann, was ich in meinen Lagern verwahre.«

»Woher stammen diese Stücke eigentlich?«

Er war neugierig geworden, seitdem ihr Mäzen dank der Vermittlung von Hervé Mellet die außergewöhnliche emaillierte Vase erstanden hatte.

Adèle schüttelte den Kopf. Sie hatte keine Ahnung, und ihr Geschäftspartner wollte einfach nicht mit der Sprache herausrücken.

»Es handelt sich um einen Stammkunden. Hervé hat ihn von seinem Vater geerbt. Eine Familie, die seit ewigen Zeiten sammelt. Er hat mir erzählt, dass sie diese Stücke verkaufen, weil sie irgendeinem Museum etwas finanzieren möchten. Es ist die gleiche Story wie mit Ihrer hübschen Vase.«

Jurie näherte sich einer perfekt ausgeleuchteten, kleinen Statue, um sie näher zu betrachten.

»Darf ich?«, fragte er die Gastgeberin höflich. Die Statue stellte einen Satyr dar: ein menschlicher Körper, ein ansehnlicher Phallus und die Hufe, der Schwanz und der Kopf eines Esels. Satyrn waren bei den Mazedoniern und den Griechen ein beliebtes Motiv gewesen.

Sie hatten ein wundervolles Abendessen genossen, und er war von Adèle Blanc-Aimés Expertise im Bereich der Renaissance und des Frühbarocks beeindruckt gewesen. Ihr Ehemann war ebenfalls ein außergewöhnlich charmanter Unterhalter. Seine Freundin genoss die Gesellschaft und unterhielt sich angeregt mit Gabriel Blanc-Aimé, der nicht nur ihr Interesse an der Literatur teilte, sondern sich auch für Umweltschutz interessierte. Gabriel und die restlichen Gäste hatten sich bereits mit dem Hausherrn zu Kaffee und Süßigkeiten auf die verglaste und beheizte Dachterrasse begeben, die einen ausgezeichneten Blick auf die nächtliche Seine und den Quai des Célestins erlaubte.

Adèle Blanc-Aimé lächelte und bedeutete dem Kurator des Gandhāra-Fundus des Musée Guimet, dass er die Stücke aus unmittelbarer Nähe betrachten und anfassen konnte. Der Mann war ein Profi mit internationalem Renommee, und sie wusste, dass er nichts beschädigen würde. Und sie verstand, dass er genauso neugierig und interessiert war wie sie, als man ihr die Stücke gebracht hatte.

David Jurie strich mit dem Finger über die perfekt erhaltene Lekythos. Der Ölkrug war mit einem makedonischen Krieger und seiner Gemahlin verziert. Man fand diese Gefäße immer wieder in Gräbern. Meist waren sie in bescheidenem Zustand. Neben der Lekythos hatte Adèle Blanc-Aimé sehr geschmackvoll eine Dreiergruppe von wundervoll verzierten Tellern mit erotischen Szenen ausgestellt. Die Teller waren von durchschnittlicher Qualität, aber die Dekoration würde den Preis in die Höhe treiben. Eine kleine Götterstatue sprang ihm ins Auge. Sie war nicht außergewöhnlich, aber ihr Erhaltungszustand hatte ihn angezogen. Die kleine Zwittergestalt mit dem menschlichen Körper und dem Haupt eines Widders war in einem so perfekten Zustand, dass sie fast aussah wie eine Museumskopie.

× × ×

Als Dr. David Jurie die Abendgesellschaft bei Adèle und Gabriel Blanc-Aimé verließ, befand er sich in einem beruflichen Zwiespalt. Er hatte, ohne zu zögern, die Einladung zu einer Vernissage und einer hippen Cocktailparty im Zentauren-Saal des Musée Bourdelle angenommen, die am Samstagabend vor der Weihnachtsversteigerung des Notariats Mellet & Blanc-Aimé Associés stattfand.

Die Vase, die der Mäzen, ohne zu diskutieren, für einen sechsstelligen Betrag erworben hatte, war ohne Zweifel echt und ein absolutes Ausnahmestück. Auch die meisten der Antiquitäten, die die Notarin bis zur Versteigerung in der Woche vor Weihnachten in ihrer Wohnung aufbewahrte, waren von guter Qualität, wenn auch nicht außergewöhnlich. Aber er fragte sich, wie es kam, dass Funde, die offensichtlich aus dem frühen 19. Jahrhundert und aus der Kyrenaika stammten, ihn in einem solchen Maß an Afghanistan und ihren Bestand aus den 1940er-Jahren erinnerten. Niemand hätte sich in den Tagen Alexanders des Großen oder der Diadochen die Mühe gemacht, gewöhnliche Essgeschirre, die man gerne als Grabbeigaben gegeben hatte, einmal quer durch die bekannte Welt zu transportieren. Die Teller mit den heißen Sex-Stellungen waren in sehr gutem Erhaltungszustand und sicher für Privatsammler interessant, aber sie waren gewiss nicht von nordafrikanischen Töpfern der alexandrinischen Zeit gefertigt worden.

»Was hast du, David«, fragte Gabrièle ihren Lebensgefährten, »ist irgendetwas nicht in Ordnung?«

Der Kurator schüttelte den Kopf und zog sein Mobiltelefon aus der Jackentasche. »Nein, meine Liebe!«, antwortete er, »Madame Blanc-Aimé hat mir nur ein paar sehr appetitliche Stücke gezeigt.«

»... die du unbedingt für dein Museum willst?«

Die junge Frau lächelte verständnisvoll und tätschelte Juries sportlich durchtrainierten Oberschenkel. Sie hatten sich bei einer Veranstaltung der Botschaft von Bhutan kennengelernt, die im Japanischen Garten des Musée Guimet stattgefunden hatte. Die dreiwöchige Wandertour durch das Himalaja-Königreich in den Wolken auf dem exklusiven und spektakulären Snowman-Trek, der über zwölf Pässe zwischen 4500 und 5100 Meter führte, hatte sie zu einem Paar gemacht.

»Du hast mich durchschaut, Gabrièle!«, antwortete Jurie, während er nach einem Taxi winkte. Er musste seinen alten Freund Fabré unbedingt auf die thematische Versteigerung »Sterne des Hellenismus über der Kyrenaika« aufmerksam machen.

Einerseits war er absolut sicher, dass die beiden Auktionatoren guten Glaubens waren. Beide waren in erster Linie Juristen und vereidigte Notare, und sie waren Kunstexperten. Aber weder Hervé Mellet noch Adèle Blanc-Aimé waren Archäologen und Berufsausgräber und wussten, worauf man achten musste, wenn man ein Stück in Händen hielt. Es gab Indizien …

Andererseits war er überzeugt, dass nichts von dem, was Adèle Blanc-Aimé ihm gezeigt hatte, aus der »Kriegsbeute« eines abenteuerlustigen Marineoffiziers der napoleonischen Zeit stammte. David Jurie hatte unbemerkt von seiner Gastgeberin eine kleine Menge einer Verunreinigung von der kleinen Götterstatue aus Stein gepopelt und in sein Taschentuch geschmiert. Er wollte diese Probe analysieren, sobald er am nächsten Morgen im Büro war. Es waren Details wie dieses, anhand derer echte Experten frische Beute aus aktuellen Raubgrabungen erkannten. Und im Augenblick war er, was Raubgrabungen und Blutantiquitäten anbetraf, sensibilisiert.

Nach vier Wochen als »Berater« der DGSE hatte er seine erste sehr diskrete »Zuwendung« erhalten und stellte fest, dass ein paar Tausend steuerfreie Euro mehr pro Monat einen echten Unterschied machten, wenn man als beamteter Archäologe und Kurator in einem staatlichen Museum angestellt war. Vor dem Beratervertrag mit Rolland wären sie mit Gaby – wenn sie pünktlich aus Paris weggekommen wären – in der Métro gefahren und dann in die RER C nach Versailles umgestiegen, um anschließend mit dem etwas klapprigen Kleinlaster seiner Freundin vom Gratisparkplatz des Bahnhofs Versailles-Rive Droite nach Hause zu tuckern. Bei einer kleinen Verspätung und ohne RER hätten sie sich auf den berühmten Daumen und die Gutmütigkeit anderer abendlicher Vergnügungssuchender aus der Pariser Banlieue verlassen, was in Richtung Versailles und der luxuriösen Wohngegend um Jardy Gott sei Dank nicht besonders schwierig war. Dank des Geheimdienstes konnten sie sich nun auf noch unbegrenzte Zeit den Luxus eines bequemen Taxis leisten.

Als sie auf dem Außenstadtring auf dem Weg zur Porte de Saint Cloud und ihrem eigenen Heim unweit dem Haras du Jardy bei

Versailles waren, zog David Jurie sein Mobiltelefon aus der Tasche und tippte rasch eine unverfängliche Nachricht an seinen alten Freund Rolland Fabré:

»Hast du Lust, nächste Woche zu Mittag zu essen? Ich habe Appetit auf ein großes, saftiges Rumpsteak und Ofenkartoffeln bei Victor. Bin eigentlich jeden Tag im Museum und kümmere mich um die Auswahl der Stücke für die Sonderausstellung im Petit Palais.«

Es war kurz vor Mitternacht. Trotzdem bekam der Kurator des Gandhāra-Fundus des berühmten, am Place de Ièna gelegenen Museums für Asiatische und Orientalische Kunst, umgehend eine Antwort.

»Für mich Schweinefilet in Senfsoße und zum Nachtisch einen sündigen Paris-Brest! Du bezahlst. Wir treffen uns gleich am Montag, wenn du magst!«

»Ok. Und nimm dir Zeit. Du wirst es nicht bereuen.«

Jurie beendete die SMS mit einem speziellen Smiley. Das kleine augenzwinkernde Sonderzeichen war die eigentliche Nachricht für Fabré und seine großzügigen Gönner in der DGSE.

VIERTES KAPITEL

Afghanistan – Provinz Zabul – Gebirgskette der Großen Suleimans – Grabungsstätte von Iskanderga'l

Taher schloss die Augen, atmete tief durch und versuchte, mit der nackten Hand wieder die spezielle Stelle zu finden. Wenn ein Hohlraum in dieser Mauer war, dann würde er einen geringen Temperaturunterschied fühlen.

Er war im ersten Augenblick extrem verärgert gewesen, als die jüngere Nebenfrau von Dadullahs Großonkel Bibi Firuza atemlos bis hinunter in die dritte Kammer gerannt gekommen war, um ihn ans Satellitentelefon zu holen. Das spezielle Telefon lag oben im Wohnhaus in der Küche, wo der Empfang am besten war, und für gewöhnlich brachte sie es ihm nach oben in sein Arbeitszimmer, wenn es klingelte, weil Dadullahs Großonkel nicht mehr so schnell rennen konnte und seine Hauptfrau Bibi Aisha sich standhaft weigerte, alleine die Räume eines Mannes zu betreten, während dieser sich dort aufhielt – selbst wenn nur er dieser Mann war und sie ihn schon seit über dreißig Jahren kannte.

Taher fühlte sich ein bisschen schlecht, weil er die arme Bibi Firuza wegen der unerwarteten Störung so wüst angeblafft hatte. Sie machte nur ihren Job. Allerdings nützte es auch nichts, sich bei ihr zu entschuldigen. In ihrer einfachen ländlichen Welt in einer der entlegensten Ecken Afghanistans entschuldigten Männer sich einfach nicht bei Frauen. Die Arme war schon schockiert genug, wenn

Dadullahs Frau Asma und seine Schwester Rana für die Sommerferien mit den Kindern aus Karatschi aufschlugen und zwei Monate lang ihr traditionelles Weltbild komplett erschütterten.

Taher wusste, dass es am einfachsten war, Bibi Firuza, die ältere Bibi Aisha und Dadullahs Großonkel selbst ein paar Tage lang zu ignorieren. Er würde oben in seinen Räumen essen und vorgeben, dass er zu beschäftigt war, um ihnen irgendeine Aufmerksamkeit zu widmen.

Inzwischen wünschte er außer dem Briten Richard O'Shaughnessy auch Roger Bates und Jones' gesamtes EW-Team zum Teufel. Bates hatte ihn mit seiner völlig nutzlosen »Krisen-Besprechung« den ganzen Morgen lang aufgehalten.

Ahmad Jan war ein Problem, mit dem sie lebten, seitdem sie angefangen hatten, das Hochtal und die Felsenfestung Iskanderga'l ernsthaft leer zu räumen. Natürlich waren ihre Aktivitäten im familiären Umfeld von Dadullah ein offenes Geheimnis. Ahmad Jan profitierte schamlos von der Operation und kommerzialisierte die fast vollständige Abwesenheit der OEF und der ISAF, indem er seine eigene Hochburg Mapan als eine Art Schutzgebiet für Kontakte und diverse Transaktionen bewaffneter Gruppen kommerzialisierte. Dadullah schluckte die Kröte und ließ seinen Verwandten machen, auch wenn es ihm nicht behagte.

Sie hatten es immer vermieden, mit Ben über dieses Problem zu sprechen. Arkadij Matveev hatte im Frühjahr, als die Deutschen gekommen waren, angefangen etwas zu ahnen, doch genauso wie Jones war ihm die Soziologie paschtunischer Familienstrukturen zu fremd gewesen, um die korrekte Schlussfolgerung zu ziehen.

Taher war nicht unglücklich, dass man sich inzwischen im engsten Kreis der Familie Khan einig war, den Stein des Anstoßes bei nächster Gelegenheit aus dem Weg zu räumen. Eigentlich warteten alle nur noch darauf, dass Ahmad sich wieder einmal mit einem Geldkoffer auf die andere Grenze nach Peschawar begab, um die harten Devisen über einen *Hawaladhar* nach Europa zu schicken, wo er in der Schweiz ein gut gefülltes Nummernkonto hatte.

Dadullahs älterer Bruder Mokthar sollte dann diskret dafür sorgen, dass irgendwelche klassischen kriminellen Handlanger Ahmad eliminierten. Es würde aussehen wie ein Raubüberfall. Damit wurde der Familienfrieden gewahrt.

Sie hatten am Morgen einen Anruf auf dem ganz speziellen Satellitentelefon erhalten. Die geschäftstüchtigen Kaukasier, die Ahmad Jan seit knapp zwei Jahren sponserten, hatten wieder einmal eine Verabredung mit einem engen Vertrauten von bin Laden. Und wieder traf man sich in einem sicheren Haus, das Ahmad gehörte. Doch die Freunde dieser Kaukasier in Grozny hatten offensichtlich ein gewaltiges Sicherheitsproblem. Die Stimme am Telefon erklärte, dass wieder detaillierte Informationen über ein Treffen durchgesickert waren.

Auch wenn es dieses Mal, genau wie im Frühjahr, lediglich Deutsche vom KSK waren, die der Deal anlockte: Es war nun schon das zweite Mal innerhalb von acht Monaten, dass ein Rattenschwanz Special Forces sich auf die unmittelbare Umgebung der Grabungsstätte zubewegte, nur weil Dadullahs Verwandter aus Geldgier bereit war, selbst gefährlichen und unkontrollierbaren tschetschenischen Schwerverbrechern seine Dienste anzubieten.

Taher erinnerte sich: Arkadij Matveev und seine Jungs hatten die erste Truppe Deutsche vom KSK im Frühsommer erst im allerletzten Augenblick abgefangen, als sie bereits an Rustam Kalay vorbei auf dem Weg zur Furt über den Ghar-Sang gewesen waren, von wo aus es nur zwei Marschrichtungen gab, die man einschlagen konnte: Mapan oder seine Grabungsstätte im Herzen der Großen Suleimans. Diese Elitesoldaten waren sehr gut gewesen.

Wahrscheinlich waren auch die, die Matveevs Gruppe vor ein paar Wochen massakrierten, am Ende nur wieder hinter Ahmad Jan und seinen tschetschenischen »Freunden« her gewesen. Ben hatte offensichtlich nichts Genaueres über die Truppe herausgefunden, aber er war nicht beunruhigt.

Taher hatte bereits nach den ersten Kontakten zwischen den ehemaligen Kampfgefährten seines Halbbruders Mustafa und

Gefolgsleuten Osamas verstanden, dass ihnen die Idee gefiel, ihre Vision der Apokalypse mittels einer »schmutzigen Bombe« zu beschleunigen. Osama hatte seinen Technologie-Experten Abu Arif seit Jahren darauf angesetzt, entsprechendes Material zu besorgen. Bislang allerdings immer noch erfolglos. Den Kontakt zu den Tschetschenen, die versuchten, irgendwelchen Atommüll zu verticken, den sie in der ehemaligen UdSSR gestohlen hatten, hatte natürlich Ahmad Jan hergestellt.

Taher wusste nicht, wie hoch Ahmads Vermittlungsprovision bei dem Deal war. Aber er wusste, dass es einfach war, aus radioaktivem Material eine schmutzige Bombe zu bauen, wenn man es mit einem konventionellen Sprengkörper etwa aus TNT oder einer Mischung aus Heizöl und Kunstdünger kombinierte.

× × ×

Im Hochtal befanden sich außer zwei Contractors aus Bates' Gruppe, die dafür sorgten, dass das EW-System einwandfrei funktionierte, nur noch die beiden Typen, die das Mistral-Luftverteidigungssystem bedienten. Mit Rohan und Erin hatte er keine Probleme. Sie behielten rund um die Uhr ihre Bildschirme im Auge, spielten nebenher friedlich am Computer – und wanderten nie auf seiner Grabungsstätte herum. Er wusste, dass ihr Interesse an der antiken Welt sich auf *Tomb Raider* beschränkte, denn das hatte während der Sommerferien zu erheblichen Spannungen mit Dadullahs Frau Asma geführt, nachdem sie Tonnen von Raubkopien einschlägiger Computerspiele auf dem Laptop ihres jüngsten Sohnes Omid fand und ihn beim Ego-Shooter-Spielen erwischte.

Rohan und Erin belästigten ihn nie mit dummen Fragen über die antike Welt und die Funde, wie die drei Typen, die O'Shaughnessy nach Kabul begleitet hatten, oder der Pilot von Bates, mit seinem abgebrochenen Geschichtsstudium. Der Mann nervte ihn ganz besonders, denn er drängte sich dauernd als Grabungshelfer auf.

Erin und Rowan tauchten immer nur dann auf, wenn er sie rief. Er vertrieb die Gedanken an Jones' Söldnertruppe, die Dadullah und Ben ihm aufgezwungen hatten. Sie standen ihm meist nur im Weg herum. Taher atmete ein paarmal tief durch und konzentrierte sich wieder. Seine Hand glitt ganz langsam über die Steine. In einer Reihe ägyptischer Pyramiden hatten Radaraufnahmen geheime Kammern bestätigt. In hochauflösenden Aufnahmen entdeckte man regelmäßig vermauerte Durchgänge in Kalksteinwänden, und die Wahrscheinlichkeit, in antiken Grabstätten oder Befestigungsanlagen geheime Hohlräume zu entdecken, lag bei über neunzig Prozent. Er streichelte den Stein. Eine leise innere Stimme sagte ihm, dass er kurz davorstand, einen weiteren entscheidenden Fund zu machen. Die Archäologie war keine exakte Wissenschaft. Er ließ sich langsam auf die Fersen sinken und tastete weiter.

Wenn sie eine vernünftige, offizielle Ausgrabung hätten, dann würde er um Unterstützung durch kompetente Geophysiker bitten und versuchen, entsprechende Radaraufnahmen zu bekommen. Es war nicht nur ein Bauchgefühl. Im Anschluss an die Übersetzung des Dionysius-Manuskripts hatte er sämtliche Rotuli aus den Tonkrügen im Geheimarchiv des Ptolemaios geöffnet. Die meisten hatte er anschließend nur in Alucontainer umpacken lassen und O'Shaughnessy mitgegeben. Ein Dutzend hatte er behalten. Eingescannt warteten die Texte jetzt auf seinem Laptop auf ihre vollständige Übersetzung.

Taher spürte, dass diese zwölf Rollen oben in seinem Schrank von Ptolemaios' I. eigener Hand geschrieben worden waren. Der General und Begründer der ägyptischen Herrscherdynastie war mit Alexander seit ihrer gemeinsamen Kindheit eng befreundet gewesen, und Historiker wussten, dass er nach dem Tod seines Freundes dessen Leichnam sicher an den Nil geleitet hatte. Taher wusste inzwischen auch, dass er der bei Weitem intelligenteste der Diadochen gewesen war. Er hatte ganz eigene Interessen verfolgt, als er mithilfe der ihm ergebenen Teilstreitmacht verhinderte, dass Perdikkas, der bereits den Siegelring und die Reichsinsignien hatte, auch noch Alexanders Mumie entführte und so seine Herrschaft konsolidierte.

Nachdem Alexander am 10. Juni 323 vor westlicher Zeitrechnung im Sommerpalast von Babylon der tropischen Malaria erlag, unter der er seit dem Indienfeldzug litt, verbrachte er zuerst noch zwei Jahre genau dort, wo er gestorben war: auf seinem Bett im Schlafgemach. Allerdings hatten ägyptische Priester ihn dort fachgerecht für die lange Reise vorbereitet, die ihn erwartete, und ihn für die Ewigkeit auch entsprechend einbalsamiert.

Als Ptolemaios I. – in diesem Augenblick noch der Satrap von Ägypten – von den Plänen Perdikkas' erfuhr, die Mumie samt den gewaltigen Schätzen, die sie begleiteten, zu kidnappen, um sie über die Türkei nach Makedonien zu schaffen, zog er dem von Babylon gestarteten Leichenzug mit einer eindrucksvollen Armee bis nach Syrien entgegen und machte diese Pläne zunichte.

Bis zu diesem Punkt stimmten die Informationen mit inhaltlichen Überlieferungen aus verschiedenen antiken Werken überein. Vor allem die bekannte Alexander-Biografie Arrians, die auf einer Alexander-Biografie des Ptolemaios selbst basierte, erzählte diese Geschichte.

Die zwölf Rollen aus dem sogenannten Geheimarchiv des Ptolemaios schilderten allerdings eine ganz andere Story: Ptolemaios brachte die Mumie seines Freundes Alexander an den Nil, auch wenn er ihm den letzten Wunsch, in der Oase Siwa zu ruhen, nicht erfüllte, sondern ihn zuerst in Memphis und anschließend in einem Mausoleum im neu konstruierten Alexandria zur Schau stellte.

Allerdings hatte er auf dem Rückweg ab Syrien die mit dem Leichenzug mitgeführten Teile des Alexanderschatzes sorgfältig aufgeteilt und an verschiedenen Orten genauso sorgsam versteckt, und zwar jeweils mit einem Kanopekrug, in dem sich eine einbalsamierte Innerei seines verstorbenen Kindheitsfreundes befand. Es gab insgesamt fünf Verstecke: ein Alexanderschatz-Versteck mit dem Magen, eines mit der Leber, eines mit den Nieren, eines mit den Gedärmen und das letzte und allerwichtigste Versteck mit dem einbalsamierten Herz des Makedoniers sowie einer Schatzkarte, die Ptolemaios selbst gezeichnet hatte. Ptolemaios hatte künftigen Lesern seiner Aufzeichnungen sogar einen ganz präzisen Hinweis gegeben, wo sich dieses letzte Versteck befand: genau im Herzen der unbezwingbaren Felsenfestung von Iskanderga'l, in einem geheimen Schrein, der sich im Zentrum der dritten Kammer, tief im Inneren des Felsens und direkt unter dem Ormus-Tempel befand.

Mit den Kuppen seiner Finger fühlte er einen ganz kleinen Höhenunterschied. Wenn er die Stelle leicht rieb, dann schien sie auch rauer als die benachbarten Flächen. Er stöpselte das Stethoskop in die Ohren, dann klopfte er gefühlvoll mit dem kleinsten Präzisionshämmerchen seines Archäologen-Bestecks. Als er den erhofften Hall wahrnahm, wechselte er den Hammer.

× × ×

»Absolut tote Hose!«

Der Mann bediente sich zufrieden aus der Spaghettischüssel und löffelte reichlich Bolognese-Soße auf die Nudeln.

Am Anfang war es gewöhnungsbedürftig gewesen, anstatt Rind- und Schweinefleisch nur noch Huhn, Schaf und Ziege zu essen, doch er hatte sich daran gewöhnt, und irgendwie fühlte er sich in seinem gut durchtrainierten Körper wohler, seitdem er auf ein Übermaß an rotem Fleisch verzichtete. Und die Ziegen-Bolo schmeckte durch die vielen Gewürze eigentlich genauso wie die Soße mit Rinderhack, an die er von zu Hause gewöhnt war. Auf jeden Fall war sie um Klassen besser als das Zeug, das sie bei der Armee bekommen hatten.

Erin streckte ihm geriebenen afghanischen Hartkäse aus Ziegenmilch hin:

»Für achttausend im Monat steuerfrei macht es mir nichts aus, einen leeren Bildschirm anzustarren, John. Auf jeden Fall war es eine gute Idee, die Lichtschranken anzubringen. Es ist saukalt. Ich spüre einen harten Winter.«

»Hör auf zu jammern. Du musst ja nicht einmal mehr draußen durch die Kälte rennen.«

Rowan hatte mit einem einfachen Mausklick die Lichtschranken und das neue Überwachungssystem des Hochtals angeworfen, nachdem sie beim Kochen durchs Fenster gesehen hatten, dass der Professor endlich die Kammern unter dem Ormus-Tempel verließ und sich auf seine Seite des Hochtals in den Wehrhof von Dadullahs Großonkel zurückzog.

Wie immer in den letzten Tagen war der Archäologe schwer beladen über das Hochplateau gelaufen und hatte genauso irre gegrinst wie die Katze aus *Alice im Wunderland*. Sie wussten nicht, was er gefunden hatte, aber der Mann war glücklich. Und er ließ sie in Ruhe ihre Arbeit machen, ohne von ihnen zu verlangen, Steine herumzuschleppen oder Indiana Jones zu spielen.

»Und?«, fragte Bates' EW-Spezialist die beiden Männer, die sich um die Luftabwehr kümmerten, amüsiert und zeigte mit dem Finger auf einen großen Flachbildschirm in dem Teil des großen Wohncontainers, den sie alle als gemütlichen Gemeinschaftsraum nutzten.

»Was glaubst du, Kumpel!«, alberte Erin zurück. »Ich hab's natürlich. Wenn es draußen stürmt und schneit und der Yeti im Hochgebirge unschuldige Maiden jagt, dann sitzen wir hier cool und entspannt und spielen zusammen die allerneueste Computerspiel-Schöpfung unserer Freunde in Kanada!«

»Wir haben es natürlich! Wir haben das Spiel am Nachmittag komplett und vollständig heruntergeladen.«

Rowan warf am anderen Ende des Containers die Kaffeemaschine an, holte den Sixpack Budweiser aus der abendlichen Kälte vor der Tür und schob Aprikosentaschen in den Backofen.

Er war in seinen drei Jahren im Hochtal aus der Not heraus zu einem guten Koch und Bäcker geworden, nachdem Frank, Mikie und Jack zusammen mit Ricks Vorgänger immer nur die verdammten französischen Einmann-Futterkisten in die Mikrowelle geschoben hatten und die einzige Alternative die orientalische

Küche der beiden altersschwachen Großtantchen von Dadullah Khan gewesen war.

Für gewöhnlich gingen sie mit dem Bier genauso sparsam um wie mit klassischem Weizenmehl, doch Rick O'Shaughnessy und ihre Kameraden Mikie, Jack und Frankie hatten versprochen, mit dem Unimog aus Kabul einen Schwung neuer Vorräte mitzubringen, und es war seit dem Telefonanruf vom Nachmittag zu über neunzig Prozent sicher, dass auch Bates' Pilot vor dem Einbruch der Schlechtwetterphase noch einen Hin- und Rückflug nach Pakistan unternehmen würde.

»Ich habe die Nase voll von den klassischen Shootern«, sagte John aus dem EW-Team und schnupperte lüstern. Er war wie Erin und Rowan ein absoluter Computer-Freak und fanatischer Gamer.

Wenn sie nicht vor ihren Überwachungsbildschirmen saßen, auf Patrouille waren oder im Fitnessraum Hanteln stemmten, dann verbrachten sie alle die meiste Zeit damit, Sportsendungen oder Filme anzuschauen, Computerspiele zu spielen – oder sie kochten sich gute Dinge, die sie umgehend bereuten und die sie antrieben, im Fitnessraum wieder Hanteln zu stemmen. Johns jüngerer Bruder diente auf einem Atom-U-Boot der US Navy und erzählte ihm per Skype-Messenger von seinem Leben an Bord, das in ganz ähnlichen Bahnen ablief wie der Job im Hochtal. Allerdings wurde er dafür nicht so gut bezahlt wie John, und John riskierte seinen Kopf nicht unter Wasser in Hunderten Metern Tiefe und in einem schwimmenden Sarg, der mit konventionellen und nuklearen Raketen vollgestopft war, die mit einem einzigen Knopfdruck einen ganzen Kontinent in Schutt und Asche legen konnten.

»*Enemy Territory* von Qakevision hat mir keinen Spaß gemacht,« sagte Erin.

Sein bester Freund Rowan nickte zustimmend und schob sich eine Gabel Spaghetti in den Mund.

Das Mehrspieler-Shooter-Spiel hatte sie schnell gelangweilt, obwohl die Storyline ganz ordentlich und die Grafiken gut waren.

»*Call of Duty 3* war okay, aber es ist dann irgendwie doch immer das Gleiche. Die beiden ersten Spielefolgen hatten spannendere Missionen, und irgendwie war es seltsam, dass man immer nur die Alliierten spielen konnte, aber nicht die Krauts.« John vermisste die Möglichkeit, in Echtzeit online zu spielen, aber das war auch der einzige Nachteil seines gut bezahlten Contractor-Jobs in dem afghanischen Hochtal.

»Wartet mal ab«, antwortete Rowan zufrieden und stellte die gekühlten Budweiser auf den Tisch, »Rollenspiele sind viel mehr Fun als die blöde Ballerei. Die Ego-Shooter unterscheiden sich untereinander meist nur in der Grafik. Ihr werdet von dem neuen Spiel begeistert sein. Es ist natürlich noch der Prototyp. Offiziell kommt das Spiel für Windows erst im März oder im April nächstes Jahr auf den Markt, also haben wir vielleicht noch ein paar Bugs und wahrscheinlich auch eine schlechtere Grafik, aber ansonsten ist alles wie im künftigen Endprodukt.«

Einer von Rowans und Erins alten Freunden war am Ende seiner Dienstzeit in den US-Streitkräften nach Kanada gegangen und hatte dort als Sicherheitsinformatiker beim international führenden Spiele-Software-Entwickler Ubisoft angeheuert. Rowan und Erin hatten den Kontakt zu ihm aufrechterhalten und bekamen immer wieder die neuesten Entwicklungen zum Testen. Damit vertrieben sie sich bei ihrem recht eintönigen Dienst in den afghanischen Bergen die Zeit. Sie wussten bereits, dass sie am Ende ihres Vertrages mit Jones ebenfalls nach Kanada verschwinden würden, um in der Gegend von Montréal und den Ubisoft-Studios etwas Eigenes aufzuziehen, als Sub-Contractors des Software- und Spielegiganten Geld zu machen und gleichzeitig Spaß zu haben.

Wenn sie sich auf der Grabungsstätte langweilten, dann suchten sie für ihren Kumpel immer nach Fehlern in der Spielesoftware, die er ihnen schickte, oder sie testeten den Kopierschutz. Es fiel keinem auf, wenn so etwas über Satelliten lief, denn viele Software- und Spieleentwickler arbeiteten mit Programmierern in Asien, vor allem in Indien, zusammen.

»Das Spiel heißt *Assassins' Creed«,* erklärte Erin, »und es sieht noch besser aus als die letzte Folge der *Tomb-Raider*-Serie, die wir zum Ausprobieren hatten. Die Grafiken sind saugut und die Storyline ist echt spannend.«

Gemeinsam mit Rowan profitierte Erin von der Ruhe auf der Grabungsstätte und der Abwesenheit von O'Shaughnessy und Bates. Die beiden hatten die Satellitenverbindung und das Netzwerk praktisch lahmgelegt, um ihr privates Business für die ruhigen Winterwochen vom Server ihres Freundes in Kanada herunterzuladen, während ihre beiden Kameraden aus Bates' EW-Team die Überwachung der Grabungsstätte übernommen hatten.

»Das wird eine lange Nacht, Freunde«, Bates' Mann seufzte zufrieden und satt, »eine von vielen, wenn das Spiel wirklich so genial ist, wie ihr sagt.«

Genauso wie den anderen Contractors machte es John nichts aus, für achttausend Dollar steuerfrei im Monat einen leeren Bildschirm anzustarren. Aber er wollte wenigstens abends nach Dienstschluss ein bisschen Spaß und Geselligkeit. Das gute Ambiente und seine Freundschaft mit Rowan und Erin, die immer ein gutes Spiel und gute Laune hatten, halfen dabei.

× × ×

Taher beleuchtete den Kanopenkrug von allen Seiten, um ihn vor dem schwarzen Hintergrund gut fotografieren zu können.

Normalerweise gab es lediglich vier Kanopenkrüge, die die Form der vier Horussöhne hatten und die als Schutzgötter der Kanopen walteten. Das Hirn war für die alten Ägypter ohne Bedeutung gewesen, wurde lediglich im toten Schädel zu dickflüssigem Brei verquirlt und floss dann durch die Nase ab. Das Herz blieb im Körper zurück, denn beim Totengericht wog der Gott Anubis es gegen die Feder der Maat auf. Nur wenn es leichter als diese Feder war, durfte der Tote Einzug ins altägyptische Jenseits halten.

Der Kanopenkrug, den er in der geschickt vermauerten Aushöhlung in der dritten Kammer gefunden hatte, war wohl einzigartig, nicht nur durch das einbalsamierte Herz, das er anscheinend enthielt, sondern auch durch seine Beschaffenheit, Größe und Form und durch das Material, das verwendet worden war.

Taher hoffte, dass er irgendwo in den Schriftrollen, die sie in der Bergfestung gefunden hatten, auch eine Erklärung für dieses einbalsamierte Herz fände. Der fest verschlossene Deckel des Behälters stellte Serapis dar, den Reichsgott des ptolemäischen Ägypten, in dem sich Züge der ägyptischen Gottheit Osiris, des Apis-Stiers sowie der griechisch-römischen Hauptgötter Zeus-Jupiter und Hades-Pluto vereinten. Der Schöpfer dieses Kanopekruges hatte als Material ein Kristall gewählt, das der Zeit auf jeden Fall besser widerstand als alle anderen Materialien, die man in den Tagen des Ptolemaios kannte und bearbeiten konnte. Es war ein seltsames Ding und außergewöhnlich kunstvoll bearbeitet. Schon allein dadurch war dieser Krug von besonderem Wert.

Taher lud die Fotos auf seinem Laptop hoch und stellte dann das durchsichtig anmutende Behältnis in den Schrank, den er seit der Geschichte mit dem sauber ausgewaschenen antiken Tonkrug mit einem großen Vorhängeschloss sicherte, damit Bibi Firuza und Bibi Aisha beim Aufräumen und Putzen nicht versehentlich Unsinn machten. Er musste diesen Fund schnell außer Landes schaffen, damit man ihn ordentlich röntgen konnte. Nur so konnte er herausfinden, was sich wirklich im Inneren befand. Wenn man ihn mit Gewalt öffnete, dann war es möglich, dass der Inhalt zerfiel oder irgendwelche seit zweitausendfünfhundert Jahren gefangenen tödlichen Bakterien freigesetzt wurden, wie beim Grab des Tutanchamun.

Er räumte seine Stative und den Fotoapparat weg, legte die schwarzen Tücher zusammen, die er als Hintergrund benutzte, und setzte sich an seinen Arbeitstisch. Er betrachtete lange den Kibotos, den er neben dem Kanopenkrug gefunden hatte. Während seine sämtlichen Schriftrollenfunde aus den drei Kammern sich in

Tonkrügen befunden hatten, genau wie die Bibliothek von Persepolis, hatte Ptolemaios zur Aufbewahrung und zum Schutz seiner Schatzkarte eine sehr solide Kiste aus Elfenbein herstellen lassen. Der Archäologe strich mit der Hand vorsichtig über das wertvolle Stück. Ptolemaios hatte nicht einmal ein Geheimnis aus dem Inhalt gemacht. Es war in einfach lesbarer Koine in das Elfenbein geschnitzt worden.

Taher warf einen Blick auf die Uhr. Es war erst zehn Uhr abends, aber er war todmüde. Unten in der dritten Kammer war es eiskalt, und er hatte ohne Pause gearbeitet, seitdem Bates und seine Truppe aus dem Hochtal verschwunden waren. Es war wirkliche Knochenarbeit gewesen, die Aushöhlung in der Mauer freizulegen, ohne dabei dem erwarteten Inhalt Schaden zuzufügen. Diejenigen, die dieses Versteck geschaffen hatten, hatten viel »Manpower« zur Verfügung gehabt. Noch einmal strich er mit dem Finger über die eingeschnitzten Schriftzeichen. Er war zu neugierig, aber es war unverantwortlich, diesen außergewöhnlichen Fund mit steifen, zittrigen Fingern und flimmernden Augen anzugehen und dabei vielleicht eine zweitausendfünfhundert Jahre alte Schatzkarte zu beschädigen.

Entspannung, heißer Tee, ein bisschen unverbindliches Herumschmökern in den bereits eingescannten Schriftrollen und eine ruhige, lange Nacht in seinem herrlich bequemen Bett schienen Taher vernünftiger. Und Bibi Firuza war ihm wegen der Anpflaumerei nicht allzu böse gewesen: Als er aus der Felsenfestung zurückgekommen war, hatte er sein Abendessen vorgefunden, wie er es am liebsten mochte; mit einer Auswahl kleiner Schälchen und Schüsselchen mit Häppchen, die man beim Lesen kalt essen konnte, und zwei frischen Fladenbroten zum Tunken. Er stellte sich das Tablett auf dem Beistelltisch neben dem Arbeitstisch bereit und warf den Teekocher an.

Morgen hatte er den ganzen Tag Zeit, um den Kibotos in Augenschein zu nehmen, zu fotografieren und falls es wirklich eine Schatzkarte war … Er schmunzelte. Dann konnte er das Ding einscannen und als Anhang in einer E-Mail an Ben und Dadullah schicken und gleichzeitig eine Besprechung über Skype vorschlagen. Nach dem Dionysius-Manuskript und allem, was er bis jetzt in den anderen Rollen gelesen hatte – er nannte sie die Ptolemaios-Manuskripte –, konnten sie die Koffer packen und sich auf den Umzug Richtung Nordafrika vorbereiten. Er bedauerte es nicht. Drei Jahre Afghanistan in der Abgeschiedenheit der Großen Suleimans reichten. Und Iskanderga'l hatte alles preisgegeben, was in der Zeit des Alexander-Feldzuges und während der Diadochen-Kriege dort versteckt worden war. Die anderen Fragen – der Verbleib der Bevölkerung, die Abwesenheit von Kampfspuren – würde er vielleicht eher beantworten können, wenn er sich irgendwann einmal in aller Ruhe in einem Studierzimmer hinsetzte und sämtliche Schriftrollen durchlas.

Taher rieb sich genüsslich den Rücken und trottete in das kleine Badezimmer, das nach seiner Ankunft in Iskanderga'l auf fast europäischem Standard eingerichtet worden war. Er hatte dort nicht nur eine eigene chemische Toilette, sondern auch fließend kaltes und warmes Wasser und eine Dusche, unter der man richtig entspannen konnte.

FÜNFTES KAPITEL

Afghanistan – Provinz Zabul – Grabungsstätte von Iskanderga'l

Die Transall – gemeldet als normaler Versorgungsflug für französische ISAF-Truppen der Region Kabul – war einfach weitergeflogen, nachdem man sie abgesetzt hatte: mit den Ersatzteilkisten, den Medikamenten und den ganzen anderen Dingen, die von den Nachschub-Leuten auf der Base Aerienne 228 verladen worden waren und von ihren Kameraden in Afghanistan erwartet wurden. Niemand stellte Fragen, wenn eine Transall aus Dschibuti Nachschub für die ISAF an den Hindukusch flog. Die Pakistani hatten den Überflug ihres Hoheitsgebietes automatisch abgesegnet und nichts bemerkt.

Nicht die üblichen Piloten der in Dschibuti stationierten Transportstaffel hatten die Transportmaschine geflogen, sondern eine Equipe der GAM-56 der DGSE. Sie hatten außer dem Sprungmeister auch einen Packer für die Gleitschirme dabeigehabt, die beide während des Fluges und in der Absprungphase kontrollierten, dass sie alle Sicherheitsvorschriften einhielten und ausreichend früh an der Sauerstoffversorgung hingen, um den HAHO-Absprung aus neuntausend Metern Höhe unbeschadet zu überstehen.

Carla hatte es ein bisschen leichter gehabt als ihre vier Kameraden. Kérmorvan und das Team waren zusammengeschnürt und gestützt auf Kameraden der Logistikgruppe die Rampe der

Transportmaschine hinaufgewatschelt wie Mastgänse. Sie sprangen mit kompletter Kampfausrüstung, Waffen, Zusatzmunition und transportierten dabei noch das Bergsteiger-Equipment, das Carla für die Steilwand am Hochtal zusammengestellt hatte: Seile, Spezialhaken, Spezialhämmer und eine ganz spezielle Faltbahre aus der Bergrettung. Kérmorvan trug zusätzlich zu dem elfzelligen Spezialschirm noch ein Tandem-Freifallsystem und einen zweiten Sicherungsschirm vor der Brust, an denen Rossi zusammen mit ihrem Gepäck hing. Sie konnte sich im Notfall von ihm lösen und den Weg in die Target-Zone allein suchen. Sie verfügte über das gleiche Para-Finder-System von EADS für HAHO-Einsätze, einschließlich Helmdisplay und GPS zur Zielfindung, wie ihre vier Kameraden.

Rossi hatte außer der Spezialausrüstung für den Sprung aus extremer Höhe lediglich noch ein Nachtsichtgerät, ihre Sauerstoffflasche, ihre beiden Selbstverteidigungswaffen und die medizinische Ausrüstung für die Mission in die Transall schleppen müssen. Was sie am Körper trug, war trotzdem schwer und sperrig. Sie hatte das Gefühl, als ob sie mit Bleischuhen an den Füßen unterwegs war.

Selbst mit einem ehrlich erworbenen silbernen Fallschirmspringerabzeichen der Bundeswehr: Für einen High Altitude – High Opening HAHO-Absprung aus mehr als neuntausend Metern Höhe und unter Kampfbedingungen, mitten in der Nacht, in der kalten Jahreszeit und siebzig Kilometer von einer sehr feindlichen Landezone mitten in einem Hochgebirge entfernt – war sie nicht ausgebildet. Doch ihre insgesamt zwanzig offiziellen Absprünge an der Luftlandeschule Altenstadt in Oberbayern und die sechs Gleitsprünge aus dem Berg mit den Gebirgsjägern des GebJgBtl 231 während des Truppenpraktikums in Bad Reichenhall erwiesen sich trotzdem als nützlich. Sie hatte Kérmorvan entlastet, weil er im freien Fall bei einer Durchschnittsgeschwindigkeit von fünfzig Stundenkilometern nicht mit einem panischen »Sack« vor der Brust sprang, den er gewaltsam ruhig halten musste.

Sie sahen aus, als ob sie sich für die Teilnahme an eine Star-Wars-Convention verkleidet hatten: mit den Spezialanzügen, dem speziell gepolsterten Nierengurt für Landungen in unwegsamem Gelände, Knieschonern, Ellbogenschonern, Helmen, dem Schlauchsalat, der beim Sprung überlebenswichtigen Sauerstoff in die Maske vor dem Gesicht leitete, und den Kommunikationsausrüstungen ähnelten sie George Lucas' »Klonenkriegern«.

»Go, go, go!«, hämmerte es immer noch in Carlas Kopf. Das Zeitfenster für den Sprung war so knapp gewesen, dass der Sprungassistent und der Packer die vier völlig überladenen Springer regelrecht aus der Transall schmeißen mussten. Kérmorvan hatte es mit ihr vor der Brust und noch einmal dem gleichen Gewicht auf dem Rücken alleine nicht einmal bis zur Öffnung geschafft. Zum Glück waren sie als Letzte gesprungen.

Über das Einsatznetz hörte sie in ihrem rechten Ohr seltsame Laute. Es war die Kommunikation des Teams. Gleich dreimal gurgelte es, als ob jemand versuchte, die trägen Mastgänse in der Luft zu erwürgen. Ganz langsam. Einmal klang es, als ob ein Kind im Spiel auf einen Puffpilz sprang.

Die Luft ist raus, dachte Rossi, als der Gleitschirm sich über ihnen öffnete. Trotzdem waren sie nach der langen Gleitstrecke weich gelandet, denn Kérmorvan hatte das gesamte Gewicht abgefangen; fünfzig Kilo auf dem Rücken, fünfzig Kilo vor der Brust und seine eigenen knapp siebzig Kilo in der Mitte. Sie hatte lediglich die Beine anziehen müssen, damit sie stehend landen konnten, denn ihr Körpergewicht hatte das Gepäck auf Kérmorvans Rücken ausgeglichen und verhindert, dass er umgekippt war wie eine übergewichtige Schildkröte.

Sie nahm sich vor, nach Abschluss dieser Mission ihre vier Teamkollegen von A bis Z durchzuchecken und mit jedem einzelnen mindestens eine Stunde Shiatsu zu machen – und mit Kérmorvan am besten gleich zwei.

Rossi praktizierte Shin Tai, eine von dem Amerikaner Saul Goodman begründete Form des Shiatsu, die auch craniosacrale und osteopathische Elemente einschloss. Sie hatte die Technik gelernt, als sie im Anschluss an einen Lehrgang in den USA noch Urlaub drangehängt und auf eigene Kosten vier Wochen in der Schule in Pennsylvania verbracht hatte. Während ihrer Zeit auf dem Oberen Eselsberg bei Oberstarzt Prof. Dr. Robert Allmensinger und anschließend in Kandahār hatten ein paar Dutzend Soldaten mit Beschwerden im Bewegungsapparat bereitwillig eine alternative Behandlungsmethode akzeptiert. Alle hatten ihr Behandlungszimmer nach ein paar Sitzungen schmerzfrei, fit und in seelischem und körperlichem Gleichgewicht verlassen.

Der letzte Mann des Service Action landete fast zeitgleich mit ihrem Tandem – lautlos und unsichtbar, wie die Rabenvögel, denen sie ihre Codenamen für die Mission verdankten.

Sie hatten einige Stunden harten Fußmarsch vor sich. Die ausgezeichneten Aufklärungsbilder der deutschen LUNA-Drohnen, die sehr guten Wetterverhältnisse in einer sternenklaren Nacht bei abnehmendem Mond im allerletzten Viertel und die langjährige Erfahrung der vier Männer aus dem Service Action hatten ermöglicht, den schmalen Felsenkorridor mit dem Gebirgsfluss anzupeilen. Zwei der Soldaten legten bereits ihre Gleitschirme zusammen, stopften sie in die stabilen Säcke und beschwerten sie zusammen mit den Sprungausrüstungen, die sie nicht mehr brauchten, mit Steinen, bevor sie diese verräterischen Details der Landung einer geheimen Kommandoeinheit in den Gebirgsfluss warfen, der Wochen zuvor keine zweiundsiebzig Stunden gebraucht hatte, um den abgestürzten Black-Hawk-MedEvac ins weit entfernte Argandab-Tal zu spülen. Der dritte Mann sicherte, während Kérmorvan – Codename »Raven« – das Team in der Botschaft in Kabul, die Command Cars der LUNA-Drohnen und das Commandement des Operations Spéciales kontaktierte. Ein Cougar-Hubschrauber hielt sich mit Besatzung zweiundsiebzig Stunden lang bereit, um sie abzuholen. Die Landezone Alpha befand sich zwischen dem Hochtal und dem Highway A01. Es war ein Ort, den der Hubschrauber schnell erreichen konnte und den potenzielle Verfolger eher nicht in Erwägung ziehen würden. Und sollte die LZ Alpha aus irgendeinem Grund kompromittiert sein, hatten sie in der Nähe noch eine LZ Bravo vereinbart.

✖ ✖ ✖

Sie hatten den Steilfelsen schnell erreicht. Die drei Männer trugen die Codenamen Rook, Jay und Crow. Kérmorvan war Raven. Rossi hieß Magpie. Das Service-Action-Team sicherte ihren Aufstieg, während Kérmorvan seine Hände zu einer Räuberleiter verschränkte, um Carla hochzuheben. Damit konnte sie sofort einen praktischen Überhang greifen, um anschließend in drei Metern Höhe den ersten Sicherungskeil in den Felsen zu treiben. Ihre enorme Erfahrung im Bergsteigen und die Tatsache, dass sie die Strecke schon einmal im hellen Tageslicht geklettert war und sich an alle Tücken und Schwierigkeiten erinnerte, hatten geholfen. Carla legte vor allem eine sichere Strecke für den schnellen Aufstieg. Falls sie sich oben im Hochtal in Teufels Küche brachten und fliehen mussten, konnten sie sich auch einfach abseilen: mit oder ohne das »Zielobjekt« mit dem Codenamen »Lehrer«.

Kérmorvan war froh, dass er während der Vorbereitung der Mission in Quélern nachgegeben hatte. Acht Wochen nach dem Absturz des MedEvac, der Rettungsakrobatik mit einer bewusstlosen Carla im Arm und den achtundvierzig Stunden Hölle in den Händen von Richard O'Shaughnessy und seinen sadistischen Rugbyfans waren nur noch eine Druckempfindlichkeit an den Rippen, ein paar Narben auf seinem Rücken und eine Art dumpfer und schwer zu definierender Stauchschmerz im AC-Gelenk übrig geblieben. Carla hatte dieses letzte Problem konventionell »weggespritzt«, nachdem das spezialisierte Ärzteteam des CEPOM sie auf die Sache mit der Mesotherapie und dem Morphin angesprochen hatte.

Während er mit entblößtem Oberkörper und betretener Miene wie ein Versuchskaninchen dagesessen hatte, hatte Carla den neuen Kollegen auf Französisch und sehr enthusiastisch ihren besonderen

Therapieansatz erläutert und jedem von ihnen praktisch gezeigt, wie sie mittels sonografischer Orientierung durch direkte Ultraschallsicht die Punktionsstellen identifizierte und gezielt lokal und ohne örtliche Betäubung ein spezifisches kristallines Steroidpräparat infiltrierte, das eine ausgezeichnete Langzeitwirkung hatte.

Kérmorvan wusste seit diesem denkwürdigen Nachmittag, dass Steroideninfiltrationen an anatomisch schwierigen Stellen eine von Rossis ganz besonderen Spezialitäten als Knochendoktor waren. Es bedurfte dabei scheinbar nicht nur der korrekten Infiltrationstechnik, der perfekten Dosierung des Präparats, einer intelligenten und auf den Einzelfall abgestimmten Vermischung der Steroide mit einem Lokalanästhetikum, sondern vor allem entsprechender Fingerfertigkeit. Die Kollegen hatten applaudiert. Er hatte in seiner Rolle als Versuchskaninchen festgestellt, dass alles schnell gegangen und praktisch schmerzlos gewesen war, während Carlas lange, dünne Injektionsnadel in seinem AC-Gelenk gesteckt hatte. Die gefürchtetste Nebenwirkung dieser Art der Behandlung – eine Infektion des infiltrierten Gelenks – hatte er selbstverständlich nicht erlitten, und drei Tage nach Carlas großer Show war er schmerzfrei in die Dassault Falcon nach Dschibuti gestiegen. Beim Tauchen mit Walhaien im Golf von Tadjoura hatte Kérmorvan nicht einmal mehr den Druck der Sauerstoffflasche auf der Narbe des alten Durchschusses gespürt.

× × ×

Jay kletterte als Erster. Als Carla das Sicherungsseil gelegt hatte, hatte sie bei jeder der drei Felsenhöhlen wieder die gleiche leichte Beklemmung gespürt wie zwei Monate zuvor. Doch dieses Mal hatte sie sich gezwungen, mithilfe ihres Nachtsichtgerätes einen Blick hineinzuwerfen. Das Teil hatte vier Okulare und ein Sichtfeld von einhundertzwanzig Grad und kostete die stolze Summe von fünfzigtausend Euro. Konventionelle Nachtsichtgeräte ermöglichten lediglich eine Art Röhrensicht. Sie aber hatte mit ihren NVGs keine toten Winkel und gute Sicht in alle Ecken. Alle drei Höhlen waren leer – es gab wirklich keine Monsterspinnen. Der Artikel, den sie damals im *Spiegel* gelesen hatte, war ein Witz. Die Höhlen waren auch nicht besonders tief. Sie boten gerade einmal Platz für zwei Personen, die sich ausruhen oder verstecken wollten.

Der erfahrene Einsatzagent des Service Action stand schnell neben ihr oben auf den Felsen. Seine drei Kameraden hatten seinen Aufstieg mithilfe des Seils beschleunigt. Durch ihre Nachtsichtgeräte beobachteten sie einen Augenblick lang die Grabungsstätte unten im Hochtal. Sie war menschenleer, doch man konnte hinter den Fenstern eines der Wohncontainer noch ein weiches Licht ausmachen. Die Tiere waren wohl wegen der nächtlichen Kälte aufgestallt. Carla und Jay tauschten einen Blick.

»Alles klar!«, flüsterte sie in das Kehlkopfmikrofon. »Rook«, »Crow« und »Raven« schickten die Ausrüstung auf der Tragbahre in den Felsen, dann kletterten sie in schneller Folge hinterher. Es war Mitternacht, als sie alle in Carlas altem Versteck auf dem Berg versammelt waren.

»Team Kabul bestätigt: Es sind noch vier Contractors auf der Grabungsstätte«, sagte Kérmorvan leise.

Er hatte vor dem Aufstieg einen kurzen Kontakt mit Farida in der Botschaft gehabt, denn dieses Mal hatte er keinen Telecom-Prototyp mitgenommen, sondern klassische, robuste Kommunikations-Hardware, die auch das COS benutzte. Sein linkes Ohr empfing das Kommandonetzwerk über Satellitenfunk. Er war mit dem Hauptquartier in Romainville, der Leitstelle des COS, den Command Cars und mit Kabul vernetzt. Sie hatten für diese Operation ihren eigenen SHF-Frequenzen-Kanal auf ihrem eigenen militärischen Syracuse-Satellitensystem bekommen. Dadurch waren sie gegen mögliche Störungen durch das russische EW-System im Hochtal immunisiert, denn Uplink-Jamming funktionierte nur, wenn man wusste, welche Frequenzen man stören musste, und diese Schlüsselinformationen erhielten Jones' Contractors von den Amerikanern in Bagram oder in Tampa. Und sie zu orten war zu kompliziert – in Anbetracht der Tatsache, dass selbstverständlich weder die ISAF noch die OEF wussten, dass sie existierten.

»Die übrigen Contractors jagen immer noch auf der anderen Seite des Ghar-Sang unsere Phantom-Kameraden vom KSK in Richtung Mapan.«

Eine der Drohnen hatte diese sieben Mann starke Equipe zusammen mit einer Gruppe schwer bewaffneter Afghanen ausgemacht und in Echtzeit beobachtet, wie alle kurz vor Einbruch der Nacht in einem sehr gut befestigten Gehöft verschwanden, auf dem neben einem Hangar aus Trapezblech mehrere Pick-ups standen. Durch die Informationen, die der Russe Zabelev vor seinem Tod geliefert hatte, wusste die Division Action, dass Jones' Contractors auch Zugriff auf ein Flugzeug vom Typ Cessna hatten. Kérmorvan vermutete, dass sich die robuste Sportmaschine in dem Trapezblech-Hangar befand. Der Hof gehörte einem engen Verwandten von Dadullah Khan. Auch diese Information hatten sie dank Pierre Bessons Gesprächen mit dem Russen erhalten.

»… und drei weitere Rugbyfans sitzen mit ihrem Chef O'Shaughnessy an der Bar des *Gandamak* und trinken zusammen mit Pierre Besson Bier. *Allez*«, sagte Kérmorvan zu Rossi und seinen drei Männern, »bringen wir es hinter uns!«

Sie packten das Equipment aus, das ihren Absprung so unbequem und schwierig gemacht hatte: ein ultraleichtes Bergesystem für Verletzte, zwei Zweibeine aus Karbon, eine Mannschaftsabseilrolle und eine Seilwinde mit Gangschaltung, die eine einzige Person problemlos bedienen konnte, um schnell und einfach bis zu einhundertfünfzig Kilo hochzuhieven, und eine Auswahl von speziellen Sicherheitshaken und Ösen. Dazu kamen noch die üblichen Aramidseile und Fast-Roping-Ausrüstungen, die Special Forces beim Abseilen aus Hubschraubern verwendeten, und ein Spezial-Geländerad für die Bergrettungsbahre. Carla zeigte Kérmorvan und dem Team die Stelle, an der sie das Bergrettungssystem aufbauen sollten. Dann machte sie sich daran, die Sicherungen und Ösen in den Felsen zu verankern.

Als kurz nach ein Uhr morgens das Licht in dem Wohncontainer erlosch, der Jones' Contractors als Wohn- und Aufenthaltsbereich diente, und kurzfristig kleinere Lichter in einem direkt danebenliegenden Wohncontainer an- und wieder ausgingen, waren sie mit ihrer Arbeit fertig. Das Bergrettungssystem stand für »Lehrer« bereit.

× × ×

»Raven! Rugbyfan I bis IV haben sich in den Schlafcontainer zurückgezogen!«

Eine der beiden LUNA-Drohnen kreiste mit Nachtsicht-Sensorik und Wärmebildkamera lautlos über der Grabungsstätte. Die Bilder waren relativ gut, und der Drohnenpilot hatte keine Probleme, dem Team präzise Informationen zu übermitteln. Die in der Operationszentrale der Division Action Anwesenden in Romainville und die Bereitschaft des COS in Villacoublay verfolgten dank der LUNA die Operation unter verschiedenen Blickwinkeln direkt mit: Sie hatten den Blick von oben aus der Luft und in Echtzeit die Eindrücke der vier Männer über die in den Helmen integrierten Actioncorders.

»Im Gemeinschaftscontainer haben wir keine sichtbaren Aktivitäten mehr. Die übrigen Wärmequellen, die wir sehen, sind wohl nur Heizkörper und Elektronik.«

Die Stimme des Drohnenpiloten klang über das Einsatznetzwerk hohl. Die Männer in den Command Cars waren seit knapp zwei Wochen im Dauereinsatz, ein echter Härtetest. Ihre Fahrzeuge waren für den Drohnenkrieg gut ausgerüstet, aber als Wohnmobile ließen sie zu wünschen übrig: Man schlief auf Klappbänken unter den Konsolen. Hygiene beschränkte sich auf ein absolutes Mindestmaß, Ernährung – aus Platzmangel – auf zu Brei gematschtes Einsatz-Fertigfutter aus dem Beutel. Und im Fall eines unerwünschten Besuches der Taliban hatten die Hummer vom Typ M1113 A1 ECV zwar eine leidlich gute Panzerung, aber ansonsten nur eine Standardbewaffnung, ein paar Handgranaten und 205 PS, um sich aus dem Staub zu machen. Im ersten Morgengrauen würden beide Drohnenteams die Anker lichten und nach Kandahār verschwinden – ungeachtet des Ausgangs ihrer Mission.

»COPY!« Kérmorvan bestätigte die Information des Drohnenpiloten. Er hatte sich als Erster hinunter ins Hochtal abgeseilt. Rossi lag oben neben ihrer Winch hinter dem Nachtsichtzielfernrohr eines Scharfschützengewehrs SIG 550, ein paar gefüllte Magazine zum Wechseln griffbereit. Zwar war sie trotz zusätzlichen Trainings in Quélern immer noch kein Scharfschütze, doch das exzellente Zielfernrohr der leichten Schweizer Präzisionswaffe war zum Beobachten genauso gut geeignet wie ein Fernglas, und im Fall eines Problems würden Schüsse aus dem Fels Verfolger verwirren und ihnen zu Zeit für die Flucht verhelfen. Außerdem konnte Rossi sie über das Einsatznetzwerk in Echtzeit warnen, falls irgendetwas Überraschendes geschah.

»Wir bleiben in der Luft und halten Sie auf dem Laufenden, falls wir irgendetwas Ungewöhnliches sehen. OVER«, verabschiedete sich der Drohnenpilot.

Jay, Rook und Crow hatten sich inzwischen ebenfalls abgeseilt. Während der Planungsphase der Mission hatten sie Stunden damit zugebracht, die Bilder der beiden LUNA-Drohnen sorgfältig zu studieren. Am Ende waren sie sich einig gewesen, dass der Weg, den Rossi zwei Monate zuvor intuitiv eingeschlagen hatte, der sicherste war. Was Kérmorvan Unbehagen bereitete, waren die großen Baustrahler, die Teile der Grabungsstätte nachts spektakulär ausleuchten konnten. Wenn er in diesem Hochtal für den Perimeterschutz verantwortlich wäre und durch das kleine Wasserkraftwerk auf ausreichend Strom zugreifen könnte, dann hätte er zwei Dutzend fest installierter Bewegungsmelder im Dienst. Die Fläche war überschaubar, und die Rugbyfans hatten es geschafft, den Tunnel durch den Fels zu verkabeln. Die Baustrahler mit Bewegungsmeldern und einem Alarm zu verbinden wäre sein erster Reflex gewesen.

Die Rugbyfans, die er nach dem Absturz von Carlas MedEvac kennengelernt hatte, waren keine Reinkarnationen von Patton oder

Eisenhower, aber sie waren auch keine Vollidioten, und Gegner zu unterschätzen hatte in der langen Geschichte geheimer Kommandoeinsätze mehr Soldaten das Leben gekostet, als ihnen mit Misstrauen und Vorsicht zu begegnen. Carla war so dicht wie möglich am Fels geblieben, als sie gekommen war, um ihn zu befreien. Also taten die vier Männer des Service Action dasselbe. Und sie trugen spezielle Nachttarnanzüge, die selbst im nahen Infrarot-Spektrum praktisch unsichtbar waren.

Afghanistan – Kabul – Gästehaus The Gandamak

Major Bayram Ritter zeigte den schwer bewaffneten Sicherheitsleuten, die das Grundstück des *Gandamak* sicherten, seine Zimmerkarte und seinen Presseausweis. Trotzdem musste er aussteigen, sich abtasten lassen und die beiden Alukoffer öffnen, die auf der Rückbank lagen. Seit dem letzten blutigen Anschlag gegen das Hotel *Kabul Serena* waren die Sicherheitskontrollen im Regierungs- und Ausländerviertel Wazir Akbar Khan extrem verschärft worden.

»*What a fuck!*«, nörgelte der Major des KSK und legte einen schweren italienischen Akzent auf sein Englisch. Dann öffnete er ohne Enthusiasmus das Handschuhfach des Landrovers.

Der Sicherheitsmann warf ihm einen irritierten Blick zu. Wie in jedem Auto in Kabul lag im Handschuhfach seines Landrovers eine geladene und entsicherte Handfeuerwaffe. Entführungen waren an der Tagesordnung. Bayram vermutete, dass Peter Jouvenal, der Besitzer der Lounge, nepalesische Soldaten anheuerte, die vormals in der britischen Armee gedient hatten und einen britischen Sicherheitsstandard pflegten. Die Gurkhas stammten fast ausschließlich aus den Stämmen der Magar und Gurung im Westen des kleinen Landes im Himalaja und ihre Familien hatten über mindestens zwei Generationen bei den Royal Gurkhas gedient. Fast alle waren Buddhisten. Einige wenige waren Sikhs oder Christen. Allen war gemein, dass sie verhältnismäßig gutes Englisch sprachen und ihren außergewöhnlich gut bezahlten Job sehr ernst nahmen. Bayram grummelte in seinem italienisch unterlegten Englisch weiter, während der Sicherheitsmann mit einem Spiegel unter dem Landrover kontrollierte. Sein Kollege hielt die Schnellfeuerwaffe so, dass er nicht bedrohlich wirkte, aber im Ernstfall umgehend schießen konnte.

Zehn Minuten später schleppte Ritter seine beiden Alukoffer mit den Fotoapparaten an der Rezeption vorbei in sein Zimmer in der Lounge. Der Druck der Mission war weg. Er hatte schon früher am Abend im El Boccaccio gegessen. Dabei war niemandem aufgefallen, dass er mit seinem kleinen Rucksack über der Schulter zwischen Nachtisch und Kaffee lange Richtung Toiletten verschwand. Es war einfacher gewesen, über das Grundstück des benachbarten italienischen Restaurants einzusteigen als über die Außenmauer zur Straße oder über die gut bewachte finnische Botschaft, die nach Einbruch der Nacht überall Bewegungsmelder aktivierte und ein paar Sicherheitsbeamte hatte, die sogar ihm Angst einflößten.

Der Soldat zog das durchgeschwitzte T-Shirt über den Kopf, seufzte leise und ließ sich aufs Bett sinken. Sein Chef in Berlin hatte ihm auf der Micro-SD-Card, die sein neuer Partner Besson mitgebracht hatte, in groben Zügen geschildert, worum es ging. Wie üblich waren Hubers Erklärungen ziemlich konfus, und man konnte eigentlich keinen klaren Auftrag identifizieren, aber Ritter wusste, dass er dieses spezielle Problem mit dem Sonderbeauftragten für Besondere Krisensituationen und seinem Staatsminister von Afghanistan aus nicht lösen würde. Die gute Nachricht war gewesen, dass Ritter nicht mehr als freischaffender Künstler auf Zuruf arbeitete, sondern endlich offiziell zum Amt für Militärkunde und damit in die deutsche Geheimdienst-Community versetzt worden war. Seit dem Debakel während der Jagd auf den Al-Qaida-Technologen Ayub El Hussein hatte er in der Luft gehangen; nicht mehr beim KSK und noch nicht beim BND. Jedes Mal, wenn Huber ihn mit irgendeinem bewusst vage gehaltenen Auftrag in perfektem

Beamtendeutsch auf den Weg geschickt hatte, war Ritter mit einem Bein bereits in einem deutschen Knast gestanden.

Im Gegensatz zu seinen deutschen Vorgesetzten machte Pierre Besson, den die Franzosen in den Einsatz geschickt hatten, einen ehrlichen Eindruck auf Ritter: Der Franko-Italiener war kompetent und sein Ruf als Kriegsberichterstatter ausgezeichnet. Dadurch war das Cover des Mannes bombensicher. Die Story, die Besson ihm erzählt hatte, war weitaus logischer als das Märchen aus dem Berliner Kanzleramt. Ritter hatte beschlossen, erst einmal in Ruhe seinen neuen Auftrag abzuarbeiten, dann vom Hindukusch nach Europa zurückzufliegen und abschließend mit seinen beiden Berliner Vorgesetzten ein klärendes Gespräch zu führen, bevor er bei seinem neuen temporären Dienstherrn in Paris vorsprach. Auch wenn vage *Mission Orders* zu seinem Geschäft gehörten, seitdem er beim KSK unterschrieben hatte, war er den Familien der Männer, die sich im Frühjahr in der Provinz Zabul, im Distrikt Shinkay, in Luft aufgelöst hatten, eine Erklärung schuldig. Wenn er es ihnen nicht erklärte – von den Vorgesetzten der Verschwundenen würden sie nie die Wahrheit erfahren. Genauso wenig wie von denen, die im Berliner Regierungsviertel die Intrige geschmiedet hatten. Die Überzeugung war schon lange weg. Er machte eigentlich nur noch weiter, weil er es sich finanziell leisten konnte, beim Bund zu arbeiten – und weil er den Adrenalinkick brauchte. Es hatte Augenblicke gegeben, da war Ritter drauf und dran gewesen, vom KSK zu einer Private Military Company zu verschwinden.

Ritter fummelte eine saubere Cargohose und einen Pullover aus seinem Reisesack. Es brachte nichts, sich in Kabul irgendwelche tiefgründigen und philosophischen Fragen zum wiedervereinigten und total befriedeten Nachkriegsdeutschland zu stellen. Er wollte duschen, durchatmen, eine Kleinigkeit essen und in unverfänglicher Gesellschaft ein Bierchen trinken.

× × ×

Während er vom Gästehaus durch den Garten zum Restaurant wanderte, warf Ritter einen Blick auf die Armbanduhr. Am Vorabend des islamischen Wochenendes war das *Gandamak* immer rammelvoll. Ab dreiundzwanzig Uhr ging es dann unten an der Bar im *The Hare and Hounds* richtig los. Gefeiert wurde bis in die Morgenstunden. Er hatte nichts dagegen, sich anzuschließen und seine Rolle als italienischer Pressefotograf weiterzuspielen. Ritter wollte vor allem einen Blick auf die Männer werfen, die höchstwahrscheinlich für das Verschwinden und den Tod seiner fünf Kameraden aus dem KSK mitverantwortlich waren. Selbstverständlich stand es außer Frage, seinen Auftrag zu gefährden oder sich zu irgendeiner Form der Selbstjustiz hinreißen zu lassen, auch wenn ein Teil tief in ihm genau davon träumte, seitdem er erfahren hatte, was dort oben in den Suleiman-Bergen wirklich geschehen war. Er war ein Profi – ein erfahrener Berufssoldat aus einer renommierten Spezialeinheit und seit ein paar Tagen ein Versuchskaninchen für die beschnittene und auf Kandare gezäumte deutsche Geheimdienst-Community im Visier sämtlicher vorstellbarer Kontrolleure und Kommissionen der Bundesrepublik. Pierre Besson hatte ihm ohne Sprechzettel und Maulsperre auf der Fahrt vom Flughafen Kabul International ins Hotel erzählt, was er wusste. Es war mehr gewesen, als man ihm üblicherweise sagte, bevor er in den Einsatz ging.

Nachdem Ritter das Überwachungssystem installiert hatte, hatte er sich die im Haus aufgestapelten Kisten genauer angesehen. Es waren exakt die gleichen wasser-, sand- und staubdichten Standardkisten, die Soldaten, Rettungsdienste, internationale Hilfsorganisationen oder die UNO in sämtlichen Krisen- und Kriegsgebieten der Welt benutzten. Es gab sie in den Farben Schwarz, Weiß, Kaki und Hellblau für die UNO. Durch den vorgestanzten Noppenschaum im Inneren konnte man sie problemlos und schnell an jede Art von Inhalt anpassen. Sie waren leicht und robust, stapelbar und einfach zu transportieren.

Die speziellen Druck- und Ziehverschlüsse ließen sich schnell öffnen und schließen. Die Zahlenschlösser waren praktischerweise auf der Werkseinstellung 0000 geblieben. Er hatte auf gut Glück an der ersten Kiste herumprobiert und war, beflügelt durch seinen Erfolg, waghalsig geworden. Am Ende hatte er im Noppenschaum dreier Kisten kleine, aktive GPS-Tracker versteckt, die es ihnen ermöglichen würden, in Realzeit den exakten Weg nachzuverfolgen, den diese Ladung einschlug, sobald die Männer von der Bagram-Airbase sie abholten.

»*Vieni!*«, rief Pierre Besson laut durch den brechend vollen Speisesaal des *Gandamak*. »*Amico mio!*« Ritter sah, dass sein Partner nicht alleine war.

»*Ho sete!* – ich bin durstig!«, antwortete der deutsche Soldat genauso laut und bahnte sich einen Weg durch die Vergnügungssüchtigen.

Besson stand zusammen mit einem breitschultrigen, rothaarigen Typen an der Theke und genoss ein bitteres Pint of Lager. Ritter gab dem Barkeeper ein Zeichen und erklärte ihm in stark italienisch getrübtem Englisch, dass er das Gleiche trank wie seine beiden Freunde. Dann ging er südländisch-überschwänglich auf den Rothaarigen zu.

»*Hello, I am Pietro's photographer, Benito Balducci! Call me Beni!*« Er streckte die Hand aus.

Der Rothaarige war ganz offensichtlich allerbester Laune und erfreut, einen Kumpel seines Freundes Pierre Besson kennenzulernen. Er strahlte Ritter an. Seine behaarte Pranke quetschte die Hand des Deutschen bis zur Schmerzgrenze. »*Nice to meet you!*«, sagte er, »*I am Rick, Rick O'Shaughnessy!*«

Als der Barkeeper Ritters eisgekühltes Lager Beer neben einen Teller mit Fingerfood und einem Schälchen Oliven auf den Tresen stellte, unterhielten sich die drei Männer bereits angeregt, ganz als ob sie uralte Freunde wären. Während sie sich zuprosteten, tauschten der ehemalige Major des KSK und der IM des französischen Geheimdienstes diskret einen Blick aus.

Afghanistan – Provinz Zabul – Distrikt Shinkay – Hochtal von Iskanderga'l

Carla hatte Kérmorvan sowohl Propofol als auch eine Substanz aus der Gruppe der Benzodiazepine mitgegeben. Er tickerte die kleine Spritze mit zwei Fingern an. Die Luftbläschen platzten.

Sie schliefen getrennt; die beiden älteren Frauen in einem hübschen, sauberen und sehr gemütlichen Zimmer, das eine fortschrittliche Elektroheizung mit Nachtspeicher hatte, die angenehme Wärme ausstrahlte. Der Mann »Shepherd« in der Wohnküche auf einer Matte auf dem Boden direkt vor der Kochstelle. Es war offensichtlich, dass »Bibi I« und »Bibi II« sich irgendwann einmal verbündet hatten, und Shepherd hatte den Kürzeren gezogen. Kérmorvan wusste, wie schlecht die Paschtunen ihre Frauen behandelten. Er hatte kein Mitleid mit dem Alten. Der rührte sich nicht, als er ihm die ungewaschenen Zehen mit Daumen und Zeigefinger auseinanderdrückte und das Schlafmittel injizierte. Carla hatte ihm vorgeschlagen, zwischen die Zehen zu injizieren und die Venen zu vermeiden, da hier Einstichstellen eher sichtbar waren. Propofol wurde auch gerne für Anästhesien vor Operationen verwendet, denn es hatte keine Nebenwirkungen, und man konnte nicht viel falsch machen. Es war auch relativ ungefährlich, denn Bibi I, Bibi II und Shepherd hatten alle im Schlaf zuerst das Skopolamin eingeatmet. Wenn die drei alten Leutchen aufwachten, würden sie keine Kopfschmerzen haben, keinen trockenen Mund, keine Hautirritation um die Einstichstelle – und vor allem keine Erinnerungen. Amnesie war eine der nützlichen Nebenwirkungen der Droge. Kérmorvan schloss vorsichtig die geschnitzte Holztür der Wohnküche und ging hinauf in den ersten Stock. Er fand das ganze Herumgedöns um mögliche Kollateralschäden unehrlich und kontraproduktiv. Wenn nicht sie ins Hochtal eingedrungen wären, sondern irgendein radikalislamistisches Kommando fanatisierter Gotteskrieger in das Haus irgendeiner Familie von Orientchristen im Nahen oder Mittleren Osten, dann hätte der Anführer der

Truppe sich sicher nicht damit aufgehalten, irgendwelche *»soft drugs«* zu verabreichen.

Es war ein schönes und solide gebautes altes Haus. Die Treppen waren aus Stein und verrieten sie nicht. Allerdings war der Aufgang eng. Vor allem, wenn man volle Kampfmontur trug. Zwei Männer des Teams quetschten sich hinter Kérmorvan nach oben. Der dritte sicherte die Tür, die ins Wohnhaus führte.

× × ×

Ihr Zielobjekt »Lehrer« hatte selbstverständlich nichts bemerkt. Er bewohnte den ganzen ersten Stock. Das erste Zimmer schien ein Arbeitszimmer. Selbstverständlich waren sie nicht durch die Tür gestürmt, sondern hatten sich Zeit genommen. Taher schlief im Zimmer, das am weitesten von der Tür entfernt lag. Wahrscheinlich öffneten die Fenster sich in den Innenhof. Vielleicht hatte das Schlafzimmer sogar einen kleinen Balkon. Durch die Aufklärungsdrohne wussten sie, dass es einen Hausgarten gab, in dem außer Kräutern auch Rosenstöcke standen.

Taher hatte das Skopolamin-Pulver genauso problemlos eingeatmet wie seine drei Mitbewohner Bibi I, Bibi II und Shepherd. Kérmorvan bestätigte über den Satellitenfunk, dass sie das Zielobjekt »Lehrer« lebend erwischt hatten. Dann gab er seinen Männern Zeichen, die Nachtsichtgeräte abzunehmen, und knipste die Leselampe auf einer geschnitzten, traditionellen Truhe an. Sie diente dem Archäologen und Terroristen als Nachtkästchen. Als Kérmorvan ihn vorsichtig schüttelte, schlug der Algerier die Augen auf. Doch der Blick des Mannes war unter Einfluss der Droge träge und leer. In Südamerika, vor allem in Kolumbien, in Peru und in Venezuela, wo die Engelstrompeten einfach am Straßenrand wuchsen, wurden jährlich etwa eine halbe Million Verbrechen mithilfe von Skopolamin-Pulver begangen. In der Szene trug das Zeug den Namen *Devil's Breath:* Atem des Teufels. Er sprach ihren Gefangenen leise auf Arabisch an.

Taher antwortete mechanisch, doch die Antwort war richtig. Er war willenlos, aber nicht durch den Wind. Kérmorvan stellte ihm seine erste Frage.

× × ×

Es war sehr schnell gegangen: Taher hatte ihm alles gesagt. Der Schlüssel zu dem Vorhängeschloss am Schrank lag in der obersten Schublade des Schreibtisches, zusammen mit mehreren USB-Schlüsseln, ein paar ordentlich beschrifteten CD-ROMs und mehreren Ordnern, die Informationen zur Grabung und zu den Funden beinhalteten. Die Männer packten den Laptop des Algeriers ein. Dann packten sie zwölf längliche Alucontainer in eine mit Noppenschaum ausgekleidete Spezial-Transportkiste, die sie in einer Ecke des Arbeitszimmers gefunden hatten.

»*Ma hada?* – was ist das?«, fragte Kérmorvan seinen Gefangenen scharf und zeigte mit dem Finger auf eine aufwendig gearbeitete Kiste auf dem Arbeitstisch. Es sah aus wie Elfenbein oder polierter Knochen.

Der algerische Terrorist saß mit abwesendem Blick auf seinem Bürostuhl. Sie hatten ihn an Händen und Füßen mit Kabelbindern gefesselt. Taher bewegte den Oberkörper rhythmisch vor und zurück. Seine Lippen murmelten unverständliche Worte. Durch die Droge speichelte er stark und sabberte aus dem Mund. Der Anblick war erbärmlich und unappetitlich.

Kérmorvan winkte ab. »Packt das Ding ein«, befahl er seinen Männern. »Wir nehmen alles mit und sortieren zu Hause.«

Das Hochtal und die Grabungsstätte befanden sich offensichtlich noch immer im Dornröschenschlaf. Carla hatte sich übers Einsatznetzwerk gemeldet. Die Arbeitsräume von Taher El Ouazzani sorgfältig zu filzen war für sein Team ein kalkulierbares Risiko. Er schob den Bürostuhl mit dem gefesselten und willenlosen Terroristen beiseite und kniete sich vor den Arbeitstisch, um die Schubladen auszuräumen. In der untersten lagen Ausweispapiere. Ihr Mann besaß drei Pässe: einen aus Algerien, der auf den Namen El Ouazzani, Taher ausgestellt war – und zwei weitere: einen US-amerikanischen Pass und einen des Königreichs Saudi-Arabien. In beiden lagen entsprechende Führerscheine und Sozialversicherungskarten. Im Saudi-Pass befand sich außerdem ein Dauervisum, für Großbritannien, der US-Pass hatte ein gültiges belgisches Dauervisum und Tahers eigener algerischer Pass hatte ein ägyptisches Dauervisum und eine eingestempelte offizielle Aufenthalts- und Arbeitsgenehmigung mit einer Adresse in der Universitätsstadt al-Minya am unteren Nil. Er schob sie in eine leere Tasche seiner Cargohosen.

Du kleines Arschloch, ging es ihm durch den Kopf. Der mit Skopolamin betäubte Mann auf dem Drehstuhl hatte den Tod Dutzender Franzosen zu verantworten, und er hatte das Leben Hunderter zerstört, die verkrüppelt, verstümmelt oder lebenslang traumatisiert waren. Kérmorvan schubste Stuhl und Terroristen gefühllos aus dem Weg und ging zurück ins Schlafzimmer. Dort stellte er die Leselampe auf den Boden, um besser zu sehen. Dann öffnete er die geschnitzte Truhe und fing an, sie zu durchsuchen.

Zehn Minuten später schob Kérmorvan drei Ordner in seinen Rucksack. Taher El Ouazzani war weder ein echter Gotteskrieger noch ein wahrer Rächer: Der Mann war in allererster Linie ein knallharter Geschäftsmann.

Er hatte die Kontoauszüge nur kurz überflogen, doch eines wusste er: Raubgraben lohnte sich!

Die letzte Gutschrift war eine runde Summe gewesen: eine Million US-Dollar – etwas mehr als achthunderttausend Euro auf einem Konto bei einer durchaus respektablen und renommierten Bank in der Republik Irland. Die Summe war dem US-Staatsbürger Dr. Michael G. Daniels gutgeschrieben worden, wohnhaft in Philadelphia im US-Bundesstaat Pennsylvania und von Beruf – Privatdozent.

Die Republik Irland war eine »graue Steueroase« in Europa, und durch den US-amerikanischen Pass hatte Taher auf der grünen Insel noch ein paar zusätzliche Vorteile. Es war einfach für einen

US-Bürger, eine irische Staatsbürgerschaft zu bekommen und als Nicht-EU-Resident mit einem gültigen EU-Pass war man dann in der irischen Republik steuerfrei! Was aber noch viel interessanter war: Dank dieser Kontoauszüge waren sie jetzt in der Lage, zurückzuverfolgen, mit wem Taher seine finsteren Geschäfte machte; wer hinter der Grabung in diesem Hochtal steckte, wer den Terroristen, die Contractors, Jones und Dadullah Khans Clan bezahlte. Und sie waren dabei nicht darauf angewiesen, dass ihr Gefangener sich bei seiner Rückführung nach Frankreich kooperativ zeigte.

»Du kleines, cleveres Arschloch«, verbesserte Kérmorvan sich. Sobald sie mit »Lehrer« und der unglaublichen Informationsflut aus seinem Wohn- und Arbeitsbereich wieder zu Hause waren, würde ihre Arbeit erst richtig anfangen. Wahrscheinlich war es über den algerischen Originalpass des Mannes in Verbindung mit seinem ägyptischen Dauervisum und der unbegrenzten Aufenthalts- und Arbeitsgenehmigung relativ einfach, den Schlüssel zu seinem geheimnisvollen und unerklärlichen Verschwinden nach den Attentaten in Frankreich und in Pakistan zu finden. Und mithilfe der Kontoauszüge und der Bankkonten würden sie seine sämtlichen Partner aufspüren und herausfinden, was hier wirklich gespielt wurde.

× × ×

Carla bewegte regelmäßig ihre Beine, schüttelte den Kopf und ließ die Schultern rollen. Marius hatte ihr geraten, sich alle zehn Minuten ein bisschen zu regen, um die Blutzirkulation am Laufen zu halten. Es brachte nichts, hinter dem Zielfernrohr eines Sturmgewehrs zu liegen und Ameisen in den Fingern zu haben – nicht einmal für einen Militärarzt, der nicht die Absicht hatte, den Abzugshahn zu drücken.

Als sie ihr Auge wieder gegen das Okular presste, konnte sie beobachten, wie das solide Tor des Gehöfts sich öffnete. Selbst mit dem ausgezeichneten Nachtsichtgerät und dem Zielfernrohr war es schwierig, die vier Schatten zu sehen, die sich durch den Spalt quetschten. Sie waren alle schwer beladen und bugsierten einen unwillig wirkenden, unbeladenen fünften Schatten durch die Nacht. Da dieser keine Hightech-Tarnkleidung trug, war es einfacher, ihn auszumachen.

Carla atmete auf, als ihre vier Kameraden sich zusammen mit dem Zielobjekt auf den Weg zurück machten, nur um gleich darauf die Luft wieder anzuhalten.

Während Raven, Jay, Crow und Rook mit »Lehrer« hinter dem kleinen Unterstand verschwanden, in dem sich das Schweizer Mini-Wasserkraftwerk befand, quetschten sich bereits die ersten enthusiastischen Ziegen durch den Torspalt und sprangen gut gelaunt und zielstrebig in Richtung einer üppigen Grünfläche mit Büschen und Sträuchern und anderen »Leckereien«, die sich vor den in den Fels gehauenen Tempeln der Grabungsstätte erstreckten.

»Mist«, fluchte Carla ins Kehlkopfmikrofon, doch es war zu spät. Als die hungrige Ziegentruppe das Zentrum des Hochtals erreichte, gingen gleichzeitig mehrere Baustrahler an und tauchten nicht nur die Hirtenszene vor archäologischem Hintergrund, sondern auch die Wohn- und Schlafcontainer der Contractors in gleißend helles Licht.

»Verdammte Ziegen«, zischte Carla in das Kehlkopfmikrofon. Sie hatte eine Zehntelsekunde lang den Finger an den Abzug gelegt, aber dann doch nicht geschossen, weil zeitgleich ein ohrenbetäubender Alarm losjaulte. Die Lichter in den Schlafzellen der Contractors gingen fast gleichzeitig an. Die Ziegen stoben wild meckernd in alle Richtungen auseinander.

»Los!«, befahl Kérmorvan seinen Männern. Die Baustrahler hatten sie glücklicherweise nicht frontal erwischt, ansonsten wären sie geblendet worden. Sie hatten es alle geschafft, im Reflex die Nachtsichtgeräte hoch auf die Helme zu schieben. So hatten sie wenigstens zwei, drei Minuten Vorsprung vor den Männern in den Containern.

»Carla, schieß um Gottes willen nicht auf die Typen, wenn sie rauskommen«, Kérmorvans Stimme in ihrem rechten Ohr war vollkommen unaufgeregt, »die wissen nicht, was los ist. Das Erste, was die sehen werden, sind die Ziegen. Wir kommen. Geh an die Winde. Mach alles bereit für ›Lehrer‹. Keine Panik. Wir haben hier unten alles im Griff.«

Er zerrte seinen Terroristen-Zombie an einem Strick hinter sich her durch die Nacht. Taher war nur eine geringe Belastung, solange er brav hinterherstolperte. Er war mit Skopolamin so zugedröhnt, dass er keinen zusammenhängenden Satz herausbrachte, geschweige denn ernst zu nehmenden körperlichen Widerstand leisten konnte.

Die Männer des Teams verstanden auch ohne viele Worte, was von ihnen erwartet wurde. Sie hatten alle schon Dutzende Missionen dieser Art hinter sich. Die aus dem Gehöft entwischten Ziegen hatte sich unterdessen vom Schreck des Alarms erholt. Sie waren wieder im Zentrum der Grabungsstätte gruppiert, wo das Gras und die Sträucher besonders appetitlich schienen. Die weißen Bänder waren natürlich kein Hindernis für die hungrigen Tiere, und das Licht der Baustrahler irritierte sie nicht im Geringsten. Im Gegensatz zu Schafen, die, wenn sie in Panik gerieten, wild durchgingen und dabei auch regelmäßig zu Tode stürzten, reagierten Ziegen intelligent: Sie überwanden rasch den ersten Schreck, analysierten die Situation und gingen – wenn keine Gefahr drohte – umgehend zur Tagesordnung über.

»*What a fuck!*«, grölte eine irritierte Stimme durch die hell erleuchtete Nacht. Der Mann trug lediglich Schlafanzughosen, Kampfstiefel und seine Schnellfeuerwaffe.

»Es sind die Scheißziegen von dem Scheißalten«, dröhnte ein zweiter Mann. »Ich hab euch doch gesagt, dass die Viecher mit den Bewegungsmeldern Mist machen werden.«

Er war ähnlich bewaffnet wie sein Kamerad, hatte sich allerdings eine Jacke übergezogen. Es war beißend kalt.

»Da hinten rennt jemand«, schrie ein Dritter irritiert.

»Das ist ein Maultier!«

»Nein! Das ist kein Maultier.« Eine vierte Stimme.

»Verdammt!«

»Wir haben ein Problem. Da rennen Typen in Tarnkluft.«

»Scheiße!«

»Wo?«

»Ich sehe Bewegung am Wasserkraftwerk.«

»Los! Hinterher.«

»Nein. Halt! Stopp! Das ist bloß eine verdammte Ziege.«

»Dort! Dort!«

»Allez, on y va!«, zischte Kérmorvan über das Operationsnetzwerk. Die Rugbyfans waren noch völlig desorganisiert und stellten keine echte Gefahr dar.

»Wir bleiben ganz dicht am Fels.«

Er schubste El Ouazzani zur Seite, um ihn mit seinem Körper in der Crye-Night-Shadow-Tarnkluft zu decken. Der Terrorist in seinem blau-gelb-karierten Schlafanzug und mit der hellblauen Fleecejacke, die sie ihm wegen der Kälte übergezogen hatten, war der Einzige ihrer Gruppe, der herausstach.

Sie hatten in der Vorbereitungsphase der Operation die Aufnahmen der deutschen Drohnen sorgsam studiert. Solange sie im Schatten des Berges blieben und am Felsen entlangschlichen, riskierten sie nicht viel. Er hatte aus dem Augenwinkel auch eine Bewegung beim Wasserkraftwerk gesehen und war mit der Schlussfolgerung des Contractors einverstanden: Dort hinten trieben sich ebenfalls Ziegen herum. Wie die Tiere es allerdings geschafft hatten, sich aus ihrem Stall im Zentrum des Gehöfts zu befreien?

Die Contractors waren verwirrt und zornig. Dann übernahm endlich einer die Führung und organisierte die drei anderen. *»Rowan, Erin, shut up!«*, blaffte er zwei seiner Kameraden an, »Reißt euch zusammen.« Er gab ihnen ein paar Befehle.

So ein Schwachsinn!, dachte Kérmorvan. Na dann mal viel Spaß beim Soldatenspielen, Jungs!

Die Namen kamen ihm bekannt vor: Rowan und Erin waren die beiden Contractors mit dem Mistral-Boden-Luft-System, die hinter ihm marschiert waren und deren blödes Geschwätz über Rugby samt Akzent aus dem Mittleren Westen ihm zwei Tage lang mehr zugesetzt hatte als O'Shaughnessys Prügelei und die Stromstöße.

Sie hatten also vier bewaffnete Verfolger. Das waren alle zurückgebliebenen Contractors aus Jones' Truppe. Die wussten aber immer noch nicht, wonach sie eigentlich suchten oder auf welche Ecke des knapp einen Quadratkilometer großen und fast quadratischen Tals sie sich konzentrieren mussten.

× × ×

Als die Contractors begannen, sich wieder wie Profis zu benehmen, einander Deckung zu geben und koordiniert vorzurücken, lag der apathische Taher bereits auf der Bergrettungsbahre festgeschnallt. Das Skopolamin, das er eingeatmet hatte, wirkte zusammen mit dem Schuss Propofol, den Kérmorvan ihm noch rasch gesetzt hatte, mindestens vierundzwanzig Stunden.

»Los, pack den Krempel, den wir gefunden haben, einfach mit dazu!«

Crow nahm seinen Kameraden Rook und Jay ihre Lasten ab und schmiss die Rucksäcke auf ihren Gefangenen in seiner Bergrettungsbahre. Dann zog er ein kurzes Sicherungsseil durch einen der Tragegriffe der sperrigen Transportkiste und hakte den Karabiner unter der Bahre ein. Ihre menschliche Last war so fest verschnallt, dass sie sich auch ohne das Skopolamin nicht bewegen konnte, selbst wenn die Bahre durch das zusätzliche Gewicht etwas aus der Achse geriet. Sobald das Team auf der anderen Seite des Felsens war, würde es dann wesentlich einfacher werden.

Rossi – »Magpie« – hatte ihnen in der Vorbereitungsphase der Mission erklärt, warum sie ausgerechnet dieses ganz besondere Equipment ausgewählt hatte. Er war mit dem Gelände-Spezialrad gesprungen, das sie auf der anderen Seite am Abstieg zurückgelassen hatten und das sie mit nur zwei Handgriffen montieren würden, um einen betäubten Lehrer und die Säcke und die Kiste ohne große körperliche Anstrengung die Strecke bis zur LZ A zu transportieren.

Crow überprüfte noch einmal kurz Bahre und Beute. Dann zog er energisch am Sicherungsseil: »Er ist bereit, Magpie! Zieh ihn jetzt hoch.«

In dem Augenblick, in dem Rossi anfing zu kurbeln, fingen die Contractors an, gezielt zu feuern.

»Verdammt!«, hörte sie die Stimme von Crow. Dann einen knappen Befehl von Raven – Gwénaël. Er hatte seine Männer angewiesen, das Feuer noch nicht zu erwidern, um ihre Position nicht preiszugeben. Kugeln schlugen in den Fels. Doch es nützte nichts, sich aufzuregen. Carla kurbelte genau so, als ob sie einen verletzten Bergsteiger im Berchtesgadener Land aus einer Gletscherspalte holte. Oben auf dem Steilfelsen hörte sie den Wiederhall der Schüsse. Das Hochtal verstärkte den Hall. Obwohl sie die Berge kannte, seitdem sie laufen konnte, machte dieses spezielle Geräusch ihr Angst; Angst um die Männer, die knapp einhundert Meter unter ihr beschossen wurden; Angst um Gwénaël, der als Letzter wieder zur Gruppe stoßen würde, weil er den Ausgang durch den Tunnel in die Schlucht verminen wollte, um mögliche Verfolger aufzuhalten. Sie schaltete in einen höheren Gang und kurbelte schneller.

»Lieber Gott«, flehte sie, »lass es gut gehen. Bitte lass es gut gehen. Lass mich jetzt nicht die Nerven verlieren.«

Und sie fing an zu zählen, wie ihr Vater es ihr beigebracht hatte. Die Seilwinden waren so konzipiert, dass auch körperlich schwächere Bergretter verhältnismäßig große Lasten hochziehen konnten. Das Limit der Winch lag bei einhundertundfünfzig Kilo, und das war noch lange nicht erreicht.

× × ×

Die Contractors schossen konzentrierter. Die Kugeln schlugen jetzt näher ein. Kleine Felssplitter stoben durch die Luft. Es war ein Wunder, dass keiner sie traf. Die vier Männer des Service Action kannten einander sehr gut. Es bedurfte zwischen ihnen keiner Worte. Kérmorvan machte eine unmissverständliche Handbewegung.

Rook und Jay hakten ihre Spezial-Klettersysteme in die beiden Aramidseile und begannen den Aufstieg. Er würde sie mit Crow decken und sich anschließend um die vier Rugbyfans kümmern. Die Baustrahler, die im ersten Augenblick für den Gegner ein Vorteil gewesen waren und ihn und sein Team gezwungen hatten, die Nachtsichtgeräte abzulegen, erwiesen sich jetzt als ein riesiger Nachteil für alle am Chaos Beteiligten. Selbst Carla an der Winch oben auf dem Steilfelsen hatte keinen vernünftigen Überblick mehr.

»Den gscheerten Hammel, der des Glump an den Beag gschraubt hod …«, hörte Kérmorvan sie plötzlich auf Oberbayerisch übers Operationsnetzwerk schimpfen, während sie angestrengt kurbelte und schnaufte wie ein dämpfiges Pferd. *»Den schlag i dod … den Lumpa … den Saubeitl …. die vafluchdn Lampn … So a Schoass …«* Trotz der Mehrgangschaltung und der Kraft, die sie durch das intensive Bergsteigen und Freeclimbing hatte, war die Last auf der Bahre eine echte Herausforderung für die zierliche Frau. Einen Meter dreiundsechzig, fünfundfünfzig Kilo Kampfgewicht. Er wusste genau, welchen körperlichen Einsatz sie gerade bringen musste. Die Schnellübersetzung ihrer kernigen Worte unterstrich, wie hart es da oben für Carla war.

»Verdammt!«, fluchte Crow, als plötzlich ein paar scharfe Steinsplitter auf sie herabregneten. Die vier Angreifer hatten das gleißende Licht im Rücken, während er und Kérmorvan jetzt von den Baustrahlern geblendet wurden. Jones' Contractors gingen vorwärts, aber sie schossen glücklicherweise nicht gezielt, sondern mähten einfach in kurzen Feuerstößen, obwohl sie inzwischen wahrnehmen mussten, dass sich irgendetwas vor dem Felsen aufhielt. Die Schnellfeuerwaffen der Rugbyfans waren allerdings nur US-Army-Standard. Das M-16 war keine echte Präzisionswaffe. Doch sie reichten völlig aus. Mit der Steilwand im Rücken riskierten sie nicht nur Steinsplitter, sondern auch Querschläger, die genauso tödlich sein konnten wie ein direkter Treffer.

»Ihr helft Magpie mit der Winch, seilt euch mit ›Lehrer‹ sofort auf der anderen Seite ab und verschwindet. Macht euch umgehend auf den Weg. Ich hole euch ein«, befahl Kérmorvan. Dann bedeutete er Crow mit ein paar Handzeichen, was sie tun sollten.

Die Rettungsbahre bewegte sich wesentlich schneller. Kérmorvan sah kurz nach oben. Rook und Jay waren auf dem Steilfelsen bei Rossi angekommen.

»Ich räume hier auf!«

Er gab Crow ein Zeichen, sich ebenfalls in Sicherheit zu bringen, zu seinen Kameraden hinaufzuklettern und übern Berg zu verschwinden.

Es waren genau die gleichen Ziegen, die zwei Monate zuvor den ersten gewaltigen Fuck-up verursacht hatten. Obwohl Kérmorvan eher robust gestrickt war, gab es immer noch Augenblicke, in denen Erinnerungsblitze vom Gemetzel von Rustam Kalay vor seinem inneren Auge abliefen, während er das Gefühl hatte, verbrennendes Menschenfleisch und Kerosin zu riechen.

Er hätte es vorgezogen, wenn sie ihre Operation abgezogen hätten, ohne Aufmerksamkeit zu erregen und ohne Blut zu vergießen.

»LEM, Patron!« Crow warf Kérmorvan seine gesicherte UZI-Maschinenpistole zu, bevor er sich an den Aufstieg in den Felsen machte.

Kérmorvan griff die Waffe mit der Linken fluchend aus der Luft: »LEM!«

Jeder kannte das berühmte, von dem amerikanischen Militäringenieur Edward Murphy formulierte Gesetz, das seinen Namen trug: »Alles, was schiefgehen kann, wird auch schiefgehen.« Während des Auswahlverfahrens für die Commandos de la Marine hatte er dann auch noch das Vorgängergesetz kennengelernt. Jeder »Überlebende« der ersten Woche lernte es direkt am ersten Wochenende kennen, sobald ihre Ausbilder keine Lust mehr hatten und nach Hause gehen wollten, um auszuspannen. Man verfrachtete die gesamte Truppe Anwärter auf eine künstliche Insel in der Bucht von Lorient, ein Sperrgebiet, wo kaum ein Baum oder Strauch genug zum Überleben fand, und setzte sie einfach dort ab – ohne Rücksicht auf das Wetter oder die Jahreszeit und selbstverständlich ohne Ausrüstung, Verpflegung und ohne irgendeinen existierenden Unterschlupf, der sie vor der Unbill der Natur schützte. Zum Abschied gab es ein freundliches: »Wir sehen uns am Montag« und das ominöse Kürzel »LEM«.

»LEM« war von französischen Soldaten in den Schützengräben des Ersten Weltkriegs formuliert worden: das *»Loi de l'emmerde maximale«* oder »Schlimmer geht's immer!«. Am ersten Tag der zweiten Woche des Auswahlverfahrens kam dann in der Tat am Montagmorgen einer der Ausbilder, um die Anwärter von der Insel abzuholen und ihnen zu beweisen, dass es wesentlich schlimmer ging als während Woche eins.

LEM war auch das inoffizielle Motto des Service Action.

Der erste seiner Gegner ging zu Boden. Kérmorvan hörte den verzweifelten Aufschrei des Kameraden an seiner Seite durch den Lärm des Feuergefechtes. Während Crow kletterte und Rook und Carla kurbelten, schoss Jay von oben hinunter.

»No, Rowan! Don't you die on me!« Er erkannte den Namen.

Einer der beiden Idioten, die das Mistral getragen hatten. Damit war der Verzweifelte neben dem Mann am Boden wahrscheinlich der zweite Rugbyfan vom Mistral, Erin. Sie waren unzertrennlich gewesen, als sie ihn nach dem Absturz durch die Berge gezerrt hatten. Kérmorvan machte sich die Mühe, ganz präzise zu zielen. Er zog den Teleskophinterschaft aus und stellte seine FN SCAR-SC von Dreierstößen auf Einzelfeuer um. Er mochte die Waffe. Er hatte auch eine für Carla besorgt. Sie war klein und handlich. Eine »Damenwaffe« für die Handtasche hatte Marius ihre neue Kollegin in Quélern aufgezogen, als er gemeinsam mit ihr die Ausrüstung überprüft hatte, die sie in den Einsatz mitnahm.

Trotzdem verband die FN SCAR-SC Gewicht und Handhabung einer normalen Maschinenpistole mit der Kadenz und Durchschlagskraft eines echten Sturmgewehrs. Die Waffe war mit ihren dreiundfünfzig Zentimetern Länge ohne die ausgezogene Schulterstütze und rund drei Kilo Gewicht optimal für eine kleine, zierliche Frau wie Carla – oder für einen erfahrenen Special-Forces-

Operator, wie Kérmorvan, der sich nicht mit sperrigem und schwerem Gerät belasten wollte.

Als er den leichten Rückstoß an der Schulter durch seine Schutzweste wahrnahm, verstummte das Geschrei. Der zweite Idiot, der das Mistral getragen hatte, würde niemanden mehr mit seinem grauenhaften Akzent aus dem Mittleren Westen und seinem blöden Geschwätz über Rugby auf die Nerven gehen.

Unter dem schweißnassen Balaklava verzog sich Kérmorvans Gesicht zu einem bösen Grinsen. *So long, Rowan and Erin!*, hörte er eine boshafte kleine Stimme in seinem Inneren sagen. Er hätte natürlich mehr Spaß daran gehabt, Richard O'Shaughnessy und die beiden ehemaligen US-Marines Jack und Mikie zu töten, die ihn stundenlang enthusiastisch gefoltert hatten. Er konnte extrem nachtragend sein, und die Erinnerung an die Starterkabel samt Batterie an seinen Hoden war noch genauso frisch wie die Trauer über die Männer aus dem 1er RPIMA, die dem Zusammenstoß mit Jones' Contractors und den Helikopterabsturz nicht überlebt hatten. Kérmorvan unterdrückte einen weiteren unprofessionellen Gedanken und wandte sich dem letzten der vier Contractors zu, der sein Heil in der Flucht suchen wollte, nachdem er drei seiner Kameraden tot auf dem Boden liegen sah, und zielte ruhig.

Crow meldete sich übers Einsatznetzwerk in seinem linken Ohr. Er war oben im Fels und zog bereits gemeinsam mit Jay die restliche Beute aus Tahers Wohnräumen, die nicht in den Transportsack gepasst hatte, nach oben. Carla und Rook seilten sich gerade mit Taher auf die andere Seite in die Schlucht ab.

Frankreich – Romainville – Hauptquartier der Division Action

Christiane Près tupfte sich mit einem Taschentuch den Angstschweiß von der Stirn und zwei verstohlene Tränen der Erleichterung aus den Augenwinkeln. Das Schlimmste lag hinter ihren

Männern. Sie stand auf und streckte sich. Ihr tat jeder Knochen im Leib weh, obwohl sie während der letzten Stunden nur in einem bequemen Sessel gesessen hatte.

Die letzten Szenen, die sie mitverfolgt hatte, hätten aus einem Hollywood-Actionthriller stammen können. Doch die Bilder, die über Satellit nach Romainville übertragen wurden, waren kein spannender Zeitvertreib. Sie hatte Männer ihres Service Action und des COS schon in Echtzeit sterben sehen. Es war nicht das erste Mal, dass sie eine Mission dieser Art auf den Bildschirmen des Operationszentrums der Division Action mitverfolgte. Sie hatte es sich zur Regel gemacht – egal was auch passierte – weder die Augen zu schließen noch den Blick abzuwenden. Was den Ton anbetraf, waren die technischen Möglichkeiten im Augenblick noch relativ gnädig mit ihr. Meist funktionierte die Übertragung nicht, und sie sahen Stummfilme.

»Zehn Minuten«, sagte Julien Rudeaux unbeeindruckt, stand auf und nahm ihre Kaffeetassen, um sie nachzufüllen.

Es war das vorläufige Ende einer langen und interessanten Nacht. Er drückte im Vorbeigehen auf den Knopf der Bereitschaft in der Kantine. Die Mitarbeiter an den PCs und die Techniker hatten anstrengende Stunden hinter sich. Er verstand, wie schwierig es war, die Bilder der deutschen Drohnen, die Echtzeit-Übertragungen der Helmkameras der Männer und die Infrarotaufnahmen des Satelliten so zu verknüpfen, dass daraus ein verständliches Ganzes für die Zuschauer entstand.

Rudeaux erinnerte sich wehmütig an die gute alte Zeit, als Einsatzgruppen des Service Action nach dem Absprung überm Feindgebiet so lange ihre Ruhe hatten, bis sie nach dem Helikopter für die EXFIL funkten.

»Die UZI-Maschinenpistole ›wie zufällig‹ zurückzulassen, ist von dem Operator, der als letzter aus dem Hochtal verschwunden ist, zwar ein bisschen dick aufgetragen, aber kreativ«, sagte Huber bewundernd zu Rudeaux und nahm ihm dankbar den frischen Kaffee ab. »Das wird für ein tolles Ambiente sorgen, sobald Jones' restliche Contractors von ihrer erfolglosen Jagd auf unsere Phantom-Krieger vom KSK zurückkommen.«

Genauso wie die nagelneuen israelischen APMs, die Kérmorvan für seine Freunde vom Rugbyfanclub mitgebracht hat, dachte Rudeaux, verkniff sich aber die Bemerkung.

Er mochte Kérmorvan nicht besonders, aber er gestand dem Jüngeren eiserne Nerven und Mut zu: Anstatt mit dem Rest des Teams übern Berg zu klettern, war Raven auf dem gleichen Weg aus dem Hochtal verschwunden, auf dem Jones' Contractors ihn damals hineingeschleppt hatten. Und er hatte auf mehreren Stufen der nur schummrig beleuchteten Treppe und direkt vor dem Ausgang seine APMs abgelegt. Jones' restliche Männer erwartete bei ihrer Rückkehr eine sehr böse Überraschung. Und bevor der Anführer der Service-Action-Einsatzgruppe sich nach dem erfolgreichen Kidnapping des Terroristen El Ouazzani endgültig aus dem Hochtal verabschiedet hatte, hatte er sich auch noch um die Infrastruktur der Truppe vor Ort gekümmert. Dabei war er genauso rücksichtslos vorgegangen wie Rudeaux selbst in seiner besten Zeit. Er hatte so viel wie möglich kaputt gemacht.

Der stellvertretende Direktor der Division Action stand auf und ging zu ihrem deutschen Partner hinüber. Die gemeinsamen Erinnerungen an den sowjetischen Krieg in Afghanistan und an diese andere verdeckte Operation unter falscher Flagge, bei der sie sich zum ersten Mal Auge in Auge gegenübergestanden waren, hatten schnell eine freundschaftliche Beziehung zwischen den beiden Männern geschaffen. Rudeaux hatte Huber allerdings nicht gestanden, dass er damals während dieser wenigen Augenblicke überlegt hatte, ob er den Deutschen, der gesehen hatte, wie er die beiden CIA-Männer getötet hatte, aus Gründen der Sicherheit nicht lieber auch töten sollte. Was Huber damals gerettet hatte, war die Tatsache gewesen, dass der Deutsche keine Waffe am Gürtel getragen hatte. Rudeaux klatschte seinem »Freund« vom BND die Pranke auf die Schulter und lachte.

Der ehemalige Einsatzagent des Service Action wollte nicht zugeben, wie sehr die Szenen auf den Bildschirmen im Operationszentrum auch ihn gestresst hatten. Mit der lässigen Art versuchte er die kalte Angst zu überspielen, die auch er während der gesamten Operation gespürt hatte. Es war einfacher gewesen, selbst in den Einsatz zu gehen, als Operators loszuschicken, deren Missionen er beobachten musste, ohne im Ernstfall eingreifen zu können. Rudeaux beneidete Christiane Près, die ihre Emotionen offen zeigte, ganz ohne dabei schwach zu wirken. Sie unterhielt sich in diesem Augenblick per Videokonferenz mit Bertrand Morillon im nagelneuen Operationszentrum des COS in Villacoublay, der aus seiner Erleichterung ebenfalls kein Hehl machte.

Bis es weitergehen konnte, hatten sie eine kleine Verschnaufpause.

»Während wir auf die nächste Rückmeldung des Teams warten«, bat Huber Rudeaux, »kann einer der Techniker die Aufnahmen der Helmkamera von Raven noch einmal für mich abspielen?«

Er wollte sich das russische EW-System genauer ansehen.

Nachdem Kérmorvan und Crow die Contractors neutralisiert hatten und bevor Kérmorvan dann auch noch die Container am Berghang zerstörte, hatte ihr Offizier sich die Zeit genommen, ihnen mit seiner Helmkamera das gesamte Equipment zu zeigen, das der Ex-SpezNas Matveev und der geheimnisvolle Mr. Jones diskret aus Russland besorgt hatten.

»Für Kampfschwimmer haben Raven und Crow sich gar nicht dumm angestellt«, antwortete der stellvertretende Direktor. Dann grinste er boshaft und fügte hinzu: »Wenn man einmal davon absieht, dass es zehn Minuten gedauert hat, um diese vier Amateure mit M-16s auszuschalten. Du nimmst ihnen die Schwimmflossen weg, und sie werden zu lahmen Enten!«

Der Techniker, der an seiner Konsole die Videoaufnahmen suchte, gluckste und verschluckte sich fast, während er das Gespräch der beiden Männer mit anhörte.

»Zehn Minuten, um vier Amateure umzulegen und alles kaputt zu machen, Julien! Das war extrem schnell!«

Huber wischte seine Brille mit seiner Krawatte sauber und beugte sich über die Schulter des Technikers.

Er hatte lediglich Codenamen gehört und wusste nicht, welcher der vier Agenten des Service Action zurückgeblieben war, um den Rückzug der drei anderen mit seiner Dr. Rossi, dem gefassten Terroristen El Ouazzani und einer offensichtlich reichen Beute aus dem Wehrhof zu decken.

Russische Militär-Hightech war allerdings seine Kernkompetenz. Es baute seinen Stress ab, die Bilder zu betrachten und sich zu überlegen, welchen Vorteil es haben könnte, ein experimentelles EW-System mit einem zivilen Luftraumüberwachungssystem für Bohrplattformen zu verbinden.

Er hatte noch nie in Echtzeit eine verdeckte militärische Operation mitverfolgt, bei der scharf geschossen wurde und wo es auf beiden Seiten um Leben und Tod ging. Der BND tat so etwas nicht, und wenn das KSK »Hausbesuche« machte, luden sie nie Außenstehende ein, zuzuschauen. Vor allem keine Schreibtischtäter aus Pullach. Daran hatte weder Hubers Freundschaft mit Reinel Gutbrod noch seine ganz besondere Aufgabe im Kanzleramt je etwas geändert. Und mit dem Neuen in Calw hatte er seit Reinels Umzug nach Potsdam noch keine Beziehung aufbauen können. Der wusste auch nicht über Hubers abenteuerliche Vergangenheit als Einsatzagent im Nahen und Mittleren Osten Bescheid oder über die *Operation Sommerregen.*

Die kalte Effizienz, mit der Christiane Près' Operator Raven vier Gegner getötet hatte, hatte Huber erschreckt. Die Geschwindigkeit, mit der Raven anschließend alles zerstörte, bevor er durch den Tunnel verschwand, hatte ihn beeindruckt. Die einzigen Überlebenden in dem Hochtal waren die Ziegen, die für das ganze Chaos verantwortlich waren, und die afghanische Rentner-Gang, die das Drama im Rausch der Betäubungsmittel verschlafen durfte. Lediglich das traditionelle Gehöft war unbeschädigt geblieben, obwohl Raven am Ende einen kurzen Augenblick gezögert hatte.

Der Techniker bedeutete Huber, seinen Platz vor dem Bildschirm einzunehmen, und zeigte ihm, wie er mit der Maus Einzelbilder vor- und zurückklicken konnte. Er setzte sich und warf einen kurzen Blick auf die Uhr. Sie hatten mindestens eine Stunde Lehrlauf, bis das Team in den Großen Suleimans sich wieder melden würde. Dann konnten sie alle sich ein paar Stunden hinlegen, bis es im Ops-Raum mit dem zweiten Teil der Operation weiterging.

SECHSTES KAPITEL

Frankreich – Paris – 36, Quai des Orfèvres

Commissaire Jean-Paul Moulin las den Bericht aufmerksam. Der Justizbeamte des auf Terrorismus spezialisierten Untersuchungsrichters hatte ihn auf dem Weg nach oben in Moulins Büro unter den Dächern des 1880 fertiggestellten historischen Bauwerkes bei den Kriminaltechnikern abgeholt und mitgebracht. Es war mühselig, aber sie kamen voran.

Seine Equipen arbeiteten noch immer an dem missglückten Anschlag gegen den Cercle de l'Union Interalliée vom 12. Oktober. Sie hatten darüber sogar vergessen, dass ganz Paris sich für ein verlängertes Wochenende um *La Toussaint* – Allerheiligen – bereits am Mittwoch in die Freizeit verabschiedet hatte. Doch die Innenstadt der französischen Hauptstadt war zu Moulins persönlichem Bedauern trotzdem nicht ruhig und menschenleer. Viele Touristen tummelten sich tagsüber genauso wie in den Abendstunden rund um den 36, Quai des Orfèvres.

Das Hauptquartier der Pariser Polizeipräfektur war dank des Schriftstellers Georges Simenon und seinem Commissaire Maigret eine ähnliche Attraktion wie die Kathedrale Notre-Dame de Paris oder das Studentenviertel Quartier Latin. Sie vermieden während solcher Ferienzeiten immer den offiziellen Ein- und Ausgang des Gebäudes. Zahlreiche Filme hatten ihn verewigt, und viele Besucher der französischen Hauptstadt fotografierten oder filmten gerne vor ihrer Dienststelle. Wenn man sich nicht auf Facebook wiederfinden wollte, waren die unspektakulären und grauen Hintereingänge eine bessere Wahl.

Aus den Informationen der belgischen Polizei- und Sicherheitsdienste hatten sie inzwischen brauchbare Täterprofile für die beiden jungen Männer mit den Sprengwesten erstellt. Das Problem war, dass die Belgier sie in der Annahme zu bestärken versuchten, die Jungs – Fahem Abes und Ahmadi Ababneh aus Charleroi – hätten wirklich nur einen gewagten Raubüberfall vorgehabt, der aus mangelnder Professionalität in die Hose gegangen war. Die Strafregister sprachen dafür: Beide hatten schon für schweren Raub gesessen. Dazu kam noch eine Litanei von Betrügereien, Drogendeals, Diebstählen, Körperverletzungen und anderen Verbrechen und Delikten. Moulin war beeindruckt, wie viel kriminelle Aktivität die beiden Männer in der relativ kurzen Zeit ihres Lebens an den Tag gelegt hatten. Vor allem wenn man in Betracht zog, dass beide eine Menge Zeit hinter Gittern verbracht hatten.

Ihre Untersuchungsrichterin hatte im Nachbarland aber noch mehr gefunden. Die Belgier waren sehr hilfsbereit. Allerdings hatten sie auch ein Koordinationsproblem zwischen ihren verschiedenen Dienststellen, und die Richterin hatte ein kompliziertes Puzzle zusammensetzen müssen.

Die belgische Polizei war aufgeteilt in eine lokale Polizei – die ehemalige Gendarmerie – und eine föderale Polizei. Dazu kam noch die strukturlose Brüsseler Region mit insgesamt neunzehn Polizeidienststellen, die nicht miteinander und nicht mit den Gendarmen oder den Föderalen sprachen. Mit dem belgischen Inlands- und dem Auslandsgeheimdienst redeten sie sowieso nicht. Die Untersuchungsrichterin hatte lange mit den Mitarbeitern des belgischen Staatsschutzes gesprochen, die glücklich gewesen schienen, dass sich jemand überhaupt für sie interessierte.

Moulin markierte mit einem roten Stift zwei spezifische Informationen, denen sie nachgehen wollten: Die Untersuchungsrichterin hatte ihm am Telefon versichert, dass da noch mehr war. Sie war mit ihrem Gerichtsschreiber seit einer Woche im Nachbarland unterwegs und hatte sich verbissen: Ihre Kopflosen waren offenbar auch im Zusammenhang mit einem illegalen Gebetssaal aufgefallen, dessen selbst ernannter, radikaler Imam in der Zwischenzeit aus dem Nachbarland in seine Heimat Marokko ausgewiesen worden war. Er hatte junge Männer, die seinen Gebetssaal frequentierten, ganz unverfroren für bewaffnete Kampfgruppen im Irak rekrutiert und Zugriff auf Geldquellen gehabt, um ihre Reisen zu finanzieren. Es war auch die Rede von illegalem Waffentraining in den Ardennen und einem islamischen Verein *Dschihad4Belgium,* der von der arabischen Halbinsel solide Geldbeträge erhalten und die »Spenden« nicht dem Fiskus erklärt habe. Das Geld war in bar über einen illegalen islamischen Bankier ausgezahlt worden.

Moulin seufzte leise. Die belgischen Polizisten hatten sich für den radikalisierten Imam in erster Linie wegen der Steuerhinterziehung interessiert und dabei den ganzen Rest übersehen. Und die Staatsschützer hatten seine beiden kopflosen Attentäter machen lassen, weil sie hofften, im Rahmen ihrer Beobachtungen herauszufinden, wie die Pipeline für Dschihadisten in den Irak funktionierte und wer die Mittelsmänner waren.

Was die beiden entkommenen Männer anbetraf, liefen ihre Ermittlungen noch immer ins Leere. Alles, was sie hatten, waren die Fingerabdrücke aus dem Fluchtfahrzeug. Die Spanier hatten identische Fingerabdrücke im April 2004 nach den Madrider Zuganschlägen in Leganés gefunden. Seit dem Mittagessen am Boulevard Mortier hatte die DGSE diskret bei ein paar befreundeten Geheimdiensten nachgefragt, und sie hatten noch einen zweiten Treffer gelandet: Die Deutschen hatten die gleichen Fingerabdrücke auf zwei Sprengsätzen abgenommen, die von einem fehlgeschlagenen Anschlag gegen einen Bahnhof stammten. Es hatte den Anschein, als ob da eine Zelle so gut organisiert war, dass sie europaweit handeln konnte.

»Einer meiner Informanten hat mir eine interessante Geschichte erzählt, Patron!«

Einer von Moulins Mitarbeitern streckte den Kopf durch die Tür des Büros. »Hast du Zeit?«

Der Commissaire nickte.

»Ich habe herumgeschnüffelt, Patron, und mit einem meiner V-Leute diskutiert. Er hat mir ganz heißen Stoff besorgt. Über einen seiner Kumpel, der als Sicherheitsmann in dem Supermarkt genau gegenüber der Ibrahim-al-Jhibril-Moschee arbeitet. Der Mann ist Gold wert. Hat mich allerdings zweihundert Euro gekostet – kleine ›Bearbeitungsgebühr‹ des Sicherheitsmannes.«

Er legte drei USB-Schlüssel auf Moulins Schreibtisch.

»Biznezz is Biznezz!«, spottete Moulin. Die Jungs in der Zone versuchten, aus allem Geld zu schlagen. Er hatte einmal einen Typen verhört, und der Typ hatte ihm versprochen auszupacken – für einen Fünfziger! Er hatte den Fünfziger übern Tisch geschoben, der Typ hatte das Geständnis abgelegt und unterschrieben und war anschließend zu einem Jahr verurteilt worden. Geldgierig und dumm.

Es dauerte eine Weile, bis die beiden Ermittler sich die Überwachungsvideos angesehen hatten.

»Der Geschäftsführer des Carrefour-Marktes ist auf seine Nachbarn von der Ibrahim-al-Jhibril-Moschee nicht besonders gut zu sprechen«, erklärte der jüngere Beamte. »Du kannst dir vermutlich denken, warum.«

Moulin schmunzelte. Am Freitag benutzten die Gläubigen zum Beten gerne den Parkplatz des Carrefour-Marktes, wenn es in der Moschee eng wurde. Dann stellte der Imam auch noch die Lautsprecher an, damit jeder seine in arabischer Sprache gehaltene Predigt hören konnte, und der Platz verwandelte sich in ein orientalisches Suk, in dem sich die nichtmuslimischen Kunden fremd oder unwillkommen oder beides fühlten und aus diesem Grund lieber zu den beiden Konkurrenten abwanderten, die hinter den Wohnblöcken ihre Geschäfte machten.

»Und dein Informant ist sicher, dass das die beiden Männer sind, die er zusammen mit unseren kopflosen Belgiern gesehen hat?«

»Positiv, Patron! Und er hat sie zehn Tage nach dem Anschlag im Cercle de l'Union Interalliée wiedergesehen – zusammen mit ein paar anderen Jungs, die ein ähnliches Profil hatten wie unsere Kopflosen. Gleiches Alter, gleicher Look, die gleichen Bärte, die gleiche Verkleidung – und die gleichen Baby-Dschihadisten-Karikaturen.«

Der Brigadier identifizierte einen speziellen Typen des potenziellen Täters wie ein Jagdhund die Blutspur.

»Ich bin sicher: Die haben eine konspirative Wohnung im Le Balzac und organisieren von dort aus ihre einzelnen Zellen. Es gibt in der Cité des 4000 eine Mafia, die Sozialwohnungen illegal untervermietet.«

Die offiziellen Mieter konnten dank dieser Mafia ihre Adressen für die französische Sozialhilfe behalten, während sie in Wirklichkeit wieder in ihre Heimatländer auf der anderen Seite des Mittelmeers zurückkehrten und dort üppig lebten. Die »Immobilienmakler« überwiesen ihnen jeden Monat per Western Union oder alternativ über einen *Hawaladhar* einen Teil der Mietsumme, die von Illegalen und anderen Leuten, die sich unsichtbar machen mussten, »erwirtschaftet« wurden: Dealer, Kriminelle, Leute ohne Papiere und Aufenthaltsgenehmigungen – oder eben Terroristen. Die »Immobilienmakler« behielten dabei eine Provision von etwa fünfundzwanzig bis dreißig Prozent für ihre Dienstleistung und den Arbeitsaufwand mit den Überweisungen ein. Selbstverständlich versteuerte niemand diese Provisionen. Es war ein Geschäftsmodell, das man in sämtlichen Banlieues fand, die wie Satelliten um die Hauptstadt Paris herum angeordnet waren.

»Ich habe alle Infos, Patron«, schmunzelte der junge Polizist. »Wir sollten uns dort einmal genauer umsehen, sobald wir uns die Karten gelegt haben, ob wir ›sanft‹ oder ›heftig‹ reingehen.«

Die Männer, die der V-Mann bemerkt hatte und die sie auf den Videos der Supermarkt-Überwachungskameras in der Tat zusammen mit den beiden »kopflosen« und erfolglosen belgischen Möchtegern-Terroristen beobachteten, hatten auch verschiedene Autos benutzt. Allerdings konnte man die nicht auf den Bildern der

Überwachungskamera sehen, und weder der Geschäftsführer des Carrefour-Marktes noch sein Sicherheitsmann hatten den Nummernschildern Aufmerksamkeit gewidmet. Der V-Mann des Brigadier-Chefs versuchte im Augenblick allerdings, die Mitglieder der Jugendbande auszuquetschen, die den Parkplatz vor den Wohntürmen des Le Balzac als Schutzgeld-Business betrieb. Er hatte bereits die Namen einer Truppe geschäftstüchtiger Sozialhilfeempfänger geliefert, die die illegale Autowerkstatt betrieben, in der europaweit geklaute Fahrzeuge jeder Preisklasse für die glücklichen neuen Besitzer preisgünstig, schnell und zuverlässig umgeschminkt und mit gut gemachten falschen französischen Fahrzeugpapieren »eingebürgert« wurden. Sie war für die Verwandlung des in Charleroi gestohlenen Renault in ein klassisches Pariser Stadttaxi verantwortlich gewesen.

Moulin hatte diese »spezialisierte« Autowerkstatt im Département 93 bereits seit einiger Zeit auf einer seiner schwarzen Listen stehen. Sie überwachten sie im Zusammenhang mit einer anderen Angelegenheit.

»Gute Arbeit!«, lobte er seinen Mitarbeiter. »Wie zuverlässig ist dein V-Mann?«

»Wenn er nicht spurt, geht er in den Knast, Patron – für eine lange, lange Zeit.«

Der Ermittler grinste wölfisch.

Er hatte vor einem Jahr geschickt dafür gesorgt, dass die Indizien, die seinen Spitzel mit einem widerlichen Gewaltverbrechen in Verbindung brachten, auf Eis gelegt und die Geschichte als »ungeklärter Mordfall« zu den Akten gelegt wurde. Er hatte insgeheim sogar Verständnis für den Mann, der einen besonders brutalen Drogendealer aus der berüchtigten Vorstadt Saint-Denis umgelegt hatte, um seine eigene Haut zu retten. Doch das hielt ihn nicht davon ab, den V-Mann auszupressen wie eine Zitrone.

Frankreich – Mont-Saint-Michel

Der Mont-Saint-Michel und seine Bucht gehörten seit 1979 zum UNESCO-Kulturerbe der Menschheit und zogen rund ums Jahr fast genauso viele Menschen an wie der Eiffelturm in Paris. Die Abtei des berühmten Klosterberges empfing täglich im Durchschnitt siebentausendfünfhundert Besucher, und die Bucht war Schauplatz der stärksten Gezeiten Europas. Alle vierzehn Tage wurde der Mont in einem spektakulären Schauspiel der Naturgewalten wieder zu einer Insel. In diesen Stunden schossen die Besucherzahlen noch weiter nach oben, während sämtliche Hotelbetriebe auf und um den Mont-Saint-Michel »ausverkauft« anzeigten.

Die drei Männer unterschieden sich in nichts von den anderen Besuchern. Sie waren bei Ebbe mit Gummistiefeln an den Füßen und einem spezialisierten Führer bis zum Klosterberg gewandert und hatten dabei viele Fotos geschossen. Ihr Gepäck war währenddessen von einem kostenpflichtigen Fahrdienst zusammen mit den Koffern einer japanischen Reisegruppe und denen mehrerer Rentner vom Lion's Club Hamburger Umland in das berühmte Hotel *La Mère Poulard* gebracht worden.

Die drei trugen modische, warme, wasser- und winddichte Jacken, Edeljeans, die obligatorischen Bootsschuhe und bretonische Fischerpullover mit den Knöpfen auf der linken Schulter. Die beiden Jüngeren waren glatt rasiert und gut aussehend. Sie hätten ohne Probleme Designerklamotten über einen Laufsteg tragen können. Trotz des Kalenderdatums waren sie braun gebrannt. Sie hielten einander an den Händen und stellten ihre gegenseitige Zuneigung, die den Rahmen einer klassischen Männerfreundschaft überschritt, sehr unbekümmert zur Schau. Der dritte, ältere Mann wirkte gesetzter und seriöser. Seine Schultern waren breit und kräftig, der Körper durchtrainiert, der dunkle Dreitagebart perfekt gepflegt. Die Zweihundertfünfzig-Euro-Designer-Sonnenbrille von Ray-Ban lässig zurückgeschoben, hatte er nicht nur den obligatorischen Fotoapparat um den Hals, sondern auch noch einen digitalen Camcorder in der Hand.

Niemand, der die kleine Gruppe beobachtete, hätte ihnen irgendwelche böse Hintergedanken unterstellt. Der Ältere schoss Fotos von den Jüngeren vor verschiedenen Touristenattraktionen des Berges. Wenn er nicht fotografierte, filmte er. In den engen Straßen der historischen Altstadt kauften sie Souvenirs und entspannten sich in regelmäßigen Abständen bei einem Becher Apfel-Cidre und einem bretonischen Buchweizen-Crêpe. Das Wetter war ausgezeichnet, und das lange Wochenende über Allerheiligen hatte zahlreiche andere Ausflügler auf den Klosterberg an der Grenze zwischen der Normandie und der Bretagne gezogen.

Ihr Aufstieg zog sich über mehrere Stunden hin, denn sie besichtigten alles, was sich auf dem Mont-Saint-Michel besichtigen ließ. Weil sie am Ende des Tages nicht zurück auf den Kontinent mussten, bezahlten sie oben auf der Spitze den Eintritt nicht nur für einen schnellen Besuch der Abteikirche, sondern auch für die Krypta, die Kapelle der dreißig Kerzen, Notre-Dame-sous-Terre, den Rittersaal und sogar für den Vorratskeller, der durch sein großes Fenster in der Nordwand, das unter dem Namen »*La Merveille*« bekannt war, einen Ausblick auf die künstlich aufgeschütteten Abteigärten bot. Diese Abteigärten waren nur in mittelalterlicher Zeit wirklich genutzt und gepflegt worden. Im November an der französischen Atlantikküste und im Schatten des gewaltigen Klostergebäudes war der Pflanzenwuchs dort nicht gerade spektakulär, aber das ungewöhnliche Loch im Felsen bot eine interessante Aussicht auf den Atlantik.

Am Ende der langen Führung stellten die beiden Jüngeren dem Mönch, der sich um die Gruppe gekümmert hatte, zahllose Fragen und hielten sich in ihrer Begeisterung über die Führung nicht zurück, während der ältere Mann einen gelangweilten Museumswärter leise und höflich nach den Toiletten fragte.

Als die zufriedene Reisegruppe die weltberühmte Abtei des Mont-Saint-Michel verließ, um zu Fuß ins Hotel *La Mère*

Poulard zurückzukehren, wo sie ein typisches Fünfgängemenü bei Kerzenlicht und mit einem wunderbaren Ausblick auf die Baie du Mont-Saint-Michel erwartete, fiel niemandem auf, dass ein Tourist fehlte.

× × ×

Die beiden sehr gut aussehenden jungen Männer hatten sich zum Abendessen umgezogen und waren als Erste der Gruppe im Speisesaal mit Meerblick des *La Mère Poulard* erschienen. Den Angestellten war nicht aufgefallen, dass sie umgehend das dritte Tischset und die Bestecke hatten verschwinden lassen. Es war nicht ungewöhnlich, dass Touristen vor der offiziell gebuchten Zeit aufschlugen, um zu beobachten, wie die gewaltigen Gezeiten der Bucht mit einem Hub von über dreizehn Metern vor einer untergehenden Wintersonne die nachtblauen Wasser des Atlantiks spektakulär gegen die weiß anmutenden Felsen des Klosterberges trieben.

Während der Speisesaal sich langsam füllte, wanderten andere Touristen den Klosterberg hinauf, um an einer der Messen in der Abteikirche während des Allerheiligen-Wochenendes teilzunehmen, während die Mönche und Nonnen, die das Kloster bewohnten, gregorianische Gesänge vortrugen.

Als sie am nächsten Morgen den Mont-Saint-Michel verließen, um ihre Tour der schönsten Sehenswürdigkeiten Frankreichs fortzusetzen, war die Reisegruppe aus dem Hotel *La Mère Poulard* wieder vollständig. Die drei Männer bestiegen zufrieden und ausgeruht eine der Pferdekutschen, die sie ans Festland und zu ihrem Reisebus bringen würde. Während das Tagesziel der restlichen Mitglieder der Reisegruppe die weiter westlich an der Atlantikküste gelegene Heimatstadt des Korsaren Surcouf, Saint Malo, war, endete ihre Reise hier. Der Mann, der unter dem Decknamen »Salah« operierte, löste in belgisch gefärbtem Französisch drei Fahrscheine für den Bahnbus, der direkt vor dem Fremdenverkehrsamt und gegenüber dem großen Parkplatz für die Tagesbesucher des Mont-Saint-

Michel nach Rennes abfuhr. Sie hatten alles gesehen, was es zu sehen gab, und er hatte zahlreiche Details gefilmt und fotografiert, die für die Planung der Operation wichtig waren.

Was allerdings weder Salah noch seinen beiden jüngeren Begleitern aufgefallen war, waren die brandneuen Kameras, die erst wenige Tage zuvor am Busbahnhof auf dem Festland und an einigen strategischen Stellen auf dem Klosterberg installiert worden waren. Sie gehörten zu einem größeren Sicherheitsnetzwerk, das die Bretagne einrichtete, weil man in den beiden Universitätsstädten Rennes und Nantes durch das sehr umstrittene Bauprojekt des Großflughafens von Notre-Dame-des-Landes eine bunte, gewaltbereite autonome Szene aus ganz Europa angezogen hatte. Es gab Antifas, Trotzkisten, Neokommunisten, Radikal-Ökos und vor allem *Black Blocs,* die nicht zögerten, sämtliche Geschäfte und Autos in einer Innenstadt kurz und klein zu schlagen oder Häuser zu besetzen, während die Besitzer kurz beim Einkaufen waren. Dazu kamen bei Demonstrationen brutale Angriffe gegen Polizisten und andere Vertreter staatlicher Autorität. Da die stark vom Tourismus abhängige Region durch diese Unruhestifter regelmäßig in die Schlagzeilen geriet und sich dies negativ aufs Geschäft und auf den Ruf als malerische Urlaubsregion auswirkte, war beschlossen worden, trotz der erheblichen Kosten auf eine weitreichende Videoüberwachung zu setzen, um Randalierer zu identifizieren und womöglich aufzustöbern.

Frankreich – Paris – 36, Quai des Orfèvres

Ein uniformierter Polizeibeamter brachte einen Stapel mit Pizzakartons, die sie telefonisch bei einem Lieferdienst im Quartier Latin bestellt hatten. Die Mitglieder der Gruppe bedienten sich, und einer verschwand in die benachbarte Kaffeeküche, um Getränke zu holen. Die meisten von ihnen verbrachten mehr Zeit im 36, Quai des Orfèvres als zu Hause.

»Wir dürfen diese Wohnung nicht schwer bewaffnet und wild um uns schießend erstürmen«, sagte einer der Polizeileutnants.

Der Mann arbeitete regelmäßig als verdeckter Ermittler, weil er als Franzose mit Wurzeln in Mali in den Banlieues nicht auffiel; weder in den Teestuben und den illegalen Gebetsräumen noch an den Treffpunkten, an denen mit Drogen gedealt oder Gestohlenes verschachert wurde.

»Wenn wir das machen, dann können wir auch gleich einen offiziellen Anschlag an die Eingänge zum Le Balzac hängen.«

»Und?« Moulin sah den Jüngeren interessiert an. »Ich spüre, dass du eine Idee hast. Wenn wir den Typen, die diese Wohnung nutzen, gleichzeitig eine Falle stellen könnten …«

Moulins Nummer zwei, Commandant de Police Simon Atlan, nickte dem jungen Leutnant zu. Der Brigadier-Chef, der so erfolgreich in der schwierigen Zone des Hochhaus-Gettos Cité des 4000 ermittelt hatte, gehörte zur Equipe dieses Mannes, genau wie zwei weibliche Polizei-Unteroffiziere, die sich seit dem missglückten Anschlag gegen den Cercle de l'Union Interalliée ganz gezielt in diesem heißen Bereich der Pariser Vororte herumtrieben, der sich zwischen der Stadt La Courneuve und dem Département Seine-Saint-Denis ausbreitete wie die Krätze. Die beiden Frauen waren als verdeckte Ermittler unschlagbar. Atlan wusste genau, dass sie ihrem jungen und sehr ambitionierten Leutnant Freiräume und Verantwortung geben mussten, wenn sie ihn nicht an den R.A.I.D. verlieren wollten, wo es die Garantie gab, neben schnellen Aufstiegsmöglichkeiten auch noch richtig gute Action zu erleben.

»Wir wissen jetzt definitiv, dass die Wohnung unbewohnt ist. In meinen Augen ist sie lediglich ein konspirativer Treffpunkt. Und wenn ich den für irgendwelche zweifelhaften Unternehmungen nutze, dann setze ich alles daran, das Rattennest so sauber wie möglich zu halten.«

»Aber?«

»Nobody is perfect!« Der Leutnant grinste. Er war sich seiner Sache absolut sicher.

»Einmal im Jahr gehen die Kollegen der Pariser Polizeipräfektur zusammen mit den Leuten vom Veterinäramt und der Abteilung für Öffentliche Gesundheit offiziell auf die Jagd nach Ratten und Kakerlaken.«

Der junge Leutnant grinste zufrieden. Die anderen lachten.

»Wir haben Glück mit dem Timing, Patron. Die sind gerade genauso im Jagdfieber wie wir.«

Es gab natürlich immer Geschrei, Protest und Aggression, wenn die offiziellen Schädlingsbekämpfer in ganz besondere Ecken der Banlieues kamen und die Leute ihre verseuchten Wohnsilos so lange räumen mussten, bis die Schädlingsbekämpfer fertig waren. Oft brauchten die DDE und das Gesundheitsamt sogar Polizeischutz, und sie rückten gleich mit den schwer bewaffneten und gepanzerten Männern der Sicherheitskompanien der Republik an, weil es den lokalen Bandenchefs, Dealern und anderen Kriminellen nicht passte, wenn sich irgendeine Form staatlicher Autorität in ihrem Kiez einmischte.

Moulin nickte seinem Mann zu: »Die Idee ist ausgezeichnet. Organisiere so schnell wie möglich eine Operation.«

Er bedeutete seiner Equipe, dass die Besprechung beendet war. Als Simon Atlan sich auf den Weg in sein Büro machen wollte, gab sein Vorgesetzter ihm ein Zeichen. Atlan verstand, blieb sitzen und wartete, bis die Tür sich hinter dem letzten Teammitglied schloss.

Moulin öffnete eine Schreibtischschublade, entnahm einen Ordner und schob ihn seinem Stellvertreter zu: »Ich habe erste Ergebnisse von der Auswertung der USB-Schlüssel, Simon.«

Der jüngere Mann betrachtete das Gesicht des Mannes, dann den Auszug aus dem Strafregister.

»Was ich allerdings nicht verstehe«, sagte Moulin, »ist, warum dieser Typ zusammen mit den beiden Männern, die wir noch nicht identifizieren können, und einem vierten, älteren Mann, der auf keinem der Videos erscheint, anscheinend mit einem Auto ankamen, das einem unbescholtenen Antiquitätenhändler gehört, der einen sehr exklusiven Laden im Louvres des Antiquaires, eine

Boutique an der Côte d'Azur und eine große Boutique auf dem Flohmarkt an der Porte de Clignancourt besitzt.«

Ein Bürschlein aus der Jugendbande mit dem Parkplatz-»*Biznezz*« hatte sich für einen Fünfziger an das Nummernschild des relativ neuen und sauberen hellen Peugeot Break erinnert. Moulin hatte es überprüft und den Namen des Besitzers schnell gefunden. Der Break war allerdings nicht als gestohlen gemeldet, und sein Besitzer hatte höchstwahrscheinlich noch nie in seinem Leben auch nur die Spitze eines seiner auf Hochglanz polierten, handgemachten Lederschuhe in die übel beleumundete schmutzige Banlieue und in die Cité des 4000 gesetzt.

Der Mann namens Umberto Castro lebte unweit des Flughafens Charles-de-Gaulle im grünen Département Oise, wo sich auch Chantilly und die berühmten Rennplätze befanden. Die Ecke wurde von »Geld« besiedelt, und sein Heim war ein wunderbar restauriertes Manoir aus dem 17. Jahrhundert. Moulin hatte es sich auf Google Maps angesehen: mindestens sieben Hektar traumhafte Parklandschaft und sehr solide, hohe Steinmauern, wie sie in den Tagen des Sonnenkönigs Ludwig XIV. üblich gewesen waren. Er hatte vermutlich eine knappe Million dafür bezahlt und noch einmal fünfhunderttausend Euro in die Restaurierung gesteckt. Für jemanden, der wie Castro als Antiquar einfachen Zugriff auf Fachleute im Bereich der Restaurierung hatte, war sein Heim zwar nicht unerschwinglich, aber man brauchte schon ein bisschen Geld für die Arbeiten.

»Oups!«, schmunzelte Simon Atlan, »nicht gerade das perfekte Profil eines radikalen Dschihadisten!«

Moulins Mann hinter dem Peugeot Break war außerdem noch genau wie er selbst ein Sephardim-Jude, dessen Familie während des Algerienkriegs nach Frankreich geflohen war, ein *Pieds Noir.* Ein außergewöhnlich erfolgreicher und wohlhabender *Pieds Noir.*

»Ich dachte, es wäre einfacher und unauffälliger, wenn du ihn kontaktierst und dir einfach die Geschichte erzählen lässt, wie ausgerechnet sein Zweitwagen mit zwei potenziellen Terroristen, einem vorbestraften, gewaltbereiten, selbst ernannten Imam aus Villiers-le-Bel und einem großen Unbekannten mit »nach hinten gegeltem, dunklem Haar und orientalischen Zügen« auf dem Parkplatz hinterm Le Balzac in der Cité des 4000 gelandet ist.«

Atlan nickte. Er würde einen kleinen Ausflug ins Grüne machen. Ein Spaziergang im Park von Monsieur Umberto Castro war an einem kühlen Herbsttag perfekt, um ein heißes Thema zu besprechen. Er wusste, dass der Flohmarkt an der Porte de Saint Ouen nur am Samstag, Sonntag und Montag geöffnet hatte, und der mondäne Louvre des Antiquaires am Place du Palais-Royal im I. Pariser Arrondissement war kein Ort für ein diskretes Treffen.

»Ganz cool, Simon! Mach dem Mann bitte auf keinen Fall Druck. Versetze ihn vor allem nicht in Panik. Ich habe ihn überprüfen lassen. Er hat eine schneeweiße Weste. Nicht einmal Probleme mit dem Fiskus, ein lokales politisches Mandat als Gemeinderat, ein bisschen karitatives Engagement. Er ist unverheiratet und lebt mit »einem Freund« zusammen. Hat eine angesehene Kunsthochschule absolviert und ist gelernter Restaurator. Wenn wir Glück haben, dann kann er uns vielleicht wertvolle Hinweise geben, die uns helfen, den Unbekannten auf die Spur zu kommen und unseren Fingerabdrücken endlich Gesichter und Namen zu geben.«

Frankreich – Paris

Als Ben Kingsley die Alliance Base in der Rue de Bougainville verließ, gab er dem Pförtner ein freundliches Handzeichen. Die meisten Mitglieder der internationalen Agentenallianz gönnten sich zum Herbstende ein paar Tage Urlaub. Rhonda Hinkel hatte sogar vierzehn Tage Urlaub eingereicht. Sie wollte nach Südfrankreich fahren, um vom schönen Wetter zu profitieren und vor dem Winter noch einmal richtig Sonne zu tanken. Selbst der sonst so träge und fest mit seinem Bürostuhl verwachsene Robert Rostand hatte sich durchgerungen und die Alliance Base gegen Mittag verlassen. Er war für ein paar Tage in sein Wochenendhaus auf dem Land verschwunden. Der Familienbesitz befand sich in der Nähe von Colombey-les-Deux-Églises, wo man seinerzeit den alten Charles de Gaulle begraben hatte, dem Robert Rostand amüsanterweise äußerlich ähnelte. Die École de Commerce International et de la Coopération hatte für die Herbstferien bereits eine Woche zuvor geschlossen. Nur er blieb noch bis zum nächsten Montag in der französischen Hauptstadt. Anschließend überließen sie die Alliance Base den Wachleuten, ein paar IT-Technikern und einer kleinen Emergency Cell, die als Ansprechpartner im Fall eines Notfalls dienten.

Ben schmunzelte, als er die Straße überquerte. Er war kreativ, aber selbst mit seiner lebhaften Fantasie konnte er sich keinen Notfall vorstellen, der ausgerechnet am Allerheiligen-Wochenende den sofortigen Einsatz der Agenten der Alliance Base fordern würde. Sie waren lediglich eine Zentralstelle, um Zusammenarbeit im Kampf gegen den Terrorismus zu koordinieren und keine aktive Organisation wie die Special Activities Division der CIA oder die Division Action der Franzosen. Ben steckte sich trotzdem das offizielle Diensthandy in die Jackentasche.

Nachdem Rostand gegangen war, hatte er den restlichen Nachmittag genutzt, um ein paar Akten abzuarbeiten, die sich seit Wochen auf seinem Schreibtisch stapelten und um die Rhonda sich nicht gekümmert hatte. Dann hatte er davon profitiert, dass niemand ihm über die Schulter sah, und ein paar eigene »Ermittlungen« unternommen, bei denen es vor allem um Sicherheitsmaßnahmen der Franzosen während der Vorweihnachtszeit bei Massenveranstaltungen wie Weihnachtsmärkten oder Weihnachtskonzerten in Kirchen und Kathedralen ging.

Er warf einen Blick auf den Fahrplan an der Haltestelle. Der nächste Bus Richtung Montmartre fuhr erst in fünfunddreißig Minuten. Er seufzte und winkte ein Taxi herbei.

In vielen europäischen Großstädten hatten junge Leute seit den Neunzigerjahren die amerikanische Tradition übernommen,

Halloweenpartys zu feiern und am Vorabend von Allerheiligen in gruseligen Verkleidungen herumzulaufen. Auf ihrer Fahrt durch das abendliche Paris bemerkte Ben bereits zahlreiche Vampire, Zombies, Geister und andere Gruselgestalten. Als er am *Funiculaire* – der Standseilbahn zum Montmartre – aus dem Taxi stieg, drängte sich gleich eine ganze Gruppe Vampire mit ihm zusammen in die Kabine. Der Place du Tertre und die Kneipen waren an diesem Abend ein genauso beliebtes Ziel wie der legendäre Friedhof, der sich zwischen der Rue Lepic und seinem Haus befand. Anstatt den Montmartre-Bus zu nehmen, ging er zu Fuß durch die engen Straßen und Gassen. Es amüsierte ihn, die Leute mit ihren Masken oder geschminkten Gesichtern zu sehen. Für sie beschränkte sich das Verkleiden auf die Zeit des Karnevals und auf Halloween. Für ihn war es Tagesgeschäft. Er hatte Übung darin, ein anderer Mann zu werden.

× × ×

Als er eine Dreiviertelstunde später in einem gut geschnittenen Dinnerjacket und Abendhosen unterm Mantel am Quai Saint-Bernard vor dem Institut du Monde Arabe aus einem Taxi stieg, erwartete ihn sein abendliches Rendezvous bereits.

»Dr. Kingsley«, begrüßte ihn der traditionell gekleidete Saudi überschwänglich, »wie wunderbar, dass Sie kommen konnten. Der Prinz bat mich, Sie ganz herzlich zu grüßen.«

Er war das offizielle saudi-arabische Mitglied des Aufsichtsrates des bekannten Kulturzentrums im V. Pariser Arrondissement. Er war auch ein Parteigänger von Bens Freund Saif ibn Sultan ibn Abd al-Aziz Al Saud.

»Kommen Sie, mein lieber Freund«, lud das Aufsichtsratsmitglied den Amerikaner ein, ihm ins Innere des Institut du Monde Arabe zu folgen. Während ein anderes Paris sich bis in die frühen Morgenstunden von Allerheiligen auf wilden Halloweenpartys vergnügen würde, hatte Ben die Einladung zur Eröffnung einer

Ausstellung des Kulturzentrums angenommen, die vom Königreich Saudi-Arabien gesponsert wurde. Es war nicht nur eine Gelegenheit, einen angenehmen Abend in kultivierter Gesellschaft zu verbringen und vor einer absolut spektakulären Aussicht auf ein nächtliches Paris ein ausgezeichnetes orientalisches Essen zu genießen, sondern vor allem auch die Möglichkeit, unbefangen und unbeachtet mit Saifs »Mann« zu diskutieren. Das offizielle Aufsichtsratsmitglied nahm inoffiziell geheimdienstliche Aufgaben wahr. Sehr inoffiziell, denn der amtierende Direktor des Al-Muhabarat al-'Amma, Saifs Onkel Prinz Muqrin bin Abdulaziz, wusste nichts von diesem speziellen Nebenjob und hatte einen eigenen, offiziellen Mann in Paris sitzen, der für die Koordination und geheimdienstliche Kooperation mit der DGSE zuständig war und dem außerdem ein kleines Team von Nachrichtendienstlern zur Hand ging. Die bespitzelten in erster Linie geschickt ihre Landsleute in der französischen Hauptstadt und bemühten sich – wesentlich tölpelhafter – Agenten für den Al-Muhabarat anzuwerben.

Ben genoss die Ausstellung. Es war eine seltene Möglichkeit, zeitgenössische arabische Kunst zu sehen. Sämtliche Künstler arbeiteten im al-Meftaha Arts Village unweit der Wüstenstadt Abha. Das Künstlerdorf war einer Stiftung von Prinz Khaled al-Faisal, selbst ein begeisterter Maler und Dichter und seit Mai des Jahres auch Gouverneur der Provinz Mekka.

Mehrere der Künstler waren persönlich zur Eröffnung der Ausstellung anwesend. Ben freute sich, dass Saifs Mann ihn vorstellte, und er profitierte von der Gelegenheit, mit den Malern, Grafikern und Mosaikkünstlern in ihrer Muttersprache über ihre Werke zu diskutieren. Er blieb seinen Prinzipien treu und trug selbst zur Unterstützung der jungen Talente bei, indem er zweien von ihnen kleinere und vergleichsweise erschwingliche Werke für seine Privatsammlung abkaufte. Vor allem die kleine Skulptur des ehemaligen Soldaten Abdul Nasser Gharem, der der Mitbegründer von *Edge of Arabia* und dem Künstlerdorf war und Prinz Khaled besonders am Herzen lag, hatte es ihm angetan. Er hätte für das Kunstwerk, ohne zu zögern, bei einer Versteigerung das Dreifache auf den Tisch gelegt.

Kurz nach einundzwanzig Uhr kam das Zeichen zum Aufbruch in das bekannte Restaurant im obersten Stock des Gebäudes Le Zyriab by Noura. Üblicherweise von einem libanesischen Küchenchef bedient, der trotz unverhältnismäßig hoher Preise mehr schlechte als gute Tage in seiner Küche hatte und dafür berüchtigt war, sein ziemlich faules Personal vor den Gästen anzubrüllen, war der Laden für den Eröffnungsabend der Ausstellung von einem kreativen, jungen Küchenchef aus Riad übernommen worden, den König Abdullah ibn Abd al-Aziz Al Sa'ud persönlich sponserte. Alles war auf einem Niveau angelegt, wie »nur« Saudi-Arabien und seine superreichen Nachbarn im Persischen Golf es sich leisten konnten.

Mit dem Aufzug ging es bis in den obersten Stock des modernen Gebäudes. Von der Terrasse hatte man eine einzigartige Aussicht auf Notre-Dame, die Seine und die Île Saint-Louis. Bei klarem Wetter wie an diesem Abend reichte der Blick sogar bis zum Geschäftsviertel La Défense, zur Basilique du Sacré-Cœur, zum Friedhof Père Lachaise und durch die Fenster der nebenliegenden Etage konnte man sogar den Eiffelturm ausmachen.

Sie setzten sich an einen Zweiertisch neben einer Outdoor-Heizung. »Eine ausgezeichnete Wahl«, kommentierte Saifs Mann Bens Akquisition des Kunstwerkes von Abdul Nasser Gharem.

Kingsley schmunzelte zufrieden und nahm sich einen Mezze von einem der Vorspeisenteller, die ein traditionell gekleideter Kellner anbot. Der saudische Starkoch hatte sein eigenes Personal aus Riad, um für die rund zweihundert handverlesenen Gäste aufzutragen. Ben und Saifs Parteigänger hatten einen Tisch am Rand gewählt, sodass es unmöglich war, ihr Gespräch mitzuhören.

»Wir müssen das Problem lösen, mein Freund«, sagte der Amerikaner leise, aber eindringlich.

Dadullah hatte ihm eine lange E-Mail geschickt. Ben flog am nächsten Wochenende selbst nach Ägypten, um das leidige Thema diskret mit dem Direktor des pakistanischen militärischen Geheimdienstes MI zu besprechen. Dadullah hatte Brigadier Naeem Hassan Ali vor ein paar Jahren sehr geschickt angeworben und führte ihn seitdem selbst. Er gehörte zu einer Gruppe wichtiger Einflussagenten, deren Existenz und Identität nur Ben und Frank Mahooney bekannt waren.

Man war sich inzwischen in Washington einig, dass Osama ausgedient hatte, und setzte auch die konservativen religiösen Kreise in Riad entsprechend unter Druck. Die Einzigen, die sich noch knallhart querstellten, waren gewisse sehr hochrangige und sehr einflussreiche ultrareaktionäre Mitglieder des saudischen Klerus und eine ganz spezielle Interessengruppe aus dem sogenannten jemenitischen Zweig des Königshauses Al-Saud, zu der eben auch Saifs Onkel Muqrin gehörte.

»Dr. Kingsley«, flüsterte Saifs Mann, »bitte lassen Sie General Mahooney wissen, dass wir intern an dieser ›Sache‹ arbeiten – doch es ist nicht so einfach. Sie kennen die Situation in meinem Land. Der Prinz ist gezwungen, einen sprichwörtlichen Drahtseilakt zu veranstalten. Für uns ist es, wie ein Minenfeld zu räumen – ohne Suchgeräte und Schutzkleidung. Wenn der Prinz auch nur den kleinsten Fehler macht, dann kann das unter Umständen das politische Aus für uns alle bedeuten. Diejenigen, die Osama auch weiterhin halten wollen, sind bereit, jede Form des religiös motivierten Aktivismus finanziell zu unterstützen, um denen zu schaden, die unser Land öffnen und modernisieren wollen. Es sind genau die gleichen Kräfte, die vor dreißig Jahren den Mahdi Dschuhaimān al-'Utaibī schufen und dieses ganze Drama auslösten.«

»Religiös motivierter Aktivismus«. Eine neutrale Umschreibung für radikalislamischen Fanatismus und Terrorfinanzierung. Ben wusste über diese »religiös motivierten Aktivisten« und ihren enormen Einfluss in Saudi-Arabien Bescheid. Saudi-Arabiens Regierung war 1979 einen faustischen Pakt eingegangen, um Dschuhaimān al-'Utaibī und seine Fanatikertruppe zu besiegen. Mit Folgen bis heute: Es war die Geburtsstunde allen islamistischen Terrors gewesen. Ihre *Operation Regenbogen* gehörte zu einer Reihe geheimer

Aktionen, die darauf ausgerichtet waren, das Übel endlich an der Wurzel zu packen und die Situation wieder in den Griff zu bekommen. Und sie wollten sich langfristig natürlich den Zugriff auf eine Reihe existenzieller Rohstoffe sichern. Ben nickte. Sie diskutierten noch eine Weile leise und in arabischer Sprache über das leidige Thema Osama. Die anderen Gäste beachteten sie nicht. An den größeren Tischen teilten die ausstellenden Künstler das Mahl mit enthusiastischen Kunstfreunden. Es ging laut und fröhlich zu. Das Personal des Starkochs aus Riad reagierte auf den kleinsten Wink.

Das Königreich war sowohl ein Verbündeter westlicher Staaten als auch deren Störenfried im Kampf gegen den Terrorismus – ein Bündnispartner im Konfliktgebiet des Nahen Ostens und gleichzeitig ein Ärgernis, weil Riad seit der leidigen Besetzung der Großen Moschee von Mekka im Jahr 1979 massiv die fundamentalistische, wahhabitische Auslegung des Islams exportierte und damit die konservativsten religiösen Kreise des Landes davon abhielt, die Kontinuität des Königshauses und der Familie Al-Saud infrage zu stellen. Bedauerlicherweise verwandelte sich der Exportschlager aus Saudi-Arabien im Ausland in einen Brutofen des Dschihadismus.

Als die Kellner vor einem nächtlichen und spektakulär erleuchteten Paris den Nachtisch brachten, hatten Ben und Saifs Parteigänger eine gute Übereinkunft. Frank Mahooney sorgte als DNI weiter dafür, dass die geheimdienstlichen Informationen für die politische Führungsspitze in Washington gefiltert wurden. Das hieß vor allem, dass die Briefings, die man den Entscheidungsträgern vorlegte, eine entsprechende Richtung vorschlugen, die Riad nicht offen kritisierte und hauptsächlich »Kreise« in Katar als die großen Manipulatoren der Dschihadisten darstellte. Das war relativ einfach, denn eine Reihe von privat finanzierten Hilfsorganisationen aus dem Golfemirat befand sich schon seit dem Krieg im ehemaligen Jugoslawien im Visier sämtlicher westlicher Geheimdienste.

Im Austausch dafür war Saif bereit, aus einem seiner Geldtöpfe eine streng geheime Operation Frank Mahooneys zu finanzieren, die entsprechenden Waffendeals abzuwickeln und entsprechend qualifizierte potenzielle Rekruten auszuwählen und anzusprechen. So wurden die amerikanischen Geheimdienste unsichtbar, selbst dann, wenn einer ihrer NATO-Verbündeten versehentlich über eines der Ausbildungslager stolperte, die in diesem Augenblick unweit der Grenzen zum Irak und zu Jordanien in einer abgelegenen Ecke in einem gebirgigen Ausläufer des kaum zugänglichen Naturschutzgebietes von Harrat al Harrah aufgebaut wurden. Der Codename der Operation war *Timber Sycamore*. Man einigte sich, dass die meisten der Waffendeals mit US-Firmen noch vor Jahresende offiziell unterzeichnet würden. Ein paar Brotkrumen bekamen die Briten, die im Gegenzug wegschauten. Die offiziell an die Saudis ausgelieferten Rüstgüter würden dann von den Saudis in die Ausbildungslager gebracht werden. Und eine Liste von Equipment, die Ben für Saif während ihrer gemeinsamen Tage beim Tauchen gemacht hatte, lieferte Riad übers Diplomatengepäck nach Belgien, wo seine *Operation Regenbogen* ihre Logistik hatte.

Das saudische Königreich hatte allein im Jahr 2007 zwischen dem 1. Januar und dem 31. Oktober zwei Milliarden Dollar ausgegeben, um weltweit die Verbreitung wahhabitischen Gedankengutes zu fördern. Sie sponserten systematisch Jugendorganisationen, islamische Gemeinschaftszentren, karitative Aktivitäten, Schulen, Kindergärten und natürlich – Gebetshäuser. Mit ihrem Geld erkauften die Saudis sich den Einfluss auf Hunderte wahhabitische Prediger, die an den Hochschulen Saudi-Arabiens jedes Jahr ihre Abschlüsse machten und für die es im eigenen Land einfach keine Jobs gab. Die Familie Al-Saud unternahm jede notwendige Anstrengung, um die Fanatiker draußen, die großen, westlichen Industrienationen drinnen und sich selbst auf dem Thron zu halten.

Ben verkniff sich ein Schmunzeln, als sein Gegenüber ihm beflissen noch ein paar kostspielige Zugeständnisse machte, die vor allen Dingen Rüstungsfirmen zugutekamen, die in den Wahlbezirken seiner beiden jüngeren Brüder aktiv waren. Die Unterstützung, die sich durch einen Anstieg von Arbeitsplätzen bemerkbar machen würde, war im Angesicht der im nächsten Jahr anstehenden Midterm-Wahlen, denen beide Abgeordnete sich stellen mussten, fantastische Stimmenfänger. Ben hatte Familiensinn. Und wer Milliarden für den Export religiösen Wahns ausgab, von dem konnte man, ohne sich zu schämen, Milliarden erpressen, um die Auswüchse dieses Wahns wieder einzudämmen.

Was für ein schmutziges Geschäft!, dachte er. Dann schenkte er seinem Gegenüber ein strahlendes Lächeln.

»Und wir sind uns natürlich darüber einig, dass Sie dafür sorgen, dass die Sachen, über die wir gesprochen haben, bis spätestens Mitte des Monats diskret nach Frankreich geliefert werden und ihren Weg in die Hände meines Mannes finden.«

Sein bewährter SAD-Operator, der in diesem Augenblick unter dem Decknamen »Salah« unterwegs war, hatte ihm kurz vor der Ausstellung und dem Abendessen im Institute du Monde Arabe eine Nachricht auf ein Prepaid-Mobiltelefon geschickt, das er nur für ihre Kommunikationen im Rahmen dieser ganz speziellen Operation benutzte, während Salah mit zweien seiner Schutzbefohlenen eines der Ziele auskundschaftete. In einem Sonderzeichen, das in einer als Werbung getarnten SMS eingefügt worden war, befand sich eine versteckte Datei, die mit einer schlauen, kleinen App geöffnet werden konnte. Einer seiner IT-Contractors hatte sie extra für ihn gebastelt. Hinter dem Smiley versteckte sich ein Bestellzettel für Ausrüstung und ein kurzer Bericht zur Situation am Anschlagsziel »Archangel«, hinter dem sich der berühmte Klosterberg Mont-Saint-Michel und die Abtei auf der Spitze des Berges versteckten.

Salah hatte sich mit eigenen Augen davon überzeugen können, dass die Mont-Saint-Michel-Operation, die der selbst ernannte Imam vorgeschlagen hatte, problemlos durchgeführt werden konnte. Der erfahrene SAD-Operator fand sie sogar wesentlich einfacher und erfolgversprechender als den Weihnachtsmarkt-Klassiker, den die Truppe Gotteskrieger-Lehrlinge alternativ oder parallel zum Mont in Reims abziehen wollte.

Selbst die fanatisierten jungen Männer, die unbedingt für ihre Überzeugungen sterben wollten, hatten am Mont-Saint-Michel eine gute Chance, den Coup zu überleben. Der Fluchtweg, den der selbst ernannte Imam einschlagen wollte, machte es den Sicherheitskräften schwer, ein Einsatzkommando zu verfolgen, solange alle sich an den Plan hielten. In der Bucht des berühmten Klosterbergs herrschen die stärksten Gezeiten Europas. Bei Ebbe zog sich das Meer bis zu fünfzehn Kilometer von der Küste zurück. Die Stärke der Gezeiten wurde mit einem Koeffizienten angegeben. Sobald dieser einen Wert von hundertzehn überschritt, wurde der Mont während circa einer Stunde wieder zur Insel. In diesem Augenblick wollte das Team verschwinden. Der Fluchtplan war intelligent, originell und durchführbar. Anschließend – wenn alles klappte – konnte man seine Truppe dann diskret in einem ihrer Trainingslager von *Timber Sycamore* verschwinden lassen, wo man ihnen dann richtig beibringen würde, eigenständig zu operieren.

Sein Operator Salah hatte geschrieben, dass die Zeit reichte, um alles vorzubereiten. Allerdings benötigte er dazu spezielle Ausrüstung, die man auch mit Geld nicht so einfach in einem Laden um die Ecke kaufen konnte, ohne Aufmerksamkeit zu erregen. Das war die echte Schwierigkeit, wenn man in einem gut überwachten und durchorganisierten Einsatzgebiet wie der Europäischen Union unterwegs war.

Die Sache war ein bisschen aufwendig, doch Salah war ein Profi, und wenn etwas schiefging, dann würde er den ganzen Spuk beenden, ohne Spuren zu hinterlassen. Trotzdem war es sicherer, wenn der Schwarze Peter bei den Saudis landete, falls es einen gewaltigen Fuck-up gab.

Ben wusste, dass Frank das Thema nicht mit POTUS ausdiskutieren wollte. Und es war für Saif, weit weg in Riad und geschützt durch seine Stellung und seine Rolle als der stellvertretende Generalsekretär des Nationalen Sicherheitsrates, einfacher, einen möglichen Reinfall zu verdauen, als für ihn selbst auf seinem diplomatisch heiklen Posten in der Alliance Base.

Sein alter Freund würde es ihm nachsehen. Wo Ben hart und tief fallen würde, würde Saif nur boshaft mit dem Finger auf seinen ungeliebten Verwandten Muqrin zeigen: den noch amtierenden Direktor des Al-Muhabarat al-'Amma. Und anschließend konnte er seinem königlichen Vater Abdullah ibn Abd al-Aziz Al Sa'ud schwören, dass er mit alldem selbstverständlich absolut nichts zu tun hatte. Der Mann, der Ben in diesem Augenblick gut gelaunt und ahnungslos gegenübersaß und herzhaft bei den würzigen Speisen zulangte, würde nicht glücklich sein, wenn er seinen schicken Posten in Paris verlieren und den Heimweg nach Saudi-Arabien antreten musste, aber als Persona non grata ausgewiesen zu werden war für einen Diplomaten kein Beinbruch. So etwas passierte immer wieder. Seine Dienstherren in Riad würden ihn zur Entschädigung auf einen anderen schicken Diplomatenposten außerhalb Europas versetzen, bis wieder Gras über alles gewachsen war, oder ihn am Ende mit einem Amt in einer UNO-Organisation in der neutralen Schweiz oder bei der UNO in New York belohnen.

Europäische Nachrichtendienste taten sich genauso schwer wie die Amerikaner, Golfaraber auseinanderzuhalten. Sie trugen oft identische Vor- und Familiennamen. Aufgrund der sehr engen Sippen- und Blutsverwandtschaften, die in altertümlichen Clangesellschaften wie der Saudischen trotz der daraus resultierenden genetischen Gefahren üblich waren, war es für ungeübte Augen auch noch schwierig, bärtige, dunkle Gesichter, die von außen verblüffend ähnlich aussahen, auseinanderzuhalten. Damit war selbst eine Rückkehr nach Frankreich und zur UNESCO für Saifs Mann möglich.

Es war ein offenes Geheimnis in Riad, dass Saif darauf drängte, den saudischen Auslandsgeheimdienst endlich nach westlichen Vorbildern zu modernisieren und zu professionalisieren – unter seiner Leitung natürlich. Doch dazu musste er den aktuellen Amtsinhaber Muqrin aus dem Sattel heben und ihn und seine gesamte Seilschaft diskreditieren. Am besten natürlich, indem er seinen königlichen

Vater davon überzeugte, dass sein ungeliebter Großonkel hinter einer Gruppe gefährlicher Terroristen steckte, die Saudi-Arabien vor den Augen ihrer westlichen Verbündeten und Partner mit widerlichen Anschlägen zu diskreditieren versuchten.

Saif konnte seinen Großonkel Muqrin nicht ausstehen. Doch der ältere Mann hatte seit seiner Nominierung als Geheimdienstchef schon so viel hanebüchenen Unfug veranstaltet, dass er sich bereits selbst und ohne jede »Hilfe« anderer als Direktor des Al-Muhabarat diskreditiert hatte. Seine berufliche Karriere hing seit Längerem am sprichwörtlichen seidenen Faden. Ein weiterer Rohrkrepierer würde niemanden wundern. Am allerwenigsten Saifs königlichen Vater.

Saif dagegen hatte in jedem seiner Jobs und auf jedem seiner Posten im In- und Ausland höchste Kompetenz bewiesen. Sein Vater schätzte ihn und vertraute ihm völlig. Damit war Bens Freund frei wie ein Vogel und konnte tun und lassen, was er wollte.

»Die Franzosen werden ausreichend Beweise finden, dass die Terroristen von Doha gesteuert wurden?«

Saifs Parteigänger blickte Ben in die Augen, etwas, das Araber kulturell bedingt nicht sonderlich gerne taten.

Der Diplomat, der sich nicht nur um Kulturelles kümmerte, war weder leichtgläubig noch leichtsinnig. Er zwang sich, dem schelmischen Blick des Amerikaners ein paar Sekunden lang standzuhalten.

Ben legte freundschaftlich seine Hand über die seines Gastgebers:

»Vertrauen Sie mir!«

Die Spannungen zwischen den Saudis und den Kataris waren legendär. Katars Herrscherfamilie Al Thani verärgerte die Al-Sauds regelmäßig. Die Probleme umschlossen die Palästinenserfrage, die Hamas, die ägyptische Moslembruderschaft, den Jemen, westliche Investitionen im Iran und diplomatische Beziehungen zu den Mullahs in Teheran. Darüber hinaus missfiel Riad der in Doha ansässige Fernsehsender Al-Jazeera, da sein Einfluss sich nicht nur in der arabischsprachigen Welt bemerkbar machte, sondern auch bei einer jüngeren Generation im eigenen Land, die nach persönlicher Freiheit und politischer Teilhabe lechzte und die Einschränkungen und Zwänge der Religion als immer unerträglicher empfand.

Ben versprach Saifs Parteigänger alles, was der Mann hören wollte. Als sein alter Freund ihn in Karatschi abgeholt hatte, hatten sie nach der Überfahrt während vier Tagen Tauchurlaub im Arabischen Meer Zeit gehabt. Hier konnten sie sich besprechen; unter vier Augen und ohne das Risiko unerwünschter Ohren weder von Männern, die Saif nicht wohlgesinnt waren, noch Bens eigenem amerikanischen Dienstherrn. Saif wusste, dass es ein Restrisiko gab, aber das war er bereit einzugehen.

Sein mächtiger Vater würde in diesem Fall kurzerhand eine kleine Bestellung im dreistelligen Millionenbereich in den berühmten französischen Waffenschmieden machen und genügend Hightech einkaufen, um Nexter, Thales, Dassault, Safran oder DCNS ein paar Jahre in Brot und Arbeit zu halten. Die Liste der Gadgets, die den saudischen Streitkräften gefielen, war lang genug. Kampfflugzeuge vom Typ Rafale, Korvetten, Luftraumverteidigungssysteme jeden Geschmacks und jeder Preisklasse, Kampfhubschrauber, Artilleriesysteme und der geschmeidige, schnelle Kampfpanzer Leclerc, den die benachbarten Vereinigten Arabischen Emirate vor ein paar Jahren gekauft hatten.

Ben verkniff es sich, das Thema der französischen Waffenschmieden anzusprechen. Sie kamen ihren amerikanischen Unternehmen ständig in die Quere. Sie waren wie ein Schwarm hungriger Piranhas, und sie gingen ihnen auf die Nerven. Und der Élysée-Palast erinnerte ihn seit *Mitterrand und den vierzig Räubern* an die Verkaufshalle eines billigen Harddiscounters; der aktuelle konservative Staatspräsident glich ebenso einem billigen Handelsvertreter, wie es der alte Intrigant Mitterrand getan hatte.

Als junger Mann hatte Ben den sozialistischen Politiker gehasst. Er hatte ihn sogar verdächtigt, ein Kryptokommunist zu sein, bis er endlich verstand, dass der Mann in erster Linie ein machtgeiler Wendehals gewesen war. Das lausige kleine Frettchen mit dem ungarischen Aristokratentitel und den »Aufzug-Schuhen« der spanischen Nobelmarke HiPlus, das im Augenblick Frankreich regierte wie eine schlechte Kopie von Al Capone, entlockte ihm dagegen nur tiefe Verachtung.

SIEBTES KAPITEL

Afghanistan – Kabul – Gästehaus The Gandamak

Pierre Besson trank seinen vierten Espresso der Nacht. Als ehemaliger Journalist und Bildberichterstatter verstand der Besitzer des Gästehauses *The Gandamak*, Peter Jouvenal, dass Kaffee der Lebenssaft der Profession war. Und trotz der gemäßigten Übernachtungspreise hatte er sich nicht lumpen lassen. In jedem Zimmer gab es neben einer gut bestückten Minibar auch eine Nespresso-Maschine und ausreichend Kaffee-Kapseln.

Nachdem sie sich in den ersten Morgenstunden voneinander verabschiedet hatten, hatte Besson nicht einschlafen können. Schließlich hatte er sich O'Shaughnessys Manuskript vorgenommen, um die Zeit totzuschlagen, bis er erfuhr, wie die Operation des Service-Action-Teams in den Großen Suleimans ausgegangen war. Irgendwann hatte ihn die Story dann in ihren Bann gezogen, und er hatte sie zu Ende lesen wollte.

Ritter hatte bemerkt, dass sein Partner auf der kleinen Terrasse saß, die ihre benachbarten Zimmer teilte. Er machte es sich neben Besson in einem Korbsessel bequem. Nach den späten Bierchen hatte er ein paar Stunden tief und traumlos geschlafen. Der diskrete Besuch in dem geheimnisvollen Haus neben der finnischen Botschaft war stressig gewesen, denn die Franzosen hatten trotz der Videoüberwachung nicht herausfinden können, ob es ein Alarm- oder Sicherheitssystem gab.

»Hast du schon etwas gehört?«

Besson schüttelte den Kopf. Er warf einen Blick auf seine Armbanduhr.

»Es ist noch zu früh, Bayram.« Er hielt das Manuskript hoch. »Ich konnte nicht schlafen. Ich habe gelesen.« Besson erzählte Ritter in kurzen Worten die Geschichte. O'Shaughnessy war ein talentierter Schriftsteller. Er hatte echtes Potenzial.

»Was für eine Schande, dass unser ›Freund‹ Rick seine Zeit darauf verschwendet, eine Knarre am Hindukusch spazieren zu tragen. Wenn der sich ein bisschen zusammenreißt und Arbeitsdisziplin entwickelt, dann macht er bald mehr Geld mit seiner Schreibfeder als mit seinem Schießeisen und – er lebt länger!«

Der Frankoitaliener verzog den Mund zu einem Grinsen: »An Arbeitsdisziplin fehlt es Rick nicht.« Er wusste, dass O'Shaughnessy viele Nächte durchgearbeitet hatte, um sein erstes Buch zu schreiben.

»Sobald dein künftiger Bestsellerautor und seine drei Kumpels sich auf den Rückweg in die Berge machen, sollten auch wir beide hier den Anker lichten und diskret aus Kabul verschwinden.«

Obwohl sie allein waren, zog Ritter es vor, italienisch zu sprechen.

Das war eine einfache Möglichkeit, um in Kabul an den üblichen Expat-Treffpunkten nicht verstanden zu werden. Südeuropäer – Italiener, Spanier, Portugiesen – waren am Hindukusch die Ausnahme. Es gab nur die unglücklichen Uniformierten, die von den USA im Rahmen der ISAF zum Dienst gepresst wurden, und ein paar wenige Journalisten.

Seitdem er sich die SD-Card von Huber angesehen hatte, fühlte er sich beruflich wieder motiviert. Als er nach dem Debakel im Frühjahr in der Rolle des Laufburschen für den Sonderbeauftragten für Besondere Krisenlagen im Kanzleramt hineingezwängt wurde, hatte er mit dem Gedanken geliebäugelt, den Dienst in der Bundeswehr zu quittieren und bei einem der etablierten angelsächsischen Kriegsdienstleister anzuheuern. Er hatte sogar angefangen, diskret ein paar Informationen einzuholen und Ehemalige des KSK zu kontaktieren, die diesen Schritt schon unternommen hatten. Special Forces aller Länder der Welt bildeten Seilschaften, und Kameraden halfen einander über die tatsächliche Dienstzeit hinaus, wenn man sich nichts hatte zuschulden kommen lassen. Der Amerikaner White Cloud hatte ihm über einen alten Kumpel aus Calw gar ein Angebot zukommen lassen.

Dieser Plan, der für Ritter einen radikalen Schnitt mit seiner Vergangenheit bedeutet hätte, war vorerst zu den Akten gelegt. Er war froh, aus dem geheimdienstlichen deutschen Ödland zu einem zeitlich unbegrenzten »Austausch« beim Service Action der DGSE anzutreten, obwohl er noch nie zuvor mit der diskreten Franzosen-Truppe gearbeitet hatte, die eine *Licence to kill* besaß. Er hatte, abgesehen von einem Wochenende in Paris mit seiner Ex-Freundin, überhaupt keine Frankreich-Erfahrung, aber er war neugierig und Neuem gegenüber offen. Er hatte keine Söldnermentalität. Bei einem PMC à la White Cloud oder Blackwater für Geld den Job zu machen, den er bislang aus Überzeugung getan hatte, war eigentlich nicht sein Ding.

Besson, der französische IM, der ihm seinen »Marschbefehl« und den Scan der offiziellen Versetzung zum Amt für Wehrkunde mitgebracht hatte, gefiel ihm gut. Seine erste Mission unter neuer Flagge forderte ihn auch auf intellektueller Ebene. Es war keine Demütigung wie der Trip, auf den Huber ihn zuvor geschickt hatte: Da hatte er die Übergabe eines Geldkoffers zu beobachten und Fotos zu schießen und damit den Beweis nach Hause zu bringen, dass deutsche Steuergelder im Austausch für das Leben einer deutschen Geisel auch tatsächlich bei den Taliban landeten und nicht in den Taschen korrupter afghanischer Beamter oder Politiker, die nur vorgaben, der ISAF und dem Kampf gegen den Terrorismus verpflichtet zu sein.

Ritter hatte es gehasst, dem demütigenden Austausch von Geld gegen Geisel gut versteckt und nur mit einem Fernglas bewaffnet beizuwohnen. Mit einer *Licence to kill* und einem Scharfschützengewehr hätte er aufgeräumt und einen berüchtigten und gesuchten Taliban-Warlord und seine vier Taliban-Leibwächter abgeschossen wie Tontauben, ohne dabei auch nur ansatzweise Leben und Sicherheit der deutschen Geisel oder der beiden Unterhändler einer privaten Risiko-Versicherungsfirma aus Großbritannien zu gefährden. Die wilden afghanischen Hunde hätten abschließend die Überreste der Entführer innerhalb weniger Stunden bis auf die Knochen »beseitigt«. Ende der Geschichte!

Es war nicht so, dass die Männer des KSK nicht konnten, was ihre Kameraden aus anderen renommierten europäischen und angelsächsischen Spezialeinheiten taten. Sie durften nur nicht, weil ihre politische Führung nicht gewillt war, Farbe zu bekennen.

Seine Zukunft sah jetzt auf jeden Fall besser aus als die Monate seit dem Verlust der KSK-Equipe in der Gegend von Mapan, als er sich in der demütigenden und gefährlichen Rolle eines Kindermädchens und Laufburschen für den Sonderbeauftragten und den Staatsminister wiedergefunden hatte – auf eigenes Risiko, offiziell unbewaffnet und selbstverständlich ohne jegliche Rückendeckung durch die Führungsetage des Kanzleramtes.

Er hatte die Idee, den Dienst zu quittieren und bei White Cloud oder einem anderen großen und renommierten US-Kriegsdienstleister anzuheuern, vorerst zu den Akten gelegt und sich stattdessen bei Audible einen französischen Sprachkurs heruntergeladen. Für jemanden, der wie er fließend Italienisch sprach, war Französisch nicht schwierig.

»Ich bin mit Rick zum Frühstück verabredet. Ich bin neugierig, ob er auftaucht – und wenn nicht, dann wissen wir, dass ihn unangenehme Neuigkeiten aus den Großen Suleimans erreicht haben.«

Besson schmunzelte.

»Seine Kumpels dürften inzwischen gemerkt haben, dass sie zwischen Mapan und Mullah Wali Walleh Gespenster jagen.«

Ritter lachte leise.

»Ich frage mich, was wirklich in diesen Manuskripten steht, Bayram«, sagte Besson. Sein journalistischer Instinkt war so gut entwickelt wie die Spürnase eines erstklassigen Jagdhundes, und sein Bauchgefühl hatte ihn noch nie getäuscht. Nicht während seiner Zeit in den französischen Fallschirmtruppen und nicht seit seiner beruflichen Konversion.

»Der Aufwand, den die da oben in den Suleimans betreiben, das Haus hier in Kabul, die ganzen Kisten … die Dutzenden Toten … hier geht es um erheblich mehr als nur um altes Steinzeugs das Ricks Truppe über Pakistan und den kleinen Grenzverkehr mit den Stammesgebieten aus Afghanistan verschwinden lässt.«

Ritter hatte bei seinem nächtlichen Ausflug mehrere der Alucontainer geöffnet und den Inhalt herausgezogen. Es war ihm gelungen, ein paar der Schriftrollen vorsichtig aufzurollen, ohne sie zu beschädigen, und die Texte abzufotografieren.

»Ich hatte eher mit baktrischem Goldschmuck oder anderen spektakulären Objekten gerechnet.«

Besson erinnerte sich an den gewaltigen Medienhype um den verloren geglaubten Schatz einer baktrischen Prinzessin, den der sowjetische Archäologe und Prähistoriker Wiktor Sarianidi nur wenige Monate vor dem sowjetischen Einmarsch gefunden hatte und den ein Dutzend afghanischer Museumsangestellter durch den ersten Krieg, den Bürgerkrieg und die Taliban-Herrschaft gerettet hatten.

»Schriftrollen in Topzustand sind erheblich wertvoller als Gold, Pierre. Bei Schmuck weiß man nie, ob der Krempel wirklich alt ist oder ob irgendein Topjuwelier mit historischem Fachwissen sich einen Scherz erlaubt hat.«

Ritter kannte sich mit Antiquitäten aus.

Das lag vor allem daran, dass er, wenn er nicht im Dienst war, viel Zeit in der Toskana verbrachte, die voller antiker Stätten und Museen war. Und wenn er nicht an seinem alten Bauernhof herumrenovierte oder an seinem Vintage-Fiat-Spider-Cabriolet 1600S aus dem Jahr 1963 herumschraubte, dann streunte er mit großer Leidenschaft über lokale Flohmärkte. Er war kein echter Sammler, aber er mochte altes Werkzeug, weil er selbst gerne mit seinen

Händen arbeitete. Und sein bester Freund Gustavo war nach der Geburt einer kleinen Tochter vor zwei Jahren auf eigene Bitte aus dem 9° Reggimento d'Assalto Paracadutisti aus- und dann beim Comando carabinieri per la tutela del patrimonio culturale eingestiegen. Gustavo erzählte ihm regelmäßig haarsträubende Storys aus seinem neuen Job. Es klang so, als ob die auf Kunst- und Antiquitätenraub spezialisierte Carabinieri-Truppe einen wesentlich riskanteren Job machte als sämtliche italienischen 1st-Tiers-Special-Forces-Einheiten zusammengenommen.

»Sechzig Spezialkisten mit jeweils zwölf Alucontainern; das sind siebenhundertzwanzig Schriftrollen, Pierre. Das ist eine Menge altes Papier! Eine ganze Bibliothek.«

Besson rechnete im Kopf und legte O'Shaughnessys Manuskript zurück in seinen Umschlag.

»Ich bin wirklich neugierig, wohin die das Zeug bringen werden, Pierre. Auf diese Frage hat Zabelev dir ja auch keine Antwort geben können.«

Er hatte in drei der sechzig Kisten Miniatur-GPS-Tracker versteckt. Sie waren von einem bretonischen Start-up für die DGSE entwickelt worden und hatten eine Besonderheit: eine Autonomie von 365 Tagen.

Besson wollte aufstehen und in sein Zimmer gehen, um ihnen zwei frische Espressi zu brauen. In dem Augenblick vibrierte sein Mobiltelefon in der Hosentasche.

Afghanistan – Provinz Zabul – Gebirgsregion Große Suleimans – Landezone Alpha

Kérmorvan war als Letzter in den Helikopter gestiegen, der sie an der LZ Alpha absammelte. Er atmete schwer vor Anstrengung, als er die Seitentür des Cougar schloss, den Piloten das Zeichen zum Abheben und dann den drei Männern seines Teams das Thumbs-up gab. Abschließend legte sich seine behandschuhte Rechte in einer kurzen, zärtlichen Geste diskret über Rossis ebenfalls behandschuhte Hand. Sein zufriedenes Lächeln konnte sie wegen seines Helms, des schwarzen Balaklava über dem Gesicht und des Nachtsichtgeräts vor den Augen natürlich nicht sehen, aber er war stolz auf sie. Vor acht Wochen war sie noch eine brave, deutsche Militärärztin gewesen. Jetzt kehrte sie erfolgreich mit einem Team des französischen Service Action und einem gefassten Terroristen von einer wirklich tiefschwarzen Black Ops weit hinter »feindlichen Linien« zurück. Und Rossi hatte ihren Auftrag während dieser Mission sehr gut ausgeführt. So, als ob sie während ihrer gesamten Karriere in den Streitkräften nichts anderes gemacht hätte als heikle Spezialeinsätze.

Kérmorvan schluckte und vertrieb einen sehr unheiligen Gedanken, während er seinen hochgefahrenen Adrenalin- und Testosteronspiegel wieder auf Normalmaß herunterzwang, doch Rossi war in ihrem miniaturisierten Special-Forces-Outfit von Crye einfach zu niedlich. Sie sah aus wie eine plüschige *Darth-Vader*-Figur, und er hätte nichts dagegen gehabt, sie zum Kuscheln mit ins Bett zu nehmen.

Er schloss unter der Nachtsicht kurz die Augen und verdrängte das sehr grafische Bild. Kérmorvans Atmung pendelte sich wieder auf Normalmaß ein, und seine respektablere Hälfte legte im Geist dem »Wolf« das Halsband um, führte das wilde Tier an der Leine in den Zwinger und verschloss bis auf Weiteres die Tür. Er spürte, wie trotz der Kälte dicke Schweißperlen sein Rückgrat hinunterkullerten.

Seit dem schwierigen und gefährlichen HAHO-Absprung aus über neuntausend Metern Höhe und im pakistanischen Luftraum waren exakt fünf Stunden vergangen. Sie hatten fünfzig Minuten Gleitstrecke an den Spezialschirmen hinter sich bringen müssen und waren zwei Mal zwei Stunden hart durch die Berge marschiert. Einmal hin und einmal zurück. Die Entführung von Taher El Ouazzani hatte einschließlich Ziegen und wilder Schießerei zwar gerade einmal fünfzehn Minuten gedauert, das Absammeln von Informationen in den Containern der Contractors und das »Aufräumen«

mit einer Auswahl vorsorglich mitgeführter Sprengmittel allerdings eine Dreiviertelstunde. Dann noch die Zeit, die sie gebraucht hatten, um die Seilwinde aufzubauen und zu beobachten. Er hatte am Ende rennen müssen, um Crow, Rook, Jay, Magpie-Carla und ihr »Paket« auf der Bergrettungsschubkarre einzuholen und den Cougar Richtung Kabul noch zu erwischen. Das Timing der Operation war gnadenlos gewesen. Wenn der Helikopter nicht schlappmachte oder irgendetwas Unvorhersehbares geschah, dann waren sie spätestens um sieben Uhr morgens in Kabul und zehn Minuten später auf dem Rückweg nach Dschibuti und dann nach Frankreich.

Nach dem knuffigen »Mini-*Darth Vader*« in Crye-Night-Shadow-Tarnkluft musste Kérmorvan plötzlich das groteske Bild platzender Luftballons verdrängen, die mit den Gesichtern des Rugbyfanclubs geschmückt waren. Er fragte sich, ob diese seltsamen Fantasien im Anschluss an eine verdeckte Operation ein Ausdruck von Stress und zu viel Adrenalin waren oder lediglich von extremer körperlicher Müdigkeit. Er fühlte sich wie gerädert.

Er verscheuchte die Gedanken an das brutale Feuergefecht und die vier Toten, die sie inmitten des Chaos und der frei laufenden Ziegen im Hochtal zurückgelassen hatten, und verdrängte sein Unbehagen unter dem klammen und schweißgetränkten Balaklava. Sowohl Rowan und Erin als auch die beiden namenlosen Contractors aus Jones' Truppe gingen auf sein Konto. Er hatte die vier Männer abgeschossen wie Tontauben, und in dem Augenblick, in dem er den Abzug durchgedrückt hatte, hatte es ihm sogar Spaß gemacht. Noch eine halbe Stunde musste er bis zum FOB Kutschbach durchhalten, dann durfte er sich das verdammte Ding endlich vom Kopf ziehen. Er hoffte, dass sein Kopf dann wieder normal funktionierte.

Die Sprengminen von Israeli Military Industries IMI zusammen mit der UZI-Maschinenpistole, die er neben den Toten zurückgelassen hatte, waren natürlich dick aufgetragen, aber der israelische Mossad war seit dem Fuck-up mit der Synagoge auf der Urlaubsinsel Djerba im Sommer 2002 genauso hinter Taher El Ouazzani her gewesen wie die DGSE wegen der Anschläge von Paris 1995 und

1996 und dem Desaster von Karatschi. El Ouazzani war zwar kein echter, internationaler Star des Terrorismus wie Osama bin Laden oder seinerzeit Carlos, aber er hatte seinen kleinen privaten Fanclub zwischen Paris und Tel Aviv. Aus diesem Grund hatte sich die False-Flag-Operation mit dem israelischen Equipment auch angeboten. Die amerikanische Geheimdienst-Community würde nicht anzweifeln, dass die israelische Regierung El Ouazzani zum Abschuss freigegeben und entweder den Kidon oder Männer der Sajeret Matkal losgeschickt hatte.

Als älteste erhaltene Synagoge Nordafrikas hatte die El-Ghriba-Synagoge einen besonderen Stellenwert für die Sephardim-Juden in Israel. Eine Legende besagte, dass sich im Fundament ein Stein des im Jahr 586 v. Chr zerstörten salomonischen Tempels befand. Die Synagoge war auch der mit Abstand wichtigste Identifikationsort einer der letzten jüdischen Gemeinschaften Nordafrikas. Das Attentat von 2002 hatte vor allem aus Nordafrika nach Israel immigrierte Sephardim wütend gemacht, die großen wirtschaftlichen Einfluss in Israel hatten und gleichzeitig von der wirtschaftlich genauso einflussreichen Sephardim-Lobby in Frankreich unterstützt wurden. Und im Gegensatz zu Paris hatte Tel Aviv die Konvention von Ottawa gegen den Einsatz, die Produktion, die Lagerung und den Weiterverkauf von Schützenminen nicht unterzeichnet.

× × ×

Fünfundvierzig Minuten später landete die Einsatzgruppe des Service Action vor einer spektakulären, orangeroten, aufgehenden Morgensonne auf der französischen Forward Operating Base FOB Kutschbach, die zur Mission Lafayette gehörte. General Bertrand Morillon hatte diese spezielle FOB zum Umsteigen ausgewählt, weil sich dort weder Soldaten der afghanischen nationalen Armee noch irgendwelche anderen neugierigen Mitglieder der ISAF-Koalition herumtrieben. Kutschbach war ein rein französischer Außenposten. Trotz der Entfernung zur LZ Alpha war es der beste Ort, um Kérmorvan, sein Team und ihre Beute von dem auffälligen Special-Forces-Cougar in einen unauffälligen Transporthubschrauber umsteigen zu lassen. Ihre eigenen DGSE-Piloten hatten das arrangiert und ihnen den großen, langsamen, unästhetischen und sehr diskreten »Walfisch« aus Kabul auf die FOB Kutschbach herübergeflogen.

Während der letzten zehn Minuten in der Luft hatten vorne im Cockpit des schlanken und eleganten Cougar die Warnlampen der Treibstoffanzeige geblinkt wie eine Disco-Lichterkette auf einem Weihnachtsbaum. Die Piloten des COS hatten ihren Hubschrauber für die Black Ops des Service Action am absoluten Limit geflogen. Sie waren genauso erleichtert gewesen wie ihre fünf behelmten und vermummten Passagiere in der exotischen Nachttarnkleidung, als die Rotoren endlich zum Stillstand kamen und ein eifriges Wartungsteam mit einem Schlauch zum Betanken zu ihnen herüberrannte.

Obwohl Kérmorvan unter seiner Vermummung beim Anblick der Warnlampen während der letzten zehn Minuten in der Luft nach dem heißen Schweiß der Anstrengung des Kampfeinsatzes auch noch der eiskalte Angstschweiß ausgebrochen war, verabschiedete er sich mit einem freundschaftlichen Handschlag von den Piloten, die umgehend zurück nach Dschalalabad flogen. Die Erinnerung an den Absturz von Carlas MedEvac war nach zwei Monaten noch zu frisch gewesen, um völlig gelassen auf Treibstoffmangel zu reagieren.

× × ×

»In einer halben Stunde sind wir in Kabul!«

Der Co-Pilot des fliegenden »Walfischs« deutete auf die fünf Sporttaschen im Frachtraum. Sein Job war es, den ganzen Verein nach Dschibuti und anschließend nach Frankreich zu schippern. Die geliehene Transall stand vollgetankt und fertig beladen im militärischen Bereich des Internationalen Flughafens von Kabul. Das

Service-Action-Team musste sich nur noch umziehen, denn der Transporthubschrauber flog offiziell Fracht und Personal vom FOB Kutschbach in den Heimaturlaub, nicht eine erfolgreiche Einsatzgruppe des französischen Geheimdienstes und einen seit Langem gesuchten Erzterroristen, der mit *Devil's Breath* betäubt noch mindestens vierundzwanzig Stunden bewusstlos sein würde.

Rook und Jay hatten das »Paket« mit El Ouazzani einfach in einer Ecke des Hubschrauberfrachtraums abgestellt. Daneben stapelte sich ein halbes Dutzend wasserdichter, schwarzer Transportsäcke mit der Beute aus den Wohnräumen des Terroristen und die dunkelgraue Spezialkiste, die sie mit den geheimnisvollen länglichen Alucontainern aus dem Schrank im Büro von Taher El Ouazzani gefüllt hatten. Das Team hatte alles mitgenommen, was nicht niet- und nagelfest war.

»Du warst super, Magpie!«, sagte Crow enthusiastisch zu Rossi und strahlte sie an. Sie hatten bereits beim Training in Quélern einen sehr guten Kontakt zueinander gefunden.

Crow hatte sich erleichtert den Helm und den schwarzen Balaklava vom Kopf gezogen und fuhr mit beiden Händen durch die heruntergedrückten und verschwitzten Haare. Trotz der Landung auf dem letzten Tropfen Sprit war sein Einsatz-Adrenalin weg. Er freute sich, dass ihre schwierigen INFIL und EXFIL glattgegangen waren. Sie hatten keine Verluste erlitten. Niemand war verletzt worden. Und Magpie hatte aufgeräumt. Sie hatten keine Spuren ihrer Bergsteigerei hinterlassen. Als Crow als Letzter abgestiegen war, hatte er auch noch sein Aramid-Seil mit einem einzigen Ruck aus dem Fels lösen können.

»Ich habe den ganzen Kletterkrempel und die Seilwinde einfach in der mittleren Monsterspinnen-Höhle verstaut!«, amüsierte sich Rossi. Auch ihr Einsatz-Adrenalin war wieder weg, und sie fühlte sich fantastisch.

Sie war stolz, dass sie es mitten in der Nacht geschafft hatte, ihre Urangst vor den achtbeinigen Krabbeltieren zu überwinden. Sie hatte mit Kérmorvan und dem Team über den irren Artikel im

Spiegel diskutiert. Im ersten Augenblick hatte Rossi sich überwinden müssen, in die Höhle hineinzurobben. Die Spinnweben, die sie zwei Monate zuvor bei ihrem ersten Aufstieg im Tageslicht gesehen hatte, waren keine Illusion gewesen. Sie hatten ihr wirklich eine Heidenangst eingejagt. Die Idee, dass dort oben etwas Fremdes, Unheimliches und Urweltliches sein könnte und sie noch einmal an den unheimlichen Löchern im Fels vorbeiklettern musste, hatte Rossi während des fünfstündigen Fluges aus Dschibuti mehr beschäftigt als der gefährliche HAHO-Tandemsprung aus neuntausend Metern Höhe vor Kérmorvans Brust oder die verdeckte Operation selbst. In der Sicherheit des französischen Transporthubschraubers, im Anflug auf Kabul, hatte sich die ganze Anspannung gelöst.

Rook und Jay alberten herum, während sie die Nachttarnkleidung und die Helme mit den NVGs in den Sporttaschen verschwinden ließen. Sie hatten sich dank der von den Piloten mitgebrachten Sachen bereits in unauffällige Durchschnittssoldaten der ISAF verwandelt.

»Ihr saht aus wie eine Bande Bankräuber aus einem schlechten Film!«, witzelte einer der beiden DGSE-Piloten aus dem Cockpit über die Freisprechanlage. Dann reichte er ihnen sein Mobiltelefon nach hinten, wo sie gemeinsam gut gelaunt den irren Schnappschuss bewunderten. Der Pilot hatte ihre Truppe fotografiert, wie sie gerade, die prall gefüllten Transportsäcke über den Schultern und den eingetüteten El Ouazzani zusammen mit der großen Kiste auf der Bahre, vom Cougar-Kampfhubschrauber schwarz vermummt zu seinem Transporthubschrauber herübergewatschelt waren.

Kérmorvan wühlte noch halb nackt und barfuß in seiner Sporttasche. Dann schmunzelte er. Die beiden DGSE-Piloten hatten sich wirklich daran erinnert, dass er verfroren war, und zusätzlich warme Sachen für ihn eingepackt. Er verschwand glücklich in einem langärmligen T-Shirt und einer mollig warmen Fleecejacke im Wüstenflecktarn. Seitdem sie aus dem Cougar in den Transporthubschrauber umgestiegen waren, waren die vier Toten aus Jones'

Contractor-Truppe wieder aus seinem Kopf verschwunden. »Wir haben dort oben ausgeräumt«, erklärte er ihren Piloten. »Wir haben sämtliche Medienträger mitgenommen, die wir finden konnten – und wir haben den Hard Drive eines Desktops, einen Laptop, ein paar Satellitentelefone und Unterlagen. Es ist fast schon unheimlich, so viel Glück zu haben.«

✖ ✖ ✖

Rossi fluchte leise. Sie kämpfte noch mit ihren feuchten Haaren, die sich wie die berühmten Schlangen auf dem Haupt der Medusa kringelten. Schließlich gab sie auf und knuddelte die Locken in einen lockeren Dutt, den sie mit zwei großen Haarnadeln fixierte. Der »Walfisch« flog mit einer schummrigen Standleuchte im Transportraum. Es war stickig und stank. Den vier Männern machte es nichts aus. Sie waren zufrieden damit, in trockenen und sauberen Kleidern auf dem Boden zu sitzen und sich endlich von den Anstrengungen der letzten Stunden zu erholen. Rossis empfindliche Nase hatte neben Schweiß und technischen Schmierstoffen allerdings auch noch diesen ganz speziellen, leicht süßlichen Geruch ausgemacht, den man gemeinhin mit gut gefüllten Babywindeln verband.

Sie würgte den Ekel hinunter und zwang sich, flach zu atmen. Die Vorstellung, über Monate genau diesen Geruch mehrmals täglich beim Wechseln voller Babywindeln zu inhalieren, hatte sie stärker davon abgehalten, dem Kinderwunsch ihres Ex-Freundes Kevin, des Cellisten, nachzugeben, als sämtliche Probleme, die Nachwuch für eine berufliche Karriere im Sanitätsdienst der Bundeswehr brachte.

Der verdammte Kerl! Sie wusste genau, dass es der Terrorist im Bergrettungssack war, der leise vor sich hin stank, denn unter dem Einfluss von Skopolamin und Propofol hatte er die Kontrolle über seine Körperfunktionen verloren und war »ausgelaufen«. Sie schloss kurz die Augen und überlegte. In der Enge des Helikopters konnte sie nichts tun. Sobald sie in Kabul ankamen, fehlte ihnen die Zeit.

Du wirst schon nicht daran sterben, sagte sie im Gedanken zu El Ouazzani. Mit der Dosis Propofol, die Gwén dir verabreicht hat, schläfst du mindestens bis Paris durch!

Zum Glück konnten sie den Stinkstiefel während des fünfstündigen Fluges nach Dschibuti in einer entfernten Ecke der großen Transall-Transportmaschine abstellen, wo sie ihn nicht riechen musste. Sobald sie auf der französischen Airbase ankamen, würde sie dann ihre Kameraden beschwatzen, ihn auszupacken und sauber zu machen, bevor sie ihn in die Gulfstream des französischen Geheimdienstes umluden.

Rossi quetschte sich auf den Klappsitz direkt hinterm Cockpit, ignorierte den ekelhaft süßen Geruch und lehnte müde den Kopf gegen die Wand.

Afghanistan – Provinz Zabul – Distrikt Shinkay

Als Roger Bates das Zeichen zum Aufbruch gab, atmeten seine beiden Begleiter auf. Normalerweise kümmerten sie sich nicht um solche Drecksarbeit. Die von dem unbekannten Kontakt über das verschlüsselte Satellitentelefon angekündigte Truppe von der deutschen Spezialeinheit KSK war an keinem der neuralgischen Punkte aufgetaucht, von denen aus man in das Hochtal von Iskanderga'l gelangte.

Die zweite Dreiergruppe, die auf der anderen Seite des Ghar-Sang in einem Hinterhalt gelegen hatte, war bereits auf dem Rückweg zu Borjahns Wehrhof.

»Die wandern wahrscheinlich zwischen Masizi Kalay und Malahnkhel auf der anderen Seite von Mapan durch die Berge.«

Bates zog ein klassisches Handy mit Paycard aus der Tasche der Kampfjacke. Dank eines robusten Schmiergeldes stand eine Antenne in den Hügeln direkt hinter der Provinzstadt.

»Junus?«

»Nichts, Roger! Wir sehen niemanden. Niemand schleicht hier herum oder versucht aus Qalat in unsere Richtung zu wandern.«

Der Kämpfer aus Borjahns Truppe sprach ausgezeichnetes Englisch. Sie arbeiteten gerne mit Junus zusammen. Er war professioneller als die meisten seiner Kameraden und wesentlich intelligenter.

Ahmad Jans Hauptquartier lag diskret und gut geschützt in einem Außenbezirk der Provinzstadt Mapan. Trotzdem konnte man Qalat außerhalb der Regenzeit schnell mit einem Geländemotorrad erreichen und bis zu der großen Piste, die zur grünen Grenze mit den von Pakistan verwalteten Stammesgebieten und zu den beiden Grenzübergängen von Torkham im Norden und Wesh Chaman im Westen führte, schlängelte sich eine Quertrasse, auf der sogar kleine Lkws fahren konnten. Das Hochtal von Iskanderga'l konnte man zu Fuß in weniger als drei Stunden erreichen, wenn man die Abkürzung durch die Schlucht und durch den Berg kannte, die der Professor im ersten Jahr der Ausgrabungen zufällig entdeckt hatte.

Unter anderen Umständen hätten ISAF oder OEF an einem so strategisch gelegenen Ort wie Sarde Whali Kalay eine Forward Operating Base eingerichtet. Doch Bates war überzeugt, dass es in den USA Leute gab, die in der politischen Hackordnung ganz weit oben saßen und alles, was sie hier trieben, absegneten. Und diese sorgten auch dafür, dass sich niemand aus der offiziellen Antiterrorkoalition in ihrer Ecke einnistete. Vor diesem Hintergrund tat er sich mit den Hilfs- und Unterstützungsaktionen für die »Taliban-Truppe« von Dadullahs Cousin Borjahn in ihrer speziellen Ecke der Provinz Zabul auch nicht schwer. Höchstwahrscheinlich waren sie die verdeckte Operation in einer verdeckten Operation innerhalb einer anderen, größeren verdeckten Operation im Herzen einer ganz besonders schmuddeligen Black Ops. Als er noch in den US-Streitkräften gedient hatte, hatte er im irakischen Kurdistan eine ähnliche Situation erlebt.

Selbst die Sicherung eines Treffens zwischen tschetschenischen Terroristen und einem Al-Qaida-Kader, das der international gesuchte Taliban-Schattengouverneur von Zabul Ahmad Jan organisierte, verunsicherte Bates nicht. Er hatte während der letzten drei

Jahre vierhunderttausend Dollar steuerfrei verdient. Und obwohl der Professor, der »Boss« und Dadullah Khan Anfang September wegen der schießwütigen Irren und dem Überlebenden von Rustam Kalay ziemlich hysterisch gewesen waren, nachdem O'Shaughnessy ihn zuerst eingefangen und dann wieder verloren hatte, hatte Jones ihnen vor vierzehn Tagen im Rahmen einer Videokonferenz die Jahresabschlussprämien zugesagt und gleichzeitig Vertragsverlängerungen und einen neuen, lukrativen Folgeauftrag in einem anderen Land angedeutet.

»Hat der alte Gauner seinen Deal endlich abgezogen?«, fragte er Junus weiter aus.

Borjahns Kämpfer konnte von seinem erhöhten Beobachtungsposten aus den gesamten Innenbereich des Wehrhofes einsehen.

»Die verdammten Tschetschenen machen sich endlich auf den Weg.«

Junus beschrieb für Jones' Contractor, wie die Terroristen aus dem Nordkaukasus Bündel von Geldscheinen aus einem Hartschalenkoffer in praktische Rucksäcke umpackten. Die drei Tschetschenen waren mit großen, PS-starken Geländemotorrädern unterwegs.

»Und der Saudi?«

»Seine Ware ist schon im Chevy.«

Junus beschrieb ein Abschiedsritual mit Schulterklopfen und brüderlicher Umarmung. Einer von Borjahns anderen Männern saß bereits bei laufendem Motor hinter dem Steuer des großen, schwarzen Chevrolet-Geländewagens, den Dadullahs Verwandter auch ihnen regelmäßig auslieh, wenn sie ein bequemes und sicheres Fahrzeug brauchten.

»Okay, Roger!«, sagte Junus. »Die Tschetschenen sind durchs Tor.«

»Endlich«, antwortete der Contractor. »Ich sage Borjahn Bescheid. Sie können damit anfangen, die Cessna fertig zu machen. Je schneller der verdammte Saudi und seine heiße Ware wieder nach Pakistan verschwinden, umso besser.« Bates wusste, was für einen unheimlichen Handel Ahmad Jan mit dem Toptechnologen der al-Qaida gemacht hatte, und die Sache machte ihm insgeheim Angst, auch wenn anscheinend nicht mehr Amerika, sondern Europa das nächste Ziel von Osama bin Ladens Terrorgruppe sein sollte.

Frankreich – Romainville – Hauptquartier der Division Action

»Wie haben Sie den Kerl eigentlich dazu gebracht, seine Kampfgefährten vom Imārat al-Qauqāz al-islāmiyya zu verraten, Stefan?«

Rudeaux und Huber beobachteten zusammen, wie sich der grün pulsierende Punkt auf dem großen Wandbildschirm rasch von den beiden anderen pulsierenden Punkten entfernte. Rudeaux war ein feiner Kenner der Zusammenhänge in der gesamten ehemaligen Sowjetunion. Der tschetschenische Schlangenpfuhl war ihm vertraut.

Nur wenige Stunden zuvor hatten sie auf dem gleichen Wandbildschirm gemeinsam gebannt die geradezu filmreife Entführung des Algeriers El Ouazzani und den gewalttätigen Showdown im Herzen der Großen Suleimans in Echtzeit mitverfolgt. Niemand in dem Team mit dem Codenamen CORVUS war über die zweite Operation informiert, die in diesem Augenblick anlief, doch sie war der Grund gewesen, warum man Kérmorvan und die Männer aus dem CPEOM so sehr unter Zeitdruck gesetzt hatte. Es war unbedingt notwendig gewesen, die beiden verdeckten Operationen im gleichen Zeitrahmen von vierundzwanzig Stunden abzuziehen.

Es dauerte eine Weile, bis sich eine friedliche Hirtenszene über das Standbild schob; eine einfache Hybridkarte im Stil von Google Maps. Im Mittelpunkt erkannte man einen typischen afghanischen Wehrhof, der von einer soliden Steinmauer eingefasst wurde. Weitläufige landwirtschaftliche Nutzflächen und ein Obsthain rahmten das Anwesen an drei Seiten ein. Und obwohl die beiden LUNA-Drohnen den größten Teil ihrer Sensorik zugunsten einer besonderen Payload zurückgelassen hatten, waren die Bilder in Echtzeit gut genug, um auf dem Gebirgsfluss, der den Obsthain in zwei gleich große Teile zerschnitt, kleine, weiße Gischtwolken zu erkennen. Trotz eines langen, heißen Sommers und eines ebenso heißen und trockenen Herbsts führte der Ghar-Sang noch sehr viel Wasser.

Während die französischen Techniker sich mit den Piloten in den Command Cars und dem Team in der Botschaft in Kabul austauschten und letzte Details besprachen, beantwortete Huber die interessante Frage für seine französischen Freunde und Kollegen ausführlich.

»Wir mussten den Tschetschen nicht überreden, Julien«, sagte der Deutsche, »denn er ist zu uns gekommen und hat sich als ›Maulwurf‹ angeboten. Es ging um Rache für verletzte Familienehre, die der Emir Doku Umarow ihm nicht gewähren wollte. Wir haben ihm natürlich gerne geholfen, sich zu rächen. Der Mann war im engsten Umfeld von Doku Umarow etabliert, und er spielte uns Topklasse-Informationen zu. Dadurch wussten wir auch im Gegensatz zu allen anderen befreundeten Diensten – die Russen eingeschlossen – so außergewöhnlich gut darüber Bescheid, was in der Untergrundregierung der tschetschenischen Separatisten lief. Doch jetzt will unser ›Maulwurf‹ raus aus dem Terrorgeschäft – schnell und um jeden Preis. Er fürchtet um sein Leben, weil er Umarow zu nahesteht und der sich viel zu viele Feinde geschaffen hat, seitdem er sich selbst zum Emir des Kaukasus-Emirats ausgerufen hat. Unser ›Maulwurf‹ prophezeit, dass es schon bald zu einem sehr blutigen Machtkampf kommen wird. Er wollte nicht zwischen die Fronten geraten, sondern mit einer attraktiven Menge Geld fern dieses ganzen tschetschenischen Desasters irgendwo an einem sicheren Ort sein Leben genießen. Er war ein ausgezeichneter ›Maulwurf‹. Ich bedaure es, ihn heute zu verlieren. Es wäre sicher anständiger von mir gewesen, durchklingen zu lassen, dass das alles in keinem Zusammenhang mit dem kleinen Atom-Business steht, das Ahmad Jan für sie mit bin Ladens Repräsentanten al-Hussein eingetütet hat. Ich hoffe für ihn, dass er den heutigen Tag überlebt und alles so läuft, wie er es sich vorstellt.«

Stefan Huber legte den Kopf schief und sah seinen neuen französischen Freund Julien Rudeaux lange an. Schließlich erzählte er ihm auch den Rest der Geschichte.

Die Unterwanderung und Manipulation einer der gefährlichsten Terrorgruppen der Welt durch seine kleine und sehr diskrete Dienststelle war am Anfang eine Art Flucht nach vorn gewesen. Sie hatten die Operation gestartet, nachdem der deutsche Innenminister sich mit ein paar waghalsigen und völlig haltlosen Aussagen zum Risiko einer schmutzigen Bombe in einer deutschen Großstadt vor der Kanzlerin selbst völlig vergaloppiert hatte. Dazu war es gekommen, weil der hochrangige konservative Politiker aus Süddeutschland ein Jahr zuvor und gegen den Widerstand der Betroffenen die Abteilung 6 »Islamismus und Islamischer Terrorismus« aus Köln an den Standort Berlin-Treptow verlagert hatte, um sich ständig mit ihnen austauschen zu können und sozusagen seinen eigenen kleinen innenpolitischen Privatnachrichtendienst an der Hand zu haben.

Nachdem das sprichwörtliche Kind ins Wasser gefallen war und der Politiker feststellen musste, dass seine isolierte Abteilung 6 in Treptow nicht liefern konnte, was Parteichefin und Kanzlerin Brunhilde Zwicker erwartete, hatte der Mann sich an seinen Parteifreund und alten Weggefährten, den Staatsminister, gewandt.

Huber wusste, dass der Tag kommen würde, an dem sein Chef dem aktuellen Innenminister die Rechnung dafür präsentieren würde, dass sie ihn aus dem politischen Schlamassel mit der Kanzlerin herausgezogen hatten, ohne dabei den Siegespreis für sich zu beanspruchen. Dieses Detail verschwieg er vor seinem neuen Freund vom französischen Geheimdienst.

Während Huber seine Geschichte beendete, stieg auf dem großen Wandbildschirm der Al-Qaida-Technologe Ayub al-Hussein, dem sie für die Operation den uninspirierten Codenamen »Target-1« gegeben hatten, auf den Beifahrersitz des wuchtigen geschlossenen Geländefahrzeugs. Selbst aus der Vogelperspektive konnte man die Marke bestimmen.

Endlich rollte der Chevrolet durch das Tor des Wehrhofes hinaus. Der eine pulsierende Punkt bewegte sich gemeinsam mit dem Fahrzeug, während der andere im Inneren des Anwesens zurückblieb.

Rudeaux schmatzte wie ein hungriger Wolf. »Target-2« war Ahmad Jans Codename. Der Tschetschene aus Doku Umarows Truppe, den sein neuer deutscher Freund Huber so elegant umgedreht hatte, hatte neben dem GPS-Sender direkt an dem Gebäude, das Ahmad Jan als Wohnhaus diente, noch einen ganz speziellen Laserpointer positioniert.

»Er wird seine beiden Kameraden im geeigneten Augenblick töten, ihnen ihre Geldrucksäcke abnehmen, sich zusätzliche Spritkanister auf die Geländemaschine schnallen und dann einfach losfahren«, erklärte Huber Rudeaux den Plan des Tschetschenen, um aus dem Terrorgeschäft auszusteigen und gleichzeitig seine Haut zu retten.

Der Al-Qaida-Technologe El Hussein – Target-1 – hatte den Terroristen aus dem Nordkaukasus zweihundert Gramm Uran abgekauft, das aus dem abgeschalteten Kernkraftwerk Schewtschenko im kasachischen Aqtau entwendet worden war, bevor die Brennelemente Anfang des Jahres unter dem wachsamen Auge der Internationalen Atomenergie-Organisation in Spezialbehältern zur Endlagerung auf das ehemalige Atomwaffentestgelände Semipalatinsk gebracht wurden.

Die radioaktive Schmuggelware hatte einen Schwarzmarktwert von rund achthunderttausend Dollar. Die Information des Verräters war, dass al-Qaida bereit gewesen war, auf eine Million Dollar aufzurunden. Die wollte Hubers tschetschenischer Maulwurf für sich allein haben.

»Für seine freundliche Unterstützung überweise ich ihm noch einmal die gleiche Summe auf ein diskretes Konto in einer Steueroase.«

Huber fummelte ein deutsches Krypto-Handy aus der Hosentasche und platzierte es vor sich und Rudeaux auf dem Tisch. Er hatte die Mail an die Bank in der EU-Steueroase Luxemburg schon vorbereitet.

Der Franzose nickte seinem deutschen Kollegen anerkennend zu und klopfte ihm brüderlich auf die breite Schulter. Vor ihnen arbeiteten die Techniker konzentriert an ihren Konsolen. In der Regel standen zur Steuerung von Drohnen mindestens drei Personen bereit: ein Pilot, ein Experte zur Steuerung der Kameras und zur Zielerfassung und ein Missionskoordinator. Ihre Missionskoordination war die Equipe Kabul, während sie sich um die Kameras und die sehr schwierige Zielerfassung der umgerüsteten LUNAs kümmern mussten. Irgendwo im Hintergrund hörte man eine leise Diskussion. Christiane Près unterhielt sich mit General Bertrand Morillon, der pünktlich zum Finale der *Operation Cupcake* zusammen mit zwei jüngeren uniformierten Begleitern vom COS aus Villacoublay nach Romainville gekommen war. Die Piloten der GAM-56 der DGSE hatten sich beim Take-off vom Flughafen Kabul gemeldet. Sie waren mit der Einsatzgruppe auf dem langen Rückflug aus Afghanistan über Dschibuti nach Frankreich und würden frühestens in sechzehn Stunden ankommen. Der gefährlichste Teil der Operation war erfolgreich abgeschlossen.

Mit einem Mal legte sich eine tödliche Stille über das Operationszentrum im Herzen des Fort de Noisy. Die Spannung stieg spürbar. Auf dem dritten Großbildschirm erschien die Silhouette eines postsowjetischen zivilen Flughafens inmitten der zentralasiatischen Provinz. Im Hintergrund standen vor einem vernachlässigt wirkenden Tower zwei betagte Linienmaschinen aus russischer Produktion, die in den Landesfarben gespritzt und mit dem Logo der nationalen Airlines dekoriert worden waren. Auf einer holprigen Start- und Landebahn, die durch einen einfachen Gitterdraht vom militärischen Teil abgetrennt war, starteten Propellermaschinen, die Inlandsstrecken bedienten. Plötzlich erhob sich ein ohrenbetäubender Lärm, und innerhalb von Sekunden donnerten hintereinander zwei Kampfflugzeuge über den Runway. Das Gedröhne, mit dem sich eine brandneue und revolutionäre Dassault Rafale gefolgt von einem Mehrzweckkampfflugzeug vom Typ Mirage 2000-D in den Himmel hinaufschraubten, machte jede Konversation unmöglich. Die Aufklärungsmission im Auftrag der ISAF führte sie mit einer Geschwindigkeit von Mach 2,5 oder 2500 Stundenkilometern in Minuten bis in ihr Einsatzgebiet im afghanischen Hinterland an den Grenzen zu Pakistan und zum Iran. Niemandem, der auf dem Flughafen im tadschikischen Duschanbé dem spektakulären Start der französischen Kampfflugzeuge beiwohnte, war aufgefallen, dass die Dassault Rafale unter einem ihrer Entenflügel neben der üblichen Bewaffnung für den Auftrag, den sie gemeinsam mit der Mirage-2000 D fliegen sollte, noch eine zweihundertfünfzig Kilogramm schwere Laser-, GPS- und INS-gelenkte Gleitbombe Raytheon GBU-49/B »Enhanced Paveway II«, kurz EGBU-12 genannt, trug.

Afghanistan – Provinz Zabul – Distrikt Shinkay

In dem Augenblick, in dem die beiden israelischen APMs, die Commandant Gwénaël Kérmorvan am Eingang des Felsentunnel geschickt versteckt hatte, explodierten und Roger Bates und einen weiteren Contractor in Stücke rissen, während ein herumfliegender Metallsplitter dem dritten Mann die Femoralarterie durchtrennte, sodass er innerhalb von Minuten verblutete, fuhr der gepanzerte schwarze Chevrolet auf dem Weg zu Borjahn Khans Anwesen im sprichwörtlichen Schneckentempo vorsichtig über eine völlig kahle Ebene, die aus Drohnensicht wie ein hochwertiger italienischer Schieferfußboden für moderne Wohnräume wirkte.

In einem Umkreis von fünfundzwanzig Kilometern gab es keine menschliche Behausung, und selbst Wildtiere vermieden den Ort, denn was aus Vogelperspektive glatt und sauber wirkte, war aus der Nähe betrachtet scharfkantiger Gesteinsbruch in einer Körnung von sechs bis zehn Zentimetern, der Autoreifen genauso zusetzte wie Hufen oder Pfoten. Und zwischen den Geröllbrocken fanden sich kleinere, genauso scharfe Stücke in Kiesgröße, die das Bremsen und Beschleunigen für Fahrzeuge schwierig machte. Allerdings verkürzte das Geröllfeld außerhalb der Regenzeit und der Tauwetterperiode im Frühjahr den Weg von Ahmad Jans Wehrhof zu Borjahn Khans Anwesen um über eine Stunde.

Weder der Fahrer des Chevrolet noch der Beifahrer bemerkten, dass man ihnen seit ihrer Abfahrt aus dem Außenbezirk von Mapan folgte. Der Saudi ignorierte seinen Fahrer. Er blätterte fasziniert durch eine ausführliche Dokumentation, die er zusammen mit dem zweihundert Gramm schweren Uranball erhalten hatte.

El Hussein verstand, dass eine schmutzige Bombe – radioaktives Material in Verbindung mit konventionellem Sprengstoff – vor allem einen psychologischen Effekt hatte und keine echte Massenvernichtungswaffe war. Trotzdem war in seinen Augen das eng bebaute Frankfurter Börsenviertel ein Ziel erster Wahl. Die Auswirkungen dieses Anschlags wären weitreichender als die von 9/11 und würden ihrer Organisation außer einem gewaltigen Publicity-Boost auch neuen Zulauf von Sympathisanten und potenziellen Märtyrern bescheren.

Er benetzte den Zeigefinger mit Speichel, um umzublättern. Doch noch bevor er das Blatt wenden konnte, verwandelte sich der schwarze, gepanzerte Chevrolet in eine Mini-Nuklearbombe nach dem Nagasaki-Prinzip, wobei die beiden mit dem noch namenlosen, neuartigen und hyperreaktiven Sprengstoff aus dem Institut für Anorganische Chemie der Uni Würzburg beladenen LUNA-Drohnen die Rolle der Implosionsladungen übernahmen, während das Geländefahrzeug als »Schale« für die zweihundert Gramm schwere Urankugel diente.

Während sich die bei der Explosion des Al-Qaida-Technologen El Hussein freigesetzte Radioaktivität in Form von Neutronen- und Gammastrahlung bereits in dem abgelegenen und unbewohnten Gebiet in den Bergen verflüchtigte, ohne irgendwelche Kollateralschäden zu verursachen, verfluchte der mit allen Wassern gewaschene Terrorbanker Ahmad Jan den ohrenbetäubenden Lärm, den die Militärflugzeuge der westlichen Koalition machten.

Immer wenn die Ungläubigen sich auf dem Hin- oder dem Rückweg zu ihren Militärbasen im Persischen Golf, in der zentralasiatischen ehemaligen Sowjetrepublik Tadschikistan oder in der Nachbarprovinz Kandahār befanden, überflogen sie mit mehrfacher Überschallgeschwindigkeit seine Provinzstadt Mapan und seinen Wehrhof und hinterließen Dutzende panischer Nutztiere, die von den jungen Burschen, die sie hüteten, anschließend mühsam wieder eingefangen werden mussten.

Ahmad vermutete, dass die Störenfriede sich auf dem Rückweg aus der Provinz Helmand befanden, wo das aktuelle Hauptziel einer NATO-Offensive das Sangin-Tal und der Kajaki-Damm waren. Die westliche Koalition wollte dort das große Kraftwerk wieder instand setzen, das mehr als zwei Millionen Afghanen mit Elektrizität versorgen konnte.

Ahmad Jan verdrängte den störenden Lärm, trank einen Schluck heißen und stark gesüßten Schwarztee und widmete sich wieder der E-Mail, die er gerade auf seinem Apple-Laptop verfasste. Über den großen Flachbildschirm seines Desktops flimmerten die Kurzmitteilungen des Wirtschaftsnachrichten-Tickers Bloomberg. Er war mit dem Abschluss des Tages sehr zufrieden. Mit minimalem Aufwand hatte er einen sehr schönen Profit gemacht. Bin Laden hatte ihm für das Uran der Tschetschenen eine Vermittlungsgebühr von zweihundertfünfzigtausend Dollar bezahlt. Fünfzigtausend Dollar waren die Provision für seine Verwandten Borjahn und Mokthar Khan, die den Flug aus Kohat mit der Cessna und den Sicherheitsdienst für Ayub El Hussein, alias Abu Arif, organisiert hatten. Der in London ansässige und Ahmad Jan seit Langem verpflichtete paschtunische Geschäftsmann sollte im Lauf der nächsten Tage im Auftrag des berüchtigten Taliban und Terrorbankers eine Reihe Börsengeschäfte tätigen.

In dem Augenblick, in dem er auf den Send-Button klicken wollte, um seine E-Mail nach London abzuschicken, traf die Raytheon GBU-49/B »Enhanced Paveway II«-Gleitbombe, die die französische Dassault Rafale auf dem Weg zu ihrer ganz gewöhnlichen

ISAF-Aufklärungsmission beim Überflug des Distrikt Shinkay abgeworfen hatte, den Laserpointer, den der abtrünnige tschetschenische Terrorist wenige Stunden zuvor in Dr. Stefan Hubers Auftrag in einem großen Terrakottatopf platziert hatte, in dem eine spektakuläre Duftrose wuchs.

Es war eine der Besonderheiten der Paveway II, dass ihr Guidance and Control Unit – GCU – einen mikroprozessorgesteuerten Autopiloten hatte, der als Proportionalregler arbeitete. Dadurch konnte eine optimale Flugbahn gewählt werden, was die Reichweite im Tiefflug auf über achtzehn Kilometer und beim Höhenabwurf auf über dreißig Kilometer erhöhte.

Erstaunlicherweise hielten sich die Kollateralschäden des diskreten französischen Bombenabwurfes in Grenzen. Lediglich ein Dutzend Leibwächter und eine Handvoll Angestellter starben gemeinsam mit dem Taliban-Schattengouverneur und Terrorbanker. Sein Anwesen lag isoliert, und der gewaltige Lärm der Kampfflugzeuge hatte sämtliche Nutztiere einschließlich der Hofhühner und der Gruppe minderjähriger Hütejungen, die Ahmad Jan beschäftigte, aus dem direkten Umfeld des Wehrhofes vertrieben. Seine beiden Ehefrauen lebten schon seit Jahren in Pakistan, in der bunten und lebhaften Hafenstadt Karatschi am Arabischen Meer, die man scherzhaft auch gerne die »Taliban-Riviera« nannte. Seine Kinder waren nach Abschluss ihrer Universitätsausbildung in Nordamerika nie wieder an den Hindukusch zurückgekehrt und profitierten – gut integriert und zwischenzeitlich ausnahmslos kanadische Staatsbürger – in einem friedlichen und zivilisierten Umfeld von den nicht unerheblichen finanziellen Mitteln, die ihr Vater aus seinen zahllosen illegalen Aktivitäten erwirtschaftete und durch Vertrauensleute und Broker klassisch und sicher anlegte.

TEIL 3

ERSTES KAPITEL

Frankreich – Paris – 36, Quai des Orfèvres

Es war erstaunlich einfach gewesen, mit den Leuten vom Veterinäramt in der Cité des 4000 in La Courneuve auf die Jagd nach Schädlingen zu gehen. Mehrere Stadträte aus der Oppositionspartei hatten den Bürgermeister am Anfang des Schuljahres in einem offenen Brief daran erinnert, dass es zu seinen Pflichten gehörte, für die Gesundheitssicherheit der Bevölkerung Sorge zu tragen. Dazu gehörte es auch, etwas gegen die unappetitliche Ratteninvasion zu unternehmen. Manche Nager, die um die Cité des 4000 gesichtet wurden, waren angeblich so groß wie kleinere Katzen und versetzten sogar abgebrühte Drogendealer in Angst und Schrecken und vertrieben deren Kunden aus den Parks der Cité. Als die DSV gekommen war, hatten die Bewohner des Le Balzac und der benachbarten Wohntürme sich nicht quergestellt, sondern sie machen lassen. Selbst die üblichen Unruhestifter und die polizeibekannten Drogendealer benahmen sich zivilisiert.

Trotzdem war Moulin erleichtert gewesen, als seine kleine Equipe und der Kriminaltechniker, der sie begleitet hatte, am Ende wieder heil und ganz am 36, Quai des Orfèvres aufschlugen. Allerdings hatte sich das gewagte Unternehmen für sie gelohnt. Sie wussten jetzt, dass einer der beiden Männer, die aus dem Cercle de l'Union Interalliée entkommen waren, auch der »Künstler« war, der die Sprengstoffwesten und die Höllenmaschinen in Spanien und in

Deutschland hergestellt hatte. Und er war auch in der konspirativen Wohnung im Le Balzac gewesen.

Moulin rieb sich die Schläfen. Sie hatten noch eine Reihe anderer Fingerabdrücke abgenommen und waren hier auf mehrere alte Bekannte aus der Großpariser radikalislamistischen Szene gestoßen: Der selbst ernannte Imam betrieb in einem Pavillon, der der Moscheen-Gemeinde von Villiers-le-Bel als Gemeinschaftszentrum diente, eine illegale Koranschule. Er hatte eine klassische kriminelle Vergangenheit und ein paar Jahre im Staats- und Hochsicherheitsgefängnis von Fleury-Méurogis in seinem Lebenslauf. Der Mann war intelligent, ehrgeizig und wortgewandt. Er betrieb einen extremistischen Internet-Blog in französischer und arabischer Sprache, dessen Besucherzahlen stetig anstiegen. Die anderen »Fingerabdrücke« gehörten zu seinem engen Umfeld und hatten mit ihm in Fleury eingesessen.

Der Kommissar druckte sich die Gesichter der Männer aus, die zu den Fingerabdrücken gehörten, und pinnte sie mit bunten Stecknadeln zu den anderen Bildern auf der große Korkwand in seinem Büro im obersten Stock unter den historischen Schieferdächern des 36, Quai des Orfèvres.

Sie hatten diesen Imam aus Villiers-le-Bel genauso im Visier wie zweihundert andere Radikalislamisten im Großraum Paris, die potenzielle Kämpfer für den Dschihad im Irak anwarben. Man beobachtete ihn genau wie die hundertneunundneunzig anderen, aber ihre Möglichkeiten waren begrenzt. Eine echte Überwachung rund um die Uhr verlangte mindestens zwanzig Polizisten pro Gefährder.

Moulin sah die Bilder lange an, dann hängte er sie in einer anderen Reihenfolge auf: Die noch nicht identifizierten Begleiter der beiden belgischen Möchtegern-Terroristen, die im Cercle de l'Union Interalliée ihre Köpfe verloren hatten, waren die Profis. Wahrscheinlich war einer von ihnen der »Künstler«, der die Sprengsätze herstellte. Moulin wusste, dass sie hier auf einer ganz heißen Spur waren. Und die beiden Profis hatten irgendjemanden über sich, der die Befehle gab. Das »Gehirn«. Er hängte ein Blatt mit einem dicken

Fragezeichen über die Profis. Seine Equipe würde sich verbeißen wie eine Meute Jagdhunde.

In der Wohnung waren aus Sicherheitsgründen keine Kameras oder Wanzen installiert worden. Echte Profis fanden selbst professionelles Überwachungsequipment. Das unbekannte »Gehirn« und die beiden Männer hatten mit den beiden kriminellen Belgiern marokkanischer Abstammung eine Art Testlauf unternommen. Jetzt hatten sie sich eine neue Mannschaft zusammengestellt; eine, die wahrscheinlich ihren Vorstellungen besser entsprach und interessantere Profile hatte – der selbst ernannte Imam und seine Gruppe zorniger junger Männer aus der Pariser Banlieue im Département 95!

Der Kriminalhauptkommissar ahnte, dass hier jemand, der sehr gut organisiert war und sein Projekt von A bis Z durchdacht hatte, etwas Großes und Eindrucksvolles plante. Niemand machte sich solch eine Mühe, um nur ein kleines kriminelles Ding abzuziehen und in einer Industriezone in der Banlieue eine Lkw-Ladung mit Flachbildschirmen zu klauen oder den Bargeldvorrat einer Poststelle in der Provinz auszuräumen. Hier arbeiteten sehr gut ausgebildete Experten an einem Attentat, das die französische Bevölkerung als Ganzes aus dem Gleichgewicht bringen würde. Er erinnerte sich noch mit Grauen an die blutige Attentatsserie von 1995 und 1996 zurück.

Natürlich waren die Neunzigerjahre nicht mit den Siebzigern und den Achtzigern zu vergleichen, während derer die extreme Linke europaweit Gewaltakte verübte und dabei auch Frankreich nicht verschonte, das zugleich in einer Zeit des Postkolonialismus mit diversen extremistischen Gruppierungen aus der eigenen Vergangenheit und mit neuen, extrem linken Anarchisten konfrontiert wurde. Dazu kamen damals noch politische Extremisten aus dem Iran und der Türkei, die Paris und Frankreich als einen Nebenkriegsschauplatz außerhalb ihrer eigenen Landesgrenzen ausgewählt hatten.

Doch die Anschläge von 1995 und 1996, deren Auftakt die Entführung des Air-France-Fluges Algier–Paris am Weihnachtstag 1994 gewesen war, waren in ihrem wahllosen und heimtückischen Angriff auf völlig Unbeteiligte besonders grausam und pervers gewesen. Und bei der Entführung der AF 8969 war das Ziel in Wahrheit nicht ein einfaches Freipressen von inhaftierten Kampfgefährten gewesen, so wie seinerzeit bei den Entführungen von Flugzeugen durch die PLO. Das war jedoch nicht publik gemacht worden, und selbst die wenigen Journalisten, die damals begriffen hatten, was das eigentliche Ziel der Attentäter der GIA gewesen war, hatten sich sehr zurückgehalten. Erst nach dem 11. September 2001 hatten sich dann die Zungen gelöst, und die Franzosen mussten erfahren, dass Abdul Abdallah Yahia, der »Emir«, Mustafa Chekienne, der »Killer«, Makhlouf Benguetaff, der »Cowboy«, und Salim Layadi, der »Tölpel«, in Wirklichkeit vorgehabt hatten, den bis zum Rand mit Treibstoff gefüllten Airbus als fliegende Bombe in den Pariser Eiffelturm zu stürzen.

Sie hatten jetzt ausreichend Informationen zusammengetragen, um entsprechende Beamte auf eine Reihe spezieller Zielpersonen anzusetzen. Moulin wanderte hinüber zu seiner Pinnwand und klebte Post-its mit den Namen der Männer auf die Fotos. Lediglich die beiden Gesichter von den Überwachungskameras des Supermarktes gegenüber der Moschee bekamen noch Fragezeichen. Sein Bauchgefühl sagte ihm, dass er sie, die »Profis«, nicht in ihren üblichen Dateien finden würde. Aber seine Nummer zwei, Simon Atlan, hoffte, von dem Besitzer des Peugeot Break, dem Antiquitätenhändler Umberto Castro, mehr zu erfahren. Sie hatten den Mann zuerst ein paar Tage lang diskret beobachtet und waren sich sicher, dass er nichts mit dem Anschlag im Cercle de l'Union Interalliée zu tun hatte. Castro schien den Peugeot Break, der ihnen in der Cité des 4000 aufgefallen war, nie selbst zu benutzen. Er fuhr entweder seinen Vintage-Jaguar oder Taxi. Den Break benutzte lediglich der Gärtner, und ab und an verlieh der Antiquar ihn an Bekannte.

Moulin fixierte seine Pinnwand, dann sein Mobiltelefon.

Frankreich – Département Val-d'Oise – unweit von Chantilly

Umberto Castro hielt Commandant de Police Simon Atlan vom 36, Quai des Orfèvres die Künstlermappe hin. Sie saßen inmitten früchtetragender Zitrusbäume in dekorativen Pflanzkübeln in der liebevoll restaurierten Orangerie von Castros Besitz. Auf einem kleinen Tisch, den ein farbenprächtiges orientalisches Mosaik zierte, standen zierliche Kaffeetassen der Porzellanmanufaktur von Limoges und eine kleine Schale mit Gebäck und Obst.

Ihr letztes Zusammentreffen lag eine Woche zurück, und Castro hatte hart gearbeitet. Er war stolz auf das, was sich zwischen den mit marmoriertem Seidenpapier verzierten Hartkartondeckeln im A3-Format verbarg. Er wusste, dass er eine echte zeichnerische Begabung hatte, auch wenn er diese seit dem Abschluss seines Studiums an der Kunstakademie des Musées du Louvre nur noch in der Anfertigung von Karikaturen seiner Freunde und Bekannten auslebte. Als er vor fünfundzwanzig Jahren mit fünftausend Francs in der Tasche sein Antiquitäten-Business gestartet hatte, hatte er sich eingestanden, dass seine Begabung niemals für eine Karriere als Künstler ausreichen würde. Aber es reichte allemal, um den Polizeibehörden bei einer Ermittlung zur Hand zu gehen. Und er hatte ein ausgezeichnetes Gedächtnis für Gesichter.

Schon beim ersten Besuch Atlans war der Funke übergesprungen. Ihre Familien stammten beide aus der gleichen Gegend. Tiemcen war eine größere Stadt im Nordwesten Algeriens nahe der Grenze zu Marokko. Obwohl der Antiquitätenhändler noch »drüben« geboren worden war, während der jüngere Atlan die »alte Heimat« nur aus Erzählungen seiner Eltern kannte, teilten sie doch gewisse traditionelle gesellschaftliche Werte der nordafrikanischen Sephardim-Juden. Castro kannte selbstverständlich auch das Restaurant und den angeschlossenen koscheren Feinkostladen von Simon Atlans Eltern im Marais, unweit des Freimaurer-Museums im IX. Arrondissement. Das war eine echte Institution, in der sich die Sephardim-Community von Groß-Paris gerne traf.

Atlan betrachtete die Zeichnungen seines neuen Bekannten. Sie waren ausgezeichnet. Auf dem letzten Blatt luden zwei breitschultrige, sportlich durchtrainierte Männer in Jeans und T-Shirt, die er von ihren Screenshots aus dem Überwachungsfilm des Supermarktes in der Cité des 4000 bereits kannte, Kisten aus einem silbergrauen Kleinlaster, der in dunkelgrauen Lettern die Aufschrift »Sheherazade's Marvellous Gardens sprl Industriepark Erasmus-Noord B-4 1070 Anderlecht Belgie« trug. Dann betrachtete er die Porträtgalerie und staunte: Da waren nicht nur zwei Männer, sondern vier. Und die Zeichnungen waren perfekt.

»Das ist fantastisch, Umberto«, lobte er den Antiquitätenhändler.

Castro hob seinen kleinen apricotfarbenen Pudel auf den Schoß und lehnte sich zufrieden in seinem Korbsessel zurück.

»Ich hatte mich schon bei der ersten Lieferung, die ich erhalten habe, gewundert, warum die ihren Kleinlaster so Ton in Ton gespritzt haben, Simon. Das sieht zwar edel aus, ist aber nicht besonders werbewirksam. Wenn Sie das Fahrzeug vorbeifahren sehen, dann fällt Ihnen die Beschriftung nicht einmal auf.«

»Was haben die Ihnen eigentlich geliefert, Umberto?«, fragte Atlan schließlich neugierig.

Sie hatten bislang nie über den Inhalt des Fahrzeugs gesprochen. Er wusste aber, dass der graue Kleinlaster im letzten Monat zwei Mal nach Chantilly gekommen war. Und beim letzten Mal hatte nur ein einzelner Mann Castros Break zurückgebracht und den Kleinlaster wieder abgeholt. Castro hatte es durchs Fenster der Küche zufällig beobachtet, während der Mann beim Gärtner die Schlüssel zurückgab.

Sie waren bei Atlans erstem Besuch lange in dem großen Park des Schlösschens spazieren gegangen, und der Polizist tippte bei der Lieferung auf Gartenbedarf, Blumenzwiebeln oder Lebendpflanzen, klassische Exportprodukte der Benelux-Länder.

Der Antiquitätenhändler schmunzelte: »Haben Sie Zeit, Simon?«

Er setzte den kleinen Pudel auf den Boden und stand auf. Der Polizist nickte.

× × ×

Castro hatte Atlan zu einem zweiten Herbstspaziergang quer über das Gelände eingeladen, das das Schlösschen aus dem 17. Jahrhundert umgab. Es war eine klassische Parklandschaft »à la Française«, die am Ende des 19. Jahrhunderts von einem berühmten Gartenbauer – Henri Duchêne – angelegt worden war und sich über etwas mehr als zehn Hektar erstreckte. Unter den uralten Laubbäumen graste sogar friedlich Rotwild, das sich nicht im Geringsten an dem enthusiastischen kleinen apricotfarbenen Pudel störte, der die Männer begleitete und wild japsend durch das bunte Herbstlaub flitzte.

Das etwa dreißig Meter lange Wirtschaftsgebäude im traditionellen Fachwerk der Oise stand so gut von Bäumen versteckt im Herzen des Besitzes, dass es weder Sicherheitssysteme noch Alarmanlage gebraucht hätte. Vor der gesamten Fassade wuchsen Weinreben, die in einem satten spätherbstlichen Rot strahlten. Atlan hatte das Gebäude aufgrund der überwucherten Fassade bei seinem ersten Spaziergang im Park nicht einmal bemerkt. Er stellte erstaunt fest, dass sich hinter dem historischen Äußeren, das eine wunderbare Filmkulisse abgegeben hätte, ein perfekt eingerichteter hochmoderner großer Lagerraum für Antiquitäten und andere Kunstwerke befand. Das Pudelchen hatte sie nicht ins Innere begleitet, sondern es vorgezogen, draußen im Blätterwald Igel zu jagen.

Castro deutete im Vorbeigehen mit dem Daumen beiläufig auf eine Kammer mit einer soliden Stahltür und erklärte ihm, dass er hier sogar so empfindliche Stücke wie mittelalterliche Handschriften einlagern konnte – dank einer speziellen Klimaanlage, die es ermöglichte, Bedingungen wie in Museumsvitrinen zu schaffen.

»Mein Freund und Studienkamerad Maître Hervé Mellet hat mir vor zwei Monaten einen alten Kunden seines Auktionsnotariats vorgestellt, der Teile einer größeren Privatsammlung verkaufen möchte.«

Castro zeigte mit der Hand auf Steinarbeiten, die wie die Soldaten nebeneinander aufgereiht standen. Jede Figur trug einen Klebesticker mit einer Nummer und einem schwarzen Barcode. Er erklärte dem Polizisten in kurzen Worten, welches historische Interesse die Stücke hatten.

»Es sind sehr gute, kommerzielle Antiquitäten.« Er hob ein Relief hoch, auf dem sich zwei Reiter befanden. »Ich datiere dieses Stück auf die Zeit von Philipp von Makedonien.«

Er deutete mit dem Finger auf ein Detail und begründete seine Datierung.

»Und sie haben absolut einwandfreie Herkunftsnachweise«, erklärte Castro weiter. »Das ist gerade bei Stücken der griechischen und römischen Antike sehr wichtig – und natürlich bei sämtlichen etruskischen Antiquitäten. Es gibt auf dem Markt nämlich auch viel Gestohlenes und Unmengen von ausgezeichneten Fälschungen.«

Während der Händler erklärte, betrachtete Atlan fasziniert die Stücke. Er war ein literarischer Allesfresser, der keinen Fernseher besaß, und erst vor ein paar Tagen war es ihm wieder einmal nicht gelungen, an seinem Lieblingsbuchladen *La Boussole des Amériques* vorbeizugehen.

Atlan hatte am Ende eines harten Tages im 36, Quai des Orfèvres dort hineingeschaut und war anschließend mit einer großen Leinentasche voller Bücher und fast einhundert Euro ärmer nach Hause gewandert. Dort hatte er sich mit einer Kanne Espresso und einem Pfund schwarzer Schokolade gemütlich auf sein Kanapee zurückgezogen und mit dem allerneusten Clive & Dirk Cussler *Treasure of Khan* eine schlaflose Nacht verbracht. Cusslers Super-Held Dirk Pitt musste wieder einmal die Welt retten. Dabei findet er nicht nur heraus, dass der Böse des Romans, der Mongole Borjin, seinen ganzen Zirkus mit dem Erdöl nur veranstaltet, weil er das Grab von Dschingis Khan sucht, sondern findet selbst auch noch zufällig den großen Schatz von Kublai Khan in einer Lavaröhre auf Hawaii.

Natürlich wusste Simon, dass es unpatriotisch war, US-Action-Fiction-Müll zu lesen. So nannte sein Freund Gwén Kérmorvan immer abschätzig die populären literarischen Ergüsse aus Amerika, die er selbst jedoch heiß liebte. Und jedes Mal, wenn ein neuer Clancy oder ein neuer Cussler erschien, überkam es ihn, und er »musste« einfach zu seinem Lieblingsbuchladen pilgern.

Der kleine Hund war nach seiner Igeljagd zufrieden mit einem Stöckchen im Maul in das Lagerhaus zurückgekehrt und begrüßte sie begeistert mit wedelndem Schwanz. Castro beugte sich zu seinem Pudelchen hinunter, streichelte es und zupfte ihm ein paar getrocknete Blättchen aus dem Fell. Es war ganz offensichtlich, dass der Antiquitätenhändler Zeit schinden wollte, um nachzudenken. Schließlich ging er zu einem Panzerschrank. Er zog einen Bund mit Spezialschlüsseln aus der Jackentasche und wählte einen aus. Außer dem Schlüssel war noch ein Nummerncode notwendig, um die Sicherheitstür zu öffnen.

Atlan hatte eigentlich weitere wertvolle Stücke in dem Sicherheitsmöbel erwartet, doch Castro schien darin lediglich Unterlagen aufzubewahren. Er blätterte sich durch eine eindrucksvolle Hängeregistratur, zog einen Ordner heraus und streckte ihn dem Polizisten hin.

»Wollen Sie nicht einfach ganz offen mit mir reden, Simon? Ich habe das Gefühl, dass es hier um erheblich mehr geht als nur um den Diebstahl von Autos und Nummernschildern.«

In dem Ordner war eine Verkaufsliste: Fotos von Antiquitäten, Kurzbeschreibungen der Stücke, ausführliche Beschreibungen, Kopien von Herkunftsnachweisen, eine Preisliste. Hinter etwa einem Drittel der Objekte waren rote Kreuze. Das waren die Antiquitäten, die Castro interessiert hatten. Mit Bleistift war sein Preisvorschlag hingeschrieben, wo er nicht mit dem angegebenen Preis einverstanden war, und eine Telefonnummer. Die Vorwahl war 001 gefolgt von den drei Zahlen 504.

»Eine Mobilfunknummer in den USA«, sagte Castro freundlich, aber der Mann kommt wohl regelmäßig nach Europa. Er erzählte mir, er sei Privatdozent. Es war kein bekannter Name wie Harvard, Standford oder Berkley, aber etwas Seriöses und Biederes. Eine dieser teuren angelsächsischen privaten Lehranstalten: die Katholische Universität der Franziskanischen Missionare der Muttergottes – Franciscan Missionaries of Our Lady University – in Baton Rouge in Louisiana. Er erwähnte Religionswissenschaften. Sie nennen es in den USA auch *Divinities.*«

Simon Atlan dankte Castro. Er hatte im ersten Anlauf natürlich nicht sämtliche Karten auf den Tisch gelegt. Er hatte allerdings auch nicht damit gerechnet, dass er mehr als eine kurze Erklärung bekommen würde, warum Castros Peugeot Break ausgerechnet mit ihren Terrorverdächtigen in einer übel beleumundeten Vorstadt von Paris geparkt hatte.

Der Kriminalbeamte zog schließlich sein Mobiltelefon aus der Jackentasche und deutete auf den Ausgang:

»Entschuldigen Sie mich bitte für einen Augenblick. Ich muss mir zuerst das Okay bei meinem Vorgesetzten holen, Umberto – ich bin gleich wieder zurück. Dann reden wir weiter.«

Frankreich – Forêt Domaniale de Jardy – Vaucresson

Rolland Fabré hatte den Kurator des Musée Guimet sofort nach der Rückkehr des Teams aus dem Urlaub angerufen und einen Wagen mit Fahrer nach Vaucresson geschickt. Bevor sie ihm die Kiste und den USB-Schlüssel anvertrauten, hatten sie Juries externen Beratervertrag erst einmal auf unbestimmte Zeit verlängert. Die neue Einverständniserklärung versprach ihm nicht nur – gemäß Sektion 3, Paragraf 411, Alinea 6 des Code Pénal – fünfzehn Jahre hinter Gittern und eine Geldstrafe im sechsstelligen Bereich für Geheimnisverrat, sondern auch noch ewiges Höllenfeuer und Verdammnis, falls er irgendwo herumerzählte, was man ihm seitens des Geheimdienstes gerade anvertraut hatte. Seit diesem Sonntagnachmittag hatte er fast ohne Pausen gearbeitet und sogar die letzten Vorbereitungen für seine große Weihnachtsausstellung im Petit Palais vernachlässigt und an seine beiden Assistenten übergeben.

Seine Auftraggeber aus dem Fort de Noisy wussten bereits, dass die seltsame »Dose« aus Kristall weder einen Flaschengeist noch Tee enthielt. Es handelte sich um einen Behälter aus der altägyptischen Bestattungstradition.

»Allerdings passt er nicht ins übliche Spektrum«, erklärte David Jurie der Chefin des Service Action und seinem alten Freund Rolland Fabré kurz das Problem. Die Gottheit auf dem fest verschlossenen Deckel des Kristallbehältnisses stellte Serapis dar, den integrativen Reichsgott des ptolemäischen Ägypten, während normale Deckel von sogenannten Kanopenkrügen immer nur die vier Horus-Söhne zeigten und gemäß dem dargestellten Horus-Sohn dann auch die entsprechende Innerei enthielten – Magen, Leber, Nieren, Gedärme.

»Ich musste den Krug zuerst röntgen«, sagte der Archäologe und stellte das seltene Teil wieder zurück auf den großen Tisch. »Durch Serapis konnte ich diese Antiquität dann allerdings relativ einfach datieren. In groben Zügen natürlich: Die ersten Serapis-Darstellungen tauchen mit Ptolemaios I. als dem *Satrapen* – dem Verwalter – Ägyptens auf, also in etwa zum gleichen Zeitpunkt, zu dem Alexander von Makedonien in Babylon stirbt: 325 vor unserer Zeitrechnung. Was die Kanope beinhaltet, habe ich Ihnen ja bereits gesagt.«

Für die Sache mit dem Herz hatte er allerdings noch keine logische Erklärung gefunden, aber er hoffte, dass irgendeines der zwölf Manuskripte auf dem USB-Stick der DGSE des Rätsels Lösung barg. Er griff nach dem geschnitzten Kibotos. Dann fuhr er mit dem Finger an der ins Elfenbein gearbeiteten Beschriftung der länglichen Schachtel entlang, las laut vor und übersetzte umgehend aus dem Koine ins Französische.

Diese ganz spezielle Sprachstufe des Griechischen war fast eintausend Jahre lang im östlichen Mittelmeerraum, auf der südlichen Balkanhalbinsel, in Syrien, Palästina, Ägypten und zeitweilig sogar im zentralasiatischen Raum das, was Englisch heute war: die allgemein akzeptierte und überregionale Verkehrssprache. In seinem Geschäft lernte man Koine ab dem ersten Semester.

»Dies ist die Karte des Ptolemaios, und sie wird dem, der sie in Händen hält, den Weg zu den wunderbaren Schätzen des großen Alexander weisen!«

Der Inhalt des Kibotos hatte ihn Zeit und Nerven gekostet, doch es war ihm gelungen, die große Rolle zu entnehmen und sie, ohne sie zu beschädigen, zu entrollen. Er hatte sie anschließend abfotografiert und sofort wieder eingerollt. Das einzigartige und legendäre Objekt befand sich bis auf Weiteres in einer Spezialkammer des Musée Guimet, wo Temperatur und Luftfeuchtigkeit perfekt an seine Bedürfnisse angepasst waren. Außer dem Kurator besaß niemand den Zugangscode.

Jurie sah leise amüsiert, welche Wirkung seine Worte hatten. Sein alter Freund Fabré und die geheimnisvolle und etwas unheimliche Chefin von Frankreichs geheimster Dienststelle, die sich ihm bei ihrem ersten persönlichen Zusammentreffen namentlich nicht vorgestellt hatte und die Rolland immer nur als »Madame le Juge« ansprach, waren gleichzeitig sprachlos, erschrocken, verwirrt und verzaubert. Für Spione und Agenten hatte das Wort »Legende« eine völlig andere Bedeutung als für Historiker und Archäologen.

Hätte er die Kanope und den Kibotos aus anderer Hand erhalten und hätte er nicht erst wenige Wochen zuvor für das Musée Guimet eine andere absolute Ausnahme-Antiquität erstanden, die so eindeutig in das Suchmuster seiner neuen Freunde vom Geheimdienst passte, dann hätte er wahrscheinlich den Verdacht geäußert, dass es sich hier um einen glorreichen Archäologen-Streich handelte. Solche Streiche flogen regelmäßig auf und erschütterten dann die unglücklichen Besitzer der Fälschungen genauso wie die Experten, die Stein und Bein auf die Echtheit der Stücke geschworen hatten.

»Diese beiden Stücke stammen aus der gleichen Grabung, die Sie mir damals im Rahmen unserer ersten Videokonferenz beschrieben haben, nicht wahr? Sie kommen von dort, wo man auch die steinerne Stele gefunden hat, von der ich eine Skizze erhielt?«

Jurie hatte die perfekt erhaltene, mehr als zweitausend Jahre alte Schatzkarte mithilfe eines speziellen Computerprogramms bearbeitet. Er zog sie jetzt auf den extragroßen Bildschirm. Dann positionierte er mit der Maus eine ganz besondere Landkarte über der Fotografie des Objekts. Er hatte sie selbst für dieses ganz spezielle Treffen gezeichnet.

× × ×

Fast eine Stunde später schüttelte Christiane Près ungläubig den Kopf. Der Kurator des Musée Guimet hatte seine Erzählung beendet. Mit einem Mal sah sie das große Ganze in absoluter Klarheit. Mit jedem Mausklick auf Juries Bildschirm war es vor ihrem inneren Auge deutlicher und klarer geworden. Obwohl sie nur Juristin war und nicht Historikerin oder Archäologin, verstand sie. Sie erinnerte sich an den Thriller, den sie im Februar des Jahres im Flugzeug auf dem Rückweg aus Washington verschlungen hatte. In den USA nannten man solche Bücher passenderweise *airport adventure fiction* – Flughafen-Abenteuerromane. Sogar der Titel fiel ihr wieder ein: *The Alexander Cipher* – und der Name des Autors: Will Adams. Nur hier handelte es sich nicht um die Erfindung eines kreativen Geistes, sondern um eine Legende, die plötzlich Realität wurde. Rolland Fabré schwieg nachdenklich.

»Aus diesem Grund wollte ich auch, dass wir uns in diesem ganz kleinen Kreis und äußerst diskret hier bei mir zu Hause treffen.«

Jurie hatte den Dreck, den er am Abend des Essens in der Wohnung der Blanc-Aimés heimlich von einem der ausgestellten Versteigerungsobjekte gekratzt hatte, sorgfältig analysiert. Sämtliche Stücke, die der Kurator gesehen hatte, entsprachen dem Suchprofil der Division Action. Er hatte Fabré bei ihrem Mittagessen in der Woche nach dem Ereignis bereits erste Vermutungen unterbreitet.

»Das heißt, wenn nicht ausgerechnet Sie als ausgewiesener Experte zufällig diese ganz spezielle Statue in die Hand genommen und die Verunreinigung bemerkt hätten – und zwar nachdem wir Sie mit unserem ganz besonderen Problem um Hilfe gebeten und unter Vertrag genommen hatten …?« Die Direktorin des Service Action seufzte leise.

Ohne die rein zufällige Einladung des Archäologen zu einem Abendessen bei Adèle und Gabriel hätte ihre beste Freundin in der Woche vor Weihnachten im Hôtel Drouot eine dieser glamourösen Prestige-Versteigerung veranstaltet, für die das Auktionsnotariat Mellet & Blanc-Aimé bekannt war und für die sich in erster Linie entsprechend finanzstarke Sammler interessierten, während Showeffekt und festiver Rahmen Promis und die Boulevardpresse anzogen. Normalerweise interessierte der Dienst sich nicht für Antiquitätenversteigerungen. Die DST schaute höchstens vorbei, wenn ein korrupter Politiker aus Schwarzafrika französische Schmiergelder verplempern wollte.

Und selbst wenn Christiane Près noch vor dem Stichtag bei Adèle und Gabriel Blanc-Aimé zu Abend gegessen hätte – sie war seit Jahren daran gewöhnt, dass die große Wohnung ihrer Freunde einem Museum ähnelte und dort ständig wertvolle Antiquitäten herumstanden. Trotz Kérmorvans und Rossis dramatischer Flucht, dem Hochtal, der amerikanischen Black Ops, dem Fang von Taher El Ouazzani, den Beutestücken der *Operation Cupcake* … Trotz der ganzen anderen Superlativen, die inzwischen mit dem Embryo ihrer streng geheimen deutsch-französischen Zelle im Service Action in Verbindung gebracht wurden … Selbst wenn sie den kleinen Satyr aus Stein zufällig in die Hand genommen hätte; sie hätte niemals gesehen, dass es eine makedonische Arbeit war, und ihr wäre nicht aufgefallen, dass frischer Fledermausdreck an ihm klebte. Sie hörte David Jurie weiter zu.

»Um der Sache wirklich auf den Grund zu gehen, habe ich meine Ergebnisse abschließend noch mit verschiedenen Arbeiten zur

Chiroptera-Fauna Pakistans und Afghanistans vergleichen lassen. Fledermausdreck an Fundstücken hilft uns oft, die Herkunft genauer zu bestimmen oder das Alter eines Fundes abzugleichen«, erklärte der Kurator des Musée Guimet.

Im ersten Augenblick hatte er natürlich an eine traditionelle Raubgrabung gedacht, als er den Rückstand entdeckte. Im Nahen und Mittleren Osten und in Zentralasien gab es viele natürliche Felsenhöhlen, die über Jahrtausende als Gräber oder als Verstecke genutzt worden waren.

»An einem Stück, von dem der Verkäufer behauptete, es befände sich seit den Napoleonischen Kriegen in der Privatsammlung seiner Familie und stamme aus der »Kriegsbeute« eines Vorfahren, der während der Barbaresken-Kriege in Nordafrika kämpfte, findet man keinen frischen Fledermausdreck einer Spezies, die nur im afghanisch-pakistanischen Grenzgebiet im Hindukusch verbreitet ist. Die Kollegen von der Uni, die ich um Hilfe bat, konnten es mir sogar noch genauer sagen: Die Spezies, die die Statue in der Wohnung von Maître Blanc-Aimé verunreinigte, lebt vor allem in den Felsenhöhlen der Großen Suleimans. Es ist wirklich schade, dass wir es hier mit einer Raubgrabung zu tun haben.«

David Jurie lächelte seine beiden Besucher entwaffnend an. Er hatte sich mit dem Schicksal des fantastischen Fundes abgefunden und sich gleichzeitig in sein eigenes Schicksal gefügt. Das breite Publikum würde niemals die Schatzkarte des Ptolemaios und die Kanope mit dem Herzen Alexanders des Großen bewundern dürfen. Genauso wenig würden künftige Generationen je seinen Namen mit dem legendären Schatz des Makedoniers assoziieren, so wie man Schliemann mit Troja und Carnarvon/Carter mit Tutanchamun assoziierte.

Natürlich hatte Christiane Près dem Museumskurator nicht erzählt, dass sie und Adèle Blanc-Aimé sich seit dem ersten Semester ihres Jurastudiums an der Sorbonne kannten und eng miteinander befreundet waren. Sie erhob sich von der bequemen ledernen Chesterfield-Couch in David Juries privatem Arbeits- und Studierzimmer und warf einen amüsierten Blick auf den Raum.

Er hatte sich sein akademisches Refugium in einem kleinen ehemaligen Landwirtschaftsgebäude inmitten der alten Obstbäume, der Zwergziegen und frei laufenden Leghorn-Hühner seiner Freundin eingerichtet. Nur ein großer, schwerer und unschöner Tresor, eine hochmoderne Klimaanlage und der Desktop-PC mit den beiden Flachbildschirmen erinnerten Besucher daran, dass man sich nicht in einem Kuriositätenkabinett des 18. Jahrhunderts aufhielt. Sie nickte Rolland Fabré zu und bedeutete ihm, dass es an der Zeit war, aufzubrechen.

Obwohl sie Taher El Ouazzani wohl niemals würden verhören können, geschweige denn ihm öffentlich je den Prozess machen, war die gesamte Operation am Hindukusch ein durchschlagender Erfolg gewesen.

Die private Vorlesung, die David Jurie ihnen gerade gehalten hatte, hatte ihr geholfen, eine Reihe fehlender Teilchen in das große Puzzle einzufügen, an dem sie herumtüftelte, seitdem sie Kérmorvans blutigen Zusammenstoß mit den ehemaligen SpezNas des GRU und Major Arkadij Matveev im Herzen der Großen Suleimans in Echtzeit mitverfolgt hatte.

Man hatte in der langen Geschichte der Division Action, die sich in ihren unterschiedlichsten Manifestationen bis zu Prinz de Conti, der Secret du Roi und dem illustren Chevalier d'Éon zurückverfolgen ließ, noch niemals zuvor so viele Fliegen so schnell mit einer einzigen Klappe erschlagen: den Terrorbanker Ahmad Jan, den Al-Qaida-Technologen El Hussein, die zweihundert Gramm gestohlenes Uran 238 aus Kasachstan, die als schmutzige Bombe das Herz einer europäischen Großstadt verseuchen sollten. Und die Tatsache, dass sowohl die tschetschenischen Terroristen von Doku Umarow als auch die al-Qaida jeweils eine Million Dollar verloren hatten, war ein weiteres Plus.

Christiane Près' politische Herren waren genauso erleichtert gewesen wie die Deutschen, denen ihr »Freund« Dr. Stefan Huber zu Diensten war. Monsieur le Président de la République, emotionaler und extrovertierter als der unterkühlte Staatsminister im

Kanzleramt oder dessen von calvinistisch-lutherischen Werten geprägte Chefin, hatte umgehend beschlossen, sämtlichen uniformierten Beteiligten beider Länder und dem IM Besson sofort im neuen Jahr und während eines geheimen Festakts im Élysée-Palast, der bereits für den Dreikönigstag festgesetzt war, den tief empfundenen Dank der Nation auszusprechen. Dabei wollte Louis Poniatowski ihnen natürlich Orden an die Brust heften.

Christiane Près hoffte, dass wenigstens ihre beiden brandneuen deutschen Mitarbeiter, Major Bayram Ritter vom KSK und Major Carla Rossi vom Sanitätsdienst der Bundeswehr, noch Platz auf der Uniform hatten, denn bei Gwénaël und den Jungs vom CPEOM Quélern wurde es bereits eng auf der Brust.

Stefan Hubers durchgestylter und tiefgekühlter Chef im Bundeskanzleramt hatte eine bessere, wenn auch unspektakulärere Idee gehabt, um den Dank der deutschen Nation auszudrücken: Er hatte für die gemeinsame Zelle, der Julien Rudeaux inzwischen den Codenamen CORVUS gegeben hatte und die offiziell zum 1. Januar des neuen Jahres den Dienst aufnahm, sehr tief in seine tiefschwarzen Geldtöpfe gegriffen und sie mit zahlreichen sündhaft teuren Hightech-Gadgets ausgerüstet. Dabei hatte er der Division Action gleich auch noch zwei weitere LUNA-Drohnenpärchen gestiftet, die zusammen mit den beiden anderen, die sie am Anfang vereinbart hatten, in diesem Augenblick beim niederbayerischen Hersteller in der gleichen Weise umgerüstet wurden wie die, die bereits in der Provinz Zabul so erfolgreich operiert hatten. Sie verstand natürlich, warum es für die Deutschen einfacher war zu bezahlen, als selbst aktiv zu werden und Probleme zu lösen.

× × ×

Christiane Près wanderte aus dem »Kuriositätenkabinett« in den Obstgarten, um dem Archäologen und Fabré ein paar Minuten freundschaftlicher Intimität zu gewähren. Sie schlenderte zu einem Apfelbaum und wählte sich eine schöne, reife Frucht aus. Dann biss sie, ohne sich um ihren Lippenstift zu kümmern, genüsslich und herzhaft hinein. Sie musste an diesem späten Nachmittag eine Reihe Entscheidung treffen, wobei die erste wahrscheinlich die einfachste war.

Nachdem Kérmorvans Truppe und der deutsche Neuzugang Rossi mit dem gefassten Terroristen und reicher Beute in Vélizy-Villacoublay gelandet waren, hatte die Bundeswehrärztin El Ouazzani aus seiner Skopolamin- und Propofol-induzierten Bewusstlosigkeit wecken wollen. Doch trotz einer entsprechenden Dosis Physostigmin, dem traditionellen Antidot, war der Algerier einfach nicht zu Bewusstsein gekommen.

Rossi hatte daraufhin gebeten, den Terroristen umgehend in eine medizinische Einrichtung zu transferieren, wo sie dann nach einer Batterie von Tests zweiundsiebzig Stunden später feststellen musste, dass ein winzig kleiner, aber messerscharfer Gesteinssplitter, wohl von einem Querschläger des wilden Feuergefechtes zwischen Kérmorvans Team und den zurückgebliebenen Söldnern aus Jones' Truppe, aus dem Felsen geschlagen und Taher so unglücklich an der Halswirbelsäule verletzt hatte, dass er sich in einem Zustand befand, den man nicht mehr wirklich als »am Leben« bezeichnen konnte. Es gab Hirnströme, die Fähigkeit zu atmen und einen relativ regelmäßigen Herzschlag. Allerdings war El Ouazzani bewegungsunfähig, unfähig, Nahrung zu schlucken, kommunikationsunfähig und ohne Kontrolle über eine Reihe klassischer Körperfunktionen. Rossi hatte ihnen die Situation erklärt: Der messerscharfe Splitter hatte alles durchtrennt, was den Terroristen von einem Wurzelgemüse unterschied, und nichts von dem getroffen, was ihn endgültig vom Leben in den Tod befördert hätte. Als erfahrene Notfallmedizinerin hatte Rossi nach unzähligen intensiven Untersuchungen und tagelanger Beobachtung des Patienten abschließend eine infauste Prognose gestellt und ihnen bedeutet, dass der momentane Zustand des Patienten eine Heilung nicht ermöglichte und mit dem baldigen Tod zu rechnen sei.

Christiane Près hatte anschließend Xavier Maniguet, ihren historischen Service-Action-Notfallmediziner, zu einer kurzen Rückkehr in den Dienst aus seinem goldenen Ruhestand als Bestsellerautor und Abenteurer überredet. Er hatte eine ähnlich pessimistische Prognose erstellt wie Rossi. Und aus Gründen der Ethik waren dann noch diskret die beiden Militärärzte des Val-de-Grâce hinzugezogen worden, die immer wieder für die DGSE konsultierten. Sie waren gar noch entmutigter als Rossi und Maniguet und sprachen von einem persistenten, vegetativen Zustand und einem Koma, aus dem der Patient nicht erweckbar war.

Christiane Près bot den Rest ihres Apfels einer der zutraulichen Zwergziegen an, die ihr in David Juries Garten Gesellschaft leisteten, und kraulte das kleine Tier freundschaftlich unterm Kinn. Rolland Fabré und sein Archäologenfreund standen zwischen Tür und Angel, unterhielten sich aber immer noch lebhaft. Christiane Près zog das Cryptophon aus der Tasche der herbstlichen Steppjacke im Schottenkaro und tippte aus dem Gedächtnis eine Telefonnummer ein. Es dauerte eine Weile, bis die Geräte auf beiden Seiten sich ausgetauscht hatten und ein gesicherter Kommunikationskanal offen war. Im Hintergrund hörte sie seltsame Geräusche. Es klang nach Schlagbohrer.

Sie schmunzelte. Die beiden hatten zwar versucht, es als »erwachsene Menschen« elegant zu verstecken, aber Christiane Près hatte natürlich sofort begriffen, dass Kérmorvan und Rossi ihre dramatische Flucht aus dem geheimnisvollen afghanischen Hochtal nicht nur als »gute Kameraden« beendet hatten. Die Division Action hatte allerdings keine internen Richtlinien, die diese Form der »Verbrüderung« untersagten, solange zwischen den Betroffenen kein Untergeordnetenverhältnis bestand.

»Es würde Sie nicht stören, eine kleine Pause bei der Renovierung von Major Rossis künftiger Unterkunft einzulegen und einen Trip zum Val-de-Grâce zu unternehmen, Commandant?«, befahl sie ihrem Offizier trocken.

× × ×

Als der Mann vom Fahrdienst der Division Action den diskreten und bequemen Peugeot 407 SW Kombi auf die D182 steuerte, die um den großen Sportkomplex, den Golfplatz und die Reitsporteinrichtungen von Jardy herumführten, brach die Chefin der Division Action endlich das Schweigen.

»Es ist für alle Beteiligten besser, wenn El Ouazzani sich aus dieser Welt verabschiedet. Schnell. Er kann nicht ewig im Val-de-Grâce herumliegen.«

Fabré hob die Schultern. Es machte keinen Unterschied, ob sie es aussaßen oder ob sie nachhalfen: Der Algerier war in seinem aktuellen Zustand so nutzlos wie ein holziger Kohlrabi. Mit jedem Tag auf der Intensivstation riskierten sie, dass jemand anfing, Fragen zur Identität des Koma-Patienten zu stellen. Einen Monat nach der Rückkehr ihrer Einsatzgruppe hatte sich sein Zustand nicht verändert. Und sie brauchten sowieso keine Informationen mehr von ihm. Was Kérmorvan und sein Team im Hochtal abgesammelt hatten – Computerfestplatten, Satellitentelefone, diverse Ausdrucke, USB-Schlüssel und CD-ROMs –, hatte ihnen mehr geliefert, als der Mann selbst wohl je verraten hätte

»Ich habe mir da etwas überlegt«, sagte Christiane Près. Ein feines Lächeln spielte um ihren Mund. Warum sollten sie selbst nicht einfach von diesem überraschenden zweitausendfünfhundert Jahre alten Glücksfund profitieren?

»Könnten Sie sich vorstellen, unseren Freund David Jurie zusammen mit einer kleinen Equipe loszuschicken, um diskret herauszufinden, was an dieser abenteuerlichen Geschichte wirklich dran ist? Es scheint diese fantastischen Schatzkammern Alexanders des Großen ja wirklich zu geben. Wir haben jetzt zufällig diese uralte Schatzkarte in die Hände bekommen, und wir wissen definitiv, dass die, die hinter der Grabung in den Großen Suleimans stecken, sie nie zu Gesicht bekommen haben. Es wäre schade, eine solche Gelegenheit nicht zu ergreifen und Kérmorvans außergewöhnliche ›Kriegsbeute‹ in irgendeinem Panzerschrank zu vergessen?«

Fabré schmunzelte. Sein Freund Jurie hatte ihm eine ganz ähnliche Idee vorgetragen, als sie allein gewesen waren. Es musste ja nicht unbedingt gleich geschehen, und man musste auch niemandem auf die Nase binden, dass man eine ganz besondere Schatzkarte in Händen hielt und diese höchst spannenden Schriftrollen, die eine ganz andere Story erzählten als die offiziellen Geschichtsbücher. Er hatte David Jurie versprochen, sein Bestes zu tun, um Madame le Juge zu überreden. Und er hatte auch schon eine Idee, wen er als Vorab-Team auf eine erste, diskrete Aufklärungsmission schicken konnte.

ZWEITES KAPITEL

Vereinigte Arabische Emirate – Dubai

Eine Gruppe von Borjahn Khans Kämpfern hatte O'Shaughnessy, Frankie, Jack und Mikie bereits an der Kreuzung erwartet, von wo aus eine Piste nach Masizi Kalay und die andere nach Mapan führte. Sie hatten Jones' Contractors den grausigen Fund sofort gezeigt.

»Es war Borjahns Mann Junus, der diese beiden Toten identifizierte.«

O'Shaughnessy holte ein Foto auf den Bildschirm seines Laptops. In einer Felsspalte erkannte man zwei große Geländemotorräder. In dem Gestrüpp davor schimmerten ein paar Knochen weiß, an anderen schienen noch Überreste von Fleisch und Stofffetzen zu hängen. Das, was man als Schädel erahnte, war ebenfalls schwer beschädigt. Trotzdem war klar, dass es sich nicht um Opfer eines Unfalls handelte.

»Das waren jedoch nur zwei der drei Tschetschenen, die in den Ahmad-Jan-Deal mit dem Al-Qaida-Mann verwickelt waren. Als Borjahns Männer sie endlich fanden, waren sie bereits völlig von wilden Tieren zerfressen.«

O'Shaughnessy zeigte Jones ein weiteres Foto.

»Egal was Borjahn sagt, Sir, wir haben nirgendwo ein drittes Motorrad oder weitere Knochen entdeckt. In meinen Augen hat hier lediglich einer der drei tschetschenischen Kuriere seine beiden Kameraden exekutiert, um mit dem ganzen schönen Geld auf

Nimmerwiedersehen zu verschwinden. Das hat wahrscheinlich sogar nichts mit dem ganzen Desaster im Hochtal zu tun.«

Jones nickte nachdenklich. Er hatte bis zu dem langen und erschütternden Videokontakt via Skype natürlich schon einiges vermutet. Die Tschetschenen hatten einen haarsträubend schlechten Ruf. Selbst die gewalttätigsten der radikalislamistischen Terroristen aus den pakistanischen Stammesgebieten machten sich in die Hosen, wenn sie mit den Tschetschenen zu tun hatten, und niemand traute den Männern aus dem Nordkaukasus. Jones wusste, dass eine enorme Mehrheit der Mitglieder der Quetta Shura die Männer aus dem Kaukasus nicht als Kampfgefährten betrachteten, sondern als ganz gemeine Kriminelle.

Am Anfang war es nur Jones' Bauchgefühl gewesen. Nach dem Zwischenfall vom Frühjahr mit den Kommandosoldaten aus der deutschen Spezialeinheit KSK hatte dieser Verdacht sich allerdings erhärtet. Es gehörte auch zu Jones' Job, über sämtliche Protagonisten informiert zu sein, mit denen seine Contractors im Rahmen eines Auftrags konfrontiert wurden, den seine Firma übernahm.

Jones hatte versucht, mit ihrem Auftraggeber über das Problem zu sprechen, doch Dr. Marshall B. Kingsley hatte seine Ahmad-Jan-Hypothese mit der Verbindung in den Nordkaukasus abgetan. Für Kingsley war Ahmad Jan kein Thema, weil seit den Neunzigerjahren so gut wie jeder Jagd auf den Taliban und Terrorbanker machte. Schon vor der Schreckensherrschaft der Taliban wurde international nach Ahmad Jan gefahndet, weil der Paschtune aus der afghanischen Provinz Zabul tief in den internationalen Rauschgift- und Waffenhandel verstrickt war.

Jones war sich immer darüber im Klaren gewesen, dass Ben Kingsley auf anderen Wegen und wahrscheinlich sogar direkt aus dem Munde des US Director of National Intelligence erfuhr, mit welchen detaillierten *Mission Orders* die einzelnen Special-Forces-Gruppen losgeschickt worden waren, die Arkadij Matveev und seine privatisierten GRU-SpezNas drei Jahre lang wie die Tontauben abgeschossen hatten. Der Kontaktmann im US CENTCOM auf der Bagram-Airbase war lediglich dazu da gewesen, die Marschrouten aus den aktuellen OPLANs und die entsprechenden Q-Comms direkt an die Teams im Hochtal von Iskanderga'l weiterzugeben.

»Wir haben alles genau untersucht, Sir!« O'Shaughnessy zeigte Jones weitere Fotos.

Der alte Söldner betrachtete die Aufnahmen aufmerksam. Er vergrößerte ein paar Ausschnitte. Die Informationen, die sie von Dadullahs Großonkel Ashim und seinen beiden Frauen Bibi Aisha und Bibi Firuzza erhalten hatten, waren dünn. Gleichzeitig waren die drei alten Leutchen die einzigen Überlebenden des Hochtals, die etwas erzählen konnten. Wahrscheinlich hatte man Großonkel Assim und seine beiden Frauen Aisha und Firuza betäubt. Sie mussten mindestens vierundzwanzig Stunden verschlafen haben, wahrscheinlich sogar zwei ganze Tage. Gleichzeitig waren die Erklärungen der Augenzeugen der Zerstörung von Ahmad Jans Anwesen zu konfus, um irgendwelche vernünftigen Schlüsse zu ziehen. Die Taliban-Kämpfer und Viehhirten hatten alle nur eine gewaltige Explosion gesehen. Und von Borjahns Mann, der den Al-Qaida-Emissär El Hussein in dem Geländewagen chauffiert hatte, fehlte immer noch jede Spur. Genau wie von dem großen, schwarzen gepanzerten Chevrolet, den Dadullahs Cousin ihnen immer auslieh, wenn Dr. Kingsley ins Hochtal kam.

Jones stand auf und holte zwei Flaschen Mineralwasser aus dem Kühlschrank. Der befand sich in der Küche eines großen Büros, das zu Lagerräumen der Import-Export-Firma Briar's Drilling Equipments Ltd in der Dschabal-Ali-Freihandelszone von Dubai gehörte. Briar's diente Jones bereits seit den frühen Neunzigerjahren als Deckmantel für seine Auslandsreisen und langen Aufenthalte im Nahen und Mittleren Osten. Er hatte damals das kleine Unternehmen bei Bristol, für das der ältliche kinderlose Besitzer keinen Nachfolger fand, gekauft und übernommen und mit dem ihm eigenen Geschäftssinn umstrukturiert, während er sich gleichzeitig eine entsprechende neue Identität schuf.

Als zwischenzeitlich mittelständischer Unternehmer »Thomas Briars« besaß er einen sauberen britischen Pass und eine niet- und nagelfeste Legende. Er war ein unbescholtener Bürger, der brav seine Steuern bezahlte und weder durch rüpelhaftes Autofahren noch durch Falschparken auffiel. Er wählte konservativ, besaß ein hübsches Haus am äußeren Rand der südlichen Cotswolds, in dem er mit seiner langjährigen Haushälterin Emma und einer inzwischen vierundzwanzigjährigen Tochter lebte, die gerade damit angefangen hatte, an der Eliteuniversität von Cambridge ihre Doktorarbeit in Angewandten Bibliothekswissenschaften zu schreiben. Ihre Mutter war offiziell bei einem Autounfall während einer Safari in Afrika ums Leben gekommen. Seinen offiziellen Mitarbeitern im Spezialmaschinenbau galt Jones alias Thomas Briar als ein sozialer und fürsorglicher Arbeitgeber, der sich selbst engagiert um den Vertrieb ihrer teuren Einzelanfertigungen für die Erdölindustrie kümmerte.

Briar's Drilling Equipments Ltd war Jones' Waschmaschine für das Geld, das er mit der sehr diskreten und auf der Kanalinsel Guernsey inkorporierten Kriegsdienstleistungs-Firma Global Security Associates Inc. als »Tom Jones« verdiente. Er hatte sich das Pseudonym, eine augenzwinkernde Hommage an den Helden des großartigen Schelmenromans von Henry Fielding, vor etwas mehr als einem Vierteljahrhundert zugelegt, als er im März 1980 beschloss, seiner Heimat Rhodesien den Rücken zu kehren und niemals wieder aus Überzeugung und Patriotismus seine Haut für korrupte, gewissenlose Politiker zu riskieren.

Richard O'Shaughnessy wusste das alles natürlich nicht. Jones sprach niemals über seine Vergangenheit, und der einzige Mann, der noch gewusst hatte, wer er gewesen war, bevor er sich in Tom Jones und Thomas Briars verwandelte, war seit zwei Monaten tot.

Trotz dieser Geheimniskrämerei hatte Jones den ehemaligen Unteroffizier der britischen SAS doch in sein ganz privates Refugium an der Containerzone 3 mitgenommen, anstatt mit ihm und Frankie, Jack und Mikie, den drei anderen Überlebenden aus Iskanderga'l, im großen und anonymen *Jebel Ali Beach Hotel* zu reden.

Die vier hatten sich dort nach ihrer diskreten, illegalen Ankunft im Emirat eingemietet. Sie waren nach dem Massaker im Hochtal und dem seltsamen Verschwinden von Taher El Ouazzani mit der Cessna nach Dubai geflogen. Braun gebrannte, sportlich wirkende Männer Mitte dreißig mit rabiaten Kurzhaarschnitten und Arbeitsvisa in europäischen oder amerikanischen Pässen arbeiteten oft als hoch bezahlte Fachkräfte in der Erdölindustrie oder in der boomenden Baubranche der Golfstaaten, die untereinander auch einen kleinen Grenzverkehr im Stil der europäischen Schengen-Zone praktizierten. In Clubhotels der gehobenen Mittelklasse fielen sie in Dubai niemandem auf. Zugleich war es für Singles die einfachste Möglichkeit, den ein oder anderen One-Night-Stand abzuschleppen, ohne mit den konservativen Sittenwächtern und den Gesetzen des Landes in Konflikt zu geraten. Außerdem schenkte man dort auch Alkohol aus.

»Bates' gesamtes Team wurden im und am Ausgang des Felsentunnels von Antipersonenminen getötet.«

O'Shaughnessy holte mehrere Plastikreste in einer durchsichtigen Tüte aus einer Sporttasche, die er niemals durch eine Flughafenkontrolle gebracht hätte.

»Ich würde sagen, dass es sich hier um israelische N°4 handelt.«

Man konnte Reste einer schwarzen Beschriftung erkennen. Er deutet mit dem Finger auf zwei eindeutig hebräische Buchstaben.

Dann legte O'Shaughnessy Jones seine Hypothese dar: Unbekannte hatten den Tunnel benutzt, um das Hochtal zu betreten oder um es zu verlassen, und hatten dabei in dem schlecht beleuchteten Durchgang und auf den drei ersten Steintreppen Sprengminen hinterlassen. Da der Felsentunnel lediglich jenen im direkten Umfeld der Ausgrabung vertraut war, die mit dem Professor gearbeitet hatten, und einer kleinen Gruppe Mitgliedern der Familie Khan – Dadullah selbst, Borjahn und einigen wenigen seiner Männer –, musste man wahrscheinlich hier nach einem Sicherheitsleck suchen.

Die Contractors, die im Hochtal und auf der Sicherungsmission um den Ahmad-Jan-Deal zurückgeblieben waren, waren nicht das

Problem gewesen: Die Truppe war völlig überrascht worden. Rowan, Erin und zwei weitere Männer waren im Kampf Mann gegen Mann gefallen. Bates' gesamte Gruppe war den Antipersonenminen zum Opfer gefallen. Er und drei Kameraden waren dabei sofort tot gewesen, die beiden Contractors aus der EW-Gruppe innerhalb weniger Minuten verblutet.

O'Shaughnessy hatte Erfahrungen mit APMs, und er hatte während seiner Karriere im SAS und zuvor bei den Rifles während seiner Einsätze in Ex-Jugoslawien, im Irak und in Afghanistan mindestens ein Dutzend Kameraden durch Minen sterben sehen. Er wusste, dass er selbst immer nur großes Glück gehabt hatte. Genauso wie jetzt. Wenn er nicht wegen seines Romans, des Treffens mit Pierre Besson und des Buchvertrags noch vor dem Winter um jeden Preis nach Kabul hätte fahren wollen … Er schluckte und hoffte, dass Jones den kurzen Moment der Unsicherheit nicht bemerkte.

»Ich stimme Ihnen zu. Die UZI, die Sie gefunden haben, und die israelischen Antipersonenminen sind jedoch immer noch keine Garantie dafür, dass auch Israelis hinter diesem ganzen Debakel stecken müssen, Rick.«

Jones hatte im Verlauf der letzten Tage für Richard O'Shaughnessy einen gewissen Respekt entwickelt, obwohl er ihn anfänglich nur als Notlösung rekrutiert und auch den Reinfall mit dem entflohenen Gefangenen noch nicht vergessen hatte.

»Es wäre natürlich möglich, dass der Professor hinter der Zerstörung von Iskanderga'l steckt. Wir werden wahrscheinlich nie erfahren, was er in dieser Felsennische in der letzten der drei Kammern tief unten im Felsen gefunden hat oder was auf diesen Schriftrollen stand, die Sie nicht nach Kabul gefahren haben.«

»Die Hard Disk seines Desktop-PCs war ordentlich ausgebaut worden.«

O'Shaughnessy hatte den Schock um den Verlust seiner Kameraden rasch überwunden und anschließend getan, was getan werden musste.

Er war sämtlichen Spuren nachgegangen, die sie vor Ort gefunden hatten. Er hatte auch die Wohnräume des Mannes im Obergeschoss des traditionellen Wehrhofes von Dadullahs Großonkel minutiös untersucht. Das große Gebäude war völlig unbeschädigt geblieben.

»Ich zweifle nicht an den Beobachtungen von Dadullahs jüngerer Großtante, Sir«, erklärte er Jones, der sich in diesem Augenblick noch einmal sämtliche Fotos aus Iskanderga'l ansah, »und Bibi Firuza hat ja das Gleiche geschildert wie ich. Sie hat auch erzählt, wie der Professor nach unserer Abreise und als auch Bates aus dem Hochtal verschwunden war, anfing, unzählige Armvoll Schriftrollen hinauf in seine Räume zu schaffen und sich dort oben einzuigeln. Unten in der dritten Kammer fanden wir dann auch insgesamt fünfunddreißig leere Tonkrüge. Und ich habe den Professor da unten ja auch herummachen sehen. Er wollte, dass ich ganz schnell wieder verschwinde, und stellte sich in den Weg, um mir die Sicht zu versperren. Das hat er auch mit Dadullahs Großtante gemacht. Aber dieses seltsame Verhalten erklärt keinen der anderen Zwischenfälle: weder die Explosion von Ahmad Jans Anwesen noch den verschwundenen Tschetschenen oder das verschwundene Geld. Borjahns Leibwächter, der sich mit diesem El Hussein, dem Chevy und zweihundert Gramm Uran 238 in Luft auflöst …«

»Ich glaube genauso wenig wie Sie an die große Verschwörung, Rick. Mir ist es in diesem Augenblick allerdings auch nicht unrecht, dass Borjahn Khan die gesamte Schuld für dieses Desaster auf das unheimliche Atommüllgeschäft schiebt, das Ahmad Jan vermittelt hat, und sich eine hanebüchene Horrorstory aus den Fingern saugt.«

»Der Typ von al-Qaida hatte scheinbar enge Verbindungen zur Mara Salvatrucha – MS-13. Ich habe das zufällig gehört, als wir ›Onkel Mokthar‹ in der Leitung hatten, der seinen älteren Bruder Ashim und die beiden Frauen beruhigen wollte.«

O'Shaughnessy verstand ein bisschen Paschtu.

»Diese Typen sind natürlich weitaus gefährlicher und brutaler als die al-Qaida und die Tschetschenen zusammengenommen. Aber trotz viel Fantasie kann ich mir nicht vorstellen, wie dieser El Hussein alleine oder mithilfe des Professors unbemerkt eine wilde Horde tätowierter Latinos aus den Stammesgebieten eingeschleust haben sollte, nur um sämtliche ›Mitwisser‹ des Atomdeals zu massakrieren, dann den Tschetschenen das Geld wegzunehmen, das sie ein paar Stunden zuvor für das Uran 238 abkassiert hatten, um anschließend noch das Hochtal zu verwüsten und die letzten Fundstücke aus der Felsenfestung zu klauen.«

Jones hörte dem Briten aufmerksam zu, während er auf dem Bildschirm von O'Shaughnessys Laptop eine Weitwinkelaufnahme betrachtete, die im Zentrum des Hochtals die Leichen der vier zurückgebliebenen Contractors zeigte.

»Borjahn ist felsenfest davon überzeugt, dass der Professor seine Einladung zum Fastenbrechen vor einem Monat nur deswegen abgelehnt hat, um oben im Hochtal heimlich und unbeobachtet seinen finsteren Atomdeal mit diesem Al-Qaida-Typen einzufädeln. Borjahn erwähnte nach dem Telefongespräch mit ›Onkel Mokthar‹, dass er aus einem ›früheren Leben‹ Verbindungen zu bin Laden und irgendeiner Terrororganisation aus Nordafrika gehabt habe.«

Jones schluckte. Er wusste natürlich seit vielen Jahren über Professor Dr. Taher El Ouazzanis radikalislamistische Vergangenheit und über seine Verwicklung in zahlreiche blutige Attentate Bescheid. Dr. Kingsley hatte ihm den Hintergrund des Mannes erklärt, als er ihn damals gebeten hatte zu helfen, den Algerier nach einem fehlgeschlagenen Terroranschlag in Frankreich aus der Türkei und vom NATO-Stützpunkt Incirlik zu exfiltrieren. Doch in seiner Firma galt das Need-to-know-Prinzip, und so war lediglich Arkadij Matveev eingeweiht gewesen. Für die Contractors auf der Grabungsstätte war der Mann lediglich »der Professor« gewesen.

Jetzt wusste also auch Richard O'Shaughnessy Bescheid. Er hoffte, dass »Onkel Mokthar« und Borjahn sich in der Aufregung nicht auch noch was Kingsley anbetraf verplappert hatten. Das wäre eine sehr unglückliche Fügung, die verheerende Konsequenzen nach sich ziehen könnte. Vor allem wenn ihr Auftraggeber versehentlich davon erfahren sollte.

»Ich war ehrlich erstaunt, dass diese doch sehr weit hergeholten Erklärungen Borjahns der Familie Khan und auch Dadullah zu reichen scheinen. Natürlich kann Ahmad Jan sich nicht mehr rechtfertigen. Und darüber hinaus scheint niemand wirklich zu wissen, woher dieser El Hussein wirklich kam, bevor Mokthar Khan ihn in Peschawar in Empfang nahm und ihn ein paar Tage im Gästehaus unterbrachte, bis die Sache mit den tschetschenischen Kurieren organisiert war.«

O'Shaughnessy senkte die Augen.

Bates hatte ihn in Kabul angerufen, als er auf dem Weg zu seinem Treffen mit Pierre Besson gewesen war. Er hatte ihm Bescheid gegeben, nachdem die Cessna gestartet war, um den Al-Qaida-Mann in Peschawar abzuholen. Seine erste Reaktion auf Borjahns Story war Kopfschütteln gewesen. Als angehender Thrillerautor und ehemaliger Elitesoldat hätte er es nie gewagt, mit einem so löchrigen Plot anzukommen. Selbst schnelle Schundliteratur von der Supermarktkasse war plausibler und besser durchdacht. Allerdings gab es eine logische Erklärung für das, was geschehen war, und in der spielten weder der Professor noch der Mann von al-Qaida die Schurkenrolle. Er hatte es bereits in dem Augenblick befürchtet, als er seine toten Kameraden am Eingang des Felsentunnels liegen sah. Doch es war Borjahn nicht aufgefallen, und auch Mikie, Jack und Frankie hatten nicht reagiert. Natürlich hatte er es vermieden, das verräterische Foto zu schießen. Er würde diese ganz spezielle Beobachtung und das ungute Gefühl auch nicht mit Jones teilen. Trotzdem fürchtete er, dass mindestens einer ebenfalls in diese Richtung denken könnte: der wahrscheinlich gefährlichste Mann, mit dem er im Rahmen der geheimen Grabung in den Großen Suleimans zu tun gehabt hatte.

»Der Boss?«, fragte er und bemühte sich dabei, seine innere Unruhe vor dem erfahrenen älteren Mann zu verbergen.

Jones seufzte leise. Schließlich hob er die Schultern. Er arbeitete seit einem Vierteljahrhundert für Ben Kingsley. Sie waren fünfundzwanzig Jahre lang immer offen miteinander gewesen. Dann war es einer Gruppe scheinbar unidentifizierter Special Forces gelungen, unbemerkt bis in das Hochtal von Iskanderga'l vorzudringen, und alles hatte sich verändert. Ihm war O'Shaughnessys leichte Unsicherheit aufgefallen. Also war der jüngere Mann wohl erheblich intelligenter, als er anfänglich geglaubt hatte.

»Ich werde dafür sorgen, dass Mikie, Frank und Jack ihre Gehälter bis zum offiziellen Vertragsende erhalten. Und natürlich auch ihre Prämien. Für Sie gilt selbstverständlich das Gleiche, Rick. Ich würde es allerdings schätzen, wenn Sie erreichbar bleiben könnten, um für mich gewisse Aufgaben zu erfüllen.«

Jones ertappte sich plötzlich dabei, mit O'Shaughnessy genauso zu sprechen, wie er mit Arkadij Matveev gesprochen hätte.

Trotz eines Hauchs von Zweifel, den zu verscheuchen er einfach nicht über sich brachte, blieb Jones in diesem Augenblick keine andere Wahl, als auf O'Shaughnessy zu bauen. Er brauchte Back-up, bis er verstand, was in Afghanistan wirklich vorgefallen war und was Kingsley seit ein paar Wochen vor ihm zu verheimlichen suchte.

Tom Jones hatte Global Security Associates Inc. während der letzten Jahre um des vielen guten Geldes willen ein wenig leichtsinnig in eine fast vollständige kommerzielle Abhängigkeit von Ben Kingsley und den amerikanischen Geheimdiensten manövriert. Er wusste, dass er aus diesem Grund sehr vorsichtig sein musste, falls er in den nächsten Jahren als Thomas Briars in Rente gehen und von dem kleinen Vermögen profitieren wollte, das er mit dem groß angelegten Antiquitätenschmuggel und der geheimen Grabung verdient hatte. Er wollte den Rest seiner Tage in Ruhe verleben, ohne ständig über die Schulter schauen zu müssen. Und er wollte nicht um die Sicherheit von Annie und Emma bangen müssen. Er wusste, zu welchen Exzessen die Amerikaner sich hinreißen ließen, wenn sie das Gefühl hatten, irgendwelche unsäglichen Dinge verheimlichen zu müssen. Dazu gehörte es auch, einen Mann wie ihn endgültig zum

Schweigen zu bringen – gemeinsam mit all jenen, die sie einer Mitwisserschaft verdächtigten. Er hatte es geschehen sehen, ja gelegentlich in Kingsleys Auftrag sogar aktiv daran mitgewirkt.

Der CIA-Mann machte ihn seit dem Zwischenfall mit den nicht identifizierten Special Forces, die Arkadij Matveev und die Maltschiki massakriert hatten, extrem nervös. Jones fühlte, dass der erheblich mehr wusste, als er ihm sagen wollte. Und es war unmöglich, dass Frank Mahooney, Kingsleys alter Freund und Gönner, als der Zahlmeister der Grabung und amtierender US Director of National Intelligence nicht herausgefunden hätte, wer die sechs Toten in der exklusiven Tarnkluft und der Entkommene, der behauptet hatte, ein kanadischer Militärarzt zu sein, wirklich gewesen waren.

Selbst im Falle einer klammheimlichen nationalen verdeckten Operation aus den Reihen der an ISAF und OEF Beteiligten hatten die technologisch hochgerüsteten US-Dienste zahlreiche Möglichkeiten, alle notwendigen Informationen zu akquirieren: Satelliten, Abhöranlagen, weltweite Überwachung des Internets, sämtliche Backdoors, die von den berüchtigten US-IT-Giganten in ihre Produkte eingebaut waren, um selbst die Kunden auszuspionieren oder genau dieses der amerikanischen Regierung zu ermöglichen, wenn die entsprechenden Druck ausübte.

Es war Jones von Anfang an klar gewesen, dass Mahooney diese aufwendige Black Ops in den Großen Suleimans nicht nur finanzierte, um den Spieltrieb seines jüngeren Protegés Kingsley zu befriedigen und ihm zu erlauben, sich gemeinsam mit alten Busenfreunden aus Tagen der *Operation Cyclone* ein glorreiches Indiana-Jones-Abenteuer zu gönnen. Hinter Iskanderga'l steckten knallharte wirtschaftliche Interessen der US-Geheimdienste.

Das Risiko, dass Kingsley Mahooney nicht die Wahrheit sagte, existierte. Und in diesem Fall bestand die Gefahr, dass er – Jones – am Ende für den DNI zum Sündenbock gemacht wurde. Ganz im Stil des berüchtigten Richters und Revolverhelden Roy Bean, der das geflügelte Wort geprägt hatte: »Wenn ich immer nur die Schuldigen hängen lasse, dann amüsieren wir uns nur noch selten!«

Jones war inzwischen überzeugt, dass die Funde des Professors aus den drei Kammern unter dem Ormus-Tempel der wahre Schatz der Grabungsstätte waren. Seitdem er Kingsley kannte, befand der sich auf der Jagd nach ganz besonderen Manuskripten, Schriftrollen und alten Büchern. Ob der Mann seinem großen Chef am Tyson's Corner erzählt hatte, was sie alles abtransportierten, seitdem El Ouazzani die drei Kammern unter dem Ormus-Tempel entdeckt hatte?

Vor dem Ormus-Tempel waren die Aktivitäten eine ganz normale, wenn auch gut organisierte und höchst ergiebige Raubgrabung und Plünderung gewesen. Im Jargon sprach man von Blutantiquitäten – *Blood Antiques,* so, wie seinerzeit der Begriff *Blood Diamonds* – Blutdiamanten – für die auf dem afrikanischen Kontinent geplünderten Edelsteine geprägt worden war, die ein jahrzehntelanges Kriegen und Morden finanzierten.

Was er in Kingsleys Auftrag heute in die USA exportierte, waren Funde, die bereits seit drei Jahren in den Lagerhallen der Freihandelszone von Abu Dhabi warteten. Nach Europa verschickte er ausschließlich Dinge aus dem Flugzeughangar von Kohat. Und die Schriftrollen aus den drei Kammern! Er hatte nicht eine einzige dieser Rollen in die USA expediert.

Wenn er in Ruhe darüber nachdachte: Die ganze Situation erinnerte ihn an das Husarenstück, das sie damals mit der Außenstelle der Nationalbibliothek von Bosnien und Herzegowina abgezogen hatten. Im Jahr 1995 während eines NATO-Luftangriffs. Und niemand war ihnen je auf die Schliche gekommen. Im Gegensatz zu der Sache mit dem irakischen Nationalmuseum und zum Amanullah-Palast in Kabul vor ein paar Jahren, die sie im Auftrag der CIA ausgeräumt hatten, war Sarajevo eine reine Privatoperation gewesen, die Kingsley im Rahmen seiner eigentlichen CIA-Mission organisieren konnte, weil er von seinen Vorgesetzten in Langley aus Sicherheitsgründen detailliert über die Angriffspläne und die Angriffsziele der NATO informiert worden war. Eigentlich hatten die ihm nur ermöglichen sollen, sich und einen wilden Haufen

Ehemaliger der *Operation Cyclone* aus der offiziellen Schusslinie gegen die Serben zu halten.

Jones erinnerte sich: Nachdem sie sich damals mit sämtlichen in der Außenstelle eingelagerten Handschriften in ihren falschen humanitären Hilfsfahrzeugen auf den Weg gemacht hatten, hatte Kingsley seinem wilden Haufen befohlen, das Gebäude mit Brandgranaten zu beschießen. Anschließend hatte er dann seinen Vorgesetzten die Hucke voll gelogen. Er hatte Stein und Bein geschworen, dass er mit eigenen Augen gesehen habe, wie NATO-Flugzeuge ihre eigentlichen Ziele – ein paar serbische Stellungen – verfehlten und so versehentlich das Bibliotheksgebäude mit Inhalt in Schutt und Asche legten. So stand es anschließend in den Pressemitteilungen, und so war es später auch dem geheimen Ausschuss drüben in den Staaten erzählt worden, vor den man auch ihn zitierte. Er war sicher, dass auch Mahooney niemals die Wahrheit erfahren hatte.

Während die UNESCO im Mai 1995 noch die NATO beschimpfte, fuhr Jones mit ein paar seiner Männer bereits Ben Kingsleys private Kriegsbeute von allen unbemerkt auf einem großen Motorboot über die Adria. Und trotz sämtlicher NATO-Kontrollen und der harten Überwachung des UN-Waffenembargos gelangten sie problemlos auf die andere Seite nach Pescara.

»Ich muss hier in den Emiraten noch gewisse Dinge abwickeln, Rick!«, sagte er zu dem Briten. »Es kann ein paar Wochen dauern, bis sämtliche Antiquitäten, die sich noch hier in Dubai befinden, verschifft sind. Anschließend muss ich mich um die Sachen kümmern, die noch in Kohat eingelagert sind. Ich schlage vor, dass wir beide uns anschließend im neuen Jahr an einem diskreten Ort in Europa treffen: Amsterdam, Paris, Brüssel. Ich weiß nicht, was Sie vorhaben.«

O'Shaughnessy nickte. Es störte ihn nicht, eine längere Pause einzulegen. Er hatte genug Geld auf der hohen Kante, und er wollte vor allem Zeit mit seinen Eltern verbringen. Sie hatten unweit von Southampton ein nettes Häuschen mit Garten und freuten sich, wenn er vorbeikam. Das war ein Ort, an dem er entspannen und in aller Ruhe schreiben konnte. Und ein Trip nach Belgien kam ihm gelegen. Er hatte sich schon in seiner Zeit beim SAS ein diskretes Konto bei einer Brüsseler Bank eingerichtet und besaß dort auch ein Schließfach mit ein paar Dingen, die man im Notfall sowohl im Geschäft der militärischen Spezialeinheiten als auch in der privaten Kriegsdienstleistung brauchte.

Ägypten – nahe Kairo am unteren Nil – Grabungsstätte von Tuna el-Gebel

»Ich glaube nicht, dass deine beiden Großtanten und dein Großonkel uns nachtrauern werden, Dadullah«, sagte Ben Kingsley.

Der Amerikaner hatte General Robert Rostand erzählt, dass er vor dem Jahresende seinen restlichen Jahresurlaub nehmen wollte, damit die Tage nicht verfielen.

Der Franzose hatte die neuerliche Abwesenheit seiner offiziellen Nummer zwei mit großer Gelassenheit hingenommen. Kingsley hatte schnell durchschaut, dass es dem Mann, der ihn an einen Komodowaran erinnerte – träge, kaltblütig und gefährlich –, nicht unrecht war, dass er vollkommen ambitionslos schien und nur selten in der Dienststelle auftauchte: ein Fast-schon-Pensionär auf dem beruflichen Abstellgleis, der ihm nicht ins Handwerk pfuschte und nicht dauernd aufgeregt um ihn herumflitzte. Es gab wahrscheinlich sogar irgendwo von höchster Stelle eine Weisung an Rostand, diskret dafür zu sorgen, dass die von Washington erzwungene internationale Agentenallianz in Paris nicht allzu effizient arbeitete.

Kingsley zog die Knie an und schlang die Arme um die Beine. Der Blick auf die Grabungsstätte vor der untergehenden Sonne war wunderschön. Dadullahs Tochter Sharifa glich mit dem langen Baumwollschal, den sie um ihren Hals geschlungen trug, einem Scherenschnitt aus dem 19. Jahrhundert. Asma, ihr Freund vom pakistanischen militärischen Geheimdienst, und dessen Frau zeichneten sich vor dem Hintergrund der Pyramide als kleine dunkle

Schatten ab. Als Foto wäre es ein perfekter Aufmacher für einen Artikel über Ägypten im *National Geographic.*

Dadullah hatte den Urlaub in Ägypten ursprünglich nur organisiert, damit Kingsley und der Leiter des pakistanischen militärischen Geheimdienstes in Ruhe über Osama bin Laden und über die Zukunft sprechen konnten. Was Kingsleys Boss, den US-DNI, außer dem exakten Aufenthaltsort des Terroristen interessierte, waren der Generalmajor Naeem Hassan Ali selbst und seine Clique aus dem militärischen Nachrichtendienst MI. Das war eine einflussreiche Gruppe innerhalb der pakistanischen Streitkräfte, die sich ihnen als eine echte Alternative zu ihrer aktuellen Seilschaft aus dem Inter-Services-Intelligence anbot. Diese Männer waren ihnen vor Jahren bereits entglitten und betrieben eine geheime Außenpolitik, die sich gegen die US-Interessen in Pakistan und am Hindukusch richtete. Sie standen vor allem der sunnitisch dominierten Lashkar-e-Jhangvi nahe und töteten regelmäßig Schiiten und Mitglieder der christlichen Minderheit Pakistans. Außerdem arbeiteten sie mit gewissen sehr radikalen Splittergruppen in der afghanischen Taliban-Bewegung zusammen, die die USA extrem störten.

Aus diesem Grund wollte Mahooney dem nächsten US-Präsidenten und einer neuen US-Regierung eine lebensfähige und positive Alternative zu ihren aktuellen pakistanischen »Freunden« vorstellen, die ein besseres Image verkörperten als die korrupte und vom religiösen Extremismus unterwanderte Seilschaft, mit der sie seit den Tagen des sowjetischen Krieges am Hindukusch Geschäfte machten.

Als Kingsley Mahooney nach seinem letzten Besuch auf der Grabungsstätte von Generalmajor Naeem Hassan Alis »zufälliger Entdeckung« in Abotabad unweit der Militärakademie am Ende der Green Street erzählt hatte, hatte der DNI ihn autorisiert, in der Bin-Laden-Geschichte die notwendigen Zugeständnisse zu machen, um Hassan Ali bei der Stange zu halten. Der Generalmajor vertrat eine liberale politische Linie und repräsentierte nun eine liberale, an wirtschaftlichem Wachstum und an Zusammenarbeit mit dem

Westen interessierte Strömung in der mächtigen und einflussreichen pakistanischen Armee. Mahooney ließ seinem jüngeren Untergebenen gleichzeitig freie Hand, alles nach eigenem Ermessen zu organisieren.

Hassan Alis Männer würden den Terroristen aus Saudi-Arabien weiter diskret im Auge behalten und dafür sorgen, dass er sich nicht plötzlich in Luft auflöste. Gleichzeitig sollten sie darüber informieren, welche Power Broker aus Armee, Regierung und Wirtschaft bin Laden in diesem Augenblick schützten.

Sie hatten mit dem Generalmajor im Verlauf der Woche in Kairo eine gute Übereinkunft getroffen. Dann hatte Jones' Anruf Kingsley erreicht, und sie hatten sich gemeinsam mit Dadullah die Bilder der Zerstörung aus Iskanderga'l angesehen, die die überlebenden Contractors gefilmt hatten. Dadullah hatte anschließend lange mit seinem Cousin Borjahn diskutiert und sich dann via Skype mit seinen beiden Großtanten und seinem Großonkel unterhalten.

Der Generalmajor vom pakistanischen militärischen Geheimdienst hatte selbstverständlich nichts von ihren Problemen im Herzen der Großen Suleimans mitbekommen. Genauso wenig wie Dadullahs Frau Asma Khan oder deren Tochter Sharifa. Sie hatten ihren Kurzurlaub einfach fortgesetzt und waren nach Tuna el-Gebel gefahren, wo Sharifa Khan auf einer großen Grabung arbeitete. Sie hatte ihnen mit dem Segen ihres Professors in einer Privatführung die große Grabkammer gezeigt, die sie gerade freilegten: dreißig gut erhaltene Mumien aus griechisch-römischer Zeit. Ein wahrhaft außergewöhnlicher Fund!

»Ich hätte nichts dagegen, die Alliance Base und die CIA an den Nagel zu hängen und wieder zu graben«, sagte der Amerikaner nachdenklich zu seinem paschtunischen Freund.

Seitdem er Tahers letzte E-Mail gelesen und den Scan des Dionysius-Manuskripts mit militärischem Kartenmaterial verglichen hatte, hatte Ben Kingsley ein paar der möglichen Verstecke des restlichen Alexander-Schatzes als sichere Orte abgehakt, die er bereits aus dem Fragment aus der Vijecnica und aus der uralten Schrift aus dem Kloster Tvrdoš kannte.

Dadullah nickte und seufzte leise. Seit einiger Zeit schon spielte er mit einem ganz ähnlichen Gedanken wie sein amerikanischer Freund. Die Tatsache, dass sie am Ende wirklich herausgefunden hatten, wo weitere Teile des legendären Alexander-Schatzes versteckt worden waren, hatte seine alte Freude an der Archäologie wiederbelebt. Außerdem spürte er, dass der Spagat seines Doppellebens zwischen den Taliban-Gebieten in Afghanistan und der Respektabilität einer erfolgreichen, urbanen Unternehmerfamilie Asma und die Kinder immer stärker belastete.

»Allerdings sollten wir uns dann doch noch ein bisschen umhören, bevor wir alles hinschmeißen und unsere Midlife-Crisis mit der Schaufel und dem Archäologenbesteck ausleben, Ben.« Dadullah Khan schmunzelte. »Denn vielleicht taucht Taher ja doch irgendwo wieder auf und erklärt uns dann alles. Er hat seinen saudischen oder seinen amerikanischen Pass, um ganz ungezwungen durch die Welt zu reisen – und er hat ein bisschen Geld auf der hohen Kante.«

Der Paschtune malte mit dem Finger Spiralen in den warmen Sand.

»Alleine mit dem, was wir in den letzten drei Jahren an der Grabung verdient haben, kann man an einem ruhigen Ort abtauchen und sich ein angenehmes Leben finanzieren«, sagte Ben Kingsley.

Dadullah Khan fand die Erklärung seines Cousins Borjahn um das geheimnisvolle Verschwinden ihres algerischen Freundes inmitten dieses Riesendesasters mit dem tschetschenischen Nuklear-Deal von Ahmad Jan nicht ganz so an den Haaren herbeigezogen, wie Ben zuvor behauptet hatte. Er hatte schon ähnliche Fantasien gehabt, um seiner eigenen »Karriere« als radikalislamistischem Warlord und Taliban-Anführer ein definitives Ende zu setzen. Ein Deal mit Ben und dessen Boss am Tyson's Corner, General Franklin D. Mahooney, eine kurze, internationale Pressemitteilung, in der von einer Killerdrohne oder einem Kommando US Special Forces die Rede wäre: Exit Dadullah, der Taliban-Warlord! Und der ehrenwerte Mr. Dadullah Khan könnte sich endlich seiner Familie und seinen Hobbys widmen und das gemütliche Cottage gegenüber einem 18-Loch-Golfplatz in den schottischen Highlands kaufen, von dem seine Frau seit Jahren träumte.

Sie lehnten entspannt Seite an Seite an einer etwa ein Meter hohen Mauer, die von Sharifas Team freigelegt worden war. Allerdings hatte sie keinen historischen Wert, sondern gehörte lediglich zu einem landwirtschaftlichen Gebäude, das während des Zweiten Weltkriegs zerstört worden war. Die damaligen Besitzer hatten nichts von der archäologischen Sensation geahnt, die unter ihren kargen Äckern im Schatten der Pyramiden von Tuna el-Gebel verborgen lag.

»Ich tue mich natürlich auch ein bisschen schwer mit der Story, die meine Großtante Firuza erzählt – aber nichts ist unmöglich, Ben. Er war wirklich seltsam überdreht, seitdem er diese zweite Kammer unter dem Horus-Tempel ausräumte, und als wir ihn das letzte Mal gesehen haben, war er komisch. So gar nicht wie unser Freund Taher …«

»Was daran lag, dass er felsenfest davon überzeugt war, dass diese Typen in Tarnkluft, die es unterm Radar bis ins Hochtal geschafft hatten, auf der Jagd nach ihm gewesen seien. Er war überzeugt, es handle sich um Israelis.«

»Israelis! Was für ein Unfug. Glaubst du, die Israelis hätten Rücksicht auf Aisha, Firuza und Großonkel Ashim genommen? Und eine Uzi oder APMs von IMI kriegst du problemlos an jeder Straßenecke. Daran mangelt es nun wirklich nicht!«

Sein Großonkel und seine beiden Großtanten waren eindeutig von jemandem betäubt worden, dem sehr daran gelegen war, die drei alten Leutchen am Leben zu lassen.

Dieser Jemand hatte außerdem sorgsam darauf geachtet, nichts von dem zu zerstören, was für seine drei betagten Verwandten wichtig war: nicht den schönen, alten Wehrhof, nicht ihre Tiere, die sich ganz offensichtlich die ganze Zeit über draußen aufgehalten hatten, ja nicht einmal das Mini-Wasserkraftwerk, das ihren Strom erzeugte und für ihren Komfort an diesem abgelegenen Ort in den Bergen sorgte. Jones überlebende Contractors hatten hier innerhalb weniger Stunden mithilfe von ein paar kräftigen Männern aus Borjahns Truppe alles reparieren und wieder in Betrieb nehmen können. Der ganze Rest waren lediglich Aufräumarbeiten gewesen.

Wer, außer jemandem, der eine echte emotionale Bindung zu Ashim, Aisha und Firuza hat, hätte sich je diese Mühe gemacht, dachte Dadullah.

»Auch Ahmad Jan hätte keine Rücksicht auf unsere betagte Verwandtschaft und ihre Viecher genommen!«

»Wir hätten Ahmad Jan und seine ganze verdammte Clique schon vor drei Jahren direkt zum Teufel schicken sollen, Dadullah! Verwandtschaft hin, Verwandtschaft her. Du weißt, dass ich Frank nur aus Rücksicht auf Asma nie die Wahrheit über dieses kleine gierige Arschloch gesagt habe. Wenn Frank je herausbekäme, dass ich schon seit Jahren Bescheid wusste, dann wäre das mein berufliches Ende; alte Freundschaft aus den Tagen in den Delta Forces hin oder her.«

»Wie sollte er dir auf die Schliche kommen, Ben? Jones' Männer, die Borjahn zur Hand gegangen sind, sind tot. Sie können nicht mehr reden. Jones selbst wird nicht reden. Und Ahmad Jan stand wegen seinen Drogen- und Waffendeals, seitdem ich denken kann, auf den Fahndungslisten. Der hat sich im Lauf der letzten fünfunddreißig Jahre so viele Feinde geschaffen, dass es fast schon an ein Wunder grenzt, dass man ihn erst jetzt abgeschossen hat. Was sagt eigentlich General Mahooney? Offiziell ist es für ihn ja kein Desaster, sondern ein großer Sieg im Kampf gegen den islamistischen Terrorismus.«

Dadullah hatte mitbekommen, dass Ben Kingsley während der letzten Nacht lange mit seinem Boss Frank Mahooney in den USA gesprochen hatte. Er kannte den DNI zwar noch aus den Tagen der *Operation Cyclone,* sie waren allerdings keine Freunde oder engen Bekannten. Seit dem sowjetischen Abzug aus Afghanistan waren Dadullah und Mahooney sich lediglich ein einziges Mal von Angesicht zu Angesicht begegnet. Sie hatten sich damals lange über das Sicherheitsrisiko ausgetauscht, zu dem Afghanistan seit dem Bürgerkrieg und dem Aufstieg der Taliban für die internationale Gemeinschaft geworden war, und hatten ihren Deal gemacht: Genau so, wie er zuvor einer ihrer Einflussagenten in der Mudschahedin-Bewegung und anschließend in der Nordallianz gewesen war, wurde er nun ihr Mann in der radikalislamistischen Community und der Taliban-Bewegung.

Im Austausch für seine treuen »Dienste« profitierte das Firmenkonglomerat der respektablen Khans aus Karatschi regelmäßig von lukrativen Rüstungsdeals im Mittleren Osten, in Pakistan, aber auch in der Türkei und am Persischen Golf; eine Win-win-Situation für beide Seiten. Darüber hinaus besaßen die Mitglieder der Familie Khan US-Greencards und UK-Dauervisa in ihren pakistanischen Pässen, mit denen sie unbefangen reisen konnten.

Kingsley stand auf und klopfte sich den Sand aus den Cargohosen: »Spannende Informationen hat der gute Frank, mein Freund – und das Erstaunlichste an der ganzen Sache: Als ich ihn kontaktierte, wusste er bereits über alles Bescheid. Außer über die Sache mit Taher und unserer Grabungsstätte. Das hat ihn dann doch ein bisschen überrascht. Die Story, die er mir erzählte, ähnelte der von Borjahn, mit einigen zusätzlichen Details – aber mit einem ganz anderen Bösewicht.«

Er gab dem Freund ein Zeichen, ihn auf einem Spaziergang über die Grabung zu begleiten.

× × ×

Als er mit Kingsley fast zu der kleinen Gruppe an der Pyramide aufgeschlossen hatte, hielt Dadullah kurz inne. Was sein Freund von General Mahooney erfahren hatte, war nicht logischer oder unlogischer als die Geschichte seines Cousins Borjahn.

Dieser »James Bond aus dem Kaukasus« hatte einen Lasermarker auf Ahmad Jans Anwesen positioniert, und ein Flugzeug einer

»europäischen Nation«, die an der ISAF beteiligt war und gute Beziehungen mit den Deutschen unterhielt, hatte dann auf dem Rückflug von einer anderen offiziellen Mission aus großer Höhe eine Laserlenkwaffe abgeworfen, die den Rest der Arbeit erledigte. Gleichzeitig war der Spezialbehälter mit dem Uran 238 vom gleichen »Tschetschenen-Bond« mit einem Timer und Semtex präpariert worden. Der Chevy, Borjahns Bodyguard und der Al-Qaida-Mann hatten sich irgendwo auf der Strecke zwischen Mapan und Borjahns Wehrhof in Luft aufgelöst. Die zweihundert Gramm Uran 238 waren in einem Gebirge, dessen Gestein natürlich radioaktiv strahlte, nicht mehr nachweisbar – nicht einmal mit den technischen Mitteln der USA.

»Das erklärt aber immer noch nicht Tahers Verschwinden, die verschwundenen Schriftrollen und was im Hochtal geschehen ist, Ben!«

»Doch«, antwortete Kingsley und erklärte seinem Freund, was er vermutete. Die Deutschen, die auf Ahmed Jan angesetzt worden waren, hatten zufällig den Weg der Contractors aus Jones' Truppe gekreuzt, die das Treffen mit den Tschetschenen sichern sollten. Die Contractors waren vor den deutschen Special-Forces-Soldaten geflohen, hatten versucht, durch die Schlucht und den Felsentunnel zu entkommen, um sich in Sicherheit zu bringen, und hatten so das Unheil in Form der Männer aus dem Kommando Spezialkräfte geradewegs auf die Grabungsstätte und nach Iskanderga'l geführt.

»Und Taher hat anschließend von der ganzen Verwirrung und dem Showdown zwischen den Contractors und den deutschen Special Forces profitiert, um sich aus dem Staub zu machen: mit dem geheimnisvollen ›Etwas‹ aus der Felsennische, den fünfunddreißig Schriftrollen, seinem Laptop, der Hard Disk seines Desktop-Computers und allen seinen persönlichen Papieren.«

Dadullah nickte. Taher hatte nach dem 26. Dezember 1994 immer den Kontakt zu den Kampfgefährten seines Halbbruders aufrechterhalten. Sie hatten nach seiner Ankunft in Afghanistan infolge des fehlgeschlagenen Attentats zum zehnten Jahrestag von Mustafas Tod zwar nicht darüber gesprochen. Aber er wusste, dass sich nach einem blutigen internen Konflikt ein paar Dutzend Mitglieder von Mustafas Groupe Salafiste pour la Prédication et le Combat GSPC aus Algerien und dem Norden Malis abgesetzt hatten. Sie waren in den Stammesgebieten untergetaucht, nur ein paar Stunden mit dem Motorrad von Iskanderga'l. Ein Mann, der bereits gegen die Sowjets in Afghanistan gekämpft hatte – Abubakr al-Masri –, hatte diesen algerischen Dschihadisten einen Platz in seiner Gruppe Al-Mulathameen angeboten, und sie hatten ihm als ihrem neuen Emir die Treue geschworen. Abubakr war ein enger Freund und Kampfgefährte Mustafas gewesen. Und auch Taher kannte ihn gut. Al-Masri war außerdem Ägypter. Er stammte aus al-Minya, und es waren seine Cousine und ihr Mann, die sich seit Jahren um Tahers Haus in der Universitätsstadt kümmerten.

Ein Anruf bei al-Masri drüben in den Stammesgebieten, Mustafas Namen, ein Versprechen. Al-Masri war nicht nur ein guter alter Bekannter. Er war vor allem auch ein sehr pragmatischer »Emir« wie alle anderen auch, die im Business des »Heiligen Krieges« aktiv waren. Er brauchte Cash, um Al-Mulathameen am Laufen zu halten, neue Kämpfer anzuziehen und medienträchtige Aktionen durchzuführen.

Wahrscheinlich waren Taher einfach zwei oder drei alte Kameraden seines Halbbruders Mustafa mit Geländemotorrädern aus den Stammesgebieten entgegengefahren. Um Großonkel Ashim, Aisha und Firuza ein oder zwei Tage außer Gefecht zu setzen, brauchte es nicht viel: Dadullahs Frau Asma hatte so etwas einmal mittels einer ganz banalen Kräuterteemischung geschafft, die sie den drei alten Leutchen von einem Urlaub in Schottland mitgebracht hatte.

Sie hatten mit Taher ein paar Tage vor dem Zwischenfall auf Skype über den Ausnahmefund des Dionysius-Manuskripts in der letzten Kammer diskutiert. Er hatte die Schriftrolle noch nicht übersetzt, nur kurz überflogen, aber er war sich bereits sicher gewesen, dass sich irgendwo in den anderen Tonkrügen die Details oder eine Karte mit den verschiedenen Verstecken des Alexander-Schatzes befinden musste.

»Das macht allemal mehr Sinn als Borjahns wilde Story mit den tätowierten Latinos von der Mara Salvatrucha, die im Auftrag des Al-Qaida-Technologen durch die Berge stürmen und Iskanderga'l und Jones' Contractors plattmachen.«

»Für die Grabung ist das unwichtig, Dadullah. Die Felsenfestung ist genauso leer geräumt wie die antike Stadt auf dem Hochtal, und die greco-makedonischen Gräber haben wir alle gefunden. Außer dem Inhalt der dritten Kammer haben wir alles. Und vom Dionysius-Manuskript haben wir den Scan. Wir wissen im Prinzip doch, wo wir weitersuchen müssen.«

Kingsleys Augen folgten Dadullahs Tochter Sharifa.

Sie war begabter, als ihr Vater es je gewesen war – und besessener. Sie wollte wirklich graben.

Am Abend ihrer Ankunft auf der Grabungsstätte von Tuna El-Gebel hatte Sharifas Professor von der Technischen Universität Kairo, der auch die Grabung leitete, zu einem Abendessen eingeladen und bei der Geselligkeit durchklingen lassen, dass Dadullahs Tochter sich nicht nur ihre Promotion erarbeitet hatte, sondern ebenfalls ein Stipendium der Gerda-Henkel-Stiftung im Bereich Archäologie und Ur- und Frühgeschichte mit Schwerpunkt im ptolemäischen Ägypten.

Die deutsche Stiftung förderte schwerpunktmäßig junge, brillante Frauen aus dem islamischen Kulturkreis: Sharifa hatte sich trotz der satten Geldsumme gegen Cambridge entschlossen und wollte lieber in Ägypten selbst promovieren. Das war in Kingsleys Augen eine kluge Entscheidung. Im Jahr 2007 war eine der renommierten Fakultäten in Kairo für ambitionierte Archäologen, die wirklich graben wollten, die beste Wahl.

»Frank hat mir versprochen, die Passagierlisten der einschlägigen Fluglinien im Auge zu behalten und auch Tahers Konten in der Republik Irland und in Dubai unter Beobachtung zu stellen.«

»Komm schon, Ben!« Dadullah knuffte seinen Freund. »Es kostet uns doch nichts, wenn wir den kleinen Umweg über al-Minya und Tahers Haus machen. Vielleicht ist er ja auch einfach dort untergetaucht.«

DRITTES KAPITEL

Frankreich – Großraum Paris

Kérmorvan beobachtete, wie der große, schwere Holzsarg auf dem Förderband in den Verbrennungsofen geschoben wurde. Für einen kurzen Augenblick schloss er die Augen.

Nachdem er im Val-de-Grâce die Maschinen abgestellt hatte, war El Ouazzani innerhalb weniger Minuten gestorben. Obwohl es ihn nicht gestört hätte, den Terroristen von Angesicht zu Angesicht zu töten, war er froh gewesen, dass er sich die Kaliumchlorid-Injektion hatte sparen können. Es war nicht seine Mentalität, einen am Boden liegenden Gegner zu treten. Daran hatten auch die Jahre im Service Action nichts geändert. Als drei Tage nach ihrer Rückkehr aus dem Einsatz aus Rossis Mund das medizinische Verdikt fiel, hatte er für den Terroristen sogar so etwas wie Mitleid empfunden. Heute, rund einen Monat später, war er erleichtert, dass es für den Mann endlich zu Ende war.

»Bi-smi llāhi r-rahmāni r-rahīm; al-hamdu li-llāhi rabbi l-'ālamīn; ar-rahma¯ni r-rahīm«, schickte er seinen ehemaligen Erzfeind mit dem traditionellen islamischen Totengebet auf den Weg in die andere Welt und zu diesem jüngeren Halbbruder, von dessen Existenz sie nur zufällig erfahren hatten.

Nach der Erinnerung Hubers an dieses Gesicht eines Toten auf dem Flughafen Marseille-Marignane am 26. Dezember 1994 hatten sie es natürlich geahnt, dass der Auslöser für die blutigen terroristischen Amokläufe des Archäologen familiärer und nicht politischer oder religiöser Natur gewesen waren. Auf dem Rückflug von Dschibuti nach Frankreich hatte Kérmorvan dann beim Durchblättern der Unterlagen ein handschriftliches Tagebuch El Ouazzanis und einige Erklärungen des Archäologen gefunden. Ein kleiner Teil in ihm hatte am Ende der Aufzeichnungen sogar Verständnis für den Algerier gehabt. Er wusste genau, dass dieser spezielle Teil in ihm durchaus auch in der Lage wäre, einen ähnlich wildwütigen und blutrünstigen Amoklauf hinzulegen, falls jemand sich an den Menschen vergreifen sollte, die er liebte.

Als die automatische Sicherheitstür der Industrieverbrennungsanlage sich hinter dem Sarg geschlossen hatte, wartete Kérmorvan noch, bis der Mitarbeiter des Bestattungsunternehmers den Gashebel umlegte und den roten Knopf drückte, der den Brenner zündete. Ab diesem Augenblick gab es kein Zurück mehr. Es würde drei bis fünf Stunden dauern. Nach einer Abkühlungsphase wurden dann die Überreste mit einem Magnet auf Metallteile abgesucht. Meist bedienten sich die Bestatter noch illegal am Zahngold und Schmuck der Toten. Ein lukratives Business, das Krematorien einer gewissen Größe pro Jahr ein paar Zehntausend Euro am Fiskus vorbei einbrachte. Abschließend wurden die Reste fein gemahlen und in eine Metallkartusche gefüllt, die dann mit einem speziellen Siegel versehen in die Urne kam. Was gemeinhin als Asche bezeichnet wurde, waren eigentlich nur zerkleinerte Knochenreste.

Er drehte sich um und verließ das Krematorium 77-Süd genauso diskret, wie er es zuvor betreten hatte. Seine dunkle Seite fühlte eine seltsame Art der Befriedigung. Sein besseres Ich war erleichtert, dass das Drama »El Ouazzani« nach zwölf Jahren endlich zu einem Ende gekommen war.

Jeder, der ihn zufällig bemerkte, hätte ihn in seinem dunklen Anzug und mit der dunklen Krawatte lediglich für einen Angehörigen gehalten, der einem Verblichenen das letzte Geleit gegeben hatte, und würde ihn keines zweiten Blickes würdigen.

Die Familie des Mannes, den zu viel Alkohol und ein schwerer Verkehrsunfall das Leben gekostet hatte, war nicht eingeweiht. Lediglich die beiden Militärärzte des Val-de-Grâce, die regelmäßig mit dem Geheimdienst zu tun hatten, wussten, dass der Service Action von dieser Einäscherung in einem Krematorium im Département Seine-et-Marne profitierte, um eine eigene Leiche zu entsorgen. Sie waren es auch gewesen, die Taher El Ouazzanis sterbliche Überreste heimlich in den Sarg beförderten, bevor dieser in den frühen Morgenstunden vom Bestattungsunternehmer abgeholt wurde.

Kérmorvan seufzte leise. Es war nicht so, als ob der Service Action ständig in der Pflicht stand, Leichen heimlich liquidierter Staatsfeinde diskret beseitigen zu müssen, aber es war auch nicht sein erster Besuch in einem Krematorium. Es ging natürlich darum, sicherzustellen, dass keine Spuren zurückblieben, die schnüffelnde Journalisten aufnehmen konnten, auch wenn es ein offenes Geheimnis war, dass der Präsident der Französischen Republik Tötungsbefehle erteilen konnte.

El Ouazzanis Handlanger, den er vor etwas mehr als drei Jahren und nach dem fehlgeschlagenen Bombenanschlag gegen den Disney-Shop medienträchtig tot mit dem Kopf in einer Kloschüssel der Herrentoilette des Ryan-Air-Billigflughafens Beauvais zurückgelassen hatte, war die Ausnahme gewesen. Es war darum gegangen, den Drahtziehern eine Nachricht zu schicken: Sie waren damals überzeugt gewesen, dass Taher die Nummer im Auftrag der GSPC – Groupe salafiste pour la prédication et le combat – abgezogen hatte, jener radikalen Splittergruppe des GIA, die kurze Zeit später bin Laden die Treue schwor und sich in AQMI – al-Qaida-im-islamischen-Maghreb – umbenannte.

Doch seit ein paar Tagen wusste Kérmorvan, dass sie sich damals komplett geirrt hatten. Der gescheiterte Anschlag vom 26. Dezember 2004 war El Ouazzanis private Rache an Frankreich, die dieser zum zehnten Jahrestag des Todes seines Halbbruders geplant hatte; Mustafa Chekine, der Mann, dem die Geiseln des Airbus 8969 der Air France während der spektakulären Entführung an Weihnachten

1994 den Spitznamen »Killer« gegeben hatten. Auf dem Laptop des Algeriers hatten sie neben zahlreichen Dokumenten und Fotos zu seiner Ausgrabung und Dutzenden Übersetzungen von Manuskripten auch noch einen Ordner gefunden, der den Namen »Mustafa« trug und voll mit Bilddokumenten zur Entführung und Erstürmung der Air France 8969 war; vom gescannten Zeitungsausschnitt bis zur Dokumentation eines US-Fernsehsenders.

Kérmorvan stieg in den silbergrauen Peugeot 307 Break. Das kleinste der drei Mittelklasse-Modelle der französischen Traditionsmarke war so gebräuchlich, dass er niemandem auffiel. Nach einem kurzen Blick auf die Uhr schickte er Madame le Juge mit »!« eine minimalistische SMS. Dann warf er einen neugierigen Blick auf die Tracking-App seines Cryptophones.

Die drei miniaturisierten GPS-Tracker, die der Deutsche Bayram Ritter in Kabul in den mit Schriftrollen gefüllten Transportkisten versteckt hatte, waren alle nach einem vierwöchigen Aufenthalt auf der Ramstein-Airbase fast zeitgleich mit Taher El Ouazzani auf die Reise gegangen. Allerdings nicht in eine »andere Welt«, sondern lediglich auf einer deutschen Autobahn Richtung Benelux.

Seit dem späten Nachmittag des Vortages standen sie allerdings wieder still. Kérmorvan zoomte Google Maps heran und las die Adresse. Ein Blick auf die Satellitenansicht zeigte ihm eine typische Lagerhalle in einem modernen Industriegebiet eines Brüsseler Vororts: Anderlecht lag auf der anderen Seite des Rings und unweit des Hôpital Erasme und der medizinischen Fakultät.

Wenn er die Abkürzung durch den Wald von Sénart nahm und den kleinen Umweg über Brunoy machte, dann konnte er sich beim Dorfbäcker noch frische Croissants holen und einen schnellen Espresso trinken, bevor er sich auf den Weg nach Belgien machte. Zu dieser Stunde staute es sich auf der A 1 nur Richtung Paris mit Leuten, die versuchten, zur Arbeit zu fahren. Die Gegenrichtung war wie leer gefegt, und selbst unter Einhaltung aller Geschwindigkeitsbegrenzungen war er in spätestens zwei Stunden vor Ort und konnte sich dort diskret umsehen. Im Kofferraum des

Peugeot hatte er in einer großen Sporttasche ein kleines Einsatzkit für den Fall der Fälle eingepackt. Die offenen Grenzen des Schengen-Raums erleichterten nicht nur Verbrechern und illegalen Einwanderern die Mobilität, sondern auch den Geheimdiensten. Und man konnte sogar unproblematisch Waffen und Sprengstoffe mitnehmen, ohne dabei ausgefeilte Verstecke ins Auto oder in den Lkw einbauen zu müssen.

Belgien – Anderlecht – Industriegebiet

Kérmorvan hatte seinen Peugeot auf dem großen Parkplatz vor dem Einkaufszentrum abgestellt und war in einen Bus der STIB gestiegen, um sich das Industriegebiet diskret anzusehen. Der Hangar, in dem sich die GPS-Tracker befanden, lag in einer gesicherten Zone am Kanal Charleroi-Brüssel direkt hinter einem hohen Zaun mit Überwachungskameras. Am Eingang in diese Zone saßen in einem kleinen Häuschen ein paar Wachleute einer bewährten belgischen Sicherheitsfirma, die auf Zugangskontrollen dieser Art spezialisiert waren und sogar von den Behörden der EU gerne unter Vertrag genommen wurden. Es waren kompetente Leute.

Auf einem großen Schild am elektrischen Tor standen der Name des Betreibers der gesicherten Gewerbezone, eine Telefonnummer und eine E-Mail-Adresse. Außerdem verkündete eine bunte Banderole, die ins Auge stach, dass ein paar Tausend Quadratmeter noch zu vermieten waren.

Kérmorvan stieg an der nächsten Haltestelle aus dem Bus und ging die paar Hundert Meter zu einem größeren Gebäude, das sich mehrere bekannte Futterdienstleister teilten. Man fand solche Arrangements in vielen Industriegebieten, wo es sich für einzelne Firmen nicht lohnte, Kantinen zu unterhalten, während die traditionellen Restaurationen zu weit entfernt lagen, um in der Mittagspause schnell etwas zu essen. Es gab sogar einen Außenbereich mit Holzbänken, Tischen und Sonnenschirmen, wo das Rauchen erlaubt war. Er holte sich eine Kleinigkeit zu essen und einen großen Kaffee. Dann setzte er sich so hin, dass er die Einfahrt in die Gewerbezone und die Wachleute beobachten konnte.

Ein paar Fahrzeuge fuhren hinein und hinaus; ein mittelgroßer hellblauer Lkw mit dem Namenszug eines bekannten Heizungsbauers und ein grau lackierter 3,5-Tonner, bei dem es unmöglich war, die Aufschrift der Firma auszumachen, kreuzten einen kleineren orangefarbenen, der einem großen Elektronik- und Computermarkt gehörte. Die Gewerbezone war nicht Fort Knox, auch wenn die Wachleute ihren Job ordentlich machten. Kérmorvan beendete sein Mittagessen, schob sein Mobiltelefon mit der Tracking-App in die Tasche seiner dunkelblauen Fleecejacke und trug brav sein Tablett nach innen, wo er es auf ein Rollband stellte.

Eine Stunde später stand der Franzose vor dem Hangar mit den drei GPS-Signalen. Es war kinderleicht gewesen, hinter den Sicherheitszaun zu gelangen. Er hatte sich gedacht, dass die Schwachstelle die Wasserstraße war. Der Kanal Charleroi-Brüssel diente dem Frachtverkehr, und das große Industriegebiet hatte außer der Einfahrt für die Lkws auch eine Anlegestelle für Frachtschiffe. Sie war ihm auf der Satellitenaufnahme aufgefallen, die Google Maps anbot. Er fotografierte zuerst das hellgrau emaillierte Metallschild auf dem Hangar und verschickte es nach Romainville an ihre IT-Expertin Farida, die für ihn im Rahmen der Mission nach Belgien sämtliche Recherchen machte.

Auf dem Schild stand, eingefasst von einem dekorativen Blütenmotiv in schön geschwungener, dunkelgrauer Schrift, der Name einer Firma: Sheherazade's Marvellous Gardens sprl, darunter eine Brüsseler Adresse, eine Telefonnummer, eine E-Mail und eine Website. Er vermutete, dass der andere graue Lkw, den er in die Industriezone hatte hineinfahren sehen, ein Sheherazade-Fahrzeug gewesen sein musste. Die dunkelgraue Aufschrift auf dem hellgrauen Schild war selbst aus der Nähe nur sehr schwer lesbar.

Er sah sich um. Der große blaue Lkw des bekannten Heizungsbauers, den er hatte auffahren sehen, stand vor dem Nachbarhangar. Ein Lagerarbeiter war dabei, ihn mit einem Gabelstapler zu entladen. Der Fahrer diskutierte mit einem Mitarbeiter, der ein Klemmbrett in der Hand hielt, und im Inneren des Hangars sah er drei weitere Männer. Alle trugen blaue Jacken, die seiner Fleecejacke ähnelten. Das Label der Heizungsfirma war so diskret aufgestickt, dass eine Überwachungskamera ihn wahrscheinlich für einen weiteren Mitarbeiter halten würde, falls er versehentlich ins Blickfeld geriet. Er wanderte einmal um den Hangar von Sheherazade's Marvellous Gardens. Niemand schenkte ihm Aufmerksamkeit, und er bemerkte keine Aktivitäten. Das große Tor war verschlossen, ebenso der kleinere Seiteneingang.

An jeder der Längsseiten befanden sich Fenster in drei Metern Höhe. Er konnte keine Beleuchtung erkennen. Wie bei vielen Gewerbeimmobilien waren diese Fenster Standardpaneele und ließen sich im unteren Bereich nicht öffnen. Man konnte aber von innen mit einer Stange den oberen Teil kippen und wieder schließen, um Luft in die Halle zu lassen. Diese Kippfenster waren relativ groß. Auf der anderen Seite des Sheherazade-Hangars standen ein paar Laubbäume, die trotz herbstlichen Blätterfalls immer noch einen vernünftigen Sichtschutz boten. Hinter den Bäumen erkannte Kérmorvan eine weitere Lagerhalle, an der ein großes Schild angebracht war. Er wanderte hinüber. Man konnte in großen schwarzen Buchstaben in zwei der drei Landessprachen lesen: *»Te Hur/A louer«* und den Namen und die Kontaktdaten einer Brüsseler Gewerbeimmobilien-Agentur. Er schmunzelte, schoss aus Sicherheitsgründen auch hier ein Foto, das er Farida schickte, und ging wieder zurück zu seinem Zielobjekt.

Es war kurz nach der Mittagspause. Er hatte einen vollen Magen, war angriffslustig, und Rossi hatte seine Schulter repariert. Außerdem hatte er aus dem Fehler von Berlin gelernt und sich ein paar robuste Lederhandschuhe in die Jackentasche gesteckt.

Kérmorvan betrachtete den Hangar und die Fenster wie eine Katze die Maus, ging ein paar Schritte vor, dann ein paar zurück, um zu justieren. Er schmunzelte. Beim Auswahlverfahren für die

Spezialeinheiten der französischen Kriegsmarine scheiterten achtzig Prozent der Bewerber an der Mauer. Sie hatten alle Angst davor, sich die »Schnauze« anzuhauen, und zögerten beim Anlauf und beim Absprung. Im besten Fall landeten sie dann im Wassergraben, im schlimmsten auf der Krankenstation. Er hatte es damals intuitiv sofort richtig gemacht und erst hinterher festgestellt, dass er sich im Falle eines Fehlschlags eine riesige Beule geholt hätte – oder zwei gebrochene Handgelenke. Seitdem war er Experte im Überwinden fester Hindernisse, und nichts, was er im Sprung erreichen konnte, schreckte ihn.

Kérmorvan streifte sich die Handschuhe über, atmete kurz durch, nahm ein paar Schritte Anlauf, sprang beherzt und bekam mit den Fingerspitzen die Fensterkante zu fassen. Ohne einen weiteren Atemzug zu verschwenden, hebelte er sich aus den Schultern in einem perfekten Klimmzug nach oben. Er schaffte es dabei, die spinnenartige Bewegung zu kopieren, die Rossi ihnen beim Klettern in Quélern gezeigt hatte, ohne sich den dritten und den vierten Lendenwirbel auszurenken, und hing sicher zwischen den oberen und den unteren Kanten des Fensters. Er hangelte sich wie eine Spinne bis zum vorderen Ende der Gewerbeimmobilie und spähte durch das erste Fenster. Dort stand ein 7,5-Tonner. Es war das gleiche hellgrau gespritzte Fahrzeug der Marke MAN mit dem Kastenaufbau, das er bereits beim Mittagessen an der Einfahrt beobachtet hatte. Er presste die flache Hand versuchsweise gegen den oberen Bereich des Fensters. Ein leises »Plopp!« und die Scheibe kippte nach innen. Er überlegte kurz, dann schlängelte er das linke Bein durch die Öffnung.

× × ×

Kérmorvan hatte die Kisten mit den GPS-Trackern schnell gefunden. Sie standen ordentlich aufeinandergestapelt in einer Ecke. Außer dem Lkw befand sich noch ein kleiner Gabelstapler in der Lagerhalle. Er schien geleast zu sein und hatte einen Aufkleber mit einer Service-Nummer. Die Halle sah genauso aus, wie man sich das Auslieferungslager einer Firma vorstellte, die auf Gartendekoration spezialisiert war. Er fotografierte mit dem Mobiltelefon. Ein paar Objekte waren ausgepackt, der Rest in großen Holzkisten gelagert. Wenn er nicht zwei Monate zuvor mit seinem Team aus dem 1er RPIMa zwei Tage lang die Raubgrabung im Herzen der Großen Suleimans beobachtet und dabei eine Reihe Fundstücke durch sein Fernglas gesehen hätte, dann hätte er sich bei der Büste eines jungen Mannes, die vor einer geöffneten und mit Holzwolle gefüllten Transportkiste stand, nichts gedacht.

Im großen dekorativen Kräuter- und Gemüsegarten seiner Eltern, den man auf ihrem Hof bei Dol während der Touristensaison und an jedem Samstag, während der Hofverkauf lief, besichtigen konnte, standen auch ein paar solcher Objekte als Blickfang zwischen alten Gemüsesorten und einer Blumenpracht, die in erster Linie dazu diente, Schädlinge ohne Chemie zu vertreiben. Es waren Museumskopien, die seine Mutter vor ein paar Jahren irgendwo aufgetrieben hatte, nachdem sie sich in den Kopf gesetzt hatte, den Garten von Dame Thipaine de Raguenelle, der Gemahlin des Connetable du Guesclin, nach alten Manuskripten nachzugestalten.

Kérmorvan verstand plötzlich, wie die Truppe, die das Hochtal plünderte, ihre Blutantiquitäten vom Hindukusch zu den zahlungskräftigen Sammlern in Europa und wahrscheinlich auch in den USA und in Japan beförderte. Nach Fotos von bekannten Ausstellungskatalogen ließen sie irgendwo in Pakistan Museumskopien herstellen und vermischten diese mit ihren echten Stücken. Dann wurde alles als hochwertige Gartendekoration exportiert. Kérmorvan fotografierte die anderen Objekte, die offen herumstanden. Er war sich relativ sicher, dass man sie über eine Bildersuche im Internet finden konnte. Wenn sie das Zeug mit dem Frachtcontainer als Seefracht verschickten, dann standen die Chancen gut, dass Zollbeamte sich nicht einmal diese Mühe machen würden.

Neugierig geworden, betrachtete er eine Reihe kleinerer verschlossener Holzkisten, die in den Regalen weiter oben standen.

Kérmorvan hatte immer ein praktisches Multifunktionswerkzeug am Gürtel. Er kletterte hoch und wählte auf gut Glück eine Kiste. Es war nicht ganz einfach, die Nägel zu entfernen, ohne das Holz zu beschädigen, aber die Mühe lohnte sich. Was er im Inneren fand, bestätigte seine Vermutung: Das waren keine banalen Deko-Steinarbeiten, sondern Stücke, die höchstwahrscheinlich ein Vermögen wert waren. Genau wie die Schriftrollen, die ihm über die Bagram-Airbase, die Incirlik-Airbase und die Ramstein-Airbase den Weg in diese Gewerbezone gewiesen hatten.

Kérmorvan spürte, wie sein Herzschlag sich beschleunigte, als er das erste Objekt in die Hand nahm. Ein Meisterwerk! Das Trinkgefäß in Form eines Hirsches faszinierte ihn. Das goldene Tier blickte ihn an, und er fühlte den Ausdruck in den Tieraugen. Jedes einzelne Haar war fein ziseliert. Selbst die Nüstern waren so plastisch, dass sie den Eindruck erweckten, feucht zu sein. Kérmorvan platzierte die Antiquität auf einer anderen Kiste und fotografierte sie. Einen kurzen Augenblick war er versucht, den Hirschkelch einfach mitzunehmen. In der Lagerhalle standen so viele große und kleine Kisten herum. Niemand würde merken, ob irgendwo in einer Kiste ein Teil fehlte. Dann fasste Kérmorvan sich wieder und hob ein Trinkhorn in Form eines steigenden Pferdes mit feurig blickenden Edelsteinaugen aus der Holzwolle. Das dritte Trinkgefäß stellte einen Widder dar. Er erinnerte ihn an eine hochbeinige Version der robusten Ouessant-Zwergschafe, die seine Eltern als ökologischen »Rasenmäher« auf der großen Landwirtschaft hielten und die in der öffentlichen Grünanlagenpflege auf dem Mont-Saint-Michel im Einsatz waren. Er fotografierte auch dieses ungewöhnliche Trinkgefäß, bevor er die Kiste wieder sorgfältig verschloss und an ihren ursprünglichen Platz zurückschob.

Er warf einen Blick auf die Uhr. Er hatte inzwischen fast drei Stunden in dem Hangar verbracht, und draußen fing es an zu dämmern. Es war kurz nach fünf. In einer Stunde war es dunkel. Er wollte noch schnell einen Blick in das kleine Büro am Eingang und in den Lkw werfen, bevor er sich auf den Weg zu der Adresse der

Sheherazade's Marvellous Gardens in der Stadtmitte von Brüssel machte. Der Laden befand sich unweit des Flohmarktes am Place du Jeu de Balle. Er kannte das Marolles-Viertel, und Sheherazade musste an der Ecke zwischen der Blaesstraat und der Rue des Renards liegen. Die Läden hatten üblicherweise bis mindestens neunzehn Uhr geöffnet, einige sogar bis zwanzig Uhr.

Draußen war es ruhig. Sein gut geschultes Unterbewusstes hatte wahrgenommen, wie der leer geladene Laster des Heizungsbauers den Parkplatz vor dem Nachbarhangar in der Gewerbezone verlassen hatte. Die Mitarbeiter der Firma waren ebenfalls nach Hause gegangen. Bei seiner Ankunft waren ihm die beiden Privatfahrzeuge nebenan aufgefallen, und er hatte sie wegfahren gehört. Kérmorvan wanderte einmal um den Lkw. Er sah durchs Seitenfenster und bemerkte, dass der Zündschlüssel steckte.

Er öffnete die Seitentür. Das Fahrzeug war leer. Gerade als er sich anschickte, einen kleinen GPS-Tracker zu verstecken, hörte er zwei Motorräder vorfahren. Dem Sound nach zu urteilen waren es große, schwere Roadster-Maschinen. Sie wurden abgestellt, und undeutliche Stimmen drangen zu ihm ins Innere des Hangars. Kérmorvan fluchte leise, als ein Schlüssel ins Schloss der Seitentür gesteckt wurde. Gerade noch schaffte er es, seinen GPS-Tracker hinter eine Wandverkleidung zu quetschen, das Fahrzeug leise wieder zu schließen und in eines der gut gefüllten Regale zu klettern, wo er sich in der obersten Etage zwischen ein paar Holzkisten duckte.

Frankreich – VI. Arrondissement – Cour de Rohan

Eigentlich durfte Commissaire Jean-Paul Moulin den französischen Auslandsgeheimdienst DGSE nicht direkt um Amtshilfe bitten. Aus diesem Grund hatte er Christiane Près auch nur um ein privates Treffen gebeten und ihr vorgeschlagen, an irgendeinem Nachmittag der Woche einfach »zum Tee« vorbeizukommen.

Sie saßen auf der verglasten Dachterrasse des kleinen Hauses am Cour de Rohan. Es ähnelte ein wenig dem Konferenzraum des Fort de Noisy. Allerdings waren hier die Möbel nicht von Hipster-Designern entworfen worden. Die tiefen Sessel, die um einen kleinen Tisch gruppiert standen, auf dem Tee und ein paar mit Vanillecreme gefüllte Éclairs bereitstanden, waren schon lange in der Familie, schön restauriert und sehr bequem. Moulin hatte nicht nur die Phantomzeichnungen des Antiquitätenhändlers Castro mitgebracht, sondern auch seine Nummer zwei Simon Atlan. Er war ein alter Fuchs und wusste genauso gut wie Madame le Juge, welche Formalitäten sie wahren mussten, um nicht außerhalb des gesetzlichen Rahmens zu agieren. Mit seiner privaten Kreditkarte hatte er in der kleinen Bäckerei direkt neben seiner Wohnung eine Auswahl erlesenster Petits Fours gekauft und noch einen kleinen Strauß Blumen mitgebracht, ganz wie es sich gehörte.

»Wir haben die Gesichter durch sämtliche Datenbanken laufen lassen, auf die wir Zugriff haben. Erfolglos.«

Der Chef der Antiterroreinheit am 36, Quai des Orfèvres hatte diskret auch ein paar vertrauenswürdige europäische Kollegen angefragt. Sie hatten aber ebenfalls keine Treffer gelandet.

»Aus diesem Grund glauben wir, dass ein diskreter Besuch an der belgischen Adresse dieser Firma Sheherazade's Marvellous Gardens vielleicht Licht in diese Angelegenheit bringen kann.«

Simon Atlan zeigte der Chefin der Division Action auf dem Ausdruck eines Brüsseler Stadtplans zwei Orte. Auf einem zweiten Blatt hatte der Polizist die Adressen aufgeschrieben.

Christiane Près bewegte keine Miene, faltete das Blatt und legte es in eine Mappe. Bereits als Moulin und Atlan den Beruf ihres Kontaktes Umberto Castro erwähnten, der die hervorragenden Porträts gezeichnet hatte, hatte etwas bei ihr geklingelt. Sie griff nach ihrer Teetasse und trank einen Schluck, um Zeit zu schinden. Die Adresse im Marolles-Viertel der Brüsseler Innenstadt sagte ihr nichts, aber dafür kannte sie die zweite Adresse unweit des Westland Shopping auf der anderen Seite des Außenstadtrings in der

Brüsseler Vorstadt. Anderlecht war der Direktorin der Division Action vertraut, seitdem Commandant Kérmorvan ihr kurz vor dem Mittagessen eine SMS geschickt hatte. Er war in den frühen Morgenstunden losgezogen, um einem alten Feind die letzte Ehre zu erweisen, und hatte anschließend beschlossen, einen kleinen Ausflug ins benachbarte EU-Ausland zu unternehmen. Sie stellte ihre Tasse wieder hin und schenkte den beiden Polizisten ihr freundlichstes Lächeln.

»Kein Problem. Ich schicke einen meiner Mitarbeiter, der gerade in der Nähe ist«, sagte sie und platzierte die Zeichnungen eine um die andere auf dem kleinen Scanner neben ihrem Laptop, um sie als jpg-Files an Kérmorvan zu verschicken, der sich zur richtigen Zeit am richtigen Ort aufzuhalten schien.

Christiane Près mochte die kleine Workstation, die Farida und Marion ihr vor ein paar Monaten zu Hause installiert hatten. Sie war praktisch und genauso gut gesichert wie das IT-Material in Romainville. Sie stöpselte ihr Cryptophone an den PC, wischte mit dem Finger über den Touchscreen, zog eine hausgemachte App von Farida hoch und tippte das Passwort für Kérmorvan ein.

Die Schriftrollen aus dem Haus neben der finnischen Botschaft in Kabul hatten ihren Offizier erst vor wenigen Stunden dank der GPS-Tracker nach Belgien geführt, und zwar genau an den gleichen Ort, der im Zusammenhang mit Moulins Ermittlungen um den blutigen Anschlag vom Cercle de l'Union Interalliée stand. Und der Anschlag schien seinen Ursprung in der belgischen Salafisten-Szene zu haben.

Belgien, Belgien, Belgien, dachte Christiane Près, alle Spuren führen nach Belgien! Sie suchte ein bisschen auf ihrem Laptop herum, während der rödelte und an Gwénaël Kérmorvan übermittelte. Schnell stieß sie auf die Wirtschaftsinformationen der Sheherazade's Marvellous Gardens. Sie brauchte etwas, um ihre beiden Besucher vom 36, Quai des Orfèvres einzulullen und abzulenken. Die Firma stand in der Banque-Carrefour des Entreprises des belgischen Wirtschaftsministeriums. Sie existierte seit etwas mehr als einem Jahr, hatte zehn Mitarbeiter, handelte mit Gartendekoration und verdiente gutes Geld.

»Das ist interessant«, sagte sie zu Atlan und Moulin und zeigte ihnen auf dem Bildschirm eine Zeile, die in der belgischen Datenbank auftauchte. In Frankreich musste man für solche Informationen einen kostenpflichtigen Dienst abonnieren.

»Ich verstehe nicht ganz, Madame le Juge?«, sagte Simon Atlan, aber sein Chef Moulin nickte.

»Die belgische sprl hat eine ausländische Mutter. Und die sitzt im Golfemirat Dubai. Das könnte eine neue Spur sein?«

»Ich bitte meine Experten zu recherchieren. Wir halten Sie gerne auf dem Laufenden. Was haben Sie ansonsten noch herausgefunden?« Christiane Près sah ihre Besucher neugierig an.

Moulin und Atlan erzählten. Moulin händigte ihr sogar noch zwei CD-ROMs aus, auf die sie die Aufnahmen der Überwachungskameras des Supermarktes gegenüber der Al-Dschibril-Moschee kopiert hatten. Sie erfuhr auch, was die Männer vom 36, Quai des Orfèvres in der konspirativen Wohnung in der Cité des 4000 gefunden hatten, und bekam Kopien der Berichte der Forensiker, die die Sprengstoffreste analysiert hatten. Es war keine amateurhafte Mischung, sondern SemTex, militärischer Sprengstoff aus osteuropäischer Produktion. Atlan zog schließlich noch die Kopie der Verkaufsliste, die der Antiquar Castro ihm überlassen hatte, aus seiner Aktentasche.

»Unser Mann hat vor dem Kauf der Stücke den Namen des Verkäufers aus Neugier recherchiert. Allerdings kam dabei nichts Verdächtiges heraus, und er hat den Deal gemacht. Auch wir haben nichts gefunden. Der Typ, der die Antiquitäten verkauft hat, die dieser Lkw der Sheherazade's Marvellous Gardens ausgeliefert hat, ist Privatdozent an einer amerikanischen Provinz-Universität: ein paar wissenschaftliche Veröffentlichungen, ein paar Podcasts von Vorlesungen. Er lehrt auch noch ziemlich langweilige Fächer – Religionswissenschaften, Altorientalische Philologie und Vorderasiatische Altertumskunde. Nicht gerade Themen, für die sich

Kriminelle oder Terroristen interessieren. Der Antiquar hat mir erzählt, dass die Familie immer wieder Stücke aus ihrer Privatsammlung bei Drouot verkauft, um dann mit diesem Geld wiederum andere Stücke bei Drouot zu ersteigern. Diese Leute sind Sammler und haben genauso wenig mit unserem Attentat zu tun wie der arme Castro selbst. Der wird allerdings sein Auto in Zukunft nicht mehr großzügig an Unbekannte verleihen.«

Mein lieber Commissaire Moulin, dachte Christiane Près und blätterte interessiert die Verkaufsliste durch, wenn Sie nur wüssten, was ich weiß! Als Atlan den Job des Verkäufers und dessen Nationalität erwähnte, schluckte sie kurz, schaffte es aber trotzdem, ein Pokerface zu wahren. Seit dem Besuch vor ein paar Tagen bei David Jurie in Versailles war sie, was Antiquitäten aus der Hochzeit des Alexander-Epos anbetraf, sensibilisiert. Auf der Verkaufsliste befanden sich nur Objekte der griechischen Antike.

»Darf ich mir diese Liste einscannen?«, fragte sie. Sie hatte bemerkt, dass die Antiquitäten genau in ihr Suchschema passten und auf einer Ecke der ersten Seite des Originals mit Bleistift neben dem Namen des Verkäufers eine Telefonnummer notiert war: die Vorwahl 001 gefolgt von den drei Zahlen 504. Das war eine US-Mobiltelefonnummer.

Es war natürlich nicht notwendig, Moulin und Atlan in alles einzuweihen, doch den Männern vom 36, Quai des Orfèvres diskret unter die Arme zu greifen, seitdem ihre Wege sich zufällig am Abend des Anschlags im Cercle de l'Union Interalliée gekreuzt hatten, hatte sich für ihren Dienst als ausgesprochen nützlich erwiesen. Es schien einen Zusammenhang zwischen der seltsamen Geschichte der US-Black-Ops und der Raubgrabung in den Großen Suleimans und Jean-Paul Moulins Untersuchung zu geben, auch wenn ihr Dienst noch nicht alles begriff. Beide Spuren führten nach Belgien.

Christiane Près wollte Castros Verkaufsliste auch an David Jurie schicken und den scheinbar unbeteiligten Verkäufer von der amerikanischen Provinz-Universität einmal von Farida auf Herz und

Nieren überprüfen lassen. Vor allem aber wollte sie ein Porträt des Mannes oder wenigstens die Gelegenheit, dem Antiquitätenhändler Castro jenes zu zeigen, was seit ein paar Wochen mit einem großen Fragezeichen versehen in ihrem Büro an einer Pinnwand hing. Plötzlich spürte sie eine Beklemmung in der Magengegend – und die hatte nichts mit den beiden leckeren Vanille-Éclairs zu tun, die sie leichtsinnig gefuttert hatte.

× × ×

Gabriel Blanc-Aimé verließ die Métro an der Station Odéon. Was für ein seltsames Gefühl – er war auf dem Weg zu seinem ersten konspirativen Treffen, und er war seit ein paar Tagen der inoffizielle Mitarbeiter einer der geheimsten Dienststellen Frankreichs. Zu diesem Nebenjob war er gekommen wie die Jungfrau zum Kind.

Alles hatte mit einem Telefonanruf und einer Bitte um Amtshilfe angefangen. Es war nicht ungewöhnlich, dass Polizeidienststellen oder Sicherheitsbehörden die Expertise gewisser Beamten des Finanzministeriums erbaten. Meist ging es darum, im Rahmen der Drogen- oder Terrorismusbekämpfung Inhaber suspekter Konten aufzuspüren. Als Aufsichtsbehörde des französischen Fiskus hatte Bercy eine Gruppe Beamter, die Steuersünder jagten und darauf spezialisiert waren, Geld in ausländischen Steueroasen aufzuspüren. Gleich im Anschluss an die nationale Verwaltungshochschule ENA hatte Gabriel zwei Jahre lang in dieser Abteilung gearbeitet, bevor man ihm den prestigeträchtigen Posten des Kabinettsdirektors des delegierten Ministers für Außenhandelsbeziehungen angetragen hatte.

Natürlich hatte Gabriel gewusst, dass die beste Freundin seiner Frau nach dem Ende ihrer zehn Jahre als Antiterrorrichterin am Pariser Oberlandesgericht einen Posten im Bereich der nationalen Sicherheit übernommen hatte. Doch sie sprach immer nur ganz vage über das, was sie eigentlich tat. In der französischen Hierarchie gab es ein paar Beamte, die fast auf der Ebene eines Staatssekretärs angesiedelt waren und sich hinter dem ominösen Kürzel HFDS versteckten. Sie nahmen die Sicherheitsüberprüfungen bis zum Niveau »Geheim« in ihrer Behörde vor. Ihre Zuständigkeit waren der Geheimschutz und die Vertretung ihres Ressortministers im interministeriellen Krisenstab.

Als die Freundin seiner Frau am Abend des grauenhaften Anschlags plötzlich in Begleitung zweier Männer im Cercle de l'Union Interalliée aufgetaucht war, hatte dies Blanc-Aimés Vermutung erhärtet. Doch seit ein paar Tagen wusste er, dass er völlig falschlag.

Als »man« ihn zu dem ersten geheimen Treffen in den Pariser Jardin des Plantes bestellt hatte, hatte er eine französische Version von 007 James Bond erwartet.

Es hatte dann irgendwo zwischen Schock und wildem Lachen geschwankt, als nur Christiane Près vor ihm gestanden hatte: luftige Hochsteckfrisur, Perlenohrringe, eleganter Hosenanzug in pastellfarbenen herbstlichen Braunabstufungen, lässiger Kaschmir-Schal mit orientalischen Ethnomuster, Edel-Trench und teure Designer-Schultertasche. Sie hatte ihn angegrinst wie ein Honigkuchenpferd. Allerdings war der Mann, der die beste Freundin seiner Frau zu diesem Treffen begleitet hatte, keine Lachnummer gewesen, obwohl seine zivilisierte Höflichkeit und seine Kenntnis der illegalen Seiten des internationalen Bankenwesens Gabriel für ein paar Augenblicke während ihres Spaziergangs durch den Pariser Botanischen Garten hatten vergessen machen, dass er auch bewaffnet gewesen war.

Gabriel hatte seiner Frau verschwiegen, dass er sich schon vor dem gemeinsamen Abendessen, zu dem sie sich um zwanzig Uhr in der *Brasserie Lipp* am Boulevard Saint-Germain verabredet hatten, mit Christiane Près treffen wollte. Er hatte Adèle erzählt, dass sie im Ministerium ein spätes Meeting hatten und er sie direkt im Restaurant treffen wollte. Der junge Finanzinspektor ging beschwingten Schrittes über die Rue Mazarine und bog in den Cour du Commerce Saint-André ein. Diese Geschichte war eine angenehme Abwechslung zu seinen üblichen Aufgaben, ein echter Kick, gepaart mit ein bisschen Abenteuer. Als Gymnasiast hatte er davon geträumt, Geheimagent zu werden. Dann hatte er herausgefunden, wie begrenzt die Karriereaussichten dieser ganz speziellen Laufbahn im Staatsdienst waren, die auch noch eine lange, mühsame und gefährliche militärische Ausbildung voraussetzte – und völlig unmögliche Arbeitszeiten. Abgesehen von Napoleon Bonaparte und Charles de Gaulle, hatte kein Berufssoldat in Frankreich je echte große politische Karriere gemacht oder war in die höchsten Sphären des Staates aufgestiegen. Gabriel hatte sich daraufhin umorientiert und war mit seiner Laufbahn im Großen und Ganzen nicht unzufrieden – auch wenn er sich gelegentlich in Endlos-Meetings tödlich langweilte.

An der École Nationale de l'Administration lernte jeder Student am ersten Studientag und in der ersten Unterrichtsstunde, dass man alles logisch angehen musste und sich dafür am besten einen Plan machte. Er hatte sich nach dem Treffen im Jardin des Plantes und dem »Vertrag«, den er unterschrieben hatte – insgeheim nannte er das Papier den »faustschen Teufelspakt« – umgehend entsprechende Fachliteratur besorgt, um nichts falsch zu machen. Als literarischer Allesfresser hatte er in absoluter Spitzengeschwindigkeit und ohne von seiner Frau oder seinem Arbeitgeber dabei erwischt zu werden, die gesammelten Werke des britischen Großmeisters des Spionageromans John Le Carré verschlungen.

Er ging weiter; Schultern gerade, Kinn hoch, Augen nach vorne gerichtet. Er hatte den Mann beobachtet, der Christiane Près begleitet hatte. Er war weder besonders groß noch besonders breitschultrig gewesen. Er hatte auch keinen Killerblick oder hatte sonst irgendwie Furcht einflößend ausgesehen. Es war seine Haltung gewesen, die zum Ausdruck gebracht hatte, dass mit ihm im Ernstfall nicht gut Kirschen essen war.

Das Wetter war herbstlich schön. Ein paar Gäste aßen noch ein spätes Mittagessen oder bereits ein frühes Abendessen auf der Terrasse des *Margeritha*. Das *Procope* hatte zwei kleine Tische aufs Straßenpflaster vor dem Eingang gequetscht, an denen eine Gruppe junger Japaner rauchend und laut schnatternd Espresso trank.

Gabriel Blanc-Aimé warf einen Blick auf die Uhr. Er hatte ausreichend Zeit. Er ging bis zu den Schaufenstern des Juweliers Hayeriri weiter und warf einen Blick auf die ausgestellten Stücke. Gleichzeitig nutzte er die Scheiben als Spiegel, um sich zu vergewissern, dass man ihm nicht folgte. John le Carré hatte alles in seinem großen Kalten-Kriegs-Roman *Der Spion, der aus der Kälte kam* im Detail beschrieben.

Gabriel verzog den Mund zu einem Schmunzeln. Natürlich erkannte er niemanden, den er bereits in den öffentlichen Transportmitteln oder auf dem Fußmarsch durch die Pariser Altstadt gekreuzt hatte, denn niemand wusste, dass er sich auf einer geheimen Mission befand.

Adèle und Gabriel kamen regelmäßig zu Christiane Près in das kleine Haus am Cour de Rohan; freundschaftliche Abendessen, ein Aperitif und ein paar Amuse-Gueules vor einem gemeinsamen Besuch eines Theaterstückes oder Konzertes, eine Tasse Tee, weil man gerade in der Nähe war. Gelegentlich passte die beste Freundin seiner Frau auch auf ihren schwarzen Mischlingshund Nemo auf, wenn sie ihn nicht mitnehmen konnten.

Als ihm nichts Seltsames oder Beunruhigendes auffiel, ging er ein paar Meter zurück zu dem unauffälligen Durchgang, den ein hohes schwarzes Tor aus Eisen und eine kleine Eisentür versperrten, und tippte auf dem Touchpad des elektronischen Türschlosses einen Zahlencode ein. Er fragte sich, was Nemo wirklich wusste. Er stellte sich vor, wie der kleine, struppige Hund unter dem Schreibtisch ihrer Freundin im Fort de Noisy lag und die Ohren spitzte, während düstere Gestalten in Trenchcoat und mit Sonnenbrille über das Schicksal eines imaginären Dr. No beschlossen. Christiane hatte Adèle einmal gesagt, dass Nemo kein Problem war, weil sie ihn einfach mit in die Arbeit nahm, wo er sich nach Herzenslust auf einem großen und gesicherten Grundstück austoben konnte.

× × ×

Gabriel Blanc-Aimé war froh, dass er die unauffällige schwarze Computertasche endlich von der Schulter nehmen durfte. Als er Bercy verlassen hatte, hatten die Sicherheitsleute ihm und seinem Gepäckstück keine Aufmerksamkeit gewidmet. Er war der Kabinettsdirektor des delegierten Ministers für Außenhandelsbeziehungen, und niemand unterzog den Kabinettsdirektor des delegierten Ministers für Außenhandelsbeziehungen einer intensiven Körper- oder Gepäckkontrolle, wenn er in das Ministerium hinein- oder aus dem Ministerium hinausging.

Er nickte dem Mann aus dem Jardin des Plantes als Begrüßung zu. Dann übergab er Christiane Près einen Ordner mit Fotokopien und einen schwarzen USB-Stick.

»Es war relativ schwierig, die Spuren zurückzuverfolgen«, erklärte Blanc-Aimé der Direktorin der Division Action und Commandant Karim Hamida.

Hamida war bei ihrem ersten Zusammentreffen nicht als Madame le Juges Bodyguard dabei gewesen, sondern weil er eine gewisse Ähnlichkeit mit dem zwischenzeitlich verstorbenen Terroristen Taher El Ouazzani hatte, wenn man sich mit ein wenig Schminke, grauer Haarfarbe und Silikoneinlagen für die Wangen behalf. Den meisten Leuten – Zollbeamte eingeschlossen – würde der Größenunterschied zwischen dem Offizier und dem Terroristen nicht auffallen. Er brauchte für seine Mission die Informationen, die Blanc-Aimé ihnen gerade mitgebracht hatte.

»Alles Geld, das auf dem Konto dieses Dr. Michael G. Daniels bei der KBC-Bank gutgeschrieben wurde, kommt von durchaus ehrbaren Finanzinstitutionen und hat auf den ersten Blick nichts an sich, was Verdacht erregt. Selbst die letzte Überweisung über 707.289,00 Euro bringt niemanden zum Ticken. Sie kommt von einem Notar in Maryland, und der Überweisungsgrund ist ein Hausverkauf.«

Karim Hamida verzog den Mund zu einem Grinsen und schüttelte den Kopf. Es war natürlich keine echte Überraschung. Der Pass von Dr. Michael G. Daniels war ein echter falscher Pass, genau wie die echten falschen französischen Pässe, die man ihnen für gewisse Missionen aushändigte. Er hatte selbst vier Stück davon und vier weitere Dienst-Identitäten, die er je nach Bedarf auch in seinem Privatleben benutzen konnte.

Farida hatte Dr. Michael G. Daniels recherchiert und eine ordentliche Legende gefunden, bei der sich jemand in der US-Geheimdienst-Community ziemlich viel Arbeit gemacht hatte. Sie wussten natürlich – dank des unglücklichen russischen Ex-SpezNas aus Arkadij Matveevs Contractor-Truppe und Faridas kleinem virtuellem Geheimagenten auf dem Laptop des britischen Ex-SAS-Unteroffiziers Rick O'Shaughnessy – schon seit Wochen, dass sie hier definitiv einer US-Black-Ops auf die Spur gekommen waren. Aber das Finanzkonstrukt der amerikanischen Kollegen, um den algerischen Terroristen und Archäologen zu entlohnen, beeindruckte Hamida trotzdem. Da hatten sich sehr intelligente Leute sehr viel Mühe gegeben, etwas sehr gut zu verstecken. Alles, was sie jetzt noch herausfinden mussten – außer der Identität von Kérmorvans und Rossis ominösem »Golfer« natürlich – war, worum es sich bei diesem »Etwas« handelte.

»Wenn man den Geldspuren bis zum Ende folgt und dabei keine schnellen Abkürzungen nimmt, dann landet man bei einer Firma, die im US-Bundesstaat Delaware inkorporiert ist«, sagte Blanc-Aimé, »und wenn man ein bisschen weitergräbt, stellt man fest, dass das eine Scheinfirma ist. Wenn man dann weiß, wonach man suchen muss, und wenn man sehr sorgfältig und sehr vorsichtig weitermacht, findet man eine geheime US-amerikanische Bürokratie. Auf jeden Fall kommt das Geld immer von genau derselben unterschriftsberechtigten Person.«

Blanc-Aimé öffnete den Laptop, den er illegal aus seinem Büro in Bercy mitgebracht hatte, und bedeutete Christiane Près und den Einsatzagenten des Service Action, sich neben ihn zu setzen. Er fuhr ein kleines Programm hoch, das er vor ein paar Monaten für ebensolche speziellen Zwecke geschrieben hatte, und gab ein Passwort ein. Es dauerte etwa eine Minute, dann begann ein witziges Emoticon mit kleinen Teufelshörnchen und einem irren Grinsen über eine Weltkarte zu flitzen. Das Emoticon zog eine feurige Spur und deponierte auf dem Weg andere kleinere Teufel-Emoticons. Es fing in Dublin bei der KBC-Bank an und endete auf der anderen Seite des Atlantiks in einem Ort unweit der US-Hauptstadt Washington, D.C.

Nach dem Einzoomen konnte man die exakten Geokoordinaten lesen. Tyson's Corner war ein Ort im Fairfax County im US-Bundesstaat Virginia. Er zählte rund zwanzigtausend Einwohner, einen großen Barnes-&-Noble-Buchladen, einige große Shopping-Malls, die Firmenzentrale von Adobe Systems, einige luxuriöse und von hohen Zäunen und Sicherheitssystemen umgebene Wohnviertel, die Leute anzogen, die in Washington arbeiteten, aber im Grünen wohnen wollten – und eine sehr große Bundesbehörde. Diese lag einfach erreichbar und praktisch direkt am Interstate 495 Highway und am Capital Beltway Outer Loop.

Am Endpunkt hinter der eigenen Ausfahrt des Liberty Crossing Intelligence Campus hüpfte Blanc-Aimés kleiner Feuerteufel mit triumphierend in die Luft gereckten Zeichentrick-Ärmchen jubelnd hin und her. Der Mann aus Bercy klickte auf den Jubel-Teufel und eine Satellitenkarte, die er sich von Google Maps besorgt hatte. Dann zoomte er ein. Die Stelle, über der der Zoom sich schließlich fixierte, lag im Herzen des Intelligence Campus und genau auf der Schnittstelle zwischen dem National Counterterrorism Center und dem Office of the Director of National Intelligence.

Christiane Près war ehrlich beeindruckt. Sie hatte den Ort auf dem kommerziellen Satellitenbild natürlich sofort erkannt, denn sie war während der letzten vierundzwanzig Monate drei Mal zu »freundschaftlichen Besuchen« dort gewesen. Sie hatte den Generaldirektor der DGSE zu Gesprächen mit dem US Director of National Intelligence begleitet. Der alte Macho-General im Ruhestand, Franklin D. Mahooney, hatte ihr angeboten, ihn Frank zu nennen, und sie dabei gleichzeitig spüren lassen, dass er sie für eine überschätzte Sekretärin mit hoher akademischer Qualifikation hielt. Sie hatten die Vorurteile des DNI selbstverständlich nicht entkräftet, sondern sich hinter seinem breiten Kriegerrücken köstlich amüsiert. Taktisch-operativ war es immer ein Vorteil, unterschätzt zu werden. Natürlich hatte der Direktor der DGSE dem DNI nicht gesagt, dass Christiane der Division Action vorstand, sondern sie als Direktorin mit ganz speziellen juristischen Aufgaben vorgestellt. Für die Amerikaner war es nicht ungewöhnlich, wenn ein Geheimdienstchef zu Gesprächen seinen ranghöchsten Juristen mitbrachte.

»Da haben Sie aber jemanden ganz Besonderen mit den Fingern im Honigtopf erwischt, Herr Blanc-Aimé!«, lobte Commandant Karim Hamida den jungen und etwas exaltierten Beamten aus dem Finanzministerium, der mit seiner Freude über den gelungenen Schelmenstreich nicht hinterm Berg hielt.

Der Mann, den sie erst vor ein paar Tagen als »Berater« für etwas halbseidene Finanzgeschäfte angeheuert hatten, um den Geldgebern von Taher El Ouazzani und damit vielleicht auch der illegalen Ausgrabung am Hindukusch auf die Spur zu kommen, hatte in kürzester Zeit den Weg durch das komplizierte Labyrinth gefunden, das Fachleute »Layering« nannten.

Hamida und Kérmorvan, obwohl Einsatzagenten und keine Finanzexperten, hatten das Schema bereits vermutet, als sie sich gemeinsam in Ruhe die Unterlagen ansehen konnten, die Kérmorvan und sein Team aus dem Hochtal in den Großen Suleimans mitgebracht hatten.

Ziel des Layering war es, den *Papertrail,* also den Belegepfad, zu durchbrechen und so Geld zu anonymisieren. Damit sollte es Außenstehenden unmöglich gemacht werden, den Ursprung von Geld zurückzuverfolgen. Um dies zu erreichen, wurden möglichst viele komplizierte Transaktionen von einem Bankkonto auf weitere Bankkonten durchgeführt. Häufig erfolgten diese Transaktionen über Staatsgrenzen hinweg und involvierten neben Scheinfirmen auch Drittpersonen wie Anwälte oder Notare, die von Haus aus ein Berufsgeheimnis zu wahren hatten.

»Wir haben uns so etwas Ähnliches bereits gedacht.«

Während sie mit Kérmorvan in Romainville die Kontoauszüge überflogen hatten, waren auch ihnen mehrere Überweisungen des Notars aus Philadelphia aufgefallen; ein paar kleinere Summen und die große, auffallend runde Summe von einer Million US-Dollar.

»Ich habe an der Eingangstür dann allerdings aufgehört herumzuschnüffeln«, erklärte Blanc-Aimé, »denn genauso, wie mein Programm den Geldgebern von Dr. Michael G. Daniels auf die Spur kommen konnte, können diese Leute, wenn es dumm kommt, einen ›Spion‹ wie mein Programm zurückverfolgen. Wer ist dieser Mann eigentlich?«

Er war neugierig geworden, hatte den Namen im Internet recherchiert, aber nichts Weltbewegendes gefunden.

Im Jardin des Plantes hatten Christiane Près und ihr Begleiter mit der Handfeuerwaffe am Gürtel ihm lediglich erklärt, dass es für Frankreich sehr wichtig war, die Geldspur bis zum Ende zu verfolgen.

Hamida, der an diesem Nachmittag nicht nur unbewaffnet war, sondern in kakigrünen Cordhosen, einer passenden Harris-Tweed-jacke und einem Hemd im Vichy-Karo ein bisschen an Robert Langdon, den literarischen Harvard-Professor für religiöse Ikonologie und Symbologie des Bestsellerautors Dan Brown, erinnerte, schob sich Taher El Ouazzanis modisch-bunte Lesebrille auf die Nase: »Für die nächsten Tage bin ich dieser Mann, Herr Blanc-Aimé!«

Frankreich – Atlantikküste

Der SOG-Operator, der den Decknamen »Salah« benutzte, hatte in Avranches Lebensmittel eingekauft und den Mietwagen vollgetankt. Sie hatten sich als Hauptquartier für die Operation ein großes und völlig isoliert gelegenes Ferienhaus an der Küste ausgesucht und es für einen Monat angemietet. Es war einfacher, die Vorbereitungen fern der angestammten Banlieue ihrer Truppe abzuschließen und die jungen Männer, die der selbst ernannte Imam für die Operation ausgewählt hatte, entsprechend zu trainieren.

Die Villa Jeanne d'Arc lag direkt hinter den Dünen am Ende einer kleinen Landstraße und war gerade erst renoviert worden. Sie war beinahe »unsichtbar«, und man konnte sie weder vom Strand noch von See her einsehen. Die nächstgelegene Ortschaft war das fünf Kilometer entfernte Genêts. Sie hatten dort schon zweimal zu Abend gegessen und die perfekten Urlauber gespielt. Ihre Nachbarn waren zwei Reitsportzentren, die auf Wanderritte in der Bucht des Mont-Saint-Michel spezialisiert waren, und der bekannte britische Autor Vincent Cronin. Cronin lebte mit seiner französischen Frau Chantal de Rolland im Manoir de Brion, einem denkmalgeschützten ehemaligen Benediktinerpriorat aus dem 11. Jahrhundert. Sie selbst konnten von der Villa Jeanne d'Arc bei jedem Wetter ihr Zielobjekt, den Klosterberg Mont-Saint-Michel beobachten.

Den Kontakt mit den Vermietern der Villa hatte einer der jungen Männer gehabt. Er hatte den Leuten erzählt, dass sie im Freundeskreis einen Sport- und Aktivurlaub machten und dann die Festtage zum Jahresende gemeinsam in der Bucht des Mont-Saint-Michel begehen wollten. Niemand, der sie zufällig beobachtete, hätte auch nur einen Augenblick an der Wahrheit dieser Aussage gezweifelt.

Salah und seine Terroristen-Lehrlinge waren täglich unterwegs: zu Fuß beim Joggen oder Wandern, mit Geländefahrrädern oder mit dem Kajak. Mindestens einmal am Tag sah man sie in Taucherkombis und mit Spezialflossen im sehr kalten Atlantik schwimmen und anschließend am Strand dynamisch erwärmende Gymnastikübungen machen. Der SOG-Operator hatte sich einmal einer Wanderreittour angeschlossen. Im Rahmen der Vorbereitungen ihrer Operation war dieses sportliche Abenteuer zwar nicht notwendig gewesen, aber er stammte aus Wyoming, war ein guter Reiter, und die landschaftlich schöne Bucht unter einer strahlenden Herbstsonne im Sattel eines Pferdes zu durchqueren hatte ihn gereizt. Er setzte sich hinters Steuer des Renault Espace. Sie hatten das große Fahrzeug als Langzeitanmietung mit gefälschten Ausweispapieren und einer Prepaid-Kreditkarte bei einer bekannten Leihfahrzeugfirma am internationalen Pariser Großflughafen Charles-de-Gaulle besorgt. Salah gab den

Bahnhof von Granville ins Navigationssystem ein. Granville wurde mehrmals täglich von einem Intercity-Zug aus Paris bedient.

Sie hatten aus Gründen der operativen Sicherheit vereinbart, dass Honi gemeinsam mit dem Imam den Zug nach Granville nahm, während das sechste Mitglied des Kommandos zuerst die Fahrer von Sheherazade's Marvellous Gardens auf einer Autobahnraststätte unweit des Flughafens Charles-de-Gaulle erwarten würde. Diese Männer waren nicht eingeweiht und hatten lediglich von ihrem Brüsseler Arbeitgeber den Auftrag bekommen, ein paar zusätzliche Kisten abzuholen. In diesen Kisten befand sich außer dem Sprengstoff, den sie zuvor im Keller des Gemeinschaftszentrums der Moscheengemeinde gelagert hatten, auch Handgranaten, Munition und Waffen. Dieser junge Mann besorgte anschließend mit einem Satz falscher Papiere und einer entsprechenden Kreditkarte bei einer Autovermietung auf dem Flughafen ein weiteres Fahrzeug, damit sie den Renault Espace als Fluchtfahrzeug auf irgendeinem praktisch gelegenen Parkplatz auf ihrem Weg Richtung Belgien austauschen konnten.

Sie hatten gemeinsam beschlossen, den Weihnachtsmarkt von Reims aufzugeben, und widmeten sich nun ganz dem Klosterberg. Ein erfolgreicher Anschlag auf den Mont-Saint-Michel hatte auf Europa vermutlich die gleiche Wirkung, die 9/11 auf die USA gehabt hatte. Und selbst wenn die Operation, die den Codenamen *Archangel* trug, fehlschlug, würden Verunsicherung und Angst um sich greifen. In einem solchen Umfeld war es dann ein Leichtes, einer Reihe europäischer Regierungen signifikante Zugeständnisse im Bereich elektronischer Massenüberwachung abzuringen.

Salah und Honi hatten den Plan des selbst ernannten Imams weiterentwickelt. Die Besonderheit des Events, das ihr Ziel war, machte es leicht, das Kommando, die Sprengsätze und die Waffen einzuschmuggeln. Sie hatten eine Einsatzgruppe, die bereit war, ihr Leben in die Waagschale zu werfen und als *Shahid*-Märtyrer zu sterben. Es war allemal den Versuch wert, vor den Kameras mehrerer Fernsehsender, die live übertrugen, eine Menge völlig überraschter und schutzloser Zivilisten zusammenzuschießen, unter denen sich zahlreiche sehr junge Leute und viele Touristen aus dem Ausland befinden würden.

Die einmalige Konzertveranstaltung mit einem bekannten Sinfonieorchester, einem Jugendorchester, dem Orchester der Universität von Rennes und mit mehreren namhaften Chören war schon seit fast einem Jahr bis auf den allerletzten Platz ausverkauft. Mit Lautsprechern würde live nach draußen übertragen werden. Man erleuchtete die Abteikirche gleichzeitig in einer spektakulären Son-et-Lumière-Show – einem nächtlichen Ton- und Lichtspektakel, und der Klosterberg wurde für die Zeit der Veranstaltung aufgrund des ganz besonderen Tidenhubs an diesem Winterwochenende vor Weihnachten wieder zu einer von den Wassern des Atlantiks umschlossenen Insel.

× × ×

Die beiden Operators der SOG betrachteten den grün überwucherten etwa drei Hektar großen Granitfelsen vom Strand aus durch ihre Feldstecher. Das Meer umspülte den wenig beachteten »kleineren Bruder« des Mont-Saint-Michel. Tombelaine war ein Vogelschutzgebiet, zu dem der Zutritt neun Monate im Jahr verboten war, um dort ansässige seltene Arten nicht beim Brüten und Großziehen der Jungtiere zu stören. Touristen schenkten der Insel kaum Aufmerksamkeit, und die einzigen Sehenswürdigkeiten waren von wilden Brombeerhecken überwucherte Ruinen einer Festung aus dem Hundertjährigen Krieg, die der Sonnenkönig Ludwig XIV. während der Revolution der Fronde hatte schleifen lassen.

»Es ist unmöglich, die Elektroschlitten auszumachen, selbst wenn sie über Wasser und nicht unter Wasser fahren!«.

»Wenn die Jungs die Bobs am Donnerstag oder am Freitag vor dem Konzert bei Flut bis zum hinteren Teil des Klosterbergs bringen und sie dort zwischen den Bäumen und Büschen verstecken, dann ist es ganz einfach, nach der Operation von dort aus wieder zu verschwinden, ohne gesehen zu werden. Und Tombelaine verdeckt die Sicht auf den Strand am Bec d'Andaine vollständig. Du müsstest schon oben auf dem großen Glockenturm über dem Querschiff der Abteikirche stehen, doch das ist für Besucher gesperrt. Und die kleine Kapelle des heiligen Aubert besucht eigentlich niemand, weil es dort absolut nichts zu sehen gibt. Außerdem brauchst du da bereits ein ordentliches Fernglas mit Dämmerungs- und Nachtsicht. Und glaub mir, keiner, der zu einem Weihnachtskonzert geht, schleppt einen Spezialfeldstecher für ambitionierte Jäger mit sich herum.«

»Falls unsere jungen Freunde ihre ›Heldentat‹ überleben sollten«, schmunzelte Salah, »und sie es körperlich schaffen, die sieben Kilometer mit den ›Sea Shadows‹ bei Spitzengeschwindigkeit zurückzulegen, dann sind sie innerhalb einer Viertelstunde hier. Sie können schon dreißig Minuten nach dem Attentat auf der A84 mit hundertdreißig Stundenkilometern Richtung Osten brettern, während ihr Kumpel sich mit dem Ersatzfahrzeug aus Villiers-le-Bel auf den Weg macht.«

Der erfahrene SOG-Operator hatte sich durchgerungen, dem selbst ernannten Imam und seiner Gruppe Kleinkrimineller aus der Pariser Banlieue einen gewissen Respekt entgegenzubringen. Sie hoben sich durch überdurchschnittliche Kreativität, Intelligenz und echte Arbeitsdisziplin positiv von der Mehrheit der anderen Ganoven und Strauchdiebe ab, die sie in Frankreich und in ein paar anderen EU-Mitgliedsstaaten rekrutiert hatten. Außerdem waren alle Mitglieder der Truppe – ihr Anführer eingeschlossen – körperlich fit und bereits ausgesprochen gut trainiert.

»Und wenn sie es nicht schaffen, dann ist es auch nicht tragisch. Schon allein der Versuch wird die Franzosen in Riesenpanik versetzen. Ich habe die Sicherheit auf dem Klosterberg ausgetestet. Die Gendarmen, die etwas von ihrem Geschäft verstehen, sind alle drüben auf dem Festland. Die Stadtpolizisten sind ungefährlich und vor allem unbewaffnet, um die Touristen nicht zu erschrecken. Im Inneren der Abteikirche gibt es keine Kameras. Einer der Angestellten, der im Souvenirshop arbeitet, hat mir alles bereitwillig bis ins kleinste Detail erklärt. Die Brüder und Schwestern des Jerusalem-Ordens wollen keine Überwachung, um nicht in ihrer Kontemplation gestört zu werden. Und nach dem Ende der offiziellen Führung zählt dort niemand die Leute, die wieder zurück in die Altstadt wandern. Die Sicherheit in der Kirche ist eine echte Lachnummer. Es gibt eine Art Abteiverwalter, der am Strick, der seine Mönchskutte zusammenhält, einen Bund mit riesigen altertümlichen Schlüsseln trägt. Ich bin eine ganze Nacht lang im Kloster und in der Kirche herumgewandert und konnte anschließend vor Tagesanbruch den Gebäudekomplex problemlos über die Gärten verlassen. Die schließen nur vorne zum Dorf hin ab. Hinten zur Bucht lassen die alles offen. Es ist ganz genau so, wie unser Imam es Dr. Kingsley erklärt hat. Anschließend bei Flut durchs Wasser zu verschwinden ist ein Kinderspiel. Vor allem dann, wenn genau in dem Augenblick noch die präparierten Cellokästen explodieren, die unsere Freunde auf dem Weg durchs Dorf hinauf zur Abtei strategisch abstellen möchten. Das gibt vielleicht ein Chaos nach den Explosionen, wenn die Schaulustigen, die sich in den engen Gassen zusammengefunden haben, um die Lichtershow zu bewundern, von der Panik erfasst werden! Der gesamte Klosterberg wird am Tag des Konzerts mit Touristen überfüllt sein. Üblicherweise sind es in der Hochsaison etwa fünfzehn- bis sechzehntausend Besucher am Tag. Sie schätzen, dass wegen der Springflut, dem Konzert und der großen Licht- und Tonshow eher um die zwanzigtausend kommen werden.«

Die meisten Besucher kamen im Auto über den Deich und parkten direkt auf dem aufgeschütteten Parkplatz am Fuß des Felsens. Alles würde vollkommen verstopft sein, sobald die ersten vom Mont-Saint-Michel Flüchtenden versuchen würden, mit ihren Autos über den Damm zu entkommen, um das Festland zu erreichen. In diesem Chaos würde es dann der Polizei, der Feuerwehr und den Rettungsfahrzeugen wahrscheinlich sogar unmöglich sein, gegen den Strom der Fliehenden über den Damm zum Klosterberg und hinauf zur Abtei zu gelangen, wo es die Schwerstverletzten mit Schussverletzungen geben würde, die sofort Hilfe brauchten. Und für einen Rettungshubschrauber gab es einfach keine Möglichkeit, irgendwo bei der Abtei zu landen, um Opfer zu evakuieren. Der Mont-Saint-Michel mochte mit seinen spektakulären mittelalterlichen Bauwerken ja »das Wunder des Abendlandes« sein. Vor allem aber war er eine tödliche Falle für alle, die sich dort aufhalten würden, wenn ihre jungen Protegés um sich schießen und abschließend die Sprengsätze zünden würden.

»Die haben ausreichend Zeit, um sich mit den Elektroschlitten vertraut zu machen«, sagte Honi zu seinem Kameraden Salah, »und du hast deinen ›Lehrlingen‹ ja alle notwendigen Grundlagen vermittelt. Die sind auch erheblich intelligenter als die beiden Vollidioten aus Charleroi, die wir in Paris verheizt haben.«

Salah schmunzelte. Die elektrische Hightech-Maschine des deutschen Herstellers Cayago AG aus Bad Salzuflen hatte es nicht nur preislich in sich. Seine beiden Lehrlinge hatten schwimmen müssen, als ob sie eine Kampftaucherausbildung machten, um Kraft in den Armen und in den Schultern aufzubauen. Der SOG-Operator kannte die Version, die die Saudis für das Team des selbst ernannten Imams beschafft hatten. Es war die militarisierte Version namens »Sea Shadow«. Er hatte sie bereits selbst bei verschiedenen Einsätzen benutzt. Neben den zivilen Sea Toys – extrem kostspieligen spaßigen Wasserspielzeugen für Gutbetuchte – und dem rund fünfundzwanzigtausend US-Dollar teuren Cayago XL für eine kommerzielle Nutzung an Unterwasserpipelines oder Ölplattformen baute die Firma die militarisierte Spezialausführung, die bei einer Unterwasserspitzengeschwindigkeit von fünfundzwanzig Stundenkilometern eine Autonomie von zwei Stunden hatte. Allerdings konnte man sich den Sea Shadow nicht einfach bei Cayago bestellen – nicht einmal mit einem gut gefüllten Bankkonto. Er wurde lediglich an staatliche Stellen verkauft und dann auch nur im Einklang mit den deutschen Gesetzen über die Ausfuhr von Rüstungsgütern.

Salah warf einen Blick auf die Gruppe junger Männer, die mit ihrem nur wenig älteren »geistigen Führer« zusammensaßen und angeregt diskutierten. Sie hatten sich in warmen Pullovern auf der Terrasse um eine Feuerschale versammelt, die an diesem kühlen, aber schönen Spätherbstabend heimelige Wärme verstrahlte. Es war offensichtlich, dass alle sich schon sehr lange kannten und miteinander vertraut waren.

Salah hatte im Lauf der letzten Wochen verstanden, dass »ihr« Mann, der selbst ernannte Imam, seine ganz persönliche Rache an Frankreich schon seit Jahren planen musste. Der Klosterberg war ein Traumziel; die Vorarbeit des Mannes ausgezeichnet. Es war klar, dass er und seine zornigen jungen Männer auch ohne das Sponsoring von Ustaz Muhammad ibn Muhammad ibn al-Jazari aus Katar zur Tat geschritten wären. Sie hätten sich selbst die notwendigen Geldmittel, Sprengstoff und Waffen beschafft und anstelle der Seabobs vermutlich Schlauchboote oder ein gestohlenes Motorboot genommen.

»Der hat schon vor einem Jahr einen Consumer-Kredit aufgenommen, nur um sich im Vorverkauf ein Dutzend Konzertkarten zu besorgen – in der Hoffnung, dass er irgendeinen Weg findet, den Franzosen den Arsch aufzureißen, weil sie ihn geknastet haben. Der Typ ist kein Fanatiker«, sagte Honi abgeklärt, »nur außergewöhnlich rachsüchtig. Dabei ist er aber auch völlig rational. Es ist wirklich einfach, mit ihm und mit seiner Truppe zu arbeiten. Wenn die überleben, dann haben sie eine glänzende Karriere im internationalen Terrorismus vor sich.«

Sein Kamerad schüttelte belustigt den Kopf. Zum Glück war es unmöglich, sie bei ihrer kleinen Diskussion zu belauschen. Jeder, der ihnen zugehört hätte, hätte sie wohl umgehend »institutionalisiert«; entweder in einem Hochsicherheitsgefängnis oder in einer gut gesicherten Klapsmühle.

Vereinigte Staaten – Bundesstaat Virginia – Fairfax County

»Kommst du endlich, Schatz?« Catherine Devereaux-Mahooney war erst am Wochenende aus Europa zurückgekehrt und freute sich auf das Abendessen mit ihren Freunden.

Frank Mahooneys Frau war vier Monate lang mit ihren Pferden auf der anderen Seite des Atlantiks unterwegs gewesen. Am Ende war ihr die Zeit sehr lang geworden, und sie hatte ihr Zuhause vermisst. Trotz der wunderbaren Rennerfolge, trotz der guten Verkäufe, trotz des guten Geldes, das sie mitbrachte – und trotz des Prix d'Amérique, für den sich ihr blutjunger Spitzenhengst King of the Blue Mountains in seiner ersten internationalen Saison nach einem überraschenden Sieg im Grand Prix de Bretagne und drei Platzierungen in anderen französischen Qualifikationsrennen positionieren konnte. Jedes Jahr am letzten Sonntag im Januar starteten auf der Trabrennbahn in Paris-Vincennes über eine Strecke von zweitausendsiebenhundert Metern achtzehn Pferde, die älter als vier Jahre waren und nicht kastriert sein durften. Das Preisgeld betrug eine Million Euro, von dem der Sieger die Hälfte erhielt.

Seit seinem Sieg im Grand Prix de Bretagne war die Decktaxe von King of the Blue Mountains explodiert. Er erholte sich in diesem Augenblick vor dem letzten und alles entscheidenden Qualifikationsrennen, dem Prix de Bourgogne und dem großen Tag des Prix d'Amérique, auf dem Trabergestüt eines Bekannten in der Normandie. Catherine musste spätestens am 29. Dezember um fünf Uhr morgens wieder in Europa sein, um King of the Blue Mountains am Nachmittag nach Vincennes zu begleiten.

Catherine wusste, dass er gegen den erfahrenen Vorjahressieger Offshore Dream wahrscheinlich keine Chance hatte, aber sie rechnete damit, dass King of the Blue Mountains sich gegen die anderen »Franzosen« gut schlagen und sich ganz weit vorne platzieren würde – und eine ordentliche Prämie für ihren Rennstall einlief.

Mahooney klappte den Laptop zu, schenkte seiner Frau ein strahlendes Lächeln und schnappte sich seinen Pullover. Sam, der Labrador, erhob sich begeistert, um seinem Herrn zu neuen Abenteuern zu folgen. Er hatte die letzten Stunden brav im Büro gelegen und dem DNI beim Arbeiten geholfen. Der große Hund wedelte mit dem Schwanz und stieß Catherine Devereaux freundschaftlich mit der Schnauze, um eine Streicheleinheit zu bekommen.

»Fred wird dich natürlich löchern, Cath«, scherzte Mahooney und legte seiner Frau den Arm um die Schultern, »denn seitdem er weiß, dass King in Vincennes läuft, redet er von nichts anderem mehr.«

»Fred ist unverbesserlich. Er hat mir sogar immer wieder Mails geschickt, als ich in Europa war, und um Renntipps gebettelt. Kommst du im Januar mit nach Frankreich, um King laufen zu sehen?«

Mahooney drückte seine Frau fester an sich: »Natürlich. Der Urlaub ist schon eingereicht. Ich werde mir unseren ersten Prix d'Amérique doch auf keinen Fall entgehen lassen!«

Catherine Devereaux strahlte ihren Mann an: »Wann machen wir uns auf den Weg, Frankie?«

Der General grinste wie die Katze aus *Alice im Wunderland*. Er hatte hinter dem Rücken seiner Frau mit ihren Freunden in der Normandie telefoniert und wusste über das Planning genauestens Bescheid. Und er wusste, dass Catherine nicht nur mehrere ihrer Jungtiere und zwei Stuten für die prestigeträchtige Neujahrs-Versteigerung von Deauville am Tag nach dem Prix de Bourgogne eingeschrieben hatte, sondern ebenfalls einen absolut umwerfenden Junghengst aus der Zucht des Mehrfach-Siegers im Prix d'Amérique Jean-Étienne Dubois ersteigern wollte.

»Wir fliegen in der Nacht des 27. Dezember. Die Tickets sind gekauft, und Sam hat all seine Impfungen, und sein Spielzeug ist gepackt. Natürlich habe ich mir fest vorgenommen, mit meiner wundervollen Frau im Casino de Deauville nach ihrem großen Sieg im Prix de Bourgogne ins neue Jahr zu tanzen, nachdem wir deinen neuen Hengst ersteigert haben. Wir haben eine gemütliche Suite im *Barrière Le Normandy*. Du musst dich um nichts mehr kümmern, Schatz. Entspanne dich. Ich habe alles organisiert.«

Dank dem ausgezeichneten Geschäft, das sie mit Ben Kingsleys spektakulärsten Funden aus dem afghanischen Hochtal gemacht hatten, war es kein Problem, »Cath« ihren Wunsch zu erfüllen und dieses einzigartige europäische Genmaterial für die Blue Ridge Mountain Stables zu akquirieren und gleichzeitig ein paar schöne Wochen mit ihr in Europa zu verbringen. Ihre normannischen Freunde schätzten, dass der Junghengst höchstens fünfzigtausend Euro kostete. Ein Taschengeld! Und er konnte gleichzeitig gewisse geschäftliche Dinge erledigen und Ben treffen.

Er war der »Konzertmeister« und das einzige Mitglied des »Orchesters«, das eine wirkliche Übersicht über die Finanzmittel für ihre aktuelle Black Ops *Regenbogen* in Europa hatte.

Als Mahooney und Catherine Arm in Arm mit Sam, dem Labrador, bei der für den geselligen Abend liebevoll im Father-Christmas-Stil hergerichteten Veranda ankamen, hörten sie bereits die ersten Autos auffahren.

× × ×

Erst als der Director of National Intelligence seinen Freunden, den »Choristen«, einen Alkohol zur Verdauung anbot und alle sich im Kaminzimmer – wie es ihre gute Tradition wollte – die obligatorische, illegal ins Land gebrachte kubanische Zigarre angesteckt hatten, wandten sie sich den ernsten Themen des Abends zu.

Mahooneys Frau hatte sich nach Kaffee und Nachtisch verabschiedet. Sie wollte zusammen mit dem Hund noch einen Kontrollgang durch die Ställe machen, bevor sie sich hinlegte. Ihr Arbeitstag mit den Pferden begann bei Sonnenaufgang.

»Auch wenn die Franzosen es nicht publik gemacht haben; der Anschlag im Cercle de l'Union Interalliée hat für erhebliche Unruhe gesorgt.«

Der Direktor der NSA-Hauptabteilung S31, die für Kryptoanalyse und Betriebssysteme zuständig war, hatte dank eines ganz besonderen Überwachungsprogramms, das den Codenamen »Tribulus« trug, Zugriff auf spezielle Verbindungskanäle zwischen europäischen Sicherheitsbehörden und Regierungen.

Tribulus war eine Black Ops, die die NSA gemeinsam mit dem britischen GCHQ betrieben. Die Briten als EU-Mitglied hatten den Zugang zur EU-Kommission, zum EU-Parlament, zu EU-Behörden und natürlich zu den EU-Botschaften der anderen Mitgliedsstaaten. Die NSA profitierte davon, und sie betrieben gemeinsam völlig skrupelloses Data-Mining.

»Sie sind auf der richtigen Spur«, sagte der NSA-Direktor zufrieden, »nämlich auf der, auf der wir sie haben wollten.« Er erklärte, wie sie den Austausch zwischen dem französischen Innenminister und seinem deutschen Amtskollegen mitgehört hatten.

»Natürlich arbeiten sie unaufgeregt und mit dem üblichen gallischen Phlegma. Aber auf der höchsten Ebene wird ernsthaft erwogen, uns um Unterstützung zu ersuchen. Die haben begriffen, dass es einen Zusammenhang zwischen Madrid und Köln gibt. Der französische Innenminister benutzte den Ausdruck ›islamistische Schläferzellen‹. Der Deutsche deutet anklagend auf die al-Qaida und vermutet die Aktivität einer neuen Franchise von Osama bin Ladens Organisation, die direkt im Tatland Attentäter rekrutiert.«

»Es muss uns endlich gelingen, ihnen klarzumachen, in welchem Ausmaß die Bedrohung zunimmt«, sagte der hohe Beamte aus dem Verteidigungsministerium.

Er verfolgte Tag um Tag mit, was der irakische Albtraum seinem Land abverlangte: Soldaten, Kriegsgerät und sehr viel Geld. Mehr als ein Drittel der US-Streitkräfte waren in diesem Augenblick im Auslandseinsatz. Sie hatten eine Grenze erreicht. Selbst die massive Unterstützung durch die Briten reichte nicht aus.

Wie alle anderen im Raum Anwesenden war er überzeugt, dass es der einzige Ausweg war, die Zukunft des Irak, den sie in Schutt und Asche gelegt hatten, und die Stabilisierung der gesamten

Region, die sie komplett aus der Bahn geworfen hatten, einfach der internationalen Staatengemeinschaft zu überlassen. Diese Lösung befreite die USA von der politischen Verantwortung und wälzte gleichzeitig die Kosten für den Wiederaufbau auf die Europäer ab, wenn diese keinen Dauerkrisenherd vor der Haustür haben wollten, der irgendwann wahrscheinlich eine Massenmigration auslösen würde.

»Den nächsten ›Anschlag‹ können sie der Bevölkerung nicht mehr verheimlichen«, strahlte Mahooney und prostete seinen »Choristen« mit einem Cognac-Schwenker zu.

Seine Frau hatte drei ausgezeichnete Flaschen Augier des ältesten Herstellers Frankreichs mitgebracht. Mahooney genoss den herben *L'Océanique* zu einer sehr milden *Romeo et Julietta.*

Kingsley hatte ihm die Operation bereits in groben Zügen erklärt, nachdem er sich in seiner Verkleidung als der Katarische Geschäftsmann und Terrorismussponsor Muhammad ibn Muhammad ibn al-Jazari in der konspirativen Wohnung in der Cité des 4000 mit dem jungen Franzosen mit Migrationshintergrund getroffen hatte, auf den ihr alter Freund Prinz Saif ibn Sultan sie aufmerksam gemacht hatte.

»Ziel und Zeitpunkt sind so gewählt, dass vor Ort zahlreiche Medien präsent sind und alles direkt übertragen wird«, beendete Mahooney sein kurzes Briefing, »und das Kommando wird ohne direkte Hilfe unserer Operators agieren. Sie leisten im Augenblick lediglich technische Hilfe bei den Sprengmitteln und beraten taktisch-operativ.«

Die »Choristen« klatschten. Die Männer nannten Mahooney scherzhaft den »Konzertmeister«, denn er war durch das Amt, das er bekleidete, in ihrer Gruppe der Primus inter Pares. Natürlich waren sie nicht die einzige »Interessengemeinschaft« aus dem großen amerikanischen Regierungs- und Verwaltungsapparat, die hinter verschlossenen Türen die Köpfe zusammensteckte. Bei solchen inoffiziellen Vereinigungen sprach der kreative Investigationsjournalismus dann gerne vom »Deep State«. Verschwörungstheoretiker wie der neue und brandgefährliche CEO der großen Mediengruppe, die im letzten Wahlkampf dem Gegenkandidaten der demokratischen Partei Millionenbeträge zur Verfügung gestellt hatte, verleumdeten sie als eine Seilschaft innerhalb der Regierungsbehörden, die – ohne gewählt zu sein – ihre eigene politische Agenda verfolgte.

Sie waren allerdings eher unpolitisch; weder wild entschlossene Republikaner noch feurig-fanatische Demokraten. Sie waren eine diskrete Kooperation hochrangiger Bürokraten jenseits politischer Überzeugungen. Ihre »Interessengemeinschaft« bestand aus Mitgliedern der Geheimdienste und des Militärs, die immer dann eingriffen, wenn sie das Gefühl hatten, dass vom Volk gewählte Politiker »aus dem Ruder liefen« und auf eigene Faust Dinge unternahmen, die ihrer sehr dezidierten Vorstellung der politischen Ausrichtung widersprachen, die die amerikanische Nation im Bereich der Außenpolitik einschlagen sollte.

Sie selbst sahen sich natürlich nicht als Verschwörer, sondern als Patrioten. Ihr »Staat im Staat« existierte, seitdem die Vereinigten Staaten existierten. Um politische Fehlgriffe der einen Präsidentschaft zu vertuschen oder die Agenda der anderen zu unterminieren, hielten Gruppen wie die ihre es für angemessen, staatliche Behörden und Einrichtungen, die eigentlich strikt nach dem Gesetz vorgehen sollten, zu Handlangern ihrer politischen Kämpfe zu machen.

»Wann fängt der Countdown an zu ticken?«, fragte der ambitionierte Berater der Außenministerin.

Der Fragende hielt eine prestigeträchtige Professur an der Johns Hopkins University. Die Medien behandelten ihn als »den einflussreichsten Neo-Konservativen der US-Hochschullandschaft«. Nach den Anschlägen von 9/11 hatte er in einem Kommentar für das *Wall Street Journal* vom »Vierten Weltkrieg« gesprochen und damit den gerade gewählten Präsidenten George W. Bush zu seinem *Global War on Terror* GWOT inspiriert. Seit ein paar Monaten war er darüber hinaus auch der Sonderberater der Außenministerin. Damit belegte er eine Schlüsselposition und beeinflusste politische

Entscheidungen, die die Zielrichtung der amerikanischen Diplomatie für die nächsten Jahre maßgeblich bestimmten. Nach dem Untergang der Sowjetunion und dem Ende des Kalten Krieges hatte er das Feindbild seines Landes von A bis Z runderneuert und auf den Iran, den Irak und Syrien ausgerichtet, die drei Staaten des Mittleren Ostens, die den USA regelmäßig die Stirn boten und dem US-Traditionsverbündeten Saudi-Arabien die spirituelle Führungsrolle im Islam absprachen, obwohl Mekka und Medina sich auf dem Staatsgebiet des Königreiches befanden.

Der Mann navigierte seit diesen Jahren im Umfeld des aktuellen Vizepräsidenten und einer Reihe von neokonservativen Thinktanks, die sich mit außenpolitischen Fragestellungen befassten. Er war der diplomatischen Community Amerikas, was Mahooney den Geheimdiensten war: eine graue Eminenz, an der kein Weg vorbeiführte.

Er war der »Chorist«, den Frank Mahooney im Auge behielt, denn der Mann hatte das Potenzial und die Ambition, ihm in seiner Rolle als »Konzertmeister« gefährlich zu werden und zu versuchen, ihm gleichzeitig seinen Posten als US Director of National Intelligence abspenstig zu machen. Mahooney zwinkerte ihm zu.

»Der Countdown läuft bereits, Eliot. Eine kleine vorweihnachtliche Aufmerksamkeit für unseren rebellischen gallischen Verbündeten. Der letzte Samstag vor Weihnachten ist der große Tag.« Antwortete der DNI dem Akademiker und politischen Berater der US-Außenministerin.

Er erinnerte sich an das High-Level-Arbeitstreffen, das sie im Spätsommer mit der DGSE veranstaltet hatten. Die Beziehung war eigentlich nicht schlecht. Alles war nur unglaublich zäh und unendlich frustrierend.

Der Generaldirektor des französischen Geheimdienstes war zusammen mit einem seiner Direktoren gekommen, einer Juristin, die sich namentlich nicht vorgestellt hatte und die ausgesehen hatte wie eine wandernde Werbekampagne von Chanel. Der Generaldirektor der DGSE hatte ein knappes Dutzend Direktoren, die er reihum mitbrachte, wenn er in die USA kam.

Sie hatten sich mit versteinerten Mienen seine Vorschläge angehört. Über das Thema, im Rahmen der Terrorismusbekämpfung und der Jagd auf die weltweit aktiven Al-Qaida-Netzwerke den US-Diensten, allen voran der NSA, Zugang zu speziellen Daten zu gewähren, die über das eigene nationale Abhörsystem »Frenchelon« gesammelt wurden, hatten sie nicht reden wollen.

Sie hatten es abgelehnt, der NSA zu gestatten, in ihre Datenströme an besonderen Schnittstellen eine Auswahl US-Selektoren zu injizieren. Sie waren dabei weder unhöflich noch brüsk gewesen, sondern hatten es in diplomatisch gewählte Worte gepackt und alles in einem akzentuierten, aber perfekten Englisch vorgetragen. Anschließend hatten sie ihn, Mahooney, der französischen Kooperation versichert und ihm versprochen, dass die Amerikaner nur fragen mussten. Ihr Dienst würde dann schnell und effizient eine Entscheidung treffen – und *case by case* mit ihnen kooperieren!

Dass sie über das amerikanische Ansinnen verärgert waren, hatte er ihnen angemerkt, denn sie hatten seine Einladung zum Abendessen kühl und ohne Erklärung abgelehnt und waren dann, ohne den traditionellen Umweg über Washington, D.C., und ihre Botschaft, zum Flughafen zurückgefahren. Es war der kürzeste Besuch der Führungsebene eines befreundeten Nachrichtendienstes seiner gesamten Amtszeit gewesen.

× × ×

So, wie es die Tradition wollte, beendeten die »Choristen« ihren geselligen Abend, als die alte Uhr im Kaminzimmer des Director of National Intelligence Mitternacht schlug. Sie erhoben sich, tauschten den obligatorischen, freundschaftlichen Handschlag unter Männern aus und gingen, ohne Mahooney zu bemühen, zu ihren draußen geparkten Fahrzeugen. Lediglich der Berater der Außenministerin blieb zurück.

»Auf ein Wort, Frank!«, bat er.

Mahooney nickte. Sie warteten, bis die anderen Autos wegfuhren, dann bedeutete der DNI dem Mann, ihm in die Küche zu folgen.

»Lass uns noch einen Espresso trinken, während wir reden.«

»Du bist sicher, dass du Ben Kingsley noch ausreichend unter Kontrolle hast? Ich habe das ungute Gefühl, dass seine wilden Indiana-Jones-Abenteuer irgendwann wirklich zu einer Gefahr für unser Projekt werden könnten. Er ist besessen, und man bekommt den Eindruck, dass er jeden seiner Jobs lediglich dazu benutzt, um irgendwo eine neue Raubgrabung zu veranstalten oder irgendein Museum zu plündern.«

… wovon du bislang immer gerne profitiert hast, ohne dir irgendwelche moralischen Fragen zu stellen, du kleines Arschloch, dachte Mahooney im Stillen.

Wenn Kingsley raubgrub oder plünderte, dann tat er dies im Auftrag und auf Befehl von oben. Ziel war es immer, schwarze Kassen der US-Dienste diskret zu füllen. Im selben Maß, in dem der DNI die speziellen Kompetenzen seines alten Protegés aus den Delta Forces und der SAD im Bereich Altertumskunde und Archäologie nutzte, hatte er andere Protegés an der Hand, die in anderen Bereichen kompetent waren und Finanzmittel für andere Black Ops akquirierten: Der US Clandestine Service war lediglich die Spitze eines riesigen Eisbergs, der in Größe und unsichtbarer Dimension in keinem Vergleich zu der schmalen Spitze stand, die die offiziellen Kontrollinstanzen der Nation zu sehen bekamen. Seit dem Koreakrieg hatten sie viel dazugelernt und sich diversifiziert, um sich besser zu verstecken, obwohl der illegale Handel mit harten Drogen immer noch ein Kernelement der Finanzierung streng geheimer Operationen war.

Mahooney hatte natürlich gewusst, dass das Thema hochkommen würde, sobald er den »Choristen« vom Ende der Grabungen in Afghanistan und einem neuen Grabungsprojekt auf dem afrikanischen Kontinent erzählte. Aus diesem Grund hatte er ihnen lediglich eine bereinigte Version vorgetragen und dabei das mysteriöse

Verschwinden des Archäologen und Terroristen Taher El Ouazzani zusammen mit dem Original eines antiken Schriftstückes verschwiegen, in dem sich genaue Hinweise auf eine neue, noch unentdeckte historische Stätte und auf einen mehr als interessanten Schatz aus der Antike befanden.

»Es ist ein bisschen spät, Elliott. Was hältst du davon, wenn wir uns auf morgen oder auf übermorgen vertagen und gemeinsam einen kleinen Spaziergang durch die große Lagerhalle in Reston machen. Ich zeige dir, was Ben Kingsleys Aktivität am Hindukusch uns eingebracht hat. Erst vor ein paar Tagen ist eine neue Lieferung aus den Emiraten eingetroffen. Wir können die Finanzierung der *Operation Regenbogen* für Jahre sicherstellen. Und falls dir dort eine Kleinigkeit ins Auge springt …«

Der Sonderberater der Außenministerin strahlte. Er war nicht gierig. Er wusste nur, dass seine Ambitionen auch von entsprechenden Finanzmitteln abhingen. Außerdem mochte er Antiquitäten. Sie waren eine sichere Geldanlage, die sich schnell und problemlos in Bares umwandeln ließen, wenn man entsprechende Kontakte hatte.

Als die »Choristen« ihn in ihren Kreis aufnahmen, hatte er schnell begriffen, dass sich hier eine Gelegenheit bot, seine Privatsammlung diskret zu vergrößern und gleichzeitig am Internal Revenue Service vorbei finanzielle Reserven aufzubauen, um seine künftigen politischen Ambitionen zu finanzieren.

Mahooney kannte den Mann seit einem Vierteljahrhundert. Ihre Wege hatte sich zum ersten Mal gekreuzt, als Elliott während seiner Doktorandenzeit das Reserve Officer Training Corps am Massachusetts Institute of Technology absolvierte. Schon damals war er brillant, skrupellos und gierig.

Mahooney gähnte.

»Gütiger Himmel!« Elliott stand auf. »Es ist wirklich spät, Frank.«

Er musste noch eine knappe Stunde fahren, bevor er zu Hause war, und er hatte genau das erreicht, was er erreichen wollte.

Mahooney rieb sich müde den Nacken und winkte mit der anderen Hand, was dem Sonderberater der Außenministerin bedeutete, dass er gehen konnte. Solange der Mann nicht in der Lage war, seine Habgier zu zügeln, war es ein Leichtes, die Oberhand zu behalten. Wenn ihre Operation in Frankreich so ablief wie geplant, dann war es relativ sicher, dass sich mindestens ein oder zwei Amerikaner unter den Opfern befinden würden. Falls der Élysée sich anschließend immer noch nicht durchringen würde, die Hand um Hilfe in Richtung Washington auszustrecken und um eine offizielle Unterstützung durch die US-Dienste zu ersuchen, dann würde er den Mann losschicken, um Druck auf seine Chefin zu machen. Tote Amerikaner waren immer ein ganz wunderbarer Grund, um massiven Druck auf das Land auszuüben, in dem es zu den Todesfällen kam. Und tote Amerikaner im Rahmen eines terroristischen Anschlags waren seit 9/11 geradezu eine Garantie dafür, dass das Gegenüber nachgab.

VIERTES KAPITEL

Frankreich – Normandie – Granville

Die Frau hatte sich bei Europcar dank ihrer Polizeikarte schnell einen Mietwagen besorgt. Trotzdem hatte sie den selbst ernannten Imam und seinen Begleiter, denen sie im Intercity bis nach Granville an der Atlantikküste gefolgt war, verloren.

Die Polizistin hatte nicht damit gerechnet, dass jemand vor Ort bereitstand, um die beiden Männer abzuholen, die sie im Zug verfolgt hatte.

Der Imam und sein Begleiter waren aus dem Zug in einen Renault Espace gestiegen und sofort losgefahren. Die Polizistin hatte es immerhin geschafft, sich das Autokennzeichen zu merken. Dieses Detail hatte die Untersuchung der Gruppe von Commissaire Moulin dann einen Schritt weitergebracht:

»Es ist ein Leihwagen. Er kommt vom Flughafen Paris«, erklärte Commissaire Moulin seiner Mitarbeiterin, »und er wurde mit sehr guten falschen Papieren und einer Prepaid-Kreditkarte von einem jungen Freund unseres Imams besorgt. Wir haben seine Fingerabdrücke übrigens auch in der konspirativen Wohnung im Le Balzac gefunden. Die Manipulation war sehr gut gemacht. Zum Glück ist der Autoverleih nicht naiv.«

Sie hatten eine versteckte Kamera, die die Transaktionen zwischen ihren Angestellten und den Kunden aufzeichnete. Sie hatten ihm das Video bereits zugeschickt.

»Die beiden Männer sind bestimmt nicht hierhergekommen, um ein paar Tage Urlaub an der Atlantikküste zu verbringen, Chef«, antwortete die Beamtin.

»Falls sie etwas vorhaben …« Moulin hatte in seinem Pariser Büro am 36, Quai des Orfèvres die Karte von Google Maps geöffnet: »Von Granville kommt man leicht und schnell hoch nach Flamanville«, sagte er.

In Flamanville gab es ein Atomkraftwerk mittlerer Größe, das sowohl die Normandie als auch die Bretagne versorgte. Es befand sich am Fuße eines siebzig Meter hohen Granitfelsens an der Westküste der Halbinsel Cotentin am Ärmelkanal und bestand aus zwei Druckwasserreaktoren. Im Dezember war geplant, den Bau eines dritten Reaktors zu beginnen. Zwanzig Kilometer nördlich befand sich die nukleare Wiederaufarbeitungsanlage La Hague.

»Das habe ich mir auch überlegt, Chef.« Die Polizistin hatte das Gefühl, dass die Spur des selbst ernannten Imams noch nicht kalt war. »Es gibt heute keinen Zug mehr zurück nach Paris. Nachdem ich bereits vor Ort bin, werde ich einfach einmal in diese Richtung fahren und mich umsehen.«

Frankreich – Atlantikküste

Kérmorvan gab sich Mühe, seinen etwas lächerlich anmutenden tierischen Codenamen laut und deutlich auszusprechen: »Raven«, krächzte er ins Cryptophone.

»Ça va Commandant? Alles okay?«, antwortete ihm leicht verzerrt eine Frauenstimme.

Im Hintergrund hörte er New-Age-Musik von Enya.

»Können Sie für mich rasch eine Kleinigkeit checken, Farida?«

Kérmorvan gab seinem Mission Support das Kennzeichen eines dunklen Renault Espace durch, der unter einem Carport neben dem Wohnhaus abgestellt war. Er beobachtete mit dem Fernglas vom Kamm einer Düne.

»Was machen Sie eigentlich in der Bretagne, Commandant?«, fragte Farida ihn neugierig. Er hatte sie zum letzten Mal kontaktiert, als er den Hangar in Anderlecht verließ, um dem Lkw zum Flughafen von Zaventem zu folgen.

»Streng genommen bin ich immer noch in der Normandie«, korrigierte er die IT-Spezialistin mit trockenem Humor. Die Grenze war der kleine Fluss Couesnon. Der Streit zwischen Bretonen und Normannen um den berühmten Klosterberg und die Abtei dauerte seit siebenhundert Jahren an.

»Das ist eine lange Geschichte«, sagte er.

Den beiden Männern, die ihn beinahe im Hangar überrascht hätten, war das geöffnete Kippfenster nicht aufgefallen. Dank des GPS-Trackers hatte er sie dann an der Einfahrt zum Frachtbereich Brucargo des Brüsseler Großflughafens eingeholt, nur um von dort umgehend wieder auf den Außenstadtring aufzufahren und sich durch den Stau des abendlichen Berufsverkehrs nach Anderlecht zurückzuschlängeln. Dort hatte sich dann alles zugespitzt, als plötzlich einer der drei GPS-Tracker in den Kisten aus Kabul anfing, sich gleichzeitig mit seinem eben versenkten GPS-Tracker in Bewegung zu setzen. Kérmorvan war gerade dabei gewesen, die E-Mails zu lesen, die Christiane Près ihm im Lauf des Tages zugeschickt hatte.

Die offensichtliche Verquickung ihrer Geschichte am Hindukusch mit dem Anschlag vom 12. Oktober im Cercle de l'Union Interalliée war ein echter Knüller gewesen. Doch die beiden Männer, die in dem 7,5-Tonner von MAN saßen, waren definitiv nicht die gleichen, die der künstlerisch begabte Antiquitätenhändler Umberto Castro für seinen Freund Simon Atlan und dessen Chef Jean-Paul Moulin skizziert hatte.

Den dritten Mann, der auf der Autobahnraststätte Vemars Ouest zugestiegen war, hatte er in der Dunkelheit lediglich als schlanke, hochgewachsene Silhouette wahrgenommen.

Nach diesem kurzen Stopp war er dem Dreierteam dann zu einem Servicegebäude aus Trapezblech am Außenbereich des Flughafens Charles-de-Gaulle gefolgt. Es lag bei dem Dorf Moussy-le-Vieux.

Sie hatten dort weitere Kisten eingeladen. Dann war der Lkw zu einer Station der RER B gefahren, und die schlanke Silhouette war ausgestiegen und in einem der Vorstadtzüge verschwunden.

Dank den GPS-Trackern folgte Kérmorvan dem grau gespritzten Fahrzeug der Sheherazade's Marvellous Gardens in einem sicheren Abstand auf die Autobahn A 13 Richtung Normandie und Küste.

Es war beißend kalt. Er hatte seine schwarze Sturmhaube zu einer Mütze hochgerollt, den Kragen seiner Fleecejacke hochgeschlagen und sich einen schwarzen Fleeceschal um den Hals gewickelt. Jeder, der ihn sah, sah lediglich einen warm verpackten Spaziergänger, der mit energischem Schritt durch die Dünen wanderte, während der mittelalterliche Klosterberg Mont-Saint-Michel vor einer orangeroten Morgensonne erwachte.

Die beiden Männer des Sheherazade-Lkw hatten bequem in einem Fernfahrerhotel auf der A 13 übernachtet, während Kérmorvan die Nacht im Schlafsack auf der Ladefläche seines Breaks verbrachte. Am Morgen hatte er sich dann allerdings im Fernfahrerrestaurant zum Frühstück zwei gewaltige Portionen Rühreier und sehr viel Kaffee mit Milch gegönnt, um die beiden »Reisegefährten« aus der Nähe zu betrachten. Ohne Zweifel waren es waschechte Belgier. Sie sprachen mit unverkennbarem Akzent und hatten diesen ganz besonderen Wortschatz, der die Franzosen zum Lachen brachte und gleichzeitig zu zahlreichen respektlosen Witzen inspirierte.

Kérmorvan war ihnen abschließend über Caen und Rennes an die Atlantikküste gefolgt; in eine Gegend, die er wie seine Westentasche kannte. Vor dem relativ isoliert gelegenen Ferienhaus entluden die beiden Belgier dann, unterstützt von vier sportlich wirkenden Männern Mitte zwanzig, zwei große sperrige Kisten, mehrere kleinere Behälter und große Kartons, die aber nicht sonderlich schwer zu sein schienen. Einer der jungen Männer unterschrieb anschließend etwas auf einem Clipboard. Dabei gelang es Kérmorvan, von allen Fotos zu schießen.

»Was haben die jetzt eigentlich ausgeliefert, Gwén?«, fragte Farida neugierig.

»Ich habe nicht die geringste Ahnung!«, schmunzelte Kérmorvan. »Aber ich habe mir ganz fest vorgenommen, es im Lauf der nächsten Stunden herauszufinden.«

Frankreich – Paris

Ben Kingsley warf einen Blick auf seine Armbanduhr. Der Bus hatte natürlich wieder einmal Verspätung. Busse in Paris waren immer unpünktlich.

Das wöchentliche Koordinierungsmeeting war ausnahmsweise interessant gewesen. Der neue deutsche »Vertreter«, der den stummen Fisch aus Pullach abgelöst hatte, hatte ihnen zu seiner großen Überraschung eine gekürzte und bereinigte Fassung des vereitelten Atommüll-Deals vorgetragen. Kingsley hatte die Langversion während seines Aufenthaltes in Ägypten natürlich schon von Frank Mahooney gehört, doch die Tatsache, dass die üblicherweise sehr schweigsamen Deutschen aus eigener Initiative darüber sprachen, bestätigte ihn in der Annahme, dass das Problem im Hochtal wirklich nichts anderes als ein unglücklicher Zufallstreffer gewesen war.

Der Deutsche kam aus der Equipe des Staatsministers für Besondere Krisensituationen im Kanzleramt und war sogar befugt gewesen zu erklären, wie die Infiltration der tschetschenischen Terrorgruppe von Doku Umarow abgelaufen war. Abschließend beantwortete er relativ freimütig Fragen zu Netzwerken in der Exilanten-Gemeinschaft in Deutschland und Aktionsmöglichkeiten im Nordkaukasus. Dann hatte er versprochen, zur nächsten Koordinationssitzung der Alliance Base am Dienstag, 8. Januar 2008, pünktlich um elf Uhr in Paris zu sein.

Brigadegeneral Robert Rostand, der tiefgekühlte französische »Komodowaran« an der Spitze der internationalen Agenten-Allianz hatte einen erleichterten Seufzer ausgestoßen, so tief und rasselnd wie ein an Lungenkrebs erkrankter Raucher im Endstadium.

Die »Partnernation«, die die Paveway-II-Gleitbombe abgeworfen hatte, hatte der neue deutsche Vertreter in der Alliance Base allerdings nicht erwähnt. Genauso wenig wie den Einsatz einer Gruppe Special Forces vom Kommando Spezialkräfte. Zum Abschluss berichtete er nur noch detailliert, wie es dem BND in enger Kooperation mit dem Inlandsgeheimdienst Bundesamt für Verfassungsschutz gelungen war, sehr diskret das gesamte deutsche *Hawala*-Netzwerk des Terrorbankers Ahmad Jan aufzurollen.

Abschließend händigte der neue deutsche Alliance-Base-Vertreter dem britischen Alliance-Base-Korrespondenten eine Namenslisten mit *Hawala*-Händlern aus. Diese hatten das Geld für die im Sommer 2007 im letzten Augenblick vereitelten Al-Qaida-Terroranschläge in London und auf dem Flughafen Glasgow im Auftrag von Ahmad Jan an die Attentäter weitergeleitet. Das war auch für Kingsley ein echter Scoop gewesen.

»Verdammt!«, fluchte Ben Kingsley leise, als der erste Pariser Taxifahrer sein Handzeichen ignorierte und einfach weiterfuhr, obwohl die Lampe auf dem Dach »grün« für »frei« blinkte. Wegen der *Hawala*-Geschichte war er dann doch noch bis zum Ende des Tages geblieben, anstatt wie geplant nach den Höflichkeiten den Anker zu lichten und den Rest des Koordinierungsmeetings der bewährten Rhonda Hinkel zu überlassen.

Der Lkw von Sheherazade's Marvellous Gardens hatte kurz vor Ende des Meetings getextet und die Lieferung seiner »Bestellung« für siebzehn Uhr dreißig angekündigt. Sie hatten den traditionellen Feierabendstau im Tunnel von Saint-Cloud umfahren und standen bereits im Stau am Palais de Congrès. Er hatte etwa dreißig Minuten Zeit, um nach Hause zu kommen.

Es war eine der ganz normalen Touren, die der legale Arm von Sheherazade immer wieder in Frankreich machte, um Ware auszufahren, die über die Internet-Website bestellt worden war. Die Website lief ausgesprochen gut. Die belgischen Fahrer, die vor ein paar

Monaten mit unbegrenzten Arbeitsverträgen eingestellt worden waren, wussten selbstverständlich nicht, was sich in den Kisten befand, die sie auslieferten. Aber sie waren pünktliche Arbeiter und schonten sich nicht, denn man hatte ihnen im Anschluss an die geschäftige Vorweihnachtszeit eine ansprechende Prämie in Form eines dreizehnten Monatsgehalts zugesagt. So waren die vier Seal-Scooter, ein Dutzend Schnell- und Handfeuerwaffen, Munition, Handgranaten und Sprengstoffe auch pünktlich »zum Fest« an die Atlantikküste gelangt, wo seine beiden SOG-Operators gemeinsam mit der Equipe des Imams aus Villiers-le-Bel die letzten Vorbereitungen für die *Operation Archangel* trafen.

✖ ✖ ✖

Farida war mit sich zufrieden. Nach dem Gespräch mit Kérmorvan hatte sie es geschafft, innerhalb von nur zwei Stunden eine geniale kleine Operation auf die Beine zu stellen. Dank der GPS-Tracker war es kein Problem gewesen, dem grauen Lkw zu folgen. Als klar wurde, dass die Kisten mit Ritters GPS-Trackern aus Kabul sich nach Paris zurückbewegten, hatte sie an der Mautstelle Montesson auf der A 14, knapp fünfunddreißig Kilometer vor dem Pariser Außenstadtring, einen als Zöllner verkleideten Trupp des Service Action in Stellung gebracht. Als die Belgier angefahren kamen, standen bereits zwei andere Lkws an der Seite und wurden von ihren verkleideten Kollegen »kontrolliert«. Seit dem Schengen-Abkommen und den offenen Grenzen war es üblich, stichpunktartige Kontrollen im Inneren der Schengen-Länder durchzuführen. Die verschiedenen Zufahrtsachsen nach Paris waren neuralgische Punkte, an denen häufig Zöllner standen. Niemand wunderte sich, und die Mitarbeiter der Autobahngesellschaft an der Mautstation stellten keine Fragen.

Sie hatte bereits die Identitäten der Fahrer überprüft. Wie von Kérmorvan vermutet, hatten die Männer absolut nichts mit ihrer amerikanischen Black Ops zu tun. Die verkleideten Service-

Action-Agenten hatten anschließend die Frachtliste und sämtliche Frachtscheine der Belgier abfotografiert, und sie wussten nun, dass noch zwei Kunden beliefert werden sollten, bevor man sich wieder auf den Rückweg nach Anderlecht machte. Einem dieser beiden letzten Kunden sollten die Kisten mit den Schriftrollen aus dem afghanischen Hochtal geliefert werden.

× × ×

»Es sieht so aus, als ob sie zuerst den Montmartre anfahren!«

Farida sah, wie die Tracker sich auf der Rue de Mogador bewegten. Die zweite Pariser Adresse befand sich ebenfalls im inneren Stadtbereich: eine Querstraße neben der Métrostation Notre-Dame-de-Lorette. Die Strecke, die die Fahrer ausgewählt hatten, machte Sinn. Hinterher konnten sie über die Rue La Fayette und die Avenue Jean-Jaurès auf den Boulevard Périphérique auffahren und von dort einfach die A 1 Richtung Brüssel erreichen.

Der Unteroffizier des Service Action legte ein paar Geldstücke auf den Tisch des Bistros, in dem er gewartet hatte, setzte den Motorradhelm auf, schwang sich in den Sattel der BMW und fuhr los.

Christiane Près stand mit einer Tasse Kaffee in der Hand hinter Farida und beobachtete neugierig den Bildschirm. Es würde nicht mehr lange dauern und sie würden herausfinden, für wen die Kisten mit den Schriftrollen aus dem Hochtal in den Großen Suleimans bestimmt waren.

»Ich bin sicher, das sind die Verrückten, die für zweitausend Euro Sandstein-Gnom-Kopien nach Originalen von Johann Baptist Wunscher bestellt haben«, sagte Farida.

Sie hatten sich bei der falschen Zollkontrolle einen Augenblick die Frage gestellt, ob hinter den sündhaft teuren Gnomen mehr steckte als pure Geschmacklosigkeit. Dann allerdings hatte ihnen ihr deutscher Partner Stefan Huber während einer schnellen Telefonkonferenz erklärt, dass Gartenzwerge nicht nur in Deutschland ein beliebtes Sammlerobjekt waren. Eine kurze Recherche im

Internet hatte gezeigt, dass die handgefertigten Kopien der Sandsteinfiguren aus dem 18. Jahrhundert aus dem Garten von Schloss Lamberg für zweihundertfünfzig Euro das Stück ein absolutes Schnäppchen im Sheherazade-Katalog waren.

Farida kannte die Adresse. Auf dem Montmartre. Der 7, Impasse Marie-Blanche war ein Gebäude im neugotischen Stil, das 1835 für den Konservator der Bibliotheque de l'Arsenal, den Grafen Marie Joseph Charles de L'Escalopier, als Privatmuseum für eine Sammlung mittelalterlicher Silberwaren und Schriften errichtet worden war. Nach dem Tod L'Escalopiers erwarb der Möbelschreiner und Industrielle Ernest Eymonaud das Haus, rettete es vor dem Einsturz, restaurierte es liebevoll und verlor es umgehend bei einer Kartenrunde in einem Pariser Salon des Deuxième Empire.

»Haben Sie sich diese Miniatur von Notre-Dame de Paris etwa noch nie angesehen, Madame le Juge?«

Farida als echter Gothic-Fan kannte den historischen Ort direkt am Friedhof von Montmartre. Man konnte das Château Eymonaud am European Heritage Day gratis besichtigen. Es war ein kleiner architektonischer Schatz der französischen Hauptstadt und gehörte einer privaten Stiftung.

Farida konnte sich einfach nicht vorstellen, dass die Frau, die in dem Haus lebte, in dem die Girondistin Charlotte Corday den Revolutionär Jean-Paul Marat 1793 im Bade erstochen hatte, das Château Eymonaud nicht kannte. Sie dachte bei historischen Bauwerken meist in Live-Rollenspiel-Szenarien.

Christiane Près schüttelte den Kopf.

»Wir haben letztes Jahr versucht, das Château Eymonaud für das große Sherlock-Holmes-Murder-Mystery-Wochenende zu mieten.«

Faridas Rollenspielclub inszenierte alle drei Monate an spannenden Orten spannende Kriminalrätsel, die dann von den Mitgliedern in entsprechender Verkleidung gelöst wurden. Sie spielten auf hohem Niveau, und ihre Mysteries waren fast filmreife Szenarien. Das kreative Freizeitvergnügen war vor ein paar Jahren aus

Großbritannien nach Frankreich geschwappt und schnell sehr populär geworden.

»Ich hatte damals eine Agentur kontaktiert, über die wir die meisten unserer Spielorte anmieten. Die sind auf Luxus-Bed-'n'-Breakfasts in Schlössern, Herrenhäusern und an anderen illustren Orten in Frankreich spezialisiert. Leider hatten wir nicht das nötige Kleingeld. Das Château kostet als Luxus-B&B fast zweitausend Euro pro Tag.«

Frankreich – Atlantikküste – Bucht des Mont-Saint-Michel

Zwei, vielleicht sogar drei Männer waren in dem Haus zurückgeblieben, und sie waren in einem Bereich verschwunden, den Kérmorvan von seinem Versteck aus nicht einsehen konnte. Er schlich zu dem Carport, wo der Renault Espace und die beiden großen Kisten abgestellt waren. Und die ließen sich ohne Werkzeuge öffnen. Er war überrascht, als er die beiden knapp einen Meter langen elektrischen Seal-Scooter erkannte. Es waren sündhaft teure Spielzeuge, die auch Kampfschwimmereinheiten gerne verwendeten. Bei einer maximalen Tauchtiefe von fünfzig Metern mit einer Autonomie von bis zu zwei Stunden war das Gerät für geheime Kommandoeinsätze optimiert worden. Er liebte die Dinger. Er hatte von ECA, dem französischen Konkurrenten von Cayago, am Anfang des Jahres den Prototyp eines nagelneuen militarisierten Modells für einen geheimen Einsatz geliehen bekommen, bei dem das U-Boot ihn relativ weit von dem »Forschungslabor« der Saudis absetzen musste, das er sabotieren sollte, weil dort nach Erkenntnissen der DGSE mit Viren und Bakterien Schindluder getrieben wurde. Die Murène sollte offiziell im nächsten Jahr bei den Kampfschwimmereinheiten der Kriegsmarine eingeführt werden.

Inzwischen gab es sogar in seiner beschaulichen heimatlichen Bretagne an der Smaragdküste zwei Segelschulen, bei denen man zivile Versionen von Cayago und ECA stundenweise für Wasserspaß ausleihen konnte, wenn man bereit war, etwa hundert Euro Leihgebühren hinzulegen. Man brauchte lediglich eine gut sitzende Badehose und ein bisschen Kraft in den Oberarmen und Schultern, wenn man richtig beschleunigen wollte. Ansonsten waren die Elektro-Wasserschlitten sogar für größere Kinder geeignet, völlig ungefährlich und einfach zu handhaben. Lediglich der Anschaffungspreis war ein echter Abtörner: Die großen Modelle kosteten rund fünfzehntausend, die kleineren immer noch knapp zehntausend Euro.

Gerade als Kérmorvan die erste Kiste wieder verschlossen hatte und die zweite öffnen wollte, hörte er Stimmen vom Haus. Er schaffte es gerade noch, sich hinter ein paar Holland-Fahrrädern wegzuducken, die in einer dunklen Ecke des Carports standen. Dadurch sah er die drei Männer dann auch nur schemenhaft.

»Mit dem Auto sind es nur fünfundvierzig Minuten«, sagte einer mit belgischem Akzent.

»Du kannst auch die Landstraße nehmen, Bruder.«

»… und auf dem Rückweg in Courtils zu Abend essen. Die servieren dort ein ganz ausgezeichnetes Lamm.«

Dieser Sprecher war ebenfalls Belgier.

»Wir können ja kurz anhalten und reservieren!«

Das war ein Franzose.

Kérmorvan verzog den Mund. In diesem Augenblick hatte er so gut wie nichts in der Hand: eine belgische Firma, die offiziell mit Gartendeko handelte und deren Lkw vor knapp zwei Wochen zwei Dutzend Kisten mit antiken Schriftrollen von der Ramstein-Airbase geholt hatte, von denen sie ganz genau wussten, dass sie aus einer von einem US-Geheimdienst veranstalteten Raubgrabung am Hindukusch stammten. Ein paar junge Männer, die nach Aussagen von Commissaire Jean-Paul Moulin mit einem selbst ernannten Imam befreundet waren, der eine illegale Koranschule in einer Pariser Banlieue betrieb, eine radikalislamistische Internet-Website und einen hetzerischen Blog betrieb und ein Vorstrafenregister hatte, das so lang war wie der Wandteppich von Bayeux.

Nach allem, was er an diesem Tag beobachtet hatte, konnten sie genauso gut echte Urlauber sein, die von den günstigen Preisen der Ferienhäuser im Winter profitierten und sich übers Internet teure Gadgets besorgten, deren Verkauf dem deutschen Hersteller vielleicht irgendwann Ärger mit der Justiz einbringen würde. Falls diese Hypothese sich bewahrheitete, dann waren der Imam und seine Kumpel ein Fall für die Kollegen im Finanzministerium in Bercy, die herausfinden mussten, wo das Geld herkam. Zwei Kisten. Vier Cayago-Sea-Shadows mit Ladegeräten und allem Drum und Dran. Das waren locker zweihunderttausend Euro

Die drei Männer stiegen in den Renault Espace und fuhren weg. Kérmorvan stieg ein. Das Schloss an der Haustür war ein Dreipunktsystem, aber die große Tür, die aus der Küche in den Garten führte, hatte ein ganz banales Zylinderschloss. Er hatte es auf der Website der Villa Jeanne d'Arc sofort bemerkt. An seinem kleinen Schlüsselbund hingen neben ein paar Dietrichen auch ein Hook-Pick und ein Six-Mountain-Pick.

Frankreich – Paris

Farida hatte aus Neugier die Identitäten der Männer am Spieltisch recherchiert, während der Unteroffizier des Service Action seine BMW abstellte und den Blumenladen betrat. Sie war dabei auf einige illustre Namen gestoßen: zwei Repräsentanten der Nordstaaten-Konföderation, die Brüder Peter und John Slidell; Nikolai Dmitrijewitsch Kisseljow, Chargé d'Affaires am Heiligen Stuhl zu Rom und Bruder des russischen Botschafters in Paris; Commodore Benjamin Nathaniel Beauregard, ehemaliger amerikanischer Konsul in Tanger, Held der Barbareskenkriege und Gesandter Jefferson Davis' am Hof von Napoleon III. und der Großneffe des Siegers von Waterloo, Captain Henry Charles FitzRoy Somerset.

Christiane Près stellte ihre Kaffeetasse hin: »Faszinierend!«, sagte sie beeindruckt und betrachtete die künstlerische Darstellung der Spielrunde aus dem Artikel im *Le Figaro*. Bis 1866 war die älteste Tageszeitung Frankreichs noch ein wöchentlich erscheinendes Satiremagazin gewesen. Die Zeichnung war farbig. Die Männer hatten eindrucksvolle Bärte, gestärkte Krägen und Hemdbrüste, große Zigarren und angespannte Gesichter. Man spielte eine Partie Pharaon.

»Und wer hat das Château am Ende gewonnen?«

»Commodore Beauregard, der Südstaatler, der im zweiten Barbareskenkrieg die legendäre USS Argonaut befehligte, die das algerische Flaggschiff, die Mashouda, versenkte. Es heißt, Beauregard habe den Admiral des Beys von Algier Hamidu Reis im Zweikampf getötet.«

Farida deutete mit dem Finger auf einen jüngeren Mann mit einem prachtvollen gezwirbelten Schnurrbart, einem Kinnbart und einem sehr steif wirkenden Hemdenkragen, der mit arrogant gehobenem Kinn gerade ein paar Spielkarten ablegte.

»Verdammt. Konzentriert euch endlich aufs Wesentliche. Der Lkw ist da!«

Der Unteroffizier wies seine Chefin und Farida scharf zurecht.

Er konnte alles mithören, was gesprochen wurde, während die Direktorin auf den Bildschirmen mitverfolgte, was alle am Einsatz Beteiligten gerade taten. Der graue Lkw tat sich mit der engen Straße im ältesten Teil des Montmartre schwer. Er war im Rückwärtsgang bis zur Nummer 7 gefahren. Der Beifahrer war ausgestiegen und lief vor dem Fahrzeug her. Lediglich Anwohner und Lieferanten durften hier überhaupt fahren. Dazu war es notwendig, dass jemand mit einer entsprechenden Fernsteuerung die Schranke an der Einfahrt öffnete. Lediglich Zweiräder konnten das Verbot umgehen.

Der Unteroffizier suchte noch eine Glückwunschkarte heraus und bezahlte seinen Blumenstrauß. Währenddessen verfolgten Christiane und Farida über die kleine Kamera, die er diskret in einem Schal am Hals versteckt trug, die Szene. Ein Mann öffnete die mit Ornamenten verzierte große, geschnitzte Eingangstür. Ein

Licht ging an. Es war Dezember, und die Tage wurden immer kürzer. Um achtzehn Uhr war es fast schon Nacht.

Der Beifahrer winkte. Der Mann vom Maison Eymonaud winkte zurück und öffnete das schmiedeeiserne Tor zum Vorgarten von Hand. Man tauschte eine Begrüßung aus. Der Mann nickte. Der Fahrer und der Beifahrer öffneten die Ladeklappe. Einer stieg hinein und schob etwas ans Ende der Ladefläche.

Im Reflex hielt Christiane Près einen Augenblick die Luft an. Farida knabberte nervös an einem nachtblau lackierten Fingernagel herum.

»*Gotcha!*«, jubelte die IT-Expertin plötzlich verhalten, um dem Unteroffizier nicht ins Ohr zu brüllen. Einer der GPS-Tracker aus Kabul hatte sich in Bewegung gesetzt. Der Fahrer blieb beim Lkw, der Beifahrer trug die Kiste mithilfe des Kunden ins Haus. Sie kamen zurück, und eine zweite Kiste folgte. Am Ende hatten sie acht Kisten ins Haus getragen, von denen zwei mit GPS-Trackern versehen waren.

»Es gibt am 5, Impasse Marie-Blache eine Faustine Leroy«, erklärte Farida dem Unteroffizier. Der Mann nahm einen Kugelschreiber aus der Tasche und schrieb den Namen auf den Umschlag der Glückwunschkarte, die er dann am Blumenstrauß befestigte. Anschließend zog er eine grüne Weste mit der Aufschrift »Fleurop« aus der Satteltasche. Er hatte alternativ noch Westen eines Pizzadienstes, eines Kurierdienstes und eines Carrefour-City-Markets, der nach Hause lieferte. Ein einfacher Trick. Er beobachtete, wie der Kunde dem Fahrer noch etwas auf einem Klemmbrett unterschrieb. Dann wartete er, bis der graue Lkw anfuhr und der Belieferte wieder zum Haus zurückging. Er warf die BMW an und fuhr langsam die kurze Strecke. Gerade als die große verzierte Eingangstür sich schloss, drückte er auf den Klingelknopf.

× × ×

»Wir haben den Golfer erwischt«, hauchte Christiane Près beinahe ungläubig. Ihre schmalen Hände lagen auf den Schultern der jungen Informatikerin, die auf ihrer PC-Tastatur rasch Befehle eintippte. Farida zoomte das Gesicht des Mannes ein, dem ihr als Blumenlieferant verkleideter Unteroffizier in diesem Augenblick gegenüberstand, speicherte es ab und bearbeitete die Qualität. Sie nutzte ein biometrisches Gesichtserkennungsprogramm, das von der französischen Gendarmerie entwickelt worden war und das bei Frontalaufnahmen in 2-D eine Fehlerquote von unter 0,1 Prozent hatte. Sie hatten es ein bisschen geboostet und an die Bedürfnisse eines Geheimdienstes angepasst.

»Wir haben den Golfer erwischt«, wiederholte sie schließlich die Worte ihrer Chefin. »Kein Zweifel. Das ist unser Mann, Madame le Juge!«.

Sie hatten mit allem gerechnet, nur nicht mit dieser Entwicklung. Die beiden Frauen sahen sich lange an, dann gaben sie sich High five und fielen sich um den Hals. Es war fast wie ein Plot in einem Groschenroman: Der geheimnisvolle, namenlose »Golfer« aus dem Hochtal in den Großen Suleimans – nach Kérmorvans Ermessen ein hochrangiger, durchtriebener Spitzen-Operator eines US-Dienstes – lebte im Herzen der französischen Hauptstadt, trug »zivil« einen Seitenscheitel, eine rahmenlose Brille und eine Akademiker-Strickjacke zur Cordhose und lebte gerade einmal ein Dutzend Haltestellen vom Fort de Noisy und dem Hauptquartier der Division Action der DGSE entfernt, die ihn seit zwölf Wochen wie die Besessenen jagten.

Der Unteroffizier spielte seine Rolle bis zum Ende. Er hob die Schultern in einer entschuldigenden Geste, nickte dem »Golfer« zu, nahm seinen Blumenstrauß und schwang sich in den Sattel seines Motorrades. Dann verschwand er in der Nacht.

Frankreich – Atlantikküste – Bucht des Mont-Saint-Michel

Aus einem unerfindlichen Grund hatte die Mitarbeiterin von Europcar, die er in der Leitung gehabt hatte, nachdem seine Mitarbeiterin ihm die Kfz-Nummer des Renault Espace übermittelt hatte, ein paar Stunden später noch einmal zurückgerufen. Er schätzte sie auf Anfang dreißig. Sie hatten nett miteinander geplaudert, und die Frau hatte ihn dabei wissen lassen, dass sie Krimis liebte und Single war. Sie hatte ihn nicht auf der Nummer der Europcar-Vertretung angerufen, sondern von einem Festnetzanschluss in einer kleinen Gemeinde im Département 77, die etwa zwanzig Kilometer nördlich vom Flughafen lag.

»Bitte sagen Sie das bloß nicht meinem Chef, Herr Kommissar«, hatte sie ihn gebeten. Dann hatte sie Moulin anvertraut, dass die Firma bei Langzeitvermietung mit unbegrenzter Kilometerzahl seit ein paar Monaten GPS-Tracker in den Fahrzeugen versteckte, nachdem ein paar Dutzend Fahrzeuge deutscher und österreichischer Filialen in die Ukraine und auf den Balkan verschwunden waren.

»Das ist die Strecke, die der Renault Espace gefahren ist.« In der E-Mail befanden sich außerdem noch Geokoordinaten. »Vielleicht macht ihr Mann ja Urlaub an der Atlantikküste! Wenn Sie Hilfe brauchen, dann können Sie mich jederzeit kontaktieren!« Das Smiley hinter dem letzten Satz zwinkerte ihm zu.

× × ×

Moulin hatte seine Mitarbeiterin auf halber Strecke nach Flamanville und zum AKW abgefangen. Am nächsten Morgen waren Atlan und ein weiterer Beamter mit dem ersten Zug aus Paris angekommen. Sie hatte ihre Kollegen abgeholt. Dann waren sie auf der D 973 fünfundzwanzig Kilometer bis zu dem kleinen Ort an der Küste gefahren. Die Geokoordinaten, die die Mitarbeiterin von Europcar ihrem Chef gegeben hatte, gehörten zu einem Ferienhaus hinter den Dünen.

Sie parkten den Mietwagen auf dem großen Parkplatz neben einem Restaurant namens *Le Bec d'Andaine,* das etwa auf halber Strecke zwischen dem kleinen Dorf Genêts und dem Meer lag.

Neben einem rothaarigen, bärtigen Mann hinter der Bar lag eine hübsche, langhaarige rote Katze. Atlan streichelte das Tier. Er mochte Katzen.

»Haben Sie noch eine Kleinigkeit zu essen?«

Das Restaurant war bis zum letzten Platz gefüllt. Es waren ältere Leute, die außerhalb der Ferienzeit von den schönen Tagen profitierten, mit denen dieser November den Westen Frankreichs verwöhnte. Draußen auf dem Parkplatz standen zwei große Busse. Atlan schenkte dem Bärtigen sein freundlichstes Lächeln. Er hatte dieses ganz besondere Talent, andere zu manipulieren, ohne dass diese es wirklich merkten, und schaffte es fast immer, von seinem Gegenüber ganz ohne Druck oder Gewalt zu bekommen, was er wollte.

Atlan deutete mit dem Kopf zu einem kleinen Tisch im Barbereich. Ohne ihre Polizeikarten zu zeigen, wussten die drei Polizisten bereits eine halbe Stunde später über die Gäste Bescheid, die in dem Ferienhaus hinter den Dünen Urlaub machten. Sie hatten eine Unterkunft für die kommende Nacht, und der Kater – Caramel – lag schnurrend auf Atlans Schoß. Sein bärtiger Besitzer schenkte allen Cidre nach, so, als ob sie alte Freunde wären.

»Ja, die fahren einen grünen Renault Espace. Eine wirklich nette Gruppe. Sehen irgendwie aus wie Orientalen. Sie sagen, sie sind alle miteinander verwandt. Zwei haben allerdings einen drolligen belgischen Akzent. Die haben gestern hier bei uns zu Abend gegessen: meinen Roscoffer Zwiebelkuchen und hinterher die Spezialität des Hauses: Bretonisches Hühnerfrikassee mit Cidre und Chouchen.«

»Wie viele Leute sind denn in der Villa?«, fragte Atlan beiläufig.

»Gestern waren sie zu siebt. Drei Cousins sind wohl noch dazugekommen, um ein paar Tage mit der Familie zu verbringen.«

Die Mieter des Ferienhauses machten nach eigener Aussage Sporturlaub: Kajak, Jogging, Radtouren, Wattwanderungen und profitierten von den günstigen Preisen vor der Weihnachtssaison und Silvester.

Der Bärtige – er hieß Fréderic – erzählte, wie er sie sogar schon beim Schwimmen im Meer beobachtet hatte; mit großen Spezialflossen und in schwarzen Taucherkombis. Sie schienen sehr sportlich. Vor allem die beiden Ältesten waren offensichtlich gut durchtrainiert. Einer hatte sogar einen Ganztagesritt in und um die Bucht gemacht und bei Tisch begeistert erzählt. Fréderic gehörte nicht nur das Restaurant vom *Bec d'Andaine,* sondern auch einer der Reiterhöfe in den Dünen und der umgebaute Bauernhof aus Naturstein, in dem Atlan und seine Kollegen übernachten würden. Der lag nur ein paar Hundert Meter weiter auf dem Weg, bot einen spektakulären Blick auf den Klosterberg und hieß *Le Manoir L'Archange.*

Der sportliche Urlaub der »Nachbarn« des Restaurants *Le Bec d'Andaine* inspirierte die drei Polizisten zu einem dynamischen Verdauungsspaziergang Richtung Strand.

× × ×

Kérmorvan hatte in einem der Schlafzimmer im ersten Stock der Villa Jeanne d'Arc eine sonderbare Entdeckung gemacht. Dort standen an die Wand gelehnt vier farbige Cellokästen der beiden Marken Paganino und GEWA. Sie waren aus Karbon, wogen leer etwas mehr als 3,5 Kilogramm und kosteten fast tausend Euro pro Stück. Er wusste das, weil seine beiden jüngeren Schwestern, die Zwillinge Agnes und Anna, im Universitätsorchester der Uni Rennes Cello spielten. Die Cellokästen, die hier vor ihm standen, waren mit einem Standard-Tragesystem und mit Notentaschen ausgerüstet. Dann waren da noch vier moderne ultraleichte Geigenkästen, die man auch als Kofferetuis bezeichnete. In jedem befanden sich eine Kalaschnikow, zwei Mal zusammengetapte Ersatzmagazine für die

Schnellfeuerwaffe und eine Pistole. Eine weitere Kalaschnikow und eine fünfte Pistole lagen auf dem Bett.

Die Schnellfeuerwaffen waren nicht der alte Schrott aus dem Krieg im ehemaligen Jugoslawien, sondern brandneue AKs aus der 100er-Serie mit synchronisierter Automatik und in der Exportversion im NATO-Kaliber 5,56 Millimeter. Er nahm die Handfeuerwaffe vom Bett und drehte sie verwundert hin und her. Es war eine Yavuz-16, die türkische Lizenzproduktion von MKEK der italienischen Beretta M9. Munition im Kaliber 5,56 Millimeter und 9 x 19 Millimeter Parabellum. In einer Holzkiste in der Ecke zahlreiche Zusatzmagazine für die Schnellfeuerwaffen, die ebenfalls ordentlich mit grauem Panzer-Tape zusammengeklebt waren, dann noch fünfzig Handgranaten – banale M52 aus Ex-Jugoslawien, die wie Eier in einer kleineren, mit Polystyrolschaum ausgekleideten Kiste lagen. Die großen Kartonverpackungen, die ihm beim Ausladen aufgefallen waren, waren mit einem Cutter zerschnitten und ordentlich mit Schnur zusammengebunden worden. Fertig, um zum Papiercontainer auf der Landstraße nach Genêts gebracht zu werden. Eine sehr gut gepolsterte Holzkiste war leer. Kérmorvan betrachtete zuerst die Werkzeuge, die auf den beiden Holztischen lagen, die als Arbeitsfläche gedient hatten, dann die Abfälle in einem Brotkörbchen aus Rattan. Er wusste genau, was sich in dieser besonderen Holzkiste befunden hatte. Sein Blick wanderte zurück zu den vier Cellokästen. Er vermied es, sie anzufassen oder gar zu öffnen.

Die drei Männer, die vor einer knappen Stunde mit dem grünen Renault Espace Richtung Mont-Saint-Michel weggefahren waren, hatten ihren Morgen also damit zugebracht, Bomben zu basteln. Und er hatte bereits die Antwort auf die beiden alles entscheidenden Fragen: Wann? Und Wo? Es machte ihn genauso wütend, wie Taher El Ouazzanis Versuch vor drei Jahren, am zweiten Weihnachtsfeiertag den Disney-Shop in den Galeries Lafayette in die Luft zu sprengen. Was ihnen noch fehlte, war das Warum?

× × ×

Kérmorvan fluchte leise, als er plötzlich den kalten metallischen Lauf einer Handfeuerwaffe im Nacken spürte. Er war dabei gewesen, die Tür, die in den Garten führte, mit dem Six-Mountain-Pick wieder zu verschließen. Mit einem geübten Griff zog ihm der Mann, der sich von hinten unbemerkt an ihn herangeschlichen hatte, die schwarze Sturmhaube vom Kopf.

Die vier jungen Männer auf der Wattwanderung wissend und die drei Bombenbastler auf dem Weg zum Mont-Saint-Michel, hatte Kérmorvan seine übliche Vorsicht außer Acht gelassen und sich nicht umgesehen, bevor er in den Garten hinausgetreten war.

»Am helllichten Tag«, sagte eine Stimme, die er sofort erkannte, »dreist und riegeldumm! Für Einbruch gibt es mindestens ein Jahr, du kleines Arschloch!«

Der kalte Stahl klebte auf Kérmorvans Haut wie ein Pflaster, während eine Hand ihn schamlos professionell filzte. Dann zog sie ihm die Glock aus dem Hosenbund. Er hatte sie unter der Fleecejacke versteckt getragen.

Sein alter Freund Simon Atlan nahm ihm die Waffe ab. »Du hast dir gerade mindestens zwei weitere Jahre eingehandelt!«

Er drehte ihm mit geübtem Griff den Arm auf den Rücken.

Kérmorvan verzog den Mund zu einem kleinen Lächeln, beobachtete den Freund, der vom Glas der Gartentür reflektiert wurde, konzentrierte sich kurz und machte blitzschnell eine tausendfach eingeübte Befreiungsbewegung, mit der kein normaler Mensch je gerechnet hätte. In dem Augenblick, in dem der zum Polizisten konvertierte, ehemalige Kampfschwimmer des Commando de Penfentenyo zu Boden ging, rollte sein bester Freund über ihn hinweg, entwaffnete ihn geschickt mit der Linken und zog gleichzeitig die Selbstverteidigungswaffe, die Atlan beim Filzen entgangen war.

»Spiel nicht mit der Pistole, wenn du hinter mir stehst, Simon«, sagte er amüsiert. Kérmorvan ging nie aus dem Haus, ohne sich für den absoluten Notfall einen klassischen Kommandodolch aus Federstahl oder wenigstens eine nicht detektierbare, sehr spitze und ausreichend scharfe Wegwerf-Variante aus Polykarbonat mit wasserresistentem Physiotape zwischen die Schulterblätter zu kleben.

Simon Atlan rollte die Augen: »Arschloch!«, seufzte er verzweifelt.

Die Stichwaffe befand sich in diesem Augenblick mit fünfzehn Zentimetern Sicherheitsabstand von Atlans Halsschlagader entfernt. Das Knie seines Freundes Gwén ruhte ohne Druck auf seinem Unterarm. Wenn der Mann, den er hatte festnehmen wollen, es wirklich ernst gemeint hätte, dann würde sein Herz – das wusste Atlan – jetzt in seinen letzten Schlägen literweise Blut aus seinem Körper pumpen und im Garten der von den Verdächtigen gemieteten Ferienunterkunft am Strand von Genêts eine Riesensauerei hinterlassen.

Frankreich – Paris

Ben Kingsley spielte das Video noch einmal ab. Dann betrachtete er lange die verschiedenen Ausschnittvergrößerungen. An der Identität des Mannes bestand kein Zweifel: Es war ihr Freund Taher, und Taher stand mit seiner bunten Lesebrille auf der Nasenspitze in der klassischen Akademikerverkleidung, die er schätzte – Tweed und Cord, am Empfangsschalter der Zentrale von KBC am College Green im Herzen der irischen Hauptstadt Dublin.

»Er hat zuerst reichlich Bares von seinem Girokonto geplündert«, erklärte der US-DNI, »und anschließend hatte er einen Termin mit einem der KBC-Vermögensverwalter. Er hat jetzt auch eine Kreditkarte, und er scheint Geld flüssig gemacht zu haben.«

»Hast du herausgefunden, auf welchem Weg er nach Dublin gekommen ist, Frank?«

»Ich weiß nicht, wie dein Kumpel El Ouazzani von der Grabungsstätte nach Dubai gelangt ist. Aber wie man aus Afghanistan über die grüne Grenze in die Stammesgebiete verschwindet, weißt du wahrscheinlich besser als ich. Vermutlich ist er anschließend einfach mit seinem Saudi-Pass und mit einem Air-Saudia-Flug von Islamabad nach Riad gereist. Da die Saudis in Pakistan keine Visa brauchen, tue ich mich hier etwas schwer. Ich habe seine Spur auf einem Air-Lingus-Direktflug von Dubai nach Dublin wiedergefunden. Er hat es mir leicht gemacht, weil er als Dr. Michael G. Daniels auf seinem US-Pass gereist ist. Dort hat Taher sich in einem diskreten und bei Akademikern sehr beliebten Hotel unweit des Trinity College eingemietet. Er wohnt im *Temple Bar Inn*.«

Kingsley wusste plötzlich, dass er in die richtige Richtung gedacht hatte. Sie hatten diese Möglichkeit mit Dadullah im Schatten der Pyramiden von Tuna el-Gebel ausführlich diskutiert. Es war sicher, dass Taher von den alten Kampfgefährten seines Bruders, die in den Stammesgebieten saßen, unterstützt worden war. Und jetzt war er in Europa auf Tauchstation gegangen. Mit dem Dionysius-Manuskript und mindestens fünfunddreißig weiteren Schriftrollen. Irland war eine ausgezeichnete Wahl. Als Amerikaner reiste man visafrei ein, und im Notfall konnte man schnell auf den europäischen Kontinent verschwinden, wo man sich in der grenzfreien Schengen-Zone in Luft auflöste. Er wusste ganz genau, wie das funktionierte. Sein »wahres Ich« Marshall B. Kingsley reiste fast immer auf diesem Weg. Oft nahm er die Autofähre, und anschließend flog er mit Delta über JFK und Atlanta nach Baton Rouge oder Lafayette, wo niemand kontrollierte, was der älteste Sohn des Senior Senators von Louisiana und Bruder zweier Congressmen in seinem Gepäck mit nach Hause brachte.

»Wir müssen ihn zuerst wieder einfangen, Ben. Jones kann das erledigen. Sorge dafür, dass El Ouazzani uns keinen Ärger macht, bis das neue Projekt startet. Schicke ihn irgendwo in Urlaub, wo er nicht versehentlich den Israelis oder den Franzosen über den Weg läuft. Sag ihm von mir aus, er soll in Florida auf Tauchstation gehen und dort die Füße ins warme Wasser hängen. Wenn möglich, finde heraus, was im Hochtal wirklich geschehen ist. Und falls du Zweifel an seiner Loyalität hast …« Der DNI ließ die letzten Worte unausgesprochen.

Kingsley senkte kurz den Kopf. Er wollte nicht, dass der Mann auf der anderen Seite des Atlantiks in seinen Augen las. Trotz des Computerbildschirms und der Schreibtischlampe: Frank Mahooney kannte ihn seit dreißig Jahren, und er wusste, dass er mit Taher und Dadullah seit ihrem gemeinsamen Studium befreundet war. Sie waren enge Freunde. Aus diesem Grund hatte Frank Mahooney auf Ben Kingsleys Bitte seinem Freund Taher auch vor drei Jahren aus der tödlichen Patsche mit den Franzosen geholfen. Frank hatte Taher sofort den »falschen« echten US-Pass als Dr. Michael G. Daniels und eine ausgezeichnete Legende besorgt und außerdem ein irisches Konto für den Algerier eingerichtet, das auf verschlungenen Pfaden übers Tyson's Corner und eine ganze Reihe kaum nachvollziehbarer Zwischenstationen mit seinem finanziellen Anteil aus der Grabung von Iskanderga'l gefüllt wurde.

Doch nach dem, was an Halloween im Hochtal geschehen war, konnte Ben Kingsley sich nicht mehr von seinen tieferen persönlichen Gefühlen leiten lassen, so, wie nach der Wahnsinnstat in den Galeries Lafayette, die die Franzosen zu einer für einen demokratischen Rechtsstaat beispiellosen »Blutorgie« provoziert hatte. Natürlich war Borjahn Khans wilde Story um ihren alten Freund, die al-Qaida und die Mara Salvatrucha bodenloser Unfug.

»Wie läuft es eigentlich mit *Operation Archangel?*«, fragte Mahooney seinen Freund und Untergebenen schließlich etwas versöhnlicher.

Kingsley atmete auf. Das Problem »Taher« war vorläufig wohl vom Tisch. Er gab Frank Mahooney ein kurzes Briefing: Seine Operators hatten sich noch am Tag nach der Lieferung des Equipments offiziell von der kleinen Truppe verabschiedet. Nachdem die beiden Männer der SOG sich von dem selbst ernannten Imam auf dem Busbahnhof am Mont-Saint-Michel hatten absetzen lassen, um offiziell nach Paris zurückzufahren, hatten Deckname »Salah« und Deckname »Honi« lediglich gewartet, bis der Mann ihnen den Rücken zudrehte, um seine vier Akolythen abzuholen, die gemeinsam die lange Wanderung durch das Watt unternommen hatten, um sich mit der Fluchtstrecke vertraut zu machen und anschließend den ganzen Tag mit Erkundungsgängen auf dem Klosterberg und in der Abtei verbracht hatten. Sie berichteten Kingsley einmal täglich ausführlich aus ihrem sehr diskreten Unterschlupf – einem Ferienhaus im Dorf auf dem Klosterberg. Sie würden dort bleiben und in der Nacht vor dem Event in die Abteikirche eindringen und sich dort verstecken. Sie waren wieder bereit, um genau wie während des Attentats im Cercle de l'Union Interalliée einzugreifen, falls sich aus irgendwelchen unerfindlichen Gründen irgendein Fuck-up anbahnte oder das Team der Möchtegern-Gotteskrieger doch nicht gut genug war, um die ganze Sache durchzuziehen.

Während sie mit seinem Vorgesetzten auf der anderen Seite des Atlantiks diskutierten, warf Kingsley gelegentlich einen sehnsüchtigen Blick zu dem Spezialtisch direkt gegenüber seinem Arbeitstisch, auf dem sich ausgerollt und unter Schutzglas bereits die erste der Schriftrollen befand, die mit der großen Lieferung über Kabul, Ramstein und Sheherazade in Belgien gekommen war. Er hatte nicht warten können und sofort ausgepackt. Sein abendlicher spannender Zeitvertreib lag bereits fertig vorbereitet da, um mit dem wissenschaftlichen Spezialscanner eingelesen zu werden, den er sich als frühes Weihnachtgeschenk nach der Rückkehr aus Ägypten auf den Rat von Dadullahs Tochter Sharifa hin gekauft hatte.

Er war sich mit Dadullah und Taher natürlich einig gewesen, Mahooney nicht davon zu erzählen, dass sich unter den ganzen Schriftrollen, die sie gefunden hatten, auch die vollständige verloren geglaubte Goldene Bibliothek von Persepolis befand. Er hatte einen Teil des Fundes im September mitgenommen. Die letzten Kisten würden nach den Feiertagen und dem Jahreswechsel kommen, wenn die Mitarbeiter von Sheherazade's Marvellous Gardens aus den Ferien zurück waren. Allerdings waren diese Manuskripte so atemberaubend und spektakulär, dass es sowieso unmöglich war, sie zu kommerzialisieren. Das war einer der Gründe für ihr Schweigen gewesen. Als Experte in der Materie wusste Kingsley, dass ein Bekanntwerden dieses ganz besonderen Fundes zu den gleichen Problemen führen würde wie im Jahr 2000 die Mumie der »Persischen Prinzessin«.

Diese »Prinzessin« hatte damals beinahe einen bewaffneten Konflikt zwischen Pakistan und dem Iran ausgelöst. Am Ende hatte sich herausgestellt, dass es sich lediglich um eine außergewöhnliche und ganz herausragende archäologische Fälschung handelte. Die unglückliche Unbekannte, der man zuerst das Rückgrat gebrochen hatte, um sie dann in die legendäre und zweieinhalbtausend Jahre zuvor verstorbene »Rhodogune, Tochter des Xerxes« zu verwandeln, befand sich heute, sieben Jahre später, immer noch in einem der Kühlfächer der Gerichtsmedizin in Karatschi.

Ein anderer Grund, warum sie Frank nichts gesagt hatten, war ihr gemeinsamer Wunsch gewesen, diese ganz speziellen Schriften zu behalten und sie eingehend zu studieren. Seit ihren gemeinsamen Tagen an der Universität gab es zwischen ihnen eine Diskussion über die wahre Entwicklung der zoroastrischen heiligen Schrift, und die Goldene Bibliothek war eine einzigartige Chance, eines Tages auf diese große Frage eine Antwort zu finden.

Es war nicht so, als ob er damit seinen Freund und Vorgesetzten hintergehen wollte. Es hatte Kingsley nie gestört, wenn Mahooney Antiquitäten, die er irgendwo »rettete«, nicht nur dazu benutzte, verdeckte Operationen zu finanzieren oder sich Entscheider aus der Politik und Beeinflusser der Zivilgesellschaft zu verpflichten, sondern auch, um gelegentlich einen ganz besonderen Deckhengst oder irgendeine erschwingliche Zuchtstute für die Blue Ridge Mountain Stables seiner Frau Catherine Devereaux zu erwerben. Die Geheimdienste brauchten in der Gesellschaft, in den staatlichen Institutionen und unter den gewählten Volksvertretern Fürsprecher, Gönner und Verbündete, die in der Lage waren, in entscheidenden Momenten Druck auf die höchsten Ebenen des Staates zu machen, und der Rennstall brauchte immer wieder frisches Blut, um erfolgreich zu bleiben.

Im Gegenzug übersah Mahooney, wenn Kingsley sich großzügig an alten Schriften bediente, den Kriegsdienstleister Jones praktisch exklusiv für »persönliche Projekte« benutzte und ihn – wenn Not am Mann war – mit seinen eigenen Operator-Teams der SAD verstärkte und vom US Special Forces Command gleich noch den Helikopter, das Flugzeug oder irgendein Boot auslieh.

Kingsley beendete das Gespräch mit dem DNI. Er warf einen kurzen Blick auf die Uhr. Frank würde sich bereits in den nächsten dreißig Minuten auf den Heimweg vom Tyson's Corner machen. Seine Fahrt dauerte genauso lange. Der Zeitunterschied zwischen der amerikanischen Ostküste und Frankreich betrug sechs Stunden. Er konnte ihn noch einmal kurz erreichen, bevor er zu Hause ankam.

Er kramte eine kleine Metalldose aus der Schreibtischschublade. Sie war voll mit vorbezahlten SIM-Karten aus ganz Europa. Selbstverständlich war keine der Karten registriert, genauso wenig, wie die zwei Dutzend Mobiltelefone in der nächsten Schreibtischschublade. Er schickte eine kurze SMS an Jones. Nur Augenblicke später empfing er ein »Okay«, und sein Gesprächspartner klingelte ihn auch schon über Skype an.

FÜNFTES KAPITEL

Deutschland – Berlin – Regierungsviertel

Stefan Huber schob die Heftmappe über die Theke der amerikanischen Bar. Er war gerade erst aus Paris zurückgekommen. Seine Freunde aus der Division Action hatten ihn direkt aus dem Élysée-Palast zum Flughafen Orly gefahren, wo er den praktischen Direktflug nach Schönefeld erwischt hatte. Christiane Près hatte ihr Versprechen gehalten und ihm auch gleich ein verfrühtes Weihnachtsgeschenk mitgegeben.

»Es überrascht mich eigentlich nicht«, antwortete der Staatsminister, nachdem er den Inhalt des Ordners überflogen hatte.

Frank Mahooney hatte die Geschichte, die er ihm während der NeoCon-Hochmesse in Washington erzählt hatte, sofort weitererzählt und so – ohne es zu wissen – aktiv dazu beigetragen, dass sie gemeinsam mit ihren neuen französischen Freunden außer dem seit zig Jahren gesuchten Terrorbanker Ahmad Jan und dem französischen »bin Laden« El Ouazzani auch noch einen der wichtigsten Führungskader der al-Qaida und die Atommüll-Händler aus dem Nordkaukasus erledigen konnten. Und keiner der unzähligen hoch technologisierten und weltweit spionierenden US-Dienste war schlauer.

Aber die bodenlose Unverschämtheit der Amerikaner, unter dem Deckmäntelchen der Alliance Base in Paris Einflussagenten zu platzieren, die ihre Zeit damit verbrachten, quer durch Europa

»terroristische Aktionen mit islamistischem Hintergrund« zu organisieren, anstatt echte Operationen waschechter Terroristen zu unterbinden, schockierte ihn. Es zeugte unter Verbündeten dann doch von außergewöhnlich schlechtem Stil, so etwas zu tun.

»Die ziehen da seit mindestens drei Jahren eine durchtriebene, wüste Black Ops ab, die sie mit nachtschwarzen Geldern aus dem illegalen Handel mit Blutantiquitäten finanzieren. Dabei manipulieren sie mithilfe einer Truppe Operators aus irgendeinem ihrer Geheimdienste, die sie in einer in Belgien registrierten Firma zwischen echten Arbeitnehmern verstecken, auch noch in verschiedenen EU-Mitgliedsstaaten Kriminelle mit Migrationshintergrund, damit wir »dummen Bio-Europäer« glauben, wir hätten ein massives, internationales Terrorismus-Problem und Osama bin Ladens al-Qaida wolle uns in die Luft sprengen! Du glaubst es nicht! Und dabei geht es ihnen eigentlich nur darum, dass wir mehr Soldaten und mehr Material nach Afghanistan schicken, uns vielleicht auch noch auf den Irrsinn im Irak einlassen, wo sie gerade die Schnauze voll bekommen und ihnen – sozusagen als Sahnehäubchen – gleichzeitig auch noch unkontrollierten Zugriff auf unsere Daten gewähren, damit sie uns besser ausspionieren und daraus wirtschaftliche Vorteile für ihre eigenen Wirtschaftsunternehmen ziehen können.«

Der Staatsminister hob theatralisch die Augen gen Himmel.

»Oh Herr, vergib ihm, denn er weiß nicht, was er tut!«, seufzte er mit einer Stimme, die vor Zynismus triefte.

Es hatte mit der Schwindelei angefangen, um den Irak zu überfallen und Saddam Hussein zu liquidieren. Der Staatsminister nahm die Flasche mit dem süffigen Weißen aus dem Rheingau, schenkte sich das Glas bis zum Rand voll und trank es in einem Zug leer. Er wusste, dass es eine Sünde war, so mit dem exquisiten Produkt einer Traditionswinzerei zu verfahren, aber er brauchte den Alkohol, um im Rhythmus zu bleiben.

»Und ohne diesen robusten Franzosen-›Bond‹ mit der ›Licence to kill‹ und unserer eigenen Dr. Rossi mit ihrem ausgezeichneten

Personengedächtnis wären wir Frank Mahooneys unglaublicher Riesenschweinerei vermutlich nie auf die Spur gekommen, Stefan?«

Huber nickte. Die Sache erinnerte ihn in geradezu erschreckender Weise an das grauenhafte »Monster«, das die Amerikaner am Ende des Zweiten Weltkriegs losgelassen hatten – und das Westeuropa bis zu seinem ruhmlosen Ende im Augenblick des Untergangs der Sowjetunion mit unzähligen Terroranschlägen heimgesucht hatte.

Die US-Dienste hatten ein halbes Jahrhundert lang ohne Rücksicht auf menschliche Verluste ihre europäischen NATO-Partner eiskalt manipuliert und ihnen erfolgreich eingeredet, sie würden vom sowjetischen Erzfeind und seinen Handlangern aus den linken und kommunistischen Parteien der entsprechenden Länder bedroht, die nur danach strebten, sie zu »überrollen«. Nur durch eine bedingungslose Gefolgschaft zu den USA im Rahmen der NATO könnten sie dieser Gefahr entrinnen.

Bei den meisten Westeuropäern funktionierte diese Strategie. Lediglich der alte de Gaulle kam ihnen fast umgehend auf die Schliche, verwies die auf französischem Boden stationierten US-Truppen des Landes, trat aus der militärischen NATO aus und ordnete ein eigenes französisches Atomwaffenprogramm an. Damit entzog er den von der CIA organisierten Stay-behind-Untergrundkämpfern der *Operation Gladio* jeden Boden, bevor sie sich überhaupt im Land verwurzeln konnten.

In Italien war es nach viel Blutvergießen und unsäglichen terroristischen Akten schließlich ein sehr junger und sehr mutiger Untersuchungsrichter gewesen, der alles aufdeckte. In Deutschland hatten sie gekuscht, obwohl sie seit dem blutigen Anschlag auf das Münchner Oktoberfest 1983 definitiv gewusst hatten, dass hinter zahlreichen Anschlägen, die offiziell der extremen Linken zugeschrieben worden waren, in Wahrheit von der CIA manipulierte überlebende Altlasten des Dritten Reichs gesteckt hatten. Sie selbst hatten schon früh begriffen, dass General Reinhard Gehlen, der Gründer und erste Chef des Bundesnachrichtendienstes, gleichzeitig auch der Chef der deutschen Stay-behind-Schattenkrieger und zugleich noch US-amerikanischer Agent gewesen war. Nach München hatte man lediglich diskret ein paar Leute mit entsprechenden Pedigrees in Rente geschickt und war zur Tagesordnung übergegangen.

Die Belgier wagten noch heute nicht, in ihrem Sicherheitsapparat aufzuräumen, weil sie sonst zugeben mussten, dass die »Mörder von Brabant«, die zwischen 1982 und 1985 gewütet hatten, eine Verschwörung der belgischen Stay-behind-Organisation in Zusammenarbeit mit den US-Nachrichtendiensten gewesen waren, nachdem SDRA-8 über Jahre die nationalen Geheim- und Sicherheitsdienste und die Polizeibehörden infiltriert hatte.

Huber seufzte und schenkte dem Staatsminister und sich selbst nach:

»Mit Verbündeten wie den Amerikanern brauchst du keine Feinde mehr, Lothar«, sagte er frustriert.

Obwohl Madame le Juge sich während der Krisensitzung im Élysée, an der er als stiller Beobachter teilgenommen hatte, kampfeslustig gezeigt hatte und der französische Präsident ihre geplante Vergeltungsaktion absegnete, ohne mit der Wimper zu zucken, mussten sie doch realistisch sein.

Es machte ihn traurig, aber er wusste: Es war unmöglich, sich dauerhaft gegen die Amerikaner zu wehren. Sie waren einfach überall! Sie hatten die technologischen Mittel. Sie konnten ihre Verbündeten über die Strukturen der NATO gefahrlos auskundschaften. Sie konnten sie wirtschaftlich unter Druck setzen und sie durch Sanktionen, Strafzölle und einseitiges Aussetzen internationaler Abkommen gegeneinander ausspielen. Aus bündnispolitischen Gründen war es keinem der so Geknebelten möglich, Mitarbeiter der US-Botschaften und -Konsulate auszuweisen, selbst wenn eindeutig bewiesen war, dass sie für einen der US-Geheimdienste arbeiteten. Selbst die Mitarbeiter amerikanischer Institutionen auf europäischem Boden konnten sie nicht anfassen, ohne von Washington umgehend in die Schranken gewiesen zu werden. Sämtliche US-Militärbasen auf europäischem Boden waren exterritoriales

Gebiet. Dort kontrollierte nicht das Gastland den Zutritt, sondern schwer bewaffnete amerikanische Soldaten, die ihre Befehle vom »Commander in Chief« im Weißen Haus erhielten, und was hinter diesen Zäunen passierte, entzog sich der Kenntnis aller Behörden. Es waren sichere Rückzugsräume und Exfiltrationspunkte für US-Agenten, auf die kein einziger der EU-Mitgliedsstaaten Zugriff hatte. Sie konnten ja nicht einmal ihre eigenen Staatsbürger von dort zurückholen, wenn diese von US-Agenten im Rahmen des Global War on Terror illegal auf ihrem eigenen Staatsgebiet gekidnappt wurden, bevor man sie über solche Stützpunkte in amerikanischen Militär-Transportmaschinen auf amerikanische *Black Sites* in Drittländer verfrachtete, wo Recht und Gesetz straflos mit Füßen getreten werden konnten.

Was sie allerdings konnten, war, diesen ganz speziellen US-Drachen zu töten, den sie jetzt zufällig in seiner Höhle entdeckt hatten, während das böse Monster noch schlief.

Huber war verwundert gewesen, als »M« ihn plötzlich im Zug von München nach Paris anklingelte, während er gerade auf dem Weg zum Koordinierungsmeeting mit ihr war, und ihn auf Dringlichkeitsstufe eins ausgerechnet um Informationen zu den historischen Gartenzwergen von Schloss Lamberg in Oberösterreich und dem Handel mit Zwergen-Kopien aus dem 18. Jahrhundert bat.

Der Mann vom Fahrdienst, der ihn immer auf dem Gare de l'Est abholte, brachte ihn dann auch nicht in sein Stammhotel in der Rue des Saints-Pères, um die Reisetasche abzustellen, sondern beängstigend schnell und ohne Rücksicht auf Straßenverkehrsordnung und rote Ampeln durch einen dichter werdenden Feierabendverkehr direkt nach Romainville. Nur Minuten vor seiner Ankunft hatte die Equipe aus der Division Action den »Golfer« entdeckt; im Herzen der Pariser Altstadt auf dem Montmartre und in einem denkmalgeschützten Haus, das einer in Luxemburg registrierten Immobiliengesellschaft gehörte und deren noch unbekannte Anteilseigner sich hinter mindestens zehn weiteren obskuren Firmenkonstrukten zur Steueroptimierung verbargen. Gemanagt wurde alles von einer sehr teuren, internationalen Anwaltskanzlei mit Büros in aller Herren Länder, die genauso exklusiv wie verschwiegen war.

Hubers traditionelles als Lagebesprechung getarntes wöchentliche Abendessen unter vier Augen mit Christiane Près artete in eine Großveranstaltung aus, an der sämtliche Mitarbeiter der Division Action teilnahmen, die seit einem überraschenden Anruf aus der Bucht des Mont-Saint-Michel an der Verfolgung der GPS-Tracker in Ritters Kisten aus Kabul beteiligt gewesen waren. Der Anruf war von exakt dem gleichen Service-Action-Einsatzagenten gekommen, den Huber bereits während der Capture-or-Kill-Mission des Terroristen El Ouazzani unter dem Codenamen »Raven« kennengelernt hatte. Natürlich hatte er es geahnt: Raven war kein anderer als der Mann, der sich ihm, dem Staatsminister und Reinel Gutbrod in Berlin in absolut akzentfreiem Deutsch unter dem Pseudonym »Commandant Paul Lefèvre« vorgestellt hatte und der mit ihrer Major Rossi zuvor als »Sergeant Pierre Dupont« aus dem geheimnisvollen afghanischen Hochtal geflohen war.

Eine schlaflose Nacht und einen durchgearbeiteten Tag später hatte er sich in einem sehr exklusiven Kreis im Élysée-Palast wiedergefunden, der üblicherweise keine »Ausländer« zuließ – nicht einmal so gute Freunde wie die Deutschen. Obwohl »Raven« auch per Videokonferenz bei der Krisensitzung dabei gewesen war und sowohl mit dem Premierminister der Franzosen als auch mit ihrem Staatspräsidenten per Du schien, kannte Huber den echten Namen des Einsatzagenten immer noch nicht.

»Sie hätte einem angreifenden Tyrannosaurus Angst gemacht, Lothar«, schilderte er dem Staatsminister eine Szene im Élysée-Palast, deren Zeuge er nur Stunden zuvor geworden war.

»Wenn du Verbündete hast wie Madame le Juge, mein lieber Stefan, dann gehen uns beiden bald die Feinde aus, und ›SIE‹ schickt uns in Rente!«, witzelte der Staatsminister. Sie waren allein und ganz privat. Niemand beobachtete sie. Keiner belauschte sie. Er wusste, dass er nicht dauernd über die Schulter blicken musste. Der Weißwein entspannte ihn.

Die Stay-hehind-Kämpfer Version 2.0 waren keine Patrioten, die ihre Länder vor einer »Roten Pest« retten wollten, die von einem kommunistischen Moskau aus gesteuert wurde. Es waren lediglich Loser mit Knasterfahrung. Sie dachten kindlich-naiv, ihre Propaganda war primitiv, ihre Träume utopisch und ihre Visionen apokalyptisch. Huber bereitete zwei stramme doppelte Espressi. Er setzte sich mit dem Staatsminister auf die Hocker vor der amerikanischen Bar seiner Berliner Wohnung, und gemeinsam blickten die beiden Männer eine Weile schweigend auf die nächtliche Spree und das weihnachtlich beleuchtete Schloss Bellevue am anderen Ufer.

»Madame le Juge hat mir versprochen, das ›Problem‹ noch vor dem Jahresende aus der Welt zu schaffen«, sagte Huber und erzählte dem Staatsminister, was er mit der Direktorin der Division Action im Auto auf dem Weg vom Élysée-Palast nach Orly ausgehandelt hatte.

»Unsere französische ›Freundin‹ bittet dich wieder einmal um einen klitzekleinen Freundschaftsdienst, Lothar.« Huber umfasste seine Tasse mit beiden Händen, als ob er sich wärmen wollte, und erzählte seinem Vorgesetzten, was er mit Madame le Juge ausgeheckt hatte. »Das Timing ist entscheidend!«

Es war sozusagen die erste »offizielle« Operation ihrer brandneuen, streng geheimen gemeinsamen Einheit mit dem Codenamen CORVUS. Das einzige Detail, das Christiane Près ihm absolut nicht hatte verraten wollen, war, wie die eigentlich sehr hübsche IT-Expertin Farida mit dem kahl geschorenen Schädel und im Romantic-Goth-Look, die schon während der Operation in Afghanistan Ritters Kontakt in Kabul gewesen war, es geschafft hatte, während des gemeinsamen Abendessens, bei dem sie ihren eigenen Laptop nicht berührt hatte, den privaten Laptop von Frank Mahooney in seinem Wintergarten auf dem Gestüt am Fuß der Blue Ridge Mountains drüben auf der anderen Seite des Atlantiks zu hacken.

Der Staatsminister hörte Huber aufmerksam zu. Dann winkte er großzügig ab.

»Kein Problem, Stefan! Das mache ich doch gerne. Du sagst mir Bescheid, falls die Sache an der Küste so gelaufen ist, wie Madame le Juge sich das vorstellt, und ich telefoniere sofort mit Frank Mahooney und erzähle ihm die Story. Das ist wirklich genial! Inzwischen habe ich ja Übung darin, dem Mann einen Bären aufzubinden. Und das wird unseren Freund am Tyson's Corner so richtig in Festtagsstimmung versetzen.«

Er fand die Idee ein bisschen skrupellos, aber auch brillant, und die angestrebte Lösung war äußerst elegant.

Wie der berüchtigte Hauch von Hermès Faubourg 24, dachte er amüsiert. Und sie mussten sich dabei nicht einmal die Hände schmutzig machen, weil die Killertruppe aus Romainville den »Job« unbedingt selbst erledigen wollte. Der Deal, den Stefan mit seiner neuen besten Freundin Madame le Juge gemacht hatte, war eine echte Win-win-Situation für beide Seiten, und den finanziellen deutschen Beitrag zu der streng geheimen gemeinsamen Einsatzeinheit CORVUS konnten sie über Jahrzehnte hinweg aus der Portokasse finanzieren, ohne dabei die Aufmerksamkeit der parlamentarischen Kontrollkommission zu erwecken. Selbst »SIE« war glücklich! Die Kanzlerin hatte sofort begriffen, dass sie endlich ein effizientes Werkzeug an der Hand hatte, das sie mit einem einfachen Telefonanruf und einem Codewort unkompliziert, sofort und direkt benutzen konnte, ohne zuerst endlos lang auf dem offiziellen Dienstweg mit irgendwelchen Altgedienten der BND-Mafia herumzupalavern, während sie gleichzeitig um ihre politische Zukunft fürchten musste.

»Sie verifizieren im Augenblick nur noch, dass der geheimnisvolle ›Golfer‹ aus dem Hochtal in den Großen Suleimans, der ›Professor für Religionswissenschaften und Altorientalistik Dr. Marshall B. Kingsley‹, der seit einem Vierteljahrhundert haufenweise Antiquitäten aus seiner ›Familiensammlung‹ über das Pariser Auktionsnotariat verscherbelt, und der selten anwesende und ambitionslose ›stellvertretende Direktor der Alliance Base Dr. Robert G. Dell‹ auch wirklich ein und dieselbe Person und mit dem Mann identisch sind, der den Polizisten aus der Antiterrorismus-Abteilung vom 36, Quai des Orfèvres im Zusammenhang mit dem ersten Anschlag im Cercle de l'Union Interalliée und der konspirativen Wohnung in der Banlieue beschrieben wurde.«

Frankreich – Paris

Gabriel Blanc-Aimé trug den Kragen seines dunklen Wintermantels hochgeschlagen und hatte sich den Kaschmirschal so um den Hals gewickelt, dass nur noch die Nasenspitze herausguckte. Das sehr kühle Dezemberwetter half ihm bei der Verkleidung, die er bei seiner Lektüre von *The Spy who came in from the Cold* bei John Le Carré entdeckt hatte, nachdem sein abgewrackter Geheimagent Alec Lemas vom legendären MI6 vor die Tür gesetzt worden war.

Der Wind pfiff eisig durch die Rue de la Grange-Batelière, als er mit eingezogenem Kopf diskret durch die Scheibe des *Café des Antiquaires* spickte. Adèles Stammrestaurant befand sich direkt gegenüber den Büro- und Ausstellungsräumen des Auktionsnotariats Mellet & Blanc-Aimé. Adèle saß bereits mit Hervé und ihrer besten Freundin Christiane an einem runden Tisch im Zentrum des Saals. In der Mitte stand ein hübscher Adventsschmuck mit brennender Kerze. Sein eigener Stuhl war natürlich noch leer. Die drei tranken zum Aperitif einen Kir Royal aus langstieligen Gläsern und naschten Amuse-Gueules von einer rustikalen Holzplatte. Er konnte eine Flasche qualitativ hochwertigen Schaumwein von der Loire und ein Töpfchen mit eingelegten Gurken und Bauernbrot auf dem Tisch ausmachen. Und sie hatten natürlich den hauchdünn geschnittenen Räucherschinken aus der Vendée bestellt, den er so liebte.

Gabriel hatte mit der Direktorin des Service Action ausgemacht, dass sie zu früh, und er mit einer gewissen Verspätung zu diesem geselligen und seit Langem geplanten, vorweihnachtlichen Mittagessen unter Freunden kommen sollte.

Blanc-Aimé überquerte die Straße mit energischem Schritt. Er kannte Adèles Sekretärin: Sie war bis mindestens fünfzehn Uhr in der Mittagspause. Sie war effizient, wenn es unbedingt sein musste, aber unter normalen Umständen ziemlich faul und ziemlich abwesend, vor allem dann, wenn ihre beiden Arbeitgeber viermal pro Woche ab vierzehn Uhr dreißig hinterm Auktionspult im Hôtel Drouot standen. Er öffnete die Tür mit seinem eigenen Schlüssel. Christiane hatte gewusst, dass er diesen Schlüssel zu den Geschäftsräumen ihrer besten Freundin besaß. Sie hatte ihn ein paar Tage zuvor etwas scheinheilig in seinem Büro im Finanzministerium angerufen und ihn gebeten, eine »kleine Mission« im Dienste der Nation zu übernehmen.

× × ×

Adèle notierte ihre sämtlichen Computer-Passwörter in ein kleines Notizbuch, das sie zusammen mit dem Büchlein mit den Telefonnummern immer in ihrer Handtasche spazieren trug. Normalerweise war er zu wohlerzogen, um ein solch intimes Teil wie die Handtasche seiner Ehefrau zu durchsuchen, doch der Anruf von Christiane und eine anschließende SMS auf seinem privaten Mobiltelefon, bei der zum ersten Mal der Codesatz verwendet worden war, der für ihn bedeutete, dass er eine bestimmte Telefonnummer »umgehend und in der vereinbarten Weise« anrufen musste, hatte ihn seine natürliche Zurückhaltung über Bord werfen lassen.

Er hatte die knapp zwei Kilometer vom Ministerium entlang des Quai de la Rapée und über den Pont Charles-de-Gaulle und anschließend durch den Jardin des Plantes zur Evolutionsgalerie im Musée Nationale de l'Histoire Naturelle in der Mittagspause in knapp zwanzig Minuten zu Fuß zurückgelegt, um die Mitarbeiterin der Division Action zu treffen, die ihm den USB-Schlüssel aushändigte, den er in einen Slot am PC der Sekretärin gesteckt hatte. Dann ging er in das Büro von Adèle, setzte sich an den Computer seiner Frau, tippte den Namen Nemo und das Geburtsdatum ihres

Hundes ein und drückte die Enter-Taste. Abschließend rief er die Telefonnummer von »Nastasia« an. Die junge Frau, die ihm das schlaue kleine Spionage-Programm auf dem Stick übergeben hatte, antwortete sofort und gut gelaunt und nannte ihn sogar bei seinem eigenen brandneuen Codenamen. Blanc-Aimé schmunzelte. Es amüsierte ihn und lenkte ihn genauso angenehm von seinem üblichen Berufsalltag am Quai de Bercy ab wie die zweite neue Aufgabe, die er an Land gezogen hatte. Seit August war er stellvertretender Schriftführer einer Kommission unabhängiger und international anerkannter Wirtschaftsexperten. Es fühlte sich irgendwie gut an, nicht mehr nur der brave, angepasste Klassenbeste der École Nationale de l'Administration Gabriel Blanc-Aimé zu sein, sondern »Labrousse«.

Er war ein absoluter Fan der franko-belgischen Comicserie von Edgar P. Jacobs *Die Abenteuer von Blake und Mortimer,* und »Labrousse« war ein Charakter, den er mochte und mit dem er sich identifizieren konnte. Er hatte auch den Codenamen seiner Kontaktperson durchschaut: »Nastasia« war natürlich Nastasia Wardynska, die Mitarbeiterin des sowjetischen Professors Piotr Ilioutchine aus dem zehnten Band der Serie *Die Voronov-Verschwörung,* die Hauptmann Francis Blake kurz nach dem Ende des Zweiten Weltkriegs als Agentin für den britischen MI6 rekrutiert hatte.

Während der junge Finanzdirektor noch über die originellen Codenamen sinnierte, die Christiane Près für ihre Agenten auswählte – sie selbst war selbstverständlich »M« –, flitzte der Mauszeiger über die Benutzeroberfläche auf dem PC seiner Frau, und Nastasia bediente sich der von ihm gestohlenen Zugangsdaten, um via einer Remote-Desktop-Lösung Zugriff auf sämtliche Informationen der Rechner in den Geschäftsräumen des Auktionsnotariats Mellet & Blanc-Aimé zu bekommen. Die ganze Operation dauerte kaum zehn Minuten.

× × ×

Gabriel Blanc-Aimé betrat mit einer »kleinen Verspätung« das Café des Antiquaires, winkte den drei Tischgefährten fröhlich zu und gab dem Kellner ein Zeichen, ihm ebenfalls einen Kir Royal zum Aperitif zu bringen. Als sein Blick den von Christiane Près kreuzte, zwinkerte er der Direktorin der Division Action kurz zu.

Frankreich-Atlantikküste – Mont-Saint-Michel – das Dorf

Im Dorf zu Füßen der Abtei reihten sich in der Grande Rue Restaurants und Souvenirläden wie Perlen an einer Kette. Die Weihnachtsferien hatten noch nicht angefangen. Obwohl es kalt und windig war, wand sich eine dichte Touristenschlange durch die engen Gassen auf dem Klosterberg. Von der Landseite her gab es kaum ein Vorwärtskommen. Wer unter Platzangst litt, der besuchte besser eines der in Küstennähe gelegenen Waldgebiete wie den Wald von Brocéliande.

Der Kellermeister der Abtei hatte seine Mönchskutte und die Sandalen gegen Jeans, einen dicken Fischerpullover und solides Schuhwerk ausgetauscht. Er diente der Polizistin und ihrem Kollegen mit seiner Ortskenntnis als Führer durch die engen Gassen. Sie hatte ein paar Tage zuvor neben dem Imam aus Villiers-le-Bel kurz die Gesichter der beiden Männer gesehen, die ihnen und dem Einsatzagenten des Service Action durch die Finger geschlüpft waren. Der eine Mann hatte den grünen Renault Espace gefahren, dem sie gefolgt war. Der andere hatte den Imam ab Paris Gare Saint-Lazare begleitet.

Alles hatte sich in einer sehr kurzen Zeitspanne abgespielt: ihre eigene Ankunft in dem kleinen Dorf Genêts, die Erkundungstour zur Villa Jeanne d'Arc, das überraschende Auftauchen des Einsatzagenten des Service Action der DGSE, den ihr Vorgesetzter Commandant Atlan gut zu kennen schien, und schließlich die Ankunft von Commissaire Moulin aus Paris mit einem Hubschrauber des

GAM-56 der DGSE. Die Polizistin wusste, dass Moulin bis zu einer Verletzung beim R.A.I.D. gewesen war und Atlan nach einer früheren Karriere in einer obskuren Spezialeinheit der Streitkräfte, über die er nicht sprach, ebenfalls über den R.A.I.D. an den 36, Quai des Orfèvres gekommen war. Sie hatte es längst aufgegeben, sich über die seltsamen Kontakte beider Männer zu wundern.

Sie wussten inzwischen, dass die beiden Männer, die ihnen entwischt waren, weder den Zubringerbus zum Bahnhof von Villedieu-les-Poêles noch den Shuttlebus nach Rennes bestiegen hatten. Sie waren auch nicht mit einem Fahrzeug von einem der kostenpflichtigen und videoüberwachten Touristenparkplätze weggefahren.

Der Einsatzagent, der sich nur mit einem Codenamen – »Raven« – vorgestellt hatte und den Atlan diszipliniert nie mit seinem wahren Namen ansprach, telefonierte. Kurz darauf hatten sie die Aufnahmen der Videoüberwachung auf seinem Tablet-PC. Sie war erst wenige Wochen zuvor installiert worden.

Der Kellermeister führte sie zum nächsten Haus im Dorf, das als Ferienwohnung vermietet wurde, weil die Besitzer am Ende entnervt von den nicht abreißenden Touristenmassen aufs Festland gezogen waren. Die Technik war einfach, aber genial: Sie hielten Spendenbüchsen für den Sécours Catholique, die katholische Hilfsorganisation für Mittellose und Bedürftige, die sich in der Vorweihnachtszeit überall in Frankreich mobilisierte, in ihren Händen, klopften an Türen und sahen so, wer ihnen aufmachte. Auf diese Weise hatten sie bereits diskret alle Hotels auf dem Mont-Saint-Michel überprüft. Erfolglos.

Der Kellermeister klopfte energisch an eine wunderbar restaurierte, prachtvoll geschnitzte Eichenholztür. Das Schild der Monuments Historiques, das an dem Fachwerkhäuschen angebracht war, erklärte in englischer und französischer Sprache Alter und Geschichte des Gebäudes. Es stand direkt gegenüber der Dorfkirche Saint-Pierre und dem alten Dorffriedhof.

Als die Tür sich öffnete, lächelte die Polizistin und streckte dem Mann ihre Spendenbüchse entgegen, während der Kellermeister seine Story erzählte und um eine Spende bat. In einer dahinterliegenden sehr hübschen kleinen Wohnküche konnte sie einen zweiten Mann ausmachen. Er drehte ihr den Rücken zu, während er sich am Gasherd zu schaffen machte. Es roch nach frisch gebrühtem Kaffee. Auf dem Tisch sah man eine Auswahl Pasteten, ein Gurkenglas und frisches Baguette.

Es war eindeutig der Mann, der zusammen mit dem selbst ernannten Imam mit dem Zug bis nach Granville gefahren war, obwohl er sich inzwischen den Dreitagebart abrasiert und sein kurzes, dunkles Haar mit etwas Gel zur Seite gescheitelt hatte. Sie war sicher, dass der Typ in der Küche den Renault Espace gesteuert hatte. Natürlich erkannte der Mann sie nicht. Sie hatte ihre kleinen Verkleidungen, wenn sie »auf der Jagd« war. Die Frau, die er vielleicht im Zug bemerkt hatte, hatte ein strenges, dunkles Business-Outfit und einen genauso strengen Knoten im Nacken getragen und während der Fahrt mehrere Wirtschaftszeitschriften gelesen. Jetzt stand sie ihm mit offenen langen Haaren unter einem hübschen Häkelmützchen mit Blumenmuster und mit einer runden, sehr modischen Brille gegenüber, die sie genauso aussehen ließ, wie man sich eine junge Frau aus der Mittelklasse der französischen Provinz vorstellte, die jeden Sonntag zur Messe ging und in der Weihnachtszeit für Hilfsbedürftige sammelte.

Der Mann zog ein Bündel ordentlich gefalteter Geldscheine aus der Hosentasche. Eine großzügige Spende – ein Fünfzigeuroschein – wanderte in die Büchse.

Der Kellermeister streckte dem Gesuchten zum Abschluss das Rattankörbchen mit den Heiligen entgegen:

»Sie dürfen gerne auch ein Medaillon für Ihren Freund auswählen«, sagte der Kellermeister und machte ein kleines Kopfzeichen in Richtung Küche. Es gab Notre-Dame de l'Ascension und Saint-Martin de Tours, die beiden großen Schutzheiligen Frankreichs, den Erzengel Michael als Schutzpatron des Klosterbergs und der Normandie und die etwas exotische Sainte-Anne de Bretagne. Der Mann wählte, ohne zu zögern, zwei Mal den Erzengel Michael aus, der ebenfalls Schutzheiliger der Soldaten war. Sie schenkte dem Mann zum Abschied ein strahlendes Lächeln.

»Hab ich dich und deinen Kumpel am Ende also doch noch erwischt«, dachte sie zufrieden, während sie mit ihren beiden Begleitern zum nächsten Haus weiterwanderte. Auch hier spendeten die eingemieteten Touristen, ohne zu zögern. Der Kellermeister kannte das ältere Ehepaar und plauderte ein paar Minuten mit ihnen.

Erst als die Polizeibeamtin sich definitiv außer Sichtweite des Hauses gegenüber der Dorfkirche wusste, signalisierte sie ihrem Kollegen, dass sie gefunden hatte, was sie suchten, und zog ihr Mobiltelefon aus der Tasche.

Frankreich – Atlantikküste – Mont-Saint-Michel – Kapelle des heiligen Aubert

Simon Atlan stand neben seinem Chef Jean-Paul Moulin auf dem Steg der Kapelle des heiligen Aubert. Wegen des Vollmonds und der Springflut, die den Klosterberg pünktlich zum großen Weihnachtskonzert wieder zu einer richtigen Insel machten, waren das Gebäude und der mit Bäumen und Büschen bewachsene Teil des Granitfelsens aus Sicherheitsgründen fürs Publikum geschlossen worden.

Es trennten sie nur noch achtundvierzig Stunden von dem großen Event. Der Rundgang, den sie unter der Führung des Abteiverwalters Bruder Séverin unternommen hatten, war für Moulin und Atlan kein abenteuerlicher Streifzug durch eintausenddreihundert Jahre französischer Geschichte gewesen, sondern die Möglichkeit, sich diskret mit dem gesamten Bauwerk vertraut zu machen. Der Mont-Saint-Michel war ein Bollwerk gegen die Wikinger, Ziel der großen Pilgerströme des 12. Jahrhunderts, er wurde im Hundertjährigen Krieg von den Engländern erfolglos belagert und während der Französischen Revolution in ein Gefängnis für Staatsfeinde umfunktioniert. So verwirrend wie die Zeitläufe war auch die

Architektur der Abtei. Über drei Stockwerke erstreckte sich das Labyrinth verschachtelter Gänge, Treppen und Hallen. Wie eine gigantische Kulisse zu einem Historienfilm – nur dass hier alles echt war. Während ihre Mitarbeiter diskret das Dorf und die Hotels auf dem Klosterberg durchsuchten, hatten sie achtundvierzig Stunden lang die Abtei auf mögliche unerwünschte Gäste durchsucht. Erfolglos. Und dann hatte plötzlich Atlans Telefon geklingelt.

✖ ✖ ✖

Zuerst strich ein leichter Abendwind über die Plattform aus Granit, während kreischende Möwen über den Dächern der Abteilkirche kreisten. Im Westen tauchte die untergehende Sonne das Watt und den gegenüberliegenden Küstenstreifen in orangefarbenes Licht. Und dann kam sie! Atlan hielt kurz die Luft an: Er hatte das gleiche Naturschauspiel vor zehn Jahren von genau der gleichen Stelle aus beobachtet, als sie mit Gwén noch bei den Penfens gewesen waren. Nach einem verdeckten Einsatz waren sie überraschend auf ein paar Tage Heimaturlaub zurückgekommen. Atlans Eltern waren am gleichen Tag zur Familie nach Israel geflogen, und er hatte keine Lust gehabt, allein in Paris herumzuhängen. Bruder Séverin hatte ihm, dem Juden, damals augenzwinkernd ein kleines Glasfläschchen geschenkt. Er hatte an der Quelle des heiligen Aubert, die sich neben der kleinen Kapelle befand, vorsichtig ein paar Tropfen »Wunderwasser« abgefüllt und für Simon Atlan verkorkt.

» … mit der Geschwindigkeit eines galoppierenden Pferdes«, dachte der Polizist. So hatte es sein Lieblingsautor Victor Hugo in einem Brief an seine Freundin Fräulein Louise Bertin beschrieben. Im Jahr 1836.

Er beobachtete die andere Seite der Bucht. Die Kapelle des heiligen Aubert bot einen direkten Blick auf die Strandlinie des Bec d'Andaine, allerdings brauchte man dazu einen Schlüssel, der die hintere Tür des uralten Sakralbauwerkes aus Granitstein öffnete.

»Sie hat mich über diesen verdammten Besprechungstisch hinweg angegrinst wie die verdammte Katze aus *Alice im Wunderland.*«

Commissaire Jean-Paul Moulin vergrub die Hände tief in den Taschen seines Dufflecoats. Einen Augenblick hatte er das Bedürfnis gehabt, Madame le Juge den schlanken Hals umzudrehen!

Seitdem er auf dem Mont-Saint-Michel war, nahm er es erheblich gelassener. Tief sog er die frische, kalte Atlantikluft ein, wie ein Tourist aus Paris. Der Präsident hatte dem Service Action befohlen, es »zu Ende zu bringen«. Er hatte dabei sehr unzweideutige Worte benutzt. Abgesehen davon, konnten weder seine alten Kameraden des R.A.I.D. noch die Spezialeinheit der Gendarmerie GIGN umsetzen, was ihr alter Freund Gwénaël Kérmorvan vorhatte. Sein Team vom 36, Quai des Orfèvres hatte auf Gwéns Bitte die Unterstützerrolle erhalten, und das nicht nur, weil Atlan ihn wie einen Anfänger an der Gartentür überrascht hatte, als er sich aus dem Unterschlupf der Terroristen auf der anderen Seite der Bucht verabschiedete.

Erwartungsgemäß war auf höchster Ebene verfügt worden, dass nichts an die Öffentlichkeit dringen durfte. Niemand wollte die Bevölkerung in Unruhe versetzen. Die blutigen Anschläge in der RER B lagen zwar schon zehn Jahre zurück, aber die Leute in der Hauptstadt hatten nichts vergessen. Die islamistischen Anschläge von Madrid und London und die vereitelten Aktionen in ein paar anderen europäischen Mitgliedsstaaten hatten auch den Franzosen Angst gemacht. Jeder hatte verstanden, dass ein Anschlag auch ihn treffen konnte.

Atlan deutete mit der Hand auf eine Stelle am Horizont. Gemeinsam gönnten sie sich die kurze Pause, um das fantastische Naturschauspiel zu beobachten. Die Halbinsel Cotentin am höchsten Punkt der Normandie und die bretonische Küste wirkten wie eine Art Trichter für das in den Ärmelkanal strömende Wasser. Der Tidenhub war mit den an diesem Abend erwarteten vierzehn Metern auch ohne eine Sonnenfinsternis gewaltig.

Im Inneren der Abteikirche liefen unterdessen die letzten Vorbereitungen für das große Weihnachtskonzert auf Hochtouren.

Die beiden Unbekannten, die ihnen durch die Finger geschlüpft waren, hatten sich weder unter den Teams der Fernsehsender noch in der Equipe vom Radiosender versteckt. Sie hatten die Dienstleister der Firma überprüft, die die Außenbeleuchtung und das Ton- und Lichtspektakel installierten. Keiner war in den Hotels im Dorf untergeschlüpft. Damit blieben lediglich noch die zwei Dutzend Ferienwohnungen und ein paar Ferienhäuser auf dem Klosterberg, die übers Internet und eine spezialisierte Agentur vermietet wurden.

Es war eine Art Glücksspiel. Allerdings war ihr Freund Gwénaël Kérmorvan seiner Sache sicher gewesen, als sie den Plan achtundvierzig Stunden zuvor miteinander besprochen hatten. Atlan machte in der Ferne plötzlich vier kleine dunkle Punkte auf dem Wasser aus, schmunzelte und zeigte sie Moulin. Dann verschwanden die schwarzen Punkte wieder, genauso plötzlich, wie sie aufgetaucht waren. Ein unbedarfterer Beobachter hätte sich wahrscheinlich gefreut, Seehunde oder Tümmler-Delfine beobachtet zu haben; beides regelmäßige und gerne gesehene Gäste in der Bucht des Klosterbergs.

Atlan zog die beiden großen altertümlichen Schlüssel aus der Jackentasche, die der Abteiverwalter Bruder Séverin ihm anvertraut hatte. Mit dem kleineren hatte er die Zugänge zur Kapelle des heiligen Aubert geöffnet. Er würde den Haupteingang, der zur Treppe zum »Merveille« führte, wieder abschließen, sobald sie zur Abtei zurückkehrten. Der größere öffnete den Ausgang eines Geheimgangs, der den Mont-Saint-Michel mit dem kleineren Granitfelsen Tombelaine verband und der sich unter dem protokeltischen »Druidenstein« verbarg, der im 8. Jahrhundert als christlicher Altar in das erste offizielle Bauwerk des Klosterbergs integriert worden war.

× × ×

Moulin schüttelte ungläubig den Kopf, als der grob behauene Granitstein wirklich zur Seite schwenkte.

»Ist das ein Remake von *Indiana Jones und der Heilige Gral*?«, fragte der Chef der Antiterroreinheit der französischen Nationalpolizei ungläubig. Er war ein waschechter Vollblut-Agnostiker, der niemals aus eigenem Antrieb die Idee gehabt hätte, eine christliche Kapelle zu besuchen.

Atlan schüttelte belustigt den Kopf. Er hatte damals Bruder Séverin und Gwénaëls Vater Er'wan exakt die gleiche Frage gestellt und eine sehr unspektakuläre Antwort erhalten.

»Gib mir dein Funkgerät und die Sprechgarnitur, Jean-Paul! Du stehst uns sowieso nur im Weg herum. Halte es mit Jacques Chirac – ein Chef ist da, um zu ›cheffen‹! Und wenn diese ganze Sache gelaufen ist, dann kannst du unsere Gastgeber aus der Abtei immer noch fragen, ob du die vollständige historische Führung bekommen kannst.«

Moulin winkte resigniert ab, zog sein Motorola-Funkgerät aus der Tasche des Dufflecoats und nahm das Sprechsystem aus dem Ohr. Er stellte es gut sichtbar auf einen kleinen Steinabsatz in dem dunklen Loch unter dem Altar. Der schwierigste Punkt der Kooperation mit den Männern des Service Action war gewesen, als ihr gemeinsamer Freund Gwénaël Kérmorvan unmissverständlich erklärt hatte, dass er eher ein Leuchtfeuer an der Kapelle des heiligen Aubert anzünden würde, als ihnen ein Empfangsgerät des Geheimdienstes anzuvertrauen.

»So, das war es dann auch schon, Jean-Paul!« Atlan setzte auf Lowtech.

Er hatte für seinen alten Kameraden aus dem Commando de Penfentenyo wie vereinbart die Adresse der beiden Unbekannten notiert, falls irgendetwas mit der Kommunikation schiefging. Dann schoben sie mit Moulin den großen, flachen Granitstein vorsichtig wieder an seinen ursprünglichen Platz.

Frankreich – Atlantikküste – Bucht des Mont-Saint-Michel

Der DGSE-Kampfschwimmer mit dem Einsatznamen »Crow« hatte sich mit ein paar Zweigen geschickt getarnt. Vor der untergehenden Abendsonne ähnelte er einem der Büsche, die zwischen den Ruinen von Tombelaine wucherten. Durch sein Spezialfernglas beobachtete er, was sich vor der Vogelinsel abspielte.

Kérmorvan hatte sich direkt hinter dem Granitfelsen im Schlick eingegraben wie eine Flunder. In der Abenddämmerung war er so gut wie unsichtbar. Man musste auf ihn treten, um ihn zu bemerken.

Sie waren über ein spezielles Einsatznetzwerk miteinander verbunden. Über Wasser konnten sie miteinander sprechen, unter Wasser hatten sie die Möglichkeit, einfache Kurzmitteilungen zu texten. Er konnte gerade noch »Rook« ausmachen. Der vierte Mann ähnelte einem großen Haufen Blasentang.

»Chough« am Strand vom Bec d'Andaine trug einen ganz außergewöhnlichen 3-D-Ghillie-Suit vom Typ Deserts & Sand. Kérmorvan zweifelte nicht an der umwerfenden Wirkung, die ihr Sprengstoffexperte auf den selbst ernannten Imam haben würde, sobald er sich aus dem Sand erhob. »Chough« hatte die Aufgabe, ihn »wegzuräumen« – zusammen mit den berüchtigten Cellokästen und der ganzen restlichen Terroristenausrüstung aus dem Ferienhaus. Chough war ihr Sprengstoffexperte. Sein Peugeot-Boxer-Lieferwagen stand hinter dem kleinen Wäldchen geparkt, das die Villa Jeanne d'Arc von Fréderics Reitclub trennte, und er konnte sein »Paket« problemlos aus den Dünen dorthin tragen, ohne befürchten zu müssen, dass man ihn versehentlich in seiner seltsamen Verkleidung sah.

Kérmorvan und sein Einsatzteam hatten ihre Beute eingekreist wie eine Meute Jagdhunde.

× × ×

»Sie sind gerade an mir vorbeigerauscht, Patron«, sagte Crow. Dann glitt er wie ein Seehund von seinem Aussichtsfelsen ins dunkle Wasser zu seinem Kameraden »Jay«, der Treibholz als Deckung benutzte. Die Beschleunigung durch die Flut und die kräftigen Schläge mit ihren Spezialschwimmflossen gestatteten den beiden Kampftauchern des französischen Geheimdienstes, schnell ihre weitaus weniger geübte Beute einzuholen. Daran änderten auch die Elektroschlitten nichts. Die Truppe aus der Pariser Banlieue setzte sie für das, was sie vorhatten, völlig falsch ein.

»Ich habe sie im Blick, Patron!«, sagte Rook. Er schüttelte sich den Blasentang von den Schultern und folgte seinem Ziel in Richtung Klosterberg. Ihnen war während der letzten paar Tage vor allem aufgefallen, dass keiner der vier jungen Männer aus der Pariser Banlieue sich längere Strecken in Apnoe unter Wasser zutraute, obwohl sie alle wirklich gute Schwimmer waren.

Kérmorvan befreite sich mit einer schlangenartigen Bewegung vom stinkenden Schlick: *»J'arrive!«* Er nahm das Silikon-Mundstück des Rebreathers zwischen die Zähne.

× × ×

Die Springflut drängte mit einer Geschwindigkeit von etwa dreißig Stundenkilometern in die Bucht. Das Wasser beschleunigte die Elektroschlitten entsprechend. Der Imam stand am Strand, um zu beobachten. Es war ihre letzte Gelegenheit, die Sea Shadows unauffällig zum Mont-Saint-Michel zu bringen, ohne die Batterien dabei zu sehr zu strapazieren.

Sie waren mit den Bobs zweimal bei Flut bis zum Klosterberg und wieder zurückgefahren und hatten ihre Flucht unter realistischen Bedingungen bis zum Bec d'Andaine getestet, wo am Samstagabend ihr startbereites Fluchtfahrzeug mit dem Imam am Steuer stehen würde. Sie schwammen mit ihren wasserdichten Rucksäcken aus Bundeswehr-Überschuss. Das Modell war bei den deutschen Kampfschwimmern im Einsatz. Der Imam hatte die

Rucksäcke gebraucht übers Internet in einem spezialisierten Shop gekauft. Sobald sie die Elektroschlitten in den Büschen hinter der Abtei versteckt hatten, holte er seine Truppe vor dem Fremdenverkehrsbüro an der Haltestelle des Passeur-Shuttles ab.

× × ×

Kérmorvan hatte den Plan begriffen, als er die Schnellfeuerwaffen neben den präparierten Cellokästen in der Villa Jeanne d'Arc gefunden hatte.

»Die versuchen vor allem, sich mit einem Riesenspektakel zu profilieren«, hatte er Madame le Juge und ihrem neuen besten Freund Huber während der Webkonferenz vor der Krisensitzung im Élysée erklärt, »und sie planen nicht, sich inmitten der Konzertbesucher in die Luft zu sprengen, um dann in einem himmlischen Paradies überirdischen Genüssen zu frönen. Die Sprengsätze ermöglichen ihnen nur, zu fliehen und dabei zusätzlichen Schaden anzurichten. Ich weiß, wenn wir diese Cellokästen öffnen, dann finden wir dort das gleiche System, mit dem die Sprengstoffwesten der Vollidioten aus Charleroi im Cercle de l'Union Interalliée gezündet wurden. Und falls wir uns die Mühe machen, Fingerabdrücke zu nehmen – es werden die gleichen sein, die Moulins Kollege in Leganés gefunden hat und die Deutschen auf den Kölner Rollkoffern. Wenn wir dieser seltsamen Truppe und ihren Hintermännern nicht zufällig auf die Spur gekommen wären …« Er ließ das Ende des fatalen Satzes unausgesprochen.

Kérmorvan schwamm von hinten an seinen Mann heran und packte ihn mit beiden Händen am Knöchel des linken Beins. Er war sich seiner Sache sofort sicher gewesen, als er die Truppe vor achtundvierzig Stunden zum ersten Mal mit den Elektroschlitten im Wasser beobachtet hatte. Die Männer hatten vollkommen falsche Reflexe, obwohl alle gute Schwimmer waren. Schwimmer, die ins Stadtschwimmbad gingen, um zu trainieren!

Das Meer aktivierte atavistische Instinkte, und man musste vollkommen darauf vertrauen: Ich gehe nicht unter. Neulinge empfanden diese Urangst: Was kommt aus der Tiefe? Was beißt mich und was kneift mich gleich? Wer als Schwimmer ins weite Meer hinausschwamm, kam nirgendwo an. Wenn man keine Kraft mehr hatte weiterzuschwimmen, verschwand man einfach ohne Wiederkehr in den Tiefen.

Kérmorvans Opfer ließ den Seal-Scooter sofort erschrocken los. Jemand, der die richtigen Reflexe eingeübt und die Urangst vor dem Ozean überwunden hatte, hätte umgehend beschleunigt und ganz genau gewusst, dass sich in der Bucht des Mont-Saint-Michel bei Springflut weder der *Weiße Hai* aus Carpenters altem Horrorfilm noch Jules Vernes' urweltlicher Riesenkrake aufhielten. Was unvorsichtigen Wattwanderern, Schwimmern, Kajakfahrern und sonstigen Wassersportlern in der Bucht des Klosterbergs immer wieder zum Verhängnis wurde, waren der Treibsand und Europas gewaltigster Tidenhub. Bei Flut konnte das Wasser in kürzester Zeit von null auf bis zu fünfzehn Meter ansteigen. Wie überall an der Atlantikküste ereigneten sich auch hier seit Jahrhunderten immer wieder menschliche Tragödien.

Kérmorvan profitierte vom Überraschungseffekt. Er schlang dem Möchtegern-Dschihadisten den Arm um den Hals und ein Bein um den Unterkörper. Dann drehte er sich mit seiner Beute wie ein Fischotter um die eigene Achse. Der führerlose Sea Shadow sank auf den Grund der Bucht. Sobald man die Gashebel losließ, schalteten die Elektrobatterien sich ab. Der Mann hatte vor Schreck bereits einen großen Schwall Meerwasser eingeatmet. Er konnte nicht husten, weil Kérmorvan ihn unter Wasser drückte. Der Mann wehrte sich wild gegen die Krakenumklammerung des schwarzen, glitschigen Monsters, das ihn von hinten überrascht hatte.

Kérmorvan hielt ihn wie in einem Schraubstock. Er spürte, dass sein verzweifeltes Opfer dringend Luft brauchte. Es war nicht das erste Mal, dass er jemanden unter Wasser drückte, um ihn zu töten. Und weil er selbst auch schon von Gegnern unter Wasser getaucht oder gezogen worden war, kannte er dieses Gefühl abgrundtiefer Panik aus eigener Erfahrung.

Während der Möchtegern-Dschihadist aus der Pariser Banlieue mit aller Gewalt versuchte, sich aus der Umklammerung zu befreien, lief vor Kérmorvans innerem Auge ein drei Jahre alter Kurzfilm, der die letzten Augenblicke von El Ouazzanis Handlanger auf der Herrentoilette des Ryan-Air-Billigflughafens Beauvais zeigte. Obwohl seine dunkle Seite keine »Freude« empfunden hatte, einen Menschen zu töten, hatte sie doch eine tiefe Befriedigung verspürt, als der zappelnde Körper mit einem Mal schlaff wurde, während sich mit der letzten Zuckung Blase und Gedärme des Terroristen in einem bestialisch stinkenden Schwall entleerten.

Kérmorvan hätte es auch jetzt erheblich schneller hinter sich bringen können, indem er seinem Opfer das Genick brach oder ihn mit der Nase in den Schlick presste, aber das wollte er nicht, denn er spürte in diesem Augenblick genau diese gleiche Befriedigung wie vor drei Jahren in Beauvais nach dem fehlgeschlagenen Attentat auf den Disney-Shop in den Galeries Lafayette.

»Ertrink endlich, du Arschloch!«, fluchte er still vor sich hin, während über ihnen die Bucht des Mont-Saint-Michel mit nachtschwarzem Atlantikwasser volllief und er den Mann weiter umklammerte wie ein Riesenkrake. Kérmorvan spürte, wie sein Opfer endlich Wasser einatmete. Die Konvulsionen wurden wilder, und kurz hatte er das Gefühl, loslassen zu müssen. Die Lunge des Mannes war vermutlich bereits halb voll. Dann kamen die letzten Zuckungen, ein letztes Aufbäumen. Damit war es endlich vorbei, und der verhinderte Dschihadist hing wie eine Marionette, der man die Fäden durchtrennt hatte, kraftlos in seinen Armen. Um sicher zu sein, dass der Typ nicht plötzlich wieder von den Toten auferstand, nachdem er ihn an den Strand des Tombelaine zog, um ihn »wegzuräumen«, verharrte er mit seiner Wasserleiche so lange weiter in tödlicher Umarmung, bis er im Geiste Friedrich Schillers *Der Taucher* von der ersten bis zur letzten Zeile rezitiert hatte, sein persönliches zynisches Schlusswort zu dem, was sich während der letzten Viertelstunde in der Bucht des Mont-Saint-Michel abgespielt hatte.

»Wohl hört man die Brandung, wohl kehrt sie zurück,
Sie verkündigt der donnernde Schall,
Da bückt sich's hinunter mit liebendem Blick,
Es kommen, es kommen die Wasser all,
Sie rauschen herauf, sie rauschen nieder.
Den Jüngling bringt keines wieder.«

× × ×

Sie waren zu viert fast gleichzeitig ins Wasser gegangen, um die Möchtegern-Dschihadisten zu liquidieren. Und ebenso gleichzeitig tauchten Kérmorvan, Crow, Rook und Jay mit ihren schlaffen Bündeln wieder auf und zogen sie an den Strand von Tombelaine. Inzwischen war es so dunkel geworden, dass man mit bloßem Auge die Dünen und den Bec d'Andaine nicht mehr erkennen konnte. Den Mont-Saint-Michel sahen sie noch, denn überall brannten Lichter, und oben um den Turm glitzerte die weihnachtliche Festbeleuchtung. Für den Testlauf des Son-et-Lumière-Spektakels war es noch zu früh.

Während sie den vier Toten noch die wasserdichten Rucksäcke abnahmen, damit sie sich einfacher transportieren ließen, erhielten sie schon von Chough über ihre UDI-Systeme die kurze Textmitteilung, dass der Imam eingefangen, verpackt und verladen war. Ihr Kamerad war auf dem Weg, um in der Villa Jeanne d'Arc aufzuräumen.

Sie zogen die Toten zwischen die Felsen der Vogelinsel, damit sie nicht versehentlich von der immer noch steigenden Flut zurück ins Wasser geholt würden. Mehrere Seehunde verzogen sich empört von ihren nächtlichen Ruheplätzen und stießen dabei ihre seltsamen Laute aus, die Kérmorvan immer an eine erschrockene Katze erinnerten, der man auf den Schwanz trat. Crow und Rook tauchten begleitet von einem großen Seehund-Männchen mit einem rot-blauen Peilsendergeschirr auf dem Rücken zurück auf den

Grund der Bucht, um die Shadow-Elektroscooter einzusammeln. Es war ihre Kriegsbeute für den Service Action.

Kérmorvan und Jay schleppten die Toten zu einer Stelle des Tombelaine, wo Buschwerk und die Reste einer eingestürzten Natursteinmauer den Eingang zu einem »Geheimgang« verbargen Dieser verband den großen und den kleinen Granitfelsen in der Bucht bereits in vorchristlicher Zeit. Damals existierte auf der Vogelinsel das Heiligtum des Sonnengottes Belenos, dem sie ihren Namen verdankte. Im Herzen des Tombelaine existierten eine »Krypta der Druiden« und eine »Heilige Quelle«, zu der die neodruidischen Freimaurerlogen im Gorsedd de Bretagne immer noch Zugang hatten. Allerdings wurde um die Existenz des Tunnels und der protokeltischen Heiligtümer aus Sicherheitsgründen kein großes Aufhebens gemacht. Da der Eingang in der schönen Jahreszeit, während der der Zugang zur Insel sowieso verboten war, auch noch von Weinrauten überwuchert wurde, auf denen sich bis Anfang August Zigtausende allergieauslösende Goldafter-Raupen tummelten, war die Gefahr, zufällig entdeckt zu werden, seit den Tagen der Französischen Revolution gering. Damals benutzten die Jakobiner den Klosterberg als Hochsicherheitsgefängnis für Staatsfeinde, und einige wenige der dort Inhaftierten waren durch den Tunnel entkommen. Dann geriet er bis zum Zweiten Weltkrieg in Vergessenheit, wo die Résistance ihn »wiederentdeckte« und benutzte, um abgestürzte alliierte Piloten vor den Deutschen zu verstecken.

Kérmorvan zog einen altertümlichen großen Schlüssel aus einer Tasche seines Tauchanzugs. Er war heilfroh, dass die Operation im Dezember und nicht Ende Juli lief. Während seiner Zusatzausbildung zum Einsatzagenten im Service Action hatte er im Rahmen eines grauenhaften Verhörtrainings Bekanntschaft mit einer Handvoll Goldafter-Raupen gemacht, die ein besonders sadistischer Ausbilder ihm auf eine immens empfindliche Körperstelle gelegt hatte. Die zwei Stunden, die er hilflos den behaarten Viechern ausgeliefert gewesen war, waren eines der ganz wenigen Erlebnisse seines langen Berufslebens, das ihm immer noch gelegentlich Albträume bescherte. Obwohl sein Hirn wusste, dass er keine einzige Goldafter-Raupe finden würde, kostete es seine behandschuhte Hand und seinen in Gore-Tex verpackten Arm doch erhebliche Überwindung, die bräunliche, trockene Weinraute zur Seite zu schieben, die vor dem Eingang lag.

✖ ✖ ✖

Nachdem sie mit Jay ihre vier in solide und dichte schwarze Leichensäcke der französischen Armee gepackten Möchtegern-Dschihadisten in einer Ecke des antiken keltischen Heiligtums aufgestapelt hatten, kletterte Kérmorvan noch einmal kurz nach oben, um Rook und Crow zum Eingang zu lotsen. Sie hatten die Sea Shadows geborgen, auf den Tombelaine getragen und im Gebüsch versteckt.

Er zeigte seinen Männern die Kurzmitteilung auf seinem Cryptophon. Simon Atlan und die Equipe vom 36, Quai des Orfèvres hatten die beiden Unbekannten aufgespürt, während er und sein Team noch im Wasser gelegen und auf ihre Beute gewartet hatten. Inzwischen hatte sich oben auf dem Klosterberg schon einiges getan, und sie gerieten unter Zeitdruck.

»Wir haben noch exakt vierundsechzig Minuten, bevor der Probelauf des Licht- und Tonspektakels losgeht. So lange ist es dort oben noch relativ dunkel, und wir können uns unauffällig bewegen. Es befinden sich im Augenblick schätzungsweise zehntausend Touristen um und auf dem Mont-Saint-Michel, die gespannt darauf warten, dass die ersten Projektoren genau in dem Augenblick angehen, in dem die Flut ihren höchsten Stand erreicht«, erklärte er seinen Männern. »Und wir haben ein Problem. Beide Männer, die wir außer Gefecht setzen müssen, haben Rucksäcke auf dem Rücken. Wir wissen nicht, was sich in ihnen befindet! Allerdings bezweifle ich, dass sie schon heute Abend irgendetwas lostreten werden.«

Seine drei Männer und er hatten vor ein paar Jahren an einer sehr diskreten Übung teilgenommen, bei der eine Geiselnahme durch Terroristen auf dem Mont-Saint-Michel simuliert worden war. Es war ein Testlauf gewesen, bevor der damalige französische Präsident Chirac seinen britischen Counterpart Premierminister Tony Blair zu diskreten bilateralen Gesprächen empfing, bei denen es um den amerikanischen Einmarsch im Irak ging. Kérmorvan und seine Jungs hatten für den GIGN und die Gendarmerie die »Bösen« gespielt. Crow, Rook und Jay waren mit dem Geheimgang, dem dicht bewachsenen hinteren Bereich des Berges, dem Dorf und der Abtei vertraut. Aus diesem Grund hatte er sich auch bei der Krisensitzung im Élysée durchgesetzt und Monsieur le Président de la République überzeugt, die DST für dieses eine Mal ganz aus der Sache herauszuhalten und Moulins Equipe vom 36, Quai des Orfèvres die Komparsenrolle zuzuweisen.

Frankreich – Mont-Saint-Michel – das Dorf

Die Gendarmen hatten an diesem Abend viel zu tun, um die Touristen während der letzten Minuten der steigenden Flut im Zaum zu halten. Der Hochwasserkoeffizient lag bei 119. Am Fremdenverkehrsbüro, das den alten Tour des Arbalétriers bezogen hatte, standen bereits Schaulustige, um zu beobachten, wie das Wasser an dieser ganz besonderen Stelle in die Stadt laufen würde. Kinder kreischten vergnügt und planschten mit Gummistiefeln im Wasser. Hunderte Hobbyfotografen trieben sich am Fuße des Berges herum. Sie versuchten, das Bild des vollständig vom Meer eingekesselten »Wunder des Abendlandes« zu verewigen. Andere hatten ihre Stative auf der Passerelle aufgebaut, um zu fotografieren oder zu filmen. Fröhlicher Wahnsinn vor dem großen Augenblick um neunzehn Uhr dreiundzwanzig.

Glücklicherweise befanden sich neunundneunzig Prozent der Touristen auf der Landseite des Klosterbergs, von wo aus es am einfachsten und auch am interessantesten war, das ganze Schauspiel zu verfolgen. Der hintere Teil des Klosterbergs nach Norden hin wurde nicht angestrahlt. Lediglich die Abteikirche selbst war mit

Strahlern versehen worden, um Zuschauern entlang der Küste bis hinauf nach Granville mit einem Bauwerk, das gleichsam über den schwarzen Wassern des Atlantiks schwebte, den Eindruck von Magie zu vermitteln. Der Clou des Ganzen war ein Erzengel Michael, der sich zum Abschluss auf goldenen Schwingen aus der berühmten Figur von Emmanuel Frémiet auf der Kirchturmspitze erheben würde, um über die Bucht zu fliegen. Die Son-et-Lumière-Equipe hatte sich dabei am 1987 notwendig gewordenen »Flug« des heiligen Michael inspiriert, als die Bronzestatue aus dem Jahr 1897 zum Neuvergolden in die Restauratorenwerkstatt Socra de Marsac-sur-l'Isle gebracht werden musste. Damals hatte der Helikopterpilot die Statue vor den Augen Tausender Schaulustiger und im Beisein des Kulturministers François Leotard unter einer strahlenden Frühlingssonne mehrmals um den Klosterberg kreisen lassen, bevor er sie auf der Passerelle absetzte, wo man sie einen Monat lang aus der Nähe betrachten konnte. Anschließend war der Erzengel auf einen Lkw verladen worden, um in der Dordogne, nach neunzig Jahren treuen Dienstes als spektakulärer Blitzableiter, eine solide Neuvergoldung zu erhalten.

Die beiden Männer waren Profis. Die Polizistin, die einem von ihnen im Zug bis Granville gefolgt war, beobachtete, wie sie die Verbotsschilder ignorierten und über die Mauer kletterten. Die Polizistin hatte sich als »harmlose Mutter mit Kleinkind« verkleidet. In der Babytrage vor ihrer Brust steckte hinter der Schlenkerpuppe mit Mützchen eine robuste 9-mm-SIG-Sauer mit Schalldämpfer und Laserpointer.

»Raven, die TVs klettern direkt hinterm Nordturm an der Mauer runter!«

Commissaire Jean-Paul Moulin stand mit dem Ersatzsprechfunkgerät und einem Spezialfernglas ganz oben in hundertfünfzig Metern Höhe und direkt unter dem goldenen Erzengel. Der Turm war nicht für das Publikum zugänglich. Die Glocken lagen zwei Etagen tiefer auf knapp neunzig Metern Höhe. Moulin hatte dort oben eine Dreihundertsechzig-Grad-Rundumsicht.

»Ich habe sie! Sie wandern an der Mauer entlang Richtung Refektorium.«

Simon Atlan und der Beamte, der ihn an die Atlantikküste begleitet hatte, waren am Tour des Arbalétriers über die Absperrungskette gestiegen. Die Gendarmen waren so mit den Touristen beschäftigt, dass sie es nicht bemerkt hatten.

Wie ihre auf Skiptrace-Überwachung spezialisierte Kollegin hatten sie die beiden ahnungslosen Männer im Auge, seitdem diese das Ferienhaus an der Dorfkirche verlassen hatten. Sie wussten noch nicht, welche Pläne die beiden wirklich verfolgten oder ob sie einen Kontakt mit dem Viererteam vereinbart hatten, das Kérmorvan und die Kampftaucher anderthalb Stunden zuvor eliminiert hatten.

Kérmorvan gab seinen Männern ein spezielles Handzeichen und zeigte ihnen die Richtung. Sie profitierten von der Dunkelheit vor dem Son-et-Lumière-Spektakel. Jay und Rook ähnelten wandernden Bäumen. Sie hatten Spezialtarnnetze, die eine Mini-Version der Ghillie Suits waren, über Kopf und Schultern gelegt. Er und Crow trugen keine Tarnnetze, nur ihre Tauchanzüge. Dadurch waren sie aber auch mobiler. Sie hatten ihre Schwimmflossen und die Rebreather im Tunnel zurückgelassen, trotzdem ähnelten sie in ihren Spezialkombis aus dreilagigem Gore-Tex und mit den kugelsicheren, stichfesten Spectra-Schutzwesten, aus denen ein paar Kabel und Schläuche hingen, verirrten Außerirdischen.

»Ich sehe sie«, sprach er leise ins Übermittlungssystem der Polizei. Er mochte das System nicht besonders, weil es in einer zu ruhigen Umgebung das Risiko barg, mitgehört zu werden. Sein Kehlkopfmikrofon übertrug seine Worte auch auf ihr eigenes Einsatznetzwerk.

»Die suchen etwas zwischen dem Strauchwerk, Patron!« Crow bewegte sich in einer geraden Linie vom Strand auf die Abtei zu.

Er hatte sich in den Büschen der Quelle des heiligen Aubert versteckt. Das kleine Granitsteingebäude befand sich genau in der Mitte zwischen dem Nordturm und dem Turm des heiligen Gabriel, die die Stadtmauern abschlossen. Es war genau der gleiche Trick, den er damals bei ihrem Spiel mit den Gendarmen und dem GIGN angewandt hatte. Allerdings war es nachts und mit einem Nachtsichtgerät einfacher.

»Die suchen nach der kleinen Pforte unter dem Tour Claudine.«

Kérmorvan und sein Team hatten damals genau diesen Weg gewählt, um ihren »Gegner« und die gesamte Truppe Personenschützer des Élysée zu überraschen.

Die Pforte war unauffällig und aus Gründen der Tradition immer unverschlossen. Doch kein Tourist wäre je auf die Idee gekommen, an genau dieser Stelle nach einem Weg in den Nordteil der Abtei – Le Merveille – zu suchen. Die beiden Männer hatten sich entweder sehr genau erkundigt oder zu einem früheren Zeitpunkt sehr genau umgesehen.

Kérmorvan als Bretone und »Nachbar« des Klosterbergs kannte natürlich die Geschichte des Mont-Saint-Michel. Der Hof seiner Eltern befand sich knapp dreißig Minuten entfernt auf der bretonischen Seite der Bucht. Seine Großeltern wohnten direkt am Wasser, kurz hinter Viviers. Wenn er zu Hause war, dann ritt er durch die Salzmarschen, tauchte in der Bucht, angelte oder sammelte Muscheln. All dies war ein Heimspiel für ihn.

Die Sache mit der Pforte ging auf das Jahr 1204 zurück, als fast alle Mönche bei einem großen Feuer ums Leben kamen, weil es keinen Fluchtweg hinunter zum Meer gab, während die Kirche und das Kloster vorne von Guy de Thouars, dem Herzog der Bretagne, belagert wurde. Von schlechtem Gewissen getrieben, bezahlte König Philipp II. von Frankreich, der Thouars geschickt hatte, dem Abt Jourdan den Wiederaufbau und den Neubau von Le Merveille. Und beim Bau achtete man dann auch darauf, einen Fluchtweg hinunter zum Meer zu öffnen.

»Ich habe eine Zieloption, Patron!«

Crow hatte einen der beiden Männer im Visier seiner Heckler-&-Koch-P-11. Die Unterwasserpistole des deutschen Herstellers, die seit 1976 bei den meisten westlichen Kampfschwimmereinheiten im Einsatz war, hatte das Kaliber 7,62 x 36 Millimeter und war über Wasser auf knapp dreißig Meter von fataler Genauigkeit. Die Besonderheit der Waffe war, dass sie auch ohne Schalldämpfer völlig geräuschlos war.

Kérmorvan war inzwischen von der anderen Seite durch den Garten des Nordparks gekommen. Dort wuchsen hauptsächlich Magnolien. Die Sternmagnolien, von denen es dort mehrere gab, wurden zwischen zwei und fünf Meter hoch. Dabei verzweigte sich der Stamm kurz über dem Boden und bildet eine breite Krone, und durch die Ausläufer entstanden ausgedehnte Dickichte, die ausgezeichnete Deckung boten.

»Ich habe ebenfalls eine Option«, antwortete er Crow, »ich nehme den auf der rechten Seite.«

SECHSTES KAPITEL

Irland – Dublin

Commandant Karim Hamida alias Le Professeur Taher El Ouazzani wusste, dass man ihm folgte. Er war auch nicht allein nach Dublin gefahren, um seine kleine Komödie zu veranstalten, sondern mit solidem Back-up. Den kampferprobten und knallharten Unteroffizier des Service Action begleitete eine ihrer jungen Kolleginnen. Sie war studierte Pharmazeutin mit den Spezialgebieten Ethnopharmazie und Ethnobotanik, sprach perfektes Englisch und außerdem Hindi und Bengali. Madame le Juge hatte sie am Ausgang der Universität angeworben, und der Dienst hatte sie selbst für Spezialeinsätze ausgebildet. Hamida schätzte die junge Frau, die bereits einmal sein Einsatz-Back-up gewesen war, und hatte aus diesem Grund ihrer Direktorin vorgeschlagen, sie mit ihm und dem Unteroffizier nach Dublin zu schicken. Es war eine schwierige, wenn auch relativ ungefährliche Mission für einen ersten Feldeinsatz, genau wie die Mission seines besonderen Schützlings Farida Oulmi vor ein paar Wochen in Kabul. Außerdem fielen Pärchen in der Feriensaison weniger auf als allein reisende Männer mit breiten Schultern und militärischen Haarschnitten.

Hamida legte die beiden Schalenkoffer in den Kofferraum seines Mietfahrzeugs. Im einen befanden sich Kleidung, ein paar Bücher, die ein echter Archäologieprofessor vermutlich vor einem Kaminfeuer mit einem Glas Whisky in der Hand lesen würde, und normaler Krimskrams eines Reisenden: Zahnbürste, Hygieneartikel und ein paar banale rezeptfreie Medikamente wie Aspirin, Pflaster, japanische Heilpflanzentropfen und Vitamin C. Im zweiten Schalenkoffer befand sich die kokette Summe von einer Million Euro in bar. Lauter brandneue Fünfhunderteuroscheine. Der irische Banker hatte das Cash nur zähneknirschend an »Dr. Michael G. Daniels« ausgehändigt.

Die beiden Männer waren Norweger. Es hatte vierundzwanzig Stunden gedauert, bis sie in Dublin aufgetaucht waren und sich an seine Fersen hefteten. Sie waren Ehemalige des Frømandskorpset, einer Spezialeinheit der norwegischen Kriegsmarine, und hatten einen Vertrag mit dem sehr diskreten Mr. Jones.

Faridas Wanze QUIGGLE hatte »Golfers« Computer am gleichen Abend infiziert, an dem sie ihn auf dem Pariser Montmartre im denkmalgeschützten Maison Eymonaud aufgespürt hatten. Der Mann mit den vielen Namen, dessen wahre Identität immer noch ungeklärt war, der aber eindeutig für einen der US-Geheimdienste arbeitete, hatte mit Jones fast eine Stunde lang auf Skype über das Schicksal von Taher El Ouazzani diskutiert, während die Division Action fasziniert mithörte.

Jones hatte sich seinen QUIGGLE bereits im November eingefangen, nachdem der ehemalige SAS-Unteroffizier O'Shaughnessy seinen Arbeitgeber kontaktiert hatte, um ihm das Schlachtfeld zu zeigen, das Gwénaël Kérmorvan und sein Service-Action-Team nach der Entführung des algerischen Terroristen zurückgelassen hatten. Anschließend war Jones dann nicht mehr auf Skype aktiv gewesen. Wahrscheinlich benutzte der alte Fuchs mehrere Laptops für sein Geschäft als diskreter Kriegsdienstleister.

Am Ende der Unterhaltung hatte »Golfer« Jones völlig unzweideutig den Auftrag erteilt, El Ouazzani diskret einzufangen und an einem Ort festzusetzen, den beide Männer zu kennen schienen, aber nicht erwähnt hatten. Und falls der Algerier sich querstellte, sollten Jones' Handlanger ihn liquidieren – und seine Überreste verschwinden lassen.

Vierundzwanzig Stunden nach dieser aufschlussreichen Diskussion infizierte »Golfer« den privaten Laptop von DNI Frank Mahooney mit Faridas QUIGGLE.

Hamida schloss den Kofferraum des Mietwagens. Die beiden Norweger saßen startklar in ihrem Fahrzeug. Sie waren sehr gut, und er wusste, dass er vorsichtig sein musste.

× × ×

Der Service Action hatte die Dublin-Operation vor allem mit dem Ziel abgezogen, genauer zu begreifen, wie die einzelnen Topplayer, die sie bislang identifizieren konnten, miteinander verknüpft waren, und auch, um Unfrieden zu stiften.

× × ×

Hamida hatte sich für eine nächtliche Überfahrt auf der brandneuen Passagierfähre des Transportunternehmens Irish Ferries von Dublin nach Cherbourg eine gemütliche Kabine in der ersten Klasse auf den Namen »Dr. Michael G. Daniels« gebucht. Die erste Klasse war voll bis auf den letzten Platz. Die ehemalige dänische »Kronprins Harald« – von der frankoirischen Reederei umbenannt und komplett renoviert – war erst seit einem Monat in Dienst und relativ ausgebucht. Viele gönnten sich einfach mal so eine Mini-Kreuzfahrt nach Frankreich, um die Urlaubszeit zum Jahresende zu genießen. Hamidas Back-up-Team war bereits an Bord. Sie hatten eine Kabine auf dem gleichen Deck wie er, nur im vorderen Bereich und ohne den Balkon. Er selbst stand zufrieden in der Warteschlange am Terminal 1 und beobachtete amüsiert seine beiden norwegischen Verfolger. Sie hatten erkannt, in was für einer unmöglichen Situation sie sich befanden, und flatterten herum wie nasse Hühner. Einer rannte panisch zum Terminal. Der zweite Mann, ein blonder, fuhr den Mietwagen auf den Seitenstreifen.

Nachdem Hamida die Dubliner Innenstadt und den morgendlichen Berufsverkehr auf der M50 hinter sich gelassen hatte, war er auf den großen Kreisverkehr in die Tolka Quay Road eingebogen. Erst am zweiten Kreisverkehr hatten seine Verfolger gemerkt, wohin er wirklich fahren wollte. Terminal 1 von Irish Ferries lag fünf Kilometer von der Innenstadt entfernt. Sie hatten keine Chance mehr, ihn noch irgendwo auf dem Weg zur Fähre abzufangen. Wenn sie Glück hatten, dann konnten sie sich vielleicht noch zwei Sitzplätze auf dem Oberdeck der »Oscar Wilde« kaufen.

Er stieg aus dem Fahrzeug, zog seine Harris-Tweed-Jacke aus und legte sie zu der very british Steppweste der bekannten Traditionsmarke auf den Rücksitz. Dabei sah er sich diskret um. Der kleinere der beiden Norweger flitzte aus dem Irish-Ferries-Terminal und hielt triumphierend zwei Tickets in die Luft. Hamida verzog amüsiert den Mund. Es gab Missionen, die einfach Spaß machten. Nachdem seine beiden wirklich außergewöhnlich begabten Verfolger es in der Tat auf die »Oscar Wilde« geschafft hatten, konnten sie morgen im Hafen von Cherbourg Zeugen einer Szene werden, die eine ganze Menge Fragen offenlassen würde. Commandant Karim Hamida zog sein Cryptophon aus der Hosentasche und rief in Romainville an.

Vereinigte Staaten – Fairfax County – Blue Ridge Mountains

Nachdem er das Mobiltelefon weggelegt hatte, blieb Frank Mahooney noch eine Weile in der Tür stehen, die nach draußen führte, und beobachtete seinen Hund. Sam tobte wie ein Wahnsinniger hinter dem Tennisball her, den seine Frau gerade mit Elan quer über die große gepflegte Grünfläche geworfen hatte, um ihn von der Stute mit dem Fohlen abzulenken, die sie gerade von der Koppel zurück in den Stall brachte. Wie alle Labradore liebte Sam Pferde und vor allem ganz junge Pferde, die kaum größer waren als er selbst. Allerdings tat diese Tierfreundschaft der Disziplin Abbruch, die Cathrine ihren künftigen Champions bereits in der Kinderstube auferlegte, damit sie später einfacher zu handhaben waren und in einem schnellen Business, in dem es um sehr viel Geld ging, so wenig Zeit und Aufmerksamkeit wie möglich von Pflegern, Fahrern oder Trainern einforderten. Als der Hund den Ball fand und wie ein Wirbelwind zum Stall zurückfegte, wandte Frank sich um und ging zu seinem Arbeitstisch zurück.

Der Anruf des deutschen Staatsministers für Besondere Sicherheitsangelegenheiten hatte ihn an einem Freitagnachmittag überrascht. Er war selbst bereits am Mittag vom Intelligence Campus am Tyson's Corner verschwunden und hatte seine restliche Arbeit einfach mit nach Hause genommen, um sich den gewaltigen Wochenendstau auf der Route 66 zu ersparen. Außerdem erwarteten sie Freunde zu einem gemütlichen Dinner während der Adventszeit.

Mahooney betrachtete nachdenklich sein leeres Glas, dann die fast volle Flasche Scotch. Normalerweise beschränkte er sich auf einen einzigen harten Drink am Nachmittag. Schließlich seufzte er leise, schwor sich, beim Aperitif vernünftig zu sein, schenkte sich nach und trank langsam, während er nachdachte. In Berlin war es, genau wie in Paris, bereits relativ später Abend.

Das Gespräch mit dem Staatsminister war einerseits sehr interessant gewesen, aber die Wahl des Zeitpunkts hatte ihn beunruhigt. Ihm war außerdem aufgefallen, dass der Deutsche seit dem Erfolg gegen den Terrorbanker Ahmad Jan, den Al-Qaida-Technologen El Hussein und die tschetschenischen Atommüll-Händler auffällig selbstsicher geworden war. Wohingegen sie immer noch nicht wussten, wie es den Deutschen am Ende wirklich gelungen war, das Husarenstück abzuziehen, in dessen Bugwelle seine diskrete Raubgrabung im Hochtal von Iskanderga'l über die Klinge gesprungen war – zusammen mit einem knappen Dutzend toter Kriegsdienstleister und einem Chefarchäologen, der sich in Luft aufgelöst hatte, um einen Monat später aus dem Nichts in Irland aufzutauchen.

Natürlich hatte die sehr geschickte Unterwanderung mehrerer tschetschenischer Dschihadistengruppen im Nordkaukasus Mahooneys vereinigte Dienste beeindruckt. Sie hatten vor der Geschichte in den Großen Suleimans nicht einmal gewusst, dass der BND und das schwer unterbesetzte KSK überhaupt in der Lage waren, so ein Ding abzuziehen. Und dann auch noch hinter dem Rücken des Kontrollausschusses der Nachrichtendienste im deutschen Bundestag! Selbst die berüchtigt linksliberale deutsche Presse hatte nichts gemerkt.

Und die Informationen, die seine Dienste dann auch noch über die Alliance Base zu Ahmad Jans *Hawala*-Netzwerk in den USA erhalten hatten, waren Gold wert gewesen. Mahooneys Leute hatten sie bereits umgesetzt, und es war zur Verhaftung zweier Männer gekommen. Die beiden hatten große Mengen Bargeld geschmuggelt, Geld, das den Selbstmordanschlag von al-Qaida am 12. Oktober 2000 gegen den Zerstörer USS Cole finanziert hatte.

Der Staatsminister hatte ihm lange und ausführlich von einer neuen Zusammenarbeit mit den Österreichern erzählt. Sie waren einer Familie auf der Spur, die als politische Flüchtlinge aus dem Irak nach Deutschland gekommen war. Diese Leute hatten ein Business mit Fernbussen aufgebaut, die verschiedene Städte in der Türkei und auf dem Balkan anfuhren. Auf den ersten Blick alles ganz normal. Aber hinter der Normalität verbarg sich die Gefahr: Sie schmuggelten junge Männer aus ganz Europa diskret über die Türkei in den Nordirak. Die meisten schlossen sich dort dann islamistischen Kampfgruppen im Umfeld der Tanzim Qaidat al-Jihad fi Bilad al-Rafidiyn an. Auf dem Rückweg brachten sie in ihren Fernbussen versteckt Rekrutierer der terroristischen Organisation mit, die einer nebulösen Al-Qaida-Franchise angehörten. Allesamt ältere Männer mit Kampferfahrung. Die meisten verschwanden in Deutschland und Österreich, aber ein paar setzten sich in die Beneluxländer und nach Frankreich ab. Es sah aus, als ob systematisch versucht wurde, ein europaweites Netzwerk aufzubauen, um in den großen muslimischen Migranten-Communitys mit dem Markennamen al-Qaida und dem politisch-religiösen Programm des globalen Dschihad gezielt neue Kämpfer für den Irak anzuwerben.

Der deutsche Staatsminister hatte Mahooney vorgeschlagen, diese gefährliche Sache als eine Gemeinschaftsoperation der Alliance Base koordiniert zu einem Ende zu bringen, und wollte seine Unterstützung, um ein Sondertreffen in Paris zu machen und nicht bis zum nächsten regulären Koordinierungsmeeting am 8. Januar warten zu müssen. Dabei hatte der Staatsminister dann die Bombe platzen lassen, die Mahooney davon überzeugte, zuerst einen weiteren strammen Whisky zu trinken und erst dann seinen Mann in Paris und in der Alliance Base zu kontaktieren. Aber bevor er auf der offiziellen Leitung den stellvertretenden Direktor der internationalen Agenten-Kooperation Dr. Robert G. Dell anrief, musste er zuerst inoffiziell mit seinem alten Freund Ben Kingsley diskutieren. Dringend.

Mahooney fixierte den Empfangsbildschirm der Skype-Applikation. Es war natürlich nicht Kingsleys eigenes Antlitz, das den Avatar in der linken Ecke zierte, sondern Popeye, die lustige Comicfigur, die seit 1929 Kraft aus Dosenspinat schöpfte: Kapitänsmütze, Anker-Tattoo und schiefes Gesicht mit Maiskolben-Pfeife. Der klassische Skype-Klingelton dudelte durch den Wintergarten. Mahooney wartete gespannt.

Frankreich – Paris – Montmartre

Ben Kingsley war erst zehn Minuten zuvor nach Hause gekommen und trug immer noch die Backenpolster aus Silikon, den nadelgestreiften Zweireiheranzug und das mit Gel nach hinten gekämmte Haar von Ustaz Muhammad ibn Muhammad ibn al-Jazari, dem rechtgläubigen, reichen und sozial engagierten Geschäftsmann aus Katar, der heimlich Islamofaschisten und Terroristen finanzierte.

Er hatte im Anschluss an das Freitagsgebet in der Stammmoschee seiner falschen Identität im sehr schicken Pariser Vorort

Auteuil zuerst eine Gruppe gleichgesinnter »Freunde« zu einem opulenten Essen getroffen und anschließend sehr lange mit einem jungen »Imam« aus dem Département Loire-Atlantique gesprochen, den sie ihm schon seit ein paar Wochen unbedingt hatten vorstellen wollen. Der junge Mann wirkte auf den ersten Blick vollkommen in Frankreich integriert, war selbstständiger Unternehmer und dank eines ordentlichen Einkommens eine wahre Stütze seiner Moschee-Gemeinde. Und er stand einem gemeinnützigen islamischen Verein vor, der ein Gemeinschaftszentrum finanzierte, das sich zu einem überregionalen Anziehungspunkt für salafistisch Interessierte entwickelt hatte. Kingsley wollte den Imam selbst nicht zu einem terroristischen Akt verführen, hatte aber begriffen, dass er ihn als Anwerber benutzen konnte. Wochenendseminare, wie er sie veranstaltete, boten nicht nur einen wunderbaren Rahmen für Gruppenbildung, sondern auch für die Beeinflussung mit extremistischem Gedankengut durch einen charismatischen Vortragenden. Er hatte in seiner Rolle als Ustaz Muhammad ibn Muhammad ibn al-Jazari aus Katar nicht gezögert, die Einladung des »Imam« zu einem Vortrag im kommenden Februar anzunehmen, und ihm versprochen, auch die »Freunde« des Imam zu treffen, die ein »ganz spezielles Projekt« hatten und »Unterstützung« suchten.

Kingsley war mit seinem Tagwerk sehr zufrieden. Seine beiden SAD-Operators hatten sich außerdem eine Stunde zuvor per SMS gemeldet und Bescheid gegeben, dass sie jetzt ins Abteigebäude einsteigen und sich dort verstecken würden. Im Geiste hatte er die Aktion der Dschihadistentruppe aus Villiers-le-Bel beim Weihnachtskonzert auf dem Mont-Saint-Michel schon zu den Akten gelegt und plante bereits eine neue Unternehmung. Zur Abwechslung wollte er dieses Mal eine Institution der Europäischen Union ins Visier nehmen und so allen Mitgliedsstaaten auf einen Streich zeigen, dass sie in einer sehr gefährlichen Welt lebten, für die ihr politischer Zusammenschluss mangels gemeinsamer Außen- und Sicherheitspolitik nicht gerüstet war. Sobald auf EU-Ebene die Datenschutzbestimmungen gelockert und verwässert wurden, war anzunehmen, dass die Mitgliedsstaaten in ihrer nationalen Gesetzgebung mitziehen würden. Und gegen eine enge datentechnische Zusammenarbeit mit den USA würde man sich auf EU-Ebene dann eher auch nicht aussprechen, vor allem nicht, wenn es gleichzeitig von US-Seiten das eine oder andere wirtschaftliche Zugeständnis an die Union gab.

Kingsley zog das Sakko aus und schmiss es nachlässig über eine Sessellehne. Dann sank er erschöpft, aber mit einem breiten Grinsen in den bequemen Stuhl vor seinem Computer. Mit der Linken angelte er bereits nach der Flasche Cognac und einem Schwenker von einem kleinen Beistelltisch. Er freute sich auf einen ruhigen Restabend über einem außergewöhnlich aufregenden Manuskript. Er hatte inzwischen sämtliche seiner neuen Schriftrollen aus den Geheimkammern unter dem Ormus-Tempel von Iskander mit dem neuen Super-Scanner eingelesen und als pdf-Dokumente abgespeichert. Er nahm sich vor, Dadullahs Tochter Sharifa eine E-Mail zu schicken und ihr für diesen genialen, wenn auch kostspieligen Tipp zu danken. Er fühlte, dass dieses wunderbare Gerät sein Leben als Religionswissenschaftler und Altiranistiker grundlegend verändern würde.

Das widerliche Ping-bim-pöng-Gedudel von Skype riss ihn mit einem Schlag aus seinen angenehmen Träumereien. Er verfluchte sich, weil er, bevor er zum Freitagsgebet nach Auteuil verschwunden war, vergessen hatte, seine sämtlichen Profile auf »rot« und »abwesend« zu stellen. Er nahm sich vor, endlich für jedes Einzelprofil einen eigenen Klingelton herunterzuladen. Kingsley schaltete den Computerbildschirm ein. Es war Frank Mahooney!

× × ×

»Der deutsche Staatsminister hat mich gerade eben angerufen, Ben«, sagte Mahooney frustriert. »Du weißt, wir reden gelegentlich ›sehr privat‹ miteinander, und ›Lothar‹ erzählt mir dabei auch Dinge, die ich auf dem offiziellen Weg so schnell nicht erfahren würde.

Manchmal verplappert er sich. Er ist nicht ganz so abgebrüht, wie er erscheinen möchte. Aber manchmal tut er es auch absichtlich, so wie heute!«

Kingsley nickte. Er wusste, dass sein Freund und Vorgesetzter trotz seiner exponierten Stellung als der Director of National Intelligence immer noch gerne selbst Hand anlegte. Seit der Präsident seinen Aufgabenbereich gefestigt und erweitert hatte, koordinierte Frank nicht mehr nur die Arbeit der Intelligence Community und beriet POTUS und den Nationalen Sicherheitsrat der USA in nachrichtendienstlichen Angelegenheiten. Er führte sein Office of the Director of National Intelligence auch als einen echten siebzehnten Nachrichtendienst.

Was sie hier seit etwas mehr als drei Jahren in einer Reihe europäischer Staaten aufzogen, war streng genommen keine Black Ops der CIA oder eines der fünfzehn anderen US-Dienste, auch wenn seine Gruppe Operators alle aus der Special-Activities-Division der CIA stammten und er selbst mit seiner wahren Identität als Dr. Marshall »Ben« Kingsley offiziell als »Major der US Delta Forces im Ruhestand« und »Direktor mit Besonderem Aufgabenbereich« auf der streng geheimen Personalliste des US Clandestine Service stand.

Die nebulösen, unfassbaren und unkontrollierbaren Strukturen, zu denen auch Ben Kingsleys »Ding« in Europa gehörte, hatten sich dabei allerdings so verselbstständigt, dass es selbst für groß angelegte und gut organisierte offizielle Untersuchungskommissionen mit Unterstützung der US-Exekutive und beider Kammern völlig unmöglich war, alles bis zu den wahren Drahtziehern zurückzuverfolgen.

Genau wie Ben Kingsley warb Frank Mahooney trotz seiner abgehobenen Stellung als Director of National Intelligence immer noch regelmäßig selbst Agenten an und verführte geschickt Leichtgläubige, Eitle und Ambitionierte, Dinge zu tun, die in ihren Ursprungsländern unbedingt nach allgemeinem Strafrecht, wenn nicht gar als Landesverrat abgestraft wurden. Mahooney war schon immer ein Meister darin gewesen, Nützliche und Dumme in sein klebriges Spinnennetz zu ziehen.

Das war selbstverständlich auch die größte und wichtigste Aufgabe sämtlicher »Choristen«, die Frank als der »Konzertmeister« um sich versammelt hatte. Sie alle lebten davon, Nützliche und Dumme einzufangen und für ihre Zwecke zu instrumentalisieren: jeder auf seinem eigenen ganz speziellen Fachgebiet und zu ganz speziellen Zwecken. Es war genau das, was Ben Kingsley jetzt in seiner Rolle als der reiche, sozial engagierte und rechtgläubige Katari-Geschäftsmann Muhammad ibn Muhammad ibn al-Jazari mit nach hinten gelacktem schwarzen Haar, maßgeschneidertem Zweireiheranzug und der wertvollen islamischen Misbaha-Gebetskette aus blauem Bernstein in Frankreich, dem Benelux und Deutschland auch tat.

Er schüttelte den Kopf: »Wann soll das alles gelaufen sein, Frank?«

Kingsley erzählte kurz von einem neuen Unternehmen, das er plante, »… und dann habe ich auch noch einen genialen neuen Fisch an der Angel. Nein, ich habe nichts gehört. Keiner meiner Kontakte im Innenministerium oder am 36, Quai des Orfèvres hat sich bei mir gemeldet.«

»Als mein Freund ›Lothar‹ erwähnte, dass sie anscheinend einer Gruppe Radikalisierter mit nordafrikanischem Migrationshintergrund auf der Spur sind, die zu in Belgien ansässigen Radikalislamisten Kontakte haben und die kurz davorstehen, ein ganz großes Attentat zu verüben, musste ich kurz an dein SAD-Team oben in Belgien und deinen Imam aus der Banlieue im Département 95 denken. Und der Franzose hat Lothars Mitarbeiter kontaktiert und ihn gefragt, ob er in der nächsten Woche Zeit hätte, nach Paris zu kommen, um über ebendiese mysteriöse Geschichte zu diskutieren. Offensichtlich hätte er etwas, was die Deutschen interessieren könnte, um die Sache mit dem vereitelten Anschlag von Köln endlich aufzuklären.«

»Keine Ahnung Frank. Keiner meiner Kontakte hat etwas erwähnt. Wie seid ihr eigentlich auf dieses Thema zu sprechen gekommen? Ich dachte immer, der Director of National Intelligence und der deutsche Staatsminister für Besondere Angelegenheiten im Kanzleramt kümmern sich nicht ums Tagesgeschäft und die alltägliche Detailarbeit der Ermittler, sondern nur ums ganz große Bild?«

Mahooney hob vor seinem Bildschirm im Fairfax County in Virginia die Schultern und machte eine hilflose Handbewegung. Kingsley bemerkte, dass neben seinem Freund und Vorgesetzten eine angebrochene Whiskyflasche und ein gefülltes Glas auf dem Arbeitstisch standen.

»Es ist einfach so in die Unterhaltung eingeflossen, Ben. Wir sprachen über die Möglichkeit einer gemeinsamen Operation im Rahmen der Alliance Base, und er wollte, dass wir sie unterstützen und noch vor dem Jahresende in der nächsten Woche ein außerordentliches Koordinierungs-Meeting einberufen, weil ihre Geschichte mit dieser Iraker Familie, die mit Fernbussen die Werber der Tanzim Qaidat al-Jihad nach Westeuropa bringt, einfach nicht mehr warten kann. Dann meinte er, in diesem Fall würde er selbst kommen und eben auch noch die Köln-Geschichte mit übernehmen. Ein lustiger Gedanke. Der Staatsminister ist gar nicht der Typ für so etwas.«

Kingsley nickte: »Ich kümmere mich darum, Frank! Wenn die Sache morgen funktioniert, ist sowieso ein Meeting angebracht. Ich biete diesen französischen Dickschädeln dann auch gleich direkt unsere Hilfe an, und wir sorgen dafür, dass sie endlich die konspirative Wohnung und diese Spuren in die Banlieue, in ihre eigene Migranten-Community und nach Belgien finden.«

»Ich komme zum Jahresende übern Teich nach Europa, Ben. Eines der Pferde meiner Frau hat sich überraschend für den Prix d'Amérique qualifiziert. Wir müssen sowieso wieder einmal von Angesicht zu Angesicht miteinander reden. Wir steigen mit Cath im *Barrière Le Normandy* in Deauville ab. Ich habe gleich für dich mitreserviert, alter Freund. Komm einfach am 29. Dezember an die Normandie-Küste. Am 30. Dezember gehen wir dann alle zusammen zur Versteigerung, wo du und ich in Ruhe reden können. Wir gehen hinterher am Strand spazieren, atmen tief durch, planen das nächste

Jahr und gönnen uns zum Abendessen die Mutter aller Meeresfrüchteplatten. Den Silvesterabend habe ich bereits für drei Personen im Casino von Deauville gebucht. Und während Cath mit ihren Pferdchen spielt, haben wir beide ausreichend Zeit, auch noch die nächste Grabung zu planen und eine kleine Geschichte, die mir gerade durch den Kopf geht und die deine Truppe in Belgien abziehen kann. Die *Operation Regenbogen* ist ja zum Glück kein Vollzeitjob.«

Kingsley hob seinen gefüllten Cognac-Schwenker Richtung Bildschirm: »Genau, so machen wir es, Frank! Ich freue mich auf Cath. Behalte morgen die 24/24-News-Sender der Franzosen im Auge. Mal sehen, was diese Truppe aus Villiers-le-Bel wirklich taugt.«

× × ×

Der Unteroffizier des Service Action zog das gehäkelte Gebetsmützchen, die knöchellange Djellaba und die anderen Details seiner Salafisten-Verkleidung aus der Sporttasche und zeigte sie mit einem breiten Grinsen Madame le Juge, Oberst Rudeaux und Rolland Fabré. Er hatte seine schwere dunkelblaue BMW-Maschine im Fort de Noisy abgestellt, bevor er die Métro genommen hatte, um zu ihnen zu stoßen.

Er fand seine aktuellen Vorgesetzten und seinen alten Direktor unweit Rudeaux' Wohnung in der Rue Chaudron im X. Pariser Arrondissement hemdsärmelig um einen Tisch im Bistro eines Ehemaligen des Service Action versammelt. Das Bistro diente ihnen allen seit Jahren als Stammkneipe. Die beiden Männer tranken dunkles Bier vom Fass, Christiane Près hatte den roten Bergerac-Hauswein, den der alte Kamerad direkt beim Winzer in der Dordogne einkaufte, bestellt.

»Bringst du mir bitte auch ein Bierchen, Raf!«, bat er seinen ehemaligen Kameraden.

»Willst du noch was essen?«

Rafaël, der Ehemalige, der immer noch sicherheitsüberprüft wurde und sein Bistro regelmäßig auf Wanzen und Abhörgeräte checkte, drehte eine Schiefertafel so, dass der Neuankömmling das Angebot des Abends lesen konnte, während er ihm sein Bier zapfte.

Sie waren unter sich. Es war relativ spät, und Raf hatte sofort das Schild »geschlossen« an die Tür gehängt, als Rudeaux und Christiane Près aufgeschlagen waren und ihn um »Diskretion« gebeten hatten.

»Nur was Kleines zum Bier, Raf!«, sagte der Unteroffizier. Dann fing er an zu berichten.

Er beglückwünschte sich, dass er in eine seiner Motorrad-Satteltaschen zur Sicherheit immer eine »Salafisten-Verkleidung« packte. Nach dem Freitagsgebet in der Al-Shuna-Moschee des Nobelvorortes Auteuil hatte sein »Zielobjekt« mit mehreren älteren Männern im benachbarten orientalischen Restaurant zu Mittag gegessen. Da viele der Besucher der Moschee auch dort hingegangen waren, war er selbst nicht aufgefallen. Das Essen war ausgezeichnet gewesen.

»Er nennt sich in diesem Umfeld Muhammad ibn Muhammad ibn al-Jazari und spielt die Rolle eines gut betuchten Geschäftsmanns aus Katar, der regelmäßig nach Frankreich kommt.«

Der Unteroffizier hatte einen Teil der Unterhaltung mit angehört.

»Er spricht ausgezeichnetes Arabisch«, erzählte er weiter, »und es ist klar, dass er nicht nur zum Beten und zum Mittagessen nach Auteuil fährt.«

Der Unteroffizier berichtete ausführlich, was er mitgehört hatte, nachdem ein junger, geschniegelter Typ in einer sehr teuren Lederjacke und mit perfekt gestutztem, hochmodischen Dreitagebart zu der Tischgesellschaft des angeblichen Katari gestoßen war. Einer der älteren Männer hatte den jungen Mann in der Lederjacke als »Imam« angesprochen, und alle schienen sich gut zu kennen. Sie hatten über Geld gesprochen und über Wochenendseminare, die der Imam regelmäßig auf einem abgelegenen ehemaligen Bauernhof am Rand des großen Waldgebietes abhielt, das sich an die Seen bei Nort-sur-Erdre anschloss. Dort ging es um die Verbreitung salafistischen Gedankengutes und die gezielte Indoktrinierung von

»Brüdern und Schwestern«, die sich für diese ganz spezielle Auslegung des Islams interessierten. Aus dem Ort hatte der Unteroffizier geschlossen, dass der Imam wahrscheinlich in Nantes, der Hauptstadt des Départements Loire-Atlantique stationiert war.

Der Golfer alias Muhammad ibn Muhammad ibn al-Jazari hatte seine Einladung zu einem Seminar akzeptiert und war bereit, dort im kommenden Februar als Gastsprecher aufzutreten.

Dann hatten sie noch kurz über »Freunde« des jungen Mannes gesprochen, über »ein ganz spezielles Projekt« und über »Unterstützung«, die sie brauchten, um es durchzuziehen. Der Unteroffizier aus dem Service Action hatte natürlich sofort begriffen, worum es ging.

»Unser Zielobjekt versucht nicht nur zu indoktrinieren und anzuwerben, der finanziert auch Männer mit einer ganz speziellen ›Überzeugung‹, bietet ihnen Hilfe bei der Beschaffung von Waffen und Sprengstoffen an und macht sie glauben, dass er im Namen und im Auftrag der al-Qaida unterwegs ist. Und er macht ihnen sehr gefährliche Vorschläge, was ›interessante‹ Objekte für ihre ›Projekte‹ angeht. Dem gelackten Möchtegern-Märtyrer aus Nantes hat er vorgeschlagen, dass sie sich vielleicht einmal die Raffinerie von Donges näher ansehen und versuchen sollten, einen zuverlässigen ›Bruder‹ dort einzuschleusen. Das sei ›eine Sache, die sehr interessant wäre‹.« Donges war mit einer Kapazität von elf Megatonnen pro Jahr nach der Raffinerie der Normandie in Gonfreville-l'Orcher die zweitgrößte Erdölraffinerie Frankreichs.

Der Unteroffizier war froh gewesen, als er sein »Zielobjekt« kurz vor neunzehn Uhr endlich wieder auf dem Montmartre abliefern durfte. Seitdem er ihm in der Verkleidung eines Fleurop-Lieferanten den Blumenstrauß hingestreckt hatte, um mit der Mikrokamera ein paar saubere Aufnahmen zu machen, trennte er sich nur noch zum Schlafen von seiner Beute. Und während der Nacht beobachtete ein kleines Überwachungssystem im dekorativen Zitronenbaum des Blumenladens den Ausgang des Maison Eymonaud.

»Hier«, sagte der Mann und streckte seinen drei Vorgesetzten sein Smartphone entgegen. Er hatte es sogar geschafft, unauffällig ein Foto des »Imam« und der ganzen Gruppe älterer Männer aus der Al-Suhna-Moschee zu schießen, die gemeinsam mit Muhammad ibn Muhammad ibn al-Jazari alias Dr. Dell alias der Golfer am Tisch gesessen hatten.

Rudeaux klopfte dem Unteroffizier zufrieden auf die Schulter:

»Das geben wir gleich an Moulin, Atlan und den 36, Quai des Orfèvres weiter. Die Polizei wird sich freuen, wenn sie noch ein paar gefährliche islamistische Spinner absammeln darf.«

Dann schüttelte der stellvertretende Direktor der Division Action den Kopf. Er ähnelte in diesem Augenblick einem frustrierten Kampfstier, der losstürmen wollte, aber nicht durfte.

»Verdammt«, fluchte er. Er war noch nie ein Fan der Amerikaner gewesen, aber was sie seit Kérmorvans Rückkehr aus Afghanistan mitverfolgten, überstieg jedes erträgliche Maß. Wie hatte sein neuer Freund aus Deutschland Stefan Huber das doch gleich so schön in einem einzigen Satz auf den Punkt gebracht: »Wenn du Verbündete hast wie die Amerikaner, dann brauchst du keine Feinde mehr!«

Christiane Près nippte an ihrem Rotwein, während sie im Geist mit spitzen Fingern das letzte Puzzleteilchen in das große Bild drückte, das sie gemeinsam mit ihren neuen deutschen Partnern zusammensetzten, seitdem Kérmorvan und Rossi von ihrem Abenteuer am Hindukusch zurückgekehrt waren.

Die Information, die ihr Unteroffizier gerade gebracht hatte, passte ganz genau in die Mitte des großen Bildes und ergänzte die Details, die sie dank Gabriel Blanc-Aimés diskreter Unterstützung aus dem IT-System des Auktionsnotariats ihrer Freundin Adèle und deren Partner Hervé Mellet gestohlen hatten. Der Name von Mellets altem Kunden – dem Verkäufer der Vase im Musée Guimet und der Blutantiquitäten der Weihnachtsversteigerung – war der gleiche, der auch auf der Verkaufsliste von Simon Atlans Kontakt, dem Antiquar Umberto Castro, stand. Damit waren sie sicher, dass Dr. Marshall B. Kingsley, den seine Freunde auch »Ben« nannten, ein weiteres Alias ihres Golfers war. Farida versuchte in diesem Augenblick, mehr über diesen Dr. Kingsley herauszufinden.

Nach allem, was sie bereits wussten, sah es wirklich so aus, als ob sich hinter dieser seltsamen und brandgefährlichen Black Ops eines US-Geheimdienstes der Wunsch versteckte, EU-Mitgliedsstaaten durch eine Politik der Spannung zu destabilisieren. Das Szenario ähnelte der schändlichen *Operation Gladio,* die der US Clandestine Service vom Ende des Zweiten Weltkriegs bis zum Zusammenbruch der Sowjetunion abgezogen hatte. Dabei wollten sie die verjährte Furcht vor der Sowjetunion und dem Kommunismus, die »Gladio« geschürt hatte, durch eine zeitgemäßere Panik vor dem Islamo-Faschismus und dem weltweiten islamistischen Terrorismus ersetzen.

Christiane Près tätschelte Rudeaux die Pranke: »Unser ›Freund‹ Golfer hat einfach viel zu viele Identitäten. Das macht ihn zu unübersichtlich und zu gefährlich«, sagte sie.

»Raven kann das erledigen!« Rudeaux grinste breit.

Christiane Près stellte zufrieden fest, dass sie es immer noch schaffte, den frustrierten Kampfstier mit einem einzigen Satz in den freundlichen Oger »Shrek« zurückzuverwandeln – wenn auch ohne die grüne Farbe im Gesicht.

»Raven wird das natürlich erledigen, Julien. Aber nicht mit dem klassischen Holzhammer! Wir wollen doch keinen Dritten Weltkrieg vom Zaun brechen.«

Außerdem erschien es ihr erheblich einfacher, wenn Frank Mahooney nicht begriff, dass sie ihn durchschaut hatten, ansonsten würde der US-DNI nur die gerade eben entdeckten Strukturen schließen und sie durch neue Strukturen ersetzen, die weder die DGSE noch ihre neuen deutschen Partner durchschauten, und das ganze Spiel würde wieder von vorne anfangen.

Christiane Près hatte sich lange mit Stefan Huber unterhalten, und sie waren sich einig, auch wenn sie in Bezug auf die Macht der US-Dienste nicht ganz so defätistisch war wie ihr deutscher Komplize. Aber sie war sich natürlich genauso wie Huber darüber im Klaren, dass sie mit ihrer kleinen Truppe von Einsatzagenten aus dem Service Action und der ebenso kleinen Division Action der

DGSE dem riesigen US Clandestine Service nicht viel entgegenstellen konnten – nicht einmal dann, wenn sie Bertrand Morillon den gesamten COS klaute oder im Verbund mit dem Sonderbeauftragten für Besondere Sicherheitsangelegenheiten ihre brandneue deutsch-französische Operationseinheit CORVUS und Kérmorvans Gruppe aus dem CEPOM als Unterstützung ins Feld schickten. Ja nicht einmal dann, wenn Hubers Chef, der Staatsminister, ihnen sämtliche aufregenden Prototypen aus sämtlichen deutschen Waffenschmieden gleich im Doppelpack schenkte und sie ihren eigenen französischen Waffenschmieden ihre neuesten Hightech-Gadgets im Dutzend abbettelten.

Ihre deutsch-französische Antwort auf das amerikanische Geheimdienst-Monster, das Finanzmittel, Technologien und menschliches Material im Überfluss hatte, ohne dabei in irgendeiner Form von der nationalen Legislative kontrolliert zu werden, war wie die Antwort von David an Goliath. Selbst falls irgendwann in ferner Zukunft noch ein paar andere EU-Mitglieder in eine echte europäische Geheimdienst-Kooperation einsteigen sollten, waren sie immer noch nur Zwerge verglichen mit den USA. Aber Christiane Près hatte trotzdem den heiligen Schwur geleistet weiterzukämpfen. Das war sie nicht nur ihrer Tochter Lisa schuldig, die damals nach 9/11 ihren Vater an die US-Hydra verloren hatte, sondern auch ihrem Mann Guillaume selbst und den sechs Männern aus der 11ème Brigade Parachutistes, der 11ème BP, die die Amerikaner am 15. Dezember 2001 während der Schlacht um Tora Bora versehentlich für Taliban gehalten und bis zum letzten Mann ausgelöscht hatten. Und Kérmorvans Männern aus dem 1er RPIMa und denen ihres Neuzugangs Ritter vom KSK und all den anderen, die Jones' Söldnertruppe im Auftrag des Golfers »Ben« drei Jahre lang aus dem Hinterhalt brutal umgebracht hatte. Es kostete Christiane Près Überwindung, sich nichts von ihrer Wut auf die Amerikaner anmerken zu lassen. Sie verwandelte sich wieder in eine zarte, durchsichtige Fee zurück und klaute ihrem Unteroffizier mit einem Augenzwinkern ein Stück Pastete vom Teller.

»Es ist besser, wir nehmen Frank Mahooney seine Dame ›Golfer‹ weg. Damit haben wir vorerst einmal wieder Ruhe auf dem Schachbrett«, sagte sie vernünftig.

»Und was machen wir mit den beiden Typen, die Kérmorvan lebend eingefangen hat, Patronne?«

Rolland Fabré hatte dafür plädiert, das gesamte Terrorkommando auf Nimmerwiedersehen verschwinden zu lassen. Nach dem Motto »nix gesehen, nix geschehen!«. Er war aus der Redaktion von Histoire & Collections zu ihnen gestoßen und hatte erst im *Chaudron de Sarlat* erfahren, dass die Operation am Mont-Saint-Michel gelaufen war. Erfolgreich.

Christiane Près strahlte Fabré an: »Wir machen gar nichts mit denen! Die hat nämlich offiziell die Gendarmerie von Avranches eingefangen, als sie versuchten, im Schutz der Nacht und während des Son-et-Lumière in die Abtei einzubrechen, um »Kirchenschätze« zu klauen. So wird es morgen früh auch in der Regionalzeitung und in *Ouest-France* stehen. In ausreichend großen Artikeln unten rechts auf den Titelseite und mit Foto der beiden gefassten ›Diebe‹, damit ›Golfer‹ sie nicht versehentlich übersieht, wenn er sich auf die Suche nach seinen Männern und seinem Terrorkommando macht, weil morgen Abend außer einem Weihnachtskonzert auf dem Mont-Saint-Michel gar nichts passieren wird. Unser guter Freund, der Commissaire Moulin vom 36, Quai des Orfèvres, hat bereits alles eingetütet. Sie haben die Männer zuerst gut sichtbar für zahlreiche Besucher des Klosterbergs in Handschellen abgeführt und sie dann nach Einsetzen der Ebbe ebenfalls gut sichtbar im Polizeifahrzeug weggebracht. Dabei waren unsere Freunde sehr gesprächig und haben neugierigen Schaulustigen auch erzählt, dass sie die Diebe auf frischer Tat ertappt hatten. Die beiden sitzen in diesem Augenblick in einer Zelle der Gendarmerie von Avranches und begreifen nicht so ganz, wie ihnen geschehen ist.«

»Kérmorvans verdammte Mafia!« Fabré lachte und schüttelte den Kopf. »Ich hätte es mir denken können. Sehr elegant! Und die Spinner aus Villiers-le-Bel?«

»… haben sich in Luft aufgelöst, Rolland. Die Villa Jeanne d'Arc ist sauber aufgeräumt und wird gerade professionell gereinigt. Die Nachbarn am Bec d'Andaine und in Genêts sehen morgen früh den grünen Renault Espace wegfahren, in dem sich eine Menge Gepäck und eine Gruppe Männer befinden. Abschließend wird der Mietwagen dann auf dem Flughafen Charles-de-Gaulle abgegeben, genauso wie vereinbart.«

SIEBTES KAPITEL

Frankreich – Normandie – Atlantikküste – Deauville

Er hatte sie zwei Tage zuvor in einem mitternachtsblauen Porsche Cayenne auf dem Flughafen Deauville Saint-Gatien abgeholt. Sie saßen direkt gegenüber dem Rennplatz von Deauville auf der Rue Gambetta im *L'Étoile des Mers,* einer Institution des Ortes, tranken einen kühlen weißen Chassagne-Montrachet aus der Bourgogne und warteten auf ihre fangfrischen Hummer zum Mittagessen.

Rossi trug ihr verspätetes Weihnachtsgeschenk. Er hatte beim Tauchen vor Tahiti, als er noch bei den Penfens gewesen war, ein Dutzend wilder Austern mit schönen, farbigen Perlen aus dem Ozean geholt. Ihre waren von einer fast pistaziengrünen Farbe. Die Smaragde hatten einen altertümlichen Cabochon-Schliff und stammten aus einem Familienschmuckstück aus der Zeit von Anne de Bretagne. Er hatte sie seiner Großmutter abgeschwatzt und den Goldschmied von Dol überredet, trotz Weihnachten zu arbeiten. Kérmorvan fand, dass die Perlen und die Steine bei Tageslicht ganz genau Rossis Augenfarbe reflektierten.

Rudeaux war wieder einmal sehr kreativ gewesen. Ihre neueste Operation trug den Codenamen *Black Hawk Down.* Seit CORVUS hatte der stellvertretende Direktor der Division Action ein Faible für Federtiere entwickelt.

Rossi hatte sich passend zum Porsche Cayenne als »Katrin Berger« – Ärztin und Trabrenn-Liebhaberin aus München verkleidet:

elegante dunkelblaue Wildlederpumps, schmaler dunkelblauer Rock zu einer topmodischen Pokerprint-Seidenbluse und das anschmiegsame Kaschmir-Jäckchen aus der Hermès-Boutique von Karatschi, das er vor ein paar Wochen für sie ausgesucht hatte. Kérmorvan fand, dass sie als Katrin Berger fast genauso knuffig aussah wie in der Mini-*Darth-Vader*-Verkleidung von ihrem letzten gemeinsamen Einsatz.

Genauso, wie schon Madame le Juge es ihrem Partner Stefan Huber nicht erklärt hatte, hatte auch er ihr nicht erzählt, wie es der Division Action gelang, seit ein paar Wochen schon die ganz privaten Unterhaltungen zwischen immer mehr Protagonisten der Affäre mitzuhören, sobald diese den als völlig abhörsicher geltenden Instant-Messaging-Service Skype benutzten. Und er hatte darauf verzichtet, Rossi seine exakte Rolle beim Ableben des Terroristen Taher El Ouazzani zu schildern.

Sie sprachen deutsch miteinander. Sie waren im Hotel *Barrière Le Normandy* abgestiegen. Er spielte die Rolle von Katrins Ehemann Tom, einem Freiberufler, der es sich leisten konnte, zum Jahresende und zur Jung- und Zuchtpferde-Versteigerung vom 30. Dezember einfach kurz nach Deauville zu düsen, in der Hoffnung, dort ein vierbeiniges Schnäppchen zu machen. Sie hatten die hübscheste der kleinen Suiten im dritten Stock des Hotels gemietet, die mit dem allerbesten Blick aufs Meer. Sie gingen jeden Tag zum Thalasso in die Thermen, shoppten in den Nobelboutiquen der Innenstadt und hatten den großen Silvesterabend im Casino de Deauville mit Tanzkapelle für zweihundertneunzig Euro pro Person gebucht, so wie zahlreiche andere Renn- und Versteigerungstouristen.

Um dort am gleichen Tisch zu sitzen wie DNI General Frank Mahooney, seine Frau Catherine Devereaux und ihr namenloser Gast, hatte ihr IT-Support Farida sich ins Computernetzwerk der Unternehmensgruppe Barrière gehackt. Die Veranstaltung war trotz der unverschämt hohen Preise komplett ausgebucht.

Kérmorvan trug zu Rossis Freude wieder Bart. Dadurch wirkte er ein paar Jahre älter. Die leicht angegrauten Schläfen stammten allerdings aus der L'Oréal-Farbtube. Sie passten zu seinem Look. Es brauchte nicht viel, um aus einem sehr mediterran wirkenden Franzosen einen Bayern zu machen, der regelmäßig ins Fitnessstudio ging und sich anschließend auf die Sonnenbank legte. Er warf einen kurzen Blick auf die goldene Jaeger-LeCoultre Reverso an seinem Handgelenk. Der Hengst von Mahooneys Frau Catherine Devereaux, der der Hauptgrund für den überraschenden und ganz privaten Europa-Trip des US-DNI war, lief in diesem Augenblick auf dem Rennplatz von Vincennes ein letztes Rennen vor einer Koppelpause und dem Prix d'Amérique. Sie wussten, dass die Mahooneys erst nach diesem Rennen an die Atlantikküste fahren würden. Genau wie die falschen Münchener Katrin und Tom Berger hatten die Mahooneys ihre Zelte im *Barrière Le Normandie* aufgeschlagen. Dabei tauchte weder Franks Name auf noch der ihres geheimnisvollen »Golfer«. Alles war über den Rennstall der Frau des DNI Catherine Devereaux organisiert worden.

Kérmorvan winkte nach dem Kellner, bezahlte und half Rossi in den Mantel: »Ein kleiner Verdauungsspaziergang, zu den Verkaufsställen, meine Liebe«, schlug er vor, »um Pferdchen zu gucken. Und anschließend darfst du mit mir machen, was du möchtest.«

Er strich ihr zärtlich eine rotbraune Haarsträhne aus dem Gesicht, zog sie in seine Arme und stahl ihr einen Kuss, bevor sie sich auf den Weg machten.

Kérmorvan hatte sich ihren gemeinsamen Urlaub natürlich anders vorgestellt, als sie sich Ende November auf dem Flughafen Charles-de-Gaulle verabredet hatten. Rossi war losgezogen, um ihre Ulmer Wohnung aufzulösen, ihrem deutschen Freundeskreis eine Story von einem Austauschprogramm für Militärmediziner zu erzählen und Weihnachten mit ihrer Familie im Berchtesgadener Land zu verbringen, damit sie im Januar zusammen mit Major Bayram Ritter, dem Ehemaligen vom KSK, offiziell ihren Dienst bei CORVUS antreten konnte. Immerhin hatte man sie weder nach Bagdad, Damaskus oder Teheran verschickt, sondern in den elegantesten Badeort der normannischen Küste. Und es war nicht schwierig, im Rahmen der *Operation Black Hawk Down* zwischen Rennbahn, Luxushotel, wundervoller Strandpromenade, Jachthafen und historischem Altstadtkern im hippen Deauville einen durchaus attraktiven Kurzurlaub miteinander zu verbringen.

✖ ✖ ✖

Kérmorvan und Rossi wanderten zufrieden Händchen haltend über einen der gepflegten Wege des Rennplatzes. Er führte zum bekannten Deauviller Pferdeauktionshaus Arqana. Als sie das große, runde Gebäude betraten, vibrierte Kérmorvans Privathandy in seiner Hosentasche.

Er öffnete die SMS-Kurzmitteilungen und fand, was er suchte. Er hatte den Infodienst des französischen Anbieters von Pferdewetten PMU abonniert.

»Unser Crack hat das Rennen gewonnen«, sagte er fröhlich. Der Prix de Bar-le-Duc war mit hundertzehntausend Euro dotiert. Er brauchte keinen Taschenrechner, um die Wettquote hochzurechnen.

»Da werden die beiden Mahooneys heute Abend aber richtig gute Laune haben«, sagte Rossi.

Kérmorvan zog seinen Wettschein aus der Tasche seiner dunkelblauen Colani-Jacke und streckte ihn Rossi entgegen: »Ich auch!«, seufzte er zufrieden.

»Du Spielkind! Glücksspiel kann süchtig machen!«

Während Rossi vor dem Frühstück noch unter der Dusche gestanden hatte, war Kérmorvan bereits bis zum Café L'Hippodrome am anderen Ende der Stadt gejoggt und hatte dort seine Wette abgeschlossen. Er hatte dank einer ganz ausgezeichneten Insiderinformation aus dem Rennmillieu den Tiercé in der richtigen Reihenfolge erraten. Er hatte damit für einen Einsatz von hundertfünfzig Euro zwölftausend Euro gewonnen. Er wettete nur sehr selten, aber wenn, dann hatte er meist Glück.

»Wir werden morgen auf der Versteigerung richtig Spaß haben«, sagte er enthusiastisch zu Rossi und drückte ihr den wertvollen Zettel in die Hand. »Nicht verlieren!«

Dann füllte er an der Rezeption von Arqana ein paar Papiere aus, bekam ein kleines Täfelchen mit einer Nummer auf einem Stöckchen und einen dicken Hochglanzkatalog mit vielen Pferdefotos und Beschreibungen der Tiere auf Englisch, Französisch, Arabisch, Russisch und Chinesisch. Schließlich öffnete die Verkaufshostess auf seine Bitte eine große Tür, die Zugang zu einem mit hohen Zäunen und Videokameras schwer gesicherten Außenbereich gewährte, und deutete mit der Hand einladend in Richtung der langen Boxenreihen, in denen sich die Verkaufspferde befanden.

Kérmorvan warf einen Blick in den Katalog, um die richtige Boxen-Nummer zu finden. Dann nahm er Rossis Hand und zog sie zielstrebig zum unteren Bereich der Stallgebäude, wo rund ein Dutzend männliche Jährlinge aufgestallt waren. Einer fiel durch eine intensive rotbraune Farbe mit Kupferschimmer sofort auf, obwohl er kaum groß genug schien, um über den Rand der Boxentür zu spicken.

✖ ✖ ✖

»Golfer ist seit ein paar Tagen sehr unruhig«, erklärte Kérmorvan Rossi und streckte dabei dem Mini-Hengstlein mit den kleinen Ohren und den sehr wachen Augen seinen Handrücken zum Beschnuppern hin. Der Rotfuchs wirkte auf den ersten Blick wie ein lustiges Sportpony für Kinder.

Sie sprachen über die Mission nur an Orten, an denen sie zu hundert Prozent sicher sein konnten, nicht gehört zu werden.

»Das liegt allerdings nicht an dem gescheiterten Anschlagsplan gegen das Weihnachtskonzert oder an der ›Festnahme‹ seiner beiden Operators durch die Gendarmen von Avranches«, erklärte er weiter.

Der Rotfuchs war keck und sehr selbstbewusst und dabei gleichzeitig zutraulich und freundlich. Für die Profis, die morgen steigerten, würde das Problem außer seiner sehr unbeliebten Farbe vor allem seine kleine Größe sein. Kérmorvan schätzte, dass er ein Endmaß von maximal 1,55 Zentimeter haben würde, wenn er ausgewachsen war. Für ihren Freundeskreis, der aus Spaß am Sport Amateurrennen fuhr, war er natürlich perfekt, und er hatte wirklich gute Papiere. Kérmorvan setzte sich ein Limit bei fünftausend Euro. Damit blieb vom überraschenden Renngewinn noch ein bisschen Geld fürs Renovieren des alten Bauernhofs übrig, den er vor ein paar Jahren billig erstanden hatte.

»Der ist ja süß!«, sagte Rossi und streichelte dem freundlichen Füchslein den Hals. »Ist das der, den Mahooneys Frau kaufen möchte?«

Der Service Action hatte zu ihrer großen Überraschung sogar die ganz besondere Information beschafft, welche Kaufpläne die bekannte US-Trainerin und Trabrennfahrerin bei der Versteigerung hatte.

Kérmorvan schüttelte den Kopf: »Nein«, winkte er ab, »den kleinen Schlingel werden wir beide morgen ersteigern! Mahooneys Frau spielt, was Trabrennpferde anbetrifft, in einer anderen Liga.«

Frankreich – Normandie – Lisieux

Ben Kingsley hatte sich einen Coffee-to-go geholt und betrachtete aufmerksam die anderen Fahrgäste, die mit ihm zusammen auf den Nahverkehrszug warteten. Der fuhr von Lisieux über Pont l'Évêque nach Deauville.

Jones' Männer hatten es in Dublin nicht geschafft, Hand an Taher zu legen. Anschließend war ihr alter Freund den Norwegern im Hafen von Cherbourg endgültig entwischt; mit knapp einer Million Euro in bar in einem Koffer!

Jones' Operators hatten mit dem Mobiltelefon ein paar Fotos schießen können, bevor der Kleinbus mit Taher und seinen neuen

Freunden losgefahren war. Ben Kingsley hatte sie sich ganz genau angesehen und dabei auch den Aufkleber entdeckt. Es waren nicht »normale« Spinner, die sich mit Dishdasha, Schlafanzughose, Lederschluppen und Häkelmützchen als Wüstensöhne von der arabischen Halbinsel verkleideten, die seinen alten Freund an der Fähre abgeholt und wie einen Bruder begrüßt hatten.

Er hatte ihre Gesichter bereits heimlich in der Alliance Base durch mehrere nationale Datenbanken geschickt, auf die sie direkten Zugriff hatten. Erfolglos. Aber das war keine Überraschung gewesen. Die, die in Frankreich, Italien und in Spanien waren, sammelten bei den großen Migrantengemeinschaften der drei Länder Gelder für ihren Emir auf der anderen Seite des Mittelmeers und für den Befreiungskampf in dem Gebiet, das sie als »Heimat« beanspruchten und dem sie in den lokalen Dialekten den Namen *Azawad* gaben. Für gewöhnlich lebten diese Geldeintreiber völlig unauffällig, vermieden es sorgsam, die Aufmerksamkeit der Sicherheitsdienste ihrer Gastländer auf sich zu ziehen, und übten Gewalt nur gegen andere Mitglieder ihrer Gemeinschaft aus, die genauso wie sie selbst Illegale waren. Und sie suchten keinen Kontakt zu den Einheimischen. Die meisten von ihnen kamen heimlich auf der Spanienroute übers Mittelmeer und dann über die Pyrenäen nach Südfrankreich und gingen genauso zurück, sobald ein Geldkoffer für den Emir gefüllt war.

× × ×

Als der Regionalzug einfuhr – wie üblich mit einer kleinen Verspätung – wanderte Ben Kingsley mit seinem Rollkoffer, der Zeitung und dem Coffee-to-go in der Hand zum Erste-Klasse-Waggon. Zufrieden stellte er fest, dass er ganz allein in diese Richtung ging, während sämtliche anderen Reisenden in die preisgünstigere zweite Klasse stiegen. Er machte es sich an einem Fensterplatz bequem. Die Reiselektüre ließ er im Koffer. Die Gegend, durch die der Regionalzug fuhr, war eine seiner Lieblingsregionen in Frankreich, und die Smaragdküste erweckte in ihm ganz besondere und sehr positive Erinnerungen an seine Kindheit und Jugend. Seine Großeltern mütterlicherseits hatten ihre alten Tage in Cabourg, dem dritten der berühmten normannischen Badeorte, verlebt, und er hatte dort alle Jahre wieder die Sommerferien mit seinen beiden jüngeren Brüdern verbracht. Seitdem sie nach dem Tod der Großeltern die Villa am Strand umgebaut und in die Luxemburger Immobiliengesellschaft eingebracht hatten, die auch die anderen Kingsley-Immobilien in Frankreich und Belgien verwaltete, kam er nur noch selten in den Westen und an den Atlantik. Die Cabourger Villa war ständig vermietet, und er hatte während der letzten Jahre das Haus in Brüssel und die Villa in Südfrankreich bevorzugt, wenn er ausspannen wollte.

Aus diesem Grund hatte Kingsley auch nicht gezögert, die Treibjagd bei Freunden in Belgien abzusagen und stattdessen die Einladung von Frank Mahooney anzunehmen und im berühmten Casino von Deauville Silvester zu feiern.

Taher hatte es also ganz offensichtlich geschafft, den Kontakt zu einem Mann herzustellen, von dem die Spezialisten der CIA annahmen, dass er mit dem geheimnisvollen »Blauen Emir« identisch war: Ahmad Al-Faqi Al-Mahdi. Der Mann war ein Tuareg-Anführer und Verwandter des legendären Tuareg-Rebellen Iyad Ag Ghaly, dem Emir der Ansar Dine, einer hochgerüsteten, radikalislamistischen und extrem gewalttätigen Konkurrenzveranstaltung zur AQMI, der mit Osama bin Laden verbundenen al-Qaida im Maghreb.

Der »Blaue Emir« führte seit zwei Jahren in einem Gebiet, das sich zwischen Algerien, Libyen, Niger und Mali erstreckte, einen sehr erfolgreichen Guerillakrieg gegen sämtliche Staatlichen der vier Länder und gegen die sesshaften und viehzüchtenden Angehörigen der Hausa-Volksgruppe, von denen sich ein Teil nicht aus Überzeugung, sondern aus Verzweiflung mit der AQMI verbündet und Osama bin Laden die Treue geschworen hatte – in der Hoffnung, hier militärische Hilfe gegen den »Blauen Emir«, Ansar Dine und die Tuareg-Krieger zu finden.

Dieses umkämpfte Gebiet wurde auf der einen Seite vom Tassili n'Ajjer und auf der anderen von der Djado-Hochebene und der Oase von Ma'jama eingegrenzt. Es war genau im Zentrum dieses Gebiets, unweit einer Ruinen- und Geisterstadt, die den gleichen Namen trug, wie die Hochebene – Djado, wo er nach intensivem Studium des Dionysius-Manuskripts, Vergleichen mit einem Fragment aus der Vijecnica und einem Plan, den er in einer der uralten Schriften aus dem Kloster Tvrdoš gefunden hatte sowie einer minutiösen Untersuchung einer hochaufgelösten Satellitenaufnahme, die Frank Mahooney ihm besorgt hatte, das Versteck eines weiteren »Alexander-Hortes« entdeckt hatte.

Kingsley war überzeugt, dass es keinen Sinn machte, in Frankreich oder irgendwo sonst in Europa nach Taher weiterzusuchen. Sie hatten mit Jones vereinbart, dass er im neuen Jahr umgehend jemanden losschickte, um sich diskret im Azawad umzusehen. Er hatte ein paar Contractors, die solche Missionen übernahmen und sich gut in Afrika auskannten.

Taher war wahrscheinlich bereits auf der anderen Seite des Mittelmeers angekommen und befand sich auf dem Weg nach Subsahara-Afrika in jenes Grenzgebiet zwischen Libyen, Niger und dem Tschad, das auch Kingsley als aussichtsreichste Region für ihr nächstes archäologisches Abenteuer identifiziert hatte. Eigentlich hatte er im ersten Augenblick vorgehabt, Frank Mahooney, den »Konzertmeister«, und die »Choristen« zuerst zum zweiten Alexander-Hort zu orientieren, den er eindeutig identifizieren konnte: einer Ruinenstadt unweit der modernen libyschen Hafenstadt Tolmeitha direkt an der Küste. Eine diskrete Ausgrabung ließ sich hier leicht organisieren, genauso wie der illegale Abtransport von Fundstücken direkt übers Mittelmeer nach Europa. Es brauchte nicht viel mehr als ein bisschen Schmiergeld und ein großes Segelboot.

Er seufzte leise. Er würde mit Frank ganz offen über alles sprechen und ihm die Situation erklären. Die Ruinen bei Tolmeitha dämmerten unbeachtet und unberührt seit dem Untergang des Römischen Reiches im 5. Jahrhundert der Zeitrechnung vor sich hin.

Der Hort, der dort im Wüstensand versteckt lag, lief ihnen nicht davon. Es war essenziell, dass sie Taher und seine neuen Freunde vom Ansar Dine aus dem Verkehr zogen, bevor die den Alexander-Hort von Djado entdecken und ihn plündern konnten. Einerseits war es keine besonders gute Idee, wenn eine so aggressive Dschihadistengruppe wie Ansar Dine ins Geschäft der Blutantiquitäten einstieg und so eine Kriegskasse füllte, mit der sie noch mehr Kämpfer und Waffen finanzieren konnte. Das würde mittelfristig die gesamte Subsahara-Region und sogar Teile von Schwarzafrika destabilisieren, und sie konnten in diesem Augenblick neben dem Irak und Afghanistan keinen weiteren Hotspot gebrauchen, der den massiven Einsatz von US-Truppen forderte. Und falls sie dort nicht eingriffen, dann würden die Franzosen es tun und für sich und ihre europäischen Partner aus der EU den Zugang zu strategischen Rohstoffen erheblich erweitern. Was die Ansar Dine und die Tuareg-Rebellen beanspruchten, war nämlich genau die Zone, in der es die interessantesten Ressourcen gab. Kingsley konnte die Rohstoffe-Liste auswendig aufsagen: Palladium, Chrom, Lithium, Nickel, Niobium, Thorium, Titan, Uran, Wolfram, Rutil und Zirkon. Vor allem auf das Uran waren die Franzosen scharf – und natürlich auf das Lithium. Die Deutschen wiederum wollten nicht nur, was im Boden war. Die wollten den dortigen Regierungen auch noch verkaufen, womit man das Zeug aus dem Boden holen konnte. Den gleichen Plan verfolgten auch die Italiener und Spanier. Sie waren wie die Geier, und je mehr strategische Rohstoffe sie selbst in die Hände bekamen, umso weniger waren sie im Bereich der militärischen Hochtechnologien von Washington abhängig. Es war nicht nur eine Sicherheitsfrage. Es ging um Geld, sehr viel Geld, und um Arbeitsplätze in den Fabriken der amerikanischen Rüstungsindustrie, mit denen Politiker fielen und stiegen – wie seine Brüder oder sein Vater.

× × ×

Der Nahverkehrszug fuhr trotz der Verspätung von Lisieux pünktlich in den malerischen Bahnhof von Deauville ein. Dieser lag direkt in der Stadtmitte. Ben Kingsley beschloss, die kurze Strecke zum Hotel zu Fuß zurückzulegen. Das Wetter war für eine letzte Dezemberwoche ungewöhnlich schön, das Klima an der normannischen Küste wegen des Golfstroms selbst im Winter milde. Sein privates Mobiltelefon vibrierte.

»King hat den Grand Prix de Bar-le-Duc überlegen gewonnen«, schrieb Franks Frau Cath enthusiastisch, »Heute Abend wird erst einmal richtig gefeiert! Wehe, ihr beiden redet über den Job …«

Er grinste. Sie hatte hinter den Punkten ein teuflisches Grinse-Smiley platziert. Natürlich wollten sie mit Frank zuerst ihr Pferd zurück auf das Gestüt bei Vimoutiers bringen, wo Catherine während der europäischen Rennsaison ihren Stützpunkt hatte. Dann kamen sie nach Deauville. Sie hatte ihm den Auftrag erteilt, im *Belle Époque* für einundzwanzig Uhr einen Tisch zu reservieren.

Kingsley wanderte über die Rue Désiré le Hoc am Place de Morny und an der großen Fontäne von Deauville vorbei Richtung Strandpromenade. Die Wintersonne strahlte. Die Fontäne war bereits für das Feuerwerk am Silvesterabend geschmückt und vorbereitet. Der salzige Geruch des Atlantiks zog ihm in die Nase. Er hatte plötzlich Appetit auf eine Platte frischer Meeresfrüchte.

× × ×

Alles war selbstverständlich auf den Namen des Rennstalls reserviert. Im Gegensatz zu Belgien verlangten die Franzosen nicht, dass man eine Registrierkarte ausfüllte oder den Pass vorlegte, wenn man die richtige Reservierungsnummer hatte und den entsprechenden Reservierungs-Code dazu. Außerdem war Catherine Devereaux im Trabrennsport auf beiden Seiten des Atlantiks bekannt. Der Manager am Check-in war mit Pferdeleuten vertraut. Wahrscheinlich hielt er Kingsley für einen Mitarbeiter oder vielleicht den Leib-Veterinär des amerikanischen Renn-Cracks King of the Blue

Mountains. Er reagierte umgehend und händigte ihm zu seiner Zimmerkarte gleich auch noch den Versteigerungskatalog von Arqana, die neueste Ausgabe der Rennzeitschrift *Paris-Turf* und eine Eintrittskarte für die morgige Pferdeschau vor der Versteigerung aus.

»Können Sie heute Abend einen Tisch für drei Personen im *Belle Époque* reservieren? Um einundzwanzig Uhr. Und Madame Devereaux wäre glücklich, wenn der Küchenchef trotz der späten Stunde noch ein paar Austern zum Champagner hätte.«

»Selbstverständlich!« Der Manager sprach ausgezeichnetes Englisch mit einem sanften französischen Akzent. Er lächelte Kingsley breit an. »Sie haben heute ja auch einen sehr schönen Erfolg zu feiern.« Er deutete mit der Hand auf einen Flachbildschirm an der Wand, wo wegen des Pferde-Wochenendes mit der großen Versteigerung im Augenblick ständig der auf den Rennsport spezialisierte TV-Sender *Equidia Live* lief. »Madame Devereaux hat einen wunderbaren Hengst gezüchtet. Ich habe ihn laufen sehen.«

Kingsley nickte und dankte dem Mann freundlich für die Worte. Obwohl er Pferde eigentlich mochte und auch keine Angst vor den großen Tieren hatte, hatte er nach einem Vierteljahrhundert Freundschaft mit Franks Frau und zahllosen Besuchen in den Blue Ridge Mountains keine Ahnung von Trabern oder dem Rennsport. Während der Angestellte am Empfang die Reservierung eintrug, löste sich Kingsleys Blick von einer strahlenden Cath, ihrem siegreichen King of the Blue Mountains und einem französischen Journalisten, der ihr enthusiastisch ein Mikrofon entgegenstreckte und wissen wollte, wie sie die Chancen ihres Trabers gegen Offshore Dream, den französischen Favoriten, und Opal Viking, den schwedischen Herausforderer, einschätzte. Im Hintergrund hatte er kurz Frank mit Sam, dem Labrador, wahrgenommen, der mit irgendeiner huttragenden Trabrennfreundin in recht exzentrischer Blumenkind-Verkleidung zu diskutieren schien.

Über dem Bildschirm hing eine Uhr. Ihm war auch die Werbung für die Thermen in einem Präsentationsstand neben dem Empfang ins Auge gesprungen. Bis seine Freunde ankamen, hatte er noch fünf Stunden zu vertrödeln. Er beschloss, ein bisschen abzuschalten und sich nach den anstrengenden letzten Wochen einfach zu entspannen. Sie hatten mit Frank viel Arbeit gehabt, während Cath mit ihren Pferden spielte.

Natürlich hatte er sich furchtbar geärgert, als der Möchtegern-Imam aus Villiers-le-Bel und seine Truppe Baby-Dschihadisten am Samstag vor Weihnachten lieber die Flucht ergriffen hatten, als ihren Anschlag auf dem Mont-Saint-Michel durchzuführen. Die Sache mit seinen beiden Operators hatte sie wahrscheinlich verstört und erschreckt. Ihnen war auf einmal klar geworden, dass Ustaz Muhammed ihnen nicht traute und Salah und Honi heimlich auf dem Klosterberg geblieben waren, um ihnen während der Aktion über die Schulter zu schauen. Und dann werden Salah und Honi auch noch von den Gendarmen von Avranches abgefangen, während sie versuchen, durch eine diskrete Hinterpforte in das Sakralgebäude einzudringen. Also realisieren die Typen, dass der Gegner nicht gerade dumm ist und die Augen offen hält – was ihre Überlebenschancen entsprechend verringert, denn wer Geheimpforten an mittelalterlichen Abteibergen bewacht, der hat unter Umständen auch ein paar Polizisten in Zivil während des Spektakels in der Abtei.

Die Festnahme seiner Operators hatte einen regelrechten Aufstand ausgelöst. Man hatte Ben Kingsleys Männer durch Hunderte von Gaffern hindurch in Handschellen abgeführt. Wahrscheinlich hatten die vier Baby-Dschihadisten alles gesehen, als sie sich im Getümmel des Licht- und Tonspektakels hatten absetzen wollen. Am nächsten Morgen war die ganze Truppe zurück in die Pariser Banlieue abgehauen. Er hatte herausgefunden, dass der Mietwagen am Samstagnachmittag auf dem Flughafen Charles-de-Gaulle zurückgegeben worden war. Seitdem hatten sie sich in Luft aufgelöst. Das Bargeld, das er ihnen für die Aktion gegeben hatte, hatten sie natürlich mitgenommen.

Es hatte über den »versuchten Einbruch« in die Abteikirche sogar einen Artikel mit Fotos in der Sonntagsausgabe von

Ouest-France gegeben. So hatte er es am Ende erfahren. Natürlich war das kein Beinbruch. Die Franzosen glaubten an Datenschutz und Persönlichkeitsrechte, und die Gesichter seiner Männer waren verpixelt. »Salah« und »Honi« waren Profis und hatten natürlich sofort alles zugegeben, was die Gendarmen ihnen vorwarfen. In Frankreich war Kirchendiebstal eine wahre Epidemie. Das Land war voller Kirchen, die ständig offen standen und nicht gesichert waren, und dort befanden sich fast immer wertvolle Kunstschätze, die sich zu Geld machen ließen.

Bei einem versuchten Kirchendiebstahl erwischt zu werden bedeutete im schlimmsten Fall ein Jahr, und aufgrund der völlig überfüllten Gefängnisse setzten die Franzosen solche Kurzstrafen fast immer zur Bewährung aus, vor allem dann, wenn die Verurteilten kein Vorstrafenregister besaßen und einen Job hatten. Er rechnete damit, dass Salah und Honi spätestens Anfang Februar wieder in Belgien waren. Dann bekamen seine beiden Operators neue belgische Ausweispapiere und neue Legenden, und die Sache war gelaufen.

Kingsley machte ein Kreuzchen hinter der Sportmassage, die von einem Kinesiologie-Therapeuten vorgenommen wurde und fünfundfünfzig Minuten dauerte. Dann streckte er dem trabrennbegeisterten Angestellten am Empfang des *Le Normandy* das Zettelchen entgegen.

»Können Sie das bitte noch für mich reservieren? Ich stelle nur schnell den Koffer ab und mache mich dann sofort auf den Weg in die Thermen.«

Der Hotelpage nahm Kingsleys Koffer, lächelte ihn freundlich an und begleitete ihn zum Aufzug.

Als die Aufzugstür sich hinter dem neuen Gast schloss, zog der Mann an der Rezeption sofort ein Mobiltelefon aus der Tasche und drückte eine Schnellwahlnummer.

»Raven«, sagte er, »Golfer ist soeben angekommen. Er stellt den Koffer ab und geht in die Thermen. Er hat für einundzwanzig Uhr einen Tisch im *Belle Époque* bestellt. Drei Personen.«

Frankreich – Paris – Rennplatz von Vincennes

King of the Blue Mountains war ein typisches Produkt der Blue Ridge Mountain Racing Stables: von klein auf an Trubel gewöhnt, stand er lammfromm und gehorsam unter der blau-gelben Siegerdecke zwischen seiner überglücklichen Züchterin und Besitzerin Catherine Devereaux und seinem erfolgreichen Fahrer.

Der Normanne Loic Le Guerch trug zu diesem Anlass nicht die bekannten Farben seines eigenen Trabrennstalls, sondern Altgold und Königsblau, seinerzeit von John Denver in dem berühmten Song über Westvirginia und die Blue Ridge Mountains bekannt gemacht. Die Journalisten der auf Sport und Pferdesport spezialisierten Zeitschriften streckten dem siegreichen Team die Mikrofone entgegen. Fotoapparate blitzten. Der bekannte Rennsport-Kommentator des französischen Fernsehsenders *CNews* beschrieb das Pferd als einen der großen Favoriten im Prix d'Amérique und empfahl den Renn- und Wettbegeisterten, sich nicht von seiner relativen Jugend täuschen zu lassen. Er nannte King of the Blue Mountains eine Entdeckung und möglicherweise einen amerikanischen Jahrhundert-Traber, der den französischen Platzhirschen Offshore Dream, Orla Fun und Cool de Caux genauso Paroli bieten würde wie der sympathische Schwede Opal Viking, der von Niels Enquist trainiert wurde.

× × ×

Rhonda Hinkel wirkte in dem aufwendig blumenbestickten langen und weiten Wintermantel aus Samt der britischen Edelmarke Laura Ashley, mit passendem Clochette-Hut und Vintage-Wildlederstiefeln, wie ein Werbefoto für die französische Frauenzeitschrift *Marie Claire*.

Rhonda und ihr Boss General Franklin D. Mahooney hatten sich diskret aus dem Rummel um den Rennsieger zurückgezogen, nachdem sie ihm zuvor noch freundschaftlich den Hals getätschelt hatte. Dank ein paar außergewöhnlichen Insider-Informationen über die Konkurrenten und einem schlauen kleinen Computerprogramm hatte sie den Tierce richtig gewettet. Für einen Einsatz von nur hundertfünfzig Euro durfte sie die robuste Summe von zwölftausend Euro auf ihrem diskreten Bankkonto auf der anglonormannischen Kanalinsel Guernsey deponieren, bevor sie sich um das Unternehmen in Südfrankreich kümmerte, das der DNI ihr gerade anvertraut hatte. Der wertvolle Wettschein steckte sicher in ihrem Geldbeutel in der selbst entworfenen und selbst genähten Schultertasche aus blau-weiß gemustertem Toile-de-Jouy. Diese ganz legalen Prämien aus Wettgewinnen im Pferdesport waren einer der Vorteile, die man hatte, wenn General Franklin D. Mahooney einem ganz normalen Einsatzagenten des US Clandestine Service oder irgendeinem obskuren Mitglied der US-Special-Force-Community ein Angebot machte, für sein »besonderes Team« zu arbeiten.

Rhonda Hinkel hatte das in dem Augenblick begriffen, als sie nach einem knallharten und extrem gefährlichen Einsatz in einer zentralasiatischen ehemaligen Sowjetrepublik während eines Heimaturlaubs die seltsam altertümlich und überholt anmutende Einladung auf Büttenpapier zu einem »freundschaftlichen Weinachtspunsch und gemütlichen Zusammensein« auf dem Computertisch ihres Arbeitsplatzes im Großraumbüro des CIA-Antiterrorzentrums gefunden hatte, wohin sie am 12. September 2001 versetzt worden war.

»Wissen Sie, warum er nicht aufgetaucht ist; weder bei dieser Abendveranstaltung im Musée Bourdelle, noch bei der Versteigerung ›unserer‹ Antiquitäten am 21. Dezember im Hôtel Drouot?«, fragte Mahooney Hinkel.

Hinkel schüttelte den Kopf. Sie hatte sich natürlich die gleiche Frage gestellt. Dr. Kingsley war zwei Tage vor der Abendveranstaltung im Musée Bourdelle einfach nach Brüssel verschwunden, wo er etwas erledigen wollte, bevor Weihnachtszeit und Neujahr Europa bis zum 6. Januar stilllegten. Mehr hatte er Rhonda Hinkel nicht erzählt. Das Auktionsnotariat Mellet & Blanc-Aimé hatte allerdings schon am Tag nach der Versteigerung eine stolze Summe im siebenstelligen Bereich auf ein Bankkonto in Luxemburg überwiesen, von dem ein Teil der *Operation Regenbogen* finanziert wurde. Das hatte sie natürlich mitbekommen. Eine ihrer Aufgaben, von denen Dr. Kingsley nichts wusste, war es, die Antiquitätenhändler und Auktionatoren, mit denen er arbeitete, im Auge zu behalten, damit die sich nicht heimlich Geld in die Tasche steckten, das für die schwarzen Kassen der amerikanischen Black Ops *Regenbogen* vorgesehen war.

Mahooney streckte seiner Mitarbeiterin die Hand entgegen und bedeutet ihr mit einem leichten Kopfzeichen, dass ihr Treffen zu Ende war. Rhonda Hinkel verstand ohne Worte und löste sich umgehend in Luft auf.

Cath hatte ihren Arm um den Hals von King gelegt und wanderte, angeregt mit ihrem Fahrer Le Guerch plaudernd, zu den Ställen. Mahooney mochte Le Guerch. Er war durch und durch ehrlich und lebte nur für den Trabrennsport und seine Pferde. Die blutjunge, zierliche Französin – Mahooney schätzte sie auf höchstens zwanzig –, die sich tagtäglich um King kümmerte, während er in Frankreich war, und ihn auch zu all seinen Rennen fuhr, schwankte beladen mit dem Pokal, zwei Magnum-Champagnerflaschen und dem berühmten roten Schild »Qualifié Prix d'Amérique« hinter ihren Arbeitgebern in die gleiche Richtung.

Sie wirkte erschöpft und völlig ausgelaugt. Ihr Job war knallhart. Mahooney hätte keinem seiner Operators aus dem US Clandestine Service oder den Special Forces jemals zugemutet, was Cath und Le Guerch der Kleinen abverlangten. Es war ein 24/24 Job an dreihundertfünfundsechzig Tagen im Jahr. Das Pferd stand immer an erster Stelle, hatte oberste Priorität. Wenn sie bei Rennen waren, schlief sie gar auf einem Klappbett direkt vor der Box, um sofort zu reagieren, falls das Pferd auch nur falsch schnaufte. Mahooney nahm sich vor, ihr eine Prämie in die Hand zu drücken, bevor sie sich mit dem Pferdetransporter auf den Weg zurück in die Normandie machte.

Er griff in die Tasche. Dort hatte er mindestens fünftausend Euro in bar. Bei einer Siegesprämie von fünfundfünfzigtausend Euro hatte sie sich einen Tausender schwarz auf die Hand ehrlich verdient.

Er folgte der kleinen Truppe. Es war nicht schwierig, auf einem Rennplatz neben seiner Frau unbemerkt durch eine Menge zu schreiten. Catherine »Cath« Devereaux war eine lebende Rennsport-Legende. Sie war die erste und einzige Frau, die sowohl als Fahrer als auch als Trainer den American Triple Crown of Harness Racing for Trotters gewonnen hatte – Hambletonian, Yonkers und Kentucky Futurity auf der Red Mile in Lexington. Er war lediglich der gut erhaltene Sechziger mit Karo-Schiebermütze und bequemer Steppweste, der die Legende begleitete und ihren Labrador an der Leine halten durfte.

Wenn Cath in den letzten Jahren nicht so unglaublich viel Geld mit ihren Pferden verdient hätte, dann wäre er vermutlich schon lange in Rente gegangen und hätte sich endgültig aus dem Geheimdienst-Business verabschiedet, um brav ihre Koppelzäune zu reparieren und ihre zitternde Hand zu halten, während einer ihrer Cracks auf irgendeiner internationalen Prestige-Piste um sechsstellige Beträge trabte. Aber dazu fehlte ihm die Mentalität. Er brachte es nicht fertig, sich unterhalten zu lassen, und es machte ihm Spaß, ihr – wie jetzt in Deauville – immer wieder einmal ein hübsches neues Tier für ihre prestigeträchtige Zucht zu kaufen. Sie hatten es nie geschafft, Kinder zu haben. Die Pferde waren Caths Ein und Alles.

»Komm, Sam!«, forderte Mahooney den schwarzen Labrador auf, »wir müssen uns beeilen, sonst läuft uns dein Frauchen davon!«

Der große Hund wedelte mit dem Schwanz und trabte begeistert – die zusammengerollte Wettzeitung im Maul – hinter King und Catherine Devereaux her.

Frankreich – Normandie – Deauville

Rossi hielt kurz die Luft an, als der Golfer dynamisch kraulend auf sie zuschwamm. Kérmorvan wollte einen kurzen Blick auf das Gepäck des Mannes werfen. Er hatte Rossi mit dem Auftrag in die Thermen geschickt, Golfer im Auge zu behalten. Es war die perfekte Arbeitsteilung.

Rossi beschwerte sich nicht. Sie entspannte im auf fünfunddreißig Grad hochgeheizten Meerwasser unter einer strahlenden Nachmittags-Wintersonne auf einem Liegesprudler im Außenbereich der Thermen von Deauville. Es dampfte weiße Wölkchen. Sie war Golfer zuerst zu seiner Sportmassage in den Wellnessbereich gefolgt. Um diese eine Stunde lang nicht aufzufallen, hatte sie sich auf Staatskosten eine Gesichtsbehandlung gegönnt, für die man sich nicht anmelden musste und die fünfundvierzig Minuten dauerte. Ihre Haut war jetzt gepeelt und glatt wie ein Babyhintern.

Sobald ihr Zielobjekt den Anker lichtete, würde sie Kérmorvan Bescheid sagen und Golfer dann unauffällig folgen, wo immer er auch hinwanderte. Das war in einem Bade- und Society-Ort wie Deauville in der Ferienzeit nicht schwierig. Deauville war so überschaubar, dass niemand sich wunderte, wenn er jemandem mehrmals am Tag über den Weg lief.

× × ×

Die Zimmer waren von den Blue Ridge Mountains Trotting Stables gebucht und bezahlt worden. Kérmorvan hatte das Trabrennunternehmen und das Gestüt von Catherine Devereaux, der Frau des DNI, gegoogelt und war beeindruckt. Ihr selbst gezüchteter Hengst King of the Blue Mountains hatte sich die Teilnahme am Prix d'Amérique redlich verdient, auch wenn er mit erst fünf Jahren wahrscheinlich noch zu jung war, um das Rennen, das als die »Weltmeisterschaft« der Trabrennpferde galt, zu gewinnen. Auch der

Silvesterabend im Casino von Deauville war lediglich auf den Namen des Rennstalls von Catherine Devereaux reserviert.

Sie hatten beschlossen, weder die Luxus-Suite der Mahooneys noch Golfers Zimmer zu verwanzen. Der DNI und sein Operator waren abgebrühte Profis. Sie kannten sämtliche Tricks, und wahrscheinlich rochen sie, so, wie er selbst, elektronische Gadgets und Wanzen bereits auf einen Kilometer gegen den Wind. Es war außerdem unwahrscheinlich, dass die beiden Geheimdienst-Profis leichtsinnig genug waren, in einem Hotel wie dem *Le Normandy* auf dem Zimmer unbefangen miteinander übers Geschäft zu reden. Es war ein offenes Geheimnis, dass die französischen Geheimdienste Luxushotels genauso gerne verwanzten, wie die erste Klasse der Air France. Die DGSE praktizierte nicht nur systematisch aggressive Wirtschaftsspionage, um ihren französischen Unternehmen Vorteile zu verschaffen. Sie schämten sich noch nicht einmal dafür.

Kérmorvan betrachtete Golfers Zimmer. Der Sitzbereich mit Fernseher und Couch war groß und gemütlich. Er schmunzelte, als er den Verkaufskatalog von Arqana und eine Rennzeitung auf dem Beistelltisch bemerkte. Allerdings bezweifelte er, dass Golfer sich wirklich für Pferde und den Rennsport interessierte. Dann betrachtete er neugierig den geöffneten Koffer des Mannes. Lediglich der Smoking für den Silvesterabend war schon ausgepackt und ordentlich aufgehängt. Kérmorvan sah ihn sich genauer an und grinste: Es war das gleiche Modell von Brioni, das James-Bond-Darsteller Daniel Craig in dem Film *Casino Royale* trug. Dazu *comme il faut* das Smokinghemd von Turnbull & Asser. Auch die Seidenfliege zum Selberbinden und die Lackschuhe waren stilecht.

»Dressed to kill!«, amüsierte sich der französische Geheimdienstoffizier im Stillen über den Konkurrenten vom US Clandestine Service.

Neben dem Bett auf dem Nachttisch lag Ferienlektüre: eine Sonderausgabe des *National Geographic* über den französischen Polarforscher Paul-Émile Victor und der neueste Band der Comicserie Largo Winch, *Les trois yeux des gardiens du Tao*. Kérmorvan hatte ihn bereits gelesen. Er mochte die Geschichten von Jean Van Hamme, die Philippe Franq zeichnete. Unter dem Comic lag noch eine Heftmappe. Kérmorvan zog sie vorsichtig heraus und blätterte.

»Sieh an«, sagte er leise zu sich selbst. Er begriff umgehend, was er in Händen hielt. Es war die Kopie einer antiken Schrift. Die A3-Seiten waren in der Mitte gefaltet. Er erkannte, dass die Texte auf der linken Seite in altgriechischer Schrift verfasst waren. Interessanter fand er allerdings die rechten Seiten. Dort stand eine handschriftliche Übersetzung des Texts ins Englische. Der Druckbleistift, der in der Heftmappe steckte, deutete darauf hin, dass der Golfer selbst der Übersetzer war. Das erklärte Golfers zahlreiche Identitäten mit akademischem Touch: den Doktortitel des »Stellvertretenden Direktors der Alliance Base Dr. Robert G. Dell«, den Religionswissenschaftler und Altiranistiker »Dr. Marshall B. Kingsley« von der Franciscan Missionaries of Our Lady University in Baton Rouge in Louisiana und auch den frankobelgischen Kunstsachverständigen und Privatdozenten an der Katholischen Universität von Leuven, über den sie zufällig gestolpert waren. Selbst seine Katari-Identität »Muhammad ibn Muhammad ibn al-Jazari« ließ sich mit dem traditionellen orientalischen Ehrentitel Ustaz ansprechen, der sowohl für Religionsgelehrte als auch für Universitätsprofessoren gebräuchlich war.

Damit habe ich an einem Nachmittag gleich zwei deiner Schwachstellen entdeckt, alter Freund, dachte Kérmorvan amüsiert. Du hast ein Faible für seltene und sehr alte Schriften, und du schaffst es nicht, deine akademischen Lorbeeren abzulegen, egal welche Identität du gerade annimmst. Ein fataler Fehler.

Er fotografierte alles ab und schickte die Fotos sofort an David Jurie. Der Kurator des Musée Guimet übersetzte in diesem Augenblick ihre Schriftrollen aus dem Hochtal, die ein alternatives Alexander-Epos erzählten, das sich spannend wie ein Thriller las. Den Toshiba Portégé Laptop überließ Kérmorvan seiner Kollegin vom

Back-up-Team, die Golfers Zimmer und die danebenliegende Suite der Mahooneys als Zimmerfrau verkleidet aufräumen würde, während sie alle am nächsten Morgen zur Auktion gingen. Zum Abschluss warf er noch einen Blick ins Badezimmer. Golfers Kulturbeutel stand neben dem Waschbecken.

Der Mann schien fit wie ein Turnschuh. Er brauchte keine Medikamente. Ein paar Vitamin-C-Tabletten, ein bisschen Magnesium. Er hatte nicht einmal ein Röhrchen Paracetamol dabei. Außer einem diskreten, wenn auch guten Rasierwasser fand Kérmorvan lediglich Kamm, Zahnbürste und Rasierzeug. Der Golfer mochte nicht nur antike Schriften, sondern auch Rasierseife in der Holzdose, Dachshaarpinsel und sein klassisches Rasiermesser – eine unauffällige und sehr effiziente Waffe für den Notfall, mit der niemand rechnete. Der Mann war ein Profi.

Vereinigtes Königreich – Schottisches Hochland

Sie waren schon seit Anfang Dezember im Kingsmill Hotel abgestiegen. Das hübsche Herrenhaus aus dem Jahr 1786 lag inmitten einer zwei Hektar großen Parklandschaft, die sich direkt an einen der beiden 18-Loch-Golfplätze von Inverness anschloss. Die berühmte Burg war in Sichtweite, und in die historische Altstadt waren es fünf Minuten mit dem Taxi oder fünfzehn Minuten zu Fuß.

Nach dem Besuch in Ägypten bei ihrer Tochter Sharifa hatte Dadullah Khan beschlossen, ihre Ferien in Europa bis ins neue Jahr hinein zu verlängern. Asma hatte sich, nachdem ihr Freund, der Brigadier Naeem Hassan Ali, und seine Frau abgereist waren, überreden lassen, nicht nach Karatschi, sondern für ein paar Wochen nach Großbritannien zu fliegen.

Dadullahs ältester Bruder Abdallah hatte enthusiastisch reagiert. Er hatte selbst keine Lust gehabt, in den Flieger zu steigen, nur um ein paar Papiere bei der Barclays Bank in London zu unterschreiben. Dadullah hatte vom Business der Familie Khan profitiert und konnte sich gleichzeitig um seine privaten finanziellen Angelegenheiten kümmern.

Die dreijährige Raubgrabung hinterm Haus von Großonkel Ashim und seinen beiden Großtanten hatte ihm die runde Summe von zweieinhalb Millionen Dollar eingebracht. Er hatte das Geld der renommierten Coutts Bank anvertraut. Sie waren auf Vermögensverwaltung spezialisiert. Sein ältester Bruder hatte Dadullah auch noch seine Gewinnbeteiligung aus der Firma überwiesen, nachdem er ihm erklärt hatte, dass Asma wegen der Kinder und des Internats endlich nachgegeben hätte und bereit war, nach Großbritannien umzuziehen.

Dadullah wanderte zufrieden neben seinem Partner über das Green zum Hotel zurück. Er genoss sein tägliches Golfspiel. Er mochte den Golfplatz, und sie hatten sich im Inverness Golf Club umgehend wohlgefühlt. Die Leute waren nett, das Restaurant gut und der Mitgliedsbeitrag erschwinglich. Außerdem gab es in einem Umkreis von einer Stunde Fahrzeit mit dem Auto noch acht andere fantastische 18-Loch-Golfplätze, auf denen man als Besucher gegen eine Green-Fee auch spielen durfte. Er würde sich hier oben in den Highlands im Nordosten Schottlands nicht langweilen, und als größte Stadt und kulturelles Zentrum der schottischen Highlands bot Inverness auch alles, was Asma sich immer gewünscht hatte. Vor allem aber gab es hier kaum Verbrechen; Inverness galt als eine der sichersten Städte in Großbritannien. Eine Frau konnte mitten in der Nacht allein und unbegleitet quer durch die Stadt wandern.

Er hatte sich mit dem Immobilienmakler für den frühen Nachmittag verabredet. Asma hatte geglaubt, dass er Golf spielte, während er in Wirklichkeit auf der Jagd nach ihrem künftigen schottischen Heim gewesen war. Am Ende hatte Dadullah gefunden, wovon sie seit Langem träumten. Asma wusste noch nichts. Schon als er das kleine Herrenhaus aus dem 17. Jahrhundert mit dem poetischen Namen Ravenswood und dem unverbaubaren Blick über den spektakulären Beauly Firth gesehen hatte, hatte er gefühlt, dass es wie für sie bestimmt war.

Asma hatte sich für den Vormittag verabschiedet und war mit dem Mietwagen hoch nach Elgin gefahren, um die Zwillinge Anahid und Anahita und seinen kleinen Omid in ihrer neuen Schule anzumelden. Am Ende hatten sie sich mit Asma dann doch für Gordonstoun entschieden. Die internationale Privatschule lag nur eine Autostunde von Inverness entfernt. Sie war 1934 von dem aus Deutschland geflohenen Reformpädagogen Kurt Hahn gegründet worden, auf den auch die Schulen Schloss Salem, Birklehof und Louisenlund zurückgingen, und mindestens ein halbes Dutzend Mitglieder der britischen Königsfamilie einschließlich des Kronprinzen Charles hatten hier ihre Schulzeit absolviert. Außerdem war es eine gemischte Schule, und die Kinder mussten sich nicht trennen. Für ihren ältesten Sohn gab es sowohl die Universität von Aberdeen als auch Edinburgh. Beide boten Geologie-Studiengänge an und hatten einen guten Ruf, und die Studiengebühren waren mit unter neunzehntausend Pfund pro Jahr absolut erschwinglich.

Dadullah stellte sich vor, wie Asma reagieren würde, wenn er ihr das Haus zeigte. Den Termin für die Unterschrift beim Notar hatten sie am frühen Abend. Er wollte ihr großes Haus in Karatschi an Diplomaten oder Mitarbeiter einer internationalen Firma vermieten und lediglich die kleine Wohnung behalten, die sie damals für Sharifa gekauft hatten. Sein Bauchgefühl sagte Dadullah, dass es an der Zeit war, Pakistan zu verlassen und seinem Doppelleben als Unternehmer und Taliban-Warlord ein Ende zu setzen. Er hatte noch nicht mit Ben darüber gesprochen, und weder sein Cousin Borjahn noch sein Onkel Mokthar wussten von diesem Plan. Der überraschende und feurige Tod aus der Luft seines ungeliebten Verwandten Ahmad Jan im November und das Blutbad im Hochtal von Iskanderga'l hatten ihn davon überzeugt, dass es besser war, den Bogen nicht zu überspannen. Ahmad Jan hatte auch immer geglaubt, dass er auf seinem Wehrhof und in seiner Hochburg Mapan sicher und unverwundbar war. Er hatte sich geirrt und den Irrtum mit dem Leben bezahlt. Dadullah hatte das nicht vor. Er wollte an Altersschwäche sterben – im Kreis seiner Kinder, Enkel und vielleicht gar Urenkel.

Frankreich – Normandie – Deauville

Öffentliche Pferdeversteigerungen waren tief in der französischen Rennsportindustrie verwurzelt und fanden schon seit mehr als einem Jahrhundert statt. Viele internationale Champions hatten als Jährlinge oder am Anfang ihrer Karrieren ihre Hufe in den Sand des berühmten Verkaufsrings von Deauville gesetzt.

Die französischen Auktionsgesellschaften boten einen vielfältigen Kalender mit mehr als einem Dutzend Versteigerungen, die jedem Budget gerecht wurden. Arqana, mit Versteigerungen in Deauville in der Normandie und Saint-Cloud bei Paris, war im Vorjahr aus der Fusion der französischen Agentur für Blutpferde mit dem Auktionator Goffs entstanden. Das hatte dem französischen Markt einen unvergleichbaren Schub gebracht und Arqana selbst gleichzeitig zu einem der wichtigsten Pferde-Auktionshäuser Europas gemacht. Aus diesem Grund war der gesamte Rennzirkus direkt von den Tattersalls Sales in Newmarket nach Deauville gekommen.

× × ×

Kérmorvan hielt Rossis Hand fest, damit sie in dem Gedränge am Einlass nicht getrennt wurden. Die Versteigerung begann um vierzehn Uhr. Die Besucher hatten sich beim Mittagessen im Rennclub in Stimmung gebracht. Am Morgen waren die Verkaufspferde an der Hand vorgeführt worden. Mahooney und der Golfer hatten zusammen mit einem großen, lackschwarzen Labrador an der Leine neben Catherine Devereaux gestanden und mit ihr die Pferde beobachtet. Kérmorvan war sicher, dass sie nichts Geschäftliches miteinander besprochen hatten. Am Mittagstisch waren die drei bei einer Gruppe französischer Züchterkollegen und zwei Emiratis gesessen. Die hatten sich inzwischen zu einer größeren Gruppe Landsleute in traditioneller Kleidung gesellt, die direkt unten am Ring ein Grüppchen bildeten. Zwei Russen – bekannte Kaufagenten, die im Auftrag superreicher Oligarchen steigerten – stiegen ganz nach oben in die letzte Reihe der Ränge. Mahooney und der Golfer folgten ihnen, während Catherine Devereaux und ihr Fahrer Loic Le Guerch sich nach unten direkt an den Ring setzten. Kérmorvan erkannte ein Urgestein des französischen Pferdehandels: Emmanuel de Seroux von Narvick International. Während des Mittagessens hatte er aufgeschnappt, dass de Seroux im Auftrag der japanischen Züchter Katsumi und Teruya Yoshida von der Shadai Farm steigern würde und es offensichtlich auf genau den gleichen Hengst abgesehen hatte wie Mahooneys Frau. Alle großen französischen und die meisten großen internationalen Gestüte waren präsent. Zu den Highlights der Versteigerung zählten auch die Angebote des Aga Khan, der als Mitbesitzer der Auktionshäuser Arqana und Goffs logischerweise nur dort seine Pferde in den Ring schickte.

»Das ist ja schlimmer als am ersten Tag des Winterschlussverkaufs!«, fluchte Rossi und quetschte sich auf den Platz neben Kérmorvan.

»So ähnlich. Du kannst hier auch echte Schnäppchen machen. Das ist die mit Abstand größte Zuchtversteigerung nach der Jährlingsauktion vom August.«

Er platzierte den dicken Verkaufskatalog auf seinen Knien. Obenauf klemmte etwas, das einem teuren Füllfederhalter ähnelte.

Ihm wurde schnell klar, dass weder Mahooney noch der Golfer sich für die Versteigerung interessierten. Kérmorvan drückte Rossi die Tafel mit seiner Nummer in die Hand.

»Glaubst du wirklich, wir haben eine Chance, den Kleinen zu ersteigern? Der eine Emirati hat ihn heute Morgen nach der Vorführung nämlich ziemlich genau angeguckt, und ich bin sicher, der hat erheblich mehr Geld in der Tasche als wir.«

Kérmorvan schmunzelte und küsste sie zärtlich auf die Wange. Die beiden Männer, die vor ihnen saßen, waren völlig entspannt. Sie waren sich nicht darüber im Klaren, dass man ihnen auf die Spur gekommen war und jemand ihnen zuhörte. Das miniaturisierte Richtmikrofon auf dem Auktionskatalog hatte eine geringe Schallempfindlichkeit in der Einsprechrichtung und filterte die Umgebungsgeräusche perfekt heraus. Er trug einen fast unsichtbaren Miniaturempfänger im Ohr.

»Die wollen den Kleinen nicht«, beruhigte er Rossi, »dich und mich stört es nicht, dass er aussieht, als ob er in einen roten Farbtopf gefallen ist, aber die Profis, die im großen Rahmen züchten, mögen diese Farbe nicht. Du kannst für ihn bis fünftausend Euro mitsteigern – mehr lohnt sich nicht.«

× × ×

Kingsley war kein Kostverächter. Er verstand auch ein bisschen Deutsch. Die Kleine war ihm bereits am Vortag aufgefallen, zuerst in den Thermen im Wellness-Bereich, dann beim Abendessen im *Belle Époque* und schließlich an der Bar beim spätabendlichen Absacker: Sie war Anfang dreißig, bildhübsch, durchtrainiert und knapp 1,60 groß. Er schätzte sie auf maximal zweiundfünfzig Kilogramm. In Deutschland war der Amateurrennsport genauso populär wie in Frankreich. Wahrscheinlich trug sie zu Hause die Reithosen, und der ältere Mann an ihrer Seite finanzierte das teure Hobby. Der war ihm am Vortag nicht einmal aufgefallen.

»Endlich«, seufzte Mahooney neben ihm. »Man hat das Gefühl, als gäbe es hier etwas geschenkt.« Er deutete auf seine Frau unten in der ersten Reihe am Ring. »Ich habe Cath schon lange nicht mehr so aufgeregt erlebt. Natürlich ist das Vieh, das sie ersteigern möchte, ganz nett und hat tolle Papiere. Aber am Ende ist es auch einfach nur ein Pferd.«

Kingsley lachte: »Ich wette mit dir um eine Magnum-Champagnerflasche am Silvesterabend; ihr werdet mit mindestens vier

Pferden nach Hause fliegen. Ich habe Cath heute Morgen beobachtet. Sie ist wirklich in Shopping-Laune.«

Er tätschelte Sam, dem Labrador, den Kopf. Der Hund drückte, vom Sturm auf die Ränge erschöpft, den Kopf an sein Knie.

Mahooney fummelte ein Leckerli für Sam aus der Tasche.

»Wie sieht es eigentlich in Belgien aus, Ben?«

Kingsley lehnte sich zurück und senkte die Stimme. Im gleichen Augenblick kündigte eine Frauenstimme aus den Lautsprechern das erste Verkaufspferd an und erläuterte seine Blutlinie. Oben auf der Tribüne standen drei Auktionatoren. Der erste deutete mit der ausgestreckten Hand auf die Zuschauer und rief: »Der Anfangspreis liegt bei dreitausend Euro. Wer bietet viertausend Euro? Wer bietet viertausend Euro?«

Unten in den Rängen hoben sich Stimmen, Täfelchen mit Nummern oder einfach auch nur Hände. Die Arqana-Hostessen in den bordeauxrot-gold-schwarzen Uniformen machten Notizen, während die Auktionatoren auf dem Podium in einem seltsamen Singsang Zahlen verkündeten. Gleichzeitig stieg die moderne LED-Anzeige am Ring rapide. Das dunkelbraune Verkaufspferd wurde in dem abgegrenzten Ring vor den Auktionatoren von einer jungen Frau im Kreis geführt, der die Tränen übers Gesicht liefen. Sie hatte sich wahrscheinlich seit der Geburt um das wertvolle Tier gekümmert und realisierte in diesem Augenblick, dass es für die Besitzer lediglich Ware war und sie gerade ihre letzten Momente miteinander verbrachten. Bei dreihunderttausend Euro fiel schließlich der Hammer.

× × ×

Kérmorvan fixierte den Ring, ohne die verschiedenen Pferde, die hinein- und wieder hinausgeführt wurden, wirklich wahrzunehmen. Dank des Richtmikrofons auf seinem Versteigerungskatalog hörte er relativ viel von der Unterhaltung der beiden Männer in der Sitzreihe vor ihnen. Da auch alles aufgezeichnet wurde, würden ihre Experten in Romainville am Ende den Lärm herausfiltern, und sie hatten das ganze Gespräch.

Rossi hatte sich völlig von dem spannenden Spiel der Versteigerung einfangen lassen. Sie war eine ausgezeichnete Tarnung für Kérmorvans kleine Abhöraktion. Selbst wenn Mahooney oder Golfer sich zufällig umdrehten: Alles, was sie sahen, waren zwei Pferdefreaks aus Deutschland, die ein ganz bestimmtes Tier wollten und nicht allzu viel Erfahrung mit der Bieterei in Frankreich hatten; sie aufgeregt, er konzentriert.

Kérmorvan war sich von Anfang an sicher gewesen, dass der DNI und sein Zielobjekt Golfer die Versteigerung nutzen würden, um übers Geschäftliche zu reden. Er hätte es genauso gemacht. Wenn der Dienst nicht zufällig dank dem genialen QUIGGLE im richtigen Augenblick auf Skype mitgehört hätte, dann säße jetzt niemand mit einem speziellen Richtmikrofon direkt hinter den beiden Männern. Ein US-DNI war weder ein Politiker im Rampenlicht noch ein Regierungsmitglied. Er war lediglich ein hoher Regierungsbeamter.

Mahooneys private Frankreichreise zu Silvester und dem Prix d'Amérique hätte weder Glockenläuten am Quai d'Orsay noch einen Alarm am Boulevard Mortier ausgelöst. Sie hatten vor dieser ganzen Sache nicht einmal realisiert, dass Mahooneys Frau Catherine aus der Kurzbiografie nach seiner Ernennung durch den US-Präsidenten zum DNI und die Trabrennlegende Catherine Devereaux ein- und dieselbe Frau waren. Außer Kérmorvan selbst interessierte sich wahrscheinlich niemand in der gesamten DGSE wirklich für den Trabrennsport. Und selbst er hatte erst getickt, als der Name des bekannten Gestüts in den Blue Ridge Mountains im Zusammenhang mit Frank und Catherine Mahooney fiel. Seine Begeisterung für Pferde und den Reit- und Rennsport war natürlich nicht der einzige Grund, warum Madame le Juge ausgerechnet ihn nach Deauville geschickt hatte.

»Zweitausend, zweitausend, zweitausend«, sang der Auktionator auf der Tribüne, während ein Mitarbeiter des Züchters den

Jährling im Kreis führte. »Wer bietet mehr als … zweitausend, zweitausend, zweitausend … zweitausend zum Ersten, zum Zweiten …«

Kérmorvan fühlte plötzlich eine heftige Bewegung an seiner Seite, die ihn aus der Konzentration riss. Rossis Ellbogen traf ihn und verfehlte dabei nur knapp eine der immer noch geprellten Rippen vom Verhör des Rugbyfanclubs.

Kérmorvan wusste in diesem Augenblick nicht mehr, ober er sich über die Gesprächigkeit von Golfer und Mahooney freuen sollte oder ob er beiden, nachdem er ihre Unterhaltung mitgehört hatte, umgehend das Genick brechen sollte, um dem ganzen Spuk hier und jetzt ein Ende zu bereiten. Er konnte kaum glauben, wie kaltschnäuzig und arrogant diese beiden Amerikaner waren.

»… dreitausendfünfhundert zum Dritten. Sesterce d'Anou geht an die Dame oben links in den Rängen mit der Nummer 132. Herzlichen Glückwunsch!«

Er sah aus dem Augenwinkel, wie Rossi von ihrem Sitz hochschoss und sich zu der Arqana-Mitarbeiterin an der Treppe hinüberdrängelte, die den Verkaufsbogen für das Pferd brachte. Mahooney und Golfer diskutierten gerade über die Notwendigkeit, dem sturen europäischen Ameisenhaufen einen kräftigen Tritt zu versetzen und eine der europäischen Institutionen direkt anzugreifen – in einem Augenblick, in dem sich dort möglichst viele Vertreter der EU-Mitgliedsstaaten befanden.

Kérmorvan fühlte, wie Rossi sich wieder neben ihn quetschte. Sie streckte ihm stolz den Zettel entgegen, der den Kauf des schlauen, feuerroten Füchsleins mit den kleinen Ohren besiegelte. Sie hatte ganz selbstverständlich mit »Kérmorvan« unterschrieben, seine IBAN-Nummer und den BIC-Code eingetragen und einen Krakel daruntergesetzt, die seine Bank problemlos akzeptieren würde.

»Wir haben unseren Asterix!«, seufzte sie erleichtert.

Trotz der Emotion fiel sie nicht aus der Rolle und sprach brav weiter deutsch. Kérmorvan legte den Arm um sie, zog sie an sich und küsste sie.

»Wir haben ihn wirklich!«, freute er sich ehrlich. »Und du hast recht: Ich finde den Namen vom Züchter auch doof. Asterix passt besser zu ihm! Wir bezahlen nachher die Box bis zum Neujahrstag, schlafen nach der Silvesterfeier richtig aus und bringen den Kleinen dann am Nachmittag gemütlich nach Hause.«

Er hatte vorsorglich den brandneuen, schicken Pferdehänger seines Großvaters nach Deauville mitgenommen, der auch farblich perfekt zu dem Porsche-Cayenne-Geländewagen aus dem DGSE-Fuhrpark passte.

Rossi knuffte ihn: »Das hat echt Spaß gemacht«, sagte sie zufrieden, »und er ist wirklich zum Verlieben. Ich lauf nachher erst einmal schnell los und hole ein paar Karotten für Asterix.«

Kérmorvan zwinkerte ihr zu, deutete diskret mit dem Finger auf sein Ohr, dann auf Mahooney und den Golfer. Die beiden hatten das Thema gewechselt. Rossi gab ihm ein Thumbs-up. Sie hatte sofort verstanden. Unten am Ring flogen gerade die Fetzen – völlig unbeachtet von ihren beiden Zielobjekten, die die Köpfe zusammensteckten wie Pennäler, die einen Streich ausheckten. Catherine Devereaux lieferte sich ein brutales Bieterduell mit Emmanuel de Seroux von Narvick International und Thierry Duvaldestin vom normannischen Gestüt La Sauvagère. Der Junghengst, den sie um jeden Preis wollte, war von beiden Seiten – Vater und Mutter – Enkel von Trabrennsportlegenden: Workaholic und Cocktail Jet. Am Ende gaben sich Franzosen und Japaner geschlagen, und das wertvolle Tier ging nach Amerika.

Frank Mahooney und der Golfer hatten nicht einmal wahrgenommen, dass Catherine Devereaux und die Blue Ridge Mountains Trotting Stables gerade für knapp eine halbe Million Euro absolut einzigartiges Trabrenn-Genmaterial aus Frankreich in die USA entführten. Kérmorvan fummelte das Cryptophon aus der Hosentasche und tippte diskret eine kurze Textmitteilung an Madame le Juge.

ACHTES KAPITEL

Frankreich – Versailles – Résidence de la Lanterne

Christiane Près fand, dass Premierminister Jerôme Rousseau am Ende einen schlechten Deal gemacht hatte, als er seine traditionelle Résidence La Lanterne, das Jagdschloss des Prinzen von Poix, mit dem Staatschef Louis Poniatowski getauscht hatte und dafür die Domaine de Souzy-la Briche in der Essone bekommen hatte.

»Wissen Sie, meine Liebe«, sagte der sportliche Mittfünfziger Poniatowski ehrlich, während sich das große grau gestrichene Tor hinter ihnen schloss, »Jerôme verbringt seine knapp bemessene freie Zeit sowieso lieber zu Hause in seinem Garten in der Sarthe und pflanzt Gemüse. Ich glaube nicht, dass er es bedauert, mir den Tennisplatz überlassen zu haben.«

Die Résidence La Lanterne hatte außerdem noch ein großes Schwimmbecken, das der Premierminister Michel Rocard des Sozialisten Mitterrand auf Kosten der französischen Steuerzahler hatte einrichten lassen.

»Es tut mir leid, Sie ausgerechnet heute zu stören, Monsieur le Président«, sagte Christiane Près, »und dann auch noch direkt vor den Neujahrsgrüßen.«

Nach der SMS-Textmitteilung von Kérmorvan am Vortag hatte sich alles beschleunigt. Golfers brandneuer, hochwertiger und sehr teurer Laptop hatte sich bereits als kompletter Reinfall erwiesen, während Raven und Magpie noch auf der Rennpferde-Auktion hinter ihren beiden amerikanischen Zielobjekten herschlichen. Es war lediglich der private Rechner des Mannes, dem Rossi-Magpie vor ein paar Wochen den Codenamen »Golfer« verpasst hatte. Die als Zimmermädchen verkleidete Mitarbeiterin der Division Action hatte trotzdem die gesamte Festplatte kopiert, als sie begriff, dass wenigstens ihr »Berater für Archäologie und Altertumskunde« Dr. David Jurie von dem Computer-Klau profitieren konnte. Auch der Scan, den der Golfer mit Bleistift übersetzt hatte, und den Kérmorvan vollständig abfotografiert hatte, offenbarte nicht gerade den »Heiligen Gral«. Es handelte sich lediglich um einen religiösen Text der Zoroastrier, den ein grecomazedonischer Gelehrter in den Tagen von Alexander dem Großen aus dem Parsischen ins Altmazedonische übertragen hatte.

Nach Juries Aussage war der Inhalt für Religionswissenschaftler und Altiranistiker von großem wissenschaftlichen Wert. Für den französischen Geheimdienst war er allerdings unbedeutend. Christiane Près ersparte dem Präsidenten der Republik die akademischen Details, obwohl er inzwischen ein erklärter Fan der Übersetzungen der Schriftrollen aus dem Hochtal in den Großen Suleimans war, die Kérmorvan und sein Team zusammen mit dem Terroristen El Ouazzani mitgebracht hatten. Sein Okay für eine »ganz besondere Mission« im neuen Jahr in ein Gebiet von Subsahara-Afrika, das nun erwiesenermaßen auch den US-DNI Mahooney und den Golfer brennend interessierte, war Dr. David Juries Weihnachtsgeschenk aus Romainville gewesen. Der Kurator des Musée Guimet durfte sich in ein paar Wochen gemeinsam mit ihrem IM Pierre Besson und ihrem neuen Mann Bayram Ritter auf den Weg auf den schwarzen Kontinent machen, um dort eine erste wissenschaftliche Aufklärungstour für dieses ungewöhnliche Projekt der Division Action zu unternehmen.

»Wir sind jetzt allerdings sicher, dass die wahre Identität unseres Freundes ›Golfer‹ ein gewisser Dr. Marshall B. Kingsley ist, wobei das B. in der Mitte für ›Benjamin‹ steht.«

Christiane Près streckte dem französischen Staatschef eine dünne Mappe hin, die ihre IT-Expertin Farida zwischen Internet und

Darknet an einem einzigen Tag zusammengestellt hatte. Am Ende war alles relativ einfach gewesen, auch wenn in einem Detail wahrscheinlich politischer Zündstoff steckte. Zündstoff für die Amerikaner!

»Gütiger Himmel«, entfuhr es dem französischen Staatschef, der die Mappe überflog, »was für ein unglaublicher Sumpf!«

»›Golfer‹ ist schon seit sehr, sehr langer Zeit in Europa aktiv, Monsieur le Président«, erklärte Christiane Près, »und er hat es dabei geschafft, komplett unterm Radar sämtlicher europäischer Geheimdienste zu fliegen. Niemand hat diesen Mann je bemerkt. Ich habe vorhin noch kurz mit unseren deutschen Partnern gesprochen. Die haben es nicht mit so viel Humor genommen wie Sie!«

Stefan Hubers Chef, der Staatsminister, hegte Mordgelüste. Christiane Près berichtete in kurzen Worten, was Kérmorvan mit dem Richtmikrofon während der Pferdeversteigerung in Deauville gehört hatte. Die Tage, die der französische Staatschef am Jahresende in der Résidence La Lanterne zubrachte, waren informell und entspannt. Sie wurden nur vom Termin der Neujahrsgrüße an die Franzosen unterbrochen, eine republikanische Tradition, die am 31. Dezember 1959 von Charles de Gaulle eingeführt worden war. Nachdem sie ihren Winterspaziergang tête-à-tête durch den wunderbaren Laubwald beendet hatten, der der dritte große Vorteil dieser ganz speziellen Staatsresidenz war, bedeutete Louis Poniatowski seiner bewährten Geheimdienstfrau, ihn zum Schloss zu begleiten.

× × ×

Der Präsident schenkte Christiane Près in der großen und gemütlichen Wohnküche eine Tasse frisch gebrühten Tee ein. Der vierte große Vorteil von »La Lanterne« war es, dass seine Sicherheitsbeamten sich erholten und in dem exzellent ausgestatten Fitnessbereich Sport machten oder friedlich in der Sauna herumhockten und nicht ständig wie wild gewordene Hornissen um ihn herumschwirrten. Das machte es möglich, Gespräche zu führen, die er im Élysée-Palast so unbefangen einfach nicht geführt hätte.

Poniatowski legte ein paar Apfel-Zimt-Muffins auf einen Teller. Sie waren wunderbar gelungen. Er hatte sie am Morgen zusammen mit seiner Freundin und deren kleinem Sohn gebacken. Seitdem seine Ex-Frau Frankreich endlich den Rücken gekehrt und zu ihrem Liebhaber, dem bekannten Eventproduzenten und Vorstandsvorsitzenden einer internationalen Werbeagentur, nach New York umgezogen war, fühlte er sich wie ein neuer Mensch. Nichts war mehr unmöglich.

Christiane Près ließ sich nicht bitten und griff zu. Sie liebte Süßes und Kuchen.

»Raven ist sich seiner Sache wirklich absolut sicher?« Der Präsident sah ihr knallhart in die Augen.

Als er sie zum ersten Mal getroffen hatte – er noch Innenminister, sie noch Antiterrorrichterin –, war es ihm schwergefallen, die zierliche, kleine Frau, die auf den ersten Blick einen zerbrechlichen Eindruck machte, so direkt anzugreifen. Es hatte damals kaum eine Stunde gedauert, bis er begriffen hatte, dass der Eindruck täuschte. Sie kannten sich inzwischen sehr gut und vertrauten einander völlig. Und er wusste, dass Madame le Juge keine politischen Ambitionen hegte.

Christiane Près erwiderte seinen Blick mit der gleichen Härte. Er war nicht der erste Staatschef, dem sie gegenübersaß, und er würde nicht der letzte sein. Ihr Interesse galt der Republik, ihre Loyalität gehörte den Frauen und Männern der Division Action, die sie für Frankreich in den Einsatz schickte. Sie zog einen in der Mitte gefalteten A4-Bogen mit einem entsprechenden Briefkopf und einem in der Staatsdruckerei eingearbeiteten speziellen blau-weiß-roten Wasserzeichen aus der Handtasche. Dann suchte ihre Hand kurz nach ihrem Kugelschreiber. Ohne den Blick von ihrem Gegenüber zu nehmen, legte sie das Schreibwerkzeug auf das Papier und schob beides über den Tisch.

Präsident Poniatowski verzog den Mund zu einem kleinen Lächeln: »Bringen Sie mich bloß nicht in Teufels Küche, Christiane!«, sagte er und unterschrieb, ohne einen zweiten Blick auf den Text zu werfen, den sie verfasst hatte.

Einer der Sicherheitsbeamten klopfte diskret an das Glas der Schiebetür, die ein kleines, gemütliches Esszimmer von der Wohnküche abtrennte. Die Gemahlin seines Vorgängers hatte diese praktische Umbauarbeit im Inneren von La Lanterne vornehmen lassen, um ihren Enkelkindern ein einfaches und familiäres Ambiente zu bieten.

»Ich wünsche Ihnen und allen Ihren Mitarbeitern ein gutes und erfolgreiches neues Jahr!«, verabschiedete sich der Staatschef zu seinem Termin mit den Fernsehkameras und den Franzosen.

Für diese ersten Neujahrswünsche seiner Präsidentschaft wollte Poniatowski, wie seinerzeit de Gaulle, direkt und aus dem Élysée-Palast zum französischen Volk sprechen, bevor er anschließend zu einem privaten Abend im Kreis seiner Familie in die Résidence de la Lanterne zurückkehrte. Lediglich sein jüngster Sohn hatte es vorgezogen, Silvester mit seiner Mutter und dem Werbemanager in New York zu verbringen.

»Ich erwarte Sie und die Truppe unserer neuen Einheit CORVUS am Dreikönigstag im Élysée-Palast! Alle – einschließlich Ihres sehr agilen und wendigen deutschen Komplizen Dr. Stefan Huber.«

Er winkte freundschaftlich mit der Hand und verschwand.

Christiane Près verstaute den unterschriebenen Befehl des Präsidenten sorgfältig in ihrer Handtasche und zog ihr Cryptophon aus der Handtasche.

»Sie haben sein ›Go‹, Raven!«

Frankreich – Deauville – Grand Casino de Deauville

Der Salon des Ambassadeurs im Casino von Deauville fasste zweihundert Personen. Die runden Tische für jeweils zehn Gäste waren um die Tanzfläche arrangiert, auf einer Estrade spielte ein Live-Orchester während des Gourmet-Diners leise Klassik, anschließend

Tanzmusik. Gleichzeitig gab es im *Brumel Club* auf der anderen Seite des Gebäudes einen ganz anderen Musikstil, eine zweite große Tanzfläche, einen bekannten DJ und im Restaurant *Le Ciro's* den beliebten Deauville Midnight Brunch. Auch hier waren die zweihundert Plätze ausgebucht. Dazwischen lag der große Bereich des Spielcasinos, das an diesem Abend exklusiv nur für die Gäste der beiden Silvesterpartys geöffnet war.

Kérmorvan kannte das Casino. Seinen Smoking hatte er hier zuletzt mit seiner letzten Ex-Freundin vor zwei Jahren beim Filmfestival von Deauville Gassi geführt. Sie arbeitete als Pressefrau für die Produktionsfirma des Kino-Urgesteins und Starregisseurs Luc Besson. Seine unentschuldigte Abwesenheit im August des Jahres bei der französischen Premiere von Bessons *Transporter 2* mit Jason Statham war dann allerdings der Tropfen, der das Fass zum Überlaufen brachte, warum Hélène ihn vor die Tür gesetzt hatte. Die übliche Geschichte: Madame le Juge hatte Kérmorvan ohne Vorwarnung in einen Einsatz geschickt. Als er drei Monate später leicht zerfleddert aus Saudi-Arabien zurückkehrte, stellte er fest, dass er eine weitere Ex-Freundin hatte, auch wenn diese spezielle Ex-Freundin aus der Filmbranche sich mit einer Halbwertszeit von achtzehn Monaten als erheblich resistenter erwiesen hatte als ihre zahlreichen Vorgängerinnen.

Kérmorvan hatte Rossi die Story erzählt, während sie Arm in Arm auf einem Umweg über den schön beleuchteten großen Platz und die fürs Silvesterfeuerwerk vorbereitete Fontäne vom *Le Normandy* durch das nächtliche Deauville bis zum Casino gewandert waren.

Kérmorvan hatte die Sache mit Hélène genauso resigniert hingenommen wie all die anderen Trennungen zuvor. Es gab einfach keine logische Erklärung, die man einem Außenstehenden für eine plötzliche dreimonatige Abwesenheit geben konnte; vor allem nicht, wenn die Betroffenen überzeugt waren, dass man einen ganz normalen Allerweltsjob im Centre de la Normalisation de la Défense der Direction Générale de l'Armement des Verteidigungsministeriums machte.

Kérmorvan hatte den Umweg nicht nur gewählt, um das erleuchtete Deauville zu genießen oder um Rossi sein Leid zu klagen, wie schwierig es war, seinen Job mit einem erfüllten Privatleben in Einklang zu bringen. Es war auch ein Ablenkungsmanöver.

Rossi wusste immer noch nicht, warum sie wirklich hier waren. Er hatte die letzten Details mit Madame le Juge kurz am Cryptophon besprochen, während Rossi beim Friseur gesessen hatte, um sich für den exklusiven Silvesterabend die Haare richten zu lassen. Präsident Poniatowski hatte seinen Vorschlag akzeptiert und einen entsprechenden neuen Befehl unterzeichnet. Trotzdem hing es im entscheidenden Augenblick immer noch von Rossis Reaktion ab, ob sein Plan auch funktionierte. Es war eine wilde Idee, aber wenn es klappte, dann hatte er es in gewisser Weise geschafft, »ihren Mann« in eine gefährliche, manipulative und sehr obskure Ecke des US-amerikanischen Deep State und des US Clandestine Service einzuschleusen.

× × ×

Sie betraten das Casino über eine der beiden Freitreppen. Kérmorvan sah ihr Zielobjekt bereits an der Garderobe stehen. Galant half er Catherine Devereaux aus dem Mantel. Die Trabrennlegende war mit knapp sechzig Jahren eine ausgesprochen attraktive Frau. Das bordeauxrote Abendkleid, das sie trug, stand ihr ausgezeichnet.

»Unser ganz spezieller Freund trägt den gleichen Smoking wie der neue Bond in *Casino Royale*«, flüsterte Kérmorvan Rossi amüsiert ins Ohr.

»Wow«, antwortete sie beeindruckt, »dann ist er ein Ärgernis mit Knete!«.

Ihr Ex-Freund Kevin trug als Cellist Frack und Smoking genau wie 007 als Arbeitskleidung, und sie kannte sich mit eleganter Abendmode für Männer gut aus. Für einen Brioni als Halbmanufaktur zahlte »Mann« mindestens dreitausend Euro.

× × ×

Es war eine Kunst, bei einem Society-Event mit Wildfremden an einem Tisch zu sitzen und eine Unterhaltung in Gang zu bringen, bei der sich niemand langweilte oder ausgeschlossen fühlte. Catherine Devereaux war die junge Frau bereits am Vortag bei der Versteigerung aufgefallen. Sie war mit dem älteren Mann, der, nach den goldenen Ringen zu urteilen, ihr Ehemann war, ebenfalls im *Le Normandy* abgestiegen und hatte sich für den etwas zu kleinen und etwas zu roten Sohn von Defi d'Aunou interessiert, den Spitzenhengst von Jean-Étienne Dubois. Sie kannte dessen Großvater gut: Armbro Goal war ein Jahrhunderthengst, der 1988 von den dreizehn Rennen, die er gelaufen war, elf gewonnen hatte, darunter den Hambletonian. Anschließend war Armbro Goal mit einer Gewinnsumme von 1,5 Millionen US-Dollar in die Zucht gegangen. Sie hatte selbst eine Stute aus dieser speziellen Blutlinie im Stall stehen.

Sie streckte die Hand aus, stellte sich vor und gratulierte der jungen Frau zu ihrer Wahl und zu dem sehr guten Kauf. Sie erinnerte sich an den Zuschlag für das Rotfüchslein bei dreitausendfünfhundert Euro. Jean-Étienne Dubois hatte unten am Ring ein Gesicht gemacht, als ob die Welt unterging, aber davon wurde der Jährling im Endmaß auch nicht größer oder dunkler. Dann stellte sie ganz selbstverständlich ihren Mann Frank und ihren Freund Ben vor. Zehn Minuten später war das Eis am Tisch gebrochen. Die beiden Deutschen kamen aus München. Catherine Devereaux hatte wie immer recht gehabt. Die Bergers fuhren Amateurrennen und züchteten ein bisschen. Sie war Sportärztin und sprach fantastisches Englisch, er war Vermögensberater und hatte lustigerweise genau den gleichen Singsang-Akzent wie der junge Graf von Salmuth, Dr. Kai Wigand vom traditionsreichen Trabergestüt Lilienhof. Devereaux war auch mit den anderen Tischnachbarn nicht unzufrieden. Die Organisatoren hatten wirklich darauf geachtet, die Leute ein bisschen nach sprachlichen und kulturellen Affinitäten zu platzieren. An beiden Nachbartischen wurde nur Französisch gesprochen.

× × ×

Ben Kingsley stellte zufrieden fest, dass die niedliche kleine Deutsche nicht nur auf Pferde fixiert war. Entgegen seiner ursprünglichen Annahme war ihr Mann der echte Trabrenn-Aficionado. Er finanzierte nicht nur das teure Hobby, er züchtete auch. Ihr Mann war ihm bei der Begrüßung lediglich durch seinen sehr festen Händedruck aufgefallen, der an der Schmerzgrenze lag. Aber das war bei Deutschen keine Seltenheit. Die Idee der Organisatoren des Abends, den Aperitif nicht bei Tisch zu servieren, sondern in dem großen Salon, der gestattete, die traditionelle Parade mit den chinesischen Laternen zu betrachten, die in dem luxuriösen Badeort am 31. Januar pünktlich um zwanzig Uhr auf der Strandpromenade am Casino vorbeizog, fand er sehr gelungen.

Katrin Berger hatte unglaublich viel Charme. Sie diskutierten über klassische Musik. Er wusste gar nicht mehr, wie sie auf das Thema zu sprechen gekommen waren, aber Katrin Berger kannte sich aus. Seine eigene Ex-Frau spielte immer noch im Boston Philharmonic Orchestra Horn und unterrichtete an der School of Music der Universität von Boston. Seine beiden Söhne, die ihm vor zwanzig Jahren im Augenblick der Scheidung unumstößlich den Rücken gekehrt hatten, waren in die Fußstapfen ihrer Mutter getreten. Sie hatten sogar seinen guten Namen abgelegt, auch wenn sie sich nicht weigerten, weiterhin sein gutes Geld zu nehmen.

Ben hatte seinen älteren Sohn Aloisius vor ein paar Jahren zufällig an der Oper von Houston in der Rolle des »Zurga« gehört, als man dort Bizets *Die Perlenfischer* gab. Er war ein respektabler Bariton geworden. Sein jüngerer Sohn Théodore unterrichtete am Oberlin College of Music der Universität von Ohio Musikgeschichte – ein Luxus, den sich nur ein Sohn aus gutem Haus leisten konnten, den die väterlichen monatlichen Alimentezahlungen über Wasser hielten. Er verdrängte die unangenehmen Erinnerungen an seine gescheiterte Ehe und seine jugendliche Fehlentscheidung. Seitdem Frank Mahooney ihn in die Delta Forces rekrutiert hatte, war sein Leben erheblich leichter geworden.

Als ein diskreter Glockenton sämtliche Gäste des Silvesterabends zur Vorspeise an den Tisch rief, hatte Ben Kingsley Katrin Berger das Versprechen abgenommen, ihm wenigstens einen Tanz zu gewähren. Wenn sie unbegleitet zu diesem Abend gekommen wäre, dann hätte er wahrscheinlich seine guten Manieren vergessen und alles darangesetzt, sie abzuschleppen und in sein Bett zu bringen. Sie war genau der Typ Frau, den er mochte.

× × ×

Kérmorvan warf einen diskreten Blick auf die Uhr. Seitdem er seinem Zielobjekt Golfer bei der Vorstellungsrunde am Tisch männlich-herb die Hand gedrückt hatte, waren bereits zweieinhalb Stunden vergangen. Das Orchester hatte sich vor der Eröffnung der Tanzfläche gerade für eine kurze Pause zurückgezogen. Man würde jetzt einen süßen Nachtisch und den Kaffee servieren. Romainville hatte die Zusammenstellung des Diners sorgfältig analysiert und den Nachtisch als die beste Lösung identifiziert. Er stand auf und entschuldigte sich kurz. Der technische Dienst der DGSE hatte es gerade noch geschafft, einen zweiten sechs Millimeter breiten Ehering aus Rotgold mit einem eingearbeiteten Brillanten zu präparieren, nachdem der Präsident das Okay für die gewagte Operation gegeben hatte.

Als er Richtung Toiletten wanderte, gestand Kérmorvan sich ein, dass es erheblich einfacher und entspannter war, eine Mission dieser Art als Heimspiel abzuziehen und nicht irgendwo in der Levante oder in Asien, wo ihm aus Zeitgründen und um seiner eigenen persönlichen Sicherheit willen im Regelfall nur die klassische Holzhammermethode blieb. Er wechselte rasch den Ehering und probierte, ob er ihn mit einer kurzen Bewegung des Daumens diskret drehen konnte. Dann ging er hinter die Bühne, wo die Musiker sich entspannten, strahlte den Bandleader des Tanzorchesters an und zog den üblichen Tarif für musikalische Sonderwünsche aus der Tasche.

× × ×

Rossi war ein echtes Naturtalent. Kérmorvan war sich plötzlich nicht mehr so sicher, ob es wirklich sinnvoll war, ihr offiziell ab dem 1. Januar 2008 wirklich sämtliche Tricks und Schliche des Geheimdienst-Business beizubringen, mit denen sie arbeiteten. Ihr illustrer Vorgänger im Service Action, Dr. Xavier Maniguet, hatte über die Jahre selbstständig, langsam und im engen Kontakt mit den Einsatzagenten gelernt. Dadurch war Xavier auch immer völlig natürlich und glaubwürdig gewesen, und er hatte es geschafft, abzuziehen, was kein »normaler« Service-Action-Operator mit klassischem militärischem Hintergrund je abgezogen hätte. Es war eine Tatsache, dass Xavier nach dem Rainbow-Warrior-Desaster sein gesamtes Kampftaucher-Team heil und völlig unbemerkt nach Hause zurückgebracht hatte, während die beiden Profis von der DGSE – Prieur und Mafart – auf der Strecke geblieben waren.

Als die ersten Takte von Leonard Cohens *Dance me to the End of Love* erklangen, hatte Kérmorvan Rossi bereits hochgezogen und hielt sie im Arm.

»Foxtrott!«, zischte sie ihm amüsiert ins Ohr. Sie hatten das Thema der Tanzkünste im Vorfeld des Silvesterabends ganz offen besprochen und dabei festgestellt, dass es zwischen Deutschland und Frankreich zwar noch in vielen Bereichen einen gewissen Bedarf an Standardisierung gab, sie beide in diesem ganz speziellen Bereich aber wohl die Grundvoraussetzungen einer erfolgreichen Kooperation erfüllten. Aus dem Augenwinkel beobachtete Kérmorvan, wie Frank Mahooney Catherine Devereaux auf die Tanzfläche führte. Er hatte sein Zielobjekt völlig überrascht. Golfer beobachtete Rossi wie »Tom der Kater« die Maus »Jerry«.

»Golfer hat dich selbstverständlich um einen Tanz gebeten, während ihr beide vorhin zusammen den Aperitif genommen habt?«, fragte Kérmorvan amüsiert und dirigierte Rossi außer Hörweite der Mahooneys und ihres Tisches.

Sie nickte. Sie tanzte gerne, und es war eins der ganz wenigen Dinge, die sie wirklich vermisste, seitdem sie sich von Kevin getrennt hatte.

Kérmorvan ließ seine Hand sanft über ihren nackten, gebräunten Rücken gleiten und flüsterte weiter in ihr Ohr.

Sie schmiegte ihre Wange an die seine und lächelte. Neben ihnen tanzten Frank und Cath, und es war ganz offensichtlich, dass die beiden ein sehr gut eingespieltes, altes Team waren.

Frankreich – Atlantikküste – Bezirkskrankenhaus Cricqueboeuf – Notdienstzentrale

Julien Rudeaux nahm die Hand der diensthabenden Notärztin des Bezirkskrankenhauses von Deauville-Trouville in die seine, schlug die Hacken zusammen, machte einen Diener und hauchte ihr einen höflichen Kuss auf den Handrücken:

»Madame«, sagte er freundlich, »es tut mir leid, Sie zu stören!« Er zeigte ihr einen Dienstausweis mit der Kokarde und den Farben Frankreichs in der Ecke oben links. »Wir werden Ihnen für einen kurzen Augenblick Gesellschaft leisten müssen, und dafür brauche ich einen der Telefon-PC-Posten.«

Als sie den Mund öffnen wollte, um ihm zu widersprechen, legte der stellvertretende Direktor der Division Action sanft den Zeigefinger auf ihre Lippen und strahlte sie an:

»Bitte, meine Liebe«, sagte er umgänglich und hielt ihr ein kleines Zettelchen mit einer Erklärung hin, auf der neben der Unterschrift der Name des Innenministers und dessen Telefonnummer standen. »Wir werden Sie selbstverständlich nicht behindern. Sie wollen meinen Chef doch sicher nicht am Silvesterabend stören. Vertrauen Sie mir!«

Wenn er wollte, dann konnte Rudeaux unglaublich charmant sein.

Das Bezirkskrankenhaus Deauville-Trouville in Criqueboeuf hatte üblicherweise zwei eigene Krankenfahrzeuge. In der Silvesternacht kamen noch die beiden Fahrzeuge der Feuerwehren von Deauville und Trouville mit dazu, und für ganz besonders schlimme Situationen konnten sie die Helikopter aus Lisieux und vom Uni-Klinikum in Caen herbeirufen. Das fünfte Fahrzeug parkte ein wenig abseits und war startbereit für den ganz speziellen Notruf.

»Bitte, meine Liebe«, sagte Rudeaux mit seinem strahlendsten Lächeln, »machen Sie sich keine Sorgen.«

Auf dem Papier, das er der Bereitschaftsärztin entgegenstreckte, stand etwas von einer Polizeioperation, von Geldwäsche und von Drogen.

Sie seufzte leise. Im ersten Augenblick hatte ihr der große, kahlköpfige Mann mit der sehr tiefen Stimme und der Morphologie eines spanischen Kampfstiers ein bisschen Angst gemacht. Dann hatte sie intuitiv verstanden, dass er ein »Freund« war und ungefährlich wie ein Berner Sennenhund. Sie flüsterte leise mit einem ihrer Mitarbeiter in der Notrufzentrale. Der nickte brav, schnappte seine Zigaretten und verschwand. Eine junge Frau nahm seinen Platz ein und gab dem »Kampfstier« ein Thumbs-up. Der grinste, verbeugte sich noch einmal höflich vor der Bereitschaftsärztin und verschwand so plötzlich, wie er gekommen war.

Frankreich – Deauville – Grand Casino de Deauville

Kingsley hatte sich bereits nach dem Nachtisch seltsam schwach gefühlt. Im ersten Augenblick hatte er geglaubt, dass er einfach zu viel getrunken hatte. Während Cath sich am Spätnachmittag zu einem Termin beim Friseur im *Le Normandy* verabschiedet hatte, hatte Frank ihn an der Bar des Hotels zu zwei sehr robusten Whiskys überredet. Anschließend hatten die beiden Männer oben in der Suite der Mahooneys noch einen dritten strammen Whisky getrunken. Sie waren bereits leicht angesäuselt zur Silvesterfeier ins Casino gewandert.

Sein Tischnachbar, der Deutsche Berger, hatte ihm seine Ehefrau Katrin mit einem Augenzwinkern und einem gutmütigen

Schlag auf die Schulter für den nächsten Tanz übergeben. Kingsley hatte ihre Hand im Reflex in die seine genommen und war ihr auf die Tanzfläche gefolgt, während das Orchester die ersten Takte von *Por una cabeza* von Carlos Gardel spielte. Sie hatten die ersten Tangoschritte gemacht, als Kingsleys Rechte von ihrer Schulter glitt und er sich mit weit geöffnetem Mund an die Brust fasste. Er hatte plötzlich das Gefühl zu ersticken, als würde der gesamte Sauerstoff aus seiner Lunge gepresst. Seine Beine knickten unter ihm weg und die Festbeleuchtung löste sich in Tausende kleine, farbige Sterne auf. Er bekam keine Luft mehr. Seine Handinnenflächen und Fußsohlen, die in seinen schwarzen Lacklederschuhen eingesperrt waren, juckten unerträglich. Und er fühlte, wie seine Zunge in seinem Gaumen bedrohlich dicker und dicker wurde. Ben Kingsley hörte durch das Rauschen in seinen Ohren weit, weit weg ein Quieken, wie von einem Schwein, das man abstach. Ein kleiner Rest seines Bewusstseins wusste, dass er das war, der quietschte, während seine Lungen verzweifelt versuchten, Luft zu holen. Vor seinen Augen wurde es dunkelgrün, dann tiefschwarz und schließlich blutrot, und er fühlte einen dumpfen Schmerz auf der Brust, so, als ob ein Riesengewicht darauf lastete. Um ihn herum erklangen seltsame Töne. Dann erschien vor seinem inneren Auge eine peinliche Szene aus seiner Kindheit, die er lieber ganz und gar vergessen hätte.

× × ×

Gwénaël Kérmorvan verfolgte den ganzen Zirkus hochzufrieden aus seinem Versteck. Direkt nachdem er Golfer den männlich-herben Schlag auf die Schulter versetzt und ihm Rossis Hand übergeben hatte, war er in Richtung Toiletten verschwunden, um in diesem ganz speziellen Augenblick außer Sicht zu sein und pünktlich zu telefonieren. Jetzt stand er hinterm Türstock und spickte. Er wollte sein Zielobjekt Golfer – wenn möglich – nicht umbringen.

Zuerst hatte er den falschen Ehering, der seinen falschen Brillanten verschossen hatte, wieder gegen den anderen Rotgoldring ausgetauscht, der seinen Stein noch hatte. Sicher war sicher, und im Regelfall waren es genau solche Details, die eine Mission zu einem Erfolg oder einem Fuck-up machten.

Ursprünglich hatten sie vorgehabt, Golfer zu töten, und Monsieur le Président hatte ihm auch den entsprechenden Befehl erteilt, bevor Kérmorvan sich auf den Weg gemacht hatte, um Rossi am 27. Dezember auf dem Flughafen Deauville abzuholen.

Der falsche Brillant des Service-Action-Giftrings war ein echtes Meisterwerk der technischen Abteilung der DGSE. Wie ein miniaturisierter Pfeil durchdrang er Kleidung jeder Art und hinterließ bis auf einen winzigen roten Punkt an der Eintrittsstelle auf der Haut keinerlei Spuren. Anschließend gab er sein tödliches Gift oder jedes andere in dieser Form präparierte Produkt in die Blutbahn des Opfers ab und zerfiel kurz darauf vollständig. Kérmorvan schmunzelte: Die Borgias hätten für das Ding vermutlich getötet. Einzig: Sie waren, was ihr Herzinfarkt-Gift anbetraf, nicht besonders kreativ. Genauso wie Russen und Chinesen setzten sie auf den Extrakt einer in Vergessenheit geratenen Pflanze – Gelsemium Elegans. Der Letzte, der sich für Methoxyindol interessiert und darüber geschrieben hatte, war Sir Arthur Conan Doyle, der Autor von *Sherlock Holmes*. Die Amerikaner bevorzugten Saxitoxin – Schellfischgift, um zum gleichen Resultat zu gelangen. Auch hier war der Nachweis schwierig, und man musste wissen, wonach man suchte. Die Israelis hatten sich mit dem Chemiekasten scheinbar eine Art Synthese-Maitotoxin gebastelt, das wie das natürliche Kugelfischgift Atemnot und Herzstillstand provozierte. So hatte jeder Geheimdienst von Rang und Namen seine eigene kleine Teufelei im Giftschrank. Durch eine Autopsie konnten die meisten dieser streng geheimen Designer-Kreationen nicht festgestellt werden, da sie sich binnen Sekunden denaturierten.

Wichtiger als die Gifte selbst war jedoch die Art und Weise, wie man sie verabreichte, ohne den Einsatzagenten, der den Tötungsauftrag auszuführen hatte, zu gefährden – und da war der französische Geheimdienst und sein Service Action mit dem diskreten tödlichen Ehering und dem falschen Miniaturedelstein einsame Spitze. Die Amerikaner verschossen immer noch winzige Pfeile mit einer Miniaturpistole, während die Chinesen eine Gelegenheit brauchten, dem Opfer ihr Zeug ins Essen zu mischen.

Das Eindringen des Präparats selbst hatte sich für Golfer wahrscheinlich nicht anders angefühlt als der Stich einer Mücke. Durch den männlich-herben Schlag auf die Schulter hatte er vielleicht sogar gar nichts bemerkt.

Was Golfer trotz seiner zahlreichen Schandtaten und seiner Gefährlichkeit im allerletzten Augenblick die Haut gerettet hatte, war der Inhalt des Gesprächs mit Mahooney bei der Versteigerung gewesen.

Kérmorvan hatte argumentiert, dass es einfacher war, Golfer zu behalten, den sie inzwischen wirklich gut kannten, als in ein paar Wochen mit einem neuen und unbekannten Operator konfrontiert zu werden, den der US Director of National Intelligence an seiner Stelle losschickte, falls der alte »überraschend verstarb«, um auch weiterhin Druck auf Frankreich und ein paar andere EU-Mitglieder zu machen, die sich querstellten.

Was Kérmorvan für sein Projekt brauchte, war kein final tödliches Gift, sondern eine Präparation, die ihnen Golfer in bewusstlosem Zustand zehn bis fünfzehn Minuten lang ausgeliefert und gefügig machte. Und Golfer sollte sich hinterher nicht die Frage stellen, warum er eine große, gut sichtbare und relativ schmerzhafte Einstichstelle in der Armbeuge hatte.

Das Toxin, das Kérmorvan verwendet hatte, war natürlich kein Gesundbrunnen und hätte ihren Mann unter normalen Umständen genauso ins Jenseits befördert wie der ursprüngliche falsche Brillant aus dem unter Hochdruck in Form gepressten Gelsemium-Extrakt. Allerdings hätte es dann nicht ausgesehen wie ein Herzinfarkt, sondern wie eine schwere allergische Reaktion, ein anaphylaktischer Schock.

Kérmorvan hatte nur deshalb riskiert, versehentlich eine Leiche zu produzieren, weil er sich absolut sicher sein konnte, dass Rossi richtig reagieren würde und Golfer die knapp fünf Minuten überstand, bis der falsche Krankenwagen des Service Action mit Julien Rudeaux in der Rolle des Notarztes das Casino erreichte. Eine Adrenalinspritze, ein Kortikosteroid und eine Flüssigkeitstherapie mit Elektrolyten lösten das Problem anschließend innerhalb einer Stunde ohne spürbare Folgeschäden für ihren Mann. Die kurze Zeit, die Golfer allein und bewusstlos mit dem Team im Krankenwagen war, reichte aus, um ihm den miniaturisierten GPS-Tracker in die Oberarmmuskulatur zu implantieren, wo er ihn nicht bemerken würde. Der Clou dieser Neuentwicklung war, dass er seine Energie elektromechanisch durch die Muskelbewegungen erhielt und so jahrelang ohne Wartung in Betrieb sein konnte. Eigentlich war das ein Projekt, um in der Zukunft Spezialeinsatzkräfte oder Männer, wie ihn, in Notfällen zu orten.

Genau in dem Augenblick, in dem das Zielobjekt angefangen hatte, die Augen zu verdrehen und zu japsen wie ein Fisch auf dem Trockenen, reagierte Rossi im Reflex. Kérmorvan wählte die Telefonnummer von Rudeaux im falschen Notarztwagen. Wer auch immer im Saal die normale Notrufnummer wählte, richtete keinen Schaden an, denn in der Notruf-Telefonzentrale saß an einem der Posten eine Mitarbeiterin des Dienstes, die genau auf diesen Anruf wartete.

× × ×

Als Kérmorvan zehn Minuten später pünktlich um Mitternacht wieder zum Tisch zurückkehrte, war die Sache gelaufen. Golfer war verschwunden, genauso wie Catherine Devereaux und Frank Mahooney. Der Notarzt war wie durch ein Wunder blitzschnell aufgetaucht. Das Bezirkskrankenhaus lag zehn Kilometer vom Casino entfernt auf der anderen Seite der Touques. Die kurze Fahrt hatte völlig ausgereicht, um Golfer mit dem DGSE-Chip zu versehen.

Alle Umstehenden, die das kleine Drama miterlebt hatten, hatten sich bereits wieder beruhigt und verdrängten den unschönen Zwischenfall schnell.

Als über der Fontäne von Deauville das Feuerwerk losging, presste Rossi schmerzhaft Kérmorvans Hand und zischte ihm ins Ohr: »Was war das gerade, Gwénaël? Verdammt! Hast du etwa versucht, Golfer umzubringen?«

Kérmorvan zog Rossi in seine Arme und presste sie fest an sich, um zu verhindern, dass sie etwas Unüberlegtes sagte oder tat. Dann flüsterte er ihr ins Ohr: Ich erkläre dir alles, Carla. Nur nicht hier und jetzt. Wenn ich Golfer hätte umbringen wollen, dann wäre er jetzt tot und nicht auf dem Weg ins Krankenhaus!«

Die Glocken der Kirche von Sankt Augustin läuteten das neue Jahr 2008 ein.

Frankreich – Atlantikküste – Bezirkskrankenhaus Cricquebœuf – Notdienstzentrale

Frank Mahooney und Catherine Devereaux waren kreidebleich in das Taxi gestiegen, um ihrem Freund Ben in die Notaufnahme zu folgen.

Zum Glück hatte die kleine Deutsche Berger sofort die richtige Diagnose gestellt. Ein anaphylaktischer Schock als Folge einer Lebensmittelallergie. Dann hatte sie bis zum Eintreffen des Notarztwagens die lebensrettenden Maßnahmen vorgenommen und mit der Herz-Lungen-Wiederbelebung begonnen. Ben war auf der Tanzfläche einfach umgefallen wie ein gefällter Baum. Sein Gesicht und sein Hals waren geschwollen, er hatte einen Hautausschlag, und er konnte nicht mehr atmen.

Die Notaufnahme des Bezirkskrankenhauses von Cricquebœuf war am Silvesterabend komplett überfüllt. Sie bedienten die gesamte Côte Fleurie. Bereits bei der Ankunft des Krankenwagens konnten Catherine Devereaux und Frank Mahooney aufatmen. Der Notarzt, der aus dem Krankenwagen stieg, ähnelte einem wütenden Kampfstier und sprach unglaublich schlechtes Englisch, aber sie verstanden, dass Adrenalin und die Flüssigkeitstherapie in Form von Elektrolytlösungen über einen venösen Zugang das Problem umgehend geregelt hatten und ihr Freund Ben in einer Stunde das Krankenhaus wieder verlassen und ins Hotel zurückfahren durfte.

Es war nichts Dramatisches: Ben hatte lediglich eine ganz banale Allergie gegen Erdnüsse. Das kam bei 0,2 Prozent der Bevölkerung im Erwachsenenalter vor – einfach so. Von heute auf morgen. Ihm war der süße Nachtisch des Silvester-Diners im Casino wohl nicht bekommen. In der Vanilleeiscreme oder in der Karamellsoße waren vermutlich Spuren von Erdnüssen enthalten.

Der Notarzt erklärte ihnen alles: Während die meisten Nahrungsmittel erst ab einer bestimmten Menge allergische Reaktionen auslösten, reichten bei der Erdnuss schon Mikrogramm-Mengen aus, um lebensbedrohliche Symptome hervorzurufen. Ein anaphylaktischer Schock war die Maximalausprägung einer allergischen Reaktion. Er setzte meist akut ein und schritt rasch fort. So konnte es innerhalb von Minuten zu einer Verstärkung der Symptome bis hin zum Tod kommen.

Der Organismus reagierte auf die massive Ausschüttung von Histamin mit einer spontanen Erweiterung der Blutgefäße in der Körperperipherie, das Blut »versackte« in Armen und Beinen und fehlte nun in den lebenswichtigen Organen wie Herz, Lunge und Gehirn. Durch den starken Blutdruckabfall konnte eine starke Bewusstseinstrübung bis hin zur Ohnmacht auftreten. Ihr Freund Ben hatte Glück gehabt, dass eine Kollegin auf der Silvesterfeier anwesend gewesen war und sofort die richtigen Maßnahmen ergriffen hatte.

Sie dankten dem Notarzt. Der breitschultrige, kahlköpfige Mann im weißen Kittel schenkte Catherine, die ein bisschen Umgangs-Französisch sprach, ein strahlendes Lächeln, machte eine abwiegelnde Handbewegung und drückte ihr ein paar Papiere in die Hand: ein Rezept für ein spezielles Allergie-Kit mit Adrenalinautoinjektor, flüssigem Kortikosteroid und einem schnell wirkenden Antihistaminikum in Tablettenform und eine Überweisung für einen Zusatztest beim Allergologen für eine mögliche Birkenpollenallergie.

»It is only peanuts«, sagte der Notarzt mit seinem grausamen französischen Akzent theatralisch, *»a man can live a hundred years without peanuts!«*

Dann klopfte er Frank Mahooney aufmunternd auf die Schulter, verbeugte sich mit einem höflichen Diener vor Catherine Devereaux und verschwand wieder in seinem Krankenwagen, der sofort mit Tatütata und Blaulicht wegbrauste. Währenddessen rollte ein Krankenpfleger Ben Kingsley in einem Rollstuhl ins Krankenhaus. Er war sehr blass, aber die roten Pusteln auf seinem Gesicht verblichen schon, und die Schwellung ging zurück. Mit der Rechten hielt er den Beutel Elektrolytlösung hoch, die über eine Nadel in seiner linken Armvene in seinen Körper tröpfelte.

»Ist schon okay«, sagte er schwach, aber mit einem kleinen Lächeln zu seinen Freunden.

× × ×

Frank Mahooney saß bei seinem Freund. Der Elektrolytbeutel hing nun an einer Metallstange. Sobald er leer war, durfte Ben zusammen mit ihnen zurück ins Hotel fahren, um sich auszuruhen. Solange er keine Erdnüsse oder Produkte mit Erdnussspuren aß, war alles okay. Die Krankenschwester schlug vor, dass Ben am Spätnachmittag noch einmal kurz vorbeikam.

»Ich dachte wirklich, jetzt ist es vorbei, Frank!«, sagte Kingsley leise. »Es war schrecklich. Da war etwas Schwarzes, das versuchte, mich in einen Abgrund zu ziehen. Gleichzeitig zog mein ganzes Leben wie in einem Schnelllauf an mir vorbei.«

»Du hattest Angst, Ben. Solche gesundheitlichen Probleme – das kann schon mal passieren, wenn man älter wird, mein Junge«, beruhigte der DNI ihn. »Erzähle es bitte nicht herum, aber ich hatte letztes Jahr auch so ein ›kleines‹ gesundheitliches Problem. Für Cath war es in dem Augenblick, in dem es geschah, ein furchtbarer Schock. Sie war wochenlang traumatisiert, traute sich nicht mehr, mich allein zu lassen. Bis der Krankenwagen endlich da war, dachte ich auch, es ist vorbei. Am Ende musste ich lediglich ein paar Kilo abnehmen und dann ganz gezielt ein tägliches Sportprogramm machen. Dafür brauche ich aber heute weder Insulintabletten noch Insulinspritzen. Ich habe es völlig im Griff, und wie du sehen konntest, ist Cath mit King und den anderen Pferden sogar drei Monate nach Europa gefahren, ohne mich dabei panisch alle fünf Minuten anzurufen. Pass einfach auf, was du isst. Eine Lebensmittelallergie ist kein Herzinfarkt. Du kochst doch sowieso gerne … Und der Notarzt hat recht: Ein Mann kann auch ohne Erdnussbutter überleben, sogar dann, wenn er Amerikaner ist!«

Die beiden Männer lachten und gaben sich ein High-five.

EPILOG

Belgien – Brüssel – Anderlecht

Das Steakhaus *La Tribune* befand sich unweit des Wohnhauses von Erasmus von Rotterdam in der Rue Wayez in Anderlecht. Jones mochte den Ort. Sheherazade's Marvellous Gardens lag gleich um die Ecke. Das Lager, das sie in der Industriezone mieteten, konnte man bequem mit dem Bus erreichen. Der Ort war diskret, das Essen gut.

Er hatte am Vortag den Eurostar von London nach Brüssel genommen. Der Frühzug hielt in Lille. Dort war Dr. Kingsley zugestiegen. Sie trafen sich immer in Brüssel. Die belgische Hauptstadt war genauso diskret wie *La Tribune*.

Es ging vor allem darum, die beiden Männer mit den Arbeitsnamen »Salah« und »Honi« fern der Sheherazade unterzubringen. Sie waren nach dem Problem am Mont-Saint-Michel mit einem blauen Auge davongekommen, weil die Hintertür, die in die Abtei führte, nie abgeschlossen wurde und sie sich als Rechtsbeistand einen bewährten Milieu-Anwalt besorgt hatten. Allerdings standen ihre Identitäten jetzt im französischen Strafregister und waren an die Belgier gemeldet worden.

Salah und Honi waren erfahren und mehrsprachig. Kingsley hatte seinen beiden SAD-Operators neue, saubere Papiere besorgt. Die Idee war ausgezeichnet und eröffnete ihnen eine interessante Zusatzperspektive zu Sheherazade's Marvellous Gardens.

Jones hatte bereits einen Makler für Gewerbeimmobilien kontaktiert. Er wollte die Büroräume unweit der Europäischen Kommission und des Amts der Europäischen Gemeinschaft für humanitäre Hilfe am nächsten Morgen ansehen. Rick O'Shaughnessy und sein Vorgänger von der Grabungsstätte – inzwischen wieder gesund und einsatzbereit – sollten sich zu Salah und Honi gesellen, die für das Gartendeko-Business gegrillt waren. Vier Männer Mitte dreißig in gut sitzenden dunklen Anzügen. Offiziell Lobbyisten einer humanitären Organisation, die er noch gründen musste. Aber das war in Belgien nicht schwierig.

Sie hatten mit Kingsley beschlossen, dass sich das gemischte Viererteam um die Organisation und die Logistik der neuen Unternehmung kümmern sollte, die in Subsahara-Afrika anlaufen würde, sobald sie das Problem mit dem Professor gelöst hatten.

× × ×

Jones warf einen kurzen Blick auf die Pathek Philip 5140G Perpetual an seinem Handgelenk. Sie hatten sich zum Mittagessen verabredet. O'Shaughnessy war pünktlich. Ihr Tisch stand abseits in einer Ecke unter einem schönen, bunten Mosaikfenster. Dort konnten sie in aller Ruhe reden, ohne gehört zu werden.

Jones hatte bis zum Jahresende nicht nur die letzten Container mit antiken Fundstücken aus der afghanischen Raubgrabung aus Pakistan und den Emiraten auf den Weg in die USA und nach Europa geschickt. Er hatte auch bei eigenen Quellen diskret Erkundigungen eingezogen. Er wollte sich nicht blind auf ein neues Abenteuer mit Dr. Kingsley und der CIA einlassen. Seit dem Feuergefecht von Rustam Kalay, das Arkadij Matveev und seine Gruppe ehemaliger SpezNas das Leben gekostet hatte, hatten sich zu viele Probleme und seltsame Zwischenfälle im Umfeld ihrer diskreten und rentablen Unternehmung ereignet. Und nicht alles ließ sich, wie von Dr. Kingsley versucht, mit *Murphy's Law* wegdiskutieren: die Jagd auf den Terrorbanker Ahmad Jan oder die Anstrengungen zu verhindern, dass die al-Qaida sich irgendwo Nuklearabfälle für eine schmutzige »islamische« Bombe besorgte.

✖ ✖ ✖

Jones' norwegisches Zwei-Mann-Team hatte den Professor im Hafen von Cherbourg verloren, nachdem dieser zu ein paar jungen Männern in orientalischer Verkleidung in einen Kleinbus gestiegen war. Er zeigte Richard O'Shaughnessy die Ausschnittvergrößerung eines Fotos.

»Er ist sich sicher, dass unser Mann sich in dem Dreiländereck zwischen Libyen, Niger und Mali befindet, für das wir uns interessieren. Vermutlich verfolgt er ähnliche Pläne wie wir und hat beschlossen, dieses Mal nicht zu teilen.«

Der ehemalige SAS-Unteroffizier nickte. Er hatte im Regiment und zuvor mit den Royal Green Jackets Afrika-Erfahrung gesammelt. Seine erste Operation war eine Geiselbefreiung während des Bürgerkriegs in Sierra Leone gewesen. Er hatte nigerianische Special Forces im Kampf gegen den Terrorismus ausgebildet und in Gabun und Malawi hochgerüstete und gefährliche Wilderer gejagt.

»Diese Gegend ist nicht ganz ungefährlich, Sir«, antwortete er Jones abgeklärt, »aber falls er wirklich dort ist, dann ist es am einfachsten, von Agadez aus zu starten und davon zu profitieren, dass bis Ende Februar noch zahlreiche Touristen-Charter da runterfliegen. Das geht schneller, als von Libyen aus mit einem Geländewagen über die Grenze zu fahren.«

Der nördliche Teil des Aïr-Gebirges gehört zusammen mit dem nordöstlichen Abschnitt der Wüste Ténéré seit Anfang der Neunzigerjahre auch zum Weltnaturerbe der UNESCO, war mit siebenundsiebzigtausend Quadratkilometern das größte Schutzgebiet Afrikas und zog trotz einer angespannten Sicherheitslage und regelmäßiger Entführungen immer noch zahlreiche Abenteuertouristen an.

Jones nickte. Er hatte einen ähnlichen Gedanken gehabt und entsprechende Vorbereitungen getroffen. Es würde eine einfache und schnelle Möglichkeit sein, sich unauffällig umzusehen. Er erklärte O'Shaughnessy, was sie in Belgien auf die Beine stellen wollten und welche Rolle er dabei spielen sollte. Der ehemalige SAS-Unteroffizier schluckte kurz, als sein Gegenüber die Summe nannte. Das war ein außergewöhnlich attraktives Angebot. Und er konnte gleichzeitig Stoff für sein nächstes Buch sammeln. Pierre Besson hatte ihm nicht nur eine sehr nette Weihnachtskarte an die Adresse seiner Eltern geschickt, sondern auch einen Vertrag über zwei weitere Bücher.

»Wann können Sie sich auf den Weg machen, Rick?«

Der Brite hob die Schultern: »Sobald ich einen entsprechenden Charterflug nach Agadez buchen kann, Sir!«

Jones verzog den Mund zu einem Schmunzeln. Er hatte damit gerechnet, dass O'Shaughnessy umgehend zusagen würde. Er gab dem Kellner ein Zeichen, ihnen den Nachtisch und den Espresso zu bringen. Erst nachdem der Kellner verschwunden war, zog der alte Söldnerführer einen großen Umschlag aus der edlen dunkelblauen Akten- und Computertasche, die seine Tochter Annie ihm zu Weihnachten geschenkt hatte.

»Ihr neuer Vertrag, Rick«, sagte er und hielt O'Shaughnessy die Papiere hin.

Frankreich – Paris – Amtssitz des Staatspräsidenten – Élysée-Palast

Die Zeremonie hatte im Westflügel des Élysée-Palasts stattgefunden. Die Orangerie war in den Jahren 1974 bis 1984, unter Giscard d'Estaing und Mitterrand vollständig restauriert und umgebaut worden. Sie diente als Verlängerung des großen Festsaals und für Staatsakte im kleinen Rahmen.

Selbstverständlich war den drei Deutschen von Anfang an klar gewesen, dass eine Ordensverleihung an Mitglieder der geheimsten

Dienststellen der Geheimdienst-Community ihrer beiden Länder in einem streng geheimen Rahmen und hinter fest verschlossenen Türen stattfinden würde. Trotzdem hatten sie eine Weile gebraucht, um sich zu entspannen. Sie hatten nicht mit einem so informellen und privaten Abend gerechnet.

Der Hausherr, Präsident Louis Poniatowski, hatte unbefangen angeboten, ihnen in einer kurzen Privatführung die offiziellen Räumlichkeiten des Élysée-Palasts zu zeigen, während das Team aus der Küche den Aperitif im privaten Ostflügel auftrug. Dabei gestand der französische Staatschef seinen deutschen Gästen unbefangen, dass er eigentlich draußen in Auteuil bei seiner Freundin wohnte und seine Wohnung im Élysée nur selten benutzte.

× × ×

Sie hatten gut zu Abend gegessen. Der Präsident hatte das Sakko ausgezogen und seine Gäste aufgefordert, es ihm gleichzutun. Es war offensichtlich, dass man sich gut kannte, denn Kérmorvan und die vier Männer des Service Action zögerten nicht, ihre mit Auszeichnungen dekorierten Uniformjacken abzulegen. Zum Kaffee zogen sie in den Salon d'Argent um. Der galt mit einem offenen Kamin und seinem schönen Blick auf den privaten Garten als der gemütlichste Ort im ganzen Élysée-Palast.

»Zeigen Sie es mir jetzt endlich?«, fragte Präsident Poniatowski neugierig und etwas aufgeregt, nachdem der Bedienstete wieder in die Küche verschwunden war.

Er ahnte, was sich in der modernen, rechteckigen Ledertasche befand, die so gar nicht zu dem schwarzen Edel-Goth-Samtkleid mit grauen Spitzen passte, das die junge IT-Expertin Farida angelegt hatte, um neben der Auszeichnung für ihre Rolle in der *Operation Cupcake* auch die Begnadigung für die »drei Jahre wegen Computersabotage« entgegenzunehmen, zu denen sie unter seinem Amtsvorgänger für den Einbruch in die IT-Systeme des Finanzministeriums verurteilt worden war.

Christiane Près nickte Farida aufmunternd zu. Die Informatikerin holte einen großen Laptop aus der Tasche, platzierte ihn für alle gut sichtbar auf dem Kaffeetisch und fuhr ihn hoch. Sie hatte ein praktisches Programm und gleich auch eine Cryptophon-App für den GPS-Tracker geschrieben.

Eine Weltkarte erschien auf dem Bildschirm. Im unteren Bereich des Bildschirms gab es Auswahlparameter, am linken Seitenrand befanden sich mehrere Avatars. Einer war Snoopy mit Golfschläger und Golfmütze.

Sie überließ dem Staatschef die Maus: »Es ist ganz intuitiv, Monsieur le Président«, sagte sie.

Der französische Staatschef war ein Vierteljahrhundert jünger als sein Amtsvorgänger, besaß gute Informatikkenntnisse und spielte mit seinem eigenen jüngsten Sohn und dem Sohn seiner Freundin gerne *Super Mario* auf dem Nintendo. Er begriff sofort und klickte den »Snoopy« an. Die Weltkarte zoomte ein.

»Er ist in Belgien, in der Stadtmitte von Brüssel und in einer Seitenstraße der Avenue Louise«, der französische Staatschef grinste. Dann klickte Poniatowski auf »Plan« und las den Straßennamen ab: »48, Rue Defacqz im Stadtteil Ixelles.«

»Ein Haus der Belle Époque«, erklärte Christiane Près. Sie hatten »Golfer/Ben/Dr. Kingsley« dort schon am Vorabend aufgespürt. Dank Faridas intensiver Computerschnüffeleien gab es auch eine Erklärung. Die Direktorin der Division Action erzählte.

»Unglaublich!« Der Präsident blickte in die Runde seiner Gäste und schüttelte den Kopf. Kein Romanautor hätte je eine solch wilde Geschichte erfinden können.

Schließlich wandte er sich an Kérmorvan. Er hatte den lustigen Kolkraben angeklickt, der ein Maschinengewehr unterm Flügel trug. Doch der saß in diesem Augenblick hemdsärmelig mit einer Tasse Cappuccino in der Hand im Élysée-Palast, und der Avatar zeigte »nicht erreichbar«.

»Haben Sie auch so ein geniales Ding im Bizeps, Gwénaël?«, fragte der französische Staatschef den Einsatzagenten.

Man hatte ihm die Funktionsweise des miniaturisierten GPS-Trackers genau erklärt. Eine technische Meisterleistung: so groß wie eine Paracetamol-Tablette, zog das Ortungssystem seine Energie aus der Muskelbewegung des Zielobjekts und hatte somit eine fast unbegrenzte Lebensdauer.

»Nein, Monsieur le Président«, antwortete Kérmorvan belustigt, »Sie haben uns am Silvesterabend autorisiert, einen der beiden aktuell verfügbaren Prototypen zu verwenden – und wenn ich ganz ehrlich bin: Ich möchte auch keines dieser Hightech-Spielzeuge im Körper mit mir herumtragen. Die Entwickler wissen noch gar nicht, welche gesundheitlichen Auswirkungen oder Nebenwirkungen die Dinger haben. Mir ist das zu gefährlich. Golfer ist im Augenblick unser menschliches Versuchskaninchen. Ethisch gewiss zweifelhaft, aber unheimlich praktisch.«

Er spielte auf den Tötungsbefehl an, den der französische Staatschef durch den Schredder gejagt hatte, nachdem die Idee mit dem Tracker hochgekommen war. Dann zeigte Kérmorvan dem französischen Präsidenten auf seinem Cryptophon eine zweite App. Über die in den Telefonen integrierten GPS konnte Farida den Corvidae ebenso leicht folgen wie anderen Service-Action-Operators. Das war natürlich nicht so sicher wie ein Implantat, aber es reichte völlig für die Zwecke des Service Action.

»Brüssel ist der Dreh- und Angelpunkt der ganzen Intrige«, erklärte Madame le Juge. Dank des GPS-Trackers in seinem Bizeps war Dr. Marshall B. Kingsley nie mehr allein. Sie erzählte dem Staatschef alles, was sie seit dem Silvesterabend beobachtet hatten. Es war sehr aufschlussreich gewesen. Dann deutete sie auf einen weiteren CORVUS-Avatar, einen witzigen Comic-Blauhäher mit einem Wurm im Schnabel. Farida hatte für jedes Mitglied der neuen deutsch-französischen Geheimkooperation einen eigenen Avatar entworfen. Während sie einen angenehmen Abend mit dem Präsidenten verbrachten, folgte ein Unteroffizier aus dem Service Action, der für diese Gelegenheit den Decknamen »Blue Jay« erhalten hatte, dem Golfer durch Belgien. Es hatte sich gelohnt, einen

Mann auf den Weg zu schicken, nachdem sie gesehen hatten, dass Dr. Marshall B. Kingsley zuerst nach Lille gefahren war und anschließend den Eurostar aus London in Richtung Brüssel bestieg. Blue Jay hatten ein perfektes Foto des sehr diskreten Mr. Jones schießen können, der zusammen mit dem Golfer auf dem Gare de Midi aus dem Zug gestiegen war.

»Gut, Christiane«, sagte der französische Präsident, »mein Einverständnis haben Sie.« Dann wandte er sich an den Deutschen: »Ihre Vorgesetzten sind gleichfalls damit einverstanden, Dr. Huber?«

Huber nickte.

Er hatte vor seiner Reise nach Paris trotz der Feiertage lange mit dem Staatsminister zusammengesessen. »Sie« wollte natürlich nichts mehr mit der ganzen Sache zu tun haben und ließ ihnen völlig freie Hand. »Sie« interessierte sich vor allem für Resultate und wollte sicher sein, dass die Amerikaner ihnen nach der Sauerland-Gruppe und dem Beinahe-Desaster von Köln keine weiteren Kuckuckseier mit dem gefakten Label »al-Qaida« oder »dschihadistische Internationale« ins Nest legten, um die Bevölkerung in Panik zu versetzen. Es stand völlig außer Frage, sich über den afghanischen Wahnsinn hinaus auf weitere amerikanische militärische Abenteuer einzulassen oder mehr als das absolute Mindestmaß von 1,2 bis 1,3 Prozent des Bruttosozialproduktes in den Verteidigungsetat zu stecken. Die Kanzlerin hatte ihnen wieder einmal den Segen erteilt. »Was ich nicht weiß, macht mich nicht heiß!«

× × ×

Im strengsten Sinne des Wortes war die Unternehmung von Major Bayram Ritter und dem französischen IM und Journalisten Pierre Besson natürlich kein echter Auftrag für CORVUS und die Corvidae, aber die Gelegenheit war so günstig, dass sie sich alle darauf geeinigt hatten. Die Reise von Ritter und Besson in das Dreiländereck zwischen Libyen, Niger und Mali hatte natürlich vor allem zum Ziel, herauszufinden, was hinter der »Schatzkarte des Ptolemaios«

wirklich steckte, die Kérmorvan und sein Team zusammen mit dem inzwischen verstorbenen Taher El Ouazzani von der Raubgrabung in den Großen Suleimans mitgebracht hatten. Wenn es machbar war, wollten sie dann den Archäologen Dr. David Jurie und eine diskrete Equipe losschicken und die dort allem Anschein nach verborgenen Schätze Alexanders des Großen ausgraben, sichern und nach Europa holen – in die EU, und vorzugsweise zu gleichen Teilen nach Frankreich und Deutschland.

Ansonsten lohnte sich der Trip ins Subsahara-Afrika immer noch, um herauszufinden, ob Golfer zusammen mit Mr. Jones und dem ebenfalls noch lebendigen Taliban-Posterboy Dadullah Khan dort weitermachen wollten wo die *Operation Cupcake* dem groß angelegten Antiquitätenraub eines US-Geheimdienstes in Afghanistan ein Ende gesetzt hatte.

Huber fasste sich ein Herz: »Der Mann, dem Major Rossi den Spitznamen Taliban-Posterboy gab und den sie als Dadullah Khan oder Malauwi Dadullah kennen …« Er seufzte leise.

»SIE« – die Kanzlerin – hatte auch hier ihren üblichen Segen erteilt: »Was ich nicht weiß, macht mich nicht heiß!«

Der Staatsminister hatte verstanden, dass die Franzosen sich wahrscheinlich alles in jenem Augenblick zusammengereimt hatten, in dem er und Julien Rudeaux sich gegenübergestanden hatten und sich an einen ganz speziellen Morgen vor fünfundzwanzig Jahren in einem geheimen CIA-Camp an der Grenze zwischen Afghanistan und Pakistan zurückerinnerten.

Dann erzählte er dem französischen Staatschef unverblümt, was er seiner Partnerin Christiane Près schon am 2. Januar gestanden hatte. In dem Augenblick waren sie sicher gewesen, dass der waghalsige Plan von Commandant Kérmorvan, Golfer einen GPS-Tracker einzuimpfen und damit der Black Ops von DNI Frank Mahooney in Europa und seinen Operators auf der Spur zu bleiben, funktioniert hatte.

× × ×

Die IT-Expertin Farida zog einen kleinen Tablet-PC aus der Ledertasche und streckte ihn dem französischen Präsidenten hin. Sie hatten mehrere Fotos gefunden. Die stammten aus dem Jahr 1977 und zeigten junge Leute im typischen Archäologen-Outfit auf einer Grabungsstätte in Südosteuropa. Auf jedem Foto deuteten rote Pfeile auf Gesichter. Auf einem letzten Foto waren die jungen Leute gut gelaunt um zwei ältere Männer und eine Frau versammelt. Vor der Gruppe stand etwas, das wie eine große Kiste aussah, und jeder der Älteren hielt strahlend ein kleineres Artefakt in die Kamera.

»Am 8. November 1977 entdeckte der griechische Archäologe Manolis Andronikos mit seinem Team bei Vergina in der griechischen Region Makedonien mehrere ungeplünderte Herrschergräber«, erklärte Huber. »Andronikos vermutete, dass eines dem Vater von Alexander dem Großen gehörte.« Er deutete auf die Kiste vor der Gruppe. Es handelte sich um den berühmten »Goldenen Larnax«. Die Identifizierung der Knochenreste, die man im Inneren gefunden hatte, war immer noch umstritten.

»In Andronikos' Team gruben drei Doktoranden: der Amerikaner Marshall B. Kingsley und der Algerier Taher El Ouazzani von der Universität Cambridge und ein junger Pakistani aus Karatschi von der School of African and Oriental Studies der Universität London: Dadullah N. Khan. Wir kannten Khan damals als einen der ersten Stipendiaten der im Vorjahr gegründeten Gerda-Henkel-Stiftung. Er hatte zuvor an der vom Deutschen Entwicklungsdienst finanzierten Technischen Universität von Kairo studiert.«

Huber erzählte weiter; von der *Operation Sommerregen* und Dadullah Khan, mit dem er vier Jahre lang intensiv zusammengearbeitet hatte; von seiner ultrageheimen Gruppe deutscher Elitesoldaten, denen es gelungen war, mithilfe von Dadullahs Mudschaheddin in Afghanistan modernste sowjetische Waffentechnik zu stehlen, über die Grenze zu schaffen, über Peschawar auszufliegen und dann in Deutschland zu erproben.

Als der deutsche Sonderbeauftragte für Besondere Krisensituationen in die Runde seiner Zuhörer blickte, fiel ihm auf, dass nicht die Franzosen beeindruckt waren, sondern sein eigener Mann Bayram Ritter. Auf dem Gesicht des Majors vom KSK zeichnete sich ehrliches Erstaunen ab. In seinen Augen las Huber zum ersten Mal so etwas wie Respekt.

»Golfer, Lehrer und Taliban-Posterboy kannten sich, seit sie zusammen studiert haben«, beschloss er seine Ausführungen, »und Dadullah Khan ist kein echter Taliban.«

Huber ließ unausgesprochen, was er wirklich glaubte. Dadullah war für ihn ein amerikanischer Einflussagent, der Teile der Taliban-Bewegung im Auftrag der US-Geheimdienste manipulierte, die damit direkt für den Tod deutscher Soldaten und deutscher Zivilisten am Hindukusch verantwortlich waren. Dafür wollte er den Mann, dem er einmal vertraut und den er geschätzt hatte, fassen, genauso, wie die Franzosen den Algerier Taher El Ouazzani für seine zahlreichen terroristisch motivierten Angriffe gegen Frankreich zur Rechenschaft gezogen hatten. Und dank der Kooperation CORVUS war alles jetzt endlich in greifbare Nähe gerückt.

× × ×

Nachdem die Service-Action-Informatikerin Farida das erste Foto der drei Freunde Golfer, Lehrer und Taliban-Posterboy gefunden hatte, hatten sich die Teile des Puzzles schnell zusammengefügt, und die Villa von Dadullahs Verwandtem in Peschawar war nicht mehr Hubers einziger Anhaltspunkt.

Der Mann, den er in Kairo kontaktiert hatte, war kein lokaler Mitarbeiter der Abteilung 16 A des BND, sondern ein alter Bekannter. Er hatte den Mann erst vor Stunden um einen Freundschaftsdienst gebeten, nachdem sie auf der Liste der Stipendiaten der Gerda-Henkel-Stiftung nicht nur einen Khan mit einem Promotionsstipendium im Fachbereich Archäologie gefunden hatte, sondern gleich zwei – und dreißig Jahre Altersunterschied zwischen den beiden.

Sein Bekannter hatte es gerade noch geschafft, Khan II zu fotografieren – Miss Khan, während sie auf dem Cairo International Airport in Heliopolis auf ihren British-Airways-Flug wartete, der sie mit einem Übernachtungs-Aufenthalt in London Heathrow nach Inverness in Schottland brachte.

Um die junge Gerda-Henkel-Promotionsstipendiatin nicht aus den Augen zu verlieren, hatte Huber seinen alten Kumpel, den Ehemaligen aus Wegeners Mogadischu-Truppe, auf sie angesetzt. Der war, wie der Zufall es wollte, gerade mit seiner schottischen Frau auf einem Familienurlaub in Drumnadrochit am Ufer des mysteriösen Loch Ness und keine halbe Autostunde von der Hauptstadt der Highlands entfernt. Miss Sharifa Khans Flugzeug sollte am nächsten Morgen um zehn Uhr fünfzig in Inverness landen.

Frankreich – Normandie – Atlantikküste

King of the Blue Mountains hatte sich in Erwartung des großen Tages und des Prix d'Amérique für einen equinen Wellness- und Badeurlaub in den Haras de Sassy zurückgezogen, wo er während der nächsten zwei Wochen entspannen sollte. Auf seinem Programm stand neben Schlafen, Fressen und langen Koppelaufenthalten nur noch Solarium, Schwimmen, entspannende Fangopackungen und Massagen. Die auf der Silvesterauktion in Deauville erstandenen neuen Pferde – es waren am Ende nur drei und nicht vier gewesen, wie Ben prophezeit hatte – waren bereits abgeholt worden und standen in diesem Augenblick vermutlich schon gut versorgt in der Animal Lounge der Lufthansa auf dem Frankfurter Flughafen. Cath ließ ihre Tiere immer nur mit den Besten reisen und bei einem Kaufpreis zwischen fünfzig- und fünfhunderttausend Euro machten die fünftausend Euro für den professionellen Tiertransport aus Europa in die Vereinigten Staaten den Kohl auch nicht mehr fett.

Cath träumte davon, auf ihrem eigenen Gestüt einen ähnlichen, wenn auch kleineren Wellness-Bereich für die Rennpferde einzurichten wie im Haras de Sassy. Das und die Besamungsstation war ihr gemeinsames Projekt, sobald Frank seinen Abschied aus dem Geheimdienstbusiness nahm. Mahooney hatte vor Jahren für sich beschlossen, wenn es so weit sein würde, richtig aufzuhören und keine halben Sachen mit einem Consulting-Vertrag und einem obskuren Titel zu machen.

Er warf einen Blick auf die Uhr über dem wunderschönen Kamin. Das Holzfeuerchen knisterte bereits, und Sam, der Labrador, schlief selig auf dem Rücken, alle viere von sich gestreckt, auf einem gemütlichen Teppich aus echtem Schaffell. Die Besitzer des Haras du Sassy hatten ihnen freundschaftlich für ein paar Tage ein Gästehaus auf dem riesigen Gestüt überlassen, zu dem auch ein denkmalgeschütztes Schloss aus dem 17. Jahrhundert gehörte. Cath war skrupellos in die Sauna und den menschlichen Wellness-Bereich verschwunden und hatte es ihm überlassen, sich ums Abendessen zu kümmern.

Ben war nach dem Schrecken in der Silvesternacht mit einem Allergie-Kit in der Tasche einen Tag später als geplant aufgebrochen. Sie hatten ihren Aufenthalt in Deauville entsprechend verlängert.

»Wisst ihr, dass ich Erdnüsse hasse, seit ich ein Kind bin!«, hatte ihr Freund erschöpft und ein wenig wackelig auf den Beinen noch in der Silvesternacht im Hotel erklärt. Die französischen Notfallärzte hatten ihn gegen drei Uhr morgens und nach zwei großen Beuteln Elektrolytlösung mit einem linken Arm entlassen, der so geschwollen war, dass er Popeye dem Spinatmatrosen aus seinem Skype-Avatar ähnelte.

»Ich habe noch nie in meinem ganzen Leben ein Erdnussbuttersandwich gegessen«, hatte Ben geflucht, »ich hasse Erdnussbutter. Schon allein der Anblick und der Geruch von diesem Zeug erinnern mich seit Kindertagen an Exkremente.«

Ben hatte sich nicht zurückgehalten und geschimpft. Cath und Frank waren jedoch vor allem froh und erleichtert gewesen, dass ihr Freund es am Ende so gut überstanden hatte. Mahooney schüttelte den Kopf. Er schwor, sich zu Hause in den Blue Ridge Mountains nicht nur einen verdammten Swimmingpool für Gäule zu bauen, sondern am Ufer ihres Sees aus Holzstämmen im skandinavischen Stil auch eine echte Sauna für Cath – mit einer halb verglasten Terrasse, auf der er ein Bierchen zischen konnte, während seine Frau drinnen kochte.

Er stand auf und ging zu einem kleinen Arbeitstisch mit verschnörkelten Beinen. Er hatte das Cryptophon natürlich mitgenommen, obwohl er sich bis Ende Januar im Urlaub befand. Ben war nach Brüssel gefahren, um sich mit Jones zu treffen und einen Mann auf den Weg ins Dreiländereck zwischen Algerien, Libyen und Niger zu schicken. Mahooney wählte eine Kurzwahl. Er zog es vor, mehrere Karten im Spiel zu halten. Er hatte Bens offizielle Nummer zwei Rhonda Hinkel diskret getroffen, während King in Vincennes seinen letzten Rennsieg gefeiert hatte.

Hinkel war ein echter »Company Man« mit einem absolut einwandfreien Pedigree – und sie war zu allem bereit, um einen Platz an der Sonne zu erobern. Er hatte sie vor achtundvierzig Monaten in die »Choristen« geworben, nachdem sie von einer ganz besonders schmutzigen, schwierigen und gefährlichen Mission in Zentralasien erfolgreich zurückgekehrt war. Sie erinnerte ihn ein bisschen an Ben in seinen Anfängen in den Achtzigerjahren, auch wenn ihm nie in den Sinn gekommen wäre, mit der Frau privat ein Bierchen zu trinken.

Er tippte die Kurzwahl ein. Trotz der späten Stunde antwortete Rhonda Hinkel erwartungsgemäß sofort.

Nur Augenblicke bevor seine Frau Catherine aus der Sauna zurückkam und gut gelaunt nach einem eisgekühlten Glas Champagner und »ihren beiden Männern« rief, beendete Mahooney das Gespräch mit seiner Mitarbeiterin.

Es erstaunte den US-DNI immer wieder, wozu die Frau bereit war, ohne sich moralische Fragen zu stellen. Was Rhonda Hinkel vorbereitet hatte, würde den Europäern und allen voran den Franzosen und den Deutschen ihre Freude an der profitablen

Ausbeutung der Minen von Arlit gehörig verderben und dadurch beste Aussichten eröffnen, dass eine »feindliche Übernahme« des weltweit viertgrößten Produzenten von Uran durch US-Unternehmen gelang.

Mit einem zufriedenen Lächeln auf den Lippen streckte Frank Mahooney seiner Frau ein randvoll gefülltes Kristallglas mit dem alkoholisierten Bläschenwasser entgegen und prostete ihr zu.

»Auf die Zukunft, meine Liebste. Auf unsere Zukunft!«

Ende Band 2

... und es geht weiter in Band 3

CODENAME CORVUS

OPERATION AQUILA

Weitere Informationen zur Thriller-Reihe CODENAME CORVUS sowie eine Leseprobe zu Band 3 finden Sie auf: www.claudia-bouvier.com

ANMERKUNGEN DER AUTORIN

Im katholischen Belgien konnte sich der Salafismus schon seit den frühen Neunzigerjahren des letzten Jahrhunderts ungehindert ausbreiten, mit saudischer Unterstützung. Die starke Verbreitung dieser besonders extremen und menschenverachtenden Form des Islams im Herzland der Europäischen Union hat historische Gründe, die weit vor der Geschichte der Terroranschläge von 9/11, Madrid, London, Paris oder Brüssel liegen.

Im Jahr 1967 schenkte der damalige belgische König Baudouin dem saudischen Monarchen Faisal einen orientalischen Pavillon im Brüsseler Jubelpark, aus dem danach die größte Brüsseler Moschee wurde – im Gegenzug für billige Öllieferungen. Heute gibt es allein im Brüsseler Stadtteil Molenbeek fünfundzwanzig offizielle Moscheen und wenigstens vier Mal so viele »inoffizielle Gebetsräume«, in denen zumeist in arabischer Sprache, gelegentlich auch in entsprechenden nordafrikanischen Dialekten unkontrolliert radikales Gedankengut verbreitet wird. Der Islam ist inzwischen mit etwa 630 000 offiziellen Gläubigen Belgiens zweitgrößte Religionsgemeinschaft. Rund 40 % der belgischen Muslime wohnen in der Hauptstadt Brüssel, wo sie bereits 20 % der Bevölkerung stellen. Insbesondere der Großraum Brüssel gilt schon lange als Hochburg von Radikalen: In Problembezirken wie Molenbeek und Anderlecht gibt es abgeschottete Gemeinschaften von Einwanderern aus Nordafrika und dem Nahen Osten, in denen Radikale leicht untertauchen können. Aus einer Reihe von Gründen ist die Hauptstadt der europäischen Bürokratie bedauerlicherweise auch das Terroristen-Zentrum Europas und damit ein Sicherheitsrisiko für den gesamten europäischen Kontinent. Hoffnung auf Besserung ist ein frommer Wunsch.

In der 1,2-Millionen-Stadt Brüssel gibt es nicht eine, sondern sechs Polizeibehörden. Sie unterstehen neunzehn Bürgermeistern, die politische Konkurrenten sind. Über allem schwebt der ungelöste Konflikt zwischen den beiden größten belgischen Bevölkerungsgruppen, den Flamen und Wallonen. Seit rund vierzig Jahren versucht die belgische Regierung, ihn durch eine Dezentralisierung des Staats zu entschärfen. Irgendwo dazwischen leben im sprichwörtlichen Elfenbeinturm und abgehoben von der Realität des Landes Eurokraten, eine unüberschaubare Masse internationaler Beamter und zahlloser Lobbyisten: eine finanziell privilegierte und abgeschottete Elite. Die vermutlich erste europäische Selbstmordattentäterin, die sich im Irak in die Luft sprengte, war eine belgische Konvertitin. Bei einer Gesamtbevölkerung von nur 11,4 Millionen, haben sich wenigstens 600 Radikalisierte aus Belgien in den Irak und nach Syrien verabschiedet, um dort mit Al-Bagdadi und »Daesh« zu kämpfen. Das bevölkerungsreichste Land der EU – Deutschland – brachte es bei knapp 83 Millionen Einwohner »gerade einmal« auf 820 Dschihadisten und Frankreich mit 66,99 Millionen Einwohner im Jahr 2019 auf »nur« 730 radikalisierte Erwachsene beiderlei Geschlechts.

Was ich in *Das Erzengel-Gambit* über radikale Salafisten und unser Nachbarland Belgien einfließen lasse, beruht auf gelebter Erfahrung über zehn Jahre, während derer ich im Brüsseler NATO-Hauptquartier auf Posten war und direkt vor Ort in »meinem« Brüsseler Stadtteil Anderlecht entsprechende Veränderungen mitverfolgen konnte. »Touristische Ausflüge« mit Freunden und Bekannten in den »Nahen, nahen Osten« von Molenbeek gehörten dabei genauso mit zum Programm, wie lange und interessante Diskussionen mit Kontakten aus dem belgischen Staatssicherheitsapparat über die berüchtigte »Killerbande von Brabant« – »Les

Tueurs du Brabant«, die zwischen 1982 und 1985 für Angst und Schrecken sorgten. Hierbei sei angemerkt, dass die Massaker von Brabant wiederholt mit einer Verschwörung innerhalb der belgischen Stay-behind-Organisation SDRA8 in Verbindung gebracht wurden. Eine Untersuchung des belgischen Parlaments fand keine stichhaltigen Beweise hierfür. Die Ermittlungen der Untersuchungskommission wurden selbstverständlich von der belgischen Sicherheits- und Geheimdienst-Community massiv behindert.

Ab Mitte der 2000er Jahre wurde in Folge der Veröffentlichung der Doktorarbeit *NATO-Geheimarmeen in Europa* des Schweizer Historikers Daniele Ganser häufig im Presse- und Medienwesen und in den Sozialen Netzwerken angenommen, Stay-behind-Organisationen des Kalten Krieges wären generell für Terroranschläge in Europa in den 1970er und 1980er Jahren verantwortlich gewesen, was zu wildesten Verschwörungstheorien geführt hat, von denen die meisten weder Hand noch Fuß haben. *Gladio*, der Deckname der italienischen Stay-Behind-Organisation, ist inzwischen im allgemeinen Sprachgebrauch gar zu einem »Synonym für Staatsterror« geworden.

Was allerdings keine wilde Verschwörungs-Theorie ist, die ich als Autor in meinem Roman »ausgeschlachtet« habe, sind die Aktivitäten der US-amerikanischen Geheimdienste und anderer US-Akteure während des sowjetischen Krieges in Afghanistan, die in enger Zusammenarbeit mit den saudischen Nachrichtendiensten und dem berühmt-berüchtigten Prinz Turkī al-Faişal radikale sunnitische Islamisten gefördert, unterstützt und ausgerüstet haben, nach dem Motto: »Die Feinde meiner Feinde sind meine Freunde!«. Was dabei herauskam, lässt sich heute mit einer Zeile aus Goethes *Zauberlehrling* zusammenfassen: »Die ich rief, die Geister, werd ich nun nicht los!«.

Der deutsche Bundesnachrichtendienst (BND) war natürlich genauso mit dabei – in quasimilitärischer Mission bei der Operation *Sommerregen,* wie auch wir Franzosen: Natürlich haben wir es wieder einmal anders gemacht als die anderen und nicht am

Hindukusch »das große Spiel« mitgespielt, sondern auch mit dem tadschikischen Schiiten Ahmad Shah Massoud, dem »Löwen des Panschir«, den eine als belgische Journalisten getarnte Al-Qaida-Selbstmord-Equipe am 9. September 2001 ermordet hat, unser eigenes »Süppchen« gekocht.

Ich habe wie viele »Kalte Krieger« an diese gefährliche und abenteuerliche Zeit noch lebhafte Erinnerungen, die in *Das Erzengel-Gambit* eingeflossen sind. Die Intrige beruht wie schon der erste Band der Reihe *Codename Corvus* auf verschiedenen Ereignissen und Fakten, die ich lediglich in einem anderen geografischen und zeitlichen Rahmen angesiedelt habe.

Claudia Bouvier, im Januar 2020

PROTAGONISTEN IN DIESEM BUCH

DIE FRANZOSEN

Commandant Gwénaël Kérmorvan alias »Raven«

alias »Sergeant Pierre Dupont«, alias »Commandant Paul Lefèvre«; Operator im Service Action der Division Action des französischen Auslandsgeheimdienstes DGSE; Pferdenarr, Hobbyreiter und Amateur-Trabrennfahrer, Hobbykoch und Querflötist mit Neigung zum Barock, Sprachgenie und Kenner der deutschen Sturm- und Drang-Literatur

»Madame le Juge« Christiane Près alias »M«

alias »Klapperschlange/Königskobra/Phyton« und jedes andere Schlangentier, das ihren Kollegen aus anderen Geheimdiensten so einfällt; Direktorin der Division Action des französischen Auslandsgeheimdienstes DGSE; ehemalige Antiterror-Richterin, Witwe eines Special-Forces-Soldaten, den die Amerikaner bei der Jagd auf Osama Bin Laden »versehentlich« liquidiert haben

Oberstleutnant Julien Rudeaux alias »Der Kampfstier«

ehemaliger Einsatzagent im Service Action; Russland-Experte, Sowjetologie mit Diplom, stellvertretender Direktor der Division Action, heimlicher Kinderbuchautor und Normandie-Fan

Rolland Fabré

inoffizielle Nummer 3 der Division Action und Direktor des Verlagshauses »Histoires & Collections«; ehemaliger Unteroffizier im Service Action; bester Freund von Pierre Besson und begeisterter Großvater und »Schwiegervater« eines ungewöhnlich modernen Beziehungsgefüges

Pierre Besson

freier Journalist und »honorable correspondant« des französischen Auslandsgeheimdienst DGSE; ehemaliger Fallschirmjäger aus dem 2ème REP der Fremdenlegion; mehrfach geschiedener, bekannter Autor militärischer Fachbücher, Abenteurer und französisches Geheimdienst-Binom des deutschen Corvus-Agenten Major Bayram Ritter

Farida Oulmi alias »Nastasia«

IT-Expertin der Division Action; Hackerin, Edel-Goth-Punk , Besitzerin von »James«, der Zwergbartagame; begeisterte Gamerin und Organisatorin von Murder Mystery Parties

»Crow«, »Jay«, »Rook« und »Chough«

Kérmorvans Einsatzgruppe für verdeckte Operationen, ehemalige Soldaten aus den fünf Spezialeinheiten der französischen Kriegsmarine

Commandant Karim Hamida alias »Taher al-Muhalim«

Operator im Service Action der Division Action des französischen Auslandsgeheimdienst DGSE; Nordafrika-Experte, Ehemaliger des 13ème RDP, bester Freund von Kérmorvan und Commandant de Police Simon Atlan; begeisterter Golfer und Hobbyjäger

Jean-Paul Moulin

Commissaire de Police am 36 Quai des Orfèvres; Chef der Antiterrorismus-Gruppe der Direktion der Pariser Kriminalpolizei; Ehemaliger des RAID und ehemaliger Operator des französischen Kommando Spezialeinsatzkräfte COS

Simon Atlan

Commandant de Police und Nummer 2 der Antiterrorismus-Gruppe von Commissaire Moulin; ehemaliger Special Forces Operator aus dem Commando de Penfentenyo, Ehemaliger des RAID und bester Freund von Kérmorvan und Hamida; bibliophiler Fan von Clive Cussler und seinem literarischen Superhelden Dirk Pitt

Maître Adèle Blanc-Aimé

Notarin und Auktionatorin im Versteigerungshaus Hotel Drouot; beste Freundin von Madame le Juge; ehemalige Juraprofessorin mit einem kleinen persönlichen Skandal; ehemalige Strafverteidigerin

Gabriel Blanc-Aimé alias »Labrousse«

Adèles Ehemann, ambitionierter und aufstrebender Beamter im französischen Finanzministerium am Quai de Bercy, ENARque; inoffizieller Mitarbeiter des französischen Auslandsgeheimdienst DGSE und Schriftführer einer wichtigen und prestigeträchtigen Expertenkommission im Bereich Wirtschaft

Dr. David Jurie

Archäologe und Kurator des Gandahra-Fundus im Pariser Musée Guimet für Asiatische und Orientalische Kunst; guter, alter Freund von Rolland Fabré; Experte für die DGSE im Bereich Blutantiquitäten; krisengebietstauglicher Ausgräber mit guter Kondition und Abenteuerlust, Hobby-Bergwanderer

Umberto Castro

Antiquitätenhändler auf dem Pariser Flohmarkt Les Puces de Saint-Quen; Sepharadim-Jude mit Wurzeln im kolonialen französischen Nordafrika; französischer Patriot, parteiloser Gemeinderat und gönnerhafter, geheimer Spender verschiedenster gemeinnütziger Organisationen

»Marius«

Ausbilder im Kampftauchertrainingszentrum (CEPOM) der Division Action in Quélern und Spezialist für Weine und Schaumweine von der Loire; Ehemaliger des Commando de Penfentenyo; alter Kampfgefährte und Kumpel von Gwénaël Kérmorvan

DIE DEUTSCHEN

Oberstabsarzt (Major) Dr. Carla Rossi alias »Magpie«

Spezialistin für Unfall- und Knochenchirurgie im Sanitätsdienst der Bundeswehr; begeisterte und erfahrene Extrembergsteigerin, Wanderreiterin, Hobbyfallschirmspringerin, Liebhaberin klassischer Musik, guter Küche und allem Französischen; erstes offizielles deutsches Mitglied der Abteilung »Corvus«

Dr. Stefan Huber alias »Steve«

Sonderbeauftragter für besondere Krisensituationen im Kanzleramt; Leiter der Abteilung XVI im Bundesnachrichtendienst BND; ehemaliger Einsatzagent mit reicher Nahost- und Krisengebietserfahrung; sprachbegabtes ehemaliges Mitglied der geheimsten aller deutschen Geheimoperationen »Sommerregen«; promovierter Physiker und intimer Kenner der Berliner politischen Szene

Major Bayram Ritter

Zweites deutsches Mitglied der Abteilung »Corvus«; deutsches Binom des französischen Journalisten und IM Pierre Besson;

ehemaliger Operator des Kommandos Spezialkräfte; ehemaliger Adlatus von Dr. Stefan Huber; Russland-Deutscher mit usbekischen Wurzeln, Experte für Turksprachen und den Orient, Lottogewinner und Rentier mit Toskana-Affinität, einem alten Bauernhof und einem Faible fürs Restaurieren alter italienischer Autos

DIE AMERIKANER

General im Ruhestand Franklin »Frank« Mahooney alias »Der Konzertmeister«

US-Director of National Intelligence DNI; ehemaliger Direktor der US-Clandestine Services und der Special Activities Division der CIA; ehemaliger Delta Force Operator; Hobbyreiter und -landwirt, Freiluftfan und Hundefreund

Dr. Marshall B. (Benjamin) Kingsley alias »Der Golfer«

alias »Ben«, alias »Dr. Robert G. Dell«, alias »Ustaz Muhamad bin Muhamad al Jazairi«; stellvertretender Direktor der Alliance Base und Leiter der US-Black Ops »Regenbogen«; Mitglied der US-Deep State Geheimorganisation »Die Choristen«; promovierter Altiranistiker und Religionswissenschaftler, fanatischer Archäologe, erfahrener Geheimagent, ehemaliger Delta Force-Operator; geschiedener Mann einer frustrierten Konzerthornistin und Vater zweier Söhne – Operntenor und Musikhistoriker –, die ihren Vater absolut nicht leiden können und sich sogar weigern, seinen Namen zu tragen

Deckname »Salah Binsaid«

Operator des US-Clandestine Service, auf Posten in Belgien; gehört zu Ben Kingsleys »Operation Regenbogen«; ehemaliger US-Special Forces Operator mit guten Sprachkenntnissen und einem Faible für das ruhige Leben in der Brüsseler Banlieue, Honi Salams Binom und Freund

Deckname »Honi Salam«

Operator des US-Clandestine Service, auf Posten in Belgien; gehört zu Ben Kingsleys »Operation Regenbogen«; ehemals bei den US-Special Forces; »Salah Bensaids« Binom und Freund

Rhonda Hinkel

Nummer 2 von Dr. Kingsley in der Alliance Base; CIA-Urgestein aus dem US-CTC; ehemalige Leiterin eines US-Black Site in Südostasien; Expertin für sehr peinliche Befragungen, liebt romantische Blümchenkleider von Laura Ashley, Pferderennsport-Aficionado und begeisterte Besitzerin mehrerer geheimer Konten in diversen Steueroasen

»Die Choristen«

Eine Gruppe von hohen US-Staatsbeamten aus einer Reihe von Bundesministerien, die den sogenannten Deep State repräsentieren, also die nicht von politischen Wechseln abhängigen hochrangigen Bundesbeamten, die dafür sorgen, dass die USA »funktionieren«

DIE KRIEGSDIENSTLEISTER

»Mr. Jones« alias »Segler«, alias »Tom Jones«, alias »Thomas Briars«

ehemaliger Söldnerführer; jetzt CEO von Global Security Associates Inc., einer privaten Militär- und Sicherheitsfirma, die auch für den amerikanischen Geheimdienst CIA arbeitet

Richard »Rick« O'Shaughnessy

Kriegsdienstleister und Chef des »Rugby-Fanclub«; ehemaliger Operator des britischen Special Air Service SAS und Romanautor in spé; anständiger Kerl mit unglücklicher Vergangenheit in einem lausigen Housing Estate in den abgewrackten UK-Midlands, der sich liebevoll um seine Eltern kümmert und von einem ruhigen Leben in einem kleinen Haus »irgendwo, wo es warm und friedlich« ist, träumt

DIE TERRORISTEN

Dadullah Khan alias »Taliban Posterboy«

Paschtune mit pakistanischem Pass, US-Greencard und britischem Dauervisum; bester Freund von Dr. Marshall B. Kingsley und Taher El Ouazzani; Mitglied des Barakzai-Clans, gelegentlicher Taliban-Warlord und Kriegsopportunist; wohlsituierter Geschäftsmann, ehemaliger Doktorand der renommierten School of Oriental and African Studies (SOAS) und diplomierter Archäologe der von Deutschland finanzierten TU Kairo; altgedienter Einflussagent der CIA in AfPak und Ex-Partner von Dr. Stefan »Steve« Huber während der Operation »Sommerregen«; passionierter Ehemann von Asma Khan, einer Frau, die genau weiß, was sie will, und Vater von vier Kindern, die nicht dem Stereotypen der Region AfPak entsprechen

Professor Dr. Taher El Ouazzani alias »Lehrer«, alias »Taher al Muhalim«

Professor für Archäologie der ägyptischen Provinzuniversität von El Mina, sozialistischer Idealist, Berufsterrorist und Terror-Söldner, gelegentlich im Dienst der CIA, zweitbester Freund von Dr. Marshall B. Kingsley und frustrierter Sohn eines steinreichen algerischen Industriellen, dessen Familie im späten 19. Jahrhundert vom Judentum zum Islam übertrat, um das Geschäft mit Duftölen mit dem Bey von Algier nicht zu gefährden; Halbbruder von Moustafa Chekine

Saif ibn Sultan ibn Abd al-Aziz Al Saud
unehelicher Lieblingssohn des Saudi-Königs mit einer Sklavin aus dem Sudan; amtierender Vorsitzender des Nationalen Sicherheitsrates von Saudi-Arabien; ehemaliger Pilot der Royal Saudi Air Force und Prätendent für den Posten des Direktors des saudi-arabischen Auslandsgeheimdienstes; uralter Kumpel von Ben Kingsley, Terrorfinancier und Einflussagent im Auftrag der CIA in Saudi-Arabien

GLOSSAR

36, Quai des Orfèvres Spitzname der (ehemaligen) Zentrale der Pariser Kriminalpolizei

Black Ops US-Kürzel für verdeckte Operation / Geheimoperation

Black Site ein geheimer Ort, der sich nicht auf US-Boden befindet und an dem der US-Geheimdienst CIA unsägliche Dinge tut

Chadri die Dari-Version von Tschador, der islamischen Ganzkörperverschleierung

Cheche langer Schal, der in Wüstengegenden zum Schutz gegen Sand und Wind verwendet wird

Fadschr eines der fünf obligatorischen Gebete im Islam; es ist das erste Gebet des Tages in den frühen Morgenstunden; im Ramadan markiert es den Beginn des täglichen Fastens

Faravahar Darstellung der menschlichen Seele vor der Geburt und nach dem Tod in der persisch / iranischen Tradition

Fatwa Rechtsgutachten eines islamischen Gelehrten, um bestimmte Fragen des islamischen Rechts zu klären; wird gerne von Anführern islamistischer Terrororganisationen missbraucht, um Irrlehren den Anstrich der Respektabilität zu verleihen

Hawala-Finanzsystem ein im Zahlungsverkehr weltweit eingesetztes informelles Überweisungssystem, das seine Wurzeln in der frühmittelalterlichen Handelsgesellschaft des Vorderen und Mittleren Orients hat, und aufgrund beschränkter bürokratischer Spuren auch bei Steuerhinterziehern, Terroristen und Kriminellen sehr beliebt ist

HOMO Akronym des französischen Geheimdienstes, um die autorisierte Tötung eines Staatsfeindes zu umschreiben

Jamawar aufwendig verziertes Tuch aus qualitativ hochwertiger Wolle (z.B. Kaschmir), das ein Vermögen kosten kann

Malik Bürgermeister

Mara Salvatrucha äußerst gewalttätige kriminelle Organisation mit lateinamerikanischem Ursprung, die weltweit durch geschmacklose Ganzkörper-Tattoos und extreme Brutalität auffällt; arbeitet gerne mit Terroristen zusammen

Mullah islamischer Geistlicher

Operator amerikanischer Slang-Ausdruck, um die aktiven Mitglieder von Spezialeinheiten oder paramilitärischen Einheiten der Geheimdienste zu umschreiben; wird weltweit benutzt, sogar von den Chinesen

Pakol von Ahmed Shah Massoud berühmt gemachter Afghanen-Hut aus Filz

Papyri Dokumente aus der Zeit vor dem Buchdruck, die auf einer Schreibunterlage aus übereinandergelegten Schilfblättern verfasst wurden

Paschtunwali frühmittelalterlicher »Ehrenkodex« der Paschtunen, einer viehzüchtenden Stammesgesellschaft in Afghanistan mit ausgeprägter patriarchaler Struktur

Patu großes afghanisches Schultertuch aus Wolle

Penfens Spitzname einer Eliteeinheiten der französischen Kriegsmarine, dem Commando de Penfentenyo

Purdah eine in Pakistan, Indien und Bangladesch verbreitete Form der Verschleierung der Frau, bei der der gesamten Körper und oft auch das Gesicht bedeckt ist

Quetta Shura Taliban-Koordinationsmeeting, bei dem man miteinander redet, ohne sich gleich totzuschlagen

Rotuli Schriftrollen

Scharia Gesamtheit aller religiösen und rechtlichen Vorschriften und Mechanismen zur Normfindung und Interpretation des Islam; wird gerne von politisierten Muslimen zur Provokation instrumentalisiert, um die in demokratischen Nationen übliche Trennung von Staat und Kirche in Frage zu stellen und ein Staatswesen mit nach religiösen Prämissen getrennten Gemeinschaften zu fördern, in dem nicht mehr alle Bürger vor dem Gesetz gleich sind

Selektor Auswahlelement der US-amerikanischen elektronischen Bespitzelung ihrer Alliierten

Shalwar Kameez orientalische Kleidung, die aus einer Hose und einem knielangen Hemd besteht; bei europäischen Islamisten/Salafisten en vogue, um das Wüstensohn-Image zu pflegen

Task Force 373 US-amerikanische Spezialeinheit, die aus den Delta-Forces rekrutiert wird und für die US-Dienste (vor allem den CIA) böse Dinge tut

Abkürzungsverzeichnis

13ème RDP	(13ème Régiment de Dragons Parachutistes)	13. Regiment der Fallschirmjäger-Dragoner
ANA	(Afghan National Army)	afghanischen nationalen Armee
AQMI	(Al-Qaïda au Maghreb islamique)	Al-Qaida im islamischen Maghreb
CECAD	(Centre d'entraînement au combat et d'aguerrissement au désert de Dschibuti)	Wüstenkampf-Trainingszentrum der franz. Spezialeinheiten in Dschibuti
COMINT	(Communication Intelligence)	übliche Bezeichnung der Nachrichtendienste und des Militärs für das Abfangen und Auswerten verbaler und nonverbaler Kommunikation, die über Kabel (z.B. Telefon, Überseekabel), Satellit oder Radiowellen übertragen wird; eine Art »Fernmeldeaufklärung«
COS	(Commandement des Opérations Spéciales)	Oberkommando für Spezialeinsätze
CTC	(auch NCTC; National Counterterrorism Center)	US-amerikanische Behörde zur nachrichtendienstlichen Analyse und Bekämpfung von gegen US-Interessen gerichteten Terrorismus
DAFA	(Délégation archéologique française en Afghanistan)	französische archäologische Delegation
DCN	(Direction des constructions navales; seit Juni 2017 Naval Group S.A.)	französischer Industriekonzern, der aus den nationalen französischen Schiffswerften hervorging; tätig in der Konzeption und dem Bau von Marineüberwasserschiffen und U-Booten aller Klassen sowie im Bereich der erneuerbaren marinen Energien
DGSE	(Direction Générale de la Sécurité Extérieure)	französischer Auslandsnachrichtendiens
DIA	(Defence Intelligence Agency)	militärischer US-Nachrichtendienst, der als Dachorganisation der Nachrichtendienste der vier US-Teilstreitkräfte Army, Navy, Air Force und Marine Corps dient
DNI	(Director of National Intelligence)	hochrangiger Regierungsbeamter und Direktor der »Intelligence Community«, einem Zusammenschluss der insgesamt 17 US-amerikanischen Nachrichtendienste
DRS	(Département du Renseignement et de la Sécurité)	algerischer Inlandsgeheimdienst (2015 aufgelöst)
DST	(Direction de la Surveillance du Territoire)	französischer Inlandsnachrichtendienst (bis zum 1. Juni 2008, später mit der Direction centrale des renseignements généraux, DCRG, RG, zur neuen Direction centrale du renseignement intérieur, DCRI, verschmolzen)
EAADP	(Euro-Atlantic Alliance for Democratic Progress)	eine von der Autorin erfundene US-amerikanische Stiftung und Denkfabrik mit dem erklärten Ziel, der weltweiten Förderung der liberalen Demokratie, so wie sie von gewissen neokonservativen Kreisen in den USA verstanden wird; jede Ähnlichkeit mit real existierenden Stiftungen ist selbstverständlich rein zufällig und war nicht geplant!

EADS	(European Aeronautic Defence and Space Company)	Europas größter Luft- und Raumfahrtkonzern sowie nach BAE-Systems auch zweitgrößter Rüstungskonzern (von 2000 bis 2013, heute als Airbus SE bekannt)
EKKM	(Europäisches Komitee für ein konstruktives Morgen)	ein von der Autorin erfundener deutscher Ableger der ebenfalls fiktiven EAADP (siehe oben)
ELINT	(Electronic Intelligence)	Elektronische Aufklärung; System zur Erfassung und Auswertung von elektromagnetischer Strahlung, die nicht zur Kommunikation genutzt wird, mit dem Ziel, Informationen über den Sender, einschließlich etwaiger zugehöriger Waffensysteme, zu gewinnen
EPA	(Einmannpackung)	deutsche Einmann-Futterkiste für Soldaten, die eine Energiezufuhr von ca. 3300 kcal gewährleistet
FOB	(Forward Operating Base)	eine gesicherte militärische Position auf operativer Ebene; üblicherweise eine Militärbasis, die zur Unterstützung strategischer und taktischer Ziele genutzt wird
GCHQ	(Government Communications Headquarters)	britische Regierungsbehörde (Nachrichtendienst und Sicherheitsdienst), die sich mit Kryptographie, Verfahren zur Datenübertragung und der Fernmeldeaufklärung befasst
GIA	(Groupe Islamique Armé)	algerische Terrororganisation der 90er-Jahre, die im algerischen Bürgerkrieg eine entscheidende Rolle spielte; inzwischen aufgelöst bzw. in andere terroristische Organisationen gespalten, die sich auch untereinander bekriegen, in Algerien selbst aber relativ an Einfluss verloren haben
GIGN	(Groupe d'intervention de la Gendarmerie nationale)	Spezialeinheit der französischen Gendarmerie mit dem Einsatzschwerpunkt Terrorismusbekämpfung; vergleichbar mit der deutschen GSG 9
GROM	(Jednostka Wojskowa a 2305)	militärischer Einsatzverband für spezielle Einsätze der polnischen Streitkräfte
GRU	(Glawnoje Raswedywatelnoje Uprawlenije)	russischer militärischer Geheimdienst
HUMINT	(Human Intelligence)	Beschaffen von Erkenntnissen aus menschlichen Quellen, z.B. durch die Befragung von Zivilpersonen und (Kriegs-)Gefangenen, das Abhören von Telefonen oder Wohn-und Arbeitsräumen, etc. Obwohl der Begriff meist im Zusammenhang mit Nachrichtendiensten verwendet wird, ist HUMINT auch ein wesentliches Instrument von Staatsanwaltschaften, Journalisten und der Polizei sowie im militärischen Nachrichtenwesen und der militärischen Aufklärung durch Feldnachrichtenkräfte.
IED	(Improvised explosive device)	unkonventionelle Spreng- und Brandvorrichtung
IMI	(Israeli Military Industries)	israelisches Rüstungsindustrie-Konglomerat
IMINT	(Imagery Intelligence)	Bild- und Videoaufzeichnungen jeglicher Art für nachrichtendienstliche Zwecke; hierzu zählen auch Satelliten und Luftbilder; wird in Deutschland vom BND und in Frankreich vom militärischen Nachrichtendienst praktiziert

INR	(Bureau of Intelligence and Research)	Amt für Geheimdienstinformation und Forschung des Auswärtigen Amtes der USA; untersteht direkt dem US-Außenminister; kleinster US-Nachrichtendienst und »akademisch« orientiert; hat einen ausgezeichneten Ruf und im Gegensatz zu anderen US-Diensten noch keine »Rohrkrepierer« vorzuweisen
IRI	(International Republican Institute)	US-amerikanische Einrichtung, die Programme zur Förderung von »Demokratie in Entwicklungsländern« durchführt. Das IRI wird zum Teil von der US-Regierung finanziert und steht der Republikanischen Partei nahe.
ISAF	(International Security Assistance Force)	Internationale Sicherheitsunterstützungstruppe
ISI	(Inter-Services Intelligence)	pakistanischer Geheimdienst
KSK	(Kommando Spezialkräfte)	Im schwäbischen Calw ansässiger Spezialkräfteverband des deutschen Heeres für besondere Aufgaben von strategischem Interesse, die durch herkömmliche Einheiten der Bundeswehr nicht erfüllt werden könne: Spezialaufklärung, offensive Operationen wie die Befreiung von deutschen Geiseln in Krisen- oder Kriegsgebieten, die Festnahme von Kriegsverbrechern oder Terroristen und die Ausbildungsunterstützung in sogenannten Aufnahmestaaten
MANPAD	(Man Portable Air Defense System)	Ein-Mann-Boden-Luft-Rakete
MedEvac	(MEDical EVACuation)	MEDizinische EVAKuierung
MI	(Military Intelligence)	pakistanische Spionageabwehr
MISTRAL		französische Fire-and-Forget-Flugabwehrrakete mit zweistufigem Feststoff-Raketenmotor; kann von boden-, luft- und seegestützten Systemen abgefeuert werden
MRE	(Meal Ready to Eat)	amerikanische Einmann-Futterkiste für Soldaten
NED	(National Endowment for Democracy)	real existierende US-amerikanische Stiftung und Denkfabrik mit dem erklärten Ziel der weltweiten Förderung der liberalen Demokratie. Sie wurde 1983 vom US-Kongress in gegründet und erhält von diesem für ihre Arbeit eine jährliche Finanzierung aus dem US-Bundeshaushalt.
NFES	(Nouvelle Forum Economique et Sociale)	von der Autorin erfundener französischer Ableger einer fiktiven US-Stiftung und Denkfabrik mit dem erklärten Ziel der weltweiten Förderung der liberalen Demokratie; jede Ähnlichkeit mit real existierenden Stiftungen ist selbstverständlich rein zufällig und war nicht geplant!
NRO	(National Reconnaissance Office)	ein 1960/61 gegründeter Militärnachrichtendienst der USA, der für das militärische Satellitenprogramm verantwortlich ist
NSA	(National Security Agency)	größter Auslandsgeheimdienst der Vereinigten Staaten; die NSA ist für die weltweite Überwachung, Entzifferung und Auswertung elektronischer Kommunikation zuständig

OEF	(Operation Enduring Freedom)	erste und bisher einzige militärische Großoperation im Rahmen des 2001 von den Vereinigten Staaten ausgerufenen Krieges gege den Terrorismus; die Operation wurde in vier Regionen durchgeführt: in Afghanistan, am Horn von Afrika, auf den Philippinen und in Afrika innerhalb und südlich der Sahara. Die Operation endete offiziell am 28. Dezember 2018.
OPLAN	(Operations Plan)	Plan für die Durchführung einer militärischen Operation
PMC	(Private Military Company)	Private Militär- und Sicherheitsfirma
POTUS	(President of the United States)	Kürzel des US-Secret-Service für den US Präsidenten
Q-Coms		standardisierte Kommunikationscodes für spezielle militärische Einsätze, die regelmäßig einsatzgruppenspezifisch sind und relativ hohen militärischen Geheimhaltungskategorien unterliegen, um die im Felde agierenden militärischen Akteure in ihren Kommunikationen mit der Operationsbasis/dem zuständigen Kommandoposten zu schützen
RAID	(Recherche, Assistance, Intervention, Dissuasion)	Spezialeinheit der französischen Police nationale zur Bekämpfun des Terrorismus
RCIR	(Ration de Combat Individuelle Rechauffable)	französische Einmann-Futterkiste für Soldaten, die Delikatessenkiste unter den militärischen Einmann-Futterkisten, weltweit begehrt
SAD	(Special Activities Division)	Division für Spezialeinsätze der CIA
SATCOM	(Satellite Communication)	Satellitenkommunikation
SGDN	(Secrétariat Général de la Défense Nationale; seit 2018: SGDNS –Secrétariat général de la défense et de la sécurité nationale)	interministerieller Staatsdienst, der dem französischen Premierminister untersteht; sein Generalsekretär kann in gewissem Maße mit dem DNI in den USA verglichen werden. Das Sekretariat selbst ist administrativ für den Nationalen Sicherheitsrat Frankreichs zuständig. Deutschland hat kein vergleichbares Organ.
SIGINT	(Signal Intelligence)	signalerfassende Aufklärungstätigkeit, meist durch militärische oder zivile Nachrichtendiensten; sie umfasst das Abhören von Funksignalen und die Erfassung und Analyse elektronischer Signale (siehe COMINT und ELINT)
SLTD	(Interpol's Database of Stolen and Lost Travel Documents)	von Interpol eingerichtete Datenbank für verlorene und gestohlene Reisedokumente; die Interpol-Mitgliedsländer speichern hier die Kenndaten aller Grenzübertrittsdokumente, die sich nicht mehr im Besitz des berechtigten Inhabers befinden.
SOCM	(Special Operations Combat Medic)	kämpfendes Vollmitglied einer Spezialeinheit, das eine hochwertige, medizinische Ausbildung erhält, um auch in Abwesenheit eines »echten« Arztes oder Feldchirurgen Kranke und Verwundete auf hohem Niveau erstversorgen zu können
SOG	(Special Operations Group)	Spezialeinsatzgruppe in der SAD der CIA